자기사랑

옮긴이 ● 대성(大晟)

선불교와 비이원적 베단타의 내적 동질성에 관심을 가지고 라마나 마하르쉬의 '아루나찰라 총서'와 마하
라지 계열의 '마하라지 전서'를 집중 번역하면서, 성엄선사의 『마음의 노래』, 『지혜의 검』, 『선의 지혜』,
『대의단의 타파, 무방법의 방법』, 『부처 마음 얻기』, 『비추는 침묵』 등 '성엄선서' 시리즈와 『눈 속의 발자
국』, 『바른 믿음의 불교』를 번역했다. 그 밖에도 중국 허운선사의 『참선요지』와 『방편개시』, 감산대사의
『감산자전』, 혜능대사의 『그대가 부처다: 영어와 함께 보는 육조단경, 금강경구결』 등을 옮겼다.

자기사랑 - 니사르가닷따 마하라지의 직지直指 법문

지은이 | 스리 니사르가닷따 마하라지
기록자 | 딘까르 크쉬르사가르
영역자 | 모한 가이똔데
옮긴이 | 대성(大晟)
펴낸이 | 이효정
펴낸곳 | 도서출판 탐구사

초판 발행일   2019년 11월 11일
개정판 발행일 2024년 11월 27일

등록 | 2007년 5월 25일(제208-90-12722호)
주소 | 04097 서울 마포구 광성로 28, 102동 703호(신수동, 마포벽산 e솔렌스힐)
전화 | 02-702-3557 Fax | 02-702-3558
e-mail | tamgusa@naver.com

잘못된 책은 바꾸어 드립니다.

ISBN 978-89-89942-64-1 03270

마하라지 전서 **7**

자기사랑

니사르가닷따 마하라지의 직지直指 법문

스리 니사르가닷따 마하라지 말씀
딘까르 크쉬르사가르 기록 | 모한 가이똔데 영역
대성(大晟) 옮김

탐 구 사

Self-Love : Shri Nisargadatta Maharaj's Direct Pointers to Reality

By Shri Nisargadatta Maharaj

First edition 2017
Published by Zen Publications, 60, Juhu Supreme Shopping Centre,
Gulmohar Cross Road No. 9, JVPD Scheme, Juhu,
Mumbai 400 049, India.

차례

머리말

　당신이 손에 든 이 책은 흥미로운 여정을 거쳤다. 그리고 그 여정은 본질적으로 사드구루(참스승) 스리 니사르가닷따 마하라지의 출현과 연결되어 있다.

　나트 삼쁘라다야(Nath Sampradaya) 인쩌기리 지파支派(Inchagiri sect)의 진인 스리 니사르가닷따 마하라지는 뭄바이 케뜨와디(Khetwadi) 지역 10번 길에 사셨다. 그 동네에서는 당신의 존재감이 느껴졌다. 왜냐하면 마하라지는 아침, 저녁, 밤에 정규적인 바잔(bhajans-헌가 찬송)을 하셨기 때문이다. 이 바잔에 덧붙여 매주 목요일과 일요일에는 법문도 하시곤 했다. 이 법문은 마라티어로 이루어졌다(이것은 마하라슈트라 주와 마하라지가 사시던 주도州都 뭄바이의 지역 언어이다).

　스리 니사르가닷따 마하라지의 열렬한 제자인 스리 딘까르 크쉬르사가르(Shri Dinkar Kshirsagar)는 1977년부터 1981년까지 5년간 이런 바잔과 법문에 정기적으로 참석했다. 그는 일반적으로 목요일과 일요일 저녁에, 그리고 공휴일과, 구루 뿌르니마(Guru Pournima)나 마하라지의 탄신일처럼 영적으로 중요한 의미가 있는 날의 저녁에 마하라지를 방문했다. 그리고 삿상(satsang) 석상에서 마하라지의 말씀과 중요한 가르침들을 꼼꼼히 받아 적었다. 그가 이런 '명상들'을 기록한 주된 목적은 그것을 숙고하여 그것이 더 깊이 스며들 수 있게 하려는 것이었다. 이렇게 손으로 받아 적은 것이 결국 두 권의 큰 공책에 담겨 500쪽이 넘게 되었다. 어느 날 딘까르 님은 이 공책들을 마하라지의 발아래 놓고 당신의 승인을 청했다. 마하라지는 한동안 공책을 훑어본 다음 승인해 주셨다. 당신은 그 자료를 관심 있는 모든 사람이 볼 수 있게 하라고 말씀하셨다.

1987년, 그러니까 마하라지께서 타계하신 지 6년쯤 되었을 때, 딘까르 님은 이 공책들을 기억했고, 그 기록을 모든 사람이 읽을 수 있게 해야 겠다고 다짐했다. 그는 그 기록을 30개 부분으로 나누어, 매달 어김없이 30개월에 걸쳐 300명의 구루반두들(Guru-bandhus)[동료 제자들, 문자적으로는 동문 사형제들]에게 발송했다. 이 봉사(seva) 덕분에 마하라지의 제자들은 무료로 자기 집으로 배달되는 이 값을 따질 수 없는 '명상들'을 가졌다.

그들은 그 법문들을 받으며 전율을 느꼈고, 그것을 다른 친구들과 구도자들에게도 전했다. 결국 이 기록들은 2011년 6월, 스리 니사르가닷따의 진지한 헌신자들로서 뿌네(Pune)에 거주하는 스리 니띤 람(Shri Nitin Ram)과 스리 라빈드라 까뜨레(Shri Ravindra Katre) 양인에 의해 원래의 마라티어로 출간되었다. 책 제목은 『아뜨마쁘렘(Atmaprem-자기사랑)』이었다. 마라티어 독자들은 마하라지의 생애 마지막 5년간의 법문을 처음으로 간행해 준 그들에게 오래오래 고마움을 느끼게 되었다.

니띤은 이 책의 내용에 대해 흥미로운 맥락을 제공한다. "그것이 일어난 방식을 보라. 비교적 젊은 한 제자[스리 딘까르 크쉬르사가르 님]가 공책한 권을 가지고 마하라지님 앞에 앉아 있었다. 마하라지님이 말씀하는 뭔가가 그에게 임팩트를 줄 때마다 ··· 그것이 하나의 문장이든, 아니면 한 번의 대화 전체든 ··· 그는 그것을 충실히 받아 적으면서 ··· 마하라지님이 사용한 정확한 단어들을 기록했다. 그러고는 그 다음 '임팩트 있는' 부분이 나오기를 기다리곤 했다. 그러나 그는 삿상 도중 마하라지님이 말씀하시는 단어 하나하나까지 기록하는 속기사는 분명 아니었다. 그래서 다소 연결이 미흡한 부분들은 있지만, 그의 기록은 마하라지의 중요한 말씀들을 반영하고 있다. 우리는 이 텍스트를 지나치게 다듬거나, 연결이 미흡한 부분에 '연결어'를 덧붙여 그것을 일관성 있게 만들려는 어떤 노력도 무모할 뿐만 아니라 위험할 것이라고 느꼈다."

나중에 『아뜨마쁘렘』은 니띤과 라빈드라의 권유로 젠 퍼블리케이션스에서 출간되었다.

그러나 젠 퍼블리케이션스는 그것을 재출간하기 전에 『아뜨마쁘렘』 한 부를 스리 딘까르 크쉬르사가르에게 보내어, 편집이나 조판상의 오류를 솎아 내거나 텍스트를 더 명료하게 해줄 어떤 업데이트된 내용을 넣을 수 있는지 검토해 달라고 했다. 딘까르 님은 다음과 같은 제안을 했다.

· 각 법문의 날짜를 표시할 것.
· 저자 스리 니사르가닷따 마하라지에 대한 간단한 소개를 덧붙일 것.
· 1954년에서 1956년까지의 기간에 걸친 마하라지의 초기 법문들을 이 책의 범위에서 배제하는 대신 그것을 별도의 책으로 출간할 것.

이 모든 제안은 『아뜨마쁘렘』의 이 개정판에 반영되었다. 또한 그의 제안에 따라 그 초기 법문들은 『사드구루 니사르가닷따 마하라지의 희유한 법문들(Sadguru Nisargadatta Maharaj Yanchi Durmil Nirupane)』[1]이라는 별도의 책으로 출간되었다.

나중에 『아뜨마쁘렘』을 영어로도 번역해 출간해야겠다는 진지한 욕구가 일었다. 니띤과 라빈드라도 열의를 가지고 반응했다. 니띤은 다년간 마하라지의 통역자였던 스리 모한 가이똔데(Shri Mohan Gaitonde) 님에게 그 과업을 맡아 달라고 청했다. 니띤의 부드럽고 설득력 있는 권유에, 스리 모한 가이똔데 님은 마침내 『아뜨마쁘렘』으로 간행된 마하라지의 이 법문들을 영어로 옮기는 데 동의했다. 마하라지의 말씀과, 그에 대한 가이똔데 님의 내관內觀 간의 친밀한 삿상의 결과가 당신이 손에 든 이 책, 『자기사랑(Self-Love)』이다.

---

1) T. 한국어판 제목은 『초기의 가르침』이다. 『무가 일체다』에 합본 별책으로 들어 있다.

영역자의 말

스리 니띤 람이 나에게, 마라티어로 말씀한 마하라지님의 법문들을 담은 『아뜨마쁘렘』을 번역해 달라고 했을 때, 그 어려운 일을 받아들이기가 주저되었다. 그러나 니띤이 계속 권했고, 그래서 그 과업에 착수했다. 나는 마하라지님의 이런 말씀을 기억했다. "그대는 결코 행위자가 아니다. 일들은 일어나고, 그대는 이런 사건들의 발생에 도구가 될 뿐이다."

그 일을 시작한 직후 일의 성격은 단순히 하나의 과업에서 삿상으로 변모했는데, 그것은 내가 계속 마하라지님과 함께하게 되었음을 의미한다. 그것은 내가 집을 떠나 어디로 가지 않고 참스승(Sadguru)의 발아래 있는 경험이었다.

나는 지금까지 마라티어로 출간된 마하라지님의 법문에 대한 다양한 책들을 읽었지만, 우리의 구루반두 스리 딘까르 께샤브 크쉬르사가르가 받아 적은 이 법문들이 최고라고 느낀다. 마하라지님이 이들 법문을 하실 때 그 대부분은 나도 그 자리에 있었다. 내 자리는 딘까르의 자리에 인접해 있곤 했다. 우리의 스승님은 당신의 말씀을 누가 받아 적는 것을 별로 인정하지 않으셨다. 왜냐하면 당신은 전적인 주의를 요구하셨고, 그런 주의가 없이는 듣는 사람에게 변화가 일어날 수 없기 때문이었다. 나는 기록을 하지 않았다. 그러나 당신이 말씀하신 단어 하나도 적지 않았음에도, 내 생각들로 인해 마하라지님의 말씀에 동요 없는 주의를 기울이기가 불가능했다. 그래서 나는 마하라지님의 지시를 엄격히 따른 것을 자랑스러워할 수 없다. 왜냐하면 딘까르의 기여가 아무래도 내가 한 기여보다 낫기 때문이다.

딘까르는 그 법문들을 지면에 보존하기를 정말 잘했다. 왜냐하면 여러 해 동안 아쉬람에 녹음기가 없었고, 그것이 온 것은 불과 마지막 2, 3년 동안이었기 때문이다. 법문의 통상적 주제는 진인 에끄나뜨(Sage Eknath)가 쓴 『바그와뜨(Bhagwat)』이곤 했다. 다른 인기 있는 경전은 진인 람다스(Sage Ramdas)의 『다스보드(Dasbodh)』였다. 마하라지님은 30년이 넘는 오랜 기간 동안 만 번 이상의 법문을 했고, 그 중에서 지금은 천 개의 법문만 제자들이 마라티어로 펴낸 열두어 권의 책에서 접할 수 있다. 그 중에서 약 백 개의 법문은 CD로 들을 수 있고, 그 중의 절반은 문장 대對 문장의 영어 번역으로도 들을 수 있다.

나는 인류사에서 어떤 진인이 평생에 만 번 이상의 법문을 한 사람이 있는지 알지 못한다. 우리에게는 침묵이 드물 수 있지만, 진인에게는 그것이 아주 자연스럽다. 그 자신 안에서 완전하고, 전체 존재와 하나가 된 사람은 말을 건넬 두 번째 사람을 발견하지 못한다. 일체가 하나의 꿈으로 보이는데, 눈에 보이는 사람들과 그들의 문제에 진인이 어떤 중요성을 부여할 수 있겠는가? 진아지(Self-knowledge)에 이르는 지침을 베푼 진인들은 비야스(Vyas), 바시슈타(Vashstha), 크리슈나(Krishna), 샹까라, 냐네스와라(Jnaneshwara), 라마나 등 극소수이다. 마하라지님에게는 매일 법문을 하는 것이 활동의 일부였을 뿐이고, 우리는 거기에 두 시간의 바잔과, 제자들의 질문에 대한 답변들을 덧붙여야 한다. 1971-1981년의 기간에는 인도인과 외국인 방문객들이 늘어나면서, 당신은 매일 8시간에서 10시간까지 이야기를 하느라고 바쁘셨다. 우리는 이 모든 대단한 활동의 원인을 살펴봐야 한다.

스리 니사르가닷따는 당신의 영적 스승인 스리 싯다라메쉬와르 마하라지로부터 최고의 지知—즉 진아의 지知—를 받았다. 스승의 이 크나큰 은혜를 당신이 어떻게 갚을 수 있었겠는가? 무엇을 해도 그것을 온전히

다 갚기는 불가능한 것이었다. 그 스승님은 당신의 제자들에게 그것을 부분적으로나마 갚는 방법으로, 매일 하루에 네 번씩—이른 아침, 오전, 저녁 그리고 밤에—바잔을 하라고 하셨다. 니사르가닷따는 이 일과를 부지런히 따랐다. 처음에는 혼자서 했는데, 이따금 당신의 몇몇 구루반두들도 참여했다. 그러나 날이 가면서 점차 더 많은 사람들이 가담했고, 그들은 나중에 제자가 되었다. 달이 가면서 바잔을 하는 그 그룹은 상당히 커졌다. 마하라지님으로서는 경하할 만한 일이었다. 당신은 스승님들을 찬양하는 일에 모두가 참여해 주는 것을 고마워했다. 모든 사람에 대한 당신의 심정은 당신 자신의 이런 말씀을 읽어 보면 잘 알 수 있다. "나는 너무 기쁨에 넘쳐서, 바잔을 하는 동안 참석한 모든 사람의 신발을 머리에 이고 춤을 추고 싶었다." 마하라지님에게는 그들이 단순히 제자가 아니라 당신이 스승님들을 숭배하는 일에서 당신의 소중한 동료들이었다. 그들은 대개 가난한 사람들이거나 하급 중산층 출신이었고, 경제적으로 유복하지 않았다. 자신들의 문제를 해결하기 위해 거기 왔던 이들도 있었다. 마하라지님에게는 그들도 꿈에서 보는 거짓 사람들이 아니었다. 사실 그들의 문제들은 실제적이었고, 해결이 필요했다. 날이 가면서 그 제자들은 자신들이 어려움에서 벗어난 것을 알고 아주 즐거워했다. 그러나 마하라지님은 거기서 그치지 않았다. 그들이 모두 환幻에서 완전히 벗어나는 것을 보고 싶었기 때문이다. 그래서 당신의 강조점은 매일 하시는 법문과, 아침저녁 모임 때 그들의 질문에 답변하여 의문을 해소해 주면서 모든 도움을 제공하는 데 두어졌다. 1970년대 초에 모리스 프리드먼 씨가 찾아오고 그가 『아이 앰 댓』을 출간한 뒤부터는 이 모임들의 횟수가 늘어났다. 이 모든 것으로 볼 때, 마하라지님은 사람들이 모든 개념과 모든 환적인 속박에서 벗어나는 것을 보기를 아주 좋아하신 것이 분명하다. 당신이 평생 동안 워낙 말씀을 많이 했기 때문에, 나는 당신을 "말씀하는 진인(talking Sage)"으로 부르고 싶다.

이 법문들은 이 지구상에서 접할 수 있는 가장 높은 지知를 담고 있는데, 이것이 필요한 사람들에게 전적으로 무료로 베풀어졌다. 이런 심오한 법문들을 읽을 만큼 복이 있는 사람들은 극소수이다. 읽는 동안 우리는 **마하라지님**의 다음 말씀을 염두에 두어야 할 것이다. "이런 말들을 읽음으로써 그대는 자신의 기반이나 토대에 따라 이익을 얻는다. 어디로 갈 것도 없고 무엇을 할 것도 없다. 그대는 이미, 그대가 깨닫고 싶어 하는 **그것**이다. 어떤 '됨'도 없고, 오직 그대의 참되고 순수한 **존재** 안에서 안정되는 것만 있다. 이런 이야기에 대한 그대의 관심 자체가 그대 안에서 **진아지**가 일어나고 있음을 말해준다."

만일 우리가 이 **참스승**에게 완전한 믿음을 가지고 있다면, 이 세상의 모든 환적인 겉모습이 우리를 건드리지 못할 것이다. 우리의 지적인 이해조차도, 우리가 허구 속에서 살면서 얻는 결과인 많은 개념들에서 우리를 벗어나게 할 수 있다. 만일 당신이 이런 법문들을 이해할 수 있다면, 그리고 그 내용에 공명할 수 있다면, 언제 어느 순간에도 당신 안에서 그런 변모를 기대할 수 있다. 우리를 붙들고 있는 것은 거짓된 것들 (세계의 환적인 겉모습)이 아니라 우리 자신의 그릇된 관념들이다. 어둠 속에서 사는 데 익숙한 사람은 빛을 겁낼지 모른다.

내가 여러분에게 즐거운 여정을 가지시라고 기원하는 것은 적절하지 않을 듯하다. 왜냐하면 우리는 우리의 **진아**에 이르는 이 길 없는 길을 함께 여행하고 있기 때문이다. 우리 자신들을 위한 좋은 기원 이상으로 우리는 **참스승**의 은총을 필요로 한다. **마하라지님**은 우리의 필요와 열의에 직접 비례하는 그 은총을 이미 약속하신 바 있다. 우리의 기대가 최선, 최고의 것을 위한 것일 때, 우리는 그에 대한 정당한 대가를 지불할 준비가 되어 있어야 하며, 거기에는 우리의 몸-정체성(body-identity)도 포함된다. 거짓된 것을 거짓으로 볼 준비를 늘 하고 있으라.

이 작업을 완성하는 데 귀중한 도움을 주신 스웨따 산가니, 사친 크쉬르사가르, 비나야끄 쁘라부와 아누라다 쁘라부, 만지트 싱, 그리고 아일린 마쩨리 제씨諸氏에게 감사드린다.

자야 구루(Jaya Guru)!

모한 크리슈나 가이똔데(Mohan Krishna Gaitonde)

서언

　당신은 스스로 당신 자신이라고 여기거나 당신 자신이라고 아는 것 이상은 보지 못한다. **참스승**은 초월해 있는 분이므로, 당신은 그를 알 수 없다. 당신이 자신을 몸으로 알면, 당신은 **참스승**도 몸을 가진 한 사람이라고만 볼 것이고 그 이상 무엇인지 전혀 보지 못한다.

　참스승은 전체적 본질⋯모두의 안에 있는 **진아**⋯**진아**로서의 모두를 의미할 뿐이다! **니사르가닷따**는 모두의 안에 있는 그 **진아**⋯우리의 참된 **자아**이다. 그것은 오염되지 않은⋯무시간의⋯자유로운⋯**진아**이다. **니사르가닷따**는 무한하고, 전체적이고, 실재하는 **진아**를 의미하며 ⋯그것은 나의 것이고, 당신의 것이고, 모두의 영원한 성품이다.

　강물이 언제 목이 마를 때가 있는가?! 그것이 어딘가에서 멈추고 싶어 하는가?! 강물은 자신이 어떻게, 어디를, 왜 흐르는지도 모른다. 이 묘사 불가능한 상태는 지각성(knowingness-앎의 성품인 의식)도 없고 무無지각성도 없는 어떤 것과 비슷하다. 뭔가가 필요할 때는 그것이 자연스럽게 오고, 필요치 않을 때는 사라진다. 우리는 오는 것도 아니고, 가는 것도 아니다. 존재하는 것은 오고 가는 것에 대한 그 지각성뿐이다. 그것은 결코 어디서 온 적도 없고, 어디로 결코 가지도 않을 것이다. 왔거나 사라진 것으로 보이는 것이 무엇이든, 그것은 하나의 환幻, 하나의 유사물일 뿐이다. 그 유사물은 일시적일 뿐인데⋯그 순간은 50년도 갈 수 있고, 어떤 때는 수백 년도 갈 수 있다. 그러나 참으로 영구적인 우리의 **진아**는 결코 이러한 크고 작은 순간들에 의존하지 않는다. 그것은 오염 없고⋯ 무시간적이고⋯ 자유롭다. 참스승의 은총이 있으니⋯ 그것은 항상 있고⋯ 흐르고 있으며⋯ 그것의 두 번째 이름은 진아이다. 우리의 이 영원한 성품을 참으로, 영구적으로 아는 것이, 영적인 공부(spirituality)의 진정한 목적이다.

나는 지각성과 무지각성 이전이지만, 오고 가는 이런 상태들을 아는 자로서 존재한다.

태고 시대부터 진인들의 전통이 이어져 왔다. 진아를 깨달은 여러 진인들이 시대를 달리하며 인도에서 출현했다. 그들은 영적인 길의 각 단계에 있는 평범한 세간 사람들을 인도했다. 우리는 재가자의 삶을 살면서 진아를 깨달은 그런 많은 진인들의 이야기를 들어 왔다. 고대에는 리쉬 야냐발끼야(Rishi Yajnyavalkya)[1], 자나까 왕 같은 진인들이 있었고, 더 후대에는 고라 꿈바르(Gora Kumbhar), 에끄나트(Eknath), 사마르타 람다스(Samartha Ramdas), 뚜까람 마하라지, 곤다발레까르 마하라지(Gondavalekar Maharaj)[2] 같은 진인들을 우리가 알고 있다. 진인들의 이 무한한 전통 속에서 20세기에는 나트(Nath) 종파의 인쩌기리(Inchagiri) 계보에 속하는 스리 니사르가닷따 마하라지라는 진인이 계셨다.

사드구루 스리 니사르가닷따 마하라지(1897-1981)는 뭄바이에서 인간의 몸으로 살면서, 뭄바이 남부의 번잡한 지역인 케뜨와디(Khetwadi)의 사저 私邸에서 당신을 찾아온 수천 명의 인도인과 외국인 구도자들에게 도움을 주었다. 많은 사람들이 당신에게 사랑을 느꼈고, 그들의 참된 성품으로 깨어났다. 많은 이들이 당신의 가르침을 받고 자신의 모든 의문을 해소했다.

이 자기사랑(self-love)이 무엇인가? 마하라지 자신의 분명한 말씀으로 살펴보자.

---

1) T. 『브리하다라니야까 우파니샤드』 등 다양한 옛 문헌에 나오는 베다 시대의 진인.
2) T. 인도 마하라슈트라 주 곤다발레 출신의 성자(1845-1913).

"사랑은 하나의 이름이 아니고, 하나의 단어가 아닙니다. 사랑은 우리의 의식(consciousness)인데, 여러분은 그것을 가장 좋아합니다. 우리의 의식 자체가 사랑입니다. 여러분은 그것을 아주 좋아하고, 그것과 함께하기 위해 너무나 많은 수고를 합니다. 이 세상의 모든 활동들은 자기사랑과 함께하기 위한 것입니다. 우리는 우리가 그것과 무한정 함께할 수 없다는 것을 압니다. 그래도 우리는 그것을 지속시키기 위해 너무나 많은 일을 하며⋯그것이 그 사랑입니다."

"여러분의 자기사랑을 브라만(Brahman)이라고 합니다. 그것은 또한 세계로서 존재합니다. 그 자기사랑에 모든 이름들이 주어집니다. 그 자기사랑이 일정 기간 동안 출현하면서 저명함, 명성, 역사를 창조해 왔습니다. 자기사랑 자체가 신의 신성이고, 브라만의 본질이며⋯그냥 브라만입니다. 이 세상에서, 여러분은 자기사랑 아닌 무엇을 가장 좋아합니까? 여러분이 다른 모든 것을 좋아하는 것은 먼저 여러분이 존재하기를 좋아하기 때문입니다. 여러분의 자기사랑은 큰 욕망입니다. 그것은 큰 갈망이고, 큰 희망이며⋯그것 자체가 자기사랑입니다. 만일 여러분이 없다면 누구에게 그 희망·욕망·갈망이 있습니까? 존재하려는 이 욕망, 존재하려는 희망, 곧 사랑을 온전히 알아야 합니다."

"여러분은 자신의 몸을 자기로 여김으로써 세간의 사물들에 대한 희망·욕망·갈망을 갖습니다. 그 대신 여러분 자신의 진아를 희망하고, 진아를 욕망하십시오. 여러분의 의식은 자연발생적으로 나타났고, 존재하려는, 곧 '내가 계속 존재해야겠다'는 갈망이 있습니다. 여러분 자신이 기쁨의 한 저장고이고, 여러분이 행복의 바다입니다.⋯그러나 그것을 위해서는 여러분이 거기에 도달해야 합니다. 몸-정체성에 기초한 여러분의 모든 희망·욕망·갈망이 여러분을 내리막길로 데려갑니다.⋯그러나 진아에 대한 여러분의 충동은 여러분을 충만함에 이르게 할 것입니다."

여기서는 누구나가 뭔가를 찾고 있다. 누구나 찾고 있는 그것은 무엇인가? 어떤 사람은 돈을 찾고, 어떤 사람은 지위를, 어떤 사람은 충족을, 또 어떤 사람은 불멸을 찾는다. 어떤 사람은 쾌락을 추구하고, 어떤 사람은 지복을 원하며, 어떤 사람은 평안을 원하고, 또 어떤 사람은 영원을 원한다. 어떤 사람은 의문에서 벗어나기를 원하고, 어떤 사람은 만족을 원한다. 거기에 어떤 이름을 붙이든, 모든 사람의 찾기가 진행 중이다. 분별력을 가지고 그런 모든 이름들을 바라보면, 모든 사람이 찾고 있는 것은 단 한 가지, 행복이라는 것을 알 수 있다. 일반적으로 우리는, 행복·평안·만족이 오기는 해도 그것이 잠깐 사이에 사라진다는 것을 안다. 그 탐색의 겉모습이 무엇이든, 모두가 사실은 **영원자, 지고의 존재**를 찾고 있다. 모두가 자기 자신의 본래적 **진아**를 찾고 있다. 그 참된 이유가 무엇이겠는가? 주된 이유는 대다수 구도자들이 자신은 한 개인일 뿐이라는 확고한 믿음을 가지고 있기 때문이다. 진정한 행복은 우리 자신의 밖에 있지 않고, 본질적으로 우리 자신의 내면에서 온다. 그러나 자신을 개인성이라는 무상한 덧씌움(superimposition)과 동일시하는 사람들은, 그 내재적 행복을 놓치고 쾌락과 고통의 이원성에 말려든다. 그런데 이것은 자신의 진정한 성품에 대한 그릇된 관념에서 비롯된다.

　두 번째 이유는 우리가 불완전하다는 관념이다. 셋째는 자기 자신이 존재계와 다르다고 믿는 것이다. 네 번째는 그 생각의 연장, 즉 충만함이나 단일성을 성취하기 위해서는 뭔가를 해야 한다고 믿는 것이다.

　구도자마다 영적인 공부에 관해 서로 다른 관념·이해·신념을 가지고 있다. 소위 영적인 탐색은 자신의 이해와 신념에 기초하여 진행된다. 구도자들 대다수는 기성의 신조들을 동요시키지 않으면서 자신의 탐색을 계속하기 위해 큰 노력을 기울인다. 그 탐색은 많은 길과 방도에 의해 계속된다. 어떤 이는 경전, 인용구, 여타 책들을 읽고, 어떤 이는 만트라 염송念誦·요가·명상과 같은 규칙적인 수행을 한다. 대다수 구도자들은 수행을 통한 성취가 가치 있다고 믿으며, '내가 무엇을 하는 것'이 무슨 도움이 되는지 여부를 의심하는 사람은 극소수이다! 사람들의 기질은 제각각이고, 기질이 그런 만큼이나 관점들도 많으며, 관점들만큼이나 가는 방향도 제각각이다.

그렇게 다양한 기질을 가진 구도자들이 스리 니사르가닷따 마하라지를 만나면, 자신의 성품에 따라 지침을 얻곤 했다. 헌신의 길을 가는 구도자들이나 진아지를 사랑하는 사람들이나, 모두 뭄바이의 당신 사저에 있는 마하라지님의 작은 아쉬람에 자유롭게 접근할 수 있었다. 묻기 좋아하는 모든 수준의 사람들이 마하라지님의 지도를 받으려고 찾아갔다. 월급쟁이 직원들은 물론이고, 교수·의사·변호사·판사·과학자·고위 공무원·정치 지도자 등도 있었다. 스리 마하라지는 당신의 직접적인 체험에 기초하여 비이원성과 진아지에 관해 말씀하셨다. 요컨대 당신의 가르침은 니사르가 요가(Nisarga Yoga)였고, 그것을 요약하면 "진아를 알고 편히 있으라"는 것이었다.

『자기사랑』이라는 이 책에서 여러분은 1978-1981년 사이에 하신 마하라지님의 법문들을 읽을 수 있을 것이다. 스리 마하라지는 주로 초기 단계와 진보된 수준이라는 두 수준의 구도자들을 지도했다. 『자기사랑』을 읽는 동안 이것을 염두에 두어야 한다. 만일 자신이 몸이고, 자신은 자기 몸-형상(body-form)과 하나라는 확고한 믿음을 가진 구도자가 있으면, 그에게는 첫째 단계의 지知가 해당되었다. 이것은 크리슈나가 아르주나(Arjuna)에게 말해준 『바가바드 기타』와 비슷하다. 어느 면에서 그것도 영적인 공부의 첫째 단계에 속한다. 그런 구도자들에게는 마하라지님이 만트라로 입문을 시켜 주었다. 당신은 그들에게 규칙적으로 명상을 하라고 권했다. 구도자들의 모든 문제와 불행은 그들의 몸-정체성에 기인하며, 그것을 깨트리기 위해 마하라지님은 당신이 가르침을 편 기간 중 처음 30년 동안은 이 첫 단계의 지知를 베풀었다. 이와 관련되는 마하라지님의 말씀을 읽어 보자.

"여러분은 몸이 아니라, 그것 때문에 여러분이 '내가 있다'는 자각을 갖게 되는 몸 안의 의식입니다. 그것은 말이 없고, 그냥 순수한 존재성(beingness)입니다. 그것이 세계의 영혼이 되었습니다. 여러분의 의식이 없을 때는 세계가 경험되지 않을 것입니다. 그래서 여러분은 의식입니다. ··· 여러분이 들은 말을 기억하고 ··· 그에 관해 명상하십시오. 명상이란 의식을 의식 자체로써 붙드는 것을 의미합니다. 의식이 그 자체에게 주의를 기울여야 합니다. 이 의식이 이스와라(Ishwara-하느님)입니다. 이 의식 아닌 어떤 신도 없으니, 의식을 숭배하십시오."

"'내가 있다'는 앎이 신입니다. 그것이 이스와라이고, 또한 마야입니다. 마야는 신의 힘입니다. 신의 모든 이름들은 여러 가지 형상을 한 이 의식의 이름일 뿐입니다. '나는 몸이 아니다'라는 사실을 기억하고, 확고히 자리 잡으십시오. 그것이 참된 구도자의 표지標識입니다."

"몸 안에서 출현한 그 자기사랑, 그것이 이스와라입니다. 그 사랑에 맞춰가기 위해서는 그것을 스승·지知·헌신으로 여기고, 그것을 숭배하십시오. 여러분의 스승으로서의 자기사랑에 대해 명상하십시오. 자기사랑 아닌 어떤 화현化現도, 마야도, 브라만도 없습니다."

"명상 안에서 안정되십시오. 여러분은 그 몸이 아니라 순수한 의식일 뿐이라는 확신을 가지십시오. 그러면 내면에서부터 진아지의 샘물이 흐르기 시작할 것입니다."

"그 만트라(나마 만트라)를 염송念誦하면 생명기운(vital breath)이 정화됩니다. 그러면 마음과 사뜨와 성질(sattva quality-사뜨와 구나)도 정화됩니다. 그러고 나면 그 사뜨와 성질이 자신의 모든 이야기를 들려줍니다."

초기 단계에서는 구도자들이 몸-정체성에 대해 확고한 믿음을 가지고 있었고, 인과관계를 믿었다. 이런 구도자들은 그들의 **의식**과 함께, 자신이 별개의 한 개인으로서 존재한다는 느낌을 가지고 있었는데, 그것은 자연발생적으로 출현한 것이었다. 그 결과 그들은 뭔가를 성취하거나 어딘가에 도달하기 위해 다양한 활동을 하고 있었다. 그래서 **마하라지님**은 그들에게 '지지물'들을 베풀어 주어야 했다.

두 번째 단계의 구도자들은 그들의 수행의 결과로, 혹은 다른 방식으로 그들의 몸-동일시(body-identification)를 상실한 상태였다. 그들은 형상이 없었으므로, 더 진보된 지知를 받았다. **크리슈나**는 그의 제자 웃다바(Uddhava)에게 초기 단계의 지知를 베푼 바 있었지만, 때가 무르익자 그에게 그 모든 것을 잊어버리라고 말했다. 당연히 웃다바는 동요했고, 불안해졌다. 그런 뒤에 **크리슈나**는 그에게 두 번째, 곧 최종적 단계의 지知 혹은 지침을 주었다. 그것이 그를 영구히 자유롭게 만들었다. 이 전적인 자유는 진보된 지知에 기인한 것일 뿐만 아니라, 이 제자가 그의 친구이자 스승에 대해 가졌던 큰 사랑과 무한한 믿음 때문이기도 했다. 우리는 이 사실에 특별히 주목해야 한다. 이 사랑, 헌신, 믿음은 웃다바가 분별(viveka)[진아와 비진아 간의 분별(atma-anatma vivechanam)]을 물 흐르듯이 쉽게 닦는 데 도움을 주었고, 그래서 **크리슈나**에게서 받은 궁극의 지知가 이해될 수 있었다. 그 궁극의 상태에서 만일 지知가 순수한 사랑을 일으키지 못한다면, 그것은 그냥 말에 국한되고 그 구도자를 영구적으로 자유롭게 만들 수 없다. 사랑의 충만함이 **진아**지를 일으키듯이, 지知의 충만함은 순수한 사랑을 일으킨다. 초기 단계에서는 지知와 사랑이 서로 다른 길로 보이지만, 나중 단계에서는 그것들이 우리 자신의 **진아**와 하나임이 드러나면서, 환적인 이원성은 해소된다. 그 최종적 단계에서는 분별만이 작동한다. **마하라지님**의 말씀은 이렇다.

"여러분이 아닌 모든 것을 놓아버리십시오. 여기서는 어떤 활동을 하고 말고가 없습니다. 『바가바드 기타』에서는 요가 수행을 묘사합니다. 그러나 아르주나나 웃다바가 그것을 할 필요가 있었습니까? 둘 다 크리슈나를 참으로 사랑하는 사람이었고, 그들은 (크리슈나의 말씀을) 듣는 것만으로도 깨달았습니다. 그 수행들을 하는 다른 사람들은 거기에 말려듭니다."

"여러분이 실제로 무엇인지에 대해서만 생각하십시오. 나머지는 잊어버리십시오. 여러분이 자신의 존재를 어떻게, 언제 알게 되었는지를 생각해 보십시오."

"예리한 지성을 가진 사람은 듣는 것만으로도 짧은 시간 안에 자유로워집니다."

"세상에 대한 경험을 포함하여, 우리의 어떤 경험들도 그 행위자나 정리자가 없습니다. 그것은 모두 자연발생적으로 일어나는 일입니다. 사실은, 실제로는 아무것도 없다는 것입니다. 시작도 끝도 없는데, 중간이 어디 있습니까? 그런데도 사람들은 자신들의 개념에 따른 그들의 수행을 하느라고 바쁩니다. 고요히 있기가 어렵습니다. 그래서 활동에 관여하는 것이 자연스럽고 편리합니다."

"여기 온 뒤에 어떤 사람이 몇 문장만이라도 실제로 기억한다면, 더이상 어떤 영적인 공부도 필요 없을 것입니다."

"여러분은 이미 많은 책을 읽었고, 많은 말을 들었습니다. 이제 그 독자와 청자를 참으로, 그리고 영구적으로 아십시오."

이 모든 소음과 동요는 이 "내가 있다"는 의식이 일어난 뒤에 시작되었다. 고통과 쾌락에 대한 우리의 경험은 그 후 시작되었을 뿐이다. 이 의식이 최대의 사기꾼임을 기억하라. 그것은 사뜨와(sattva)의 성질, 곧 음식-몸의 즙(기운)으로 되어 있다. 그래서 그것은 시절적(seasonal)이고 시간이 한정되어 있다. 우리는 우리가 '알려지는 것'이 아니라 '아는 자'일 뿐임을 안다. 우리는 의식을 아는, 그리고 그것이 오고 가는 것에 대한 영원불변의 주시자인 그것이다. 알려지는 모든 것은 의식과 함께 사라지겠지만, 그것을 아는 자는 그렇지 않다.

만약 우리가 주의 깊게 살펴본다면, 초기 단계들과 후기 단계들의 마하라지의 가르침 사이에 어떤 외관상 모순이 있음을 알아차린다. 그러나 이것은 자연스럽다. 몸-정체성을 끝내기 위해 마하라지님은 의식을 이스와라의 형상과 같이 보는데, 그것은 초기 단계에 적합하다. 같은 의식이 후기 단계에서는 하나의 사기詐欺로 불린다. 독자들은 적절한 분별과 이해력으로써 이 모순을 보아야 한다. 그러지 않으면 마하라지님의 지知의 말씀들이 혼란을 키울 것이다. 실은 진리는 우리의 성품이다. 그것은 말을 넘어서 있고, 일체를 포함하며, 모순이 없지 않다. 만약 그것을 한 가지 관점으로만 묘사하면, 그것의 일부만 분명해진다. 그 분명함은 관점이 변함에 따라 변한다. 비단 변할 뿐만 아니라 모순으로 보이기까지 한다. 그래서 적절한 분별로 '전부' 혹은 '전체'를 관찰할 필요가 있다. 그런 전체론적 관찰을 하면 모든 모순이 사라지고, 혼란이 종식되며, 같은 진리가 우리 자신의 성품으로서 영구히 열린다. 갓 태어난 아기에게는 순수한 우유를 먹일 수 없고, 의사는 환자의 병에 따라 약을 처방하듯이, 제자는 그의 기질과 이해력에 따라 지도를 받는다.

단어의 의미를 통해 얻은 단어에 대한 지知가 있고, 공부를 통해서 얻은 단어의 의미에 대한 이해가 있다. 이것은 식당의 메뉴판에 대한 지식이나, 어떤 음식을 어떻게 준비할지 아는 지식과 같다. 이것은 공부와, 세부 사항을 기억하는 것과 관계된다. 그러나 그것으로는 우리의 허기를 충족할 수 없다. 경전 공부로 얻을 수 있는 최대한은 어떤 학위나, 어떤 공적인 평판과 명예이다. 분명히 그것은 어떤 지속적 만족도 안겨줄 수 없다.···그것은 우리에게 진아에 대한 지知를 안겨줄 수 없다. 지성이 어떻게, 그것 이전인 그것을 아는 데 도움이 될 수 있겠는가? 단어들에 대한 이 지식 또는 정보는 지知와 무지 이전, 혹은 그 너머인 참되고 영원한 진아에 도달할 수 없다. 단어들에 대한 이 정보는 우리의 진아에 대한 귀띔을 해주기 위해서만 쓸모가 있을 수 있다는 것을 알기만 해도, 우리에게 도움이 될 것이다. 그럴 때 궁극자(the Ultimate-궁극의 실재)는 우리가 지체 없이 손을 뻗을 수 있는 범위 내에 있을 것이다. 우리의 진정한 이해는, 무한하고 스스로를 떠받치는 진아에 대한 참된 지知이다. 이 진아지는 곱셈표에서 영(0)의 줄과 같다. 그것을 기억할 필요가 있는가? 이 깨달음은 원인 없이 지복스럽고, (거기에는) 참된 본래적 안식이 있다.

　자기사랑의 이 순례에서 여러분의 행운을 빈다. 우리는 만약 당신이 이 법문을 읽는 동안 온전히 거기에 몰두한다면, 그것이 진리를 열어 주는 데 도움이 될 것임을 확신한다. 우리는 어느 구도자도 마하라지의 말씀이라는 검劍의 예리한 날을 피하지 못하기를 바란다. 그것을 피하려고 하지 않는 사람은 참으로 영구히 구원될 것임을 우리는 확신한다.

　이 법문들은 원래 구루반두이신 스리 딘까르 께샤브 크쉬르사가르 님이 기록한 것인데, 그 점에 대해 우리는 그분께 감사한다. 우리의 원로 구루반두이신 스리 사띠쉬 아와드(Shri Satish Awhad) 님이 우리에게 이 법문을 출간하도록 권유하였으니, 이분도 우리의 찬사를 받을 만하다. 우리의 친구이자 구루반두인 스리 라빈드라 까뜨레와 그의 동료들이 큰 노력을 기울여 이것을 성사시켜 준 데 대해서도 경하한다. 내가 이 서언을 쓸 수 있게 해주시고, 그렇게 하도록 당신의 모든 도움을 베푸신 스리 니사르가닷따 마하라지님께 수백 번 절을 드린다.

사랑으로 인사를 드리며
니띤 람(Nitin Ram)

실은··· 그대는 지복으로 충만해 있다.

고통은 원인이 있고, 쾌락, 두려움, 걱정도 마찬가지다.

지복만이 원인이 없으니, 그것이 곧 그대 자신이다.

고통과 쾌락을 추구하는 동안은 두려움과 걱정이 발견되었다.

지복만이 원인이 없으니, 그것이 곧 그대 자신이다.

이는 그대가 발견하지 못했고, 그대 자신을 깨닫지 못했기 때문이다.

지복만이 원인이 없으니, 그것이 곧 그대 자신이다.

지복은 그대의 형상이고, 지복은 그대의 색깔이다.

지복은 그대의 모양이고, 지복은 그대의 성품이다.

지복만이 원인이 없으니, 그것이 곧 그대 자신이다.

깨달음이란 무엇인가···?!

깨달음이란 정확히 무엇인가? 하나의 공부인가?

전혀 아니다. 공부란 기껏해야 깨달음의 위조 동전이다! 외적으로는
공부가 깨달음에 가까이 가는 것처럼 보이지만, 실은 그것은 깨달음에서
달아나는 것이다. 공부는 깨달음과 비슷해 보일 뿐이고, 깨달음은 영구
적이고 애씀 없는 ··· **진아지**이다.

깨달음은··· 탐색과 탐색자의 영구적인 종식이다.

깨달음은··· 그 둘 다의 종식을 의미한다.

깨달음은··· 고통의 종식은 물론이고, 쾌락의 종식도 의미한다.

깨달음은··· 어떤 교훈도, 그리고 그것을 읽는 자도 종식됨을 의미한다.

깨달음은··· 시작의 종식과 함께, 끝의 종식도 의미한다.

깨달음은··· 탄생과 죽음이라는 개념의 영원한 종식을 의미한다.

깨달음은 … 공부와 공부하는 자의 종식을 의미한다.

깨달음은 … 이원성의 종식뿐만 아니라, 이원성에 대한 믿음의 종식을 의미한다.

깨달음은 … 이해했다고 생각되는 모든 것의 종식을 의미한다.

깨달음은 … 말, 인용구, 책들과 같은 모든 지지물의 종식을 의미한다.

깨달음은 … 우리의 무한하고 독립적인 **진아**에 대한 참된 지知를 의미한다.

깨달음은 … 곱셈표에서 영(0)에 대한 지知와 같은 그런 지知를 의미한다.

사랑으로 합장하며

니띤 람

스리 니사르가닷따 마하라지의 생애 요약

이름

당신의 본명은 마루띠라오 쉬브람빤뜨 깜블리(Marutirao Shivrampant Kambli)였다. 진아 깨달음을 얻은 뒤에는 **니사르가닷따 마하라지**로 불렸다.

출생

1897년 4월, 하누만 자얀띠(Hanuman Jayanti)[주 하누만의 탄신일]이던 보름날 뭄바이에서 어머니 빠르바띠바이(Parvatibai)와 아버지 스리 쉬브람빤뜨 깜블리(Shri Shivrampant Kambli) 사이에서 태어났다.

고향

처음에는 마하라슈트라 주 레반디(Revandi)였고, 그런 다음 신두두르그 군郡(Sindhudurg District)의 깐달가온(Kandalgaon)으로 옮겨갔다.

교육, 정착, 결혼

깐달가온에서 초등학교 4학년까지 다녔다. 1920년 뭄바이로 와서 자리 잡은 뒤, 1924년 수마띠바이(Sumatibai)와 결혼했다.

스승과 계보

1933년에 당신의 스승인 스리 싯다라메쉬와르 마하라지를 만났다. 스승들의 계보는, 스리 레반나트(Shri Revannath), 스리 마룰 싯다(Shri Marul Siddha), 스리 까드싯다(Shri Kadsiddha), 스리 구루링가장감(Shri Gurulingajangam), 스리 바우사헵 마하라지(Shri Bhausaheb Maharaj), 스리 싯다라메쉬와르 마하라지, 그리고 스리 니사르가닷따 마하라지 자신이다.

직업

뭄바이에서 가게 대여섯 개를 소유했다. 1936년 스승의 대삼매大三昧 이후, 마하라지는 일체를 접고 방랑을 시작했다. 이때 여러 성지를 순례했다. 마지막 계획은 히말라야로 가서 그곳에 정착하는 것이었으나, 당신의 구루반두 빌라사난다(Vilasananda)가 적시에 개입하여 그만두게 되었다. 그 후 마하라지는 뭄바이로 돌아갔다. 당신에게 남은 것은 가게 하나뿐이었다.

경전

마하라지의 법문에서 주로 언급된 경전은 에끄나트의 『바그와뜨(Bhagwat)』, 스와미 람다스의 『다스보드(Dasbodh)』였다. 그 밖에도 (샹까라의) 『사다짜르(Sadachar)』, (발미끼의) 『요가 바시슈타(Yoga Vasishtha)』, (냐네스와르의) 『암루뜨 아누브하바(Amrutanubhava)』와 『냐네스와리(Jnaneshwari)』에 관해서도 이야기했다.

제자들의 입문

1951년부터 입문을 시작하여, 수천 명이 마하라지에게서 나마 만트라(Nama Mantra)를 받았다. 당신의 작은 아쉬람은 방문객 스무 명이 들어갈 정도였는데, 당신의 탄신일과 계보 스승들의 대삼매일에는 50명이 넘었다. 청중이 많을 때는 공회당을 예약했다. 진지한 구도자들은 최고의 영적인 지知를 거저 접할 수 있었다. 많은 제자들에게 그것은 여정의 끝이었을 뿐만 아니라, 구도자라는 개체 자체의 끝이기도 했다.

대삼매(Mahasamadhi)

1981년 9월 8일, 오후 7시 30분에 대삼매大三昧에 들었다.

자기사랑

| Self-Love |

일러두기

1. 본문의 꺽쇠표 안에 있는 말과 본문과 비슷한 크기의 괄호에 든 말은 원문에 있는 것이고, 본문보다 작은 괄호 안에 든 것은 옮긴이가 문맥을 보충한 문구이다.
2. 본문에서 **돋움체**로 표시된 말은 원문에서 대문자로 시작하는 단어와, 옮긴이가 부각시킨 일부 핵심 용어들이다. 원문에서 이탤릭체로 강조한 단어는 **굵은 글씨**로 표시하였다.
3. 모든 각주는 옮긴이의 역주이다. 그래서 *T.*(Translator의 약자)로 표시하였다.

1. 그대는 행위자가 아니다

1977년 11월 27일, 일요일

모든 살아 있는 존재의 행위는 자신이 바쁘다는 느낌을 보존하기 위해서 일어납니다. 이런 말들을 주의 깊게 들으십시오. 왜냐하면 이것은 씨를 뿌리는 것과 같기 때문입니다. 때가 되면 그 열매를 보게 될 것입니다. 모든 존재(existence-삶)는 의식을 아는 자인 일자—者(One)의 의식의 한 표현입니다. 점유자와 피점유자는 둘이 아니라 하나입니다.[1] 공간이 거기서 나오는 그 일자는 우리의 안에 있습니다.

마음에게는 탄생이나 죽음이 없습니다. 마음은 언어를 의미합니다. 언어의 흐름이 멈출 때 마음은 멈춥니다. 그것은 단어에도 해당됩니다. 단어는 허공에서 나오고, 마음은 단어에서 나옵니다. 여러분의 행동은 여러분의 마음에 따라 있습니다. 실은 여러분은 행위자가 아닙니다.

여러분이 입고 있는 옷이 여러분입니까? 아니지요. 마찬가지로, 여러분은 몸이 아니라는 것을 인식하십시오. 실은 허공이 여러분의 몸입니다.

2. 시간도 없고 세계도 없다

1977년 12월 1일, 목요일

브라만은 항상 존재하지만, 그것은 존재의 느낌(sense of being) 없이 있

---

[1] T. '점유자'란 만물에 편재하는 자, 곧 일자를 가리킨다. '피점유자'는 일자가 의식으로서 편재하는 현상계, 즉 만물을 포함한 세계를 말한다. 일자는 궁극의 실재인 빠라마뜨만이다.

습니다. **비슈누**(Vishnu)에게는 "나는 **비슈누다**"라는 느낌조차도 없습니다. 그것이 무엇을 의미합니까? 고행을 해서 그것을 이해할 수 있습니까? 그것은 비베까(*viveka*), 곧 참된 분별에 의해서만 알 수 있습니다. 여러분이 듣고 있는 것(내용)을 기억하십시오. 그것이 **명상**입니다.

이번 생에서 여러분의 행위들 중 어느 것이 참되었습니까? 아이 때의? 청년일 때의? 아니면 노인일 때의? 개별적으로는 그 행위들이 참될지 모르나, 그 총합은 거짓이라는 것을 알아야 합니다.

해탈은 벗어나는 것─개념들에서 벗어나는 것입니다. 그것은 어떤 속박이 있다는 관념에서 벗어나는 것이고, 우리의 마음·지성·개념들에서 벗어나는 것입니다. **진아**는 존재하려는 어떤 기대에서도 벗어나 있고, 그래서 그것은 어떤 해탈도 요하지 않습니다. 마음과 지성(intellect)의 중심을 아는 자는 그것들에 의해 방해받지 않습니다. 마음과 지성은 몸-정체성(body-identity)에만 영향을 줍니다.

빠라마뜨만(Paramatman) 안에는 어떤 종파나 교파도 없습니다. 모든 종교적 교리 체계는 개념들에 불과하고, 모든 개념은 불완전합니다.

스승(Guru)의 말씀이 무엇입니까? 그것은 "그대는 몸이 아니고, 그 안의 **의식이다**"라는 것입니다. 이것을 잊지 마십시오. 그러면 여러분이 죽지 않을 것이고, 그것은 죽음 그 자체의 최후가 될 것입니다. 자신을 몸과 동일시하는 사람은 이것을 이해하지 못할 것입니다.

'여러분이 있다'는 것을 이해할 때 시간이 시작되고, 여러분은 세계를 경험합니다. 여러분이 없을 때, 여러분의 세계가 어디 있습니까? 고통과 불행을 넘어서야 합니다. 그래서 여러분이 그런 것을 모르고, "그게 뭐지?" 하고 물어야 합니다. 여러분이 가진 존재의 느낌 그 자체가 고통입니다. 일체가 눈에 보이는 것은 여러분 안의 **의식** 때문입니다. 여러분의 **의식** 자체가 **스승**이라는 것을 기억하십시오. 이것은 **스승**의 명命(명령)이고, 그것을 자각하는 것이 곧 명상입니다. 이것은 **주 브라마**(Lord Brahma-

창조주인 신)에게조차도 아주 어렵습니다. 어떤 신상神像에 대해 명상하는 것이 더 쉽습니다.

여러분이 자각하든 못 하든, 여러분의 **의식**은 항상 존재합니다. **의식** 없이는 시간도 없고 세계도 없습니다. 꿈 의식에서는 꿈 세계가 있습니다. 잠자고 있는 사람이 이 꿈을 지켜봅니다. 이 꿈 속에서, 많은 우주들이 해체되는 것을 지켜보고 이야기할 수도 있습니다.

여러분의 마음이 침묵하게 될 때, 영적인 공부(spirituality)를 할 시간이 날 것입니다. 그러자면 마음을 그 목표에 고정하십시오. **크리슈나**는 말합니다. "나는 세계가 그것 때문에 알려지는 **그것**이다. 그리고 그대도 **그것**이다."

여러분은 탄생이나 죽음에 대한 경험이 없습니다. 남들이 그렇다고 해서 그것을 받아들였습니다. **마야**(*Maya*), 곧 **환**幻은 아주 이상합니다. 그것은 스승에게 헌신하는 사람들만 **진아**로 나아가는 것을 허용합니다. 여러분의 **스승**을 자신의 **진아**로 숭배하십시오. 여러분의 **의식**을 꽉 붙드십시오. 만일 스승을 따르면, 여러분의 세간적 삶과 영적인 삶이 모두 여러분이 원하는 대로 될 것입니다. 제자의 **의식**은 하나의 큰 힘이어서, 뭐든지 성취할 수 있습니다. 최소한 "**구루, 구루**"를 잊지 말고 찬송하십시오. 여러분에게 정말 필요한 것은 **스승**에 대한 헌신입니다.

구나(*gunas*), 곧 성질들은 셋이 아닌 단 하나—**사뜨와 구나**(*sattva guna*)입니다. 여러분이 자신은 어떤 행위를 하는 자라고 말할 때, 그것이 따마스(*tamas*), 곧 **따모구나**(*tamo-guna*)입니다. 여러분이 활동으로 충만하여 고요히 머물러 있지 못하면, 여러분의 성질은 라자스(*rajas*), 곧 라조구나(*rajo-guna*)입니다. 이 세 가지 성질에는 어떤 자부심도 없지만, 어떤 사람의 행동이나 활동을 보면 우리가 그 사람을 판단할 수 있습니다.

3. 그대는 그대 자신의 정보를 듣고 있다

여러분이 자신의 꿈에 대한 유일한 목격자입니다. 여러분의 우주는 여러분에게만 한정되어 있습니다. **참스승**이 하는 일은 여러분을 개념들에서 벗어나게 하는 것입니다. 여러분이 몸이 아니라는 것을 알기 위해서는 스승의 은총이 필요합니다. 그것은 여러분이 입고 있는 옷이 여러분이 아닌 것과 같습니다. "만트라는 근본 스승의 말씀(Mantra moolam Guru vakyam)"이라고 하는 것은, 스승의 말씀처럼 "나는 순수한 **브라만**이다"라는 것입니다.

우리의 참된 성품은 결코 변하지 않습니다. 그것을 알면 알수록 여러분의 욕망과 갈망이 더 많이 사라질 것입니다. **진아**는 욕망에서 벗어나 있기 때문에, 여러분의 갈망이 남아 있지 못합니다.

개인적 영혼으로서의 인간들은 자신의 몸을 사랑합니다. (그러나) **진아**에 대한 사랑이 시작된 뒤에도 몸은 자연발로적으로 돌봐집니다. 이것을 기억하십시오.

구루-만트라(Guru-mantra)[2], 곧 스승의 말씀은 우리의 참된 성품을 묘사하는데, 우리는 그것을 깨달을 수 있습니다. **진아**에 대한 명상을 약간만 해도, 우리는 **신의 은총**에 대한 추구를 포함한 모든 욕망에서 벗어나게 됩니다. 그럴 때 우리는 개미나 벌레 한 마리도 해치지 않습니다. **진아 깨달음**(Self-realization)을 얻은 뒤에는 무엇을 욕망할 어떤 필요도 없을 것입니다.

여러분의 몸은 부모가 창조한 것도 아니고 신이 창조한 것도 아닙니

---

[2] *T.* 스승이 제자를 입문시킬 때 주는 만트라. 마하라지 계열에서는 이 만트라를 '나마 만트라(Nama Mantra)'라고도 한다.

다. 그것은 자연발생적으로 발육했습니다. 여러분의 진아에 비하면 세계의 모든 순례성지들은 너무 작게 보입니다. 그런 곳들은 여러분 자신의 빛 안에서 중요성이 커졌습니다. 진아나 여러분의 스승을 결코 의심하지 마십시오. 그것이 최대의 죄입니다.

여러분이 여러분 자신의 빛의 도움을 받는다고 생각해 본 적 있습니까? 외부의 빛은 여러분의 내적인 빛(inner light)의 한 표현일 뿐입니다. 여러분의 몸은 사람의 몸이지만, 여러분의 의식은 모든 산 존재들(living beings) 안에서 동일합니다. 그것은 사람의 몸 속에서라고 다르지 않습니다. 다만 다른 존재들 안에는 인간의 지성이 없습니다. 몸은 진아로 인해 살아 있습니다. 여러분은 몸-정체성(body-identity) 때문에 자신을 어떤 사람이라고 여깁니다. 여러분에게 진아로서의 참된 지知가 있으면 몸-정체성은 사라질 것입니다. 여러분의 몸은 끝이 있는 것이 확실하지만, 여러분은 어떤 정체성을 가지고 죽고 싶습니까? 해와 달의 빛은 진아의 빛에 비하면 아무것도 아닙니다.

여러분의 의식에 대해 명상하십시오. 다른 모든 활동에 염증이 난 사람에게는 그것이 더 쉽습니다. 여러분의 의식은 한 몸뿐만이 아니라 무수한 몸들을 움직이고 있습니다. 그것을 스리 구루(Shri Guru)의 두 발로 아십시오. 여러분의 의식과 하나가 되십시오. 의식이 없다면 하나의 송장이었을 뿐인 것이, 빠라마뜨만이라는 신성한 씨앗을 품고 있습니다. 이것을 기억해야 합니다. 이 진아의 불꽃에 대해 명상하십시오. 그것과 친숙해지고 나면 그것이 무한한 것으로 보입니다. 이 모든 것은 여러분 자신의 정보라는 사실을 자각하십시오. 그러면 여러분의 가치는 브라만의 가치에 못지않을 것입니다. 여러분의 행위들 대부분은 여러분의 상상에서 나옵니다. 이제 여러분은 자신이 브라만이라는 것을 들었으니, 그것을 실천에 옮기십시오. 보통은 여러분이 살아 있는 한, 자신을 한 남자나 여자로 여깁니다. 마찬가지로, 이제는 여러분이 브라만이라는 것을 기억하십시오. 몸과의 동일시는 여러분을 죽음으로 이끄는 반면, 브라만으로 머무르는 것은 여러분을 구원해 줍니다. 그때는 시간이 여러분 안에서 해소되지, 여러분이 시간 속에서 해소되지는 않습니다. 우리의 진아는 구루데바(Gurudeva-신인 스승)와 동일합니다. 그것이 우리가 유일하게 순복順服해야 할 곳입니다. 참된 지知가 브라마(Brahma)의 위대한 무기이며, 그것은 천하무적입니다.3)

진인(Sage)은 남들과 같아 보이지만, 실은 그를 묘사하기란 불가능합니다. 여러분이 실제로 그를 알 때, 그와 같아집니다. 다른 어떤 것도 명상하지 말고, 명상하는 자에 대해 명상하십시오. 이런 식으로 설명하는 진아지(Self-knowledge)를 듣는 복이 있어야 합니다.

4. 차분하라, 우리는 모든 활동과 별개이다

1977년 12월 25일, 일요일

우리는 아무 활동도 하지 않고 홀로 있기가 어렵다고 느낍니다. 그것은 우리의 의식을 참아내기가 쉽지 않다는 것을 뜻합니다. 우리가 우리 자신에게서 도피할 수 있도록 하기 위해 여러 가지 유형의 오락이 고안됩니다. 홀로 있으면서 자기 자신과 대면하는 것은 용기 있는 일입니다.

어느 시점에서든 이 지구상에 사는 사람들의 수는 과거에 죽은 사람들의 전체 수에 비하면 아주 적습니다. 헤아릴 수 없는 무게의 음식 물

---

3) T. '브라마의 위대한 무기'란 '브라마 아스트라'를 말한다. 『라마야나』나 『마하바라타』에는 아스트라(astra), 즉 특정한 신의 만트라를 실어서 쏘는 일종의 미사일형 화살이 많이 등장하는데, 브라마 아스트라가 가장 강력하다.

질만큼 나갔던 그들의 몸들은 어떻게 되었습니까? 지금 그들은 무엇을 하고 있겠습니까? 유일한 답은, 지금 그들은 태어나기 이전과 같은 상태라는 것입니다.

신이 좋아하는 종교는 진아의 종교입니다. 그것은 동요 없고 두려움 없는 상태이고, 의식과 하나입니다. 다른 모든 종교들은 어떤 몸-정체성을 가지고 있는데, 그것은 우리를 더 낮은 수준으로 데려갑니다. 가장 높은 수준은 의식으로써 진아를 숭배하는 것입니다. 해탈은 모든 속박에서 벗어나는 것입니다. 다르마(Dharma)란 참된 종교를 의미하며, 그것은 순수한 의식으로서 사는 것입니다. 그럴 때 여러분의 마음·지성·에고는 여러분을 속박하지 못할 것입니다. 이 다르마를 따르는 사람은 모든 개념에서 벗어납니다. 진아의 다르마는 여러분의 최후까지 여러분과 동행합니다. 왜냐하면 여러분이 그 다르마와 하나가 되기 때문입니다. 최상의 선물은 진아의 지知를 전수하는 것입니다. 진아로서 사는 사람에게는 그에게 필요한 모든 것이 자연발생적으로 공급됩니다. 크리슈나는 "나는 그 사람을 위해서 모든 것을 한다"고 말합니다.

영적인 공부는 통상 매우 어렵지만, 그런 선택받은 소수에게는 그것이 쉬워집니다. 그들은 스승의 말씀을 받아들이고, 아뜨만 곧 의식과 하나가 됩니다. 다른 종교의 추종자들은 타락할 수도 있지만, 참으로 영적인 사람들에게는 그것이 불가능합니다. 진정한 브라민은 브라만이 된 사람입니다. 그는 이스와라(Ishwara)이기도 합니다. 크리슈나는 말합니다. "그들의 모든 행위는 나에게 도달하고, 그들은 나를 성취할 뿐이다." 진정한 구도자들과 참으로 종교적인 사람들은 진아지라는 선물을 받습니다. 여러분이 이 제사(yajna)를 지내고 싶으면, 무엇을 먹는 중에도 먹는 자에 대해서 명상하고 그를 자각하십시오. 모든 행위 속에서 이것을 닦아야 합니다. 여러분은 몸이 아니라 의식이라는 것을 늘 자각하십시오.

여러분의 모든 활동은 생명기운, 곧 생기生氣(prana)로 인해 일어납니다. 그러니 그것과 친해지십시오. **구루-만트라**를 창송하면 생기가 순수해지고, 임종 때는 그것이 보편적 생기에 합일됩니다. 자신의 생명기운과 친숙하지 않은 사람들은 끝에 가서 전락합니다. 생기는 모든 종류의 말을 의미하고, 그 반대도 마찬가지입니다. 마디야마(*madhyama*), 곧 중간 언어를 마음이라고 합니다. 그것이 말해지면 바이카리(*vaikhari*)라고 합니다.[4] 마음은 생기와 별개가 아니며, 생기는 **쁘라나바**(Pranava), 곧 **옴**(Om)이기도 합니다. 우리의 생기는 우리와 개미나 벌레 사이에서 어떤 차이도 보지 않습니다. 진인에게는 어떤 개인들도 없습니다. 모두가 하나이기에 어떤 구분도 없습니다. 진인의 생기는 우주에 속합니다. 진아지에는 늘 자비심이 수반됩니다. 진인은 자비심으로 충만합니다. 여러분의 생기를 즐겁게 하면, 말하는 자가 실제로 누구인지—여러분인지 여러분의 생기인지 알게 될 것입니다.

5. 그대의 존재 체험은 '옴'이다

1978년 1월 5일, 목요일

생각들은 오고 갑니다. 필요하다면 계속 스멀거리기도 합니다. 진인에게는 생각이 아무 문제가 안 됩니다. 그에게는 필요한 것이 아주 적고, 자신이 존재할 필요조차도 없습니다. 진인은 세상에서 어떻게 행위합니까? 아홉 달 동안 태아를 돌보는 분이 진인에게 필요한 것들을 돌봐줍니

---

4) *T.* 인도 언어철학에서 언어의 산출 과정은, 1) 빠라(*para*): 모든 언어와 의미의 총합, 2) 빠시얀띠(*pasyanti*): 특정한 단어와 의미의 단일체, 3) 마디야마(*madhyama*): 내면에서 문자화된 언어, 4) 바이카리(*vaikhari*): 생기(*prana*)가 가담해 입 밖으로 나온 언어이다.

다. 이 봉사는 출산 후 그 아이가 자신이 별개의 한 몸으로 존재한다는 것을 알 때까지 계속됩니다. 의식은 그 아이를 위해 모든 것을 합니다.

참스승이 주는 만트라(구루-만트라)는 제자로 하여금 자신이 스승과 하나임을 인식하게 돕습니다. 그 확신이 진아 깨달음으로 이어집니다.

여러분의 몸은 한 인간의 몸이지만, (여러분의) 아뜨만은 한 인간이 아닙니다. 빛의 성품을 가진 그것이 어떻게 그 몸일 수 있습니까? 베다(곧, 우파니샤드)에서는 몸-정체성을 없애기 위한 어떤 행법들을 명시하고 있습니다. 여러분의 말없는 존재의 체험이 옴 혹은 베다입니다. 몸은 5대 원소로 이루어졌는데, 그것의 본질은 우리의 의식, 곧 우리의 '내가 있음'에 대한 앎입니다. 우리의 의식 때문에 우리는 자신이 존재한다는 것을 알게 됩니다. 몸을 잊는다는 것은 우리가 그것이 아님을 안다는 뜻입니다. 여러분은 형상 없는 빛의 성품을 가졌습니다. 여러분의 빛이 여러분에게 다른 어떤 빛도 볼 수 있게 할 뿐 아니라 어둠도 볼 수 있게 합니다. 우리의 존재는 우리 자신이 경험하거나 아는 것입니다. 그래서 그것은 우리의 지知(jnana)입니다.

옴은 "그래, 내가 있다"를 의미합니다. 여러분의 의식을 점점 더 많이 알아 가면 결국 여러분이 자유로워집니다. 여러분이 몸이 아니라면, 누가 세간적 활동을 하겠으며, 무엇을 가지고 하겠습니까? 그저 살아 있기 위해서만 여러분의 마음을 사용하고, 더욱 더 많은 쾌락을 얻기 위해 사용하지는 마십시오. 감각대상들에 대한 끌림이 있는 것은 여러분의 몸-정체성 때문입니다. 자신이 빛으로 있다는 확신이 있으면 몸-정체성은 사라지고, 그러면 여러분에게 어떤 탄생과 죽음도 없습니다. 여러분은 스스로 빛나기에, 사물들을 여러분 자신의 빛 속에서 봅니다. 그런데도 여전히 여러분은 자신이 그 몸이며, 몸이 본다고 믿습니다.

생기(prana)가 떠나면 여러분의 몸은 떨어져 나갑니다. 우리는 그 생기가 죽었다고 말하지는 않지요. 생기가 순수하면 마음과 지성도 순수합니다. 신과 여신들의 모든 이름은 생기의 서로 다른 이름들입니다. 생기가 즐겁다면 여러분이 불행을 경험할 수 있겠습니까? 생기의 힘은 곧 의식의 힘입니다. 여러분은 자신의 의식을 가장 사랑하지 않습니까? 생기의 힘이 원초적 환幻이며, 또한 브라만의 힘이기도 합니다. 사람이 아무리 위대하다 해도, 그것은 모두 생기의 힘 때문입니다. 여러분은 생기라는 배를 타고 절대자에게 이를 수 있습니다.

여러분이 이야기하기를 좋아하는 것은 무지 때문입니다. 지知와 함께 그것이 사라집니다. 진아지가 있으면 모든 성향의 전적인 변모와 함께 순수한 존재(pure being)만 있습니다. 그것이 무엇을 의미하는지 기억하면서, 계속 만트라를 염念하십시오. 여러분은 누가 누구를 숭배하는지, 왜 숭배하는지, 궁금해 해본 적이 있습니까? 스승의 은총을 받기 위해서는, 그가 여러분에게 최종적 권위자여야 하고, 그의 말이 (여러분에게) 궁극적인 것이어야 합니다.

6. "내가 있다"가 무엇인지 알면 세계가 재미있다

1978년 1월 15일, 일요일

생기의 움직임과 이스와라의 움직임은 하나입니다. 여러분의 호흡에 주의를 기울이십시오. 생기가 없으면 어떤 '내가 있음'도 없습니다. 존재의 느낌('내가 있다'는 느낌)은 늘 생기의 출현과 함께 출현합니다. 만일 여러분이 아뜨만을 안다면 그것에 적합한 옷을 입을 수 있습니까? 그래서 진아 깨달음을 얻은 뒤에도 옷을 갈아입을 필요는 없습니다. 무지한 사람들만이 자신의 깨달음을 과시하려고 애씁니다. 수염을 자랑하는 것조차도 몸-정체성의 한 표지입니다.

여러분이 보는 환영幻影(visions)은 모두 허망한데, 그것들은 여러분의 개념에 따른 것입니다. 여러분의 **스승**의 이야기를 경청하는 것이 최상의 수행입니다. 그렇게 하면 여러분의 해탈이 더 쉬워집니다. **의식**에는 속성들이 있지만, **절대자**에게는 그런 것이 없습니다. 여러분이 나이가 들면 더 이상 어린애나 청소년이 아닙니다. 이런 변화가 일어나기 위해 어떤 의도적인 노력도 필요하지 않습니다. 그와 마찬가지로, **진아지**가 있으면 자부심과 에고가 자연적으로 사라집니다. 어떤 체험도 영구적이지 않다는 것을 기억하십시오.

이 세계에는 어떤 창조주도 없고, 세계를 유지하거나 파괴하는 자도 없습니다. 모두 하나의 자연발생적 사건입니다. 우리가 어떤 소식(news)을 들으면 그로 인해 즐거워질 수도 있고 언짢아질 수도 있습니다. 그러나 듣지 못한 소식은 우리에게 영향을 주지 않습니다. 마음은 개념들로 구성되고, 개념들로 가득 차 있습니다. 좋아하는 어떤 개념이 상상을 낳습니다. 그러면 마음이 허공에 성城을 짓습니다. 그러나 **아뜨만**은 초연하고 담담합니다. "내가 있다"는 개념이 알려질 때 **절대자**가 열립니다. (이런 이야기를) 듣는 것만으로도 그것이 열리는 데 충분합니다. 여러분이 어릴 때부터 무엇을 보고 들었든, 그것이 여러분의 세계가 되었습니다. 개인적 영혼·세계·**브라만**은 모두 개념입니다. 한 개념이 스스로 진화하여 매우 강력해지고 성질들로 충만해집니다. 그 뿌리에는 존재(being)의 느낌이 있습니다. 그것이 활동하면 마음의 변상變相들(modifications-생각·기억·감정 등 마음의 양상들)이 시작됩니다. 우리가 우리의 존재(existence)를 의식하게 되는 것이 주된 성질입니다. 그런 다음 생각의 흐름이 있습니다. "내가 있다"를 모르고서 존재의 느낌이 있습니까? 아침에 우리가 잠에서 깨어날 때, 최초의 생각은 우리가 존재함에 대한 생각입니다.

세계는 어떻게 생겨났습니까? 그것은 꿈속에서 우주가 출현하는 것과 같습니다. 만일 여러분의 몸이 실재한다면 우주도 실재합니다. 우주가 실재한다면 그 몸도 실재합니다. 세계가 아주 광대하기는 하지만 거기에는 티끌만 한 진리도 없습니다.

존재의 소식이 니브루따(nivrutta), 곧 무소식의 상태 위에 나타났고, 마음의 변상들이 시작되었습니다. 존재성(beingness)의 개념이 더 많은 개념들을 창조하여, 너무나 실재하는 듯이 보이는 이 세계를 생겨나게 했습니다. 존재의 느낌이 사라질 때, 그 사람은 무소식의 상태에 있습니다. 그러나 그는 자신이 그 상태에 있다고 말할 수가 없습니다. 모든 활동의 시작은 존재의 느낌이 출현한 뒤에야 있고, 이어서 마음의 변상들이 옵니다. 자신이 존재한다는 것을 모를 때, 여러분이 활동을 시작할 수 있습니까? 우리의 의식은 모르는 사이에, 예기치 않게 나타났습니다. 그것은 그 무소식의 상태에서 기원하며, 그 상태가 의식의 참된 품격(class)입니다. 이런 개념들은 결코 여러분에게 어떤 충만함을 안겨줄 수 없습니다. 만일 여러분이 명상을 하면, 즉 여러분의 존재성 안에서 안정되려고 노력하면, 마음의 변상들이 여러분을 동요시킵니다. 그럴 때에도 명상을 계속해야 합니다. 참된 것으로 자리 잡아 버린 "내가 있다"는 거짓된 소식의 뿌리에 주의를 기울이십시오. 남들에 대해서는 걱정하지 말고, 여러분 자신만 살펴보아야 합니다―여러분은 무엇입니까? 이 "내가 있다" 개념의 진정한 의미를 알 때, 여러분은 이 세계를 그냥 재미있는 것으로 보게 될 것입니다. 실제로는 어떤 일도 일어난 적이 없습니다. 여러분의 마음이 여러분이 욕망하는 대로 사물들을 여러분에게 보여줍니다. 여러분의 의식 그 자체가 다양한 형상을 취하면, 여러분이 욕망하는 대로 환영幻影을 봅니다. 여러분의 몸-정체성으로 인해 여러분의 개념들이 점점더 늘어날 것입니다. 만일 "내가 있다"와 친해지면, 그것이 여러분에게 진리를 보여줄 것입니다. 의식의 비밀을 알게 될 때, 자아의식은 사라지고 여러분은 초월지(Vijnana-완전한 진아 깨달음의 지知)라고 하는, 이름 없는 상

태에 있게 됩니다. 만일 여러분이 그 상태에 있는 것을 좋아하면, 언젠
가 때가 되면 자신이 어느 때에도 어떤 세계도 결코 본 적이 없다는 것
을 깨닫게 될 것입니다. 그래서 어떤 식으로 행위하고 말고가 없습니다.
그것을 알 때까지는, 여러분의 정상적인 활동을 계속해 나가고, 가정생
활에 저항함이 없이 그것을 부지런히 꾸려 가십시오.

태어난 뒤 무엇을 듣기 전의 여러분이 더 적합한 상태에 있었습니다.
여러분의 현재 상태는 참되다고 들은 모든 것을 받아들인 결과입니다.
여러분의 모든 행위는 여러분의 마음속에 들어온 것과 부합합니다. 여러
분의 참된 자아(진아)를 아는 것이 최대의 이득입니다. 그것을 아십시오.
그러면 전 세계의 수수께끼가 풀릴 것입니다. 그 말은, 여러분 자신을
알면 세계를 알게 될 거라는 뜻입니다. "나는 정확히 내 스승님에게서
들은 그대로다"라는 확신을 가지십시오. 세간적 활동에서는 여러분이 한
남자나 여자로 행위해도 무방하지만, 내적인 핵심에서는 여러분에게 형
상이 없습니다. 모든 것은 여러분이 죽어갈 때 여러분의 정체성에 달렸
습니다. 죽음은 하나의 단어일 뿐, 어느 누구의 실제적 경험도 아닙니다.
만약 브라만만이 존재한다면, 달리 무엇을 여러분이 경험할 수 있습니
까? 마음은 자신의 기원을 모르는데, 여러분은 그 마음의 제자가 되었습
니다. 그 마음이 자기 구상대로 여러분을 변화시켜 왔습니다. 여러분은
자신이 정확히 스승의 말씀 그대로이고, 그것은 진아일 뿐이라고 하는
맹세를 해야 합니다. 스승이 여러분에게 그 만트라를, 그의 비밀스러운
지知를 주었습니다. "내 스승님이 나에게 진리를 말씀해 주셨고, 당신의
말씀대로 살면 나는 반드시 그것을 깨닫게 된다"는 확신을 가지십시오.

사람들이 어떤 사람이 죽었다고 말할 때, 진인은 그것을 환幻에서 벗
어난 한 경우로 볼 뿐입니다. 그 환幻이란, 자신을 한 남자나 여자로 여
기는 것입니다.

먼저 음식 물질이 준비되고, 거기서 살아 있는 한 존재가 나타납니다.

동물은 그 음식 물질의 형상대로 이름이 붙습니다. 그것의 몸은 변모된 음식이고, 그것이 그 의식을 지탱합니다. 의식이 있는 한 허기와 갈증이 있습니다.

여러분이 스승의 말씀을 받아들인다면 확고해지십시오. 그러지 않으면 "하리, 하리(Hari, Hari)"[5] 하면서 계속 더듬게 됩니다. 살아 있다는 경험은 하나의 사기詐欺인데도 여러분은 그것을 사랑합니다. 그것은 영원히 지속되지 않습니다. 여러분이 건강한 음식을 먹어 아무리 건강해진다 해도, 늙으면 약해지고 휘청거리게 되어 있습니다. 그 점을 생각해 보십시오. 그것이 분별(viveka)입니다. "자야 구루(Jaya Guru)"[6]라고 말하는 여러분의 의식에 순복하십시오. 여러분 자신을 몸으로 여기면, 자신이 한 사람의 행위자라거나, 자신이 젊거나 늙게 보인다는 관념을 일으키게 됩니다. 여러분이 "몸이 변할 뿐, 나는 변치 않는다"고 말할 때, 그것이 분별입니다.

7. "내가 있다"의 접촉은 현재 순간에 있다

1978년 1월 19일, 목요일

경전 강의를 듣거나 경전을 읽는 것은 필요하지만, 그것이 스승에게서 받는 지知에 필적해야 합니다. 저는 정확히 경전에서 묘사되는 대로이고, 스승님(싯다라메쉬와르 마하라지)에게서 들은 대로입니다. '나'가 사라질 때, 남는 것이 진리입니다. (개아가) 이스와라와 하나가 되는 것이 요가입니다.

---

5) T. 'Hari'는 비슈누 또는 그의 화신인 라마나 크리슈나를 부르는 호칭의 하나이다.
6) T. "스승님께 승리를!", "스승님 만세!"란 뜻이며, 마하라지가 권장한 만트라이기도 하다.

그들이 결합하고 나면 둘 다 사라지고, 그것을 **주시하는** 자가 요겐드라(Yogendra)[7]입니다. 신을 욕망하는 자가 헌신자입니다.

마라티어에서 '야아드(*yaad*)'는 기억하기를 의미합니다. 모든 기억의 중심이 야아다벤드라(Yaadavendra)[8]인데, 그것을 아는 자가 **크리슈나**입니다. 몸은 **쁘라끄리띠**(*Prakriti*)를 뜻하고 그 안에 **뿌루샤**(*Purusha*)가 거주합니다. 모든 행위들은 **쁘라끄리띠** 때문에 있고, 그 행위들을 아는 자가 **뿌루샤**입니다. 의식은 생기(*prana*)를 압니다. 의식과 섞인 생기가 일체를 경험합니다. 둘 다 형상이 없습니다.

여러분이 자신을 자기 몸으로 여기는 한, 어떤 종류의 행복도 없을 것입니다. 여러분이 들은 것을 반추하고 분별을 사용해야 합니다. **의식**은 **뿌루샤** 때문에 존재하고, 생기는 **쁘라끄리띠** 때문에 존재합니다. 둘 다 몸 안에 있습니다. **쁘라끄리띠**와 **뿌루샤**를 아는 자는 해탈합니다. 실제로는 **쁘라끄리띠**와 **뿌루샤**가 다르지 않습니다.

스승은 생기의 호흡 그 자체입니다. 몸 안에서 우리는 "내가 있다"로서의 신의 현존을 느낍니다. 여러분의 정체성은 스승의 말씀 그대로라는 확신을 가지십시오. 생기-신(*Prana-God*)에게 순복하십시오. 그 말은, '몸과의 동일시'를 포기하라는 뜻입니다. 의식은 생기를 아는 자입니다. 그것이 무념의 상태로 남아 있기를 좋아할 때는 명상이 24시간 계속됩니다. 생기의 중심에 주의를 기울이십시오. 그런데 그 주의 기울임은 생기에 의해서만 이루어집니다. 영원한 평안이 큰 성취입니다. 진정한 안식은 **쁘라끄리띠**와 **뿌루샤** 둘 다가 잊힐 때입니다. **명상-요가**(Dhyan-Yoga)를 닦으면 "나는 아무개다"라는 개념이 잊힙니다. 명상에서 성공하려면 온 마음으로 전념하는 태도를 계발해야 합니다. **의식**이 생기에 주의를 기울일 때 생기는 침묵하게 되고, 그 둘은 삼매(*samadhi*) 속에서 결합됩니다. 쁘

---

7) *T.* '요가의 신', 곧 시바를 가리킨다. 이때의 시바는 진아를 의미한다.
8) *T.* 이 단어 자체는 '야다바/야두 일족(Yādavas, Yadus)의 왕', 곧 **크리슈나**를 가리킨다.

라끄리띠와 뿌루샤가 고요함 속에서 결합할 때, 그것을 요가-니드라 (Yoga-nidra), 곧 요가적 잠이라고 합니다. 여러분이 책에서 읽은 것을 진아에 대한 여러분 자신의 체험으로 검증해야 합니다.

깊은 잠이 "내가 있다"의 출현과 함께 약간 의식하는 상태가 되었을 때, 그것이 큰 체험을 낳았습니다. 의식이 갑자기 우주가 되고, 우리는 우리의 세계를 경험합니다. 이 의식이 왜, 어떻게 하나의 환幻이 되었는지 알아내십시오. 경험하는 자의 경험이 그 경험자와 함께 사라집니다. "나는 깨어 있다"는 느낌과 함께 세계도 보입니다. 그것 때문에 여러분이 의식하게 되는 그 의식을 붙드십시오. 클로로포름을 주고 나서 하는 수술은 고통스럽지 않습니다. 만일 사람이 의식이 없을 때 죽으면 그가 후회할까요? 여러분이 이런 이야기를 듣는 데 전적으로 몰두해 있다면 세계를 잊을 것이고, 본연 상태(sahaja state)라고 하는 가장 본래적인 상태에 있게 될 것입니다. 이것은 큰 소득입니다. 스승에 대한 헌신의 보답이 진아 깨달음입니다. 현재 순간에 사십시오. 왜냐하면 이 순간은 여러분이 "내가 있다"의 접촉을 갖는 때이기 때문입니다.

8. 목표에 주의를 기울여 브라만을 깨달으라

1978년 1월 22일, 일요일

본질적으로 여러분은 브라만과 다르지 않지만, 여러분은 자신이 그 몸이라고 상상합니다. 그 잘못된 동일시와 함께 여러분은 죄와 공덕을 믿습니다. 또한 자신이 환경(가정과 사회 환경)의 피해자라고 믿습니다. 핵심은 몸과의 동일시와, 자신이 한 남자나 여자라고 믿는 것입니다. 자기 자신을 한 인간으로 여기는 것조차도 착각입니다. 실은 여러분은 순수한 의식일 뿐이고, 그 의식이 지금 경청하고 있습니다. 여러분은 그것을 몸-정체성(body-identity)으로 검게 칠하는데, 그것은 잘못하는 것입니다. 여러분의 삶이 모르는 사이에 전개되고 있습니다. 그것이 삶의 성품입니다. 이 세상에서 최초의 지知는 들어서 얻는 것입니다. 그것으로 여러분은 자신의 존재를 압니다. 지知의 씨앗들은 원자같이 극미합니다. 그럼에도 불구하고 그것들이 큰 세계를 창조합니다. 여러분이 상상하는 여러분의 형상은 똑같은 것으로 머무르지 않습니다. 사실 여러분은 살아 있는 자도 아니고 (언젠가) 죽는 자도 아닙니다. 탄생과 죽음의 문제는 몸-정체성으로 인해 나타납니다. 여러분의 존재의 느낌(sense of being)은 세 가지 성질, 즉 사뜨와·라자스·따마스의 운동의 결과입니다. 그러나 그것은 모두 일시적입니다. 행복과 불행이 있는 것은 여러분의 존재의 느낌 때문일 뿐입니다. 그러나 이 의식은 불길이 꺼지는 것처럼 사라지게 되어 있습니다. 지知의 불이 모든 종류의 불 중에서 가장 위대합니다. 해가 자신의 밝음을─그것이 더한지 덜한지를 압니까? 그러나 여러분은 자신의 빛 안에서 다른 빛들의 밝음을 판단할 수 있습니다. 이 판단에는 어떤 노력도 들지 않습니다. 여러분의 봄(seeing)과 앎(knowing)이 하나가 되어야 합니다. 제약(tamas)·활성화(rajas)·비춤(sattva)의 세 가지 성질이 모든 인간들 안에서 작용하고 있습니다.

여러분의 의식이 여러분의 모든 지知와 활동의 원인입니다. 이 세상에서 어떻게 갖가지 유형의 기계들이 제작되고, 집들이 지어지고, 도로들이 건설됩니까? 여러분의 의식 때문에 여러분은 욕구(needs)가 많고, 직장을 구해야 합니다. 그 욕구들 때문에 매일 8시간 이상 일해야 합니다. 그 욕구들 때문에 여러분은 거의 노예처럼 됩니다. 자신이 몸이 아니라 몸 없이 자유로운 의식이라는 것을 깨닫게 되면, 그런 모든 문제에서 벗어날 것입니다. 여러분의 진정한 삶은, 그로 인해 여러분이 의식하게 되는 그것(의식)입니다. 그것을 명심하십시오. 이 법문(discourse)은 여러분이 본질상 무엇인지 말해주기 위한 것입니다. 여러분의 마음이 상상하는 것은 지속되지 않습니다. '나'와 '내 것'이라는 관념이 여러분을 떠나지 못하는데, 이는 그것이 여러분이 가진 성질들의 본성이기 때문입니다. 이제 가장 중요한 것을 붙드십시오. 그것은 여러분의 의식입니다. 어떤 기대도 없이 사십시오. 그러면 어떤 집착도 없을 것입니다. 실제로 여러분에게는 필요한 것이 아무것도 없다는 것을 아십시오. 여러분의 참된 성품은 늘 온전하고 완전합니다. 마음으로 그것을 어지럽히지 마십시오.

여러분은 신의 뒷받침을 필요로 합니다. 여러분이 믿는 신 말입니다. 그것은 신이 무엇인지 여러분이 실제로 안다는 뜻은 아닙니다. 비슈누·라마·크리슈나 등은 진리를 깨달은 몸들의 이름입니다. 그래서 그들이 존경받습니다. 만일 어떤 헌신자가 꼭 보려고 하면 이런 신들을 환영幻影으로 봅니다. 그러나 여러분 자신 외에 누가 이런 환영을 만들어냅니까? 여러분의 상상은 실재(reality) 안에서 설 자리가 없습니다. 여러분의 내적인 위대함은 그에 대한 여러분의 무지에 의해 방해받지 않습니다.

무엇을 하거나 하지 않는 것은 여러분 마음대로 되지 않습니다. 활동들은 필요한 대로, 혹은 운명 지워진 대로 일어날 것입니다. 여러분이 자신의 진아 안에 자리 잡으면 모든 욕망이 사라질 것입니다. 브라마와 비슈누는 여러분의 내적인 팔다리들의 이름입니다. 모든 살아 있는 존재들은 그들의 자연적 욕구에 따릅니다.

여러분의 세계와 세계의 지식은 무엇에 의존합니까? 물론, 모르는 사이에 나타난 의식에 의존합니다. 혹자는 제가 더 미세한 측면으로 들어가고 있다고 말할지 모릅니다. 여기서 '미세하다'는 단어는 무엇에 해당됩니까? 그것은 지知에 해당됩니다. 그것은 우리가 존재한다는 앎, 곧 우리의 의식입니다. 그것은 색상도 형상도 없고, '나'라는 맛(I taste)'뿐입니다. 그것을 '우리가 있다'는 기억이라고도 합니다. 여러분의 의식은 여러분과 어떻게 관계됩니까?

5대 원소에 의해 만들어지는 장면이 더 이상 없을 때, 우리는 그것을 죽음이라고 부를 수 없습니다. 여러분이 몸이 아니라면, 어떻게 죽을 수 있습니까? 여러분이 몸이 아니라면, 여러분은 어떻게 보이겠습니까? 그것을 생각해 보십시오. 여러분이 들은 것을 기억하고 그에 대해 명상하는 것은 큰 고행(penance)입니다. 이 법문은 듣는 이가 영적인 공부를 어떻게 해 나갈지에 대한 하나의 교과입니다. 여러분은 그 공부에 의해 계속 변해 가다가, 마침내 더 이상 어떤 변화의 여지도 없게 될 것입니다. 진리는 어떤 맛도 없고 존재의 느낌도 없습니다. 여러분의 참된 자아를 자각하십시오. 현재 여러분은 그 몸을 자기 자신으로 여기는데, 그것이 잊혀야 합니다. 여러분이 아무리 애를 써도 영구히 한 남자나 여자로 남아 있지는 못합니다. 몸의 5대 원소가 바깥의 5대 원소에 합일될 것입니다. 여러분은 이것을 이해하지 못할지 모르지만, 여러분 안에는 이해하는 뭔가가 있습니다. 그 뭔가(의식)가 여러분의 존재의 원인인데, 그것을 이해하면 적절한 때에 여러분 안에서 변화가 일어날 것입니다. 그 목표(의식)에 주의를 두면 뿌르나(purna), 곧 완전한 브라만을 깨달을 것입니다. 여러분의 마음이 존립하고 있으려면 모종의 지지물이 필요합니다. 여러분이 있다는 것을 알기 위해서는 현재의 여러분 자신 아닌 뭔가가 필요합니다. 바꾸어 말해서, 여러분이 실제로 홀로일 때는 자신의 현존(presence)을 모릅니다.

명상에서 성공하기 위해서는 목표에 대한 주시(attention)와 함께, 스승의 은총이 필요합니다. 여러분은 그것(의식에 대한 주시)을 스승 명상이라고 부르고, "나는 스승에 대해 명상하고 있다"고 말해도 되겠지요. 목표에 대한 (직접적인) 주시가 불가능하다면, 그것이 최선입니다. 어떤 사람들은 비슈누, 크리슈나 혹은 깔리(Kali)를 목표(집중의 대상)로 고릅니다.

살아 있는 세계 전체가 여러분의 의식의 표현입니다. 몸 안에서는 그것이 하나의 주시자일 뿐이고, 모든 활동은 생기(prana)로 인해 일어납니다. 마음·지성·개인적 영혼은 생기의 다양한 이름들입니다. 의식과 생기 간에는 어떤 나뉨도 없습니다. 그것들은 모든 몸 안에서 함께합니다. 그래서 생기를 기쁘게 하면 **진아** 깨달음은 틀림없이 일어납니다. 그러니 여러분의 영적인 웰빙(wellbeing)을 위해 생기를 숭배하고 기쁘게 하십시오. 그러면 **진아**에 대한 숭배가 자연발생적으로 일어날 것입니다. 이것은 생기가 의식의 존재에 필수조건이기 때문입니다. 그 둘 다 형상이 없습니다. 궁극적으로 그것들은 몸에서 사라지지만 죽지는 않습니다. 몸이 없는 것에게는 죽음이 있을 수 없습니다.

여러분은 자신의 참된 정체성으로 살고 있지 않습니다. '나'와 '내 것'에 대한 집착으로 인해 여러분이 **진아**를 알지 못합니다. 최소한 **쁘라끄리띠**와 **뿌루샤**가 무엇인지를 기억하십시오. "신은 나의 영혼 혹은 생기다"라고 말할 때, 이런 단어들이 무엇을 의미합니까? 생기와 하나가 되십시오. 생기는 움직임을 의미합니다. 의식은 이 움직임을 아는 자입니다. 그 둘 다 **절대자**에 합일됩니다. **진인**에게 가장 즐거운 때는 생기가 몸을 떠날 때입니다.

만일 여러분이 한 순간이라도 **신**의 문간에 서 있으면, 네 가지 종류의 해탈[9] 전부를 성취한다고 합니다. 그 말은, 마지막 떠나는 날 여러분이 한 순간이라도 **진아**에 주의를 기울이면, 해탈한다는 뜻입니다.

만일 여러분이 더러운 말로 자신의 **스승**을 비난하면, 고통 받게 될 것입니다. "그대와 나는 하나다"라고 하면서 여러분에게 **만트라**를 베풀고, 여러분을 모든 무지에서 벗어나게 하는 사람을, 어떻게 여러분이 비난할 수 있습니까? **스승**은 한 남자나 여자에게 **만트라**를 준 것이 아니라 듣고

---

9) T. 『다스보드』에 따르면, 이것은 신의 천국에 사는 것(Swalokata Mukti), 신 가까이 있는 것(Samipata Mukti), 신과 같은 모습을 띠는 것(Swaroopata Mukti), 그리고 진아 깨달음(Sayujya Mukti)이다. 앞의 세 가지는 부분적 해탈이고, 진아 깨달음은 영구적 해탈이다.

있는 의식에게 준 것입니다. 그 개인적 영혼은 온전하지만, 죽음에 대한 공포로 인해 고통 받고 있습니다. 진인들이 그들의 헌신자들이 겪는 불필요한 고통을 보면, 자비심이 일어납니다.

9. 신은 누구인가?
1978년 1월 29일, 일요일

여러분은 눈으로 달을 보지만, 그것들 사이에서 무엇을 봅니까? 그것은 허공입니다. 허공은 여러분이 볼 수 없습니다. 그와 마찬가지로, 여러분이 볼 수 있게 하는 여러분 자신의 빛도 눈에 보이지 않습니다. 그 이유는, 둘이 하나이기 때문입니다. 이것은 여러분이 허공임을 의미합니다. 허공은 의식의 몸이고, 여러분은 그것을 넘어선 것입니다. 처음에는 존재의 느낌이 있고, 그런 다음 검고 푸른 것, 곧 의식의 빛이 있습니다. 그런 다음 공간이 오고, 나머지 4대 원소(지수화풍)가 옵니다. 이 모든 것은 이 순서대로 출현합니다.

진인(Jnani)은 이 의식, 곧 지각성(knowingness)이 무엇인지를 탐구하며, 그것이 무엇으로 인해 있는지 압니다. 의식과 그것의 기원을 아는 자를 "냐니(Jnani)라고 하는데, 그것은 '지자知者(knower)'라는 뜻입니다. 왕이 자기 나라 안에 있으면 일체가 순조롭게 돌아가듯이, 진인이 있는 것만으로도 충분합니다. 그는 해야 할 어떤 임무도 없습니다. 그는 어떤 행동 유형도 따르지 않습니다.

태어나기 전에는 여러분이 자신의 존재를 몰랐습니다. 왜냐하면 영원하고 평화로운 절대자로 존재했기 때문입니다. 여러분의 존재의 느낌은 태어난 뒤 불과 몇 년 만에 나타났습니다. 여러분의 존재성은 여러분의 음식-몸(food body)의 사뜨와-샥띠(sattva-shakti)의 성질입니다. 그 샥띠가 창조주이지만, 그것을 아는 자는 순수한 초월지(Vijnana)입니다. 이것을 여러분의 현 상태와 비교해 보십시오. 진인에게는 어떤 지知도 없고, 그는 그것을 넘어서 있습니다. 반면에 무지한 사람은 자신을 자기가 아닌 자기 몸과 동일시합니다. 그는 자신의 존재가 몸 때문임을 알게 됩니다. 왜냐하면 그의 존재의 느낌은 사뜨와 몸(sattva body)의 성질이기 때문입니다. 초기 단계에서, 진보된 구도자는 자신을 의식과 동일시합니다.

모든 치료법은 이익이 되기보다 해가 된다고 하지만, 여러분에게 유일한 치료법은 만트라를 염誦하는 것입니다. 스승에 대한 믿음에 직접 비례하여, 여러분의 의식이 아주 대담해지고 강력해질 것입니다. 그럴 때 여러분은 결코 무력하다고 느끼지 않을 것입니다. 왜냐하면 의식 안에는 어떤 개인성도 없기 때문입니다. 여러분의 스승은 여러분이 진아일 뿐임을 상기시켜 왔습니다. 더 빨리 성공하려면 스승에게 완전한 믿음을 가지십시오. 만일 스승을 그의 몸으로 여기면, 여러분의 의식이 여러분을 고문할 것입니다. 스승이 자신의 의식 안에 거주하는 것을 관찰하는 사람은 바로 이번 생에 해탈합니다. 진정한 순복順服은 마치 어떤 몸도 없는 것처럼 사는 것입니다. 만일 여러분이 이미 순복했다면, 거기에 그대로 머무르십시오. 존재계 전체를 움직일 수 있는 의식이 여러분의 몸 안에 있다는 자각을 가지고 사십시오. 먹기·듣기 등과 같은 행위들은 실은 여러분의 것이 아니고, 여러분의 의식의 친존親存(presence)에 있는 생기의 것이라는 것을 기억하십시오. 브라만에게 일체를 드린다는 것은 니르구나(Nirguna)[속성 없는 것]가 된다는 것을 의미합니다. 5대 원소가 어떤 좋은 성질이나 나쁜 성질에 영향을 받습니까?

제자의 믿음을 모르고서는 더 높은 지知를 베풀 수 없습니다. 적절한 단어들을 사용해야 듣는 사람이 그것을 이해할 수 있습니다. 여러분의 의식이 순수하면, 순례성지들이 여러분의 방문에 의해 성스러워질 것입니다. 의식의 순수성이 궁극적인 것이고, 그것보다 더 순수한 것은 이 세상에 없습니다. **진아**를 깨닫는다는 것은 최고의 성스러움에 도달하는 것입니다. 그럴 때, 우리는 남과 어울릴 어떤 필요도 넘어섭니다. 깨달았다고 자부하는 사람은 무지한 것일 뿐입니다. 아무것도 존재하지 않는다는 것을 알게 될 때, 자부심이 어떻게 남을 수 있습니까?

신이 누구입니까? 신이란 완전한 만족을 의미합니다. 여러분은 사람들이 "신을 기쁘게 했고, 행복·만족이 있었고, 일이 끝났다"고 말하는 것을 듣습니다. 사랑은 우리의 존재 욕구를 의미합니다. 사랑은 무한하고 한계가 없지만, 언제 그렇습니까? **자기사랑**이 빛날 때입니다. 여러분이 어떤 질문을 할 때, 그것은 몸-정체성을 가지고 하는 것입니까, 그것 없이 하는 것입니까? 사랑은 우리도 모르게 알려지는 "내가 있다"는 소식인데, 그것은 형상이 없고, 계급과 신앙이 없습니다. 사뜨와라는 순수한 성질이 사랑이며, 그로 인해 우리가 우리의 존재를 느낍니다.

진인은 누구와도 경쟁하지 않습니다. 그래서 어떤 학대·시기·질투도 없습니다. 누가 **진인**을 미워하겠습니까? 몸-정체성으로 인해 미숙한 사람들뿐입니다. 그들은 그가 하는 말을 이해하지 못합니다. 그래서 그를 따르고 말고도 없습니다. 브라만에게 바치는 공물이란 무엇을 뜻합니까? 그것은 나타나거나 보이는 그 무엇도 존재성이 없다는 것을 의미합니다. 그렇지 않습니까? 이것을 아는 사람이 **진인**입니다. 그것은 스승의 은총에 의해 일어날 수 있습니다. 속성 없고 형상 없는 **스승**을 결코 그의 몸으로 여기지 마십시오. 여러분이 지금 듣고 있는 것은 저의 **진아 깨달음** 이후의 직접지直接知(direct knowledge)입니다. 이것은 전해 들은 지知가 아닙니다. 그것은 누구의 음성이나 소리입니까? 그것은 어떻게, 왜 창조되었습니까? 여러분의 음성은 실은 여러분의 것이 아니고 남들의 것입니다. 이 음성은 **베다**의, 혹은 생기의 것입니다. 여러분이 앉아 있는 자세는 몸의 자세만이 아니라 의식의 자세이기도 해야 합니다. 5대 원소와 세 가지 성질의 형상 안에는 사랑, 곧 자기사랑만이 있습니다.

스승에 대한 숭배는 여러분의 내적인 눈을 뜨기 위한 하나의 필수요 소인데, 그 눈은 신체적 눈이 아닙니다. 정상적인 눈 없이 보이는 것이 진짜입니다. 여러분이 눈을 감으면 깊은 푸른색이 보이고, 눈을 뜨면 그 것이 사라집니다. 여러분의 스승을 믿고, 결코 그를 몸으로 여기지 마십 시오. 사뜨와 성질을 가진 여러분의 존재성을 알게 될 때, 브라만에 대 한 완전한 순복이 있게 될 것입니다. 실제로 말하자면, 여러분은 말을 할 수 없습니다. 말은 허공의 성질을 가지고 있기 때문입니다. 여러분은 허공조차도 아니고, 그것을 넘어서 있습니다. 우리의 구루데바(Gurudeva-싯다라메쉬와르 마하라지)께서는, "여러분이 쉰 살이나 백 살이라 해도, 저에게 는 여러분이 한 사람의 어린아이일 뿐입니다"라고 말씀하시곤 했습니다. 여러분의 존재의 느낌은 자궁 속에서는 잠재해 있었고, 바로 지금도 여 러분은 자궁 속에 있을 때와 마찬가지입니다. 여러분은 그 깊은 푸름을 보았습니다. 그것을 기억하겠습니까? 바잔(bhajan)을 할 때, 여러분은 '가 나샤마(Ghanashyama)'라는 단어를 말하는데, 그것은 그 깊고 푸른 것을 뜻합니다. (바잔을) 기계적으로 하지 말고, 그 비밀스러운 의미를 기억하십 시오: 여러분의 자세는 생각과 의식을 안정시켜 취하는 자세여야 합니 다. 몸의 자세에 불과한 것은 하급下級이고 적절치 않습니다.

이 세상에는 과학과 여타 분야의 방대한 지식이 있고, 끊임없는 배움 이 있습니다. 기적을 행하는 법도 배울 수 있습니다. 저는 그런 것을 전 혀 공부하지 않았습니다. 저는 스승님의 명령에 기초하여 진아만 공부했 습니다. 저에게는 다른 모든 배움이 그 의미를 상실했습니다. 스승에 대 한 믿음이 없으면 계속 스승을 바꾸고, 마하트마들을 찾아다니고, 여러 순례지들을 방문하고, 어디서 강연을 하면 가서 듣겠지요. 스승에게 완 전한 믿음을 가지면 어디로 가야 할 필요에서 벗어나게 될 것입니다.

10. "나는 영원하다"가 참된 지(知)이다

1978년 2월 9일, 목요일

여러분은 변하는 것만 의식할 수 있습니다. 변하지 않는 것은 의식의 파악 범위에 들어올 수 없습니다. 변치 않는 것은 영원하며 어떤 성질도 없습니다. 그래서 그것은 이해를 넘어서 있습니다. "나는 이것이나 저것이다"는 빌려온 느낌일 뿐입니다. 그것은 영구적이지 않기 때문입니다. 이것을 아는 자가 **영원자**(the Eternal)입니다. 모든 욕구는 몸에 수반되고, 몸과 함께 떠납니다. 알려지는 것은 뭐든 다 개념입니다. 여러분의 모든 습(習)과 마음의 변상(變相)들이 사라질 때, 여러분은 무엇을 하겠습니까? 그런데 여러분이 무엇을 하든, 그것은 일시적일 뿐일 것입니다. 그것이 얼마나 오래가는지는 별 상관이 없습니다. 여러분이 소유한 것이 무엇이든, 흔적도 없이 사라질 것입니다. 그럴 때, 여러분이 어떤 것을 소유하고 말고가 어디 있습니까?

실은 여러분은 이해했다거나 이해하지 못했다고 주장하는 그 사람이 아닙니다. 자신이 무엇이며, 어떻게 무엇인지를 안 사람은 누구도 비난하지 않을 것입니다. 여러분이 세 가지 성질로 인해 이름과 형상을 가지고 있는 한, 여러분에게 어떤 직접적인 **진아지**도 없습니다. 성질들에 대해서 이야기할 때, 여러분은 그 안에 있습니까, 밖에 있습니까? **진아지**가 없으면 우리는 한 사람의 고자쟁이가 되어, 당사자들 사이에서 오해를 유발합니다. 몸-정체성으로 인해 여러분은 말로써 남들을 공격합니다. 실은 모든 살아 있는 존재들 안의 **의식**은 똑같은 하나이고, 그것은 신만큼이나 신성합니다. 그렇다면 누가 누구를 욕할 수 있습니까? 여러분은 깨달을 때까지 남들을 비난하고 싶습니까?

(남들을) 여러분의 **스승**으로 보거나 대하듯이 하면 여러분이 위대하고

가치 있게 될 것입니다. 스승이란 의식을 의미합니다. 스승은 **빠라브라만**을 의미합니다. **아뜨만**은 '나', 곧 빛나는 것을 의미합니다. 의식은 **이스와라**의 형상 혹은 몸입니다. 신처럼 행동하십시오. 그 말은, 어떤 나쁜 성질도 없는 인간처럼 행동하라는 뜻입니다. "내가 있다"는 생각이 이 세계의 영혼입니다. 늘 이것을 기억하십시오. 여러분이 읽은 모든 책을 옆으로 치워두십시오. 여러분이 스승의 가르침을 진지하게 여기지 않기 때문에, 다른 영적인 행법들의 도움이 필요합니다. 모든 사건들은 **신** 안에 있고 **신**으로 인해 있습니다. 여러분은 그 모든 것과 무관합니다. 스승의 말씀을 24시간 기억한다는 것은 **진아**와 하나가 되는 것입니다. 어떤 진인이 지금 그의 몸을 떠나든, 천 년 뒤에 떠나든, 그에게는 어떤 이익이나 손해도 없습니다. 스승과 그의 말씀에 대한 믿음이 최고로 중요하고, 그것이 궁극이며, 더 이상 (세간의) 무엇을 따를 필요가 없습니다. 스승의 지혜는 순수하고, 무형상이며, 인간 지성을 넘어서 있습니다. 세간적 지식은 단어들에서 유래합니다. 여러분이 자기가 누구인지를 모르는데, 여러분에게 무슨 세계가 있습니까? 무슨 해나 달이 있습니까?

여러분은 자신을 키가 몇 자밖에 안 된다고 여기기 때문에, 자신의 **의식**이 광대함을 상상하지 못합니다. 이 모든 것은 영구적이지 않고, 그것을 **아는 자**만이 영구적입니다. 이것이 참된 **지**知입니다. 여러분이 무엇을 자신으로 믿든, 그 결과가 여러분에게 영향을 줍니다. 만일 여러분이 **브라만**으로서 살면, 그것이 여러분의 운명이 되게 되어 있습니다. 여러분의 **의식**이 자신은 완전한 **브라만**이라고 말하는데, 여러분이 달리 무엇이 될 수 있습니까?

극미한 우리의 **의식**이 약간 빛날 때, 그것이 광채를 발하며 엄청난 세계를 보여줍니다. 모든 대상들은 여러분의 **의식**의 빛으로 이루어져 있습니다. 여러분이 그것을 어떻게 소멸할 수 있습니까?

11. 몸 안에 있을 때 광대해지고 자유로워져라

1978년 2월 16일, 일요일

의식이라는 내적인 구球, 곧 아스트랄 구체球體(astral globe) 안에 방대한 외부 세계가 꽉 들어차 있습니다. 세계는 안에 있음에도 밖에 있는 것처럼 보입니다. 그런 작은 공간 안에 어떻게 거대한 세계가 들어갈 수 있습니까? 그것은 실현 가능하지 않기 때문에, 세계는 거짓이고, 존재하는 것처럼 보일 뿐입니다. 거짓된 거대한 세계만이 그 작은 의식에서 창조될 수 있습니다. 그래서 세계는 환幻이고, 브라만만이 참됩니다.

아침에 해가 뜨는 것이 하루의 씨앗입니다. 해가 있으면 아침이 있고, 시간도 있습니다. 해는 시간을 의미하는데, 그것은 하늘에 있는 해의 위치가 시간을 말해주기 때문입니다. 수백만 명의 사람들 중에서 극소수만이 아뜨만의 뿌리 혹은 씨앗에 도달할 수 있습니다. 어떤 논변에서도 그런 사람을 꺾을 수 없습니다.

이 의식이 무엇인지에 대해 확신을 가지고, 거기에 확고히 안주하십시오. 이것이 명상이고, 참된 구도자에게서 기대되는 것입니다. 우리가 개인적 이득에 대한 어떤 기대를 가지고 있는 한, 진리에 대한 어떤 깨달음도 있을 수 없습니다. 아뜨만이라는 단어는 '나', 곧 몸이 없는 의식을 의미합니다. 우리가 자신의 현존을 느끼는 것은 몸·생기·의식의 조합 때문입니다. 형상이 없는 우리의 의식이 형상이 있는 몸으로 인해 있습니다. 여러분의 고통과 쾌락의 경험은 여러분 자신을 그 몸이라고 믿는 결과입니다.

『라마야나』 경전을 보면, 라마가 태어나기 전에 무한한 무시간적 라마가 존재했고, 주 상까르(Lord Shankar-시바)조차도 그를 숭배했습니다. 우리의 가장 오래된 경전에 이런 이야기가 나옵니다.

영적인 교사를 스승(Guru)이라고 합니다. 스승인 것은 그 교사의 의식이고, 같은 의식이 제자들 안에도 있습니다. 진아의 성품은 행복이고, 우리가 행복할 때는 진아에 더 가까이 있습니다. 여러분은 행복이 바로 여러분 자신의 참된 성품이라는 것을 압니까? 진아와 행복은 둘이 아니라 하나입니다. 그러나 진아에 대한 진정한 지知를 가져야 합니다. 스승에 대한 숭배란 그의 가르침을 엄격하게 따른다는 것을 뜻합니다. 여러분의 스승은 여러분이 자신의 의식을 숭배하기를 바라는데, 숭배란 여러분이 그것을 명상한다는 것을 뜻합니다. 여러분의 의식을, 지성으로써 붙들지 말고 의식 자체로써 붙드십시오. 우리의 몸-동일시(body-identification)가 참된 행복의 방해물입니다. 우리의 참된 성품은 의식을 넘어서 있고, 또한 모든 성질을 넘어서 있습니다.

허공이 여러분의 의식의 몸입니다. 허공이 두려움이 없듯이, 여러분의 의식도 그렇습니다. 영감(inspiration)은 빛, 곧 여러분의 의식의 빛을 의미합니다. 여러분이 눈을 감으면 하나의 그늘을 봅니다. 진인들은 그것을 사발라 라마(Savala Rama), 곧 검은 얼굴색의 라마라고 불러 왔습니다. 마찬가지로, 여러분이 눈 없이 보는 것은 가나샤마(Ghanashyama), 곧 검은 얼굴색의 크리슈나입니다. 여러분은 그를 본 적이 있습니까? 그래서 라마와 크리슈나는 우리의 안에 있고, 우리가 우리 자신의 행복의 한 저장고입니다. 여러분은 비이원성 안에서 바잔을 노래해야 합니다. 여러분의 모든 기억과 지식 중에서 기억할 가치가 있는 것은 참스승의 말씀뿐입니다. 그 말씀은, "그대는 몸이 아니고 그 비슷한 무엇도 아니다. 그대는 그것 때문에 몸이 살아 있는 그것이다. 그대는 형상이 없고, 오염이 없고, 역동적인 순수한 브라만이다."라는 것입니다.

몸이 잊힐 때 무한한 행복이 있습니다. 스승의 말씀에 대해 믿음을 가지면, 여러분의 의식이 여러분에게 필요한 모든 것을 보살펴 줄 것입니다. 여러분의 내적 스승이 헌신을 좋아하면, 주 야마(Lord Yama)[죽음의 신]

는 무력해집니다. 이 몸은 **빠라마뜨만**으로 인해 출현합니다. 그래서 **의식**을 **아뜨만**이라고 합니다. (수행 과정에서) 무서운 환영幻影들을 볼 가능성은 있으나, 그것은 스승의 참된 제자인 사람을 동요시키지 못합니다. **아뜨만**은 행복 그 자체이지만, 우리는 자신을 몸이라고 여기면서 불행을 경험합니다. 한 개인으로서 이익을 얻으려 하지 말고, 현현자(the manifested)로서만 그러십시오. 왜냐하면 개인이라는 것은 거짓이고, 참된 것은 현현물(manifestation)이기 때문입니다.10) 개인은 별개의 한 몸에 국한되지만, 현현자의 몸은 광대한 허공입니다. 여러분이 몸 안에 있는 동안 자유로움과 광대함을 느끼십시오.

저는 순수하고 형상 없는 한사(hansa)[백조]인데, 그것은 결국 **빠라마한사**(Paramahansa) 안에 합일됩니다.11) 여러분의 내적 핵심 안에 무엇이 남아서 여러분을 건드리든, 그것은 여러분에게 고통과 쾌락을 야기합니다. 스승의 말씀이 같은 방식으로 여러분에게 영향을 주게 하십시오. 이 말을 듣는 **의식**을 여러분은 봄이 없이 봅니다. 그것이 그 깊고 푸른 **가나샤마**입니다. 세계로 성장하게 되는 여러분 안의 그 씨앗을 분명하게 볼 수 있어야 합니다. 그것이 여러분 자신의 체험이어야 합니다. 헌신자의 참된 종교는 '스승에 대한 완전한 신뢰'입니다. **아뜨만**은 무수한 몸들 안에서 살고 있어도, 오염에서 벗어나 있습니다. 따라서 몸의 순수함이나 불순수함에 대해 걱정할 필요가 없습니다. 여러분의 생활방식을 바꾸어 세간을 포기할 필요도 없습니다. 그럴 때, 여러분의 **의식**이 여러분에게 이야기를 하기 시작할 것이고, 여러분은 무엇이 사랑인지 참으로 알게 될 것입니다. 죽음이라는 개념이 여러분에게 하나의 농담에 불과한 것이

---

10) T. '현현자' 또는 '현현물'이란 '현상적 존재'로 나타난 브라만, 곧 현상계를 뜻하지만, 여기서는 그렇게 현현된 브라만인 의식 자체를 뜻한다.

11) T. 한사와 빠라마한사는 출가자를 구분하는 명칭이지만, 여기서 '한사'는 한 몸(개인)과 연관되는 아뜨만을, '빠라마한사'는 모든 몸을 넘어선 빠라마뜨만을 의미하며, 각기 생전해탈자와 무신無身해탈자에 대응한다. 그러나 아뜨만과 빠라마뜨만은 본질적으로 동일한 것이다.

될 것입니다. 여러분에게는 의식 아닌 어떤 형상도 없다는 저의 말을 고수하십시오. 여러분의 모든 활동을 하되, 아무 걱정 없이 하십시오. 걱정이 여러분의 지성과 에너지를 죽인다는 것을 기억하십시오. 여러분의 몸 안의 신이 나타나고 사라지는 것은 자연발로적입니다.

12. 그대는 무엇을 가지고 있는가?

1978년 3월 2일, 목요일

여러분은 오늘날의 삶이 어떻게 형태를 취하고, 왜 그러는지를 관찰합니까? 그것은 시절적인(seasonal), 곧 일시적인 일일 뿐이라는 것을 아십시오. 여러분은 신을 믿고 그에 대해서 이야기하지만, 여러분의 의식이 출현하기 전에 그의 위대함이 무엇이었습니까? 이 모든 것의 씨앗을 알아야 합니다. 그것은 시간이 한정되어 있고 영구적이지 않습니다. 왜냐하면 시간 자체가 참되지 않기 때문입니다. 그것 때문에 여러분이 자기가 있다는 것을 아는 그것에 대해 생각하십시오. 여러분이 현재 가지고 있는 지성(intellect)도 시간과 더불어 변하고 있습니다. 미현현자만이 진리입니다. 그것은 현현자(현상계)와 달리 시간에서 독립해 있습니다. 신과 여신들은 만트라의 힘입니다. 우리도 모두 만트라로 인해 살아 있습니다. 그 만트라는 심장박동으로 인한 맥박입니다. 여러분이 실재한다고 믿는 것은 여러분에게 실재하는 것으로 보입니다. 그러나 그것은 모두 시간이 한정되어 있고, 지속되지 않습니다.

왜 탄생과 죽음에 대한 (세상 사람들의) 그런 지껄임이 있습니까? 탄생하는 누가 있습니까? 이 쇼는 5대 원소의 한 유희인데, 그것들이 한데 모여 육신들을 창조합니다. 의식이 이 유희를 즐깁니다. 5대 원소들 자체는 어떤 지성(intelligence)도 없습니다.

신은 자비로 충만해 있어 이 무서운 세계의 창조자일 수 없습니다. 어떻게 그가 한 동물의 생존을 위해 다른 동물을 죽이는 것을 용납할 수 있습니까? 이 세계는 불규칙함과 불평등함의 결과입니다. 이런 성질들이 사라질 때는 어떤 세계도 없을 것입니다. 대다수 사람들은 돈 버는 데만 집중하고 있어, 영적인 공부를 잊어버릴 수밖에 없습니다. 그 두 가지는 함께 갈 수 없습니다. 영적인 공부는 여러분이 그것을 위해 다른 모든 것을 떠날 때만 가능합니다. 몸-정체성을 가지고 있는 한, 여러분의 모든 이야기와 활동은 여러분에게 실재하는 것처럼 보입니다. 만일 몸이 참되다면 다른 모든 것도 똑같이 참됩니다. 의식이 도래하면서, 여러분의 활동이 고통이나 쾌락의 경험과 함께 시작됩니다.

여러분은 잠자리에 들거나 깨어나기 위해 능숙한 지성을 사용합니까? 그것은 모두 자연발생적입니다. 여러분의 생시 상태는 꿈의 상태만큼이나 실제적입니다. 여러분이 실제로 한 개인입니까? 그것을 생각해 보십시오. 만일 아니라면, 여러분에게 무슨 이익이나 손해의 관념이 있습니까? 여러분은 자신의 존재성이 왜 나타났는지, 그것이 얼마나 오래 가겠는지를 생각해 본 적이 있습니까? 이런 지知는 어떤 세간적 욕망도 없는 사람들 외의 누구와도 논의하면 안 됩니다. 여러분은 왜 기적에 그토록 많은 중요성을 부여합니까? 여러분 자신의 존재의 경험보다 더 큰 어떤 기적이 있습니까? 여러분의 원자적 존재(atomic being)가 한 순간에 이 큰 세계를 일으킨다는 것이 놀랍지 않습니까? 여덟 가지 초능력(싯디) 모두가 여러분의 의식 안에 존재합니다. 그것을 사용하고 싶은 사람은 특별한 공부를 해야 합니다. 진아지를 얻고 나면 이런 모든 것이 중요성을 잃습니다. 여러분의 의식은 허공 이전입니다. 최소한 여러분 자신을 허공으로 여기고 잠자리에 드십시오. 이 영적인 지知는 단순히 말로는 이해될 수 없습니다. 만트라를 창송하거나 고행을 해서 성취하기도 어렵습니다. 누가 이 지知를 전해주느냐가 중요하고, 제자의 태도도 중요합니다. 크리슈나는 자비심에서 이 지知를 친구이자 헌신자인 웃다바(Uddhava)에게 전해주었습니다. 아르주나와 웃다바만이 크리슈나에게서 이 브라만의 지知(브라만에 대한 참된 지知)를 받는 복이 있었습니다. 그것은 크리슈나에 대한 그들의 순수한 사랑의 결과였습니다. 다른 구도자들에게는 수행이 필수요건이었지만, 그들은 다른 어떤 수행도 할 필요가 없었습니다. 그들은 사랑 덕에, 감각기관을 통해서는 접근 불가능한 이 심오한 지知를 받을 자격을 갖추었습니다.

구도자들이 하는 수행들은 마음·지성·욕망을 만족시키기 위한 것입니다. 사람은 자신의 개념에 기초하여 고행을 하고, 그에 따라 환영을 봅니다. 그들의 목표가 달성되었다는 결과가 그들을 만족시킵니다. 베다와 같은 경전에서조차도 사용되는 단어들의 의미에 대해 혼란이 있습니다. 구도자들이 개념들의 늪에 빠질 공산이 큽니다. 진아지는 그런 개념들을 넘어서 있습니다.

영적인 지知를 설명하기 위해 단어들을 사용하기는 하나, 결국 일체를 떠나 내면을 보아야 합니다. 이 지知는 결코 끝나지 않습니다. 크리슈나는 생애의 거의 끝 무렵에 이 사실적인 지知를 웃다바에게 베풀었습니다. 사람은 자신과 더불어 출현한 세계와 함께, 자신의 존재성(existence)의 이유를 알아야 합니다. 우리는 또한 이 존재(being)가 일어나기 이전에 우리가 어떻게 있었는지를 알아야 합니다. 크리슈나는 이런 말들의 내적인 의미를 설명하기 위해 단어들을 사용했습니다. 아르주나와 웃다바는 말을 넘어서 있는 이 심오한 지知를 받았습니다. 여러분은 자신이 무엇인지에 대해 아무 의심도 남지 않을 때까지 계속 들어야 합니다. 자신의 스승을 신뢰하는 사람은 자신이 들은 것을 거듭거듭 기억합니다. 스승을 기억한다는 것은 또한 그의 말씀을 기억하는 것을 의미합니다.

여러분은 무엇을 가지고 있습니까? '여러분이 있다'는 기억만 가지고 있습니다. 그것의 참된 성품을 알아야 합니다. 몸 안에 다섯 감각기관이 있고, 밖에 5대 원소가 있습니다. 안에는 하나의 의식이 있고, 밖에는 세 가지 구나(gunas)[성질들]가 있습니다. 또한 (그 성질에 따른) 세 가지 유형의 행동이 있습니다. 아르주나와 웃다바는 (가르침을) 듣는 것만으로도 깨달음을 얻었습니다. 그들은 크리슈나를 정말 사랑했기 때문입니다. 웃다바는 이 궁극의 지知를 얻는 복이 있었습니다. 세간적인 지知는 주의 깊게 보존해야 합니다. 그러나 그것은 아르주나와 웃다바에게 전수된 지知에는 해당되지 않습니다. 크리슈나를 신뢰하지 않은 다른 사람들은 자신들의 수행에 더 관심이 있었습니다. 수천 년을 살면서 원할 때 죽을 수 있는 사람들조차도 크리슈나의 발 앞에 엎드려 절을 했습니다. 그것이 무엇을 뜻합니까? 진아 깨달음의 진정한 만족감은 불변입니다. 삼매三昧의 체험을 가진 사람은 영적인 비즈니스에 관여하지 않습니다. 스승에 대한 완전한 믿음이 없으면 참된 지知를 얻을 가망이 없습니다. 우주의 뜨고 짐은 있을지언정, 미현현자는 변함없이 그대로입니다.

의식은 마음의 변상들(mental modifications)[12]에 영향을 받지 않습니다. 그것들은 서로 관계가 없기 때문입니다. 의식이 모든 습習에서 벗어나게 될 때, 삼매가 있습니다. 누구나 지知를 원하고, 그것은 말로 전달될 수 있지만, 진아지는 말을 넘어서 있습니다. 다양한 사물들의 핵심 성질, 혹은 본질을 따뜨와(tattva)라고 합니다. 그런 지知가 우파니샤드 안에 있습니다. 그러나 아르주나와 웃다바는 진아에 대한 지知를 들을 수 있었습니다. 그 말들은 나름의 의미와 효과를 가지고 있습니다. 말이 도달할 수 없는 상태를 묘사하려면 말을 사용하는 것이 불가피합니다. 우리의 참된 성품에 대한 모든 의문이 해소되어야 합니다. 세계에 대한 지知는

---

12) *T.* 생각, 상상, 기억 등 마음의 다양한 형상들.

아무 소용이 없습니다. 진아지를 듣는 동안 의식이 성장하여 전 존재계에 편재하고, 마침내 니란자나(Niranjana),[13] 곧 절대자에 합일됩니다. 듣는 자의 의식이 순수해야 합니다. 여러분이 무엇을 하든 그것은 여러분을 즐겁게 해줄 뿐, 행복을 안겨주지는 않습니다. 그것은 여러분 자신을 잊어버릴 때만 쉽게 얻을 수 있습니다. 스승에 대한 완전한 믿음을 가지고 명상할 때, 그것은 진아지를 기쁘게 하는 것입니다. 스승에 대한 사랑과 헌신은 범상한 일이 아닙니다. 스승에게서 받은 만트라는 탄생과 죽음이라는 개념들의 원인을 드러내며, 그러고 나면 그것들이 해체됩니다.

정규적으로 만트라를 염하는 사람은 일체에 대한 분명한 지知를 얻을 것입니다. 그 지知가 빛날 때, 그는 곧 그것에 대한 확신을 계발합니다. 스승의 말씀을 거듭거듭 기억하는 것이 최고의 명상-요가(Dhyana-Yoga)입니다. 스승의 말씀대로, 여러분의 의식의 중요성을 늘 명심하십시오. 스승의 말씀을 기억하는 것 자체가 명상입니다. 이 기억 속에서 다른 모든 기억이 해소됩니다. 이것이 초월의 길입니다. 그럴 때 이 일시적인 존재성이 어떻게 우리의 영원한 존재 속으로 합일되는지 이해할 것입니다.

여러분의 몸은 음식인데, 이는 그것이 여러분의 의식의 음식이라는 의미입니다. 여러분은 사뜨와(sattva), 곧 음식 기운으로 인해 여러분의 존재성을 알게 됩니다. 스승에 대한 확고한 믿음이 여러분의 모든 의문을 해소해 줄 것입니다. 단순하고 잔꾀가 없는 헌신가들이 더 빨리 목적지에 도달합니다. 그들은 평생토록 자신의 스승이나 신을 기억하고, 끝에 가서 남들이 두려움 속에서 죽을 때, 이 헌신가들은 헌신에 가득 차서 신을 부릅니다. 그럴 때 그들은 빛을 보며, 그것이 그들의 모든 두려움을 몰아내 줍니다. 그들은 자신을 잊고 절대자에 합일됩니다. 생기生氣는 떠나지만 그들에게는 어떤 환생도 없습니다. 반면에 지성적인(지적 관념이 많은)

---

13) T. 문자적으로, '오염 없는 자'. 순수한, 즉 어떤 속성이나 성질도 가지고 있지 않은 지고의 실재를 가리킨다. 크리슈나의 호칭 중 하나이기도 하다. 또한 249쪽 각주 참조.

사람들은 그들의 상상 속에 흡수되고, 그들이 마지막에 가졌던 개념들에 따라서 다시 태어납니다.

13. 그대의 의식은 형상이 없다
1978년 3월 5일, 일요일

어떤 사람이 좋아하는 개념들이 남들과 공유됩니다. 그 개념들을 좋게 평가하는 사람들은 추종자가 되어, 어떤 새로운 교리가 탄생합니다. 이 것이 이 세상의 여러 교리들(종교들)의 기원입니다. 그러나 실제 사실들은 사뭇 다르고, 언급할 가치가 없습니다. 시작도 끝도 없는 곳에 무슨 중간이 어떻게 있을 수 있습니까? 그럼에도 사람들은 자신들의 개념에 기초한 의식儀式과 행법들을 하느라고 바쁩니다. 활동 없이 머물러 있기가 어렵고, 그래서 이런저런 활동에 관여할 필요가 있는 것입니다. 그러나 쉬르디의 사이바바(Saibaba of Shirdi)는 태곳적이고 무시간적인 것, 영원자 안에 몰입되어 있었습니다. 그는 모든 개념을 넘어서 있었습니다. 그는 사람들에게 어떤 입문도 해주지 않았고, 어떤 새로운 교리도 생겨날 가능성이 없었습니다.

우리가 살아 있는 한 어떤 개념들의 영향력이 있지만, 그것들은 일시적 존재성만 가지고 있을 수도 있습니다. 자신이 몸이라는 개념이 더없이 널리 존재합니다. 극소수만이 의식의 중요성을 알고, 자신을 몸과 별개로 봅니다. 우리가 자신을 몸과 동일시할 때는, 자신이 행위자라는 착각이 그에 수반됩니다. 그 결과는 고통과 쾌락인데, 사람들은 그것을 피할 수 없는 것으로 쉽게 받아들입니다.

자신은 '이것'이지 '저것'이 아니라는 여러분의 상상은 간접지間接知입니다. 자신이 실제로 무엇인지를 스스로 깨닫는 것이 직접지直接知입니다. 여러분이 스승의 가르침을 기억할 때, 그것은 그 스승을 기억하는 것만큼이나 좋습니다.

신을 깨닫는다는 것은 신이 되는 것을 의미합니다. 무지가 지知 행세를 할 수는 있으나, 그것은 잠시일 뿐입니다. 우리의 존재성은 번갈아드는 잠과 생시의 상태로 인해 불안정합니다. 깨어 있다는 앎이 있는 한, 어떤 진정한 평안과 휴식도 없습니다. 여러분이 아닌 모든 것을 내려놓으십시오. 그것 안에는 어떤 활동도 없습니다. 『바가바드 기타』에는 요가 행법들에 대한 언급이 있지만, 아르주나나 웃다바가 그것을 닦았습니까? 그들은 지知를 받고 자유로워졌습니다. 아르주나는 자신의 친구이자 스승 (크리슈나)에게, (자기 몸 안에 거주하는) 의식이 있는 한, 자신이 들은 대로 하겠다고 말했습니다. 그것이 그에게 남은 유일한 임무였습니다. 전쟁을 수행하는 동안에도 그의 삼매는 동요되지 않았습니다. 그의 만족감은 고스란히 그대로였습니다. 여러분 자신이 스승이 될 때, 이런 것을 다 이해할 것입니다. 그러나 무엇을 알 필요가 남아 있지 않을 것입니다.

여러분은 욕망하지 않았는데도, 스스로 빛나는 의식을 가지고 있습니다. 그것은 큰 행복을 주는 것입니다. 여러분의 이른바 행복은 그에 비하면 아무것도 아닙니다. 진인 뚜까람은 그것을 **빤두랑가**(Panduranga)[14]라고 부릅니다. 저는 그것을 **스승님의 두 발**이라고 부릅니다. 이원성 안에서 **빤두랑가**인 것이 비이원성 안에서는 **스승의 두 발**입니다. 의식은 무수히 많은 산 존재들에게 음식과 물을 베풉니다. 여러분의 의식이 없을 때, 무엇이 있기는 합니까? 따라서 의식의 중요성은 막대합니다. 여러분의 의식은 형상이 없고 사랑으로 충만해 있는데, 그것이 의식의 만족감

---

14) *T.* 중인도 마하라슈트라 주의 빤다르뿌르(Pandarpur)에서 숭배되는 신. 비슈누(크리슈나)의 한 모습이다.

입니다. 우리는 존재하기를 좋아합니다. 즉, 그것은 존재성에 대한 우리의 사랑입니다. 의식의 중요성을 이해하십시오. 그것은 여러분의 심장속에 있고, 베다와 뿌라나(Puranas)가 그것을 칭송합니다. 그 원자적 의식이 떠나면 그 사람은 죽었다고 선언됩니다. 여기서 되풀이하지만, 여러분은 의식의 큰 중요성을 알아야 합니다. 그것은 여러분을 절대자로서의 여러분의 참된 지위에 이르게 할 수 있습니다. 그러면 행복을 위해 분투할 필요가 없습니다. 행복을 여러분의 정상적인 성품으로 볼 것이기 때문입니다. 그것은 행복과의 분리가 사라질 거라는 의미입니다. 이 의식은 태양, 발무꾼다(Balmukunda), 마두수단(Madhusudan)[15] 등으로도 불립니다. 여러분의 혀는 가죽 한 조각일 뿐입니다. 몸 안에 마두수단이 없을 때, (혀가 느낄) 무슨 맛이 있습니까? 웃다바는 하리(Hari-크리슈나)를 찬양하면서 그 자신의 상태를 묘사하고 있습니다. 『다스보드』라는 책에는 라마에 대한 묘사가 있고, 진아지에 대한 묘사도 있습니다. 사실 스와미 람다스는 (그 책에서) 자신이 깨달은 진아를 묘사하고 있습니다. 여러분 안에 스승의 두 발의 현존이 없으면, 어떤 주시하기도 일어날 수 없습니다. 여러분은 해와 달을 포함한 5대 원소가 없었을 때도 존재한 그것입니다. 웃다바는 실재하지 않는 것을 실재한다고 믿음으로써 미혹되어 있었지만, 지知를 얻고 나서는 자유로워졌습니다.

베다는 의식을 적절히 찬양할 단어들이 부족했습니다. 여러분의 의식에 대해 정규적으로 명상하라는 스승의 명命을 결코 잊지 마십시오. 의식이 가장 중요합니다. 왜냐하면 그것이 여러분 자신의 진아이기 때문입니다. 때가 되면 여러분이 그것을 깨닫겠지만 말입니다.

무지한 사람들과 절대 다투지 마십시오. 그들의 지성에 따라서는 그들이 옳습니다. 그들은 그들대로 만족하라 하십시오. 결코 그들에게 도전

---

15) *T.* 'Balmukunda'에서 Bal은 '소년', Mukunda는 '해탈을 안겨주는 자'라는 뜻이고, Madhusudan은 '악마인 Madhu를 죽인 자'라는 뜻으로, 비슈누/크리슈나의 호칭들이다.

하거나 반대하지 마십시오.

14. 믿는 것은 무지인들에게만 해당된다

1978년 3월 9일, 목요일

진인과 친교하면 듣는 이가 변모하는 것은 사실이지만, 듣는 이가 그럴 만큼 성숙되어 있어야 합니다. 여러분이 자신을 몸이라고 생각하는 한, 죄와 공덕의 개념이 여러분을 괴롭힐 것입니다. 그것이 여러분의 심적인 인상들에 따라 여러분에게 영향을 줍니다. 종교적 가르침들은 시간이 가면서 변해 왔습니다. 예를 들어 **뿌라나**(Puranas)는 더 이상 여러분에게 영향을 주지 못합니다.

여러분의 존재성의 첫 징후는 허공의 출현인데, 허공은 여러분의 빛입니다. 여러분은 잠 속에서 허공을 봅니까? 여러분의 **의식**이 여러분의 주된 요건(존재의 지속을 위해 필요한 것)이고, 여러분은 그것과 친교하고 있습니다. 여러분은 어떤 대가를 치르더라도 그것을 보존하려고 애씁니다. **의식**이 없으면 여러분은 확실히 아무것도 아닙니다. 끝남이 없는 것은 보호받을 필요가 없습니다. 여러분은 아무 애씀 없이 자신이 존재함을 목격하고 있지 않습니까? 이 **의식**이 없었던 때가 있다는 것은 맞지만, 지금은 그것이 존재합니다. **의식**에 대한 주시하기가 여러분에게 일어납니다. 주시하기 이전에 주시하는 자가 존재해야 합니다. 이 모든 것을 이해할 만큼 성숙하기 위해서는 규칙적으로 **명상**을 해야 합니다.

여러분은 **참스승**에게서 **의식**과 **명상**이 무엇인지를 배웁니다. 그 **의식**은 몸의 출현 이전에는 없었고, 지금 존재합니다. 그것이 없었다는 것을 누가 알고 있습니까? 지금 그것이 존재한다는 것을 누가 알고 있습니까? 사람들은 자신이 **진아지**를 얻으려면 여러 생이 필요할 거라고 말합니다. 왜냐하면 그렇게 들었고, 그것을 참되다고 받아들였기 때문입니다. 무지인들은 믿어야 하지만, **진인**은 믿고 말고가 없다는 것을 압니다. 자각하지 못하는 가운데 내면에서 고요가 지배할 때 깨침이 있습니다. 만일 어떤 사람이 해탈했다고 주장한다면, 그는 여전히 꿈을 꾸고 있다고 확신하십시오. 여러분은 자신이 왜 깊은 잠에서 깨어났는지 말할 수 있습니까? 또, 왜 잠 속에서 꿈이 나타났습니까?

여러분의 생시 상태가 이 세계를 출산했습니다. (생시로) 깨어나는 경험과 세계의 출현은 동시적입니다. 깨어남 없이는 어떤 세계도 없습니다. 생시 상태는 꿈 상태의 한 복제본입니다. 우리가 현재 하는 이야기도 하나의 꿈 속에서 진행되고 있습니다. 꿈의 상태가 거짓이듯이, 우리의 생시 상태도 거짓입니다. 여러분이 왜 자신의 존재성을 경험하고 있는지 생각해 보십시오. 어떤 스승의 말씀을 듣고, 그의 **만트라**를 염하고, 명상을 하는 것이 필요합니다. 들음으로써 여러분이 더 지혜로워집니다. 예리한 지성에게는, 듣는 것만으로도 짧은 시간 안에 해탈을 얻기에 충분합니다. 여러분은 자신의 심적인 인상에 따라 행동합니다. 생시와 잠만 동시에 일어납니다. 다른 기능들은 훈련이 필요합니다.[16]

삿찌다난다(*Satchidananda*)라는 단어는 (사뜨·찌뜨·아난다라는) 세 단어의 조합입니다. **아난다**(*Ananda*), 곧 지복은 하나의 성질입니다. **의식**(찌뜨)이 있는 동안은 만물이 지속되는데, **찌다난다**(*Chidananda*)는 **의식**의 기쁨을 의미합니다. **의식**과 **아뜨만**은 더 나은 의사소통을 위해 주어진 단어 혹은 이름들입니다.

여러분의 온전한 생각을 투입하여 무념이 되십시오. 어떤 생각에도 많

---

16) *T.* '생시와 잠이 동시에 일어난다'는 말은, 모든 사람이 거의 비슷한 시간에('동시에') 잠을 자고 깨어난다는 뜻이다. '다른 기능들'은 사람들의 서로 다른 직업적 기술을 가리킨다.

은 중요성을 부여하지 마십시오. 모든 생각에서 벗어나는 사람은 (자기 존재의) 유지와 자기보호에 대한 모든 걱정에서 벗어납니다.

세상에 대한 경험을 포함한 여러분의 모든 경험은 어떤 신이 하사한 은혜가 아닙니다. 그것은 모두 자연발생적인 사건입니다. 여러분의 몸은 허공 안에 있고, 허공이 그것을 사방에서 에워싸고 있습니다. 그러나 여러분의 의식은 허공을 넘어서 있습니다. 허공 전체가 의식의 빛입니다. 여러분의 몸-정체성이 사라질 때, 여러분 자신이 허공 전체에 편재하는 것을 보게 될 것입니다.

모든 것의 뿌리에 있는 원래의 개념이 무엇입니까? 그것은 여러분의 "내가 있다" 혹은 "나는 깨어 있다"입니다. 어떤 개념도 없을 때는 무엇을 우리 자신이라고 부를 수 있습니까? 깊은 잠이나 삼매 속에서는 우리 자신에 대해 무슨 말을 할 수 있습니까? 의식이 없는 상태는 개념이 없습니다. 우리는 우리의 개념들에 기초해 이 세상에서 행위하는데, 개념이란 것은 어떤 존재성도 없습니다. 그 개념들은 몸이 없습니다. 즉, 태어나지 않았습니다. 여러분의 존재성은 개념에 의존하지 않으며, 여러분은 개념 없이도 있을 수 있습니다.

여러분은 의식이고, 허공 전체는 그것의 작은 일부일 뿐입니다. 의식은 성품상 아주 미세하며, 허공보다 더 미세합니다. 여러분은 존재한다는 어떤 선언도 하지 않고도 존재할 수 있습니다. 진아 깨달음을 얻고 나면 여러분의 몸 없는 성품을 알게 될 것입니다.

모든 미덕이나 의미가 완성되는 곳을 빠라마르타(Paramartha)라고 합니다. 그것이 최고의 혹은 완전한 의미입니다. '요가'는 결합을 의미하고, 그것을 성취하는 사람이 요기입니다. 쁘라끄리띠와 뿌루샤의 결합은 의식이 출현하기 위한 필수요건인데, 그것은 우리가 다른 모든 것과 함께 등장함을 의미합니다.

자신이 몸이라고 생각하는 사람들은 자신이 실제로 무엇인지 분별하여 알아낼 겨를이 없습니다. 그들은 두 개체(부모)의 결합으로 인해 무엇이 출현했는지 모릅니다. 모든 사물은 하나의 이름이 있는데, 그것은 어떤 단어입니다. 어떤 의미를 가진 일군一群의 단어를 **만트라**라고 합니다. 다양한 **만트라**들이 세간적 활동의 원인이 됩니다. 그래서 **만트라**는 활동을 제어하는 단어들일 뿐입니다. **만트라**란, 말해진 대로 하라는 지시를 의미합니다. 생기(*prana*) 없이는 어떤 단어도 없습니다. "세계가 있다"는 경험은 "내가 있다"는 느낌에 이어서 나옵니다. 그래서 단어들 외에 세계 같은 그 무엇도 없습니다. 이 세상에서, 무無에서 나온 많은 것들을 보여주는 일은 무척 재미있습니다. 여러분도 자신의 말이 여러분을 행복하게 또는 불행하게 해준다는 것을 알지만, 불행해질 가능성이 더 큽니다. 원래의 단어가 많은 형태를 취했습니다. 단어에 대한 또 하나의 용어는 마음인데, 그것은 (여러분이 가진) 인상들 나름입니다. 여러분의 행동은 이 모든 것과 부합합니다. 전체 존재계가 단어들 때문에 있으니, 단어들에서 벗어나십시오. 이제 '나'와 '내 것'을 내려놓고 명상하십시오.

진인만이 **쁘라끄리띠**와 **뿌루샤**에 대한 증인(목격자)이 될 수 있는데, 이것들의 결합이 지속적으로 일어납니다. 지극히 작은 원자적 **의식**이 빛날 때, 그것이 거대한 세계가 됩니다. 깊은 잠 속에서 출현하는 생시는 원자적이지만 엄청난 세계가 그 안에서 보입니다. 이것 자체가 그 모든 것이 거짓임을 증명하기에 족합니다. 극미한 공간에 광대한 공간이 어떻게 들어갈 수 있습니까? 원자적 **의식**에 대한 참된 **지**知가 없이는 여러분이 지속적인 평안을 가질 수 없습니다. 미세한 것에 대한 **지**知가 없을 때, 여러분은 자신을 거친 몸(육신)과 동일시합니다. 이 우주는 무지에서 비롯되며, 그것 속으로 다시 합일됩니다. 여러분이 무지함을 정직하게 받아들이면, 여러분이 곧 저 **빠라브라만**(*Parabrahman*)입니다. 안다고 주장하는 사람들은 무지합니다.

몸-정체성만이 "그대는 복되고, 잘 해낼 것이다"와 같은 축복을 받을 만하겠지요. 진인만이 "축복 받는다는 것의 의미가 무엇인가?"라고 물을 수 있습니다. 깊은 잠 속에서 일어나는 가벼운 깨어남이 **원초적 환幻**입니다. 깨어남이 없을 때는 무엇을 환幻이라고 부르고 말고가 없습니다. 깨어나면 여러분이 세계를 봅니다. 무엇이 거짓입니까? 세계입니까, 아니면 깨어남입니까? 삶의 모든 일이 거짓이라는 것을 아십시오. 이 **지知**가 여러분을 모든 문제에서 벗어나게 해줄 것입니다. 분별(*viveka*)을 사용하여, 누구의 빛 속에서 일체가 나타나는지, 그리고 왜 어떻게 그것이 일어나는지를 아십시오.

15. 그대의 의식 자체가 신이다

1978년 3월 19일, 일요일

몸-정체성을 떠나서 여러분 자신에 대해 명상할 때, 여러분은 **나라얀**(Narayan-비슈누)이 됩니다. 여러분의 **의식**은 여러분이 받은 **만트라**에 의해 묘사됩니다. 어떤 형상을 상상하면서 그것을 숭배하지 마십시오. 여러분의 **자각**에서 몸-정체성이 놓아져야 합니다. 그러면 다른 모든 것은 문제가 없을 것입니다. "나는 몸을 가지고 있고, 명상을 하고 있다"는 개념이 사라져야 합니다. 여러분이 명상하기를 잊어버렸다고 말할 때, 그 말을 하는 사람은 잊어버리지 않은 것입니다.

모든 금 장신구가 금으로 만들어지듯이, 모든 단어들은 '나'와 '내가 있음'을 바탕으로 만들어집니다. 스승의 은총은 **의식**의 깨어남을 의미합니다. 여러분 자신의 깨달음으로 스승의 가르침을 증명해야 합니다. **사두**와 **마하트마**들을 방문해서 **구루-만트라**의 효과를 판단할 수는 없습니다.

여러분의 스승에 대한 믿음을 가져야 합니다. 죽음은 어느 순간에라도 일어날 수 있는데, 어떻게 여러분이 스승의 말씀에서 떨어져 있을 수 있습니까? 여러분이 자신의 존재성에 대해 무슨 통제력을 가지고 있습니까? 라마와 크리슈나조차도 떠나야 했습니다. 우리가 퇴장한다는 것은 확실합니다. 그렇다면 어떻게 스승의 가르침을 잊어버릴 수 있습니까?

자신의 진아지 안에서 빛나는 사람들이 진정한 헌신가들입니다. 어떤 이들은 벌거벗고 살면서 주위의 자연과 하나가 됩니다. 그들은 어떤 규칙이나 규율도 따르지 않고, 자기 내면에서 일어나는 변화에 따라 행동합니다. 어떤 이들은 말을 하지 않고 욕만 합니다. 진인은 자신의 말과 행동에 상관하지 않습니다. 모든 사람의 원초적 욕구는 어떻게든 존재하는 것이지만, 진인들에게는 그것이 끝나 있습니다. 그래서 두 부류 간에는 차이가 있습니다.

여러분은 자신 안에 신이 현존함을 말해주는 무엇을 가지고 있습니까? 여러분의 의식 자체가 신입니다. 한 개인의 걱정들은 뱀과 같습니다. 그것들은 진인들을 물 수 없는데, 진인들은 몸이 아닙니다. 빛은 오점이 없지만, 몸과 마음은 그렇지 않습니다. 우리는 빛에 대해 바그완(Bhagwan)이라는 단어를 쓰는데, 그것은 신이라는 뜻입니다. 빈 허공은 위대한 신의 빛입니다. 여러분의 빛과 허공의 빛의 차이는 무엇입니까? 여러분 안의 진아는 여러분의 행동에 영향을 받지 않습니다. 신이 의식을 알고 그것의 주시자가 될 때, 의식은 허공이 신의 빛이라는 것을 분명하게 이해합니다. 일체가 신의 그 빛 안에 들어 있습니다. 우리의 의식은 신의 본래적 성질입니다. 의식과 함께 5대 원소가 나타나며, 그것들은 우리의 세계를 포함합니다. 여러분이 보는 색상은 허공의 색상과 같습니다.

모든 살아 있는 형상들은 신의 화현化現이고, 거기에 다양한 이름들이 주어집니다. 그 이전에 어떤 이름들이 있었습니까? 여러분의 의식은 신의 표현입니다. 그 의식을 끌어안으십시오. 모두가 신 그 자체입니다. 빛의 성별은 남성입니까, 여성입니까? 일체가 의식입니다. 신이 "내가 있다"로서 우리 안에 있으면, 그는 모든 산 존재 안에 그 존재의 "내가 있다"로서 현존합니다. 여러분은 몸이 아니니, 자신이 한 인간이라는 것을 잊으십시오. 여러분의 빛은 신의 빛입니다. 그 빛은 돌 안에도 있으나 돌은 말을 하지 못합니다. 여러분 안에서는 그 빛이 더 두드러집니다. 우리는 의식으로 인해 우리의 존재성을 알게 되었고, 다른 대상들의 존재성도 알게 되었습니다. 빠라마뜨만은 "나는 홀로이고 나 자신"이라는 것을 의미합니다. 그는 우리의 참된 성품이고, 신조차도 그를 숭배합니다.

우리의 존재를 주장할 것도 없이 우리는 그에 대한 직접지를 가지고 있습니다. 뜨고 짐(생멸)이 있는 것이 빠라마뜨만 안으로 합일됩니다. 설사 브라만의 지知가 무게가 있다 해도, 우리에게 몸이 없다면 누가 그것을 느끼거나 감당하겠습니까? 직접지를 가진 헌신자는 "나는 몸이 아니다"라고 말합니다. 그렇다면, 누가 깨달음을 얻었습니까?

그 체험들은 묘사할 수 있지만, 그 체험자는 묘사하지 못합니다. 말이 침묵할 때는 신들의 이름조차도 그 의미를 상실합니다.

16. "나는 내 몸이다"는 에고이다

1978년 3월 23일, 목요일

우리가 어떻게 있는지를 아는 것이 진아지입니다. (우리가) 제대로 보살펴주었는데도 지속되지 않는 것(몸)은 거짓입니다. 죽음이 있다고 믿는 사람은 무지합니다. 사람들은 진인과의 친교는 원해도 무지인과의 친교는 원하지 않습니다. 그것은 무엇을 의미합니까? 몸과의 친교, 혹은 몸에 대한 사랑은 무지이고, 현명하지 않습니다. 몸-정체성이 사라질 때, 우리는 진아와의 친교를 갖습니다. 사두(Sadhu)란, 우리 자신의 태곳적이고 무시간적이며 순수한 진아를 의미합니다. 참된 사두는 결코 한 개인이 아니라 영구적인 것의 한 현현이며, 그만이 있습니다. 그는 큰 관용을 가지고 있습니다. 그런데 그가 어떻게 남들에게 성가신 존재일 수 있습니까? 그는 자신의 참된 성품을 성취했고, 세간적 활동과 무관합니다.

우리의 삶은 계속 변하며, 결국 이른바 죽음에서 끝이 납니다. 여러분 자신에 대한 여러분의 관념들은 시간이 가면서 계속 변합니다. 여러분은 마음속에 있는 자신의 일정한 정체성을 가지고 잘 해보고 싶어 하는데, 그 정체성 역시 변합니다. 여러분의 지성도 똑같은 상태로 머무르지 않습니다. 여러분은 5대 원소로 이루어진 몸이 자신의 형상이라고 믿습니다. "나는 이것이나 저것으로 인해서 괴롭다"고 느끼는 것은 무지입니다. 여러분은 자신이 10가지 기관[17]과 별개이고, 그것들의 경험과 관계없다는 확신을 가져야 합니다. 그럴 때 브라미(Brahmi) 상태[18]에 있기 적합해집니다. 순수한 의식은 어떤 경험도 가진 적이 없고, 가질 수 없습니다. 그러나 (몸이) 태어난 이후의 인상들은 영향력이 있습니다.

몸 안의 의식은 전 세계와 하나입니다. 따라서 일체를 신으로 숭배해야 합니다. 여러분은 몸-정체성으로 인해 이 단일성을 체험하지 못합니다. 아뜨만은 '나'—즉, 자유롭고 형상 없는 빛나는 의식을 의미합니다. 몸이 떨어질 때, 나에게는 옴도 감도 없습니다. 식물을 포함한 모든 산 몸들은 아뜨만, 이스와라 혹은 신이라고 하는 의식을 가지고 있습니다. 이름 없는 것에 이름을 붙이는 것은 더 잘 이해하게 하기 위해서입니다. 우리가 살아 있는 한 의식은 몸을 알지만, 그 뒤에는 그렇지 않습니다.

---

17) *T.* 5가지 지각기관(오관)과 5가지 행위기관(입, 손, 발, 항문, 생식기).
18) *T.* '신적인 상태'를 의미한다. 『바가바드 기타』 II.72에서는 "이것이 신적인 상태(*brahmi sthiti*)니, 아르주나여, 이것을 성취한 사람은 결코 미혹되지 않는다."고 했다.

무한한 것은 존재의 느낌(sense of being)이나 '내가 있음'이 없습니다. 거기에는 '어떤 사람'이 없습니다. 의식은 매순간 무수한 탄생을 합니다. 같은 의식이 모든 동물과 식물들 안에서 작동하고 있습니다. 바이꾼타(Vaikuntha-비슈누의 천상계)는 어떤 언어도 없는 상태 혹은 장소입니다. 그것은 단어가 없는 상태입니다. 진인 뚜까람(Sage Tukaram)이 자신이 바이꾼타에서 왔다고 선언할 때, 그 의미가 이제 분명히 이해될 것입니다.

여러분이 뭔가를 기억할 때, 그것은 자연발로적입니까, 아니면 노력을 해서입니까? 그것이 제가 '내적 화물化物(inner chemical)'[19]이라고 하는 것에 새겨집니다. 여러분이 자신을 무엇의 행위자로 생각할 때, 그것이 기억으로 남습니다. 여러분의 몸은 하나의 기계와 같습니다. 그 시스템과 방법들이 저장되고, 활동들이 일어나는 것은 그 화물 때문입니다. 무엇을 듣거나 읽기 전에, 여러분이 그렇게 하는 어떤 경험을 가지고 있었습니까? 진인은 세 가지 성질의 괴롭힘에 영향 받지 않습니다. 여러분은 정말 여러분 나름의 어떤 지知를 가지고 있습니까? 여러분은 인상들 안에 저장된 것을 자신의 지知라고 주장합니다.

몸을 가졌다는 어떤 경험도 없었을 때, 여러분은 어떻게 있었습니까? 무지가 없을 때는 어떤 지知도 있을 수 없습니다. 뿌리에 있는 아이-무지(child-ignorance)[20] 때문에, 점점 더 많은 지知의 축적이 있습니다. 지知와 무지 둘 다 원초적 환幻일 뿐이고, 그래서 거짓입니다. 일체의 뿌리에 무지가 있습니다. 여러분은 몸이 없으면 자신이 있다는 것을 모릅니다. 우리의 의식 자체가 마음·지성·개인적 의식·에고로 불립니다.[21] 우리의 존재성이라는 소식이 의미 없다는 것이 알려질 때는, 어떤 마음의 변상變相도 생길 여지가 없습니다. 마음이 먼저입니까, '나'가 먼저입니까?

---

19) T. 존재를 창조하는 '탄생 원리'로서의 의식이 갖는 잠재력을 화학물질에 비유한 것이다.
20) T. 우리가 태어나면서부터 가지고 있는, 존재성의 뿌리인 무지. 103쪽의 각주 27) 참조.
21) T. '마음·지성·개인적 의식·에고'는 마음의 네 가지 범주인 *manas, buddhi, chitta, ahankara*를 말한다. '개인적 의식'으로 번역된 *chitta*는 '기억' 또는 '자각'의 의미이다.

만일 '나'가 존재하지 않는다면 무엇이 존재할 수 있습니까? 그 상태를 무엇이라고 부릅니까?

우리에게는 이 세계가 아주 실제적이고, 우리의 모든 활동도 마찬가지입니다. 그래서 우리의 몸-정체성이 확고해집니다. **진아지**를 얻고 나면 우리의 자아의식이 남아 있지 못합니다. 우리는 그것이 없다는 것조차도 모를 것입니다. 이 홀로됨의 상태에서는 여러분이 자비慈悲로 충만하게 될 것이고, 그러면 여러분에게 어떤 악도 없을 것입니다. 여러분의 존재가 영원해질 것입니다. 여러분과의 친교는 사람들에게 평안을 줄 것입니다. 여러분이 이 세계와 그것의 창조와 무관하다는 것을 알 때는, 당연히 초연한 상태로 있게 됩니다.

"나는 내 몸과 같다"는 것은 에고를 의미합니다. 그것이 끝나면 에고의 행동도 끝납니다. 진인이 숭배 받으면, 신들조차도 이익을 얻습니다. 이 신들이 그들의 몸-형상에서 벗어나게 되고, 그들은 그것을 가능케 해준 모든 이들에게 고마워합니다. 살아 있는 동안 자신의 몸을 벗는다는 것은 면도날 위를 걷는 것과 같습니다. 몸의 뿌리는 음식 기운인데, 그 안에 주 아디-나라야나(Lord Adi-Narayana)22)가 살고 있습니다.

17. 잠이라는 무지가 일체를 떠받친다

1978년 3월 26일, 일요일

"나는 많이 안다"는 자신감은 무지입니다. 그것이 분명하게 이해될 때는, 우리가 말을 더 하든 침묵을 지키든 마찬가지입니다. 여러분이 잠을

---

22) *T.* '태초의 나라야나'. 음식의 바탕인 원소들과 그 안의 에너지는 모두 **절대자**의 현현이다.

자고 있으면 여러분은 잠 그 자체입니다. 이것은 (잠 속에서) 여러분이 잠과 별개가 아니라는 뜻입니다. 그 잠이 깰 때, 여러분은 그와 동시에 출현하는 우주를 의식하게 됩니다. 잠 속에서는 여러분이 순수한 무지입니다. 그 무지는 잠 그 자체입니다. 만일 깨어남이 전혀 없다면 누가 죽었습니까? 매일 그 '무지'가 깨어나고 다시 잠이 듭니다. 무지에 대한 우리의 확신이 확고해야 합니다. 참된 지知에 대해서는 어떤 확신도 가질 필요가 없습니다. "무지 죽이기"니 "무지 끝내기"니 하는 말들을 여러분은 뭐라고 이해합니까? 여러분은 자신을 지지하는 의미를 취하지만, 무엇이 사실입니까? 깨어 있는 사람이 잠들면, 그것은 지知 자체가 무지가 된다는 의미입니까? 여러분은 이에 대해 분명한 의미(개념적 이해)를 가지고 있어야 합니다.

제가 "브라만은 해탈하고 빠라브라만은 (그대로) 남아 있다"고 말하면, 그것은 (여러분에게) 그냥 말일 뿐입니다. 그 자신을 알면서 존재함이 브라만이고, 그 자신을 모르는 채 존재함이 빠라브라만입니다. 깨어 있을 때, 여러분은 자신이 그 깨어난 지知라고 느낍니까? 잠이라는 무지가 일체를 떠받칩니다. 생시는 아이-무지입니다. 만일 잠이 없다면 무슨 일이 일어날 수 있었겠습니까? 무지가 없으면 지知가 어디 있습니까? "나는 무지하지 않다"는 말은 "나는 또한 진인이 아니다"라는 뜻입니다. 무지가 있을 때, 그럴 때만 지知가 있습니다.

존재의 느낌과 함께, 여러분은 자신의 기억을 가지고 있습니다. 여러분은 원치 않았는데도 다가온 자신의 의식을 보호해야 합니다. 그것은 어떤 대가를 치르더라도 존재하려는 여러분의 믿음 혹은 사랑입니다. 여러분은 그에 헌신하고 있습니다. '여러분이 있다'는 믿음─여러분의 의식─은 빠라마뜨만의 신성하고 순수한 형상입니다. 여러분이 자기가 있다는 것을 아는 것은, '여러분이 있다'는 그 믿음 때문입니다. 고빈다, 마다바 같은 이름들에게 그 믿음이 주어집니다. 그것은 의식에 대한 믿음이

지 몸에 대한 믿음이 아닙니다. 몸은 오래가지 않습니다. (그렇기는 하나) 몸을 보살펴 주어야 참된 믿음이 남습니다. 우리는 우리의 존재성, 혹은 우리의 존재의 냄새(*vasu*)를 알게 됩니다. 그래서 내면의 신(*deva*)을 **바수데바**(Vasudeva-크리슈나의 이름의 하나)라고 합니다. 몸-정체성이 있으면 여러분이 확실히 죽습니다. 여러 가지 믿음이 있는데, 여러분은 자신의 믿음에 기초하여 여러분이 상상하는 것이 됩니다. 믿음의 큰 힘을 기억하십시오. '여러분이 있다'는 믿음은 스승의 형상이고, 그는 여러분의 심장 속에 있습니다.

그의 빛이 영구적인 **그것**(진아), 그것이 어떻게 죽을 수 있습니까? 형상에서의 변화가 있을 뿐입니다. 모든 형상들이 그 빛 때문에 나타납니다. 여러분의 **의식**이 스승의, 곧 **하리**(Hari)의 두 발입니다. 그것이 신의 영광입니다. 존재하는 모든 것은 속성을 가진 현현된 **브라만**입니다. 그것이 **빠라브라만**에 합일됩니다. 여러분에게 드린 그 위대한 **만트라**는 브라만의 이름입니다. 그것이 여러분의 실체입니다. 그 **만트라**를 염할 때, 여러분은 **그것**을 부르고 있는 것입니다. 브라만이 나타나게 되어 있습니다. 여러분이 백만 불짜리 복권에 당첨되었다는 말을 듣고 행복해질 때, 부자가 되는 데 시간이 얼마나 많이 걸립니까? 그냥 한 순간입니다. 그 **만트라**를 염해서 같은 일이 왜 일어나지 말아야 합니까? 스승에 대한 여러분의 믿음이 있으면 죽음에 대한 어떤 두려움도 없습니다. 그래서 탄생에 대한 두려움도 없습니다.

여러분의 **의식**을 부단히 자각할 때, 여러분의 처신과 행동이 더 바람직한 변화를 보일 것입니다. '여러분이 있다'는 믿음이 (모든 행동 속에서) 작동하게 될 것입니다. 여러분의 **자각**으로 인해, 무엇을 해야 하고 무엇을 피해야 할지가 분명해질 것입니다. 여기서 강조점은 행동을 제어하는 데 있지 않고, 자각하는 데 있습니다. **의식**이 없으면 몸은 하나의 시체일 뿐인데, 여러분은 시체가 아닙니다. **참스승**에 대한 믿음을 가진 사람은 생기를 아는 사람이고, 그 믿음이 여러분의 근기성根機性(worthiness)[23]을 향상시켜 줄 것입니다. **참스승**의 가르침은 모든 세간적 문제를 해결해줄 수 있습니다.

여러분의 삶은 목적이 있어야 합니다. 그것이 우연한 것이 되게 하지 마십시오. 그저 남들처럼 죽으려고 살지 마십시오. 자신은 한 인간이라는 믿음이 자신은 **브라만**이라는 믿음으로 바뀔 때, 여러분의 일은 끝납니다. 여러분은 이미 **브라만**에 대해서 들었습니다. 이제는 여러분이 **그것**이라는 것을 아십시오. **참스승**의 말씀이 여러분의 유일한 우선순위라는 확신을 가지십시오. 그것의 진리성을 깨달아야 합니다. 다른 모든 영적 수행들은 중요하지 않습니다.

18. 그대의 행위보다 이해를 바꾸라

1978년 3월 30일, 목요일

여러분은 몸이 없고, 여러분의 빛 안에서 일체가 보인다는 것을 아주 분명히 이해해야 합니다. 만일 여러분이 자신의 빛을 볼 수 없다고 말한다면, 그것은 당연합니다. 어떤 빛도 그 자체를 우리가 볼 수는 없고, 그 빛이 다른 사물들을 보이게 합니다. 명상하고 있을 때, 명상하는 자는 형상이 없고, 그 사람은 몸이 아니라는 것을 자각하십시오. 이제 여러분은 저를 보았습니다. 여러분이 이곳을 떠날 때, 제가 여러분의 **의식** 안이 아니면 어디에 있겠습니까? 최소한 잠자리에 들 때는 여러분이 몸이 아

---

23) *T.* 스승의 은총을 받거나 어떤 영적 성취를 이룰 만한 역량 또는 그릇. 이것은 타고난 자질과, 그동안의 수행을 통해 얻은 마음의 순수성 또는 내적인 힘 등을 의미한다.

니라는 것을 기억하십시오. 몸이 없는 자는 또한 무시간적이며, 그것은 어떤 계급(caste)도, 어떤 죄나 공덕도 없습니다. 허공은 오점이 없을지 모르지만, 여러분은 그보다 더 순수합니다.

감각기관들은 기쁨을 인식할 수 있으나, 진아는 그 너머입니다. 오락은 여러분에게 즐거움을 주지만 휴식을 주지는 않고, 잠만이 휴식을 줄 수 있습니다. 일체를 잊어버릴 때, 여러분이 진정한 휴식을 얻습니다. 여러분의 자기확신이 커지면 마음은 여러분을 방해하는 것을 부끄럽게 느낄 것이고, 여러분은 일념집중이 될 것입니다. 어떤 사람이 여러분을 욕하면, 그에 대한 기억이 워낙 깊이 자리 잡아서 그것을 기억하는 데 어떤 노력도 필요치 않습니다. 저의 말도 그 정도의 진지함으로 기억해야 합니다.

신과 여신들은 그 누구도 어떤 개인적 형상을 가지고 있지 않습니다. 물이라는 단어를 들어 봅시다. 그것이 어떤 형상이 있습니까? 신들은 어떤 기간 동안만 존재하지, 그 이후는 아닙니다. 여러분 자신이 여러분의 진정한 지속적 인격을 확신하지 못하는데, 남들에 대해 무슨 말을 할 수 있습니까? 베다와 같은 우리의 경전들은 무지인들을 위한 것이지 진인들을 위한 것이 아닙니다. 단어들이 묘사하는 것은 안정적이지 않고 지속적이지 않습니다. 그래서 그것은 하나의 꿈과 같습니다. 자신을 몸과 동일시하는 여러분의 습을 끊어야 합니다.

한 가지만 생각하십시오. 그것은, 여러분이 실제로 무엇이냐는 것입니다. 남들에 대해 생각하지 마십시오. 여러분의 몸은 음식 물질로 만들어진 하나의 꼭두각시입니다. 여러분의 의식이 그것을 지탱하고 있습니다. 여러분의 이해를 바꾸십시오. 왜냐하면 아무것도 행위에 의존하지 않기 때문입니다. 여러분의 의식과 세계는 하나입니다. 둘 다 동시에 나타나고 사라집니다. (세계가 독립적으로 존재한다는) 오해가 있지만, 여러분이 세계를 아는 자라는 것을 기억하십시오. 세 가지 성질과 그것들의 활동은 하나

의 환幻입니다. 분별(viveka)만이 이 수수께끼를 풀지, (만트라) 염송念誦과
고행으로는 되지 않습니다. 분별에 의해 스승에게 순복할 수 있는 여러
분의 능력에서 스승의 은총을 알 수 있습니다. 여러분은 빠라브라만이
우리에게 무슨 소용 있느냐고 물을지 모릅니다. 빠라브라만이 그 자신에
게 아무 소용이 없을 때는 그것이 여러분에게 소용이 있고 말고가 없습
니다. 여러분은 결코 일어난 적이 없는 어떤 것에 대해 묻고 있습니다.
그것이 진인의 관점입니다. 이것이 스와미 람다스가 말한 것입니다. 그
럼에도 그는 사람들에게 신상神像을 숭배하라고 권했습니다. 달리 아무
것도 없으면 소똥으로 만들어진 신상이라도 숭배하라고 말입니다. 그가
바보여서 그렇게 말했습니까?

잊힐 수 없는 것을 어떻게 기억합니까? 그러나 여러분이 무엇을 기억
하려고 애를 쓰든, 그것은 잊히게 되어 있습니다. 지知는 직접적이어야
하고, 여러분 자신의 진아에 대한 것이어야 합니다. 여러분은 왜, 언제
자신의 존재성을 의식하게 되었습니까? 그에 대해 생각해 보십시오. 마
야는 환幻을 뜻하는데, 그것은 갑자기 나타났습니다. 모든 형상은 환幻입
니다. 여러분의 가난은 여러분이 필요로 하는 것들로 결정됩니다. 그것
은 자신의 진아를 잊어버린 결과입니다. 진인에게는 좋은 것도 나쁜 것
도 없고, 적절한 것도 없고 적절치 않은 것도 없습니다. 고요히 있으십
시오. 그러면 점차 의식의 원인과 그것이 어떻게 일어났는지를 알게 될
것입니다. 사실 아무것도 잘못되지 않았습니다. 하지만 개인적 영혼은
살아남고 넘어서기 위해서, 잘못된 것을 바로잡으려고 애쓰고 있습니다.
그것은 아무 소용없습니다. 사람들이 그들의 몸으로서 살 때는, 그들이
필요로 하는 것들이 늘어나고, 그들은 거의 거지가 됩니다. 무지가 있는
한, 넘어선다는 개념도 지속될 것입니다.

(여러분이 무지할 때는) 마야밖에 없습니다. 마야를 여신이나 브라만으로 숭
배함으로써 그녀를 제거해야 합니다. 마야가 떠나면 외적인 숭배도 사라

집니다. 그런 비밀스러운 지知는 아무도 설하지 않을 것입니다. 무지가 사라질 때는 지知도 남지 않습니다. 우리의 의식이 신으로서 숭배될 때, 그 안에 있던 무지가 드러납니다. 그럴 때는 지知도 남지 않습니다. 브라만을 깨닫고 나면 우리가 베다적 행법들을 넘어섭니다. 진인으로 행세하지 않는 진인은 희유합니다. 누가 진인입니까? 존재하는 모든 것이 무지라는 것을 아는 사람이 진인입니다.

하나의 몸을 갖기 이전에는 여러분에게 어떤 의식도 없었습니다. 그 상태와 의식의 출현 이후 상태의 결합은 하나의 큰 요가입니다. 그것을 아는 자는 의식을 넘어섭니다. 우리는 진아의 빛입니다. 보이는 세계는 그 개인적 영혼의 빛입니다. 그러나 그것은 마치 바깥에 있는 것처럼 보입니다. 여러분은 자신의 의식 속에서 이 세계라는 반사된 모습을 봅니다. 여러분은 쾌락을 얻으려고 애쓰지만, 거기에는 고통의 경험이 수반된다는 것을 기억하십시오. 지금 듣는 것을 기억하고 실천해야 합니다.

19. 개인에게는 어떤 형상도 없다

1978년 4월 2일, 일요일

날이 가면서, 여러분은 자기 자신에 대해 무엇을 판정했습니까? 여러분이 미래에 쓰려고 물건들을 축적할 때, 과연 여러분이 있어 그것을 즐기겠습니까? 그리고 무엇이 여러분의 형상이겠습니까? 실은 개인에게는 어떤 형상도 없습니다. 몸은 5대 원소, 곧 그것들의 즙汁(기운)의 한 형상입니다. 여러분이 어떻게 그것일 수 있습니까? 그러나 사람들은 참된 것을 받아들이지 못하고, 그냥 몸 개체로 남아 있기를 선호합니다.

세상에서 지배적인 지知는 단어들에 대한 지知일 뿐입니다. 이 지知를 아는 자에게 무슨 형상이 있는지만 보십시오. 브라마데바(Brahmadeva-브라마 신)를 포함한 남들에 대한 명상은 전혀 명상이 아닙니다. 명상은 진아에 대해서만 할 수 있습니다. 어떤 개인성도 없는 몸 안의 참된 본질을 알아야 합니다. 설탕이 입 안에서 녹을 때는 형상이 없는 단맛이 있습니다. 그 단맛은 눈에 보이지 않는데, 그것이 약간 드러난 것입니다.

여러분의 어떤 체험도 지속되지 않을 것입니다. 그 체험자는 말로 묘사할 수 없습니다. 그것이 우리의 참된 성품입니다. 우리의 일시적 존재성은 생기와 의식에 의존하고, 영구적인 "내가 있다"(진아)는 그것들과 독립해 있습니다. 우리가 어떤 사람이라는 우리의 믿음은 거짓이라는 것을 알아야 합니다. 무슨 일이 일어나든 그것은 시간의 힘에 따른 것입니다. 진아 깨달음에 대한 욕망조차도 예외가 아닙니다.

의식이 그 자신을 의식하게 될 때 세계가 나타납니다. 이것이 궁극적 진리입니다. 여러분이 어른이 되면 유아기가 사라지듯이, 진아 깨달음과 함께 몸-정체성이 떨어져 나갑니다. 여러분은 자신의 신념을 뒷받침하려고 창조주인 신의 도움을 구합니다. 그러나 그 자비로운 신이 어떻게 이 잔인하고 혼란스러운 세계를 창조할 수 있습니까? 실은 우리가 존재하기 때문에 신이 있고, 우리가 없으면 신은 없습니다. 마찬가지로, 그가 없으면 우리가 존재할 수 없습니다. "내가 있다"는 믿음, 혹은 여러분의 '존재'애愛(love 'to be')가 신 혹은 브라만입니다. 우리의 "나는 맛본다"가 브라만이고, 자아의식이 없을 때 그것을 빠라브라만이라고 합니다. 여러분이 브라만을 깨달으면 둘 다 사라집니다.

진인은 아무것도 없다고 말하면서, 왜 이런 모든 이야기를 합니까? 방광에 압력이 있으면 소변을 보아 그것을 해소해야 합니다. 이런 이야기도 비슷합니다. 진인의 몸은 일시적이고, 존재의 경험은 고통스럽습니다. 그래서 진인은 사람들에게 이야기를 하고 그들에게 조언해 줍니다.

우리는 많은 꿈을 꾸지만, 어느 것이 주된 꿈입니까? 주된 꿈은 "내가 있다"입니다. 우리가 신과 하나됨을 느끼지 못하는 한, 우리는 성취한 것이 아닙니다. 여전히 길 위에 있습니다. 만일 빠라마뜨만에게 어떤 탄생도 죽음도 없다면, 왜 크리슈나는 그의 탄생들에 대해 이야기했습니까? 매 순간 나타나는 무수한 모든 형상들은 5대 원소의 것이고, 빠라마뜨만으로 인한 것입니다. 베다와 뿌라나를 포함한 모든 경전은 시인들의 상상일 뿐입니다. 뿌라나는 지옥을 묘사하여 사람들에게 겁을 줌으로써 그들이 '나쁜' 행위들을 피하게 하려고 합니다. 또 그들에게, 선행을 하여 뿌라나에서 묘사하는 천상에 한 자리를 예약하라고 권합니다.

여러분이 깊이 잠들었을 때는 자신이 잠자는 것을 자각하지 못합니다. 깨어나서야 자신이 잠들어 있었다는 것을 알게 됩니다. 그러나 자신이 잠자는 것을 보지는 못합니다. 마찬가지로 마야는 상상을 넘어서 있는데, 인간들에게만 그런 게 아니라 신들에게도 그렇습니다. 그것은 의식으로 인해 나타나지 의식 이전은 아닙니다. 브라마와 같은 신들조차도 아무런 독립적 존재성을 가지고 있지 않고, 그들은 그것(마야)의 창조물입니다. 그래서 그들은 마야를 넘어서 있지 않습니다. 모든 창조는 환幻이고, 시간이 한정되어 있습니다. 만일 마야 그 자체가 환幻이라면, 그것의 창조물인 신들이 어떻게 실재할 수 있겠습니까? 마야가 전혀 접촉하지 못하는 그것만이 초연하고 독립적입니다.

여러분의 깊은 잠은 전적인 무지입니다. "나는 깨어 있다"는 느낌이 마야를 생겨나게 합니다. 그것은 세계도 생겨나게 합니다. 세계는 거짓이지만, 아주 실재하는 것처럼 보입니다. 여러분의 의식이 전체 우주를 싹트게 합니다. 그러나 그것은 마야의 창조물입니다. 이것을 아는 것은, 자신이 행위자라는 여러분의 상상을 지워버리기에 충분할 것입니다. 여러분이 자신의 진아를 깨달으면, 그것이 모든 존재의 뿌리에 있는 것을 볼 것입니다. 진아는 전적으로 비어 있고, 어떤 욕망과 목적에서도 벗어나 있습니다. 꿈조차도 우리가 볼 수 있지만, 속성이 없는 무형상의 **진아**는 볼 수가 없습니다. 자신이 하나의 형상을 가졌다고 생각할 때, 여러분은 **마야**의 손아귀에 있습니다. 무엇이 창조되든, 나타나는 것은 사라질 수 밖에 없습니다. 우리의 **의식**은 사라지게 되어 있습니다.

내가 행위자라고 상상할 때, 에고가 있습니다. 만일 여러분이 여기서 듣는 이야기를 정말 좋아한다면, 하나의 직접적인 길을 갖게 될 것입니다. 그러나 여러분이 그럴 만한 근기가 되어야 합니다. 스승의 말씀을 거듭거듭 기억한다는 것은 영적인 과정이 시작된다는 것을 의미합니다. 여러분이 그 형상으로 출현한 것은 몸이나 마음의 어떤 기여도 없이 자연발생적이었습니다. 내면에서 영적인 공부에 대한 깊은 통찰력을 계발하는 사람들만이 이곳에 올 수 있습니다. 이 헌신은 어떤 물질적 이득을 얻기 위한 것이 아닙니다. 참된 헌신으로 듣는 것만으로도 해탈을 얻기에 충분합니다. 여러분은 한 남자나 여자가 아니고, 그 정체성을 가지고 하는 여러분의 모든 행동은 거짓이라는 것을 이해할 능력을 가지고 있어야 합니다. 이 세계의 출현을 책임지고 있는 자는 **신**입니다. 이것은 **의식**을 열어주기 위한 것이고, 그러고 나면 **신**의 일은 끝납니다. 여러분은 자신을 **의식**으로 여겨야 하는데, 그것에 **신**의 여러 가지 이름들이 붙습니다. **의식**에 의해 알려지는 모든 것이 **마야**입니다. 더 이상 무지가 없을 때는 지知가 있을 곳이 없습니다.

여러분은 이런 이야기 듣는 것을 좋아하게 되었습니다. 그것은 영적인 공부에서 하나의 좋은 징표입니다. 이 **의식**이 무엇인지를 여러분이 분명하게 이해할 때, **마야**를 넘어설 것입니다. 여러분은 **의식**을 가지고 **의식**의 가치를 이해할 수 있지만, **진인**의 가치를 이해하지는 못합니다. 현현된 것은 단 **하나**이지만 **그것**에 여러 가지 이름이 붙습니다. 그러나 그런 것들은 **마야**의 다양한 이름들입니다. 참된 지知를 얻으면 아는 자와 알려지는 것 간의 차이가 사라집니다. 모든 경험은 **마야** 때문에 있는데,

그 경험들은 지속되지 않습니다. 자기 자신에 대한 여러분의 상상은 변할 수밖에 없습니다. 지금 여러분이 깨어 있고 경청하고 있다는 것도 하나의 개념입니다. 매일 여러분은 자신을 잊어버릴 수밖에 없는데, 그것은 깊은 잠 속으로 들어간다는 뜻입니다. 전혀 깨어남이 없다면 여러분은 불평하겠습니까? 여러분의 경우 생시에서 잠으로, 잠에서 생시 상태로의 일정한 간격이 있습니다. 그래서 여러분의 존재는 일시적입니다.

여러분이 천 년을 살든, 바로 지금 죽든, 그것이 여러분에게 아무 중요성이 없어야 합니다. 어느 순간에 여러분이 떠나도, 그것을 반겨야 합니다. '무욕無慾(vairagya)'이라는 단어는 세간적 욕망이 없다는 뜻입니다. 그것은 모든 존재가 거짓이라는 것을 아는 데서 나옵니다. 진리가 성취되면 환적인 것들이 떨어져 나갑니다. 그것은 자연발생적인 사건입니다. 그것이 브라만에 대한 진정한 공양입니다. 진리를 깨닫기 전에는 거짓된 것을 제거하는 것이 불가능합니다. 신이 다르마(Dharma)를 보호하고 성장시키기 위해 화현한다고 합니다. 그 다르마란 진아를 지칭하지 몸을 지칭하지 않습니다. 스승은 이스와라의 한 화현입니다. 스승에 대한 여러분의 헌신은 무서운 마야를 길들여서 무력하게 만듭니다. 다르마와 달리, 이른바 종교들은 몸과 관계됩니다.

늘 여러분의 의식을 자각하십시오. 그것이 바로 지금 이 이야기를 듣고 있습니다. 그 의식은 순수하고 깨끗합니다. 그것을 숭배하거나, 아니면 그것에 대해 명상해야 합니다. 그것이 진아지로 이어집니다. 여러분의 모든 괴로움은 여러분의 불순함과 결함들에 기인합니다. 이런 이야기를 듣는 것이 유일한 치유책입니다. 그러면 정화를 위해 숲속을 찾아들 필요가 없습니다.

20. 진인은 고요함을 의미한다

1978년 4월 9일, 일요일

여러분의 의식의 성질들에는 한계가 없습니다. 누가 언제 번영할지는 아무도 예견할 수 없습니다. 어떤 사람이 쉽게 얻는 것도, 남들은 그것을 성취하는 것을 어렵게 느낍니다. 의식은 다양한 방식으로 변하고, 성숙하여 더 진보합니다. 주 닷따뜨레야(Lord Dattatreya)는 그의 스물넷 스승들 모두에게서 배웠다고 합니다. 그는 빠라브라만이었는데, 남들에게서 배울 필요가 어디 있습니까? 이 (스물넷) 스승들은 진보된 구도자의 결점들을 없애기 위해 누군가가 상상해 낸 것입니다. 여러분의 의식은 시간에 의해 필요한 대로 세상 안에서 작용합니다. 사람 안에서 계발되는 습짧들이 마음을 형성합니다. 행위들은 이 습짧에 따라 일어나고, 그 결과에 대한 두려움이 있습니다. 이 스물넷 스승의 목적은 이런 습들을 최소화하여 그 구도자의 길을 치워주기 위한 것입니다. 닷따뜨레야는 이미 완전했고, 그런 이야기들은 다른 구도자들을 인도하기 위한 것입니다.

우리의 지구는 안정된 의식의 성질을 가지고 있습니다. 심지어 먼지 속에도 의식이 있습니다. 식물들의 씨앗은 아무리 애를 써도 파괴하기 어렵습니다. 이것은 지구상의 생명을 유지하는 데 도움이 되는데, 지구는 (인간들의) 온갖 파괴적 활동에도 불구하고 늘 차분하고 고요합니다.

우리의 의식에 신들의 여러 가지 이름이 붙습니다. 의식이 출현하기 전에는 모든 것이 차분하고 고요했습니다. 의식이 사라질 때 이런 성질들이 돌아옵니다. 의식이 도래하기 이전의 여러분의 존재성은 모든 증거를 넘어서 있습니다. 그것은 모든 앎도 넘어서 있습니다. 모든 번뇌를 없애기 위해서는 비이원적으로 의식을 숭배해야 합니다. 여러분은 이런 말들의 정확한 의미를 알지 못할 수도 있습니다.

진리에 대한 탐색에서, 여러분이 무상한 것들의 도움을 얻을 수 있습니까? 무엇이든 시작이 있는 것은 끝도 있습니다. 여러분에게 온 의식은 또 가야 합니다. 지성은 젖혀두고, 여러분이 의식이라는 스승의 말씀을 고수하십시오. 그 의식으로 인해 여러분은 '여러분이 있다'는 것을 압니다. 그러나 여러분의 진아는 일체의 이전입니다. 여러분이 의식과 친해지면, 그것의 참된 성품이 여러분을 통해서 현현할 것입니다. 무엇을 알기 이전에 있는 것이 여러분의 참된 성품입니다. 이것은 여러분의 스승이 내리는 명령입니다. 브라만·이스와라와 같이 흔히 알려지는 이름들이 의식에 주어지는 다양한 이름입니다. 여러분은 아무것도 하지 않고도 의식하게 되었습니다. 의식에 대해 명상할 때는 몸-정체성과 마음을 무시해야 합니다. 마음이 도래한 뒤에야 단어들이 있습니다. 그러나 원초적 단어, 옴(Om), 곧 '부딪지 않은 소리(unstruck sound)'는 일체의 이전입니다. 그것을 쁘라나바(Pranava)라고도 합니다. 여러분의 의식도 어떤 소리 이전입니다. 그것을 브라만으로 숭배하십시오. 쁘라나바가 있은 뒤에야 쁘라나야(pranaya), 곧 사랑이 있지만, 그 사랑이라는 단어에 대한 여러분의 의미는 다릅니다.

여러분의 지知란 어릴 때부터 여러분의 마음에 새겨진 인상들 외에 무엇입니까? 여러분의 마음은 이러한 인상들에 지나지 않습니다. 좋은 인상들은 좋은 마음을 만듭니다. 그래서 진인과의 친교를 대단하게 평가하는 것입니다. 그의 곁에서는 마음이 바람직하게 변화됩니다. 고통과 쾌락은 여러분의 믿음과 받아들임에 기초해 여러분에게 영향을 줍니다. 그것들은 시간이 한정되어 있고 일시적으로 존재합니다. 여러분의 성품은 정확히 스승의 말씀대로라는 것을 결코 잊지 마십시오. 그것을 잊는 것은 잠 속에서만 가능합니다. 여러분이 몸 없이 자신의 존재성을 알게 될 때, 여러분의 의식이 여러분을 통해 자신의 가치를 표현할 것입니다. 여러분의 세계는 여러분의 의식의 한 창조물일 뿐입니다. 차분하고 고요해지기 위해서는 이 의식을 온전히 알아야 합니다.

설사 여러분이 활동을 멈추려고 해도, 활동들은 계속될 것입니다. 일체가 필요에 따라 일어납니다. 잠에서 깨어나는 것이나, 깨어 있다가 잠에 떨어지는 것을 여러분이 막을 수 있습니까? 스승에 대한 확고한 믿음이 여러분의 모든 활동의 토대가 되어야 합니다. 자신이 행위자라는 믿음은 여러분의 몸-정체성 때문에 있을 뿐입니다. 실은 여러분은 그것의 주시자입니다. 여러분이 자신의 참된 성품을 깨달을 때까지는, 삶의 더 나은 조건과 축복을 얻기 위한 분투를 계속하겠지요. 제대로 입문을 하고 나서도 만약 수행을 하지 않으면, 어떤 진보도 기대할 수 없습니다.

진인이란 고요함(tranquility)을 의미하며, (그에게는) 여하한 번뇌도 없습니다. 여러분은 주의 깊게 듣고 행위하지만, 그 듣는 자에게 주의를 기울입니까? 그 듣는 자가 여러분의 의식입니다. 어떤 때는 여러분이 다섯 감각기관과 그것들이 귀띔해 준 것을 탓하면서 고통 받습니다. 우리의 의식은 사랑과 헌신의 한 화현입니다. 그것은 이스와라의 한 표지標識입니다. 그것에 대해 명상하면 5대 원소를 변화시켜 여러분의 친구로 만들게 될 것입니다. 여러분은 아무 이유 없이 자신은 약하다고, 자신은 죄인이라고 생각합니다. 스승의 말씀을 기억함으로써 그런 어리석은 관념들을 추방하고, 여러분의 진아를 깨달으십시오.

진아지가 서서히 꾸준히 일어날 때 여러분의 근기성根機性에는 어떤 한계도 없을 것입니다. 그때는 욕망을 쫓아다닐 어떤 마음도 없을 것입니다. 현재와 미래에 필요한 것들에 대한 여러분의 모든 관념이 끝날 것입니다. 5대 원소가 다양한 형태로 여러분에게 봉사할 것입니다. 그럴 때는 어떤 자부심도, 심지어 진아 깨달음에 대한 자부심도 없어야 하며, 그래야 진정한 고요함이 있습니다.

21. 죄와 공덕의 경험자는 없다

1978년 4월 13일, 목요일

여러분은 많이 읽고 들었으니, 이제 그 읽고 듣는 자와 친숙해지십시오. 실은 우리의 존재의 느낌 자체가 우리의 모든 고통과 쾌락의 원인입니다. 쾌락이 있을 때 그 의식은 이스와라이고, 고통이 있을 때 그것은 마야입니다. 그래서 모든 것의 뿌리에 우리의 의식이 있습니다. 실제로 여러분의 것이고 늘 여러분과 친교해 주는 것(의식)에 주의를 기울이십시오. 여러분이 이스와라에 대해 명상할 때, 명상하고 있는 것은 그입니다. 참스승만이 여러분이 바그완(Bhagwan)이라고 말해 줄 수 있는데, 그것은 '스스로 빛나는 것'을 의미합니다. 다른 모든 사람은 여러분에게 그를 섬기라고 말합니다. 여러분의 첫 선생님은 어머니이고, 어머니가 다양한 소리들의 의미에 대해 여러분에게 말해주었습니다. 그것 없이 무엇이 여러분의 언어가 되었겠습니까? 저는 여러분에게 어떤 소리를 듣기 이전인 어떤 언어로 이야기하고 있지만, 여러분은 그것을 자기 나름대로 이해하려 하고 있습니다. "무지한 사람들은 죽으라지. 그러나 나에게는 죽음이 없다. 나는 스승의 아들(Guru-putra)이니까." 이것이 여러분의 확신이 되어야 합니다. 여러분의 생기(prana)는 여러분을 모르지만 여러분은 생기를 압니다. 이것은 대단한 것입니다. 왜냐하면 네 종류의 언어24) 모두가 생기 때문에 있기 때문입니다. 그것이 옴 혹은 성령(Holy Ghost)이며, 헌신의 기원입니다. 스승의 은총이 있으면 네 종류의 언어 모두가 현현할 것입니다. 주 브라마의 네 입은 그가 이 네 가지 유형의 언어를 통제한다는 것을 말해줍니다. 여러분은 브라만 그 자체이므로 누구의 축복도 필요하지 않습니다. 그러나 자신이 브라만이라는 확신을 가져야 합니다.

---

24) *T.* 44쪽의 각주 참조.

세계의 모든 종교들은 감정과 관념들에 대한 믿음으로 가득 차 있습니다. 여러분은 듣거나 읽은 것과 별개로 무엇을 알고 있습니까? 우리 자신의 참된 종교는 진아의 종교입니다. 그러나 현재로서는, 의식이 여러분의 종교(영적인 추구의 목표)입니다. 현현된 브라만은 영구적이지 않고, 미현현자가 영구적인 진리입니다.

천궁도天宮圖를 준비하기 위한 기초는 무엇입니까? 그것은 태어난 시時입니다. 그것은 정말 그 아이의 탄생입니까, 아니면 시간의 탄생입니까? 활동들은 시간에 따라 일어나고, 우리는 자신이 행위자라고 생각합니다. 그런 사고가 우리의 습習인데, 그것을 마음이라고 합니다. 불생자不生者(the unborn)25)는 어떤 탄생도 하지 않았습니다. 스승의 은총이 있으면, 여러분이 태어났다는 거짓된 관념이 사라질 것입니다. 어느 누구도 탄생이라는 경험을 한 적이 없고, 몸-정체성도 똑같이 거짓됩니다.

태어나는 것은 시간인데도, 우리는 그것이 그 아이의 탄생이라고 믿습니다. 탄생과 죽음의 주시자는 그것들에 접촉당하지 않고 남습니다. 우리는 자신을 몸과 동일시함으로써 우리의 삶들을 제한합니다. 시간이나 죽음의 신(야마)에게 어떤 형상이 있습니까? 이것은 수행에 의해서가 아니라 분별(viveka)에 의해서 이해할 수 있습니다. 분별에 의해 여러분이 축적한 비진리가 놓아져야 진리가 빛날 수 있습니다.

여러분이 믿고 보존하는 모든 것이 언젠가 여러분을 떠날 것입니다. 진아 깨달음을 얻고 나면 이것이 분명하게 이해될 것입니다. 여러분의 모든 활동은, 여러분이 보는 것은 뭐든 다 참되다는 믿음과 함께 진행됩니다. 여러분은 자신을 기만하고 있습니다. 여러분의 꿈의 경험을 조사해 보면, 여기에 동의할 것입니다. 꿈속에서 여러분이 고통 받는 이유는 그것이 실재하는 것처럼 보이기 때문입니다. 그것은 생시 상태에도 똑같이

---

25) T. 외관상 태어나는 것처럼 보이는 개별 존재들의 바탕인, 탄생과 죽음을 넘어서 있는 진아 혹은 빠라마뜨만.

해당되는데, 이는 **진리**에 대한 여러분의 무지 때문입니다.

여러분은 자기 안의 빛에 대해 무엇을 알고 있습니까? 이 빛은 여러분의 **의식**이며, 그것 때문에 여러분이 '여러분이 있다'는 것을 압니다. 그것은 형상이 없고, 오점이 없고, 밝게 빛납니다. 자신이 그 더러운 몸이라고 여기는 상상이 현재 여러분의 비참한 상태의 원인입니다. 몸이 순수할 때는 여러분이 공중을 날 수도 있는데, 그것은 일부 하타 요기들(hatha yogis)에 의해 입증됩니다. 죄와 공덕의 어떤 경험자도 없습니다. 괴로움에 대한 모든 관념은 여러분의 몸-정체성에 수반됩니다. 스승의 명命에 따라, 듣고 있는 그 **의식**이 **브라만** 혹은 **스승**이라는 확신을 가지십시오. 그러면 그것이 여러분의 친구가 될 것입니다. 모든 습習을 놓아버리고 **진아**에게서 지도를 받으십시오. 여러분의 **의식**은 아주 드높은 성질을 가졌고, 그것을 자각하는 것은 대단한 것입니다. 그것을 숭배하고 그것에 대해 명상하십시오. 여러분은 한 순간이라도 **의식**으로서 머무를 수 있습니까? 만일 그렇다면, 여러분은 이미 **신**의 문턱에 도달한 것입니다. 그것을 정말 고수한다면 몸이 떨어져 나가기 전에 **진아**를 깨달을 것입니다.

저는 죽을 수 있는 몸을 가지고 있지 않습니다. 빛이 죽을 수 있습니까? 여러분의 **의식**은 한 철 동안 지속되겠지만, 오래갈 수는 없습니다. 그에 대해 명상함으로써 그것을 최대한 이용하십시오. 그것은 **스승**을 기억하는 것만큼이나 좋습니다. 기억하는 자는 **의식**일 뿐입니다. **의식**이 그 자신을 명상하는 것은 하나의 비이원적 숭배입니다.

22. 그대는 속박되어 있지도 않고 자유롭지도 않은 빠라마뜨만이다

1978년 4월 16일, 일요일

헌신자들이 여기 모인 것은 백 년 전 스리 바우사헵 마하라지의 대단한 헌신의 결과입니다.[26] 여러분이 스승의 말씀이 중요한 줄을 모르면 무엇을 해도 성공하지 못할 것입니다. 스승은 제자에게 그 사람의 근기에 따라 지知를 전해줄 온전한 권위를 가지고 있습니다. 여러분이 **불변자**不變者에 대한 확신을 계발하면 빛으로 충만하게 될 것입니다. 스승의 말씀에 대한 온전한 확신을 가진 사람만이 남들에게 참된 영적인 지知를 베풀 수 있습니다. 이야기가 느슨하고 앞뒤가 맞지 않는 사람은 스승이 될 수 없습니다. 여러분이 곧 모든 단어와 그것들의 의미를 넘어선 저 **빠라브라만**입니다. 빠라마뜨만은 홀로이고, 우리 자신의 참된 자아입니다. 스승·제자·신과 같은 이름들조차도 그것에는 접촉하지 못합니다.

대다수 사람들은 자신들이 어려울 때만 신을 숭배하지, **진아 깨달음**을 위해서는 숭배하지 않습니다. 만일 여러분이 진지하다면, 최소한 잠자리에 들 때는 자신이 **신** 그 자체라는 것을 기억해야 합니다. 여러분은 과거와 미래의 모든 화현들의 영혼입니다. 그 산스크리트 단어는 **아뜨만**(Atman)인데, 그것이 우리의 참된 성품입니다. 세상에서 무슨 일이 일어나든 그것은 여러분 때문이고, 여러분은 모든 사건과 연관되어 있습니다. 여러분이 저 **빠라마뜨만**인데, 그것은 속박되어 있지도 않고 자유롭지도 않습니다. 몸은 젖혀두고, **진아**에 대한 강렬한 욕망을 가지십시오.

여러분이 여기서 얻는 지知는 여러분의 것이고, 체험해야 합니다. 그

---

26) *T.* 이날은 마하라지의 사조(스승의 스승)인 바우사헵 마하라지의 자얀띠, 즉 탄신기념일이었다.

것은 아주 단순한데, 유일한 요건은 스승에 대한 온전한 믿음입니다. 그것이 있으면 짧은 시간 안에 여러분이 브라만을 깨달을 것입니다. 빠라마뜨만은 진아에 워낙 몰입해 있어서, 어떤 자아의식도 없습니다. 그러나 그것은 잠이 아닙니다. 잠 속에서조차 여러분은 자신이 잘 잤다는 것을 압니다. 다만 깨어나서야 그렇게 말합니다. 깊은 잠의 주시자는 누구였습니까? 깨어난 그 사람입니까? 그것이 어떻게 가능합니까? 그것은 마야입니다. 여러분의 진아는 모든 면에서 완전하고 원만합니다. 단 하나 문제는 몸-정체성입니다. 우리의 존재의 느낌에 대한 주시자는 누구입니까? 이것은 누구나 아는 것이지만, 우리는 자신을 몸이라고 여깁니다. 영적인 여정(spiritual journey)은 의식의 안에 있고, 여러분이 그것을 아는 자입니다.

여러분에게 주된 장애물은 존재의 느낌, 곧 여러분의 의식이고, 그 장애물을 없애려면 자신을 그것과 동일시해야 합니다. 여러분이 의식을 신으로 숭배하면, 그것이 기뻐하면서 여러분에게 진아지를 베풀 것입니다. 실은 여러분은 빠라마뜨만인데, 아뜨만과 빠라마뜨만 간의 구분을 없애야 합니다. 이 구분은 개인적 영혼의 개념이지만 그것은 실재하지 않습니다. 확신을 가져야 합니다. 빛인 여러분은 순수하기 때문입니다.

몸-정체성을 가지고 있으면 끝에 가서 죽음이라는 문제를 자초합니다. 진인에게는 죽음이 없고 지나감(passing)의 기쁨만 있는데, 그것은 말로 묘사할 수 없습니다. (몸-정체성이 없다면) 설사 여러분이 자신을 순수한 빛으로 기억한다 해도, 마지막에는 해탈할 것입니다. 스승에 대한 헌신은 무서운 죽음을 지복스러운 사건으로 변모시킵니다. 이 헌신의 위대함이 그와 같습니다. 여러분은 깊은 잠의 경험을 갖는데, 그것은 아주 좋은 경험이어서 깨어나기 전까지는 어떤 고통이나 쾌락도 없습니다. 스승의 은총은 문제 많은 의식을 하나의 지복스러운 경험으로 바꿔놓습니다.

모든 세간적 소유물과 활동들은 거짓입니다. 그렇다면 우리는 무엇을 포기할 수 있습니까? 여러분이 무엇을 하느냐는 중요하지 않습니다. 오직 스승의 말씀을 실제로 실천하려고 노력하십시오. 그것이 진정한 (바잔) 음송吟誦인데, 그것은 입으로나 마음으로 하는 찬송이 아닙니다. 일단 자신이 진아라는 확신을 계발하면, 세상의 그 무엇도 여러분에게 영향을 주지 않을 것입니다. 여러분의 진아 외에는 어떤 신이나 브라만도 없다는 스승의 말씀을 결코 잊지 마십시오. 아뜨만의 빛을 남용하는 사람은 고통 받게 되어 있습니다. 어떤 사물의 색상이나 디자인 같은 성질들은 그 사물을 쉽게 알 수 있게 해줍니다. 그러나 아뜨만은 아무 성질이 없고, 그래서 그것을 알 수는 없습니다. 아뜨만은 우리가 깨달을 수 있을 뿐입니다.

23. 여기에는 환幻 아닌 것이 아무것도 없다
1978년 4월 20일, 목요일

여러분은 자신이 존재한다는 것을 아는데, 그것은 어떤 의문도 여지도 없습니다. 그것은 하나의 현상입니다. 이제 이 '여러분'과 여러분의 의식을 결합시켜 보고, 어떤 기적이 일어나는지 보십시오. 이것은 해볼 가치가 있습니다. 왜냐하면 여러분의 모든 통상적 행위들은 오락에 지나지 않기 때문입니다. 여러분의 마음 속으로 들어가는 모든 단어(생각)는 어떤 식으로든 여러분에게 영향을 줍니다. 일체가 환幻이라는 것을 알게 될 때, 여러분이 어떤 것에 무슨 흥미를 갖겠습니까? 그럴 때 무엇을 포기하고 말고가 어디 있습니까? 이 세계에는 환幻 아닌 아무것도 없습니다.

극소수만이 이 참된 영적 지知를 듣는 복이 있습니다. 그러나 그것의 중요성을 알아볼 수 있어야 합니다. 그러면 어떤 환생도 없습니다. 시절적(seasonal)이고 (언젠가) 끝이 나는 것을 하나의 상태라고 합니다. 삼매조차도 하나의 상태입니다. 여러분이 바로, 사람들에게 존경받고 숭배 받는 그것입니다. 여러분이 그것의 중요성을 알고 나서, 만일 그것에 대해 명상하여 그와 하나가 되지 않는다면 비난 받아 마땅합니다. 박띠(bhakti)는 통일(헌신 대상과의 하나됨)을 의미하며, (그럴 때) 여러분은 자신이 실제로 무엇인지를 깨닫습니다. 상키야(Sankhya) 체계, 하타 요가, 기타 행법들을 추종해서는 최고의 경지를 성취할 수 없습니다. 이런 행법들은 여러분을 5대 원소에 대한 통제력을 가진 한 사람의 요기로 만듦으로써, 몸-정체성을 강화하는 데만 도움을 줍니다. 꾼달리니(Kundalini)라는 관념도 하나의 개념입니다. 이 꾼달리니가 몸 안에 있지 않으면 어디에 있습니까? 크리슈나는 "나, 곧 빠라마뜨만만이 그것을 온전히 안다"고 말합니다.

두려움이 있을 때 참된 헌신이 있을 수 있습니까? 냐나(Jnana)는 앎을 뜻하는데, 그것은 박띠(bhakti)[헌신]이기도 합니다. 냐나, 곧 참된 지(知)를 아는 자가 냐니(Jnani)[진인]입니다. 여러분은 의식의 기원을 이해했습니까? 아이-원리(child-principle)[27]를 본 사람이 얼마나 됩니까? 진인의 경우와 같이 자아의식이 없을 때는, 그로 인해 사물들이 변하지는 않아도 그것들이 있는 그대로 보입니다. 크리슈나는 말합니다. "만트라를 염하거나 고행을 하는 것으로는 나를 참으로 숭배할 수 없다. 그것은 스승이 말하는 대로 함으로써만 가능하다. 그것이 진정한 헌신이다." 스승의 명(命)은 이렇습니다. "그대는 몸이 아니라 의식이다."

이 세상에서 여러분이 어떤 대가를 치르더라도 보존하는 최고의 소유물은 무엇입니까? 그것은 여러분의 의식 아닙니까? 그것은 결국 빠라마뜨만에 합일됩니다. 그것은 시간을 넘어서 있습니다. 진아지는 우리가 한

---

27) T. 의식이 한 아이로서 출현한 원리. 곧, 개인적 존재성이 출현하는 원리를 의미한다.

개인이라는 상상적인 별개의 존재성이 종식되는 것입니다. 그럴 때 (자신이) 이것이나 저것과 같다는 관념이 사라집니다. 그때 우리는 몸이 없이 스스로 빛나는 순수한 의식입니다. 스승의 명을 따르는 동안 여러분은 자신의 일상 활동을 계속해도 됩니다. 최소한 잠자리에 들 때는 스승의 말씀을 기억하십시오. 잠 속에서는 그것을 기억할 가망이 없지만, 생시 상태에서는 그래야 합니다. 깊은 잠 속에서는 "내가 있다"가 없기 때문에 기억에 단절이 있습니다.

사람들은 하나의 일상적 관행으로 신을 믿습니다. 사실 여러분은 신이 존재하기 때문에 존재하고, 신은 여러분 때문에 존재합니다. 헌신자가 없다면 신의 존재를 확인할 사람이 누가 있습니까? 신이 어떤 독립적 존재성을 가지고 있습니까? 고행의 힘은 에고를 키우고, 그것은 하나의 장애가 됩니다. 진정한 포기는 소유물이나 친족을 포기하는 것이 아니라, 몸-정체성과 자신이 어떤 사람이라는 것을 포기하는 것입니다. 황색 법복으로 갈아입고 새로운 외관을 갖는 것조차도 더 많은 제약, 더 적은 자유와 관계됩니다. 이원성 속의 헌신은 **빠라마뜨만**을 멀찍이 두게 만듭니다. 무신無身(videhi)의, 즉 몸 없는 헌신이 더 도움이 됩니다. 그럴 때는 어떤 자부심도, 어떤 두려움도 없습니다. 그 비이원적 숭배는 5대 원소가 어떻게 여러분의 **의식**에서 비롯되는지를 여러분에게 보여줍니다.

쁘라나바, 곧 **옴**은 부딪지 않은, 소리 없는 소리인데, 그것이 여러분의 존재의 느낌 혹은 **자기사랑**을 낳습니다. 여러분은 침묵 속에서 자신에게 주어진 그 **만트라**를 염하고, 진아에 대해서만 명상해야 합니다. 그러면 서서히 마음이 정화될 것이고, **의식**이 몸-정체성에서 벗어날 것입니다. 그리고 나면 여러분이 무엇인지를 분명하게 알 것입니다. 모든 행법에서 벗어나 있는 여러분의 자연발로적 성품을 알게 됩니다. 설익은 제자만이 **신**이 스승보다 더 위대하다고 말할 수 있습니다. 여러분이 자신의 **의식**을 더없이 편안하게 느낄 때는, 아무것도 할 것 없이 여러분이 그대로 영원자입니다.

어떤 사람을 작다거나 크다고 부르는 것은 마음입니다. 여러분 자신은 공空(shunya)이나 영零처럼 있으면서 남들에게 중요성을 부여하는 것이 현명합니다. 진아에 대한 확신이 계속 커지는 것은 헌신이 커지고 있다는 확실한 징표입니다. 이것은 우리의 실체인 순수한 의식이 하는 이야기입니다. 우리는 스승에 대한 헌신에 의해 이것을 깨닫습니다. 여러분의 참된 성품, 즉 형상 없는 브라만에 대해 늘 확고하십시오. 그것이 모든 것입니다. 다만 그것을 확인해 주거나 홍보할 별개의 누구도 없습니다.

선한 행위와 악한 행위에 의한 공덕과 죄의 개념들을 포기하십시오. 여러분은 만물의 근원을 본 적이 있습니까? 영적으로 됨으로써 축복을 얻는다는 느낌은 몸-정체성의 한 징표입니다. 가능할 때는 언제든, 여러분 자신만을 바라보십시오.

어떤 것이나 어떤 사람을 좋아하게 될 때는 조심하십시오. 그것 때문에 여러분이 있는, 여러분의 의식과 친구하는 것을 잊지 마십시오. 그러면 그것이 여러분의 기원을 여러분에게 직접 들려줄 것입니다. 이어서 모든 것의 환적인 성품이 분명히 이해될 것이고, 그 보이지 않는 성품을 체험하게 될 것입니다.

여러분은 몸이 없다는 스승의 말씀에 완전한 믿음을 가지십시오. 여러분의 존재의 느낌 이전인 그것에게 순복하십시오. 그것은 진인의 모든 성질을 가지고 있습니다. 만일 여러분이 영구적인 만족을 갖고 싶다면, 진아에 대한 확신이 그것을 안겨줄 수 있습니다. 여러분은 감각기관으로 인식할 수 있는 쾌락을 넘어서 있습니다. 여러분이 마지막으로 쉬는 숨은 기쁨으로 충만해 있어야 합니다. 삶의 마지막 순간에는 그냥 죽음 이상의 뭔가를 성취해야 합니다. 무지인에게는 두려움으로 가득 찬 것(죽음)이, 실은 지복의 한 바다입니다.

24. 몸을 아는 자인 그것과 자신을 동일시하라

1978년 4월 27일, 목요일

아스트랄체體(astral body)[28]의 세포 하나 안에 전·우주가 넉넉히 들어 갑니다. 여러분이 눈을 감고 있으면 깊고 푸른 **가나샤마**(Ghanashyama)를 보는데, 그것은 아스트랄체의 그림자입니다. 이것을 이해할 수 있는 것은 **신적인 지성뿐**이고, 보통의 지성은 이해하지 못합니다. 이것은 깊은 명상의 결과입니다. 여러분은 한 개인이 아니라 **신**이라는 사실이 아주 분명하게 이해되어야 합니다. 그러면 몸-정체성과 에고는 더 이상 존재하지 않습니다. 성취해야 할 것은 이미 존재하지만, 구도자 안의 불순수한 것들 때문에 명상을 해야 합니다. 여러분의 **의식**은 가장 존경받는 것이고, 궁극적으로는 **빠라마뜨만** 아닌 것은 아무것도 없습니다.

탄생이란 우리가 경험하는 사뜨와·라자스·따마스의 세 가지 성질의 시작 아니고 무엇입니까? **빠라마뜨만** 안에는 어떤 이원성(duality)도 없습니다. 여러분이 이원성을 경험하는 것은 여러분이 그와 분리되어 있기 때문입니다. 여러분의 **의식**은 사뜨와 성질이고, 그 **의식** 때문에 자신의 존재를 알게 되는 것은 **빠라마뜨만**일 뿐입니다. **빠라마뜨만** 안에는 여러분이 통상 믿는 선한 행위나 악한 행위라는 개념이 없습니다. 그런 관념들은 여러분에게서 **그**를 분리합니다.

여러분은 잠자기, 걷기, 소변보기 같은 어떤 행위에 대해 실질적 통제권을 가지고 있습니까? 그렇다면 왜 여러분이 무엇을 한다는 데 대해 자부심을 느낍니까? 우리가 별개의 한 개인이라는 느낌은 **마야**에 기인하며, 그것은 실재하지 않습니다. 여러분은 아이에서 젊은이로, 젊은이에서

---

28) *T.* 아스트랄체는 '미세신'으로도 불린다. 이 보이지 않는 몸은 우리의 모든 카르마를 내장하고 있다고 말해진다. 본질적으로는 '존재에 대한 기억'이 곧 카르마이다.

노인으로 변해 왔습니다. 여러분은 실제로—그리고 영구적으로—무엇입니까? 어떤 것이나, 여러분을 포함한 어떤 사람과의 무슨 영구적인 친교가 있습니까? 여러분은 자신이 몸이 아니라는 말을 들어 왔지만, 그것이 여러분 자신의 직접체험이 되어야 합니다. 그것이 참된 깨달음입니다.

우리가 이야기할 때, 그것은 여기 존재하는 몸들에게 이야기하는 것이 아닙니다. 여러분도 이야기할 때 자신의 몸을 잊어야 합니다. 몸을 돌보는 것은 아무 잘못이 없습니다. 여러분이 몸은 아니지만 말입니다. 그러나 마지막에 (몸을) 떠나는 그것을 알아 두어야 합니다. 여러분은 몸이 아니라 몸을 아는 자입니다. 자신이 몸 안의 순수한 빛이라는 참된 지知를 가지고 세간에서 행위하십시오. 여러분이 자신의 빛으로 인해 허공을 아는 자인지, 아니면 허공 때문에 여러분이 자신의 존재를 알게 되는지를 분별하십시오. 그것으로 인해 여러분이 (사물을) 보게 되는 여러분 자신의 빛에서 어떤 오점이나 결함을 발견합니까? 그 광대한 허공에서 어떤 구멍이나 단절을 볼 수 있습니까? 여러분의 시각의 빛은 아뜨만의 빛 아닙니까? 그 빛이 전체 허공을 점하고 있습니다. 그 빛은 남성입니까 여성입니까? 여러분의 몸은 죽겠지만, 그 빛이 어떻게 죽겠습니까? 여러분은 아뜨만의 빛의 어떤 시신을 본 적이 있습니까? 그렇다면 왜 '불사不死인 것'(아뜨만)과 친해지려 하지 않습니까? 이 지知를 참스승에게서 듣는 것만으로도 여러분을 해탈시키기에 족합니다. 찬송과 고행으로 무엇을 할 수 있습니까? 이런 말과 그 의미를 기억하는 사람은 완전을 성취합니다. 여러분에게 드린 그 만트라는, 신이 여러분 바깥에 있지 않고 안에 있다는 것을 상기시켜 줍니다. 사실 그것은 여러분입니다. 신이 여러분의 형상이 되고 여러분이 더 이상 자신을 몸으로 여기지 않을 때, 여러분은 스승을 올바르게 이해했다고 할 수 있습니다. 실은 여러분은 늘 진아여서, 그것이 되고 말고가 없습니다. 여러분이 현재 이런 이야기를 듣는 것을 포함해, 일체가 진아로 인해서 일어나고 있습니다.

허공은 아주 미세하지만, 그것은 어떤 단절이나 간격도 없습니다. 눈 없이 보는 '깊고 푸른 것'이 그와 같습니다. 그 가나샤마를 본 적이 있습니까? 여러분은 자신이 저 의식 자체라는 확신을 계발했습니까? 그 깊고 검푸른 것이 사라질 때, 그것이 삼매(samadhi)라는 초의식적 상태입니다. 그 푸름 안에 무한한 우주들이 있습니다. 진아지를 갖는 것보다 더 복된 것은 아무것도 없는데, 그것은 스승에 대한 완전한 믿음의 결과입니다. 남들은 상상적인 만족을 가질 뿐입니다.

여러분 안의 가나샤마는, 자신을 몸이라고 믿는 죄인을 도와줄 수 없습니다. 그는 여러분의 최후까지 가장 좋은 동반자인데 말입니다. 만일 숭배하고 싶다면 여러분의 의식 자체를 숭배하십시오. 진아 깨달음은 여러분을 모든 고통에서 벗어나게 해줄 수 있습니다. 만약 이런 말들에 특별히 주목하고 그것을 반추한다면, 그 사람은 자연발생적으로 브라만을 성취하게 되어 있습니다.

25. 의식이 그대의 형상이다
1978년 4월 30일, 일요일

이른바 화현化現(incarnations)이라는 것은 자연발생적으로 일어나는 것이지 미리 계획한 사건들이 아닙니다. 죄와 공덕은 별개로 독립되어 있지 않고 서로 교환 가능합니다. 죄가 공덕이 될 수 있고, 공덕이 죄로 될 수 있습니다. 우리가 천 명의 브라민들에게 공양을 올려서 공덕을 짓는다고 합시다. 실수로 그 음식에 뭐가 들어갔고, 모두 죽습니다. 그래서 공덕이 죄로 변했습니다. 모든 겉모습들은 시간이 한정되어 있고, 언젠가 사라집니다. 그러면 무엇이 남습니까?

이스와라에 대한 우리의 믿음은 우리가 살아 있는 동안만 지속됩니다. 저는 시간을 넘어서 있는데, 저에게 그가 무슨 소용 있습니까? 이스와라가 저를 안다거나 제가 그를 안다는 것은 전해 들은 말일 뿐입니다. 그조차도 하나의 개념이고 시간이 한정되어 있습니다. 저의 존재성은 오점이 없고, 욕망이 없고, 영원하고, 관념작용이 없습니다. 그러나 홀연히 "내가 있다"는 개념이 나타났고, 그와 함께 세계가 출현했습니다. 그것은 어떤 왕이 꿈속에서 백 년 동안 거지로 사는 것과 같습니다. 깨어나야 그가 왕입니다. 이 존재(삶) 또한 일시적인 꿈인데, 그 속에서 어떤 사람은 저를 숭배하고, 어떤 사람은 저를 미워합니다. 그러나 저는 늘 충만해 있고 영향을 받지 않습니다. 저는 이 몸이 얼마나 오래갈지 걱정하지 않습니다. 저의 참된 상태는 상대적으로만 묘사될 수 있습니다. "내가 있다"는 소식 없이 있던 것이 그 소식을 들었고, 그래서 저는 아무 이유 없이 81년 동안 이 상상적인 감옥 속에 있었습니다. 만일 사람들이 저를 찾아가 볼 만한 사람이 아니라고 느낀다면, 저는 휴식을 얻겠지요. (저에 대한) 그들의 좋은 평가는 저의 휴식 시간을 빼앗기만 할 것입니다.

여러분이 자신의 존재를 모르던 때가 있었습니다. 그러다가 홀연히 우발적으로 여러분의 존재성이 나타났고, 그와 함께 이 세계가 있었습니다. 저는 삶에 대한 방문객들의 관심을 제고하기 위해, 그들에게 자기가 좋아하는 뭔가를 하라고 말합니다. 죽음이란, 생기가 떠나면서 몸이 쓰러지는 것 아니고 무엇입니까? 생명기운과 별개로 누가 있다가 떠났습니까? 생기가 없을 때는 현재·과거·미래를 상상할 사람이 아무도 없습니다. 하지만 사람들은 죽은 자들의 이익을 위해 종교적 의식들을 거행합니다. 실은 종교 사업가들 외에 거기서 이익을 얻는 자가 아무도 없습니다. 그들은 자기가 먹고살기 위해 그것을 해야 합니다.

이 세상에서 누가 여러분에게 선하고 정직하라고 가르칩니까? 그 설교자는 **마야**인데, 그는 최대의 사기꾼입니다. 그 때문에 여러분은 존재성과 몸-정체성을 가지고 있습니다.

허공은 여러분의 의식의 몸입니다. 먼저 존재성의 주시하기가 있고, 그런 다음 세계에 대한 주시하기가 따라옵니다. 존재성, 곧 존재의 느낌은 **찌다까샤**(Chidakasha-의식 허공), 즉 **자각**의 **무변제**無邊際(자각의 광대한 공간) 안에서 나타났습니다.

아사나(asana)는 요가의 자세를 의미합니다. 가장 안정된 아사나는 진아에 대한 확신입니다. 이것은 **진인**에게 해당됩니다. 그의 말이나 행동이 어떠하든, 그는 늘 **진아**입니다. 세간적 임무를 수행하는 동안 여러분의 영적인 아사나를 확고히 유지하십시오. 기억, 좋아하기, 사랑, 헌신 같은 단어들은 여러분의 **의식** 자체에 해당됩니다. 그 순수한 **의식**은 자신이 존재한다는 것을 압니다. 우리의 존재에 대한 이 앎은 우리 자신의 것이지, 남들에게서 빌린 것이 아닙니다. 우리가 그것을 욕망하거나 그것을 위해 무엇을 하지 않았지만 그것이 왔습니다. 몸-정체성을 가진 사람에게 영적인 **지**知를 전해주는 것은 시간 낭비입니다. 그것은 에고를 키워줍니다. 듣고 있는 **의식**이 여러분의 형상이라는 것을 확고히 아십시오.

세간적 활동들이 진행되는 것은 여러분의 열의 때문인데, 그것을 유지하기 위해 더 많은 활동이 필요합니다. 저는 여러분 모두를 **불생자**不生者 그 자체로 봅니다. 탄생자와 **불생자**의 의식은 동일한데, 유일한 차이는 **불생자**에게는 그것이 무한하다는 것입니다. 몸 안에 있되 몸 안에 있지 않은 그 **의식**에 대해 명상하십시오. 그것은 그 자체로 눈에 보이지 않지만, 다른 것들을 보이게 합니다. 여러분이 스승과 그의 말에 믿음을 가져야만 '여러분이 있다'는 믿음, 곧 여러분의 **의식**을 숭배하게 될 것입니다. 믿음이 없이는 여러분이 제 이야기를 받아들이지 못합니다. 저는 여러분을 저 자신으로 봅니다. 저는 형상이 없는데, 어떻게 제 주위에서 일어나는 일들에 대해 자부심을 가질 수 있습니까?

진인에게는 어떤 세계도 없고, 보이는 모든 것이 거짓입니다. 몸은 여러분의 껍데기이지 여러분의 형상이 아닙니다. 여러분은 내면의 눈부신 의식입니다. 의식으로 인해 여러분은 자신이 어떤 사람이라고 생각하지만, 이 의식을 아는 자는 어떤 욕망도 없고 모든 면에서 완전합니다. 그 아는 자는 어떤 형상이나 색깔도 없기에, 눈에 띄지 않습니다. 베다들 중 하나의 이름은 『리그베다』인데, 그것은 병자들의 베다[말]라는 뜻입니다. 그래서 이 세계는 병자들로 가득 찬 하나의 병원입니다. 우리의 의식은 고통스럽습니다. 그것은 모두를 진아지에서 멀찍이 떼어 놓기 위해 유혹하는 **마하마야**(Maha-*Maya*), 즉 큰 환幻입니다. 이 모든 단어들은 이 문제 있는 의식에서 비롯되기에, 그들은 병에서 벗어날 수 없습니다. 여러분이 단어들에서 벗어날 때만 이 병에서 탈출할 수 있습니다. 만일 여러분이 스승의 말씀에 온전한 믿음을 가지면, 확고하고 불변인 **진아지**를 얻습니다. 여러분의 의식에서 네 가지 베다(Vedas)[29]가 나왔습니다.

26. 진인은 남자도 아니고 여자도 아니다

1978년 5월 13일, 토요일

진인이 대수롭지 않게 하는 말도 **우파니샤드**만큼이나 심오합니다. 여러분은 (자신이 하는 일에서) 최선을 다해 보려고 할 수 있겠지만, 결과는 운명 나름입니다. 여러분은 이미 온전하기에, 자신이 한 남자나 여자가 아니라는 것을 아는 것 외에는 아무것도 할 필요가 없습니다. 자신을 남자

---

29) *T.* 베다는 리그 베다, 야주르 베다, 싸마 베다, 아타르바 베다의 네 종류이고, 각 베다는 상히타, 브라마나, 아라니야까, 우파니샤드의 네 부분으로 되어 있다.

나 여자라고 하는 것은 자신을 욕하는 것과 같습니다. 모든 형상에 이름이 붙는 것은 실제적인 목적과 더 나은 의사소통을 위해서입니다.

히말라야에는 수백 년 동안 살고 있는 어떤 고행자들과 요기들이 있습니다. 존재에 대한 사랑과 잠의 즐거움 외에 그들이 무엇을 얻고 있습니까? 저는 무한한 시간 동안 **삼매**에 들어 있습니다. 저는 필요할 때만 주위 환경에 대해서 의식하게 됩니다. 모든 것이, 여러분이 자신을 무엇으로 여기느냐에 달렸습니다. 단어들로 묘사할 수 없는 상태에 있을 때는 여러분이 무엇입니까?

모든 **만트라**는 나름의 중요성이 있고 어떤 단어들로 구성됩니다. 어떤 이들은 목욕을 하면서 "하라 강게(Hara Gange)"니 "자야 강게(Jaya Gange)" 같은 단어들을 말합니다. 그것은 그 물이 갠지스 강물이라는 뜻입니까? 여러분의 언어 자체가 갠지스 강처럼 흐르고 있습니다. 여러분의 의식은 그보다 더 순수합니다. **진인**은 자아의식이 없고, 그의 두 발은 갠지스 강물조차도 정화한다고 합니다. **진인**은 남자도 아니고 여자도 아닙니다. 거기에 이익이나 손해의 관념이 있을 수 있습니까?

여러분은 과거에 살았던 여러 화현과 **진인**들을 숭배합니다. 그들의 의식이 없으니, 여러분의 숭배는 그들에게 알려지지 않은 채로 있습니다. 대다수 사람들은 그들의 욕구를 충족하기 위해 **신**을 필요로 합니다. 크리슈나와 아르주나는 이제 서로 모르게 되어 버렸습니다. 여러분의 **의식**이 출현하기 이전에는 여러분도 한 사람의 **진인**이었습니다. 그 **진인**과 친교하십시오. 의식이 없을 때는 이원성도 없었습니다. 존재성과 함께 이원성이 시작되었고, 고통과 쾌락이 나오면서 오락도 필요해졌습니다. 만약 별개의 존재성이 없고 모두가 하나라면, 누가 무엇을 알겠습니까? 존재의 느낌이 없으면 영원한 평안이 있습니다. 모든 이른바 지知는 비지非知(no-knowledge)가 됩니다. 그래서 다른 모든 지知 이후에 **진아지**가 필수적인 것이 됩니다. 의식과 함께 마음이 오는데, 그것은 결코 고요하지 않습니다. (자궁 속에서의) 잉태 이전에 여러분의 상태는 무엇이었습니까? 그것은 존재성이 없었습니다. 그 상태는 큰 힘이 있기 때문에, 백만 개의 해조차도 그 상태 속으로 들어가지 못할 것입니다. 들어간 순간 그것들은 사라졌습니다. 여러분의 의식이 시간을 낳습니다. 여러분이 수집한 모든 지知를 그냥 내버리십시오.

27. 진아를 아는 것이 진정한 지知이다

1978년 5월 14일, 일요일

여러분의 존재의 느낌이 시간을 낳고, 그 안에서 일체가 일어납니다. 시간이 없으면 아무것도 없습니다. 시간의 성품은 걱정을 일으키는 것입니다. 우리는 선택하려고 하지만 일어나는 일에 대해 아무 통제력이 없습니다. 세간적 활동들은 자연발생적으로 일어납니다. 이것을 고려하는 극소수 사람들은 영원한 것과 영원하지 않은 것을 분별합니다. 여러분은 일상 활동 속에서도 자신이 들었거나 읽은 것에 대해 응분의 중요성을 부여합니다. 순수한 의식 위의 인상들은 기억으로 남고, 그것이 모든 행위에 영향을 줍니다. "나는 하나의 몸을 가진 어떤 사람이다"도 하나의 기억입니다. 이런 기억들 외에는 이 세상의 행위들에 대한 다른 어떤 통제자도 없습니다. 모든 인간은 자신의 참된 성품을 완전히 잊어버렸고, 무지 속에서 말을 합니다. 그것은 어떤 왕이 꿈속에서 거지가 되는 것과 비슷합니다. 생시 상태에서는 우리가 더 온전한 정신을 가졌지만, 우리는 구나(gunas), 곧 성질들에 말려듭니다.

여러분의 활동을 하는 동안 대담하고 확고해지십시오. 그러나 그 활동은 모두 얼마 가지 못한다는 것을 기억하십시오. 세계와 여러분의 친족들의 부모는 누구입니까? 그것은 신이지만, 그는 누구입니까? 신은 여러분의 의식입니다. 우리가 그 의식인데, 그것은 형상이 없습니다. 그것의 참된 지知가 여러분을 자유롭게 합니다. 여러분 자신을 결코 속박되어 있다고 여기지 마십시오. '명상하는 자'에 대해 명상하고, 늘 그를 자각하십시오. 여러분이 자신의 명상을 의식하고 있는 한, 더 깊이 들어갈 가능성이 있습니다.

어떤 개념을 전달하기 위해 사용되는 단어들, 그리고 더 많은 단어들이 있지만, 그것들은 저를 묘사하지 못합니다. 시간이 한정된 것들만 단어들로 묘사할 수 있고, 의식을 넘어서 있는 진리는 묘사할 수 없습니다. 여러분의 언어가 아무리 성스럽다 해도, 그것이 여러분을 정화할 수 있습니까? 혹은 여러분이 그것을 정화할 수 있습니까? 여러분은 정화될 수 있는 어떤 형상을 가지고 있습니까? 복지(welfare-신체적·물질적 행복이나 이익)에 대한 그 어떤 욕망도 진아지가 없음을 말해줍니다. 마음은 자신이 받은 인상들에 대해서만 생각할 수 있습니다. 미지의 것에 대해 어떻게 생각이 있을 수 있겠습니까?

여기서는, 빠라마뜨만이 그의 체험들을 이야기하기 위해 이 몸을 사용하고 있습니다. 개아個我(jiva)라는 단어는 개인적 영혼을 가리키는데, 그것은 진아를 몸·감각기관·마음과 그릇되게 동일시한 결과입니다. 개아의 지성은 몸에 한정되는 반면, 시바(진아)는 몸이 없고 초연합니다. 마라티어에서 시바(shiva)는 접촉을 의미하고, 시바(Shiva)는 몸으로 인해 접촉 또는 존재의 느낌을 갖는 의식을 의미합니다. 이 이야기를 올바르게 이해하면, 빠라브라만으로서의 여러분의 참된 성품을 깨닫게 될 것입니다. 자신을 몸과 동일시하는 것은 하나의 환幻입니다. 여러분의 어떤 활동이나 영적인 수행도 이 환幻을 제거할 수 없습니다. 여러분의 의식은 브라만 혹은 마야의 실인데, 그것이 이 세계를 직조織造하고 있습니다.

여러분의 최종적 소멸을 죽음으로 여기는 것은 잘못입니다. 여러분은 몸이 아니기 때문에, 죽음이 여러분의 종말일 수 없습니다. 여러분이 어느 때에 죽었던 것을 기억합니까? 만일 모든 지知가 없는 것이 죽음을 의미한다면, 여러분은 잠 속에서 그것을 매일 경험합니다. 그릇된 정체성은 죽지만, 그것을 아는 자는 죽지 않습니다. 여러분의 참된 정체성은 저의 몸 안에 존재하는데, 그것은 자신이 불사不死임을 확인해 주고 있습니다. 베다조차도 침묵해야 합니다. 어떤 단어도 진리를 묘사할 수 없기 때문입니다.

순수하고 오점 없는 것이 흰 것을 의미하지는 않습니다. 흰 것도 불不순수할 수 있기 때문입니다. 배꼽은 중앙을 의미하는데, 거기서 의식이라는 연꽃이 나옵니다. 5대 원소는 그 다음에 옵니다. 여러분의 의식이 없을 때 무슨 두려움이 있었습니까? 감각기관들을 가지고 여러분의 의식을 붙들어 둘 수 있습니까? 전 세계를 일으키는 의식을? 만일 이런 이야기에 공명하고 그것을 기억한다면, 이 세계의 그 무엇도 여러분의 마음을 끌지 못할 것입니다. 그리고 여러분이 무엇에 마음이 끌렸을 때 따라오는 문제에서도 벗어나게 될 것입니다. 여러분의 참된 자아를 아는 것이 진정한 지知이며, 그것을 모르면 다른 것들에 마음이 끌리고 문제에 봉착하게 됩니다. 불생자는 결코 태어나지 않습니다. 존재의 느낌이 출현하는 것이 탄생은 아닙니다. 몸-정체성으로 인해 여러분이 받은 인상들이 워낙 거칠어서, 여러분은 이 영적인 지知를 평가하고 기억하는 일이 어렵다고 느낍니다. 유일한 치유책은 스승에게 온전한 믿음을 갖고, "자야 구루(Jaya Guru)" 만트라30)를 염하는 것입니다.

꿈 세계는 여러분 자신의 창조물입니까? 그것은 독립적으로 나타납니

---

30) T. 영역자에 따르면, 이것은 마하라지 계보의 입문자에게 주는 '구루 만트라'와 별개로 마하라지가 모든 사람에게 권장한 만트라이다("자야 구루"는 "자이 구루(Jai Guru)"로 발음할 수도 있다). 특히 어려움에 처한 사람들이 이 만트라를 염하면 이익을 얻을 수 있다고 한다(2019년 4월 27일, 영역자가 옮긴이에게 보내온 이메일 답변).

다. 잠에서 깨어나면 여러분은 주위 환경을 목격하고 자신이 깨어 있다는 것을 깨닫습니다. 깨어 있을 때는 여러분이 그것을 아니, 그에 대해 무슨 선언을 할 필요가 없습니다. 그것은 군더더기입니다. 모든 단어들, 심지어 베다조차도 의식이 도래한 뒤에야 시작됩니다. 여러분이 자신이 존재한다는 것을 아는 것은 의식 때문입니다. 깨어 있을 때 편안하기 위해서는, 의식을 스승의 두 발로서 숭배해야 합니다. 경전에서는 주 브라마가 배꼽에서 피어난 연꽃 안에서 태어났다고 말합니다. 그 의미를 이해하고 있습니까? 우주를 일으키는 우리의 존재의 느낌은 창조주 브라마와 동등합니다. 우리의 배꼽이, 의식이 기원하는 것으로 여겨지는 그 중심입니다. 어떤 사람들은 영화를 보고 나서 배우들을 흉내 내려고 합니다. 마찬가지로, 여러분의 의식이라는 영화를 보면 그것을 넘어서야 합니다. 여러분의 참된 성품은 눈에 보이지 않고, 그것은 몸이 아닙니다. 그래서 여러분에게는 어떤 속박도 없습니다. 누가 자유롭습니까? 지금 듣고 있는 사람입니다. 여러분의 몸-정체성으로 인해 일체가 참된 것으로 보입니다. 몸이 없는 자에게는 그 모두 환幻입니다.[31]

여러분이 어떤 의미 있는 단어들을 말하고 나서 그 결과를 얻겠다고 고집하면, 여러분의 바람이 현실화되는 것을 봅니다. 마음으로 숭배하는 것이 통상적 행법(몸이나 말로 하는 수행)보다 낫습니다. 여러분은 자신이 몸에 국한되어 있다고 느끼기 때문에, 한 곳에서 다른 곳으로 갈 선택지를 갖습니다. 전체 허공과 하나인 저에게는 어떤 움직임도 가능하지 않습니다. 그래서 심지어 제가 원한다 해도 저는 죽을 수 없습니다. 여러분의 경우에도, 전체 허공이 여러분의 의식의 몸입니다. 저와 같이, 여러분의 삶도 해야 할 임무들에 속박되지 않습니다. 그것은 모두 하나의 유희

---

31) T. '몸이 없는 자'는 곧 진아 깨달음을 얻은 진인이다. 무지인이 볼 때는 그에게 여전히 몸이 있으나, 진인 자신에게는 환으로서의 몸 외에는 어떤 몸도 없다. 따라서 그에게는 몸과 관련되는 어떠한 발현업(운명)도 존재하지 않는다.

(lila)이고, 환幻입니다. 여러분에게 무슨 이익이나 손해라고 할 것도 없습니다.

28. 몸-정체성이 그대를 거지로 만든다
1978년 5월 21일, 일요일

하나의 현현물(출현한 의식)이 있는데, 그 안에서 한 개인이 나타납니다. 그 개인의 원인에 대해서 걱정하지 말고, 그 현현물 이전인 **그것**에 대해 명상하십시오. 그 현현물이 없으면 아무것도 없습니다. 그 현현물은 몸이 아니고, 감각기관으로는 그것을 알 수 없습니다. 그것은 무한합니다.

사탕수수가 설탕으로 변하는데, 단맛이 그것의 핵심입니다. 마찬가지로 우리의 존재의 느낌은—그것은 형상이 없지만—몸 안에 있습니다. 우리의 **의식**은 몸의 음식 기운의 성질입니다. 그것은 사뜨와·라자스·따마스의 세 가지 성질을 수반합니다. 전체 허공은 사뜨와의 빛입니다.

진인은 자신에게 시작도 끝도 없다는 것을 압니다. 그것으로 인해 모든 남자와 여자들을 포함한 일체가 나타나는 **그것**은 탄생도 죽음도 없습니다. **무한자**가 어떻게 죽을 수 있습니까? 깨어남 이전의 그 말없는 상태가 아이-원리, 즉 전 세계의 씨앗입니다. 모든 힘이 그 씨앗 안에 저장되어 있습니다.

여러분은 몸이 아니라는 것을 알고 침묵하십시오. 그러면 **진아**에 대한 모든 장애들이 치워질 것입니다. 저는 사뜨와의 한 성질인 **의식**이 아닙니다. 저는 그것을 **아는 자**이기 때문입니다. 저는 몸이 있기도 이전에 늘 존재하지만, "내가 있다"는 앎이 없습니다. 몸 안에는 '여러분이 있다'는 소식이 있습니다. 그러나 여러분은 몸에 국한되지 않습니다. 여러분은 도처에 있기 때문입니다. 의식이 몸 안에 있습니까, 아니면 몸이 의식 안에 있습니까? 물론 몸이 의식 안에 있지요. 몸 안에서 비롯되는 이 의식이 전 우주를 점유하고 있습니다. 의식 없이는 어떤 종류의 지知도 있을 수 없습니다. 지知는 시간이 가면서 변하기 때문에 그것은 참되지 않습니다. 만일 그 기원을 탄생이라고 한다면 그것은 누구의 기원이었습니까? 그 기원은 원자적이지만 그것이 전 우주를 점유해 왔습니다. 그 원초적 무지가 백 살이 될 때, 우리는 자신을 **마하트**라고 부릅니다. 그러나 만일 그 무지가 떠나면 무엇이 남습니까? 여러분이 어떤 향기나 악취를 얼핏 맡을 때, 그것을 알아차리려는 어떤 노력을 해야 합니까? 그 행위자가 누구입니까? 그것은 자연발생적으로 일어나는 일 아닙니까?

온갖 욕구가 하나의 몸-정체성에 수반되면서 여러분을 거지로 만듭니다. 의식이 없으면 충만함이 있습니다. 의식은 원자적이기는 하지만, 여러분에게 너무나 많은 문제를 안겨줄 수 있습니다. 그것은 모든 살아 있는 형상 안에 있고, 하나의 이름을 부여 받습니다. 어떤 활동이 필요하기는 하나, **의식**에 대해 명상하는 것 외에는 아무것도 하지 마십시오. 다른 어떤 활동도 여러분에게 문제를 안겨주게 되어 있습니다. 잘했다고 평가받고 영예로워지는 어떤 좋은 일도 여러분을 더욱 더 속박합니다. 그렇다면, 세 가지 성질을 어떻게 초월하겠습니까?

모든 사람이 "내가 있다"의 맛을 가지고 있는데, 그것은 시간이 한정되어 있습니다. **크리슈나**와 **시바**조차도 그것을 가지고 있었지만, 지금은 그들이 그것을 가지고 있지 않습니다. 더 이상 존재하지 않는 모든 **진인**들과 **성자**들도 마찬가지입니다. 어떤 개체에 대한 기억들은 그 몸에만 국한되며, 그것이 다음에 태어나는 몸으로 전이될 수 없습니다. 매 순간 수백만의 탄생이 일어납니다. 베다는 모든 탄생들이 **빠라마뜨만**의 것일 뿐이라고 말합니다. 만약 그렇다면, 최초의 탄생은 어떻게 일어났습니까?

그 최초의 탄생을 위한 사뜨와 물질은 어디서 수집되었습니까? 그렇다면 제가 사기꾼입니까, 베다의 리쉬들이 여러분을 속이는 것입니까?

남들은 걱정하지 말고, 여러분이 무엇인지 저에게 말해 보십시오. 여러분은 몸이 아닌데, 여러분을 무엇이라고 묘사할 수 있습니까? 크리슈나가 자신이 무엇인지를 묘사했을 때, 그것이 그저 한 개인에 대한 정보였습니까? 그는 아르주나에게 까우라와 일족(Kaurawas)을 모두 죽이라고 하면서, 그들 모두 실제로는 죽지 않을 거라고 그를 안심시켰습니다. 그러나 크리슈나는 어떻게 큰 전쟁이 시작되는 바로 그때 아르주나에게 그런 영적인 지知를 전수했습니까? 지知를 전수한 것은 크리슈나의 의식이었는데, 그것은 무지에 불과했습니다. 시간이 한정된 그 무엇도 지知일 수 없습니다. 크리슈나는 진인이었기에 이 사실을 알고 있었습니다. 지知 자체가 하나의 사기이고, 이 세계는 그런 지知로 가득 차 있습니다. 무지 자체의 크기가 커졌고, 그 무지가 이 전체 존재계의 원인입니다. 여러분은 자기 제자의 전차꾼이었던 (다른) 진인의 이야기를 들어 본 적이 있습니까? (크리슈나 같은) 참스승만이 그렇게 할 수 있습니다. 그에게는 어떤 일도 품위에 반反하지 않습니다. (대중들에게) 인기 있는 스승들이 감히 모방하겠습니까? 크리슈나는 심지어 대중들에게 음식을 배식한 뒤에 그들이 먹고 남은 음식도 치웠습니다.

허공에게는 아무것도 비밀이 아닌데, 왜냐하면 모든 사건이 그 안에서 일어나기 때문입니다. 그렇다면 의식에게 알려지지 않은 것으로서, 허공보다 더 미세한 것은 무엇입니까? 기억 세포들은 유한한 수명을 가졌기 때문에, 노년이 되면 기억력이 감퇴됩니다.

우리가 하나의 몸 안에서 출현하는 원인이 분명해졌습니다. 그것은 나가 아니라는 것을 아는 것으로 족했습니다. 저는 태어났다고 비난 받았지만, 그러다가 그것은 사실이 아니라는 것을 알았습니다. 이 모든 것은 여러분에게도 해당됩니다. 순수한 브라만으로서의 여러분 자신에 대해 명상하십시오. 여러분이 모든 사람 안에 있는데, 어떻게 남들을 비난할 수 있습니까? 여러분의 행동은 여러분의 영적 진보를 드러냅니다. 저는 **진아**를 사랑하는 사람들의 하인이지만, 여기에 오만한 사람들이 있을 곳은 없습니다.

여러분은 **보편적 의식**(universal consciousness)[32]이며, 그것이 우주의 씨앗인 **아뜨만** 혹은 **브라만**이라는 것을 기억하십시오. 그 확신을 계발할 때까지는 자신이 몸이라는 것을 결코 받아들이지 마십시오. 진정한 구도자는 자신이 무엇이 아닌지를 알고, 있는 그대로의 자기로서 머무릅니다. 그렇다면, 그가 무엇인지가 그가 어떻게 행동하느냐보다 더 중요합니다. 자신이 몸이 아니라는 것을 알 때, 우리는 또한 자신이 **의식**이 아니라는 것을 압니다. 무엇인 것과 무엇 아닌 것 둘 다 사라질 때, 남는 것은 **지복**입니다. **지복**에 충만한 사람은 **지복**조차도 자각하지 못합니다. 이 **지복**은 바로 그의 성품이지, 오고 가는 것이 아닙니다. 그는 마음과 지성을 아는 자이기에, 그것들은 그의 노예이지 그의 주인이 아닙니다. 그는 행위자가 아니라 모든 자연발생적 사건의 한 주시자일 뿐입니다.

구도자는 자신을 몸으로 생각하는 것을 **부끄러워**해야 합니다. 이 세간에서는 사람들이 수치를 피하려고 애쓰고, 좋은 인상을 만들어내려고 노력합니다. **진아지**의 **지복**에는 수치 같은 것이 없습니다. 모든 성질들은 마음·지성·개인적 의식(*chitta*)의 성질입니다. 이것들이 모든 활동의 원인입니다. 지복스러운 것(진아)은 이 모든 것의 한 주시자일 뿐입니다. 행동은 인상들에 기초해 있으나, 지복스러운 것은 그에 상관하지 않습니다. 현재 여러분은 전적으로 여러분의 마음·지성·개인적 의식에 의해 인도되고 있습니다.

직접적인 **진아지**는 자신의 **진아**가 되는 것을 뜻합니다. 그것은 배워지

---

32) *T.* '보편적(우주적) 의식'이란, 일체에 편재하는(즉, 무소부재한) 의식, '세계로 현현된 의식'이라는 뜻이다.

지 않고 가르쳐지지도 않습니다. 존재하는 모든 것은 거기서 아무 쓸모가 없습니다. 유일한 요건은 '듣는 의식'이 스승의 말에 전적으로 동의하는 것입니다. 진아지를 얻고 나면 그 의식이 물러납니다. 왜냐하면 모든 목적이 이루어졌기 때문입니다. 진인은 "내가 있다"는 느낌이 없습니다.

힌두 경전들은 3억 3천만이나 되는 신들의 존재를 언급합니다. 이 숫자는 우리의 참된 존재로 우리를 다시 데려가기 위해 제시된 기법과 방법들의 전체 수를 말해줍니다. 의식을 아는 자가 의식의 그물에 걸려 있는 한, 그는 자신이 모든 활동의 행위자라고 주장합니다. 우리가 우리의 존재를 알게 될 때, 몸에 대해서도 알게 됩니다. 우리의 존재의 느낌 그 자체가 하나의 꿈입니다. 우리의 생시의 존재성이 생시라는 꿈을 일으키고, 잠 속에서는 보통의 꿈을 일으킵니다. 존재성이 없을 때는 동요 없는 행복이 있었습니다. 꿈을 꾸는 동안은 그것이 실재하는 것처럼 보이지만, 깨어나면 그렇지 않습니다. 여러분이 의식에 대해 명상하여 그것의 원인을 발견하면, 의식은 사라집니다.

브라만의 지(知)조차도 참되고 영원하지 않습니다. 그것은 하나의 체험이고, 체험은 지속될 수 없기 때문입니다. 브라만 전체는 행복하고 평화롭습니다. 유일한 문제는 개인인데, 그의 존재(삶)는 고통스럽습니다.

29. 그대가 브라만이고, 그대가 마야이다

1978년 5월 25일, 목요일

이곳은 여러분이 자신의 과거나 미래를 알 수 있는 곳이 아닙니다. 여기서 여러분은 자신의 존재성과 그것의 목적을 알 수 있습니다.

모든 사물과 모든 사람은 영원해지려는 욕망이 있음에도 오래가지 못합니다. 우리의 모든 지知는 언젠가 사라질 것입니다. 우리는 자신이 바깥에서 보이는 모습 그대로라고 생각합니다. 이런 믿음이 사라져야 합니다. 우리는 언젠가 분명히 죽을 것이다, 그것은 전적으로 거짓입니다. 지각되는 모든 것이 사라질 것입니다. 그러나 우리는 지각을 넘어서 있습니다. 하루가 끝나는 것, 물이 마르는 것, 혹은 등불이 꺼지는 것을 죽음이라고 부를 수 있습니까? '죽음'이라는 단어로써 우리가 알고 있는 것은 참되지 않습니다.

우리 자신에 대해 이야기할 때는, 우리가 몸이라는 의미로 이야기해서는 안 됩니다. 여러분이 아무리 애를 써도 기억들은 지속되지 않습니다. 알려지는 모든 것은 사라지지만 '아는 자'는 그렇지 않습니다. 우리에게는 어떤 죽음도 없으나, 지각되는 모든 것은 사라질 것입니다. 지각될 수 없는 것을 신 혹은 브라만이라고 합니다. 여러분의 스승이 여러분에게 숭배할 신 하나를 제공했는데, 그것은 형상 없는 여러분의 의식입니다.

여러분의 모든 활동은 오락을 위한 것입니다. 나이가 들면서 우리의 관심이 변하고, 오락의 유형도 마찬가지입니다. 우리는 걱정을 심하게 하는 사람들에 대한 이야기를 듣지만, 그런 걱정이 많은 피해를 줄 때까지도 그 생각이 그들을 떠나지 않습니다. 스승의 말도 똑같이, 그러나 더 나은 의미에서 여러분에게 영향을 주어야 합니다. 여러분이 모든 개념에서 해방될 때까지는 말입니다. 의식은 똑같은 하나이지만 형상들이 서로 다르기 때문에 차별상差別相이 있습니다. 무수한 사람들이 있고, 각기 서로 다릅니다. 진인도 각기 그 나름의 특성이 있습니다. 라마와 크리슈나는 주 비슈누의 화현化現이지만, 그들도 거의 모든 면에서 서로 다릅니다. 이런 모든 영적인 수수께끼들이 풀릴 때, 그 구도자는 모든 자부심에서 벗어나게 됩니다.

한 주週의 요일들은 월요일부터 일요일까지 서로 이름이 다르지만, 해와 행성들은 어느 날이나 똑같습니다. 뱀과 소는 형상이 달라도, 의식은 그들 안에서 공히 똑같은 하나입니다. 마찬가지로, 모든 사람을 그들의 행동과 관계없이 신으로 대해야 합니다. 이것은 아주 간단하지만, 그 중요성은 스승의 은총을 가진 사람들만이 제대로 평가할 수 있습니다. 스승에 대한 어떤 의심도 그 제자를 괴롭힐 것입니다. 스승은 곧 여러분 자신의 진아를 의미하며, 그것이 구도자의 궁극적 깨달음입니다. 몸의 모든 기능들이 일어나는 것은 진아 때문인데, 이 진아는 늘 자유롭습니다. 여러분이 곧 진아이고, 여러분은 계승자 없이 홀로 존재합니다. 세계 안에서 일어나는 일들에 대해 책임이 있는 자는 아무도 없습니다. 여러분이 브라만이고, 여러분이 마야입니다. 여러분의 이름과 관계없이, 여러분은 늘 자신의 참된 자아입니다. 스승에 대한 헌신은 늘 오염되지 않은 상태여야 합니다. 이곳을 방문한 사람들이 여기서 한 말 몇 문장만 기억하고 그 말대로 되려고 노력해도, 그들의 추구는 끝이 날 것입니다. 크리슈나가 말하기를, 그가 현현한 것은 그의 헌신자들의 헌신 때문이라고 했습니다. 달리 현현할 수 없었습니다. 그는 일체를 그 헌신자들에게 베풀었습니다. 그의 모든 이름들은 헌신자들이 고른 것입니다. 진인으로 변모한 위대한 구도자들을 숭배하기 위해 많은 사원들이 건립되어 왔습니다. 그들의 현존, 심지어 그들에 대한 기억조차도 세간에서 신성함을 증장시킵니다. 그들로 인해 많은 사람이 해탈을 성취했습니다. 만일 충분한 헌신이 없으면 어떤 기적도 불가능합니다.

크리슈나는 자신, 곧 빠라마뜨만이 진아를 깨달은 사람의 형상으로 나타난다고 말했습니다. 그가 스승이 됩니다. 진아지를 가능한 최선의 방식으로 전수해준 사람이 크리슈나였습니다. 자기가 살아 있다는 믿음은 모든 산 존재 안에 있습니다. 그것은 생명과 함께 자연발생적으로 나타나는 원초적 믿음입니다. 그것은 스스로 빛나는, 창조되지 않은 믿음입니다. 한 제자가 스승에게 전적으로 순복하면 스승이 말합니다. "그대가 사랑하는 의식은 실은 나 자신의 것인데, 그것을 내가 오늘부터 그대에게 전해주고 있다. 그대가 자신이 남자이거나 여자인 것을 기억할 필요가 없듯이, 이 나의 의식을 사용하는 것도 자연발생적으로 일어나야 한다."

스승은 곧 의식을 의미합니다. 그래서 스승은 늘 제자 안에 존재합니다. 자신을 몸과 동일시하지 말고 **아뜨만**과 동일시하십시오. 스승을 **냐네스와르**(Jnaneshwar)라고 하는데, 그것은 '깨달음이라는 부富를 가진 자'라는 뜻입니다. 우리의 참된 영원한 성품을 **참스승**(Sadguru)이라고 합니다. 참된 제자는 자신이 행위자가 아니라는 믿음을 계발합니다. 왜냐하면 모든 것은 그를 통해서 작용하는 스승의 행위일 뿐이기 때문입니다.

만일 어떤 제자가 온전한 믿음을 가지고 있다면, 아주 심각한 어려움이 있을 때 그의 **아뜨만**이 도움을 줍니다. **아뜨만** 아닌 어떤 신도 없습니다. 참된 제자는 행복이 그 자신의 내적인 성질이며, 그것을 밖에서 찾아서는 안 된다는 것을 압니다. 여러분은 자유롭기는 하나, 여러분의 소유물과 관계들에 집착함으로써 속박됩니다. 여러분은 정확히 스승이 말하는 그런 존재라는 확고한 내적 확신을 가지십시오. 그러면 어떤 의심도 남지 않을 것입니다. 여러분의 존재는 무한하고, 어떤 제약도 없습니다. 여러분은 도처에, 모든 존재(being) 안에 있습니다. 모든 사물과 모든 사람이 여러분 자신의 현현입니다. 저의 미미한 존재의 느낌이 전 우주가 되었습니다. 꿈속의 생시가 광대한 꿈 세계를 일으키듯이 말입니다. 우리의 생시를 우주와 같다고 볼 수 있습니다. 이 우주든, 꿈속의 복사판이든 말입니다. 생시에서 잠으로 넘어갈 때는, **하리**(Hari-비슈누)와 **하라**(Hara-시바)의 형상을 포함한 모든 형상이 해소됩니다.

헌신은 믿음과 함께해야 하는데, 원초적 믿음을 알아야 합니다. 그것이 모든 수수께끼를 풀어줄 것입니다. 참된 헌신은 **의식**과의 단일성을 가리킵니다. 참된 제자는 모든 것이 자신의 빛의 창조물임을 압니다. 그는 그런 이해를 가지고 살며, 어떤 선언을 할 필요를 발견하지 못합니다.

30. 그대의 존재성이 세계를 창조한다

1978년 5월 28일, 일요일

여러분은 자신을 몸으로 잘못 여깁니다. 왜냐하면 전체 허공이 여러분의 의식의 몸이고, 여러분은 그것을 아는 자이기 때문입니다. 만일 여러분이 온 허공을 자기 몸으로 하는 의식일 뿐이라면, 여러분에게 필요한 것이 무엇이겠습니까? 그럴 때, 여러분에게 어떤 이익이나 손해가 있겠습니까? 진정한 고행은 허공으로 확고히 머무르는 것입니다. 만일 그런 확신이 있다면 여러분에게 가족·집·마을이 필요하겠습니까? 결코 한 인간으로 남아 있지 마십시오.

여러분이 가진 주된 도구는 여러분의 의식입니다. 그것으로 여러분은 일을 하고, 가능한 무엇이든 성취합니다. 이 의식이 5대 원소의 형태로 전 우주를 점하고 있습니다. 크리슈나는 많은 영적인 지知를 전수했습니다. 그가 그 모든 것을 할 수 있게 한 것은 그의 의식 아니었습니까? 그는 그것을 가능한 한 순수하게 유지했습니다. 남들에게도 의식은 무엇을 하는 주된 밑천이지만, 그것이 죄와 공덕으로 오염됩니다. 여러분이 귀신을 보든 신을 보든, 그것은 여러분의 의식의 견지에서 보입니다. 보통은 이 지知가 그렇게 공개적으로, 직접적으로 전수되지 않습니다. 영적인 교사들은 자신의 제자들을 더욱 더 종교적인 행법에 연루시키려고 합니다. 반면에 저는 여러분에게 온 허공이 여러분의 빛이라고 말합니다. 그런데 여러분이 그런 확신을 계발하면 어떤 일이 일어날까요?

여기 온 뒤에 여러분은 자신을 무엇이라고 여깁니까? 만일 여러분이 의식 그 자체라면, 여러분의 '나'가 어떻게 남아 있을 수 있습니까? 만일 누가 참으로 영적이라면, 그는 자신이 순수한 의식이라는 것을 아는 것 외에는 아무 할 일이 없습니다. 같은 의식이 지금 자신을 몸과 동일시하고 있습니다. 몸이 잊히려면 자기 자신이 순수한 의식이라는 것을 부단해 기억해야 합니다. 의식을 아는 자는 의식 이전입니까, 이후입니까? 그는 이전이고, 또한 어떤 단어로도 묘사할 수 없습니다. 존재-의식-지복이 의식의 성질입니다. 의식은 인식 가능하지만, 그것을 아는 자는 그렇지 않습니다. 존재-의식-지복에 대한 비밀이 아무것도 남아 있지 않을 때만 우리가 이것을 이야기할 수 있습니다. 삿찌다난다(Satchidananda)에 대한 이 지知는 우리의 직접체험의 결과입니다.

여러분이 이 존재의 느낌 없이 존재한 때가 있었습니다. 실제로는 자신의 존재를 아는 것 자체가 의식-지복입니다. 여러분이 삿찌다난다에 대한 지知를 가지고 있지 않은 한, 여전히 여러분 자신을 붙들어야 합니다. 진아 안에서 안정되면 마음의 주석(mental commentary)이 그칩니다.

여러분의 두려움은 지은 죄들이 있다는 것을 말해주는데, 주된 것은 여러분이 자신을 몸과 동일시하는 것입니다. 보고, 듣고, 맛보고, 냄새 맡고, 감촉하는 오관五官의 사용을 최소한도로 제한해야 합니다. 가능한 한 많이 여러분의 의식에 몰두하십시오. 이 이야기를 듣고 있는 그것에 주의를 기울이는 것이 명상입니다.

여러분의 진정한 가치는 내면에서부터 서서히 나타날 것입니다. 여러분의 의식의 진정한 위대함을 알아야 합니다. 그것의 한 점이 전 우주를 점유합니다. 여러분은 이미 자신에게 있는 어떤 것을 찾고 있습니다. 자신이 몸이라는 관념으로 그것(의식)을 오염시키지 마십시오. 진정한 지知를 위해서는 여러분의 의식의 가치를 알 필요가 있습니다. 그것은 빠라메스와라(Parameshwara-지고의 이스와라)의 의식과 같습니다. 그것이 없이는 비슈누와 시바조차도 그들의 존재성을 주장할 수 없었을 것입니다. 사실에 대한 믿음이 아니라 환幻에 대한 여러분의 믿음이 마야입니다. 여러분이 의식의 진정한 가치를 알자마자 마야는 여러분을 떠납니다. 그것이 없으면 누가 라마의 이름을 염念하겠습니까? 아뜨만을 남자나 여자로 부르면, 여러분의 죽음을 청하는 것일 뿐입니다. **진아 깨달음**이 있다고 스승 행세를 하면서 설교를 시작하지 마십시오. 직접체험이 있을 때까지는 여러분이 여기서 들은 것에 몰입해 있으십시오.

여러분은 자신의 **의식**의 위대함을 깨닫지 못한 채, 그것을 이용해 자신을 한 사람의 죄인으로 부릅니다. **진리**를 단번에 알아 버리고 나면, 삼매에 들어 있을 무슨 필요가 있습니까? 여러분은 자신을 하찮다고 상상합니다. 그러면 여러분의 생각이 여러분을 고문할 힘을 얻습니다. 여러분은 하찮기는커녕 일체에 편재합니다. 여러분의 모든 개념을 포기하고 그것 이전에서 안정되십시오. **진리**가 갑자기 자신의 존재를 자각하게 되었는데, 그것이 전 우주를 일으켰습니다. 여러분의 **의식**이 **진리** 안에 합일되면, 여러분이 어디 있기만 해도 사람들을 끌어당깁니다. **마야**는 그저 나타나는 것일 뿐 지속되지 않습니다. **아뜨만**이 모든 사건의 바탕입니다. 나타나는 것은 뭐든 사라지게 되어 있고, 그것을 통상 죽음이라고 부릅니다. 5대 원소는 아주 강력하지만 라자스와 따마스의 성질에 의해 통제되고, 그 둘은 다시 사뜨와에게서 에너지를 받습니다. 우리가 '탄생'이라고 부르는 것은 한 사람의 **의식** 안에서 세계가 탄생하는 것입니다. 깨어 있다는 느낌을 가진 자가 세계의 기원입니다. 내가 **아는 자**이고, 나의 존재성을 통해서 모든 것을 압니다. 그것이 나의 존재성의 힘입니다. 생시는 크기가 아주 미세하지만 전 우주가 거기서 태어납니다.

우리의 생시 상태는 우리가 존재한다는 것을 아는 것에 지나지 않습니다. 우리가 존재한다는 것을 알게 되는 순간, 우리는 세계를 경험합니다. 몸과의 동일시가 고통과 쾌락을 우리에게 불러들입니다. 철저한 탐구 없이는 탄생의 수수께끼가 풀릴 수 없습니다. 존재성과 함께 세계가 나타납니다―청하지 않았는데도 말입니다. 우리의 '내가 있음' 그 자체가 이 세계로 변모합니다. 우리의 **의식**이 곧 **아뜨만**, 스승 혹은 신입니다. 이것을 여기서 되풀이하는 것은 여러분이 그것을 결코 잊지 않도록 하기 위해서입니다. 자신을 몸과 동일시하면 우리가 익사하며, 그러면 우리는 마음에게 책임을 지웁니다. 그러나 마음은 **의식**의 현존 속에 있는 생각의 한 흐름일 뿐입니다. 선악에 대한 우리의 이해는 그런 생각들의 의미에 기초합니다. 이 세계에서 모든 산 존재들은 생존을 위해 투쟁하지만, 저는 여러분에게 여러분의 '내가 있음'마저도 잃어버릴 준비를 하라고 이야기합니다. 여러분은, 그로 인해 자신이 존재한다는 확신이 있고, 모든 단어들의 흐름이 있는 **그것**이라는 것을 늘 기억하십시오.

숨쉬기가 있는 한 우리는 세계를 경험합니다. 호흡에 의해 통제되는 세계가 어떻게 참될 수 있습니까? 여러분의 탄생 이전에 무슨 세계가 있었습니까? 들은 정보가 아니라 여러분 자신의 직접체험을 가지고 여기에 답해야 합니다. 여러분이 탄생했다는 소식이 세계의 근원입니다. 여러분은 **불생자**이기 때문에, 탄생과 죽음은 여러분에게 있지 않습니다. 여러분의 존재성은 한 개인을 창조하는 것이 아니라 세계를 창조합니다. 여러분의 몸-정체성과 함께 쉬운 것들이 어려워집니다. 무시간적인 것이 시간에게 넘겨졌고, 시간제한을 받았습니다. 여러분의 **참스승** 혹은 여러분 자신 말고, 과연 누가 여러분이 결코 태어나지 않았다는 것을 증명할 수 있습니까? 여러분이 확신을 가지면, 여러분 자신이 스승의 말씀의 진리성에 대한 증거가 될 수 있습니다. 참된 제자는 몸이 남아 있든 떨어져 나가든 관계없이, 이것을 끝까지 추구합니다.

빠라마뜨만에게는 개아個我도 **시바**도 다 거짓입니다. 순수한 **의식**만이 이것의 **진리**를 깨달을 복이 있습니다. 그럴 때 존재의 느낌이 해소됩니다. 이것이 '존재성 이전인 **자**'에게 영향을 줄 수 있습니까? 여러분이 자신의 개념·욕망·기대에서 벗어나지 못하는 한, 조심하여 자신을 지켜야 합니다. 거짓인 **의식**은 세계를 낳았지 여러분을 낳지 않았습니다. 거짓 세계를 움직이려면 여러분에게 어떤 힘이 필요합니까? 만일 이런 말이 여러분에게 정말 영향을 준다면, 여러분의 일은 이루어질 것입니다.

31. 천국의 약속은 하나의 뇌물이다

1978년 6월 4일, 일요일

여러분 자신을 아는 것이 **진아**지를 갖는 것입니다. 그것을 갖기 위해 어떤 것이 소용될 수 있습니까? 여러분의 마음은 도움이 되지 않습니다. 마음은 세간적 활동을 위해서만 쓰이는 것이기 때문입니다. 우리의 지성은 도움이 되지 않습니다. 그것은 마음의 산물이기 때문입니다. 우리는 '마음을 아는 그것'에게서 도움을 발견해야 합니다. 그래서 도움이 될 수 있는 것은 **의식**뿐입니다.

"내가 있다"고 말하기 이전에 그렇게 말하는 것이 있어야 합니다. 그렇지 않으면 자신이 존재한다는 것을 여러분이 어떻게 알 수 있습니까? **진아**는 생시 상태보다 밝습니다. 잠을 아는 자인 **그것**은 잠보다 더 잠재적입니다. 다른 데서 그런 깨침의 방법을 들어 본 적이 있습니까?

여러분이 생각의 흐름을 아는 자일 때는 마음과 함께 흐를 수 없습니다. **진아**에 대한 확신을 얻은 뒤에야 여러분의 두려움이 끝날 것입니다. 전 세계에서 가장 위대한 것이 인간의 심장입니다. 그것을 모르고 인간은 자신을 몸과 동일시하며 고통 받습니다. 많은 사람들이 심장 속의 **의식**에 대해 명상하여 **마하트마**가 되고, 심지어 **진인**이 되었습니다. 그래서 명상은 우리가 자신의 근기성(worthiness)을 아는 데 도움이 됩니다.

『스리마드 바가바땀』이라는 경전에서 **크리슈나**는 자신이 무엇인지를 묘사하고, 웃다바는 그것을 그 자신의 이야기로서 경청합니다. 항상 존재하는 것은 **자신**이 존재한다는 것을 모릅니다. 이른바 탄생은 자신의 존재를 아는 것입니다. **마야**의 효과는 탄생 때 **의식**의 출현과 함께 시작됩니다. 여러분은 그것의 토대이지 그냥 일부가 아닙니다. 해는 져서 사라지지만 죽지 않습니다. 그와 마찬가지로, 여러분도 죽을 수 없습니다.

성냥개비는 불의 음식이고, 몸은 의식의 음식입니다. 만일 성냥개비가 죽을 수 없다면, 여러분이 어떻게 죽을 수 있습니까?

"내가 있다"는 소식이 여러분의 모든 활동의 원인입니다. 의식의 출현과 함께 여러분의 존재의 느낌이 시작됩니다. 이것은 여러분이 '여러분이 있다'는 것을 알게 된다는 뜻입니다. 이 지각성(knowingness) 자체가 거짓이기 때문에, 여러분의 "내가 있다"도 거짓입니다. 우리가 몸이라는 굳은 확신이 마야입니다. 마야에는 많은 이름이 붙여졌고, 그것은 심지어 신과도 동등한 위치에 놓입니다. 세계는 거짓이어서 어떤 특별한 주목도 할 것이 없습니다. "나는 존재한다" 또는 "나는 이와 같다, 저와 같다"라는 느낌은 사라질 것입니다. 여러분의 의식이 더 이상 존재하지 않을 때, 여러분의 세계도 사라집니다. 그것은 그 둘이 하나임을 의미합니다.

진아에 대한 분명한 지知가 있으면 우리의 일은 끝납니다. 의식을 사용해 보면 진아에 대한 직접지를 갖는 일에서 그것의 한계가 드러납니다. 그것은 우리가 무엇이 아닌지만 보여줄 수 있습니다. 천국과 바이꾼타(Vaikuntha)에 대한 약속은 사람들에게 선한 일을 하라고 격려하는 하나의 뇌물일 뿐입니다.

여러분의 의식 자체가 스승이고, 그에 대한 명상은 진아지를 가져옵니다. 시작이 있는 것은 끝도 있을 수밖에 없습니다. 우리는 우리의 존재를 몰랐는데, 지금은 그것을 압니다. 이 앎이 원초적 환幻입니다. 참스승에게 순복하는 사람은 하리·하라의 신상神像들과 푸른 풀 사이에서 어떤 차이도 발견하지 못합니다. 마야는 존재애存在愛(love to exist), 곧 자기사랑입니다. 여러분이 자신의 의식을 이용하여 무엇을 이루든, 영구적 만족은 얻지 못합니다. 왜냐하면 그것은 모두 거짓이기 때문입니다. 구도자 안에서 빠라마뜨만이 현현하려고 할 때는, 그에게서 바람직한 성향들이 계발됩니다. 스승의 말씀을 결코 잊지 마십시오. 기름과 심지가 빛을 발한 뒤에 사라지듯, 여러분의 의식은 세계 안에서 빛나다가 사라질 것입니다.

그러고 나면 빠라마뜨만 외에 무엇이 남을 수 있습니까? '자야 구루' 만트라를 계속 염하십시오. 그러면 여러분의 내적인 스승이 현현하여 진아를 아주 분명하게 드러낼 것입니다. 또한 내면의 스승이 뜨고 지는 것도 보게 될 것입니다.

32. 나타나는 모든 것은 궁극적으로 끝이 난다
1978년 6월 8일, 목요일

만트라를 염하는 목적은 여러분의 의식과 친분을 만들기 위한 것입니다. 궁극적 목표는 침묵하는 것입니다. 생시든 잠 속에서든, 여러분이 5대 원소와 독립해 있다는 것을 알 때까지는 명상을 해야 합니다. 자유가 여러분의 성품입니다. 결국에는 여러분이 결코 태어나지 않았고, 어떤 활동과도 무관하다는 것을 알 것입니다. 또한 여러분은 세계와 세계의 지식에 상관하지 않습니다. 참된 지知를 얻고 나면, 이 세상에서 계속 배우고 어떤 지식을 가질 필요가 없었다고 말할 것입니다.

물이 있는 곳에는 불이 있어야 합니다. 불은 공기 없이 존재할 수 없고, 공기는 허공 없이 존재할 수 없습니다. 허공이 출현하기 위해서는 브라만의 빛이 필수요건입니다. 진아는 5대 원소를 넘어서 있다는 것을 아는 것이 참된 포기입니다. 그럴 때 여러분은 자신이 5대 원소에서 독립해 있고, 심지어 의식에서도 독립해 있다는 것을 압니다. 5대 원소와 거기서 나오는 의식은 모두 시절적이고 일시적입니다. 만일 의식이 없다면 무엇이 있겠습니까? 시절적 의식을 아는 자는 시간이 한정될 수 없습니다. 진아에 대해 명상해 보지 않은 사람은 모든 세간적 '소식과 견해들'

을 참되다고 여길 수밖에 없습니다. 전통적인 것은 그리 쉽게 무시할 수 없습니다. 극소수가 스승의 은총을 적용하여 세상을 무시하고 모든 존재의 근원에 주의를 기울입니다. 진정한 포기가 무엇입니까?

세상에 나타나는 모든 것은 궁극적으로 끝이 납니다. 이 모든 지식은, 그로 인해 세계가 나타나고 우리가 자신의 존재를 알게 되는 그것에 대한 것입니다. 그것으로 인해 여러분이 서로 다른 장면에서 활동들을 보게 되는 이 마야가 무엇입니까? 그 모든 것은 '의식의 빛'의 한 작용입니다. 구도자는 자신의 의식에만 주의를 기울여야 합니다. 스승의 말씀을 아주 예리하게 경각하고 자각하는 사람은 진아를 깨닫습니다. 이 원자적 의식 안에 생시 상태와 꿈 상태의 전 우주가 들어 있습니다. 이것을 아는 자가 진인입니다. 사람들은 많은 것을─전 세계의 소유권같이 큰 것을─성취할지 모르지만, 탄생-원리에 대한 지知가 없다면 그 모든 것이 신기루같이 무의미합니다. 어린애는 3~4년간 자신이 별개의 존재성을 가지고 있다는 것을 모릅니다. 아이가 자신이 별개의 존재임을 아는 그 순간이 중요합니다.

모든 종교들은 전통일 뿐이지만, 진정한 다르마는 진아가 되는 것입니다. 죽은 자들이 그들의 삶이 끝난 것을 압니까? 남들이 그렇게 말합니다. 이 모든 것은 전통에 기초하여 진행됩니다. 진인은 의식과 그 안에서 일어나는 모든 것을 지켜봅니다. 모든 개인들을 포함한 현상계는 실재하지 않지만 우리의 기억과 욕망들이 거기에 실재성을 부여합니다. 전 우주를 점유한 의식은 어떤 하나에도 국한되지 않습니다. 때가 되면 그것이 사라집니다.

산야시(sanyasi-출가수행자)와 사두들은 전통을 이용하기 위해 황색 법복을 입습니다. 사람들은 존경심을 갖추어 그들에게 음식과 돈을 시주합니다. 명상에 몰입하는 것이 참된 포기(출가)입니다. 여러분이 어떤 평가를 경험하거나 심지어 비난에 직면해야 하는 원인은 여러분의 의식 자체입니다. 그것을 무념으로 순수하게 유지하십시오. 그러면 그것이 여러분에게 자신의 기원과 시간의 시작을 보여줄 것입니다. 지知의 뿌리에는 무지가 있습니다. 그리고 여러분은 사람들, 사두들이 가득한, 심지어 진인들도 있는 세계를 봅니다. 여러분이 듣고 읽은 모든 것이 여러분의 두려움, 속박 혹은 자유를 낳습니다. 만일 시간의 성품을 일찌감치 안다면, 여러분이 어떻게 죽을 수 있습니까? 여러분의 지知는 5대 원소와 의식에서 공히 독립해 있어야 합니다. 그것만이 참된 지知인데, 그것은 여러분의 힘과 통제권 안에 있습니다. 그것은 남들로부터 독립해 있습니다.

왜 여러분은 포기(출가)를 추구합니까? 다른 무엇 이전에, 그저 여러분 자신의 진아를 보고 진아가 되십시오. 참된 포기는 진아지 안에 있습니다. 참으로 영적인 사람은 자신의 진정한 자아를 압니다. 이기적인 사람들은 진아에서 떨어져 있습니다. 여러분의 의식을 구루데바(Guruveda-신인 스승)라고 부르십시오. 의식만이 올바르게 포기할 수 있고, 올바른 지知를 제공할 수 있습니다. 수백만의 사람들 중 극소수만이 여러분을 불사不死의 성품에게 소개할 수 있습니다.

33. 생시 이전에 그대가 존재해야 한다

1978년 6월 11일, 일요일

여러분이 자신의 진아를 알면 여러분의 모든 욕구가 끝이 날 것입니다. 개인의 죽음이란 "내가 있다"는 기억의 종말입니다. 진아지를 위해서는 누구에게 무엇도 기대함이 없이 여러분의 의식을 고수하십시오. 여러분이 자기 자신에 대해 생각하는 내용은 하나의 상상일 뿐이고, 그것은

(시간이 가면) 해소될 것입니다.

마음의 변상變相, 곧 여러분의 기억들이 모든 활동의 원인입니다. 그것들이 끝날 때 그 활동도 멈춥니다. 그러면 행위할 어떤 욕망도 없습니다. 니브루띠(Nivrutti)라는 산스크리트 단어는 참된 물러남, 즉 모든 활동에서 초연할 때를 의미합니다. 여러분이 잠에서 깨어나면 자기 자신을 의식하게 됩니다. 그것은 여러분의 존재가 시작됨을 의미합니다. 그런 다음 마음의 변상들이 여러분에게 행위를 하도록 강요합니다. 우리는 우리 자신의 생각의 노예가 됩니다. 생각이 없으면 순수한 존재(being)만이 있습니다. 우리 자신을 하나의 이름과 형상을 가진 어떤 사람이라고 상상하는 것이 우리의 활동에 추진력을 부여합니다. 실은 행위하는 자가 아무도 없고, 모든 활동은 참되지 않습니다. 브라만이 실재합니다. 왜냐하면 어떤 "내가 있다"도 없기 때문입니다. 우리는 '내가 있음'의 기원에 대한 무지로 인해 마음에 의지합니다. "내가 있다"는 우리의 느낌과 세계에 대한 우리의 앎은 머리 정수리에 있는 하나의 혈穴(구멍)인 브라마란드라(Brahmarandhra-범혈梵穴)에서 비롯됩니다. 그것이 모든 지知의 중심입니다. 지금 듣고 있는 여러분의 의식은 지知의 바다입니다. 스승으로서의 의식에 믿음을 가지고 있는 사람에게는 어떤 수행도 필요 없습니다. 활동들은 의식의 친존親存에서 일어나는데, 그것이 곧 스승 혹은 신의 두 발입니다. 여러분의 의식을 숭배하는 것을 결코 잊지 마십시오. 스승의 표지標識들이 그 제자 안에서 계발되고, 그는 완전한 믿음으로 스승의 명을 따릅니다. 그러면 스승과 하나됨(oneness)이 있습니다. 여러분의 행동은 여러분 자신이 브라만인 것과 부합해야 합니다. 그럴 때 여러분의 무변제無邊際(expanse)는 무한해집니다. 스승이 베푼 만트라의 염송은 그 제자의 분리를 없애줍니다. '여러분이 있다'는 것을 아는 것은 여러분이 아닙니다. 그것은 여러분 때문에 그의 존재성을 갖는 신일 뿐입니다. 신을 기쁘게 하면 그가 그대와 진아의 만남을 주선하는데, 그것은 여러분이 성숙되어 자신의 **스승**을 만나게 된다는 뜻입니다.

여러분의 개인성이 끝이 나면 죽음에 대한 두려움도 사라집니다. 모든 세간적 친분은 빌린 것일 뿐이고, 그래서 일시적입니다. 여러분의 **스승**은 여러분이 **진아**와 친분을 갖게 하며, 그 무엇도 그것을 방해할 수 없습니다. 인간 형상 안의 **의식**은 큰 중요성이 있고, **의식**의 참된 **지**知는 매우 귀중한 가치가 있습니다. 아무도 **진아지**를 베푸는 자를 당할 수 없고, 그는 도량이 큽니다. 여러분의 **스승**이 여러분의 움직임을 완전히 통제하고 있지만, 역으로 여러분이 그의 움직임의 원인이라는 것을 실제로 알 때, 여러분의 일은 끝납니다.

여러분의 모든 활동은 기억 속에 저장되는데, 우리의 참된 성품은 그냥 하나의 기억일 수 없습니다. 이 기억들은 무한히 지속되지 않습니다. **비슈누**의 그가 존재한다는 기억조차도 사라지게 되어 있습니다. 자신이 깨어 있다는 것을 아는 **자**는 생시 이전에 존재했음이 틀림없습니다. 기억들 이전에 존재하는 **자**만이 그것들을 기억할 수 있습니다. 기억과 5대 원소 공히 **의식**에 의존합니다. 그래서 그것들은 서로 관계될 수밖에 없습니다. 기억들은 그것 이전인 자를 알 수 없습니다. "나는 어떤 사람이다"는 기억들의 한 집합인데, 그것이 세상 속에서 행위합니다. 여러분 자신과 **신**에 대한 여러분의 모든 상상은 지속되지 않을 것입니다. 아무도 죽음을 경험하지 못하는데도, 그에 대한 두려움이 모든 사람의 마음을 사로잡습니다.

우리에게는 수천 가지 기억이 있습니다. 우리가 그 기억들입니까? 분별(viveka)을 사용하여 거기서 벗어나십시오. 여러분은 자신의 기억에 기초하여 자기가 한 사람의 남자나 여자라고 생각합니다. **스승**의 은총이 있으면 이 "내가 있다"는 기억과 그것의 원인이 무엇인지를 알게 됩니다. 그것이 **브라만**에 대한 깨달음입니다. 제가 "여러분의 말"이라고 할 때 그것은 누구의 말입니까? 죽게 되어 있는 인간의 것입니까, 아니면 영원자의 것입니까? 여기서 말해지는 한 문장이라도 체험한다면, 여러분이 영원자를 깨달을 것입니다.

34. 그대는 자기사랑에 대해 어떻게 명상하겠는가?
1978년 6월 15일, 목요일

어떤 **참스승**을 따르는 즐거움은 남들이 안겨줄 수 없습니다. 몸을 놓아버리는 지복은 한 평생의 쾌락 이상입니다. 그것이 죽음 없음의 체험이고, 성취의 체험입니다. 진정한 만족을 위해서는 스승에게서 받은 지知를 좋아해야 하고, 그것이 여러분의 유일한 관심사가 되어야 합니다. 만일 여러분 나름의 확신이 없이 남들에게 설법을 시작하면, 문제와 괴로움을 자초하는 것입니다. 여러분의 **진아**에 브라만, 스승 혹은 신과 같은 아무 이름이나 부여하고, **진아**에 대해 명상하십시오.

이 세상에서 극소수만이 모두가 그들 자신을 사랑한다는 것을 압니다. 피부가 희든 검든 이 사랑이 존재합니다. 그 **자기사랑**이 몸을 보살핍니다. **자기사랑**에 대해서는 어떻게 명상합니까? 다른 모든 것을 잊어버리고 그것에 대해 명상하되, 더 간단하게 하려면 그것을 '스승'이라고 부르십시오. 여러분의 모든 노력은 어떻게든 시간을 보내기 위한 것이지만, 모든 것의 근저에는 여러분의 **자기사랑**이 있습니다. 언젠가 여러분은 모든 소유물과 관계들을 상실할 것입니다. 그 전에 자신의 **진아**를 알아야 합니다. 여러분이 진정한 만족을 얻을 수 있는 것은 마음을 사용해서가 아니라 분별(viveka)에 의해서입니다. 분별은 체험에 기초한 직관적 식별입니다.

누구도 다치게 하지 말고, 관용하는 법을 배우십시오. 그러면 감내하는 큰 역량을 계발하게 될 것입니다. 설사 학대나 고문을 당한다 해도 보복하지 마십시오. 도처에서 이기심에 어리석음이 수반되고, 다툼, 심지어 싸움도 벌어집니다. **진아지**가 있으면 여러분의 성취가 완성됩니다.

헌신자의 심장 속에서 쉽게 발견되는 것이 전 세계의 다른 곳에서는 좀처럼 발견되지 않습니다. 세계는 (우리의) 안에서 보이지만, 밖에 있는 것처럼 보입니다. 심장 속의 **의식**은 형상이 없습니다. 여러분은 설탕의 단맛은 맛보았으나 그것을 본 적이 있습니까? **크리슈나**는 말합니다. "나는 **바가반**으로서 그대들의 심장 속에 있는 빛이다." 그 빛은 존재성, 즉 여러분입니다. 여러분 안에 사랑으로서의 헌신이 있습니다. 모든 산 존재들 안에 존재에 대한 사랑이 있지만, 그것의 비밀은 인간들만이 알 수 있습니다. 대다수 사람들은 세간적 활동에 바빠서 그 뿌리를 보지 않습니다. **의식** 또는 존재애는 여러분의 앎이나 사전 귀띔 없이 일어났습니다. 그 존재애가 몸을 보호합니다. 여러분이 사랑 그 자체라는 것을 한번이라도 인식한 적이 있습니까? 존재하려는 저 큰 헌신에 대해 명상해 보십시오. 초기 단계에서는 그것이 아주 어려워집니다. 그래서 **스승**, **이스와라** 혹은 신에 대한 명상을 권하는 것입니다.

몸 안에서 나타난 그 **자기사랑**이 곧 **이스와라**입니다. 여러분이 헌신으로 충만해 있고 그것을 **스승**으로서 숭배할 때, 그것은 흡족해집니다. 여러분의 몸 안에서, 그 사랑 아닌 누가 지금 듣고 있습니까? 그 사랑을 아는 자는 **빠라마뜨만**을 깨닫습니다. 여러분의 행복과 불행은 몸-정체성의 결과입니다. 여러분의 몸의 상태가 어떠하든, **빠라마뜨만**은 모든 경우에 친절하고 도움을 줍니다. 그 **자기사랑**이 여러분의 모든 헌신의 원인입니다.

저 **자기사랑**을 부단히 자각해야 하는데, 그것을 여러분의 스승으로 명상하는 것이 최선의 방도입니다. 여러분의 **자기사랑**과 별개로는 어떤 화현들도, 마야도, 브라만도 없습니다. 여러분은 저 **자기사랑**을 알고 있습니까? 다양한 단어들을 사용하는 것은 더 나은 이해를 위해서입니다. 이 세상에서 **진아**지보다 더 위대한 어떤 것이 있습니까? 수백만의 사람들 중에서 극소수만이 **자기사랑**에 대해 명상하겠지요. 우리의 진정한 위대함과 광대한 성품은 참된 헌신에 의해서만 알 수 있습니다. 여러분은 자신의 존재성을 지속하는 것 말고, 왜 삶 속에서 그토록 많은 문제를 가지고 있습니까? 서로 다른 이름을 가진 수천의 **신**들이 있어서 숭배를 받지만, 그들 모두가 몸들 안에서 스스로 빛나는 사랑입니다. 극소수만이 자신이 사랑과 하나임을 아는데, 거기서 **빠라마뜨만**이 나타납니다. 그 **자기사랑**이, 전 우주를 점하는 **진아**지가 됩니다. 몸 안에 그 사랑이 있는 동안은 모든 사물이 지속됩니다.

스승의 명命을 따름으로써 **자기사랑**을 깨달을 때 그 사람은 무한해지고, 전 세계는 그에게 하나의 점으로 나타납니다. 그는 삶 속에서 진정한 충만함을 성취합니다. 여러분은 **자기사랑**을 완전히는 모르지만, 그것의 현존 없이는 여러분이 남아 있지 못합니다. **크리슈나**는 말합니다. "내가 그대들의 심장 속에 있기는 하나, 헌신이 없으면 그대들이 **나**를 발견할 수 없다." 여러분은 다양한 종류의 헌신과 헌신자들을 만나지만, 극소수만이 **진아**를 숭배할 수 있습니다. 이것은 하나의 비이원적 숭배인데, 이는 예사롭지 않은 것입니다. **진아**에 대한 사랑(자기사랑)이 모든 산 존재들 안에서 존재애로 나타납니다. 다양한 **신**과 **여신**들에 대한 헌신은 우리의 주의를 **진아**에서 딴 데로 돌립니다. **자기사랑**이 존재하기 때문에 우리가 영적인 공부에 끌립니다. **자기사랑**의 성품은 여러분이 그것의 지속이나 종식에 대해 어떤 통제권도 가질 수 없다는 것입니다. 여러분 자신의 참된 **자아**로서가 아니라면, 여러분이 **자기사랑**과 어떻게 관계됩니까? 깨달음은 어려운 것이니, 그것(자기사랑)을 여러분의 **스승**으로 숭배하십시오.

사람들이 부자가 되려고 애쓰고 부富를 과시하게끔 만드는 것은 무엇입니까? 그것은 **자기사랑** 아닙니까? 삶은 항상 흐르고 있고, 우리의 모든 끌림과 관심은 지속적으로 변하고 있습니다. 사랑하는 가까운 사람들은 언젠가 여러분을 떠나고 죽게 되어 있습니다. 그러나 **자기사랑**은 어떤 것과도 섞이지 않고 늘 초연하게 있습니다. 실은 여러분은 형상 없고 이름 없는 영원한 사랑입니다. 그것은 꿀로 가득 찬 단지처럼 넘쳐흐르고 있습니다. 그 사랑에 대해서 명상하십시오. 그것은 **진아**를 알려고 애쓰는 것과 같습니다. 여러분이 그것을 깨달을 때, 5대 원소 모두가 여러분을 섬길 것입니다.

영적인 공부의 심오하고 더 깊은 측면은 보통 눈에 띄지 않습니다. 여러분은 많은 것들을 향유하지만, 여러분 자신의 **의식**을 어떻게 향유할 수 있습니까? 여러분 자신의 **의식**만 사랑하십시오. 왜냐하면 다른 모든 사랑은 일시적이기 때문입니다. 그 그릇된 종류의 사랑도 이익이 될지는 모르나, 그것은 어떤 행복도 안겨줄 수 없습니다. 전 세계가 저 사랑에 의해 창조되고 그것으로 충만해 있습니다. 도시들의 혼잡한 도로들은 다양한 몸들 안의 **자기사랑**으로 가득 차 있습니다. 그 사랑의 힘이 **원초적 환**幻이고, **마하 깔리**(Maha Kali)이고, **브라마수트라**(*Brahmasutra*)이며, **히라냐가르바**(Hiranagarbha)입니다.[33] **그녀**(마하 깔리)는 전 세계에서 활동합니다. 그것은 모든 몸들을 통해서 활동하고 이 군중을 창조하고 있습니다. 잘못은 그 방식과 적용에 있을 뿐입니다.

여러분은 일정한 이름을 가진 어떤 **신**에 대해 명상하고 있지만, 그 명상자가 사랑의 **신**(love-God) 그 자체입니다. 일체가 홀연히 나타난 존재(existence)에 대한 여러분의 사랑에 의존합니다. 만일 이 사랑과 친구가

---

33) *T.* 마하 깔리는 우주의 창조력을 상징하는 여신이며, 샥띠로도 불린다. 여기서 **브라마수트라**는 경전 이름이 아니라 **창조주 브라마**의 질서, 곧 우주적 질서 혹은 우주에 편재하는 의식을 의미한다. 히라냐가르바, 곧 '황금 배아'도 이 우주적 의식을 가리킨다.

되면, 바로 지금 여러분이 자신을 완전한 **영원자**로 보게 될 것입니다. 같은 사랑이 5대 원소와 **이스와라**로서도 확산되었습니다. 여러 가지 이름들이 같은 사랑에 대해, 그 사랑 자체에 의해 부여됩니다. **진아 깨달음**을 얻기 위한 다양한 종류의 수행법들이 있습니다. 만일 이 **자기사랑**이 굳건한 확신으로 그 자신을 숭배한다면, 그것은 모든 신과 **여신**들의 영혼 자체가 됩니다. 이 신들의 이름은, **자기사랑**이 그 안에 거주하는 저 몸들에게 붙여진 이름들입니다. 사랑이 없이는 어떤 활동도 있을 수 없습니다.

불이 켜진 것이 타면서 빛을 발산하고 있습니다. 이것은 아스트랄체라는 오묘한 물건인데, 여러분은 그것을 무시하고 있고, 그 대신 여러분의 육신이 여러분의 형상이 되었습니다. 이것은 불행한 일이고, 하나의 사고입니다. 여러분의 **자기사랑** 말고, 누가 잘못했습니까? 스승의 은총이 있을 때만 우리가 자신의 존재성을 사랑할 수 있습니다.

35. 죽음은 무섭지만 아무도 그것을 경험해 보지 못했다

1978년 6월 18일, 일요일

입문을 하고 난 **나바나트 구루**들(Navanath Gurus)의 모든 제자는 12년간 독립적으로 수행을 계속해야 했습니다. 스승을 두 번째로 만나기 전에 그 제자는 모든 면에서, 완전하게 준비되어 있는 상태이곤 했습니다. 스승을 거듭거듭 만날 필요가 없었습니다.

나, 곧 **아뜨만**이 늘 첫째이고, 그에 이어서 **의식** 혹은 "내가 있다"가

옵니다. 그 뒤에, 우리의 기억에 의해 결정되는 모든 활동이 따라옵니다. 이것이 일반적 전통이지만, 오래가는 것은 아무것도 없습니다. 극소수만이 멈추어 자기 홀로 내면을 바라봅니다. 의식과 그것을 통해 알려지는 모든 것은 보편적입니다. 이 모든 것을 아는 자는 심오하고 확고합니다. 알려지는 모든 것은 시간이 가면서 변하고, 결국 의식도 저뭅니다. 그럴 때 온 것은 누구입니까? 간 것은 누구입니까? 여러분은 의식을 통해서 알려지는 모든 것을 붙들고 있습니다. 그러나 의식조차도 떠오름과 저뭄이 있습니다. 그 의식이 여러분에게 자신을 어떤 사람으로 여기게 만드는 원인입니다. 그러나 여러분의 "내가 있다"는 하나의 환幻입니다. 여러분이 아는 모든 것이 사라질 텐데, 여러분의 모든 성취가 무슨 소용 있겠습니까?

세계의 형상을 한 꽃잎들을 가진 심장연꽃의 출현이 있습니다. 거기서 꽃가루가 나타나지만, 그 뿌리에 그것의 줄기가 있습니다. 의식을 통해서 알려지는 모든 것은 그것의 일부입니다. 그러나 의식을 아는 자―그것이 어떻게 일어나고 지는지를 아는 자―는 해탈합니다. 다른 한편, 의식의 내용이 진짜라고 믿는 자는 그에 속박됩니다. 여러분의 의식이 없으면 신이 어디 있습니까? 그래서 의식은 이스와라와 동등합니다. 여러분은 자신이 아는 것을 남들에게 전해줍니다. 여러분의 의식 안에 "내가 이스와라다"라는 씨앗이 뿌려지는데, 때가 되면 그것이 실재가 됩니다. 깨달음을 얻고 나면 진인은 일체가 쓸데없다는 것을 압니다. 순수한 지성을 가진 학자는 해탈을 성취하고, 순진하고 단순한 사람도 마찬가지입니다. 그 사이에 있는 사람들은 오도 가도 못합니다.

명상은 무엇을 하는 것이 아니라 '주의로 있음(being attention)'일 뿐입니다. 스승의 말씀만이 참되며, 그것이 늘 여러분의 자각의 일부여야 합니다. 여러분은 순수한 브라만이라는 스승의 말씀을 확고히 붙드십시오. 그것이 곧 때가 되면 싹트는 씨앗입니다. 그럴 때 여러분의 정체성은 한 인간에서 브라만으로 변할 것입니다. 여러분은 늘 아는 자이지 알려지는 것이 아니라는 것을 결코 잊지 마십시오. 스승이 명한 대로, 여러분은 자신이 브라만임을 주장해야 합니다. 어떤 세간적 재산이 모든 사람들 사이에서 분배되면, 여러분의 몫은 무엇이겠습니까? 그렇다면 왜 어떤 것을 자부합니까? 여러분의 희망과 욕망은 여러분의 삶이라는 등불의 연료입니다. 그것들의 끝은 개인성의 끝을 가져오지 죽음을 가져오지는 않습니다. 이것은 기름등의 불길을 끄는 것과 비슷합니다. 베다에는 우리가 (죽을 때의) 마지막 욕망이나 생각에 따라서 태어난다고 되어 있습니다. 무슬림이 힌두와 싸우다 죽으면 힌두로 태어나고, 그 반대도 마찬가지입니다. 그래서 그 전쟁은 결코 끝나지 않습니다.

여러분이 스승을 기억할 때, 그것은 스승의 가르침을 기억한다는 의미입니다. 그 지知가 있으면 우리는 어떤 속박의 자취도 없이 자유를 체험합니다. 여러분과 여러분의 세계가 실제로 아무 실체가 없이 비어 있을 때, 자유로워지려는 모든 노력은 여러분을 속박할 뿐입니다. 만물의 뿌리에 있는 존재의 느낌은 시간이 한정되어 있고, 언제라도 떠나버릴 수 있습니다. 얼마 못 가는 존재성에 의존해 있는 여러분의 세계에서 여러분이 무엇을 기대할 수 있습니까? 여러분의 삶은 존재에 대한 기억의 나타남과 사라짐에 지나지 않습니다. 그 사라짐이 여러분의 죽음일 수 있습니까? 여러분의 의식이 이스와라이고, 그 안에 여러분의 몸을 포함한 전 세계가 들어 있습니다. 그러나 여러분은 자신이 세계의 일부이고, 이 이원성 안에 행복과 불행이 있다고 생각합니다. 비이원성 안에서는 세계가 존재하지 않고 여러분만 존재합니다. 여러분이 자신을 이스와라와 같은 부류로 볼 때, 모든 것이 환幻임을 알고 모든 속박에서 벗어날 것입니다. 그때까지는 어떤 자유도 있을 수 없습니다. 그릇된 치유법을 버리면 그 해로운 효과를 경험하지 않을 것입니다. 여러분이 어떤 문제를 해결하려고 할 때, 마음이 순수한 의식에 대한 지知를 가로막습니다. 아무것도 하지 말고, 모든 마음의 변상變相에서 벗어나 순수한 의식 안에서 안정되십시오. 찬양하기, 이야기하기, 숭배하기와 남들과 어울림을 피하십시오. 그러면 여러분이 이스와라와 하나가 될 것입니다.

하리(비슈누)를 찬양하는 의식은 (이 이야기를) 듣는 의식과 다르지 않습니다. 여러분이 하리에 대해 들으면 무욕(vairagya)을 계발하는데, 그것은 세간적 정념이 없다는 뜻입니다. 우리의 몸은 어릴 때부터 노년에 이르기까지 끊임없이 변하고, 그 몸은 끝이 있는 것이 확실합니다. 우리 자신에 대한 우리의 인상들은 낡았고, 정확하지 않습니다. 만일 여러분이 진인들이 제시한 방식대로 행동하면, 괴로움이 견딜 만할 것입니다. 여러분이 의식하고 있는 한, 여러분은 세계와 신과 하나입니다. 밖으로 나가는 여러분의 시선이 변할 필요가 있습니다. 그래야 자신을 바라볼 수 있습니다. 우리의 존재의 기억은 5대 원소의 산물입니다. 여러분은 자신의 몸-정체성에서 벗어나기를 원하니, 듣고 있는 여러분의 의식을 자각하십시오. 여러분이 무엇을 하고 안 하고는 중요하지 않으나, 자신이 행위자라고 주장하면서 보상이나 벌을 기대하는 것은 피해야 합니다. 허공은 아주 미세하지만 여러분의 의식은 더 미세합니다. 알려지는 모든 것은 사라지게 되어 있어도 그것들을 '아는 자'는 그렇지 않은데, 그것이 영원자입니다. 의식은 시간이 한정되어 있고 고통과 쾌락을 경험하지만, 그 아는 자에게는 어떤 경험도 없습니다. 여러분이 의식을 자각하게 될 때, 그것이 이스와라의 탄생이라는 것을 기억하십시오.

씨앗이란 같은 종류의 사물들을 창조할 수 있는 것입니다. 이런 말을 하는 것은 여러분 안에 브라만의 씨앗을 심기 위해서입니다. 그 씨앗들이 솟아나면 지성(intellect)이 서서히 해소될 것입니다. 설사 여러분이 한 인간으로 살아간다 하더라도, 여러분의 의식은 이스와라의 몸입니다. 여러분의 활동들은 여러분이 한 인간이라는 것을 말해주지만, 그것은 누구의 활동입니까? 그것은 이스와라-의식의 것입니다. 진아를 모르면 여러분이 진인이 될 수 없습니다. 몸 안의 의식이 바깥에서는 세계로서 나타납니다. 그 **만트라**(구루 만트라)를 기억한다는 것은 **의식**에 대한 명상을 의미합니다. 여러분이 들은 것은 여러분의 **진아**에 대한 이야기이고, 여러분은 그에 대해 명상해야 합니다. 그에 대한 어떤 증거도 필요 없습니다. 가정생활은 개인을 위한 것입니다. 한 인간의 관념들은 한 남자나 여자의 활동이라는 결과로 나타납니다. 그러나 여러분의 **의식**은 자연발생적이지, 어떤 관념이 아닙니다. 해탈이란 "내가 있다"가 없고, 존재하려는 욕망이 없는 것입니다. 여러분 몸 안의 그 **의식**과 눈에 보이는 모든 것은 텔레비전 스크린 상의 이미지들과 같습니다.

　죽음은 무섭지만 아무도 그것을 경험해 보지 못했습니다. 여러분이 사라지는 것은 여러분의 죽음을 의미하지 않습니다. 무엇을 하기 전에, 여러분은 해야 할 필요가 있는 것에 대해 하나의 관념을 가지고 있습니다. 그러나 여러분의 **의식**은 어떤 관념 이전입니다. 지금 이 순간, 여러분은 자신의 존재를 자각하고 있습니다. 여러분의 몸이 없을 때는 그렇지 않았습니다. **자각**이 있느냐 없느냐가 유일한 차이입니다. 이 **자각**은 특정한 날에 시작되어 일정 시간 동안 지속됩니다. 듣는 **의식**에는 많은 이름들이 있지만, 그것은 형상이 없고 묘사할 수 없습니다. 여러분이 주 하리의 이야기를 들을 때, 그것은 실제로 여러분의 이야기입니다. 여러분의 **의식**이 없을 때, 여러분에게 필요한 것이 무엇입니까? 여러분의 가정을 축복해 줄 **신**이 필요합니까? 브라만이 무엇이고, 브라만을 안다는 것이 무엇을 의미하는지는 말로 묘사할 수 없습니다. 우리 안의 **이스와라**가 깨어나는 것은 분별을 계발하는 데 도움이 됩니다. 그것이 없다면, 신의 이름을 염하거나 **진아 깨달음**을 위한 고행이 아무 소용 없습니다. 누가 여러분에게 여기 오라고 명령합니까? 그것은 여러분의 **아뜨만**의 명령 아닙니까? 여러분이 없으면 어떤 **신**도, 어떤 종교도, 어떤 세계도 없습니다. 여러분이 있는 곳에 일체가 있습니다. 여러분에게 드린 그 **만트라**를 계속 염하십시오. 이스와라는 의식과 같고 축복과 같지만, 여러분의 참된 성품은 거기서 모든 성질들이 해소되는 그것(That)입니다.

36. 이원성이 끝나는 곳에 지복이 있다

1978년 6월 22일, 목요일

빠라마뜨만은 늘 존재하고, 어떤 탄생도 죽음도 없습니다. 현재 여러분은 두 개의 몸을 가지고 있는데, 첫 번째 것은 존재하는 그 몸이고, 두 번째 것은 세계라는 아주 큰 몸입니다. 세계 안의 모든 활동은 개념들에 기초해 있습니다. 제대로 된 깨달음이 없으면 우리가 어떤 전통적 종교를 따르게 되어 있습니다. 상상의 기능이 관념들을 창조하고, 그 관념이 다시 활동들을 촉진합니다. 여러분은 자신의 기원이 부모님의 상상과 관념들의 결과라는 확고한 믿음을 가지고 있습니다. 여러분 자신의 개념들이 여러분을 행복하게도 만들고 불행하게도 만들고, 죽을 때까지 평생토록 여러분을 이끌고 다닙니다. 그것은 모두 개념들의 유희이지만, 여러분은 그것이 자신이 하는 일이라고 주장합니다.

스승의 명에 따라, 여러분은 형상이 없고 모든 계급과 교리를 넘어서 있습니다. 몸을 보살피되, 여러분의 의식만 승배하십시오. 여러분 자신에 대한 모든 그릇된 믿음들이 사라질 것입니다. 여러분의 마음-지성이 여러분의 행위를 이끌지, 여러분이 그것을 통제하는 것이 아닙니다. 스승의 명을 따를 때만 여러분의 영향력이 효과가 있을 것입니다.

여러분의 의식을 승배하면, 그것은 흡족해질 것이고 여러분을 비이원성 안에 확립시켜 줄 것입니다. 단일성 안에 지복이 있습니다. 아뜨만 안에는 어떤 불연속도 없습니다. 지금 듣고 있는 것이 여러분 아니면 누구입니까? 여러분이 무엇을 하는 것에 대해 확신하고 있을 때는 어떤 의심도 있으면 안 됩니다. 두 의견이 일치되는 곳에서는 어디든 갈등이 끝납니다. 여러분의 행위가 스승의 말씀대로 확고하도록 주의해야 합니다.

지금 듣고 있는 **의식** 아닌 어떤 신도 없습니다. 여러분이 그 **의식**이라는 것을 결코 잊지 마십시오. 이 '기억하기'가 여러분의 **의식**이 할 일입니다. 제가 하는 말은 아주 단순하지만, 많은 사람들은 그것을 제대로 평가할 만큼 성숙되어 있지 않습니다. 그들은 고행을 하거나 거꾸로 매달리는 것이 가치 있다고 믿습니다. 여러분이 **크리슈나**처럼 참된 이해를 가지면, 여러분도 (현상계로) 나타나는 모든 것이 자신의 표현이라고 말할 것입니다. 이미 여러분은 일체가 여러분의 **의식**에 의존한다는 것을 압니다. 그렇지 않습니까? 여러분의 몸-형상은 잊어버리고, 그것 때문에 여러분이 자신의 존재를 아는 그 **의식**에 대해서 명상하십시오.

여러분은 몸이 아니니 그 몸의 성별은 여러분에게 해당되지 않습니다. 여러분은 자신의 몸의 존재를 알지만, 그것이 여러분입니까? 여러분은 자신의 존재성을 자각하는데, 그 안에 5대 원소가 모두 들어 있습니다. 만일 우리가 자신의 참된 성품을 탐구하지 않는다면, 오해가 어떻게 떨어져 나갈 수 있습니까? 여러분의 주의를 확고히 붙들기가 아주 어렵기 때문에, 그것을 **스승**으로 숭배하는 것이 더 쉬울 것입니다. 스승이 여러분 뒤에 있고, 도처에 빛이 있다는 느낌을 가져도 됩니다. 그러나 여러분은 바로 **여러분**이 자기 자신의 뒤에 있다는 것을 이해하지 못합니다. 초기 단계에서는 명상을 하기 위해 이원성에 의존해야 합니다.

여러분의 몸 어느 부위도 여러분의 참된 정체성 안에 있을 곳이 없습니다. 여러분 홀로 존재하고 달리 아무것도 없다는 것을 알 때, 일체가 여러분에게 분명하게 이해됩니다. 신이 있는 곳에는 여러분이 존재하고, 여러분이 존재하는 곳에는 신이 있습니다. 여러분의 참된 성품은 몸과 의식에서 모두 독립해 있습니다. 그것이 여러분의 태곳적 존재성이며, 그것은 어떤 지지물도 필요로 하지 않습니다. 여러분은 자신의 영원한 성품을 주장하고 그것이 될 모든 권리를 가지고 있습니다.

자신을 몸과 동일시하면서 몸의 욕구들을 돌보기 바쁜 사람들은 **진아**에 대한 사랑을 가질 수 없습니다. 여러분이 이곳에 끌렸다는 것 자체가 **진아**를 향한 여러분의 진보를 말해주는데, 필요한 것은 여러분의 확신입니다. 사람들은 신과 운명 같은 관습적인 단어들을 사용하지만 그 단어들의 의미는 무엇입니까? 참된 분별이 필요합니다. 아스트랄체의 창조 자체를 믿지 않는 사람들에게, 우리의 운명이란 무엇입니까? 이 **지**知는 여러분 혼자서만 간직하고, 그것을 남들과 논의하지 마십시오. 여러분은 이 문제에서 남들을 납득시킬 만큼 아직 성숙되지 않았습니다. 남들에게 그것에 대해 이야기하기 전에 여러분 자신에게 확신이 필요합니다.

여러분의 참된 성품은 비이원적입니다. 그것은 욕망과 임무들에서 자유롭습니다. 여러분이 그것을 깨달을 때는 그것을 증명해줄 어떤 증인도 내세우지 못합니다. 거기서는 여러분만 존재합니다. 그때는 무엇을 한다는 느낌이나, 그것을 할 어떤 능력을 보유하고 말고가 없습니다. 진인에게는 살려는 어떤 의지도 없습니다. 그것도 하나의 개념이기 때문입니다.

37. 그대의 모든 지知는 불안정하다

1978년 6월 25일, 일요일

여러분은 자신이 **진아**라는 확신을 가져야 합니다. 그러면 어떤 변화도 없고 그것이 확고합니다. 적절한 확신이 없다면 어떤 것에 대해서도 이야기해서는 안 됩니다. 한 **진인**이 말했습니다. "이야기하고 있는 분은 **빗탈라**(Vitthala)[34], 곧 현현된 **브라만**이다." 그 **진인**은 그 자신의 이야기를 하고 있는데, 신이 그것을 뒷받침해 줍니다. 그 이야기의 주제는 현현된 **브라만**입니다. 반면에 미현현의 **브라만**은 말·사랑·헌신을 넘어서 있습니다. 24시간 스승의 말씀을 반추해 볼 필요가 있습니다. 여러분이 일로 바쁠 때도 그 말씀을 기억해야 합니다. 완전히 깨어 있으면서 **삼매**에 든다는 것은, 모든 생각과 걱정에서 벗어나 있다는 것입니다. 그렇다고 해서 여러분이 친구와 친척들에게 마음대로 상처를 주어도 되는 것은 아니고, 그들은 응분의 존중을 받아야 합니다. 과도한 갈등이 있는 곳에서는 떠나야 합니다. 여러분의 몸은 죽어 넘어지게 되어 있는데, 왜 **스승**의 말씀을 고수하여 그것을 최대한 선용하지 않습니까? **스승**은 여러분에게 필요한 자신감을 주었습니다. 만일 그것을 잃어버린다면, 여러분의 삶이 무슨 소용 있습니까? 속임수는 영적인 공부에서 설 자리가 없습니다. 그래서는 영적인 삶에서 실패할 뿐만 아니라 세간에서도 실패합니다. 최소한 그 두 가지 중 하나에서는 확신을 가지고 안정되어야 합니다.

여러분의 모든 활동은 어떤 의견들을 따르는 결과입니다. 사람들은 자신의 의견에 따라 같은 것을 서로 다르게 묘사합니다. 우리는 자신의 의견에 기초하여 체험을 얻습니다. 고행의 힘이 그 말에 실재성을 부여합니다. **실재**는 단 하나이지만, 그것에 대해 수천 가지 의견이 있습니다. 이것이 **마야**의 힘입니다. 그러나 **뿌루샤**(Purusha)는 어떤 활동에도 가담하지 않고 침묵합니다. **하리**(비슈누)와 **하라**(시바) 같은 **신들**조차도 **마야**가 취한 형상들입니다.

크리슈나는 아주 어릴 때도, 자기보다 더 많이 알고 영향력 있던 아주 연로한 요기들과 리쉬들에게서 존경 받았습니다. 이것으로 여러분은 크

---

34) *T.* 마하라슈트라 주, 특히 빤다르뿌르에서 숭배되는 신. 비토바(Vithoba) 또는 빤두랑가(Panduranga)라고도 한다. 72쪽의 각주 참조.

리슈나의 지知와 위대함에 대해 감을 좀 잡겠지요. 이 지知의 성질이 무엇입니까? 그것은 아주 단순하고도 어렵습니다. 여러분의 의식이 모든 지知의 근원입니다. 그러나 무엇이 진정한 지知입니까?

그 자신을 브라만으로 아는 사람이 참된 브라민(브라만 계급인)입니다. 고행을 하고 나서 우리에게 참되고 받아들일 만한 어떤 것이 일어나든, 그것이 그의 가르침이 됩니다. 그것이 모두의 마음을 끌 수 있습니까? 이것은 모두 마야의 한 유희입니다. 그들은 자신이 브라만을 깨달았다고 생각하고 그것을 자부하게 됩니다. 그들은 마야의 손아귀 안에 있는데도, 설법을 시작합니다. 많은 사두와 진인들이 있었고, 각기 서로 다른 특징을 가지고 있었습니다. 주 브라마조차도 그런 견해차들의 원인을 분명하게 밝혀내지 못했습니다. 우리의 성품은 존재성이 출현한 뒤에야 분명해집니다. 이것은 심지어 브라마와 비슈누 같은 신들에게도 해당되지만, 존재성 이전의 상태는 무엇입니까? 아무도 그에 대해서는 생각하지 않습니다. 그 순수한 의식은 "내가 있다"는 맛도 없습니다. 있음(being)과 되어감(becoming)은 마야의 성질인 반면, 뿌루샤는 하나의 주시자일 뿐입니다. 그러나 마야가 없으면 이스와라의 존재에 대해 말 한 마디도 없을 것입니다. 여러분의 몸이 존재하지 않았을 때, 여러분이 자기 자신에 대해서 아는 것이 무엇이었습니까? 이제 여러분은 많은 것을 알지만, 그 모든 것은 환幻이고 변해갑니다. 그것은 나타나고 눈에 보이지만 그것은 진리가 아닙니다. 여러분의 모든 활동은 마야의 성질입니다. 그러나 뿌루샤는 (해야 할) 어떤 임무도 없고, 행위가 없습니다.

눈에 보이거나 나타나는 모든 것은 마야의 색상들입니다. 뿌루샤는 마야의 성질들을 자각하지만, 그는 관심이 없습니다. 리쉬와 무니들(munis)은 자신이 진아지를 가졌다는 자부심으로 수백 년을 살았습니다. 여러분이 알거나 이해하는 것이 무엇이든, 그것은 안정되게 머무르지 않을 것입니다. 그 이유는, 마야 자신이 불안정하고 환적幻的이기 때문입니다. 여러분이 수천 년간 고행을 한 뒤라도 **마야**를 없애지 못합니다. 여러 종교들의 수행법들은 서로 다를 수 있겠지만, 깨어나고 잠자고 밥 먹는 것 등은 모두에게 공통됩니다. 발전되어 온 그 전통들도 **바그완 스리 크리슈나**를 깨닫는 데는 도움이 안 됩니다. 그는 초월해 있기 때문입니다. 이들 전통들은 서로 다른 마음의 변상變相들일 뿐입니다. 그것은 여러분을 모든 변상들 너머로 데려가지 못합니다. 먼저 모든 습習이 해소되어야 우리가 **진아**를 깨달을 수 있습니다. 진인 뚜까람은 말합니다. "어떤 마음도 없게 하여 그대, 곧 **진아**만 남게 하라." **마야**의 장場 안에서 어떤 사람들은 공덕을 짓느라고 바쁘고, 어떤 사람들은 자신의 죄를 계속 늘려갑니다. 이 몸이 떨어져 나가면 이 삶에 대한 어떤 기억도 남지 않을 것입니다. 그럴 때 여러분이 지은 공덕이 무슨 소용 있습니까?

환생은 어떤 리쉬들의 견해인데, 모든 견해는 환幻입니다. 그것은 지성의 지知이지 **진아지**가 아닙니다. 그것은 일시적인 지知일 뿐이고, 몸과 함께 사라집니다. 몸이 없을 때 여러분이 자신의 존재를 알겠습니까? 리쉬와 무니들도 이런 식으로는 생각해 보지 못했습니다. 모든 신체적 존재는 **마야**의 장場 속에 있는데, 몸 너머에는 그것이 없습니다. 여러분은 몸 안의 **의식** 말고 무엇을 소유하고 있습니까? 그 **의식**은 몸 안의 음식 기운에 의존합니다. 몸이 건강한 한, 여러분은 자신의 생각들이 실재한다고 믿습니다. 몸이 넘어지면 '나'도 없고 '너'도 없습니다. 그래서 모든 생각과 존재(삶)에 대한 진리는 **의식**이 존재하는 동안에 알아야 합니다. 우리와 세계, '나'와 '너'는 이원성의 경험들인데, 이것은 영零(zero)입니다. 그것은 환幻입니다. 왜냐하면 어떤 일도 일어난 적이 없기 때문입니다. 그런데도 그것은 참된 것으로 보입니다. 리쉬와 같은 어떤 사람도 없고, 살아 있는 사람도, 죽는 사람도 없습니다. 그것은 모두 **마야**의 한 유희입니다.

이 리쉬들과 무니들은 **마야**의 영향력에 아주 많은 인상을 받습니다.

그렇지 않다면 그들의 의견들이 서로 그렇게 많이 다르지 않았겠지요. 이전에는 없었다가 지금은 존재하는 주된 것은 무엇입니까? 그것은 우리의 존재의 느낌입니다. 그러나 그것은 짧은 기간 동안 나타난 하나의 손님일 뿐입니다. 없었던 것은 다시 사라질 것입니다. 여러분은 자신의 의식이 여러분에게 영구적으로 남아 있도록 그것을 포장할 수 있습니까? 그 포장이 무엇입니까? 몸은 하나의 음식 자루입니다. 그것의 음식 기운이 '여러분이 있다'는 여러분의 기억을 유지하고 있습니다. 여러분은 자신의 의식과 함께 여기서 멈추어, 그것이 여러분과 어떤 관계가 있는지를 발견해야 합니다. 그것은 "나는 의식하는 저 아는 자이다"를 의미합니다. 이 분별(viveka)을 해야 합니다. 그 아는 자는 의식을 넘어서 있습니다. (존재성 이전에) 의식이 존재하지 않았다는 것을 아는 자는 의식 이전에 늘 존재했습니다. 그 아는 자는 전혀 새롭지 않습니다. 그러나 없었던 의식이 지금 출현해 있습니다.

죄와 공덕은 이야기를 들려주기에 유용한 단어들일 뿐입니다. 진리에 대한 탐색 속에서 모든 단어들이 사라집니다. 단어들이 없을 때, 최초의 단어는 어떻게 나타났습니까? 이것은 바그완 스리 크리슈나만이 압니다. 그의 제자들 대다수는 단어들의 노예일 뿐이었습니다. 모두가 마음-지성의 한 노예입니다. 크리슈나는 어떻습니까? 그에게는, 우리에게 "내가 있다"나 "내가 없다"는 느낌을 안겨주는 의식에 대한 털끝만큼의 관념도 없습니다. 여러분의 참된 존재는 여러분의 존재의 느낌과 별개입니다. 분별을 하여 여러분의 영원한 성품을 알아내야 합니다.

38. 미리 시간의 움직임을 알라

1978년 6월 29일, 목요일

빠라마뜨만은 시간을 완전히 아는 유일한 자입니다. 여러분이 아기가 태어난다고 말할 때, 그것이 시간의 시작입니다. 그것은 시간의 탄생이지 아기의 탄생이 아닙니다. 이것을 이해하지 못한 채, 우리는 그 아기가 탄생했다고 믿습니다. 빠라마뜨만만이 무시간적이고, 다른 것들은 시간 속에 있습니다. 우리는 자신의 무시간적 성품을 모르는 탓에 고통 받을 수밖에 없습니다. 몸들마다 이름이 다른데, 그 몸들은 일정 기간 동안만 지속됩니다. 모든 이름은 시간의 이름들입니다. 깨달은 자에게는 시간의 움직임이 시계 바늘들의 움직임과 같습니다. 그에게는 시간이 끝납니다. 무지한 사람들은 몸으로서 살고, 시간과 함께 고통 받습니다.

여러분이 여기서 듣는 것을 기억하고 그에 대해 명상하십시오. 다른 수행들은 불필요합니다. 우리는 의식이 있을 때만 명상에 대해 이야기할 수 있습니다. 의식이 그 자체에 주의를 기울일 때, 그것이 명상입니다. 마음의 변상變相들로 인해 그 주의가 밖으로 나갑니다. 그래서 구도자는 특별히 명상을 하기 위한 시간을 내야 합니다. 의식이 밖으로 나가지 않을 때는 24시간 내내 애씀 없는 명상이 있습니다. 그 주의는 의식과 별개가 아니고, 그 둘은 명상 속에서 하나가 됩니다.

몸은 어떤 시점에서 시작되어 어떤 시간에 끝납니다. 자궁 안에서는 의식이 잠재되어 있습니다. 출산 후 3년에서 5년 뒤에는 자궁의 그 내용물, 곧 아이라고 불리는 것이 존재의 느낌을 계발합니다. 깊은 잠 속에서는 주 비슈누가 비슈누로서의 그의 존재를 모릅니다. 이것이 시간의 성품입니다. 깊은 잠 속의 존재는, 시간에 대한 경험이 없을 때인 자궁 속의 존재와 비슷합니다. 몸이 자궁 밖에 있을 때는 때가 되면 걷기가 시작되는데, 그것은 시간의 움직임을 말해줍니다. 처음에는 잠재해 있던 존재의 느낌이 서서히 향상되어 어머니를 인식하기 시작합니다. 갓난아이가 엄마를 인식하기 시작합니다. 엄마의 목소리를 듣습니다. 이 모든 것이 시간의 움직임입니다. 그 갓난아이의 성장이 시간의 성장입니다. 자궁 안에서는 지지해 주는 것이 있지만, 자궁 바깥에는 그것이 없습니다. 그래서 그 아이는 자기 몸의 지지를 받기 시작하고, 그것이 몸-정체성의 시작입니다. 자궁의 그 내용물은 우리의 존재의 느낌인데, 처음에는 그것이 잠재되어 있었습니다.

인간이 지성(intellect)의 도움으로 성장할 수 있습니까? 우리의 성장은 시간의 기능입니다. 시간에 따라 강함과 약함이 있습니다. 그래서 훨씬 미리 시간의 움직임을 알아야 합니다. 여러분의 모든 이야기는 시간의 한 형태입니다. 시간을 아는 자에게는 탄생도 없고 죽음도 없습니다. 존재 너머에는 어떤 존재의 느낌도 없습니다. 즉, "내가 있다"도 없고 "내가 없다"도 없습니다. 시간과 함께 기술(skill)이 오는데, 그것은 지知를 의미합니다. 이 모든 것은 시간의 장場 안에 있고, 시한부입니다. 시간에 대한 경험의 지속시간이 사람의 수명 혹은 나이입니다. 여러분이 지금 가지고 있는 존재의 느낌은 시간의 성품입니다. 여러분이 시간의 바탕입니다. 시간을 아는 자는 시간의 장場 안에 있지 않습니다. 시간의 창조자는 이름이 없습니다. 만약 어떤 이름이 필요하다면 그것을 빠라마뜨만이나 빠라브라만이라고 부르십시오. 시간은 여러분에게 시간의 움직임에 대한 영화를 보여줍니다. 거기서 여러분의 탄생도 보입니다. 자궁의 내용물이 의식과 함께 나왔고, 시간 속에서 움직이기 시작했습니다.

과거 · 현재 · 미래에 대한 지知를 가진 이들이 있었습니다. 그들은 바로 지금도 존재하지만, 누가 진정으로 시간을 아는 자입니까? 빠라마뜨만이 시간을 아는 자라고 할 때, 듣는 이들은 자신들이 그것을 이해했다고 말합니다. 그러나 시간을 아는 자를 아는 자는 누구입니까? 시간을 넘어선 것은 탄생도 없습니다. 그것은 5대 원소의 음식 기운으로 인해 태어나지 않습니다. 자신이 자궁의 내용물이 아님을 아는 자가 진인입니다.

여러분의 탄생은 여러분이 모르는 가운데 일어났습니다. 여러분의 지각성은 탄생 뒤 몇 년이 지나서 시작되었습니다. 생시 상태에서의 여러분의 행위와 행동은 여러분이 깊은 잠을 자는 동안 결정됩니다. 깨어난 뒤의 여러분의 기술·지성·지혜도 시간에 의해 결정됩니다. 모든 일이 미리 결정된 대로 일어납니다. 이 모든 것의 비밀을 누구에게 묻지 않고 이해하기 위해서는, 명상 속에서 여러분의 의식과 하나가 되십시오.

시간은 세계의 태양이고, 우주의 태양이며, 진아의 태양입니다. 어떤 외부적 도움도 없이, 여러분의 실체가 의식의 태양입니다. 태양은 시간을 가리키며, 모든 이름들은 여러분의 의식의 이름들입니다. 의식·자기사랑은 여러분의 '나'라는 맛(T-taste) 혹은 '나'라는 기억(T-memory)의 이름들입니다. 여러분의 "내가 있다"라는 소식을 스승으로 숭배하십시오. 진아에 대한 명상 아닌 여러분의 모든 활동은 시간과 함께 사라질 것입니다. 만일 여러분이 시간을 아는 자인 이 의식을 알면, 시간이 여러분을 섬길 것입니다. 여러분의 시간을 활용하여 의식을 숭배하겠다는 결심을 하십시오. 그러면 여러분이 어떻게 더 오래 사는지 스스로 알게 될 것입니다. 그렇게 하면, 의사의 소견과 무관하게 여러분의 수명이 늘어납니다. 그러나 호화롭게 사느라고 그 여분의 삶을 낭비하면 안 된다는 것을 기억하십시오. 왜냐하면 빠라마뜨만을 속이기는 불가능하기 때문입니다. 그런 속임수는 불의의 죽음을 야기합니다.

마음을 끄는 이 세간의 다양한 것들로 인해, 개인적 영혼이 마지막까지도 이 영적인 지知를 이해하지 못합니다. 빠라마뜨만은 어떤 확신도 필요로 하지 않습니다. 그가 그것의 주시자이기 때문입니다. 누구를 숭배하고, 왜 숭배해야 하는지를 기억해야 합니다. 그 기억과 함께 살아가십시오. "내가 있다"를 아는 자가 구루데바임을 잊지 마십시오.

39. 마음과 분리되면 우주를 본다

1978년 7월 6일, 목요일

'그'와 '나'의 차이가 사라졌습니다. 신을 의미하는 '그'와 '나' 둘 다 사라졌습니다. 개인성이 끝이 났고, 도처에 현현물(세계로 현현한 의식)이 있었습니다. '그'와 '나'의 이원성이 없으니, '하나'의 존재도 끝났습니다. 하나가 있을 때는 둘이라는 상대적인 존재가 있습니다. 첫 번째가 없는데 어떻게 두 번째가 있을 수 있습니까?

기쁨과 슬픔이 사라져야 합니다. 어떤 좋은 일이 일어나면 기쁨이 있습니다. 기쁨과 슬픔이 일어나는 것은 개인성 때문입니다. 현현물은 일체에 편재합니다. 만일 **진아지**가 일어난다면 그것의 표지標識는 무엇입니까? 그것은 개인성이 근절되고 기쁨과 슬픔이 없는 것입니다. 여러분의 의식은 자신이 이 방대한 현현물임을 알아야 합니다.

행복과 불행이라는 아픔의 주된 원인은 여러분의 존재의 느낌입니다. 어떤 경험이든, 그것이 어디서 옵니까? 그것은 여러분의 의식의 경험입니다. 여러분이 세계를 여러 번 돌아도 깨달음에 도움이 되지 않습니다. 알아야 할 것은 의식의 기원입니다. 그 **지**知가 있으면 개인성이 끝납니다. 제대로 헌신하면 여러분의 큰 슬픔의 원인이 큰 행복의 동기로 변할 수 있다는 것을 알게 될 것입니다. 그러나 누가 기다려서 탐구할 준비가 되어 있습니까? 여러분의 **참스승**이 신인데, 그는 여러분을 위해 모든 행복의 보물을 열어줄 수 있습니다. 필요한 것은 여러분의 확신입니다. 생시와 깊은 잠, 삼매에 들어 있기와 삼매에서 나와 있기에 대한 여러분의 모든 경험은 여러분의 의식의 경험이고, 의식과 다르지 않습니다.

여러분의 경우는 전신환을 받았을 때 현금을 지급받을 때까지 기다리는 것과 비슷합니다. 여러분의 지知는 언어적일 뿐, 깨달음이 없습니다.

이 세상에서 아무리 큰 사건이라고 해도, 그것은 '소식(news)'일 뿐입니다. 만일 여러분이 자신이 누구인지를 모른다면, 그 소식이 무슨 대수입니까? 진아에 대한 확신이 이스와라 아닌 누구에게 일어날 수 있습니까? 여러분의 존재의 느낌이 없을 때, 신은 여러분에게 참이었습니까, 거짓이었습니까? 수백만의 구도자들이 있지만, 얼마나 많은 사람이 진아 깨달음을 얻었습니까? 그것은 여러분 자신의 진아의 지知이지, 달리 누구의 것도 아닙니다. 지금 듣고 있는 여러분의 의식을 늘 자각하십시오. 그것이 참스승의 두 발입니다.

우리가 자신을 하나의 몸으로 여길 때, 그것은 행복한 것과 불행한 것들의 긴 줄을 낳습니다. 이 괴로움은 자신을 몸과 동일시하는 마음의 특징입니다. 자신이 몸과 별개라는 확신을 가진 사람은 괴로워하지 않습니다. 깊은 잠 속에서 여러분은 자신이 남자인지 여자인지 모릅니다. 그래서 (잠 속에서는) 여러분이 행복과 불행을 경험하지 않습니다. 몸-마음이 없으면 전혀 어떤 경험도 없습니다. 몸-마음과의 친교는 환幻입니다. 그렇기는 하나, 마음은 자신이 몸이라고 주장하면서 그에 따라 행동합니다. 마음이 없으면 무엇에 대한 주시하기도 없고, 고통과 쾌락의 경험도 없습니다. 마음을 소멸하기 위해서는 스승의 두 발을 숭배해야 합니다.

여러분은 남들에게서 들은 것을 제외하고는 자신의 탄생에 대한 어떤 지知도 없습니다. 마음이 여러분에게 과거 · 현재 · 미래에 대해 이야기하지만, 그것은 실은 여러분에게 해당되지 않습니다. 마음의 결정이 여러분을 그에 따라 행동하게 만듭니다. 마음은 수백만 생에 대해 여러분에게 이야기해 주지만, 여러분은 그 어느 한 생에 대한 경험도 없습니다. 이번 탄생에 대해서는 무슨 지知를 가지고 있습니까? 어떤 경험도 하나의 환幻입니다. 여러분이 몸-마음이 아니라는 확신을 계발하면, 그 속임수가 뻔히 보일 것입니다. 사람들의 종교들은 전통적 행동에 지나지 않습니다. 관습과 관행 없이 무슨 종교가 있습니까? 진인조차도 그가 어떤 특정한 상태를 넘어갈 때까지는 일정한 전통들을 따라야 합니다.

여러분은 분별(*viveka*)을 해서―이것은 실재하는 것과 실재하지 않는 것 간의 분별을 의미하지만―셈을 청산해야 합니다. 그러지 않으면 어떤 평안이나 고요함도 없을 것입니다. 우리는 몸-마음이 아니라 그것들을 아는 자라는 것을 기억하십시오. 마음이 여러분이라고 묘사하는 것은 여러분이 아님을 알 때, 여러분은 불생의 **아뜨만**을 깨달을 것입니다. 극소수만이 멈추어서, 남들에게서 듣지 않고 자기가 그 자신에 대해 얼마나 알고 있는지를 생각하는 복이 있습니다. 우리는 마음의 가르침을 서서히 놓아버림으로써, 자신의 직접지直接知에 의존하는 법을 배워야 합니다. 스승의 말씀을 듣고 경각하게 된 사람만이 분별을 할 수 있습니다.

마음과 분리되고 나면 우주를 보게 될 것입니다. 여러분에게 드린 **만트라**를 24시간 염하여 마음이 순수해지게 해야 합니다. 그러면 마음이 여러분의 명령을 따를 것입니다. 마음이 **진아**에 주의를 기울이게 하십시오. 그러면 마음이 청산될 것이고, 여러분이 우주를 보게 될 것입니다. 여러분의 **진아**가 전 존재계를 접하게 될 것입니다. 그 **온전하고 완전한 것** 속에는 어떤 지복의 체험도 없습니다. 그 상태는 누가 주시할 수 없습니다. 여러분의 탄생 이전에 여러분은 무엇을 주시하고 있었습니까? 위대한 학자들이 있지만, 그들이 자신의 마음을 넘어설 수 있습니까? 마음이 있는 곳에는 생명기운(생기)이 있고, 생명기운이 있는 곳에는 **의식**이 있습니다. 참으로 **아는 자**에게는 생명기운의 해체가 재미있는 일이 됩니다. 그 순간의 행복과 지복은 독특한데, 그것은 **진아**를 깨달은 사람만이 압니다. 죽음의 공포는 하나의 상상일 뿐입니다. 생기(*prana*)가 몸을 떠나면 몸이 괴로워합니까? 모든 활동은 생기의 것인데, 여러분은 그것이 자신의 활동이라고 상상합니다. 생기 없이 무슨 마음이 있습니까? 마음이 없을 때 몸은 괴로워하지 않습니다. 그것은 마음 자체가 자신을 몸과 동일시하고 있다는 것을 의미합니다. 생기가 몸을 떠나고 몸이 넘어질 때,

아뜨만이 어디로 갑니까? 그러나 사람들은 아뜨만이 가버렸다고 말합니다. 여러분의 참된 성품이 절대적으로 명료해져야 합니다. 그것을 성취하려면 진인들이 조언한 대로 구루-만트라를 염해야 합니다. 생기가 없으면 여러분이 무엇입니까? 몸과 생기가 없을 때, 여러분은 누구를 한 남자나 여자라고 부르겠습니까? 자신을 몸과 동일시하는 것은 마음인데, 그것이 행복과 불행의 원인이고, 죽음의 원인이기도 합니다. 그것은 모두 개념들의 유희입니다. 만일 여러분이 "나는 몸이다"라는 개념을 제거하면, 바로 이번 생에 해탈의 잔치를 즐기게 될 것입니다. 마음을 무시하고 그들 자신을 깨닫는 사람들은 전혀 힘들이지 않고 음식과 물을 얻습니다. 마음이 스승을 기억하고 만트라를 염하게 하십시오. 그러면 그것이 자신의 모든 사실을 여러분에게 드러낼 것입니다. 그러면 마음이 자유로워지고, 여러분 자신이 자유를 체험하게 될 것입니다.

만트라를 염하는 동안 그 환호가 계속되게 하십시오. 마음이나 생기가 거듭거듭 "나는 소멸 불가능한 자이고 영속적인 자이다"라고 염하게 하십시오. 그러면 마음이 사라지고, 그 대신 브라만이 출현할 것입니다.

40. 몸-정체성이 유일한 장애다

1978년 7월 9일, 일요일

베다는 어떤 언어도 넘어서지만, 이야기를 하기 위해 하나의 언어를 사용합니다. 베다는 말이라는 뜻입니다. 『리그베다』는 병자들의 말입니다. 그가 병으로 인해 신의 헌신자가 되었습니다. 이 세상에서는 누구와도 경쟁하지 마십시오. 여러분이 자신의 만트라에 몰입해 있을 때는 모든 남들이 잊힙니다. 자신의 지식을 자부하는 어느 누가 이런 이야기를 경청할 수 있습니까? 그가 자신을 상당한 사람이라고 여기는 한, 그 자부심은 사라질 수 없습니다. 스승의 말씀에 대한 믿음은 전적이고 일념 집중된 것이어야 합니다. 만일 여러분이 자신을 대단한 헌신자라고 여긴 다면, 진아를 제외한 여타 모든 것이 사라져야 합니다. 여기에는 '나'도 없고 '너'도 없습니다. 이 숭배는 존경에서 나오는 것이 아니라 단일성의 한 표지입니다. 영적인 공부에서는 차별상差別相(differences)을 마음에 간직하지 마십시오.

냐네스와라(Jnaneshwara)35)가 쓴 모든 단어는 신성합니다. 그는 왜 21세의 나이에 몸을 벗었습니까? 세간적 삶은 고요함을 안겨줄 수 없습니다. 우리는 초월해 있는 자와의 친교를 구해야 합니다. 일단 여러분이 그것을 확신하게 되면 그것은 잊힐 수 없습니다. 자신이 남자나 여자라는 자각은 아뜨만과의 단일성이 아니라 몸-동일시를 말해줍니다. 최소한 짧은 시간 동안이라도 몸과 별개이려고 노력하십시오. 그러면 더 이상의 어떤 영적인 공부도 필요 없을 것입니다. 기대하는 것이 무엇이며, 기대하는 자의 성품은 무엇입니까? 색상과 무늬가 없는 자, 그가 무엇을 기대하겠습니까? 우리는 우리 안의 불완전성을 올바르게 이해해야 합니다. 올바른 지知란 불완전함에서 벗어난 것입니다. 40세까지는 계속 무엇을 배우십시오. 그것이 여러분에게 살려는 열의를 부여할 것입니다. 진리에 대한 무지를 인정하는 것을 부끄러워하면 안 됩니다.

우리가 의식을 넘어선 상태에 대해 이야기할 수 있게 해주는 것이 우리의 의식입니다. 달리 어떤 이야기도 있을 수 없습니다. 의식의 내적인 빛에 흡수되고 그것과 하나가 됨으로써 의식의 비밀을 아는 것이 매우 중요합니다. 의식의 출현은 우리가 욕망한 결과가 아닙니다. 그것은 자연

---

35) T. 마하라슈트라 지방의 성자(1275-1296). 『바가바드 기타』에 대한 최초의 마라티어 주석 『냐네스와리(Jnaneshwari)』와 『암루뜨아누브하바(Amrutanubhava)』 등의 저술을 남겼다.

발생적 사건인데, 그것에 의해 우리가 우리 자신의 존재를 압니다. 우리가 '우리가 있다'는 것을 모를 때, 그 상태를 **니르구나**(*Nirguna*)[속성이 없는 상태]라고 합니다. 여러분이 자신의 **의식** 안에 완전히 흡수되어 그것과 하나가 될 때, 그것이 여러분에게 자신의 모든 지知를 안겨줄 것입니다. 여러분의 **의식**은 지금 듣고 있는 그것입니다. 5대 원소가 모여서 음식 기운을 형성하고, 그것이 여러분에게 "내가 있다"는 기억을 안겨줍니다. 그것을 **아는 자**는 "내가 있다"는 느낌이 없습니다. 그는 **의식** 이전이며, 자아의식이 없습니다. 여러분이 **의식** 때문에 "내가 있다"를 알게 되면, 즉시 자신을 몸과 동일시하고 하나의 몸으로서 살아갑니다. 스승의 명命만이 그 그릇된 동일시를 지워버릴 수 있습니다. 이제 여러분 자신을 의식으로 여기고 그것에 대해 명상하십시오.

여러분이 어떤 활동을 할 때는, 해야 할 필요가 있는 것을 늘 기억하십시오. 여러분은 자신이 무엇인지를 이해했다고 느끼지만, 몸에 대한 여러분의 습習과 집착이 여러분을 방해합니다. 그 습을 포기한다는 것은 자신이 몸이 아니라는 것을 자각한다는 의미입니다. 스승의 말씀을 되풀이하여 기억하는 것이 그 습習을 결국 제거하는 데 도움이 될 것입니다. 여러분의 이른바 탄생 이후로 여러분은 몸과의 하나됨을 계발해 왔는데, 스승을 따르면 그것이 몸에 해를 주지 않고 사라질 수 있습니다.

여기(아쉬람)에는 어떤 가르침도 없지만, 다만 여러분이 듣는 것에 주의를 기울이십시오. 단순히 듣는 것만도 여러분에게 행복을 안겨줄 것입니다. 듣고 나면 있는 그대로 사십시오. 많은 이들이 사람들의 이익을 위해 어떤 행법들을 조언하는데, 저는 그런 것이 필요하지 않다고 봅니다. 저는 모두를 저 자신처럼 봅니다. 저는 여러분을 있는 그대로 보지만, 여러분은 자기로 보이는 모습을 자기 자신이라고 믿습니다. 여러분의 의식이 없다면, 니르구나에 대한 어떤 관념을 가질 수 있습니까? 니르구나를 아는 데 도움이 될 수 있는 어떤 징표도 없습니다. 성질들을 가졌음에도 불구하고 어떻게 그것이 여전히 **니르구나**입니까? 그리고 **의식**이 어떻게 **그것**에서 출현했습니까? 이 모든 것을 알아야 합니다. 제대로 된 앎이 없으면, **진리**를 알 때까지 **의식**이 서로 다른 형상으로 거듭거듭 출현할 수밖에 없습니다. **의식**과 친해지고, 사랑을 가지고 그것을 숭배하십시오. 그러면 그것이 순수해질 것이고, 여러분은 세 가지 **구나**의 기능을 분명하게 보게 될 것입니다. 여러분이 창조할 수 없는 **그것**을 알고, 영원한 평안을 얻게 될 것입니다.

여러분의 존재성의 출현이 탄생으로 불렸는데, 그것이 아스트랄체(미세신)입니다. 스승의 명命 외에는 달리 무엇도 몸-정체성을 제거할 수 없습니다. "나는 순수한 **의식**인 **브라만**(chaitanya Brahman)이다"라는 단 한 문장으로, 여러분은 모든 한계를 넘어설 만한 사람이 될 것입니다. 오직 하나 필요한 것은, **스승** 혹은 **그**의 말씀에 대한 온전한 믿음입니다. 호흡을 한 번 할 때마다 지복스러운 상태에서 **구루-만트라** 염송이 이루어집니다. 믿음과 **만트라**가 작업하여 아스트랄체를 바로잡아 줍니다. 몸이 없는 상태에서는 잊어버림도 없고 기억하기도 없습니다. 스승의 말씀 아닌 어떤 형상도 없는 사람은 호흡을 한 번 할 때마다 실제로 그 말씀을 살아냅니다. 그럴 때는 매 호흡마다 **소함**(Soham-'그것이 나다') **만트라**의 염송이 자연발생적으로 일어납니다.

오랜 세월 여러분은 **니르구나** 상태에 있었습니다. 어떤 잊어버림도 없었기 때문에 그것을 기억할 필요도 없었습니다. **니르구나**의 헌신자란 스승의 헌신자를 의미하고, 그것은 **진아**의 헌신자와 같습니다. **진아**는 아무 변화 없이 그대로 남아 있고, 지성은 거기서 아무 할 일이 없습니다. 스승에 대한 나뉨 없는 헌신이 있을 때는 어떤 이원성도 있을 수 없습니다. 여러분의 **스승**이 **빠라마뜨만**을 여러분의 참된 성품으로 가리켜 보였고, 그 성품이 자연발생적으로, 애씀 없이 일어납니다. 스승에 대한 여러분의 확고한 믿음이 여러분을 그에 적합한 사람으로 만들어줍니다. 스승은 말하는 브라만이고 모든 의식(*chaitanya*)의 주시자인데, 그의 안에 전 우주가 숨겨져 있습니다. 그것이 달리 어떻게 있을 수 있습니까? 극미한 씨앗 안에 미래의 큰 나무의 잠재력이 존재한다는 것은 하나의 기적입니다. 니르구나 안에 의식이 잠재해 있었습니다. 그것의 내용물이 세계였는데, 그것이 홀연히 출현했습니다.

우리는 스승을 그의 몸으로 생각합니다. 마치 우리가 자신을 몸이라고 생각하듯이 말입니다. 그런 그릇된 믿음을 가지고 누가 어떻게 진아를 깨달을 수 있습니까? 그의 의식이 스승과 하나인 헌신자만이 진아지를 성취할 수 있습니다. 스승에 대한 여러분의 확고한 믿음은 하나의 필수 요건입니다. 그래야 원자적 의식 안에 전 우주가 들어 있다는 확신을 가질 수 있습니다. 온전한 믿음을 가지고 스승을 따르는 것이 유일한 요건입니다. 이 경전 저 경전 읽기만 해서는 어디에도 이르지 못합니다. 그렇게 해서 논쟁에서 남들을 이길 수 있을지는 모르지만, 그것이 여러분의 에고를 살찌울 수도 있습니다. 궁극적으로 여러분의 스승이 머무르고 있는 상태를 성취해야 합니다. 그래야 여러분의 모든 문제와 괴로움이 끝이 납니다. "브라만은 영원하다"는 스승의 말씀을 결코 잊지 마십시오. 스승의 말씀을 기억한다는 것은 그의 말씀을 결코 잊지 않는다는 것을 뜻하고, 그것 자체가 참된 지知입니다. 그것에 의해 지각성의 빛이 더 밝게 빛나다가 결국 그것이 소멸합니다. 또한 몸을 넘어서 있는 우리의 참된 성품의 현현이 있습니다. 그것은 어떤 보존의 필요도 없이 그대로 남습니다. 이 모든 것은 몸과의 동일시 습習이 없을 때 손쉽게 가능해지고 쉽게 얻을 수 있습니다. 그 습習이 주된 장애입니다.

여러분이 결코 태어나지 않았다는 것을 납득하기 위해서는, 무엇이 태어났고 무엇 때문에 태어났는지를 아는 것이 필요합니다. 한 그루 나무 전체가 작은 씨앗 속에 잠재적 상태로 들어 있듯이, 필요한 모든 지知가 여러분 안에 들어 있습니다. 스승의 말씀에 의해 그것이 열리고, 광대해집니다. 누가 허공의 가장자리나 한계를 본 적이 있습니까? 무한한 것을 어떻게 한정할 수 있습니까? 퍼져나가서 허공이 되는 것은 여러분의 빛이라는 것을 기억하십시오. 세계는 여러분의 **의식** 속에서 보이는데, 그것은 생시와 꿈의 상태에 공히 해당됩니다. 누가 최고의 목적을 가진 영적인 사람입니까? 위대한 **스승**은 개인적 영혼의 개인성을 죽입니다. 큰 나무 전체가 가지와 열매들, 그리고 줄기와 함께 다시 씨앗 속으로 들어갑니다.

여러분의 스승이, 여러분은 그 몸에 국한되지 않고, 전체 허공을 점유하고 있다고 말해 주었습니다. 그것이 어떤 의심도 없이 여러분 자신의 믿음이 되어야 합니다. 온전해지거나 무용이 된다는 것은 무엇을 의미합니까? 그 의미를 알기 위해서는 그것이 되어야 합니다. 이것을 아는 사람, 그가 **바이꾼타**에 가고 싶어 하겠습니까? 저는(저의 실체는) 정확히 저의 **스승님**이 말씀해 주신 대로입니다. 여러분이 무엇을 할 수 있고 무엇을 할 수 없는가와 같은 것들에 대해 걱정하지 마십시오. 영적인 공부에서 여러분의 계급과 신앙 교리는 중요하지 않습니다. '남자다, 여자다'라는 것조차도 전혀 상관이 없습니다.

41. 그대는 시간을 넘어서 있다

1978년 7월 13일, 목요일

여러분은 (지금까지) 자신의 형상으로 받아들여 온 그 몸이 만들어질 때 참여해 본 적이 있습니까? **빠라마뜨만**이 이것을 아는 자입니다. 완벽한 질서 속에 있는 그 사실들을 안다고 해서 여러분이 어떤 식으로 (그 과정을) 도울 수 있습니까? 크리슈나는 말합니다. "나는 나 자신이 모든 것의 행위자이다." 이것은 빠라마뜨만이 유일한 실재이고, 그가 없이는 어떤 일도 일어날 수 없다는 뜻입니다.

여러분의 마음은 갑자기 모르는 결에 생긴 하나의 열병과 같습니다. 여러분의 모든 행위는 이 마음을 참아내기 위한 것입니다. 마음은 점점 더 문제 많은 것이 되었습니다. 여러분의 몸이 형성되면서 존재의 느낌이 나타났는데, 마음이 그것의 언어입니다. 깊은 잠 속에서는 마음이 휴식합니다. 깨어나면 여러분은 자신에게 좋다고 생각하는 것들을 추구합니다. 왜입니까? 실은 그것은 마음의 문제를 경감하기 위한 것일 뿐입니다. 마음이 뚜렷하지 않았을 때 나는 어떻게 있었습니까? 마음에게는 많은 이름이 있는데, 그 중 하나는 '역동적 브라만'입니다. 마음 이전에는 의식이나 존재의 느낌이 없는 완전한 브라만이 있었습니다. 모든 산 존재들은 빠라브라만과 친숙합니다. 그때는 어떤 마음도, 어떤 욕구도 없었습니다. 어떤 존재나 비존재도 없었습니다. 여러분이 브라만에 대한 숭배가 재미있다는 것을 깨달을 때, 번뇌가 끝이 날 것입니다.

원초적 환幻에 갈피를 못 잡게 된 여러분은 자신의 복지를 위해 분투합니다. 여러분에게 무엇이 나타나 보이든, 여러분은 그 안에 있지 않습니다. 여러분의 탄생은 더 높은 목적을 위한 것입니다. 여러분이 하나의 형상으로 출현한 것은 여러분의 행위의 결과입니다. 여러분의 지성이나 힘은 아무 쓸모가 없었습니다. 여러분은 그것을 지켜보기만 했습니다. 이로써 여러분은 크리슈나가 "나는 행위자이자 유지자이다"라고 했을 때 그 말의 의미가 무엇인지 감이 좀 올 것입니다.

꿈 세계의 창조자는 누구입니까? 고요한 것 안에서 약간의 움직임이 있었고, 꿈으로 깨어남(dream-waking-의식이 잠의 상태에서 꿈의 상태로 깨어남)이 그 꿈을 창조했습니다. 그 꿈을 보는 것(vision) 자체가 거짓이었습니다. 본다는 것은 지知를 의미합니다. 꿈 속에는 많은 활동이 있습니다. 그것들이 실재합니까? 그 꿈 세계와 이 생시 세계를 누가 창조했습니까?

여러분은 자신을 그 몸이라고 생각하기 때문에, 시간을 여러분의 창조자라고 믿습니다. 실은 시간이 여러분 자신의 창조물입니다. 여러분이 깨어남과 함께 시작되지 않는다면, 시간이 언제 시작됩니까? 누가 세계를 해, 달, 별들과 함께 붙들어 두고 있습니까? 그것은 보는 자 자신입니다. 크리슈나도 이런 말로 그것을 지적했습니다. "내가 전 우주를 유지하며, 보존하고 있다." 시간은 하나의 시절(season), 혹은 지속을 의미합니다. 생시 상태의 출현이 시간을 생겨나게 했습니다. 전체 존재계가 여러분의 의식의 내용인데, 그 의식은 일정 시간 동안 지속됩니다. 크리슈나는 말합니다. "나는 일어나는 모든 것의 한 주시자이다." 그는 의식을 아는 자이므로, 그가 일체를 책임지고 있습니다.

모든 사람의 행동은 사뜨와·라자스·따마스의 성질로 인한 시간의 행동일 뿐입니다. 시간이 사람들의 욕망과 갈망을 이용해 그들을 통제합니다. 존재의 느낌이 있으면 마음과 모든 활동이 있습니다. 의식과 마음이 없을 때는 존재의 느낌도 없습니다. 브라마·하리·샹까르(시바)는 마음의 이름들일 뿐입니다. 이 모든 것은 빠라마뜨만인 여러분 자신의 이야기입니다. 여러분이 시간의 출현을 의식하게 된 것뿐입니다. 그러나 여러분의 문제는 여러분이 그토록 견고히 붙드는 몸-정체성입니다. 시간 속에 이원성이 있지만, 여러분은 그것 이전에 홀로입니다. 그래서 여러분이 자기 자신의 증거입니다. 비이원적 상태에서는 어떤 두 번째도 없습니다. 여러분은 마음을 아는 자이지 여러분이 마음일 수는 없습니다.

희망·욕망·갈망들은 시간에 따라 일어나지만, 모두가 그것을 자신의 행동이라고 주장합니다. 여러분의 갈망이 결의決意로 이어지는데, 어떻게 그것들을 서로 별개라고 여길 수 있습니까? 활동에 대한 사랑이 여러분을 속박하고, 철창이 마치 금으로 만들어졌기라도 한 듯 여러분의 마음을 끕니다. 바꾸어 말해서, 여러분은 속박되어 있는 것을 사랑합니다. 마음이 등장하면 음식·집·아내가 필요해집니다. 여러분은 자신의 갈망들을 사랑할지 모르지만, 그것을 시간의 성품으로, 그리고 하나의 정신적 문제로 아십시오. 그 의식이 브라만으로 불리는데, 매일 그것의 무수한 탄생이 일어납니다. 세간적 활동을 통제하는 것은 시간이지만, 여러분은 시간을 넘어서 있습니다. 마하트마들을 만들어내고 개인들이 그들 자신의 위대함을 믿게 만드는 것이 시간의 기능입니다. 여러분은 의식 이전이고, 또한 무시간적입니다.

브라만과 빠라브라만에 대한 정보는 여러분 자신의 정보입니다. 그럼에도 여러분의 몸-정체성은 남습니다. 무엇을 포기하고 말고가 없고, 존재하는 것에 대한 앎만 있습니다. 몸 안에는 끔찍한 열과 아주 밝은 빛이 있는데, 가나샤마(Ghanashyama) 혹은 메가샤마(Meghashyama)에 의해 그것이 참을 만한 것이 되었습니다. 눈을 감으면 아무것도 보이지 않습니다. 하지만 깊은 푸름 혹은 어두운 검음이 보이는데, 그에 대해 위 산스크리트 단어들이 사용됩니다. 가나닐라(Ghananeela-검푸름)라고도 하는 그것은 아주 서늘하고, 모든 것을 보존하는 능력이 있습니다. 그 어두운 장場은 워낙 광대하여 많은 세계들이 작은 입자들처럼 그 안에서 놉니다.

'그것이 정말 이런 식인가?'를 알기만 하면 됩니다. 여러분은 자신의 죽음 이후로 앎을 연기하고 싶습니까? 여러분이 이런 말을 들을 때는 "오! 그것이 실로 이런 식이구나"라는 느낌을 가져야 합니다. 이 세계는 아주 광대한데, 그것을 보는 자는 하나의 원자보다도 작습니다. 듣는 자를 숭배하기만 해도 그것이 여러분에게 분명히 이해될 것입니다. 보이는 모든 것을 잊어버리고 그 '보는 자'에 대해 명상하십시오. 여러분의 진정한 지知는 무엇입니까? 만일 (제가 말한) 어떤 것도 확신할 수 없다면, 그것을 참되다고 받아들이지 마십시오. 여러분의 참된 지知는 무엇입니까? 남들에게서 배우지 않은, 여러분 자신의 직접지知는 무엇입니까? 희망과 욕망을 줄이면 여러분의 번영이 증장될 것입니다.

여러분의 의식은 존재의 느낌이 갑작스럽게 출현한 것을 의미합니다. 그 안에 무한한 우주들이 있습니다. 그것을 아는 자가 누구입니까? 그것의 아버지가 누구입니까? 보이는 것입니까, 보는 자입니까? 생명기운이 떠날 때 "나는 죽는다"고 말하지 마십시오. 안 그러면 여러분이 계속 여러 가지 형상으로 출현할 것입니다. 그것은 여러분이 환생하게 될 거라는 뜻입니다. 진인의 견지에서는 전혀 어떤 아스트랄체도 없습니다. 그렇다면 누가 죽고 누가 다시 태어납니까? 스리 바우사헵 마하라지는 생명기운이 몸을 떠날 때 박수를 쳤습니다. 진아의 파괴 불가능성 외에, 그것이 무엇을 의미합니까?

몸이 지속되는 한 우리의 해탈이 가능합니다. 어떤 동물이 이것을 이해할 수 있습니까? 그들에게 지성이 있습니까? 다음 탄생에는 얼마나 많은 날들이 필요합니까? 한 꿈 뒤에, 다음 꿈은 언제입니까? 그것은 즉시일 수도 있습니다. 겁 없는 자들이 겁 많은 자들보다 더 오래 살아야 한다는 것을 기억하십시오. 여기서 저는 죽음에 대한 공포를 두고 하는 말입니다.

42. 영적인 공부의 핵심은 무엇인가?

1978년 7월 16일, 일요일

영적인 공부(spirituality) 전체의 핵심은 무엇입니까? 그것은 **실재**에 따라 우리의 삶을 아는 것입니다. 다른 모든 욕구들은 존재하려는 우리의 1차적 욕구에서 비롯됩니다. 우리는 이 모든 것 속에서 우리의 참된 자리를 알아야 합니다. 우리가 어떤 영구적인 참된 형상을 가지고 있습니까? 만일 '그렇다'라면, 그것이 무엇입니까? 만일 '아니다'라면, 왜입니까? 우리는 이 모든 것을 알아야 합니다.

아와스타(*awastha*)라는 산스크리트어 단어는 지나가는 국면 혹은 변화하는 상태를 가리키는데, 그것은 처음에는 없다가 나중에 삶 속에 들어옵니다. 한 남자나 여자로서의 우리의 존재성도 시간이 한정되어 있습니다. 신이나 종교에 대한 끌림도 지나가는 국면이고, 그것은 생존을 위해 한 번 먹는 약의 구실을 합니다. 그 상태들 중 어느 것도 오래가거나 영구히 머무르지 않지만, 우리는 그렇게 믿고 싶어집니다. 수백만 명 중 극소수만이 온전한 **자각**으로 그 변화하는 성품을 압니다. 주된 상태는 자신의 존재를 의식하는 것인데, 그 존재 자체가 문제가 많습니다.

우리는 무엇이 안정성(steadiness)인지를 참으로 알아야 합니다. 생시나 잠 속에서는, 심지어 삼매 속에서도, 여러분은 그것을 얻을 수 없습니다. 그 상태들은 모두 시간이 한정되어 있고 불안정합니다. 이전에 없었던 우리의 존재의 느낌이 지금은 나타나 있습니다. 그것은 이른바 죽음에서 끝이 납니다. 죽음이란, 자신의 존재를 의식하지 못한다는 의미입니다. 우리의 기억들 중 어떤 것도 참으로 영구적으로 머무르지 않는다는 것을 이해하고 자유로워지십시오. 어떤 형상 속의 **의식**도 시간이 한정되어 있습니다. 그것은 하나의 일시적 현현이기 때문입니다. **의식**은 그것이 하나의 형상 안에서 나타날 때까지는 자신의 존재를 모릅니다. 존재의 느낌은 음식 기운으로 이루어진 어떤 살아 있는 형상의 성질입니다. 생명 기운이 살아 있는 형상을 떠나면, 그것은 자신의 존재를 알지 못합니다. 살아 있는 형상만이 의식합니다.

진인은 시간이 경험되지 않을 때 자신이 무엇인지를 온전히 아는 사람입니다. **진인**과의 친교만이 여러분의 모든 수수께끼를 풀어줄 수 있습니다. 다른 사람들(진인이 아닌 영적 교사들)은 생각을 하고 자신의 추측을 표현할 뿐입니다. 여러분은 자신의 존재의 느낌에 굉장히 집착합니다. 사람들은 오래 살기 위해 **만트라**를 수백만 번 염합니다. 지금 여러분은 자신의 존재를 알지만, 그것을 알기 전에도 여러분이 존재했어야 합니다. 그렇지 않습니까? 그 존재성은 **의식**이 없었습니다. 의식하지 못하던 자가 지금은 의식하게 되었습니다. 아는 자가 없을 때 누가 의식하게 되겠습니까? 세계는 거짓 혹은 환幻이라고 합니다. 언제 그렇고, 왜 그렇습니까? 그것은 여러분의 **의식**이 무한정 머무르지 않는데, 그 **의식**에 여러분의 세계가 의존하기 때문입니다. 여러분의 **의식**이 여러분의 세계의 씨앗입니다. 그 **의식**이 세계를 하나의 싹으로서 출현하게 하고, 그러면 그것이 확장되어 광대한 공간이 됩니다.

의식 이전에, 어떤 세계가 있기는 했습니까? 다시 한 번 확인해 보십시오. **의식**의 빛이 세계 안의 해와 달의 빛입니다. 어두운 밤에 여러분이 대낮같이 밝은 꿈을 꿉니다. 그때 보이는 것은 꿈-생시, 곧 낮의 한 씨앗 아닙니까? **의식**이란 우리의 현존을 느끼는 것을 의미합니다. 모든 이름들은 **의식**이 자기 안에서 보이는 대상들에게 붙이는 것입니다. 씨앗을 우리말, 즉 마라티어[마하라슈트라 주의 언어]로 비자(*beeja*)라고 합니다. 씨앗은 같은 종류의 뭔가를 창조하는 능력이 있습니다. 모든 살아 있는 존재는 **의식**이 있는데, 그것이 주 **마하데바**(시바)의 씨앗입니다. 모든 존재는 자기와 같은 종류의 어떤 생명체를 창조할 수 있을 때까지 성장합니다. **참스승**은 그 자신을 온전히 아는 사람입니다. 그는 또한 **의식**의 기원을 아는데, 이 **의식**은 성품상 완전하지 않습니다.

크리슈나가 『기타(*Gita*)』에서 말한 것은 그 자신의 정보이지 다른 누구의 정보도 아닙니다. 그는 존재하는 모든 것이 **그 자신**이고, 모든 형상이 **그의 것**이라고 말했습니다. 『기타』의 위대성은 독특합니다. 극소수만이 그것을 읽거나 들은 뒤 그에 대한 관심을 계발합니다. 『기타』에 몰입하는 사람은 아주 중요한 통찰들을 수집합니다. 그 속으로 더 깊이 들어가서 명상해야 합니다.

여러분의 **의식**에 대해 온전한 믿음을 가져야 하는데, 그 **의식**이 몸과 세계의 핵심입니다. 만일 여러분이 이런 이야기를 듣기 좋아한다면, 여러분에게 어떤 환생도 없을 것입니다. 그러나 사람들은 어떤 만족을 얻기 위해서만 신을 필요로 합니다. 그들은 영원한 만족이 우리 자신의 진아 안에만 있고, 그것이 우리의 권리라는 것을 모릅니다. 자신을 몸과 동일시하는 사람은 거듭거듭 만족을 얻기 위해 분투해야 합니다. 욕망은 한계가 없습니다. 그것은 계속 만족을 멀리합니다.

진정한 바잔(bhajan)은 이런 말들 속으로 더 깊이 들어가서 명상하는 것입니다. 만일 아무도 신에 대해서 경청하지 않는다면, **신**이 뭐가 중요합니까? 여러분의 심장 속에 있는 **의식**을 숭배하십시오. 여러분의 **진아**에 대해 명상할 수 있으면, **그것**을 깨닫기 적합한 근기가 될 것입니다. 생시의 상태에서 편안하게 앉아 있을 때 말없이 있을 수 있다면, 그것이 큰 숭배입니다. 그런 침묵 속에서는 영적인 말들도 설 자리가 없습니다. 자신이 위대한 **신**이라는 느낌조차도 신을 여러분에게서 떼어놓습니다. **진인**은 세상에서 활동하고 있을 때도 자신이 어떤 사람이라는 느낌이 없습니다. 여러분의 존재의 느낌 이전에 존재하는 **그것**을 숭배하십시오. 이런 말들이 갠지스 강처럼 흘러가고 있습니다. **주 마하데바**의 머리에서 흘러내린 갠지스 강은 영적인 지知였지 물이 아니었습니다.

자신의 시간이 한정되어 있다고 믿는 한, 여러분은 영구적인 그 어떤 것도 할 수 없을 것입니다. 잊힐 수 없는 것이 영원한 것입니다. 세간의 무한한 수단과 방책들은 **진아** 위의 덮개를 제거하지 못하고, 그것을 늘려갈 뿐입니다. 여러분에게 무엇이 나타나고 무엇이 보이든, 그것은 영구적일 수 없습니다. 여러분이 한 남자나 여자가 아니라는 사실은 세간적 지知가 아니고 그것을 넘어서 있습니다. **진아지**를 얻고 나면 일체가 여러분에게 성스러워집니다. 전 세계의 모든 순례지에서 목욕을 해도 무지를 제거하는 데는 도움이 될 수 없습니다. **만트라**는 어떤 의미와 목적을 가진 단어들의 조합입니다. 그것조차도 여러분을 무지에서 벗어나게 해주지 못합니다. 여러분이 하는 보시와 기부도 도움이 되지 못합니다. 여러 가지 경건한 행위를 한다 해도, **진아지**를 얻기 위한 근기가 향상되지는 않습니다. 여러분의 고행과 괴로움도 불필요한 것이 됩니다. 도움이 되는 것은, 스승에 대해 완전한 믿음을 가졌고, 그의 말씀을 따를 준비가 된 **의식**입니다.

그 **의식**이 무엇입니까? 그것이 있어 여러분이 생시와 잠의 상태들을 경험하게 되는 그것이 **의식**입니다. **의식**의 빛은 여러분 자신의 것이지만, 한 인간으로서의 여러분은 아닙니다. 인간의 **의식**은 위대하며, 그것 때문에 우리가 자신의 존재를 알게 됩니다. 그것 때문에, 여러분이 심장 속에서 세계를 봅니다. 달리 아무것도 그보다 더 중요하거나 우월하지 않습니다. **의식**이 얻을 수 있는 최고의 이익은, 온전한 믿음을 가지고 정확히 스승의 말씀대로 되는 데 있습니다. **의식**은 몸 때문에 있지만, 어떤 몸도 가지고 있지 않습니다. **의식**은 온전한 믿음을 가지고 스승의 말씀을 기억하는 능력을 가졌습니다. **바그완 크리슈나**가 그의 형상이라고 주장하는 그것이 무엇입니까? 그것은 몸 안의 형상 없는 **의식**입니다. 여러분은 온갖 것을 기억하지만, 여러분의 주의력과 모든 기억을 가지고 있는 것은 누구입니까? 알려고 하지 않아도 일체를 아는 자가 누구입니까? **크리슈나**는 말합니다. "그것은 나의 **의식**이다." 몸이나 몸의 귀는 경청하지 않습니다. 경청하는 것은 **의식**입니다. 그것은 삼매조차도 아는 자이지만, 삼매는 그것을 모릅니다. 여러분이 온전한 믿음을 가지고 이 **의식**을 자기 것으로 하면, 그것으로 족할 것입니다.

여러분의 어떤 활동도 여러분의 참된 성품, 여러분 자신의 **진아**를 깨닫는 데 도움을 줄 수 없습니다. 모든 활동은 몸-정체성을 가리키는데, 그 활동들은 (몸-정체성을) 넘어설 수 없습니다. 이 **의식**이 아무리 작다 해도, 만일 그것이 없다면 개인적 영혼·세계·**브라만**은 그들의 지지물을

상실합니다. 우리는 그 의식 외에 아무것도 아닙니다. 최소한 잠자리에
들 때는 자신이 순수한 의식이라는 것을 스스로 상기하십시오. 여러분이
실제로 그 순간을 성취한다면, 깨어난 뒤 여러분의 가치는 무엇이겠습니
까? 쉽게 얻을 수 있되 모든 수행법들을 넘어서 있는 것은, 그런 수행으
로 발견될 수 없습니다. 의식이 존재한다고 누가 말합니까? 그렇게 말하
는 자, 그것이 곧 의식입니다. 누가 시간을 알고, 낮과 밤을 압니까? 그
것은 저 의식 자체인데, 그것을 크리슈나는 그의 형상으로 지목합니다.

만일 우리가 자신의 탄생 자체가 거짓임을 확신하면, 여러 가지 개념
들이 끝이 날 것입니다. 결코 지속되지 않는 것을 아는 자가 곧 늘 지속
되는 완전한 브라만입니다. 라가바(Raghava-라구족의 후예), 곧 라마 없이 있
다는 것은 진아지 없이 있는 것입니다. '참된 헌신자'라는 것은 자유롭
다는 것입니다. 그는 신을 숭배하고 바잔을 부르지만, 모든 것의 환적인
성품에 대해 어떤 의심도 없습니다. 신을 올바르게 본다는 것은 보는 자
와 보이는 것이 하나라는 확신을 가지고 있다는 것입니다. 현현자(현상계)
가 없는데, 누가 미현현자에 대해 이야기하겠습니까? 그래서 사구나[현현
자]와 니르구나[미현현자] 둘 다 존재하지 않습니다.

43. 그대의 주의가 사랑으로 충만하게 하라

1978년 7월 23일, 일요일

만일 참스승의 말씀에 귀의하면, 여러분에게 어떤 탄생과 죽음도 없을
것입니다. 여러분의 참된 성품은 스승의 한 이미지입니다. 그 이미지와
하나가 되면, 여러분에게 어떤 마야도 없고 브라만만 있을 것입니다. 스

승의 말씀이 무엇입니까? 그것은 "그대는 몸이 없고, 형상이 없고, 행위들에서 벗어나 있으며, 탄생과 죽음이 없다"는 것입니다. 스승의 말씀에 대한 여러분의 믿음에 의해서, **마야**의 참된 성품은 전혀 문제가 없고 구도자들에게 도움이 되는 성품이라는 것이 드러날 것입니다. 누가 스승의 말씀에 귀를 기울입니까? 스스로 빛나고 나눌 수 없는 **의식**, 그것이 귀를 이용해서 듣습니다. 그것이 스승의 이미지입니다.

여러분이 스승의 말씀과 하나가 되면, 진아에 대한 지知와 마야에 대한 지知가 자연발생적으로 일어날 것입니다. "하나가 된다"는 것은 달리 아무것도 생각하지 않는다는 의미입니다. 잠 속에서만 **스승**과 그의 말씀을 기억하는 것이 불가능할지 모르지요. 참으로 주의력이 있기 위해서는 적절한 입문을 받을 필요가 있습니다. 스스로 빛나고 스스로를 떠받치는 것은 몸 안의 **자기사랑**입니다. 모든 이름들은 그것에 붙여질 뿐입니다. 지금 주의를 기울이며 듣고 있는 그 **의식**에 대해서 명상하십시오. 여러분의 주의가 사랑으로 충만하게 하십시오. **의식**을 통해서 일체를 직접 이해하게 될 것입니다. 누가 모든 전통을 따릅니까? 그것은 여러분의 달콤한 존재의 느낌입니다. 누가 **의식**을 사랑하지 않습니까? 그것이 없다면 누가 사랑하고 숭배하겠습니까? 우리가 그 **의식**이고, 우리가 그 사랑입니다. 또한 우리 자신이 그 행복입니다. **스승** 숭배의 위대함은 이런 모든 것들에 의존하고 있습니다. **의식**에 전적으로 순복하십시오. 진정한 순복은 순복의 대상과 하나가 되는 것입니다. 이 **의식**은 끊임없이 해처럼 빛난다는 것을 여러분이 이해할 때, 그럴 때만 몸-정체성이라는 불순물이 사라질 것입니다.

우리는 전 존재계와 하나입니다. 24시간 늘 존재하는 그것에 주의를 기울이십시오. 그것에 대한 강렬한 열망이 있어야 합니다. 여러분 안의 그 역동적 **의식**이 수십억의 화현들을 취해 왔습니다. 늘 흐르고 있는 이 시간 속에서, 극소수만이 **스승**의 가르침의 위대함을 깨닫습니다. 여러분은 여러분 자신의 **진아**로서 그것과 관계됩니다. 위대한 분들은 그것을 숭배함으로써 **진인**이 되었습니다. "그대가 **브라만**이다"라는 스승의 말씀을 기억하십시오. 여러분은 작은 **의식**인데, 그것이 우주가 되었습니다. **의식**이 있을 때만 여러분이 세계를 알게 됩니다. 그것에 붙여지는 "**브라만**"이라는 용어가 그것의 광대함을 말해줍니다. 같은 **의식** 때문에 여러분이 자신의 존재성을 알게 됩니다. 불사不死인 **진아**는 유한한 수명을 갖지 않습니다. 그것은 고요함으로 충만해 있는, 기쁨의 한 바다입니다. **의식**이 없으면 낮도 밤도 없습니다. 설사 여러분이 하나의 몸인 것처럼 행동해도 **의식**은 여러분을 잊지 않습니다. 자신을 깨닫는 사람은 **브라만**이 되고, 그의 말은 세계를 구원할 수 있습니다.

이미지란 그 원물原物과 동일해지는 것을 의미합니다. 여러분의 **의식**은 스승의 한 이미지입니다. 이제 여러분의 '존재애存在愛'를 사랑하십시오. 지금까지 여러분은 너무나 많은 것을 사랑해 왔지만, 사랑하는 '그것'을 사랑해 본 적이 있습니까? 여러분이 그 **의식**의 신뢰에 값할 만큼의 근기根機가 되어야 합니다. 그러면 **의식**이 여러분에게 일체를 베풀 것입니다. 그리고 **크리슈나**가 묘사한 뛰어난 표현들이 모두 여러분 자신의 표현이라는 것을 이해할 것입니다.

생기(*prana*)와 **의식**을 **아는 자**는 눈에 보이지 않습니다. 잊어버리는 것이 마음의 성품이지만, **의식**을 **아는 자**는 24시간 내내, 심지어 잠 속에서도 깨어 있습니다. 모든 활동은 시간이 한정되어 있다는 것을 아는 자는 파괴 불가능입니다. 이것을 기억하십시오.

44. 그대는 최후에 그대가 생각하는 그것이 된다

1978년 7월 27일, 목요일

생기가 몸과 연관되어 있는 한 의식이 있습니다. 생기가 떠나면 의식은 의식하지 못하게 됩니다. 그러면 여러분이 무엇을 잃습니까? 무엇을 먼저 안 다음, 몸에게 필요한 행위를 하게 하는 것이 의식입니다. 의식을 아는 자가 진인입니다. 우리의 의식이 우주의 배아胚芽입니다. 우리의 세계와 우주는 우리의 존재의 느낌에서 비롯됩니다. 진인은 그 몸 안에 생명이 있는 동안 존재한다고 말할 수 있습니다. 그의 영원한 상태는 이름 붙일 수 없는데, 그것을 빠라마뜨만이라고 합니다.

모든 활동을 제어하는 자는 하나의 보편적 형상을 가지고 있습니다. 그는 행위할 어떤 이유도 없습니다. 자신이 영적이라는 자부심과 무엇을 희생한다는 관념이 사라져야 합니다. 말없이 있는 것이 삼매에 들어 있는 것입니다. 여러분의 지성은 여러분이 빠라브라만을 깨닫는 것을 도울 수 없습니다. 귀담아 듣고 변하려는 열의가 있는 사람만이 자신을 바로 잡을 수 있습니다. 무엇을 배우기 이전에 여러분이 아는 것은 무엇이었습니까? 생시와 잠의 상태만 있었습니다. 그런 다음, 듣고 읽으면서 지知를 축적했습니다.

인간 형상의 유일한 임무는 브라만을 깨닫는 것인데, 다른 형상들은 그럴 수 없습니다. 그래서 사원의 거의 모든 신상들이 인간 형상을 하고 있습니다. 샵다(shabda-단어, 소리, 특히 신성한 음절 '옴')와 그것의 존재는 인간들만 알 수 있습니다. 여기서 '샵다'란 브라만을 뜻하며, 그것은 의식으로서 존재합니다. 인간 형상들 안에서는 브라만의 존재성이 뚜렷합니다. 그러나 인간은 자부심과 몸에 대한 집착 때문에 그것을 깨닫지 못합니다. 만일 '나'와 마음을 젖혀 두면, 몸 안에 남는 것은 순수한 브라만입니다.

몸 안에 의식이 있는데, 그것은 브라만일 뿐입니다. 그러나 가장 우스운 부분은 거짓된 몸-정체성이 브라만을 발견하려고 애쓴다는 것입니다. 몸이 아니라 의식이 브라만입니다. 그래서 몸-정체성을 없애는 것 외에는 아무것도 할 필요가 없습니다.

몸이 여러분의 의식을 압니까? 몸은 음식 물질로 이루어지고, 생기가 없으면 하나의 송장일 뿐입니다. 어떻게 그것이 의식을 알 수 있습니까? 고통과 쾌락이 머리 정수리의 범혈梵穴(브라마의 구멍, 곧 브라마란드라)에서 느껴집니다. 일단 의식을 아는 자가 누구인지를 알고 나면, 더 이상 고통과 쾌락이 없을 것입니다. 몸 안에는 순수한 브라만 외에 아무것도 없습니다. 알려고 하지 않아도 진인은 브라만의 번뜩임을 느낍니다. 몸 안의 의식이 만물의 신입니다. 그 의식 안에 허공·공기·불·물·흙이 들어 있습니다. 인간들 안의 의식은 다섯 가지 방식으로 행위하며, 그 안에는 어떤 남자나 여자도 없습니다.

우리는 몸 때문에 우리의 존재를 알게 되었고, 결국 "브라만이 무엇이며, 어떻게 그것을 아는가?"라는 물음에 도달했습니다. 그러나 착각으로 인해 자신을 몸과 동일시하는 것이 브라만 그 자체 아니고 무엇입니까? 인간의 몸은 예외지만, 다른 모든 몸들 안에서는 브라만이 그 자신을 알 수 없습니다. 유일한 문제는 몸과의 동일시입니다. 우리의 앎은 접촉·들음·봄·맛봄·냄새 맡음과 같은 다섯 가지 유형이 있습니다. 몸이 무엇을 압니까? 모든 것은 브라만이 알 뿐입니다. 인간 형상은 아주 중요합니다. 왜냐하면 그것은 존재계 내의 최고의 것을 깨달을 잠재력이 있기 때문입니다. 그러니 각별한 주의로 매 순간을 활용하여 진아 깨달음을 위한 명상을 하십시오.

잠에서 깨어났을 때 여러분의 의식은 빠라마뜨만의 부본副本입니다. 의식을 이스와라로 인식하고 그 자리를 고수하는 사람에게는 이것이 (다른 수행보다) 더 쉽습니다. 그에게는 의식이 이스와라의 현현이며, 그것이 곧 그 자신의 형상입니다. 이것을 그는 결코 잊지 않습니다. 여러분은 **아뜨만**, 곧 여러분의 **의식**과 어떻게 관계됩니까? 그 **의식**이 여러분의 참된 형상, 곧 **진아**입니다. 일체에 편재하고 나눌 수 없는 **의식**을 찬양하기 위해 무수한 이름들이 사용됩니다. **의식**을 아는 자들은 아이같이 됩니다. 누가 자신의 존재의 느낌을 이와 같이 다룰 수 있습니까? 만일 그럴 수 있다면, **만트라**를 염하거나 어떤 고행을 할 어떤 필요도 없습니다. 여러분의 **의식** 말고, 여러분 안에 스스로 빛나는 어떤 것이 있습니까? 그런 **자각**을 가지고 행동하는 사람은 늘 **진아**를 명상하고 있는 것입니다. 의식을 아는 자가 **빠라마뜨만**이고, **의식**은 그의 이미지 혹은 그가 있다는 증거입니다.

우리가 다양한 사람이나 사물들과 연관되면 그 결과는 우리의 집착입니다. 이 좋아함이 기억들을 만들어내고, 그것을 기억하면 번뇌와 문제가 일어납니다. 말없이 깨어 있다는 것은 여러분의 순수한 **진아** 안에 있는 것입니다. 여러분의 **의식**이 눈에 보이는 세계의 배아胚芽이고, 그것이 세계를 창조하는 우주적 알(히라냐가르바)입니다. 세간적 삶 속에서는 여러분이 결혼을 하고, 자녀를 갖는 등의 오락이 있습니다. 마찬가지로, 영적인 공부에서도 여러분은 여러 가지 수행을 하는데, 그것도 오락 구실을 합니다. 모든 **진인**들은, 귀담아 듣기만 해도 해탈을 얻기에 족하다고 말합니다. 무엇을 들었습니까? 우리의 **의식** 그 자체가 세계라는 그림입니다. 배아란, 눈에 보이지 않던 것이 거기서 나와 눈에 보이게 되는 것입니다. 자신의 몸이 죄에서 자유롭다고 확신하는 사람이 단 한 명이라도 있습니까? 여러분이 확신하지 못한다면, 남들이 어떻게 여러분의 순수성을 확신할 수 있겠습니까? 만약 여러분이 스스로 순수한 **진아**임을 확신하고 있다면, 여러분과의 친교는 남들에게 하나의 축복이 될 것입니다. 여러분이 자신을 순수한 **브라만**으로 알 때, 여러분의 몸의 순수성도 알게 될 것입니다. 이것이 온전한 믿음과 확신으로 **스승**의 명命을 따를 때의 결과입니다.

크리슈나가 만물은 그의 뛰어난 표현들이라고 말했을 때, 그것은 그의 진아지 때문 아니었습니까? 어느 누가 그런 용기를 가지고 그런 말을 했습니까? 죽음의 영혼인 자는 죽을 수 없습니다. 이것은 우주적 알의 말인데, 그 알 속에서 세계가 창조되었습니다.

몸을 여러분의 형상으로 여기는 것은 참된 **다르마**에 대단히 위배됩니다. 여러분의 **다르마**는 **진아**로서 머무르는 것입니다. 그런 확신을 가져야합니다. 우리가 **아뜨만**과 어떻게 관계되는지 인식해야 합니다. **만트라**를 염하면 우리의 태도가 바뀝니다. 행동은 마음의 변상變相에 따라 있습니다. 순수한 존재(pure being) 안에 있다는 것은 마음의 변상 없이 있는 것입니다. 그러면 자신이 **브라만**이라는 영감(직관)이 있습니다. 우리의 몸은 **의식**의 음식인데, 생기 혹은 마음으로 인해 말들의 한 흐름이 있습니다. 만일 여러분이 최후에 이 모든 것을 기억하면 어떤 죽음도 없을 것이고, 단지 몸에서 생기가 분리되기만 할 것입니다. **진인**에게는 죽음이 없습니다. 그에게는 어떤 희망·욕망·갈망도 없기 때문입니다. **의식**이 의식하지 못하게(non-conscious) 되는 것을 여러분은 어떻게 묘사하겠습니까? 무지한 사람은 생기가 몸을 떠나고 있을 때 자신이 죽는다고 말합니다. 이것은 그 자신을 제대로 보지 못하는 결과입니다. 큰 환희는 실은 최후에 있습니다. **진인**이 자신의 몸을 놓아버리는 때는 매우 성스럽습니다. 해가 뜨는 것조차도 그만큼 성스럽지는 않습니다. 그래서 매년 모든 헌신자들이 **스승**이 세상 떠난 날을 경축하는 것입니다.

이제 여러분은 죽어갈 때 무엇을 자기 자신으로 여길지 결정해야 합니다. 그 송장을 자신의 형상으로 여기겠습니까? 바로 지금 결정하십시오. 왜냐하면 여러분은 최후에 여러분이 생각하는 그것이 되기 때문입니다. (죽을 때는) 지복으로 충만하고 완전한 것 외에 어떤 영감(특별한 생각이나 느낌)도 없어야 합니다. 여러분은 스스로 자기 자신이라고 생각하는 상태에 있게 될 것입니다. 지금 여러분의 실체인 것, 그것으로 최후까지 남아 있게 될 것입니다.

45. 그대가 행위자라는 주장은 거짓이다

1978년 7월 30일, 일요일

태어나서 죽을 때까지, 모든 일은 시간을 최대한 선용하기 위해 이루어집니다. 삶 속에서 최고의 소득은 **진아지**에 있습니다. 세간의 일들은 결코 질서 정연할 수 없습니다. 가르치는 사람과 배우는 사람들, 둘 다 사라져야 합니다. 지배적인 종교들은 여러 계급과 신앙 교리들에 대한 감정과 믿음에 지나지 않습니다. 모든 활동은 우리의 **의식**에 의존하는데, 그 **의식** 자체가 우발적입니다. 그것은 뜨고 집니다. '여러분이 있다'는 기억은 없던 것인데, 지금은 있습니다. 이것 말고 여러분이 달리 무엇을 가지고 있습니까? **진아지**가 있으면 미래에 더 잘하거나 못할 거라는 개념이 머무르지 않습니다. 이 모든 것은 여러분의 지知를 위한 것입니다. 삼매 속에서는 어떤 기억도 없습니다.

생시와 잠의 상태는 다른 상태들에서는 용납될 수도 있을 어떤 중재도 용납하지 않습니다. 허기와 잠은 언제라도 일어날 수 있습니다. 허기와 여타 욕구가 없었다면 어떤 활동과 분투도 없었을 것입니다. 위대한 사람은 많이 알아도 침묵을 지킨다고 합니다. 그는 탄생의 비밀을, 그것이 왜, 어떻게 있는지를 압니다. 여러분의 **의식**이 어떻게 여러분에게 강요되었고, 언제부터 그랬는지를 알아야 합니다. 여러분은 태어났다는 비난을 듣지만, 왜 어떻게 태어났습니까? **불생자**不生者는 늘 불생不生의 상태로 있습니다.

여러분이 숨을 쉬고 있는 것은 여러분 안에 존재하는 **그것** 때문인데, 그것은 어떤 숨쉬기도 필요로 하지 않습니다. 여러분의 숨쉬기는 그의 현존을 말해줍니다. 깨어난 뒤에, 어떤 말이나 생각 이전에, 그가 있습니다. 말이 없는 우리의 존재의 의미는, 그와 하나라는 것에 대한 믿음입니다. 모두에게는 단 하나의 **아뜨만**이 있을 뿐이고, 그것을 **빠라마뜨만**이라고 합니다. 만일 여러분이 갑자기 고요해진다면, 그 체험은 그 때문에 있고, 그것은 그의 현존을 말해줍니다. 잠 속에서도 생기가 작용하고 있지만, 그것은 어떤 의미도 가지고 있지 않습니다. 왜냐하면 생기는 어떤 의식도 가지고 있지 않기 때문입니다. 깨어 있다는 것은 우리의 존재를 안다는 것입니다. 우리의 참된 존재는 **빠라마뜨만**과 하나인 것입니다. 소함(Soham)이라는 단어는 "그것(So)이 나다(ham)"라는 뜻입니다.

세 가지 성질은 행동의 세 가지 유형을 가리킵니다. 산스크리트어로 그것들을 구나(gunas)라고 하는데, 그것은 모든 살아 있는 존재들 안에서 작용합니다. 우리의 참된 성품은 자연발생적입니다. 우리는 누군가의 행동을 두고 이러니저러니 말하면 안 됩니다. 그러나 이것은 구나를 아는 자에게만 가능합니다. 라자스(rajas)와 따마스(tamas)의 성질을 가진 사람들은 자신을 향상시키지 않습니다. 그들은 남들을 비난하고 그들의 활동에 간섭합니다. 만일 어느 집단의 한 구성원이 칭찬받으면, 그것은 나머지 사람들을 비난하는 것으로 이해됩니다. 실은 의식은 서로 다른 형상들과 그 수효에 관계없이 똑같은 하나입니다. 형상 없는 것이 모든 형상에 생명을 부여합니다. 그리고 '나의 맛(I taste)' 혹은 "내가 있다"는 기억, 그리고 존재애가 있습니다. 이 의식은 그 자신을 사랑하고, 그래서 좋으니 나쁘니 하는 말들이 나옵니다. 모든 일은 **자기사랑** 때문에, 그리고 그것을 위해 일어납니다. 우리는 그렇다고 말하지 않아도 우리의 존재를 압니다. 그것이 결국 **빠라마뜨만**으로서 알려집니다. 그것에 도달하고 나면 모든 칭찬과 비난이 끝이 납니다. 모든 산 존재들 안에서 같은 **빠라마뜨만**을 볼 때, 우리는 자신이 모든 임무와 활동에서 벗어나 있음을 봅니다.

역동적 **브라만**으로서의 여러분 내면의 참된 성품을 보존해야 합니다. 여러분의 존재성(beingness) 자체가 여러분의 모든 고통과 쾌락의 원인입니다. 만일 여러분이 존재의 확신, 곧 "내가 **그것이다**"를 가지면, 모든 고통이 여러분에게 쾌락만큼이나 좋을 것입니다. 여러분이 보는 모든 것은 아예 결코 일어난 적이 없습니다. 목숨을 내놓는 한이 있어도 남들을 칭찬하거나 비난하는 것을 피하십시오. '남'이 없는데, 누구를 칭찬하거나 비난하겠습니까? 여러분이 자신을 어떤 사람으로 여기는 한, 여러분에게 남들도 있을 것입니다.

자신의 존재의 의미를 발견한 사람에게는 어떤 욕구도, 어떤 자기잇속도 없습니다. 여러분 자신의 존재에 대해서 끝까지 발견해 나가십시오. 그러나 수백만 명 중 단 한 사람도 선뜻 그렇게 하지 않습니다. 우리의 존재의 의미를 알아야 합니다. 아는 사람은 무엇에도 영향을 받지 않습니다. 그럴 때 **의식**이 **아는 자**에게 합일됩니다. 그의 상태는 **의식**을 넘어선 것, 곧 **초월지**(Vijnana)입니다. 그는 자신의 참된 성품이 **빠라브라만**임을 깨닫습니다. 여러분이 자신을 알려고 하기 이전의 여러분이 무엇인지를 알아내십시오. 최소한 그 **의식**이 되는 첫걸음을 확고하게 내디디십시오. 여러분의 모든 활동은 자연발생적으로 일어나고, 계속 일어나게 될 것입니다. 자신이 행위자라는 여러분의 주장은 전적으로 거짓입니다.

46. 마야는 아무것도 아니지만 방해의 원인이다

1978년 8월 3일, 목요일

모든 것에 편재하는 의식은 오고감이 없고, 그래서 움직임이 없습니다. 의식에 대해, 그것이 언제 어디에 있는지를 분별하십시오. 저 의식은 끊어짐이 없고 나눌 수 없는데, 마야를 일으킵니다. 존재의 느낌이 없는 곳에서 그것은 마야를 넘어서 있습니다. 여러분은 늘 끊임이 없는 그 의식입니다. 저 의식이 자신의 존재를 알 때, 그 아는 자를 개인적 영혼이라고 합니다. 여러분은 자신의 존재를 알게 되었을 때 그것에 매료되었습니다. 그것이 사랑입니다. 여러분의 의식은 무지에서 출현했습니다. 그것이 **원초적 환**幻입니다.

의식은 도처에 있지만, 그것이 무엇을 알려면 하나의 육신이 필요합니다. 그 몸 안에 있는 의식의 중심을 브라마란드라(Brahmarandhra-梵穴)라고 하는데, 그것은 머리 정수리에 있는 하나의 상상적 구멍입니다. 몸은 지옥에 지나지 않습니다. 그것을 여러분의 형상이라고 믿어서는 안 됩니다. 여러분은 의식일 뿐이고, 빛의 성품으로 되어 있습니다. 여러분의 의식을 숭배하고, 그것을 무한하고 한량없는 스승으로 불러야 합니다. 여러분이 자신을 몸으로 여기기 때문에, 세 가지 성질을 가진 활동들의 결과로 나오는 열매를 욕망합니다. 의식의 빛은 배우이자 감독이 된 것은 물론이고 화면도 되었습니다. 우리의 의식이 이스와라이고, 우리의 존재애가 세상에서 가장 큰 매혹물입니다. 몸이라는 기름으로 인해 타고 있는 불꽃을 보편적 불꽃(universal flame)이라고 합니다. 우리의 존재에 대한 기억으로 인한 하나의 불길이 있었고, 그것이 세계로 나타났습니다. 우리의 존재의 기반에 **보편적 의식**이 있습니다.

세계는 그것을 인식하는 자에게 늘 아주 오래되어 보입니다. 실은 세계는 여러분의 **의식**과 함께 나타났습니다. 이것은 **마야**로 인한 것인데, **마야**는 무無이지만 난폭한 방해 행위의 원인이었습니다. 우리의 존재의 느낌이 변하면 그와 함께 일체가 변합니다. 만일 그것이 더 이상 존재하지 않으면 여러분은 뭐라고 하겠습니까? 죽은 사람이 자신은 더 이상 존재하지 않는다는 것을 기억합니까? 거기서 무슨 일이 일어났습니까? 기억이 그 자신을 잊었다는 것, 그뿐입니다. 만약 여러분이 '여러분이 있다'는 것을 모른다면 무슨 말을 할 수 있습니까? 있다거나 없다는 어떤 오해도 없습니다. 그것 자체를 **빠라브라만**이라고 합니다. 어떤 기억도 시간 제한이 있습니다. 왜냐하면 기억은 시간에 의해 제어되기 때문입니다.

진리에 대한 **지**知가 무지한 사람들을 **진인**들로 변모시켰습니다. 우리는 이렇게 또는 저렇게 행동하겠다고 계획합니다. 그러나 **의식**이 사라지면 무엇이 남습니까? 이것은 모두 여러 가지 단어들을 사용한 말의 한 유희입니다. 단어들의 의미 또한 형상이 없습니다. 몸이 없을 때, 존재의 느낌이 없을 때는 **보편적 의식**만 있습니다. **마하트마니 사두**니 하는 여러분의 모든 칭호는 여러분 자신의 주장입니다. 이제 저는 충분히 이야기했습니다. 지금 이야기되고 있는 것의 단 한 문장이라도 여러분이 실천에 옮기면 그걸로 족할 것입니다.

47. 절대자는 진인과의 친교 속에서 성취된다

1978년 8월 6일, 일요일

스리 크리슈나는 어떤 스승을 갖기 전에 **진아지**를 가지고 있었습니다. 그러나 전통에 따라 한 스승을 추종했습니다. 여러분의 **의식**이 존재하고 있을 때, 그 의식의 욕구를 넘어서야 합니다. 아뜨만의 은총이 헌신에 대한 선호를 계발하는 데 하나의 필수요건입니다. 진아를 알아서 고요해지는 사람이 진인입니다. 최소한 여러분의 잠재력은 진인이 될 잠재력이라는 것을 기억해야 합니다. 그래야 피할 수 없는 것(죽음)에서 여러분이 멀어질 것입니다. 진아지를 욕망하는 사람에게 절대자가 분명해지는 것은 진인과의 친교로 인해서입니다. 참스승의 말씀을 들으려는, 그리고 그의 말씀의 의미를 이해하려는 열의에 의해서 진아지가 쉬워집니다. 절대자는 우리 자신의 성품인데, 다만 그것을 깨닫는 사람이 드뭅니다. 그것은 늘 충만해 있고, 더 많아지거나 적어지지 않습니다. 진인을 따르면 그것을 깨닫는 일이 쉬워집니다. 절대자를 점검하는 어떤 시험도 없는데, 왜냐하면 그 목적으로 마음과 지성을 사용하는 것은 적절하지 않기 때문입니다. 저의 직접적인 지知와 체험으로 말씀드리지만, 이 희유한 지知는 진인의 말씀을 듣고 그와 친교하는 것에 의해서만 얻을 수 있습니다. 저는 삿상, 즉 한 진인과의 친교에 의해 궁극자(the Ultimate)를 성취했는데, 그분은 도처에 계시지만 무지한 사람들에 의해 짓밟히고 있습니다. 우리가 남들에게 밟힐 때, 무슨 자부심을 가질 여지가 있습니까? 진인과 친교할 때는 세계가 완벽한 질서 속에 있는 것으로 보입니다. 그럴 때는 선과 악의 차별이 사라집니다.

하루 종일 진인은 얻을 것도 잃을 것도 없습니다. 그는 일어나는 어떤 사건에 대해서도 아무 언급할 말이 없습니다. 누구에게나 삶과 죽음이 있습니다. 살아 있는 모든 존재는 자기가 그 자신이라고 여기는 그것이 되는 경향이 있습니다. 하루하루 지나면서 여러분이 '나'와 '내 것'이 없는 것을 발견하면, 그때 여러분 안의 진인을 만나게 될 것입니다.

온 세상 사람들이 베다와 여타 비슷한 경전들을 따르지만, 그 경전들은 절대자를 보여주지 못합니다. 존재(있음)의 느낌이 없던 우리의 존재에서 이 존재성(beingness)이 나타났고, 세계가 뒤를 따랐습니다. 세계와 우리의 존재의 느낌은 절대자 안에서 함께 일어나고 함께 사라집니다. 그것은 무질서와 혼란으로 가득할지 모르지만, 그것을 누가 비춥니까? 그것은 일체를 자각하는 자 아닙니까? 말이 먼저입니까, 그것을 아는 자가 먼저입니까? 말 이전인 것이 참스승의 은총입니다. 그가 여러분의 영원한 성품을 드러내 보입니다. 그것을 깨달아 참스승과 하나가 되는 것은 제자에게 달렸습니다. 진인은 그 자신 속으로 뛰어들어 고요해진 사람입니다. 남들은 자신들의 결코 끝이 없는 요구사항들에 대해 걱정합니다.

베다에서 말하기를, 죽음이 있다고 믿는 사람은 불멸의 빠라브라만을 욕하는 것이라고 합니다. 그런 사람은 다시 태어납니다. 개인적 영혼들은 어느 날 죽기 위해 살 뿐입니다. 자, 이제 여러분이 저에게 말할 차례입니다. 여러분은 죽음이 무엇이라고 알고 있습니까? 몸이 무너지려고 할 때, 혹은 생명기운이 떠날 때를 기다리고 있을 때, 여러분은 죽는 것이 아니라는 것을 기억하십시오. 여러분이 지금 경험하고 있는 것은 모두 무상하고, 그것은 여러분의 호흡에 의존해 있습니다. 여러분이 스승의 말씀을 깨달을 때만 죽음이 무엇인지 알게 될 것입니다. 결코 어떤 과보를 얻을 목적으로 무슨 고행이나 염송이나 헌신을 하지는 마십시오. 여러분은 이미 여러분이 본 첫째 날(태어난 날) 이전이었다는 것을 기억하십시오. 아침에 깨어남은 동쪽에서 오지만, 깨어나는 그 사람은 그것 이전입니다. 스승의 은총 없이는 절대자를 성취할 수 없습니다.

여러분은 존재를 주장하기 이전에 늘 존재하고 있습니다. 여러분의 언어는 마음 혹은 생명기운을 의미합니다. 깨어난 뒤에는 여러분이 한 남자나 여자임을 의식하게 됩니다. 여러분은 마음속에서 나타나는 것만 이야기할 수 있습니다. 여러분은 존재의 느낌이 없는 그것입니다. 절대자는 진인과의 친교 속에서 성취됩니다. 이스와라가 자신의 존재의 느낌을 잊어버릴 때, 남는 것이 진인입니다. 자신이 어떤 사람이라는 것을 완전히 잊어버릴 때, 여러분은 진정한 안식 속에 있습니다. 잊어버리는 것은 여러분이 아니고, 존재의 느낌이 자신의 존재를 잊어버리는 것입니다. 진인의 참된 성품은 생각과 기억에서 벗어나 있습니다. 이런 설명은 여러분이 사기(환의 속임수)를 적발하는 데 도움이 될 것입니다.

48. 진아의 기쁨은 영원하다

1978년 8월 10일, 목요일

모든 질문은 여러분의 몸-정체성에서 비롯됩니다. 세계의 모든 계급과 종교들은 몸에 해당되지 아뜨만에는 해당되지 않습니다. 몸이 없다면 여러분이 어떤 모습이겠습니까? 여러분은 자신의 몸을 가지고 천국의 계단을 오르려고 합니다. 그것은 불가능합니다.

여러분의 의식은 일체를 주시하지만, 그 의식을 누가 주시합니까? 주시하기가 있어야 합니다. 그렇지 않습니까? 여러분의 참된 존재가 의식을 주시하고, 의식은 (그 밖의) 일체를 주시합니다. 마음과 생기(prana)는 형상이 없는데, 어떻게 의식이 무슨 형상이 있을 수 있습니까?

기름 램프에 기름이 있는 한 불길이 존재합니다. 마찬가지로, 몸이 있는 한 의식이 있습니다. 아침에 여러분은 순수한 "내가 있다"와 함께 깨어납니다. 그것은 여러분이 잠자리에 들 때까지 지속되지만, 여러분의 활동—몸과의 동일시—으로 인해 잊습니다. 제가 하는 이야기의 성품은 제가 무엇을 저 자신으로 여기느냐에 달려 있습니다. 아침의 깨어남은 허공과 같지만, 몸-정체성이 개입하여 활동이 시작됩니다. 먼저, 마음의 변상變相들이 행위하는 그 형상을 받아들입니다. 아침의 자연발생적 깨어남을 브라만 혹은 이스와라라고 합니다. 만일 여러분의 근기성이 그 수준까지 향상되면 이런 이야기들을 이해할 수 있지만, 그러지 않으면 이해하지 못합니다.

마음·지성·개인적 의식이 어디 있습니까? 그것들이 언제 존재합니까? 그것들은 생기와 함께 존재하지 않습니까? 생기가 없을 때 무슨 활동이 있습니까? 그러나 실은 여러분이 이 모든 것의 주시자입니다. 생기가 몸을 떠나면 여러분이 자신의 존재를 알겠습니까? 여러분이 생기를 아는 자인데, 어떻게 여러분이 그것일 수 있습니까? 몸과 생기가 함께 있을 때만 여러분이 자기 자신을 의식합니다. 이런 이야기는 여러분의 것이 아니라 생기의 것입니다. 진인에게는 어떤 오고감도, 곧 어떤 탄생과 죽음도 없습니다. 결국 그의 생기는 허공으로 들어가고 몸은 해체되어 원소들에 합일됩니다.

여러분은 그럴 만한 근기根機가 될 때에만 이런 이야기를 들을 수 있고, 점점 더 그것을 좋아하게 될 것입니다. 다른 사람들은 일찌감치 일어나서 이곳을 떠나겠지요. 아뜨만의 은총이, 이런 좋아함을 계발하기 위한 하나의 필수요소입니다. 어떤 사람들은 준비되어 태어나고, 다른 사람들은 시간이 지나서 성숙합니다.

아침에 여러분이 깨어나면, 마음의 변상들이 시작될 때까지 여러분은 순수한 브라만입니다. 그런 다음 여러분이 몸과 그 피복(의복)을 의식하게 됩니다. 그런 다음 자신이 한 남자나 여자임을 의식하게 됩니다. 그런 다음 마음에 새겨진 인상들에 따라 몸-정체성이 작동합니다. "나는 몸이다"라는 관념이 모든 행위를 이끄는 영감의 원천입니다. 아침의 그 최초의 존재의 느낌은 형상이 없고, 여러분이 그것입니다. 여러분은 몸을 보살펴야 하지만, 그것을 자신과 동일시하지 마십시오.

어떤 기억도 형상을 가질 수 없는데, 어떻게 존재, 곧 바그완에 대한 여러분의 기억이 형상을 가질 수 있겠습니까? 무지한 사람들만 "나는 나의 몸이다"라고 말할 수 있습니다. 또 어떤 사물에 대한 기억은 그 사물

자체일 수 없습니다. 마찬가지로, '여러분이 있다'는 기억은 여러분일 수 없습니다. 몸이 하나의 형상을 가졌다는 여러분의 기억은 여러분일 수 없습니다. 여러분의 의식은 위대함의 본질을 가졌고, 신과 여신들의 이름이 붙여졌습니다. 저는 그것을 스승의 두 발이라고 부릅니다. 그 안에 흡수되면 여러분이 그것의 광대한 성품을 압니다. 명상자에 대해 명상하십시오. 그를 자각하십시오. 그의 친존에서만 명상이 가능합니다. "나는 잠자리에 있다", "나는 게으르다"고 할 때, 그 앎을 가지고 있는 것은 누구입니까? 몸입니까, 의식입니까? 의식이라는 불길이 타고 있는 것은 몸의 즙汁이라는 연료 때문입니다.

음식-몸이 준비되면 개인적 영혼이 나타납니다. 그 안에서 의식과 생기가 동시에 나타납니다. 그것들이 없으면 어떤 움직임도 없습니다. 음식-몸의 형태가 그 개인적 영혼의 형상으로 간주됩니다. 의식의 힘은 형상의 크기와 성품, 그리고 음식 즙(음식 기운)의 성질에 달렸습니다.

여러분의 의식을 신으로 여기고 그것의 두 발을 붙드십시오. 늘 그것에 주의를 기울이십시오. 여러분이 모양도 없고 형상도 없는 의식이도록 하십시오. 어떤 사원에 굳이 갈 필요는 없습니다. 그 사원은 여러분 안에 있기 때문입니다. 만일 여러분의 의식이 없다면 신이 무슨 가치가 있습니까? 여러분은 여기서 자신이 순수한 의식이라는 말을 들어 왔습니다. 그 지知를 조심해서 지키십시오. 여러분의 궁극의 성취는 델리에 가는 것과 같습니다. 자, 여러분은 델리에 대해서 들었을 뿐이고, 델리는 멀리 있습니다. 그곳에 가야 합니다.

만일 달리 아무것도 가능하지 않다면, 최소한 깨어나자마자 생시의 상태를 숭배하십시오. 밤에 잠자리에 들기 전에는 합장을 하고 잠에 순복하십시오. 여러분이 여기서 들은 모든 단어를 기억하십시오. 여러분의 의식이 신이라는 온전한 자각을 가지고 세상에서 행동하십시오. 그러면 여러분이 처한 상황이 바뀔 것이고, 모든 장애와 어려움이 제거될 것입니다. 신을 깊이 숭배하는 사람은 모든 세간적 문제에서 벗어나 있는 신의 성질들을 자신의 내면으로 끌어옵니다. 매일 오랜 시간 명상이나 만트라 염송을 하면, 시간이 가면서 앞길이 더 분명해질 것입니다. 가정 문제를 최소화하거나 거기서 벗어나고 싶은 사람은 신을 숭배하거나 신에 대해 명상해야 합니다. 여러분의 세간적 행복은 지속될 수 없지만, 진아의 기쁨은 영구적입니다.

여러분의 심장 속에 있는 것은 지성으로 이해할 수 없어도, 신은 그것을 압니다. 내적인 신을 위해서만 살아야 합니다. 그는 여러분의 믿음과 내적인 순수성에 따라서 여러분을 섬깁니다. 신이 전 세계를 제어하고 관리하는데, 여러분이 필요로 하는 것들이 신에게는 사소합니다. 여러분은 몰라도 여러분의 의식은 일체를 압니다. 여러분이 무슨 주장을 하든, 찌뜨라굽따(Chitragupta)36)는 여러분의 모든 행위를 사진 찍습니다. '찌뜨라(chitra)'라는 단어는 '그림(사진) 형태를 한'의 뜻이고, '굽따(gupta)'는 '비밀스럽다'는 뜻입니다. 그래서 찌뜨라굽따는 모든 사람에 대한 비밀스러운 지知를 하나의 사진 형태로 기록하는 자라는 의미입니다. 여러분은 남들을 속일 수 있을지 모르나, 가장 미세한 세부사항도 내적인 영혼 안에서는 유지됩니다. 우리는 완전한 지知와 자유가 있기 전까지는, 자신이 한 행위에 기초해 고통 받을 수밖에 없습니다. 신을 숭배하면 여러분의 고통을 최소화할 수 있지만, 그 나머지는 겪어야 합니다. 세상에서 행위하는 동안은 그 (행위의) 결과들이 여러분의 외상장부에 기록된다는 것을 기억하십시오. 순수한 내적 존재에게는 어떤 고통도 없습니다. 심장 속에 신에 대한 **자각**을 가지고 사는 사람은 어떤 어려움에도 직면하지 않습니다. **진인**과 친교하면 모든 불행이 끝납니다. 그런 제자는 바로 이번 생에, 자신이 **이스와라**라는 확신을 계발합니다. 만일 홀로 있는 곳에서

---

36) *T*. 힌두 신화에서 Chitragupta는 사람들의 생애 중의 모든 행위를 기록해 두는 자이다. 그 사람이 죽으면 **죽음의 신** 야마는 그 기록에 따라 그를 천당이나 지옥으로 보낸다.

여러분이 자신의 참된 성품을 형상 없고 빛나는 의식으로서 명상하면, 실제로 여러분 자신이 어떤 형상도 없다는 것을 알게 될 것입니다. 몸의 모든 활동은 생기에 의해 이루어지며, 여러분 곧 의식은 한 주시자일 뿐입니다. 어떤 활동도 그것에는 접촉조차 하지 못합니다. 자신을 몸으로 여기고 오물 속에 머무르는 것이 여러분의 실수입니다. 아침의 그 생시 상태가 여러분이 창조한 것입니까? 그것은 자연발생적으로 일어나지 않습니까? 여러분은 몸이 자신의 형상이라고 상상하면서 고통을 겪습니다. 몸이 더러운 것들로 가득하기는 하나, 그것은 여러분 내면의 빛으로 인해 빛납니다. 여러분 안의 그 빛은 색상이 없는데, 그것은 '여러분이 있다'는 사랑입니다. 자기사랑은 신의 한 형상입니다. 여러분의 성품을 몸이 없다(bodyless)고 여기면서 세상에서 행위하십시오. 여러분이 무엇을 좋아하는 것은 자신의 빛나는 성품을 위한 것이어야 합니다.

누가 신이며, 어떻게 신인지에 대해 질문을 하는 여러분의 의식 그 자체가 신입니다. 신인 것이, 여러분의 그릇된 믿음으로 인해 여러분에게는 하나의 개인적 영혼으로 보입니다. 신은 몸이 아닌 사람들(자신을 몸으로 여기지 않는 사람들)을 돕습니다. 이 도움은 청하지 않아도 옵니다.

여러분이 자신의 존재를 의식하게 되는 어떤 이유가 있습니까? 마찬가지로, 죽음에 대해 어떤 이유가 있을 수 있습니까? 몸은 언제라도 떨어져나갈 수 있으니, 지금 여러분의 의식을 최대한 선용하십시오.

제가 일체를 아는 것은 저의 스승님이 저와 함께하시기 때문입니다. 그분이 계시지 않다면 제가 이야기를 할 수 있습니까? 의식이 저의 스승 아닙니까? 신에게 천 가지 이름이 있을지는 모르나, 그는 우리의 형상입니다. 그것이 존재하기에 제가 세계를 경험할 수 있는 '그것'에게 저는 순복해 왔습니다. 이런 이해를 가지고 스승의 말씀을 따르는 사람에게, 무슨 욕구가 있겠습니까? 여러분의 의식이 구루데바의 형상입니다.

여러분 안의 신이 속박되어 있는 것은 여러분이 자신을 몸과 동일시하기 때문입니다. 무수한 헌신자들 중에서, 한 사람이라도 신을 그 속박에서 벗어나게 할 수 있는 사람이 있습니까? 무엇이 헌신을 있게 하며, 무엇에 대한 헌신입니까? 여러분의 의식이 그것을 있게 하지 않습니까? 여러분이 자신의 의식을 숭배합니까, 그것이 여러분을 숭배합니까? 여러분이 숭배합니다. 왜냐하면 여러분은 자신을 몸으로 여기기 때문입니다. 신 안에는 이원성이 없습니다. 여러분이 하나의 형상을 받아들이기 때문에 나뉨이 있습니다. 몸이 머물러 있든 사라지든, 마치 죽음이란 아예 없는 것처럼 행동하십시오. 자신은 형상이 없고, 변상들에서 벗어나 있고, 허공 자체보다 더 순수하다는 것을 확고히 하십시오. "나의 의식, 곧 나의 존재의 느낌은 신의 한 형상이다. 나는 몸에 한정되지 않고, 우주보다도 더 큰 허공을 점유하고 있다"고 말하십시오. 여러분의 스승만큼이나 위대한 여러분의 의식을 숭배해야 합니다.

49. 모두가 의심으로 가득 차 있다

1978년 8월 15일, 화요일

여러분의 이름은 여러분이 받아들여 보존해 온 것입니다. 이스와라라는 이름은 몇 개의 알파벳으로 이루어져 있는데, 그에 대한 어떤 사진도 있을 수 없습니다. 그것은 한 마을의 이름과 비슷합니다. 이스와라가 우주와 같다는 말의 증거는 무엇입니까? 유일한 증거는 여러분의 의식, 혹은 여러분의 자기사랑입니다. 여러분이 자신의 개념을 이스와라라고 이름 붙였습니다. 여러분은 자신이 읽거나 들은 것들의 기억에 대한 어떤 관념을 가지고 있습니다. 모든 개념들은 여러분의 의식의 빛 안에서 나옵니다. 신들의 이름을 포함한 여러분의 모든 이름들은 실제적 목적에는 유용합니다. 몸이나 대상들은 눈에 보이지만 그것들의 이름들은 그렇지 않습니다. 이스와라는 허공과 같고, 그의 이름은 하나의 지시물일 뿐입니다. 어떤 소리도 허공의 한 성질이고, 우리가 '이스와라'라는 단어를 말할 때 산출되는 소리는 그 특정한 신을 가리킵니다. 여러분은 자신의 존재에 대한 지知밖에 가지고 있지 않고, 그 존재를 몸으로 여겨왔습니다. 단어들에 대해서는 (무엇을 쓰면 안 된다는) 어떤 금지도 없습니다. 여러분의 존재의 느낌이 없을 때는 무엇이 있겠습니까?

여러분은 영적이지만, 드높은 진리가 무엇인지에 대해 생각해 보았습니까? 우리가 단어들을 사용할 수밖에 없는 것은 어떤 것의 정도를 가리키기 위해서일 뿐입니다. 지금 여러분이 존재하지만, 그 증거는 무엇입니까? "내가 있다"는 맛, 곧 여러분의 자기사랑이 존재한다면 그것이 증거입니다. 의식의 현현은 장마 때 풀들이 도처에 출현하는 것과 같습니다. 그것은 독립하여 존재합니다. 사랑하는 자와 사랑받는 자는 둘이 아니라 하나입니다. 의식의 근원은 우리의 존재의 느낌 이전입니다. 마음·지성·개인적 의식은 이름들이지만, 그것들은 언제 생겨납니까?

어떤 것 이전에 의식만이 있습니다. 모든 존재계 안에서 무엇이 가장 중요하며, 무엇 때문에 그렇습니까? 의식과 여러분의 자기사랑은 둘입니까, 하나일 뿐입니까? 그것들이 다르지 않다는 것을 여러분은 어떻게 압니까? 여러분이 음식을 제대로 씹을 때는 음식 먹기의 만족감이 있습니다. 그러나 여러분 안에 자연발생적으로 채워지는 것에 대해서는, 여러분에게 그것을 먹는다는 앎이 없습니다. 여러분이 하루밖에 살날이 남지 않았거나, 앞으로 백 년을 더 살게 되어 있다고 하면, 여러분은 무엇을 성취하겠습니까? (여러분에게) 어떤 뒷받침도 필요치 않은 어떤 믿음이 있습니까? 아무리 잃어버리려 해도 잃어버릴 수 없는 어떤 믿음이 있습니까? 이원성으로 인해 어떤 좋아함이 계발될 때 우리는 그것을 감정이라고 부르지만, 존재에 대한 우리의 믿음은 독립적입니다.

원래의 혹은 최초의 생각은 순수한 있음, 혹은 그냥 존재성(existence)일 뿐입니다. 그것은 무형상이며, 허공의 모습을 하고 있습니다. 그것은 말이 없는 존재의 느낌(sense of being)입니다. 의식에 대한 완전한 앎을 가진 사람이 아는 자, 지자知者(Jnata) 혹은 진인입니다. 그는 전적으로 자유롭고, 남들을 돕는 일을 포함해서, 해야 할 어떤 임무도 없습니다. 그의 존재 자체가 모두에게 가장 큰 도움입니다.

마음은 생기(prana)의 언어입니다. 여러분은 그 언어로 이야기하고 있습니까? 마음은 생기에 새겨진 인상들에 기초해 이야기합니다. 여러분의 행동은 마음에 의해 촉발됩니다. 여러분의 침묵이 가능한 한 많이 늘어나야 합니다. 여러분이 진인이 되고 나면, 자신의 생각들이 가치 없다는 것을 알게 될 것입니다. 그 자신의 제물이 되는 마음 외에, 무엇이 여러분을 압도할 수 있습니까? 무엇이 여러분에게 영향을 줄 수 있고, 어떻게 줍니까? 자식 걱정을 하는 것이 여러분입니까, 여러분의 마음입니까? 마음이 여러분을 압니까, 여러분이 마음을 압니까? 왜 여러분은 과거와, 마음이 예견하는 미래를 받아들입니까? 여러분의 존재는 몸이 있는 한에서만 알려집니다. 그렇다면 몸 안에서 무엇이 '여러분'입니까? 여러분이 마음의 언어를 받아들이는 한에서만, 마음을 자각하게 될 것입니다.

현재 여러분은 허공과 같아서 온통 비어 있습니다. 허공 안에는 어떤 구분도 없고, 따라서 여러분은 연속적이고 깊습니다. 여러분은 작지도 않고 크지도 않고, 도처에 있습니다.

말 이전에, 허공 같은 의식이 있습니다. 그것은 존재애, 곧 자기숭배를 가지고 있습니다. 어떤 말도 없을 때는 어떤 의미도 없습니다. 말 없는 것과 친교하는 어떤 경험이 있을 수 있습니까? 여러분이 무엇을 느끼든, 그것이 참될 수 있습니까? 이 모든 사기의 부모는 누구입니까? 주범이 누구입니까? 그것은 "내가 있다"는 의식(즉, 자기사랑)입니다. 왜 그것이 거짓입니까? 그것은 무無원인의 갑작스러운 경험이고, 우리와 이전에 친숙하지 않던 것이기 때문입니다.

여러분 한 사람 한 사람이 의심으로 가득 차 있습니다. 여러분의 행동은 의심에서 벗어나 있습니까? 여러분은 세간의 관행과 부합하게, 자신의 지성에 너무 많은 중요성을 부여합니다. 여러분의 존재가 지성 때문입니까, 아니면 그것이 여러분 때문에 존재합니까? 여러분은 지성 이전이라는 것을 기억하십시오. 그것이 없으면 여러분은 행복하겠습니까, 불행하겠습니까?

여러분은 잠을 자지만 그것은 여러분의 참된 성품이 아닙니다. 그것은 무지이기 때문입니다. 여러분은 이 세상에서 정말 자신에게 좋은 것이고 축복인 어떤 것을 경험해 보았습니까? 여러분이 고통 받고 있는 것은 여러분의 의식(자기사랑) 때문인데, 의식에게는 고통이 많고 쾌락은 적습니다. (깊은) 잠 속에 불행이 있습니까?

보통의 삶 속에서는 여러분이 많은 사람에게서 많은 것을 배웁니다. 그들은 선생이지 참스승이 아닙니다. 참스승만이 여러분을 의식의 기원과 친숙하게 해줄 수 있습니다. 여러분은 전 세계를 제어하고 관리하는 자(신)에 대한 이야기를 들어 왔습니다. 지금, 세계에 대한 여러분의 경험의 원인은 무엇입니까? 물론 그것은 여러분의 몸 안에 있는 의식입니다. 참스승이 그 의식의 주시자이고, 그는 제자들을 위해 의식의 비밀스러운 지식을 열어줍니다. 참스승은 지知가 아니라 초월지(Vijnana)인데, 그것은 지知를 넘어서 있다는 의미입니다. 여러분은 어떻게, 어디서 의식이 출현했는지 모릅니다. 만일 진지하게 그것을 알고 싶다면, 마음속으로 "구루, 구루"를 염하십시오. 그것은 그냥 염송이 아니라 그의 안에 흡수되는 것입니다. 만일 여러분이 스승에 대한 믿음이 있다면, 그의 말 한 마디 한 마디가 여러분에게 참되고 최고의 중요성을 가져야 합니다. 여러분은 살려는 큰 희망과 욕망을 가지고 있는데, 그것은 여러분이 자신의 존재성을 온전히 알 때까지만 지속될 것입니다.

만일 여러분이 의식의 호의를 얻으면, 그것을 '신을 기쁘게 하기'라고 합니다. 주안점은 단절 없이 의식을 자각하는 것입니다. 그것이 의식을 순수하게—무념으로—유지하는 것입니다. 보통은 그것이 어렵지만, 스승에 대한 확고한 믿음이 있으면 아주 쉬워집니다. 여러분이 좋고 나쁜 것들을 경험하게 되는 원인인 이 의식은, 매우 강력하고 아주 풍요롭습니다. 깊은 잠 속에서는 여러분이 어떤 외부 도움 없이도 독자적으로 휴식을 취합니다. 불행의 원인은 이원성, 곧 타자他者의 존재입니다. 스승의 말씀에 대한 확고한 믿음이 있으면 어떤 불행도 없을 것입니다. 그럴 때 여러분은 자신이 욕망하는 행복이 자기 자신의 참된 성품임을 알게 될 것입니다.

여러분의 의식은 허공보다 더 광대합니다. 그것은 텅 비어 있지만 균일하고 나눌 수 없습니다. 그 의식에 온전한 믿음을 가지십시오. 그 의식이 마음·지성·개인적 영혼을 사용하는데, 이것들은 이런저런 것을 붙들기 위해 사용되는 활동적 힘입니다. 지각성(knowingness)이 있는 한 어떤 휴식도 없습니다. 여러분이 존속하기에, 무엇을 욕망할 어떤 필요도 없을 것입니다. 여러분에게 필요한 모든 것이 의식에 의해 충족될 것이기 때문입니다. 움직일 수 있거나 움직일 수 없는 모든 자연계가 의식의 창조물입니다. 통상적으로, 우리는 어떤 사람의 갈망에도 끝이 없는 것을 봅니다. 만일 여러분이 자신의 의식에 전적으로 순복하면, 의식도 여러분에게 순복할 것입니다. 그것은 여러분 자신이 의식이 될 거라는 뜻입니다. 그것은 강이 바다에 합쳐져, 바다와 하나가 되는 것과 같습니다. 의식 자체로써 의식을 채우는 것이 큰 요가(마하요가)입니다. 그럴 때, 지복의 강 안에 지복의 파도들이 있습니다. 만일 신을 숭배하고 싶다면 여러분의 스승을 숭배하십시오. 그것은 스승의 말씀을 듣는 그 의식에 대한 순복을 의미합니다. 스승의 말씀을 따르고, 그 말씀대로 존재하는 것이 빠라마뜨만에 대한 최고의 헌신입니다.

50. 언제 신을 알 필요가 있는가?

1978년 8월 17일, 목요일

전혀 어떤 미래도 없다는 확신을 계발하면, 여러분의 두려움은 끝이 날 것입니다. 여러분이 곧 세계이지만, 세계는 여러분의 물음에 답을 줄 수 없습니다. 그 물음에 여러분 자신이 답해야 합니다. 안정되고 영구적인 것을 늘 찾으십시오. 다른 이해理解는 전혀 중요하지 않습니다. 주시하기(witnessing)에 두 단계가 있습니다. 주위의 모든 것에 대한 주시하기가 의식에게 일어납니다. 그러나 의식 그 자체를 주시하는 자가 있습니다. 이 주시자는 이야기를 하지 않습니다. 말과 그 의미는 아무 가치가 없다는 것을 분명하게 이해하는 자는 침묵을 지킵니다. 여러분이 이런 말을 들으면 지知를 얻지만, 진인과의 친교는 무한한 고요함을 안겨줍니다. 그 삿상이 모든 생각과 사변思辨을 해소합니다.

세계는 여러 가지 분야에서 지知로 가득 차 있지만, 진정한 지知는 진아에 대한 지知입니다. 우리가 무엇인지를 분명하게 보아야 합니다. 우리는 우리의 존재를 알게 되는데, 그것이 무엇이며 어떻게 존재하는지를 알아내야 합니다. 언제 신을 알 필요가 있습니까? 그 필요는 우리가 있다는 것을 우리가 안 뒤에야 일어납니다. 우리는 원초적 신을 알기 전에 우리 자신을 알아야 합니다. 제 말은, 우리의 의식을 알아야 한다는 뜻입니다. 우리가 존재할 때만 우리가 신과 세계의 존재에 이릅니다. 여러분은 어떻게 존재합니까? 그것은 여러분의 의식 때문입니다. 우리의 의식을 알고 우리가 무엇인지를 아는 것이 진아 깨달음입니다.

우리는 무엇이 진리이고 비진리인지, 곧 영구적인 것과 무상한 것, 안정된 것과 불안정한 것이 무엇인지를 알아야 합니다. 그것을 위해서는 우리의 의식을 브라만으로 숭배해야 합니다. 여러분의 스승에 대한 헌신이 있어야만 그렇게 할 수 있습니다. 그것은 스승으로서의 의식에 순복할 때만 옵니다. 이와 같이 진아지를 위해 순복하는 사람은 스승이 됩니다. 여러분의 형상은 몸이 아니라 몸 안의 더없이 귀중한 의식입니다. 이런 말들을 따르면 여러분 자신이 진인이 될 것입니다.

여러분이 바잔(bhajan)을 하고, 만트라를 염하고, 명상을 해서 성취할 수 있는 것에는 한이 없습니다. 만약 어려운 상황에 처해 있다면, 스승에 대한 아라띠(aarati)를 하는 것을 잊지 마십시오. 그것으로 여러분의 문제가 해결되게 되어 있습니다. 스승에 대한 헌신은 제자에게 큰 힘을 줍니다. 참스승이 여러분 안에 역동적 브라만의 씨앗을 뿌렸습니다. 만트라를 자각하고 있는 것도 명상입니다. 스승에 대한 헌신이야말로 여러분 자신이 스승이 되는 가장 쉬운 방식입니다. 그렇다 해도, 관계들과 소유물에 대한 집착은 하나의 장애물이 됩니다.

여러분의 의식이 신, 곧 냐나데바(Jnanadeva)라는 가장 큰 신입니다. 그 신과 별개의 어떤 개인도 상상하지 마십시오. 진아 깨달음을 얻고 나면, 세상의 모든 몸들을 움직이고 있는 것은 여러분의 의식이라는 것을 알게 될 것입니다. 아뜨만은 "나" 혹은 "나의 의식"을 뜻합니다. 그것은 나뉠 수 없으므로, 그것이 곧 여러분이자 여러분의 의식이기도 합니다. 스승이 여러분에게 빠라마뜨만으로서의 참된 정체성을 부여했습니다. 그것을 숭배하고 그것과 하나가 되십시오. 결코 음식·의복·행복을 얻기 위해 숭배하지는 마십시오. 극소수만이 자신이 신이라는 확신을 계발합니다. 여러분의 의식이 이스와라이고, 그의 빛이 세계로서 나타납니다. 이스와라는 여러분의 일부이고, 여러분의 심장입니다. 염주를 돌리면서 이것을 염할 필요는 없습니다. 여러분의 주의는 자기 존재의 근저에 두어져야 합니다. 적절한 이해가 성장하면, 무엇이 영구적이고 무엇이 무상한지를 자연발로적으로 알게 될 것입니다.

여러분의 의식을 "구루데바, 구루데바"로 기억하여, 여러분 자신이 그것에 값할 만한 사람이 되게 하십시오. 몸은 여러분의 형상이 아니라 신을 숭배하기 위한 도구라는 확신을 가지십시오. 세간에서 행위할 때 늘 스승의 말씀을 기억하고, 끊임없이 자신이 진아임을 자각하십시오.

세계를 관리하는 것은 여러분의 의식일 뿐이며, 달리 그렇게 하는 자는 아무도 없습니다. 여러분은 신 없이 존재할 수 없고, 그는 여러분 없이 존재할 수 없습니다. 가정생활 때문에 갈피를 못 잡아 여러분의 참된 자아 상태에서 전락(퇴보)하지 마십시오. 신에게는 여러분의 의식 외에 어떤 형상도 없다는 것을 기억하고, 그런 비중으로 의식을 숭배하십시오. 이 지知는 남들에게 설하라고 드리는 것이 아니고, 여러분 자신이 자유로워지기 위해 사용하라고 드리는 것입니다.

51. 그대는 몸-형상에 한정되어 있지 않다

1978년 8월 19일, 목요일

세간의 것들을 추구하기 위해서가 아니라 여러분 자신과 함께하기 위해 의식을 사용하십시오. 그것 자체가 명상입니다. 모든 수행과 고행은 의식과 함께하기 위한 것입니다. 안정성(stability-의식과 하나가 된 상태)을 성취하기 위해서는 여러 날 동안 매일 명상해야 합니다. 여러분은 몸-형상에 한정되어 있지 않습니다. 여러분은 현현된, 일체에 편재하는 브라만입니다. 안정성을 성취하면 해야 할 일이 더 이상 아무것도 남지 않습니다. 안정성이 있으면, 묘사할 수 없는 것, 조건 지워지지 않은 것, 오염되지 않은 것이 맑아져서 열립니다. 그것이 **빠라브라만**입니다. 우리가 두려워하는 까닭은 우리에게 별개의 형상이 있다고 상상하기 때문입니다. 우리의 형상 없는 성품이 실체이고, 그 두려움은 근거가 없습니다.

스승에 대한 사랑과 헌신이 있어야 하는데, 그것을 말해주는 것은 정기적인 바잔과 아라띠입니다. 안정성을 얻으려면 명상 속으로 깊이 뛰어드십시오. 그러면 자연발로적으로 여러분 자신의 **진아**를 알게 될 것입니다. 예전에는 일이 더 힘들었지만 지금은 그것이 바뀌었습니다. 그냥 스위치만 켜면 불이 들어오고, 물이 끓고, 선풍기가 돌아갑니다. 마찬가지로, (예전의) **진인**들은 **진아 깨달음**을 위해 큰 고초를 겪었는데, 그들이 우리를 위해 그것을 더 쉽게 만들었습니다. 여러분이 여기서 들은 것, 그것이 소화된다면, 물어볼 어떤 질문이 있겠습니까?

여러분의 **의식**이 해탈을 위한 유일한 도구입니다. 그것과 친해지고, 그것을 브라만에게 내맡기십시오. 세간사와 그에 대한 기억들에 몰두해 있는 한, 여러분은 진보하지 못할 것입니다. 여러분의 실체에 대해 생각하고, (세간적으로) 여러분이 알아야 할 것에 대해서는 생각하지 마십시오. **진아**를 꽉 붙들고, 여러분의 소유물과 관계들은 붙들지 마십시오. 여러분의 **의식**이 세계 안의 만물의 중심입니다. 그것은 수억의 이름들을 가지고 있지만, 단 하나의 이름에 의해서도 오염되지 않은 채로 있습니다. 만일 그것에게 어떤 오점이 있다면, 여러분이 늘 (세간적) 지知로 가득 차 있었을 것입니다. 이름들은 실제적 목적을 위해, 그리고 의사소통과 이해를 더 잘 하기 위해 붙여집니다. 여러분은 자신의 이름을 참되다고 여기고, 그래서 자기 이름에 대해 어떤 비난을 들으면 화를 냅니다. 만일 여러분의 이름에 대해 자부심이 없으면 아무 문제가 없습니다.

해탈은 "내가 있다"의 접촉에서 벗어나는 것입니다. 이름과 형상이 없는 상태가 궁극의 진리입니다. 의식이 어떤 형상으로 출현하는 것을 탄생이라고 합니다. 이것은 모든 살아 있는 형상에게 해당되며, 심지어 주 브라마에게도 해당됩니다. 여러분의 의식을 기쁘게 하는 것이 브라만 전체를 기쁘게 하는 것입니다. 다른 모든 언어적 지(知)는 아무 쓸모없습니다. 의식을 가장 잘 활용하는 것은 의식 자체와 함께하는 것입니다. 여러분은 그러기는커녕 지금까지 다른 것들에 주의를 기울여 왔습니다. 바그완 스리 크리슈나는 그의 의식의 비밀을 알고 있었습니다. 이는 그가 자신의 의식을 기쁘게 했고, 그 의식이 그에게 그가 하고 싶은 어떤 말도 할 수 있게 해주었다는 뜻입니다. 그에게 도전할 수 있는 사람은 아무도 없었습니다.

만일 여러분이 어떤 사람에 대해 굉장히 행복감을 느끼면 여러분은 그에게 뭐든 줄 수 있습니다. 그렇다면, 만일 내가 나 자신에게 흡족하면 어떤 일이 일어나겠습니까? 여기서 제 말은, 마음·지성 혹은 개인적 의식을 즐겁게 한다는 의미가 아닙니다. 제 말은 현현물(의식)만을 의미합니다. 비진리(마야)가 권력을 손에 넣어 하나의 위협 요인이 된다는 것이 놀랍습니다. 여러분의 의식이 무한한 세계들의 큰 원인입니다. 여러분의 헌신은 의식을 즐겁게 하기 위한 것일 뿐입니다.

52. 있는 그대로, 자연스럽게 머무르라

1978년 8월 23일, 수요일

감정에 의해 여러분의 마음이 끌리는 모든 요인들은 (결국) 사라질 것입니다. 여러분의 유년기는 자연스러운 과정 속에서 사라졌습니다. 그에 대해 아쉬움이 있습니까? 그와 마찬가지로, 여러분은 자신의 신과 함께 사라지게 되어 있습니다. 그러면 아무것도 남지 않을 것입니다.

여러분에게 드린 만트라의 힘이 일어날 때는, 심오한 말들이 여러분의 입에서 나올 것입니다. 그것이 만트라의 힘입니다. 진아 깨달음은 그 단어의 형상을 취하고, 그것이 흐르기 시작합니다. 여러분은 거기서 아무 역할도 하지 않습니다. 만트라를 규칙적으로 염하면 그 힘이 내면에서 자라나, 스승으로서의 여러분의 정체성이 이제 더 가까워졌다는 것을 보여줍니다. 사람들은 헌신을 가지고 있고 그들의 스승을 사랑하지만, 지知 요가(Jnana Yoga)를 깨달으려는 성향은 없습니다. 신에 대한 헌신은 있으나, 지知에 대한 헌신이 없습니다.

마음의 감정들은 지속되지 않습니다. 그것들은 원숭이의 장난과 비슷하기 때문입니다. 그러나 아뜨만으로 인한 감정들은 안정적입니다.

개인적 영혼은 자신의 존재가 눈에 보이는 세계에 의존한다고 믿습니다. 그러나 사실은 그와 다릅니다. 세계에 대한 경험이 그에게 의존합니다. 우리의 참된 성품은 지각될 수 없는 것이어서, 우리가 그것을 지각하지 못합니다. 누구에게나 최초의 경험은 이스와라("내가 있다")에 대한 경험이지만, 그것은 모르는 사이에 일어납니다. 여러분이 몸이라고는 결코 말하지 마십시오. 여러분은 영속적이고 파괴 불가능한 것이며, 그것은 어떤 창조도 필요로 하지 않습니다. 살아 있는 어떤 존재의 수명도 그것의 의식이 지속되는 동안입니다. 어떤 종류의 경험도 없던 그곳으로 돌아가서 안정되게 머무르십시오. 우리가 현상계 속에서 우리 자신을 탐색하면, 우리의 몸과 이름을 이용하는 신을 만나게 됩니다. 신 이후에 절대자가 옵니다. 신을 숭배하는 사람들이 많이 있지만, 자신의 참된 존재를 발견하려고 애쓰는 사람은 찾기 어렵습니다. 모든 것의 중심에 이스와라가 있는데, 그는 전 우주를 자연발로적으로 점유하고 있습니다.

구도자가 자신을 몸이라고 믿으면 영속적인 것을 깨달을 수 없습니다.

만트라를 염하고 고행을 한들 무슨 소용 있습니까? 무심無心(no-mind)의 상태를 너무 중시하지 마십시오. 그것은 술을 마시거나 깊은 잠 속에서도 일어납니다. 그 상태를 아는 자는 누구입니까? 꾼달리니(Kundalini)의 깨어남과 삼매는 구도자에게 기적을 행할 능력을 주지만, 그것은 **진아 깨달음**에 아무 소용이 없습니다. 진정한 소득―지복과 사랑―은 보편적 **의식**이 되는 것입니다. 우리가 앞으로 나아가면, 자기 존재의 원인과, 그것에 어떤 일이 일어나는지를 알게 됩니다. 그러면서 우리는 **무상삼매**無相三昧(Nirvikalpa Samadhi)를 얻는데, 거기서 존재와 비존재가 해소됩니다. 그럴 때 우리는 우리가 있다는 것을 모릅니다. 그 상태에서는 주시하기도 없습니다. 다른 삼매들은 궁극의 단일성으로 이어지지 않습니다.

이제 여러분은 한 인간으로만 머물러 있으면 안 됩니다. 우리는 저 **빠라브라만**인데, 그것은 불사이고, 파괴 불가능하며, 태곳적이고, 완전합니다. 그것을 데려올 수는 없고, 그것이 올 수도 없습니다. 그것은 영구적인 것이고 우리 자신의 참된 **자아**이기 때문입니다. 거기서는 우리가 해야 할 어떤 새로운 것도 없고, 데려올 아무것도 없으며, 가서 (그것을) 만날 어떤 곳도 없습니다. 우리는 그것에게 문을 열어주기만 하면 됩니다. 자연스럽게 있는 그대로 머무르되, 한 인간으로서 머무르지는 마십시오. 주안점은, **스승**을 모방하지 말고 그의 **진아**를 붙들라는 것입니다. 지성이 **진아**인 척 행동하는 것은 아무 쓸데없습니다. 그것(자연스러운 머무름)은 자연스러운 과정 속에서 자연발로적으로 살아가는 것입니다.

53. 노력으로는 신을 발견할 수 없다

1978년 8월 24일, 목요일

인간들만 종교를 필요로 합니다. 어떤 사람은 자신이 무슬림이라고 여기고, 어떤 사람은 자신이 힌두라고 여깁니다. 그러나 어떤 종교 이전에는 그가 어떻게 있었습니까? 세간의 전통들이 우리를 속박합니다. 꽃들이 오래가지 않듯이 이 전통들도 유한한 존재성을 갖습니다. 만약 한 마을의 모든 사람이 무슬림이면 그 땅도 그 종교의 것입니까? 흙, 물, 불, 공기, 허공이 어느 종교에 속하는 것을 자랑스러워합니까? 어느 종교에 속해 있다는 자부심은 그릇된 것입니다.

여러분의 **의식**은 5대 원소를 짜서 얻는 즙汁 한 방울과 같습니다. 우리는 그것을 해(sun)라고 부릅니다. 5대 원소 모두가 음식 즙 안에 있을 수밖에 없습니다. (마라티어로) 아르까(arka)는 정수(essence)를 뜻하는데, '해'라는 뜻도 있습니다. 해는 우리의 '존재의 빛'이기도 합니다. 그 빛 안에, 무한한 시대의 무한한 세계들에 대한 사진들이 있습니다. 여러분은 특정한 한 몸으로서의 여러분 위에서 만들어진 인상들을 자랑스러워합니까? 어떤 때는 우리가 (남들과) 싸우는데, 그것은 싸움이 우리의 마음에 나타났기 때문입니다. 그 근저에 있는 것은 무엇입니까? 자신을 자각하지 못하던 사람이 자각하게 됩니다. 그 사람이 근저에 있습니다. 언제부터 이 **자각**이 나왔습니까? 그 숫자는 여러분의 현재 나이를 말해줍니다. 자, 문제는 누가 자신의 **존재**를 자각하게 되었느냐는 것입니다. 존재하지 않던 사람이 자각하게 된 것입니까? 아니면 이미 존재했지만 그것을 알지 못한 사람입니까? "내가 있다"는 이 기억이 **마야**인데, 그것은 **환**幻을 의미합니다. 우리의 무지는 거기서 시작됩니다.

질문: 우리는 시작이 없고 무한하다고 합니다. 그러나 이 말은 **의식**이

하는데, 의식은 거짓입니다. 그렇다면 그 말이 어떻게 참될 수 있습니까?

답변: 우리의 참된 성품 안에서는 어떤 의식도 없습니다. 그래서 이런 질문이 일어나지 않습니다.

몸 안에 의식이 있는 한 삶은 계속됩니다. 여러분의 이해理解는 서로 다를 수 있겠지요. 어떤 사람이 하는 말이 그 당시에는 옳을 수 있습니다. 여러분의 의식은 코히누르 다이아몬드(Kohinoor diamond)와 같아서, 무엇도 될 수 있습니다.37) 만일 의식이 자기가 들은 어떤 지식을 신뢰하면 그 효과가 현실로 나타납니다. 만약 여러분이 어떤 형상을 보겠다고 고집하면, 그것이 여러분 앞에 나타납니다. 여러분의 의식은 수십억 루피의 가치가 있습니다. 만일 여러분이 **크리슈나**에 대해 명상하면 그의 형상을 보게 될 것입니다. 그러나 이 모든 것은 일시적인 일입니다.

어떤 사람은 완전한 **지**知를 가지고 있다고, 완전히 깨달았다고 주장할지 모릅니다. **지**知 그 자체가 불완전한데, 완전한 **진인**의 의미가 무엇입니까? **주 비슈누**가 여기 와서 저에게 "그대는 무엇을 지껄이고 있는가?"라고 물을 수 있습니까? 그것은 불가능합니다. 왜냐하면 그의 작업은 오래 전에 끝났고, 그는 더 이상 존재하지 않기 때문입니다.

브라만을 알게 되면 남는 것은 **빠라브라만**입니다. 여러분이 이미 존재하는 곳에 여러분이 갈 수 있습니까? 공간은 도처에 있습니다. 그래서 그것은 한 곳에서 다른 곳으로 갈 수 없습니다. 인간들은 자신들을 서로 다른 종교에 속하는 개인이라고 여깁니다. 그러나 모든 종교에 공간·생기·불은 동일합니다. 참된 종교는 **진아**의 종교이며, 그 **진아**를 알아야 합니다. 한 순간에 일어날 수 있는 일이 한 평생 이상을 요할 수도 있습니다. 여러분은 다른 어떤 것을 알기 이전에, **여러분이 있다는 것을** 압니다. 그것은 여러분이 먼저 여러분 자신의 존재, 곧 **아뜨만**을 안다는

---

37) *T.* '코히누르 다이아몬드'는 인도 역사에서 유명한 큰 다이아몬드이다. 이런 다이아몬드 앞에 무엇을 가져가면 다이아몬드는 그것을 다각도로 반사하면서 그것처럼 물들어 보인다.

의미입니다. 이 **아뜨만**이 누구입니까? 그것은 여러분의 **의식**이고, 그것은 형상이 없습니다. 그러나 여러분은 자신이 몸이라고 믿습니다. 여러분은 **진아**이고, 그 속으로 온갖 지知가 합일됩니다. 그러나 그것은 헌신자가 신과 하나가 될 때에만 일어납니다.

아뜨만을 숭배하지 않는 어떤 산 존재도 없습니다. 여기서 '숭배하기' 는 그들 자신을 돌보는 것을 의미하는데, 개미나 벌레조차도 그렇게 합니다. 모든 인간 몸들은 **신**의 사원입니다. 어떤 앎도 이원성 안에서만 일어날 수 있습니다. 그래서 이해를 위해, **브라만**이 **마야**와 나뉘고, 신이 헌신자와 나뉩니다. 그들은 나중에 합일됩니다. 여러분이 자기 자신을 깨달을 때, 자신이 세상의 모든 존재에게 쓸모가 있다는 것을 알게 될 것입니다. **짜끄라빠니**(Chakrapani)라는 이름은 '전 존재계를 점유하는 자' 라는 뜻입니다. 이것이 여러분의 **의식**에 대한 묘사입니다. 이런 깨달음이 있으면 이기심이 남아 있을 수 없습니다. 여러분의 모든 행위는 자신의 **아뜨만**을 기쁘게 하기 위한 바잔일 뿐입니다.

진아 깨달음을 위해서는 여러분의 **의식**에 대해 명상하거나, 아니면 그 것에 대한 바잔을 해야 합니다. 그것을 여러분의 **참스승**으로 부르십시오. 그것으로 인해 여러분이 자신의 몸과 세계를 경험하는 **그것**의 두 발을 꽉 붙드십시오. 여러분은 자기 자신의 **진아**로서의 **그것**과 관계되어 있다 는 것을 기억하고, **그것 자체**를 가지고 **그것**을 숭배하십시오. **진아**를 인 지하게 되는 것은 여러분의 **의식**을 통해서이고, **의식**은 여러분의 온전한 주목을 받을 가치가 있습니다. 이 명상은 죄와 공덕의 개념이라는 문제 에서 여러분을 벗어나게 해줄 것입니다.

54. 그대의 진아 아닌 어떤 브라만도 없다

1978년 8월 27일, 토요일

빠라브라만이 브라만에 대한 지知를 그 자신에게 베풀고 있습니다. 브라만의 말이 베다입니다. 어떤 소리의 근원에는 누군가가 있어야 합니다. 그것은 어느 누구의 소리일 수도 있습니다. 브라만이라는 단어는 브라(Bra)[=말]+흐만(hman, hami)[=존재의 느낌]으로 나눠질 수 있습니다. 그것은 존재의 느낌에서 비롯되는 단어임을 말해줍니다. 존재의 느낌 그 자체가 역동적 브라만입니다. 여러분의 존재의 느낌이 브라만의 현존을 주장하고 있습니다.

여러분의 봄(seeing) 혹은 시각은 비어 있습니다. 그것은 허공을 봅니다. 눈에 보이는 것들은 시각에 기초해 있지만, 궁극의 관찰자는 비어 있지도 않고 허공도 아닙니다. 눈에 보이는 존재계는 시각의 성질입니다. 보이는 것들은 봄에 따라 있습니다.

여러분은 몸-정체성으로 인해 여러분 자신을 자기 아닌 어떤 것(몸)으로 여겨 왔습니다. 그 결과는 여러분의 행복과 불행입니다. 여러분이 곧 '스승의 아들'이라고도 불리는 한 사람의 참된 제자입니다. 그러면 스승의 명命을 따라야 합니다. 그 명이 무엇입니까? 여러분이 어떤 예외도 없이 '존재하는 모든 것'이라고 하는 겁니다. 불충한 사람들에게만 해당되는 다른 어떤 영적인 수행도 할 필요가 없습니다.

생기가 떠나고 몸이 떨어져 나갈 때, 아뜨만은 그냥 분리됩니다. 그것은 이미 도처에 있어서, 그것이 어디로 가고 말고의 문제가 없습니다. 여러분이 그것이고, 허공이 여러분의 가장 가까운 친척입니다. 허공은 다른 모든 원소들을 순수하게 유지하는데, 허공 자체는 여러분의 의식에 의해 깨끗해집니다. 깨달은 헌신자에게는 마지막 날이 기쁨으로 충만합니다. 여러분이 자신의 **진아**를 알 때, 죽음은 여러분에게 재미있는 일일 뿐입니다. 진인에게는 **의식-지복**만이 있습니다. 여러분의 **진아** 아닌 어떤 **브라만**도 없다는 것을 기억하십시오. 참된 헌신자가 현현된 **브라만**을 숭배할지는 모르지만, 그는 **미현현자**인 **실재** 안에 자리 잡고 있습니다. 어릴 때부터 여러분에게 새겨진 인상들이 여러분의 마음을 창조합니다. 여러분이 아무리 열심히 애를 쓴들, 허공에 칠을 하거나 허공을 망가뜨릴 수 있습니까? 그렇다면 그것의 빛이 곧 허공인 **그것**에 대해 여러분이 무슨 말을 할 수 있습니까? 여러분의 **의식**이 주 냐나데바의 빛입니다.

만약 여러분이 영적인 공부에서 최고의 것을 성취하고 싶다면, 여러분 자신을 알아야 합니다. 그러나 여러분이 아는 그 무엇도 여러분과 함께 남지 않을 것입니다. 바로 이 순간 경각하고, 몸 안의 **의식**에 대한 숭배 아닌 모든 숭배를 포기하십시오. **스승**의 명을 따르는 것이 최고의 영적인 공부입니다. 최소한 **스승**의 가르침대로 하려고 노력하십시오. 누가 **사두**(Sadhu)이고, 그는 무슨 말을 합니까? 5대 원소에 접촉당하지 않고 있는 사람이 **사두**입니다. 그의 말들은 **절대자**에게서 나옵니다.

최소한 잠자리에 들 때는 여러분이 몸이 아니라고 주장하십시오. 그것이 여러분의 **스승**을 점점 더 기쁘게 할 것입니다. 그것은 어떤 맹세를 하는 것과 거의 같습니다. 여러분이 자신의 음식에 불순한 것이 가까이 오지 못하게 하듯이, 왜 **진아지**의 장애들을 없애지 않습니까? 주된 불순 요인이 무엇입니까? 그것은 여러분 자신을 몸으로 여기는 것입니다. **참스승**의 말씀은 우리의 참된 정체성을 묘사합니다. 거기에 온전한 믿음을 가지면 우리가 **브라만**으로 변모합니다.

55. 무지가 두려움의 원인이다

1978년 8월 31일, 목요일

"내가 있다"는 나의 지知 때문에, 나는 세계가 존재한다는 것을 압니다. "내가 있다"와 세계는 동시에 나타납니다. 나의 탄생이 세계를 낳는데 결정적인 것이 되었습니다. 우리는 **아뜨만**이고, 세계는 우리의 출현과 함께 출현합니다. 여러분의 몸-정체성이 확고히 떨어질 때만 이것이 분명히 이해될 것입니다. 세계가 우리 자신의 투사물이라는 사실은 극소수만이 압니다. 다른 사람들은 이미 존재하는 세계 안에 자신이 존재한다고 믿습니다. "내가 있다"는 세계를 의미하고, 세계는 "내가 있다"를 의미합니다. 나의 깨어남이 세계의 출현을 가져오는데, 그것은 내가 세계에 생명을 준다는 것을 의미합니다. 이 모든 것은 현현된 **브라만**의 정보입니다.

어떤 단어를 듣기 이전에 우리의 존재의 느낌이 존재하고 있어야 합니다. 그래서 어떤 단어도 그것 이전에 어떤 것이 존재함을 말해줍니다. 그 단어가 한계 없이 확장되면 허공이 됩니다. 우리의 모든 이야기는 허공에 저장됩니다. 그 내적인 **의식을 찌다까쉬**(Chidakash)라 하며, 그것의 위대한 빛을 **마하다까쉬**(Mahadakash), 곧 존재계의 큰 무변제無邊際라고 합니다.[38] **찌다까쉬**는 매우 미세하고, 그 안에 모든 사건의 사진들이 저장됩니다. 그래서 그것을 **찌뜨라굽따**(Chitragupta)라고 하는데, 그것은 사진들의 비밀 저장소라는 뜻입니다. 여러분이 자신의 영원한 참된 성품을 모르는 한, 지금 여러분에게 나타나는 것과 같은 사물들을 계속 보게 될

---

38) T. Chidakash는 '자각의 허공(무변제)', Mahadakash는 '세계의 허공(무변제)'이라는 뜻이며, 무변제無邊際(expanse)는 '끝없이 무한하게 펼쳐진 공간'이라는 뜻이다. 마하라지는 『아이 앰 댓』(제54장)에서 현상계를 Mahadakash, 자각의 무변제를 Chidakash, 그리고 실재를 Paramakash라고 불렀다.

것입니다. 존재하려는 여러분의 욕망이 **원초적 환**幻, 곧 헌신의 뿌리 혹은 본래적 사랑입니다. 그것 자체를 **찌다까쉬**, 곧 **자각의 무변제**(expanse of awareness)라고 합니다. 그것에서 모든 장면들이 비롯됩니다. 어떤 장면도 없는 것이 찌다까쉬의 참된 성품이라는 것을 알 때는, 어떤 장면이 소실되어도 동요가 있을 수 없습니다. "내가 **그것이다**"라고 말하지 말고, "나는 결코, 결코 존재하지 않는다"라고 말하십시오.

많은 사람들이 어떤 **마하트마**에게서 배워 설익은 상태로 있습니다. 그러나 누구도 그 자신을 배움과 배우는 자와 별개로 보지 않습니다. '나'는 모든 배움 이전이고, 배움의 도구이자 원인입니다. 여러분이 이런 이해를 가지고 있다면 그것으로 충분하고, 여러분은 이미 자유롭습니다. 배움 이전에, 이미 존재하는 자는 완벽한 질서 속에 있습니다. 만일 여러분이 계속 배우면서 배우는 자로 머물러 있으면, 거기서 어떻게 빠져나올 수 있겠습니까?

개인적 영혼은 **영원자**와 **진리**를 이해할 수 없습니다. 그래서 저는 이 몸과 저의 보편적 성품을 받아들여야 했습니다. **진인**에게는 몸의 끝이 시간의 끝입니다―환희로 충만한. (뜨고) 지는 것은 시간이지 제가 아닙니다. 저에게는 어떤 뜨고 짐도 없습니다. **의식**이 있을 때는 시간이 있습니다. 시간은 우리가 존재를 아는 것과 함께 시작됩니다. 아침과 해가 별개입니까?

결혼을 하고, 자식을 갖고, 가정에서 살되, **진아**로서 사십시오. 여러분은 일체를 포기하고, 일체를 내버릴지 모르지만, 존재하지 않는 것을 어떻게 없앨 수 있습니까? **지**知(*jnana*) 혹은 **의식**이 **원초적 환**幻인데, 이를 **냐네스와리**(Jnaneshwari)라고 합니다. **진인**(*Jnani*)은 지知를 아는 자입니다. 그는 지知가 아닙니다. 간접지는 다른 어떤 것에 대한 이야기인 반면 진아지는 우리 자신의 앎입니다. 몸의 끝이 시간의 끝인데, 우리가 그것의 주시자입니다. 그것이 여러분의 끝입니까? 우리는 몸과 생명기운을 느끼지만, 그것들은 진아를 느낄 수 없습니다. 이 문제를 단번에 아주 해결해야 합니다. 끝에 가면 생명기운이 마치 물에 녹는 소금덩이처럼 느려집니다. 그것은 진인에게 큰 환희의 사선입니다.

소위(자칭) '진인'들이 좋아하는 개념들이 그들의 속박의 원인이 됩니다. 그들은 모든 개념을 넘어서지 못했습니다. 시간이 저문다는 것은 생명기운이 저무는 것을 의미합니다. 여러분은 자신이 무엇을 기억해야 할지 미리 생각해 두어야 합니다. 여러분이 듣고 있는 저의 말은 어떤 화물化物의 산물이지 제 것이 아닙니다. 제 말은, 그것은 의식이 하는 일이라는 뜻입니다. 여러분이 무엇을 배울 때, 배우고 있는 것은 여러분의 "내가 있음" 아닙니까? 그 "내가 있음"이 사라지면 교육 받은 것도 사라지지만, 여러분은 그것을 넘어서 있습니다. 남들로부터 수집된 여러분 자신에 대한 이미지와 비교하여, 실제로 여러분인 것에 대해 생각해 보십시오. 왜 여러분 자신이 남들보다 우월하다고 상상하면서 즐거워해야 합니까? 비교하면 더 기분이 좋습니까? 행복의 더 나은 원인은 없습니까? 남들의 결점을 지적하는 것이 개인적 영혼들의 본성입니다. 그런 식으로는 여러분이 행복할 수 없습니다. 진인 뚜까람은 무지한 사람들도 "진인"으로 불러 주곤 했습니다. 여러분은 모든 사람 안에서 진인을 봅니까?

수많은 사람들 중 극소수만이 진인의 말씀을 듣는 것에서 온전한 이익을 얻습니다. 아뜨만은 우리가 인식할 수 있는 일정한 특징들을 가지고 있지 않습니다. 그런 특징을 가진 사람은 아뜨만이 아닙니다. 그러면 누가 아뜨만입니까? 자신의 있음(being)을 경험하는 자가 아뜨만입니다. 몸과 그 기관들은 도구일 뿐이지 아뜨만이 아닙니다. 사지四肢를 제어하고 신이라고 불리는 것도 아뜨만이 아닙니다. 생기도 아뜨만이 아닙니다. 생기가 모든 활동을 하며, 마음과 지성은 그것의 연장延長입니다. 온전한 믿음으로 자신의 스승을 따르는 사람은 모든 개념과 다른 진아를 깨닫습니다. 그런 복 있는 사람은 지복스러운 최후를 갖습니다.

무엇을 배우기 이전에 존재한, 여러분의 본래적 상태에 있으십시오. 우리는 우리가 인식할 수 있는 것이 될 수 없습니다. 무엇을 배울 필요가 왜 있는지를 누가 알아낸 적이 있습니까?

여러분은 **아뜨만**에 대해 생각할 수 없습니다. 어떤 이원성도 없기 때문입니다. 여러분은 여러분과 다른 것만 알거나 생각할 수 있습니다. 그래서 여러분이 **그것**인데, 여러분은 그것을 알 수 없고, 그것이 될 수 있을 뿐입니다. 여러분은 늘 '아는 자'이지, 결코 '알려지는 것'이 아닙니다. **아뜨만**은 성품상 우리가 생각해볼 수 없는 것입니다. **아뜨만**은 늘 주체이지 결코 대상이 아닙니다.

존재하지 않는 뱀에 대한 두려움이 있습니다. 뱀으로 보이는 밧줄 하나가 있을 뿐인데 말입니다. 그래서 무지가 두려움의 원인입니다. 두려움을 몰아내려고 뱀을 죽이고 말고 할 것도 없이, 실상을 이해하기만 하면 됩니다. 마찬가지로, 여러분은 아무것도 할 필요가 없고, 여러분이 들은 말들을 성찰하기만 하면 됩니다. 스승의 말씀에 대한 완전한 몰입이 있어야 합니다.

56. 그대의 의식은 미니-신이다

1978년 9월 3일, 일요일

어떤 사람을 왜 헌신자라고 부릅니까? 신에 대한 그의 전적인 헌신 때문입니다. 신을 숭배하는 다른 사람들도 있지만, 그들은 어떤 세간적 목적을 가지고 숭배합니다. 사람들은 일반적으로 그들 자신의 문제에 신경 쓰고, 극소수만이 신에 대해서 걱정합니다. 그 극소수가 **진아**를 깨달는데, 신이 그 사람의 모든 활동을 책임지고 온갖 방식으로 그를 섬깁니다. 참된 헌신에는 단 한 가지 생각만 있습니다. 그것은 신에 대한 생각입니다. (헌신자에게) 단 하나 필요한 것이 있다면, 그것은 신을 온전히 알고 신을 보는 것입니다. 그런 헌신자는 신과 하나가 되며, 그가 필요로 하는 모든 것은 자연발로적으로 공급됩니다.

주 브라마, 비슈누, 마헤쉬(Mahesh-시바)는 모두 시간이 한정되어 있습니다. 그들은 영원하지 않고, 따라서 참되지 않습니다. 그들은 **마야**의 장場 안에 있습니다. 신은 헌신자에게 그가 어떤 것이나 어떤 사람이기 이전에 무엇이 있었는지 보여줍니다. 우리의 모든 경험은 **마야**의 장場 안에 있습니다. 모든 경험들의 주시자만이 영구적입니다. 스승에게 전적으로 헌신하면 우리가 빛나는 진아로 변모합니다. 몸-정체성을 가진 사람들은 이것을 얻지 못합니다. 왜 숭배하며, 그에 필요한 소양은 무엇입니까? 여러분의 의식이면 그에 필요하고도 충분합니다. 그 의식을 신으로, 스승으로, 진아로 공경하십시오. 의식이 브라만이고, 그에 대한 **명상** 안에 일체가 들어 있습니다. 스승이나 그의 말씀에 대해서만 생각하고, 그에 대해 명상하십시오. 스승 외에 어떤 신도 없다고 말하는 사람이 참된 헌신자입니다. 그의 숭배는 비이원적입니다. 다시 말해서, 그는 현현된 혹은 현현되지 않은 신과 하나입니다. 그 신은 헌신자가 있는 곳에 있고, 그 헌신자는 신이 있는 곳에 있습니다. 이것은 여러분의 전적인 투신投身 없이는 이해될 수 없습니다. 이것은 풀타임의 분별(viveka)을 요하며, 여가시간에 하는 활동의 결과가 아닙니다. 우리가 스승의 말씀에 몰두해 있을 때는 그 말씀의 더 깊은 의미가 분명해집니다. 그 진정한 의미를 제대로 이해하면, 누구의 도움 없이도 우리가 자기충족적으로 됩니다.

신과 헌신자를 결합시키는 것은 전적인 헌신입니다. 존재의 느낌이 없을 때는 누가 무엇에 대해 '예'나 '아니오'라고 말하겠습니까? 가정에 살면서 신만 보살피는 사람이 얼마나 됩니까? 이 세간적 삶의 경험이 없다면 신이 무슨 필요가 있었겠습니까? 영적인 공부가 무슨 필요 있습니까? 아무 필요가 없지요. 만약 여러분이 이미 자신의 ·의식과 편안히 함께하고 아무 생각이나 행위도 없다면, 어떤 영적인 공부도 필요하지 않습니다. 세계와 여러분의 가정을 자각하게 된 그에 대해 명상하십시오. 한 헌신자의 의식이 신적으로 되면, 모두가 그 의식에 순복합니다. 참된 헌신자는 신만을 알고, 신은 그의 마음속에 무엇이 있는지를 압니다. 그런 헌신자는 자궁 속의 아기처럼 보살핌을 받습니다. 엄마의 젖가슴 속에 젖을 만들어내는 것은 누구입니까? 이것이 진인들의 믿음입니다. 그들은 말합니다. "우리가 이가 없을 때는 젖을 받아먹었다. 이제 그분은 우리에게 이를 주셨다. 그러니 우리에게 음식도 주시지 않겠는가?" 완전히 성취한 사람들은 그런 믿음을 가지고 있습니다. 그들은 어린아이같이 순수합니다. 완전한 믿음이 있을 때, 무엇을 구걸하여 여기서 저기로 가는 일이 있겠습니까? 무엇을 달라고 할 필요가 있겠습니까?

헌신자가 자신이 신과 하나임을 알면 겁이 없고 편안합니다. 신에 대한 여러분의 믿음에 특별한 이유가 있습니까? 여러분의 믿음이 아이 같다면 아주 좋겠지요. 그럴 때, 무엇에 대한 어떤 걱정이 있겠습니까? 우리는 자궁 속에서 우리의 존재도 몰랐지만, 그래도 우리에게 필요한 모든 것이 보살핌을 받았습니다. 헌신자도 마찬가지로 보살핌을 받습니다.

여러분이 어려움에 처해 있으면 "구루, 구루"를 염하십시오. 그 헌신 때문에, 신이 어떤 형상으로 현현하고 싶어집니다. 그렇지 않다 해도, 형상 없는 것으로부터 도움이 옵니다. 그렇다면 사람들이 이스와라를 더욱 더 숭배할 마음이 나지 않겠습니까?

여러분의 의식은 미니-신(mini-God)입니다. 여러분의 헌신이 그것을 광대하게 만들고, 브라만과 하나가 되게 합니다. 엄마가 태아를 자궁 속에서 키우고 젖을 준비하듯이, 아뜨만은 훨씬 앞서서 편의와 행복을 마련해 둡니다. 인간들은 지성과 효율 양면에서 신보다 뒤떨어집니다.

57. 이스와라가 어떻게 나를 죽일 수 있는가?

1978년 9월 10일, 일요일

선향의 향기가 상표마다 다르듯이, 모든 육신은 다른 몸들과 다르고, (그 몸의) 활동들은 세 가지 성질에 따라 일어납니다. 우리는 선하거나 악한 행위들의 결과를 겪어야 하는데, 이것을 발현업發現業(prarabdha) 혹은 운명이라고 합니다. 요가-명상(Yoga-meditation)[39]을 하면 여러분의 발현업을 알 수 있습니다. 진정한 고행은 그것 때문에 여러분이 자신의 존재를 알게 되는 여러분의 의식에 대해 명상하는 것입니다. 여러분의 의식은 우주적인(도처에 편재하는) 것이 되도록 운명 지워져 있습니다.

명상은 여러분의 의식을 자각하는 것입니다. 그것은 규칙적으로 해야 합니다. 그것이 요가입니다. 여러분이 아뜨만이 될 때 몸-정체성을 포기하면 되돌아가는 일이 없습니다. 여러분은 수십 년 전에 아이였던 기억을 가지고 있지만, 지금은 아이가 아닙니다. 여러분은 더 이상 몸이 아닌데, 다만 몸의 기억은 있습니다. 저는 몸과 무관합니다. 왜냐하면 저는 "내가 있다"가 없어도 아주 편안하기 때문입니다. "내가 있다"가 없었을 때는 이스와라도 없었습니다. 존재의 느낌이 온 것은 이스와라 때문입니다. 저는 그가 이 몸을 떠날 것임을 압니다. 그것은 제가 이스와라 이전이라는 의미입니다. 이스와라는 생기와 같다고 볼 수 있습니다. 몸-정체성을 가진 사람들에게는 이스와라가 먼저 오고, 그런 다음 그 사람이 옵니다. 순수한 사뜨와(sattva) 성질을 이스와라라고도 합니다. 그가 어떻게 저를 죽일 수 있습니까? 그는 몸을 떠날 수 있을 뿐입니다.

해탈한 뒤에는 어떤 임무도 남지 않는다는 것은 사실입니다. 크리슈나

---

39) T. 이것은 진아와의 합일(yoga)을 추구하는 자각의 수행을 뜻한다. 바로 뒤에서는 이것이 "여러분의 의식에 대해 명상하는 것", "여러분의 의식을 자각하는 것"으로 설명된다.

의 친구이자 제자였던 웃다바(Uddhava)는 그의 은총을 받고, 속박이 전혀 없다는 것을 보았습니다. 그러나 웃다바는 크리슈나에게, 해탈에 뒤따르는 '스승에 대한 헌신'을 달라고 청했습니다. 헌신이 없으면 우리의 진아지는 다른 구도자들에게 아무 쓸모가 없습니다. 그런 깨달은 사람들은 남들이 모르는 상태로 있습니다. 웃다바 같은 사람들은 살아 있는 동안 해탈했고, 오늘날까지 기억됩니다. 진아 깨달음 이후 자신이 무엇이라는 느낌이 사라질 때, 진정한 휴식과 고요함이 있습니다. 웃다바는 자신이 세상을 떠난 뒤에 잊히는 것을 원치 않았습니다. 그는 헌신을 욕망했는데, 그것이 없으면 해탈이 그 중요성을 상실하기 때문입니다. 히말라야의 개인 처소에서 해탈을 성취하는 사람들, 그들이 세간 사람들에게 무슨 소용 있습니까? 과거에 사람들에게 봉사한 위대한 왕들이 많았으나 아무도 그들을 기억하지 않습니다. 그러나 스승들의 참된 헌신자들은 여전히 숭배됩니다. 그 왕들은 대단한 시주자들이었지만, 가장 위대한 시주는 그것을 받는 사람이 베푸는 사람과 하나가 되는 진아지입니다. 우리는 진아 깨달음을 얻은 뒤라 해도 헌신을 원해야 합니다.

돌이나 흙으로 된 스승들의 상像에 대한 숭배조차도 좋은 결과를 안겨 줍니다. 그래서 스승에 대한 숭배가 필수입니다. 그의 가르침과 그 가르침의 목적이 여러분의 이름과 형상을 통해 나타날 것입니다. 크리슈나가 자신들의 아뜨만이라고 믿었던 단순한 목녀牧女들(gopis)에게는 해탈이 전혀 힘들지 않았습니다. 그들이 진아에 대해 아는 것이 뭐가 있었습니까? 이런 것이 스승에 대한 헌신의 위대함입니다.

스승에 대한 의무에서 해제되는 것은 가능하지 않습니다. 여러분은 보답으로 그에게 무엇을 드릴 수 있습니까? 기껏해야 계속 그를 숭배하고, 그의 바잔(bhajan)을 할 수 있겠지요. 만일 악기들을 쓸 수 있다면 그것도 아주 도움이 됩니다. 안 그러면 마음속으로 바잔과 아라띠를 쉽게 할 수 있습니다. 이것을 정해진 시간에 규칙적으로 해야 합니다. 왜 이런 것들을 다 합니까? 가난하지만 영적인 인도를 받기에 성숙한 사람들을 돕기 위해서입니다. 스승의 바잔을 하고 명상을 하는 것이 진정한 숭배입니다. 그것을 함으로써 여러분은 스승의 위대함을 자연발생적으로 성취합니다. 스승을 규칙적으로 숭배하는 것을 잊지 마십시오. 진아지를 갖는 것이 신을 만나는 것입니다. 여러분의 스승에게 완전한 믿음을 갖고, 그를 숭배하십시오.

58. 진아를 아는 자는 속성이 없다

1978년 9월 14일, 목요일

여러분이 사물을 있는 그대로 알 때는 새로운 안목으로 이야기를 하게 될 것입니다. (그 새로운 안목이 무엇이든) 그 이야기가 자연발로적이라는 것을 아는 것으로 족합니다. 신선하고 아름다운 꽃 한 송이가 있습니다. 그것이 어떻게 피어났습니까? 그 변화가 어떻게 일어났습니까? 그 변화 혹은 움직임이 곧 의식입니다. 그 꽃을 그토록 예쁘게 만드는 바로 그 존재성이 몸을 이용해서 이야기를 합니다. 꽃을 통해서는 그것이 이야기를 하지 못합니다. 그것은 사물들을 있는 그대로 보여줍니다. 그것은 미현현자이자 현현자이기도 한데, 이 현현자가 전체 공간을 점하고 있습니다. 여러분이 가지고 있는 것은 그것의 한 점—그 무한한 의식의 작은 한 표본일 뿐입니다. 눈에 보이지 않는 그것 속으로 여러분이 합일될지 모릅니다. 그러나 그것은 죽음이 아닙니다.

여러분의 생각은 자기 자신에 대한 여러분의 친분과 확고한 믿음에 기초하고 있습니다. 모든 산 존재들은 자신을 몸과 동일시하고, 그에 따라 행동합니다. 수백만 명 중 극소수만이 신으로서 삽니다. 우리의 음식이 생명기운을 유지하고, 생명기운은 우리가 말을 할 수 있게 합니다. 생명기운과 음식 즙이 한데 모이면 의식, 즉 브라만이 있습니다. 그것들이 없으면 우리의 존재가 현현되지 않습니다. 아뜨만은 '나'를 의미하는데, 그것은 묘사가 불가능합니다. 나무 한 그루가 자연발생적으로 자라는 것은 생명기운 때문입니다. 우리가 우리의 존재를 알게 되는 것은 의식 때문이며, 우리는 음식도 아니고 생명기운도 아닙니다. 신과 브라만에 대해 이야기하는 다른 사람들도 있지만, 그들이 이해하는 것은 다릅니다. 제가 이야기하는 것은 저 자신의 직접지에서 나오며, 그것은 세계와 그 너머에 있는 것의 교차점에서 일어납니다. 그것은 미현현자와 현현자의 교차점입니다. 이에 대한 분별(*viveka*)은 자기 머리숱을 꽉 쥐어 잡는 것과 같습니다.40) 절대자는 속성이 없으므로, 그것에 대해 무슨 이야기를 한다는 것은 드물게 있는 일입니다.

진아를 아는 자는 형상이 없고 속성이 없습니다. 몸이 지속되는 한 어떤 몸-느낌(body-sense)이 있고, 그로 인해 외부 세계에 대한 의식이 있습니다. 진인은 헌신자들에게 지知를 전수하기 위해서 그의 몸을 의식해야 합니다. 그는 어머니보다 몇 배로 더 자애롭습니다.

생각하기는 자연발생적이고 애씀이 없습니다. 생각들은 나타나기에, 또한 사라집니다. 시신을 화장하기 위해 싣고 가는 사람들의 마음속에 있는 생각은 어떤 것입니까? 그것은 모두 차분하고 고요합니다. 그것은 죽은 자의 침묵이 그들의 마음에 영향을 주었기 때문입니다. 마음은 그것이 생각하는 어떤 것이 됩니다.

여러분은 몸-정체성 때문에 자신이 행위자라는 느낌을 갖지만, 그것은 무지입니다. 여러분은 자기 자신에 대한 여러분의 관념에 따라 행동합니

---

40) *T.* 영역자에 따르면, "자기 머리숱을 꽉 쥐어 잡는다"는 말은 오래된 마라티어 속담으로 "우리의 근원을 발견하기가 매우 어렵다"는 뜻이라고 한다.

다. 그러나 그것은 참되지 않습니다. 여러분의 의식은 시간이 한정되어 있고, 그것의 지속 시간이 여러분의 수명이지만 그 또한 시간입니다. 시간은 한계가 있습니다. 사뜨와의 성질을 가진 헌신자들만이 진정한 열성 숭배자들입니다. 그들은 진리를 알았다고 주장하지 않을 것입니다. 그런 주장은 그들의 무지만 보여줄 테니 말입니다.

우리 몸 안의 의식이 우리에게 존재의 느낌을 부여합니다. 경험이란 의식의 경험일 뿐 몸의 경험이 아닙니다. 의식은 어떤 계급(caste)도 없고, 계급은 몸들에게 상상되는 것입니다. 활동들이 일어나는 것을 우리가 보기는 하지만, 실은 어떤 일도 일어난 적이 없습니다. 이 실상은 우리에게 의식이 있는 한에서만 우리가 알 수 있습니다. 진인과의 친교는 나쁜 생각들을 없애고 좋은 생각들을 데려옵니다. 그것이 삿상의 힘입니다. 진아 깨달음이 없으면 어떤 성스러움도 없고, 우리는 더러운 몸으로 남습니다. 햇빛이 지구를 정화하듯이, 진인이 함께하는 곳에서는 여러분의 삿된 생각들이 남아 있지 못합니다.

바그완(Bhagwan), 곧 빛나는 것이 무엇입니까? 그것은 우리의 의식입니다. 헌신이 있는 곳에는 참된 지知가 있고, 참된 지知는 헌신을 수반합니다. 헌신-지知가 신입니다. 몸이 그 자신을 사랑합니까, 아니면 의식이 자기사랑을 가지고 있습니까? 사랑이 헌신이고, 그것이 진아지 혹은 빠라마뜨만으로 이어진다는 것을 기억하십시오. 무지가 제거되면 참된 지知가 자유로워집니다. 그러면 헌신자가 신이 됩니다. 지금 여러분이 들은 것을 탐색해 봐야 합니다. 자신의 스승을 사랑하는 사람은 홀로 남아 그의 말씀에 몰입합니다. 여러분이 들은 것, 그것이 내면에 머무르면서 빈번하게 회상됩니까?

몸 안의 의식은 신의 한 형상입니다. 아침에 그 신을 자각할 때, 여러분의 활동이 시작됩니다. 그것은 매일 아침 여러분이 그 신의 환영幻影을 갖는다는 것, 즉 여러분 자신의 존재를 알게 된다는 것을 뜻합니다. 그

의식-신(consciousness-God)[41] 외에 누가 참과 거짓을 판정합니까? 여러분은 이런 영적인 지知를 많이 듣지만, 그 지知에 합당한 가치를 부여하지 않습니다. 만약 그런 가치를 부여하면 이내 여러분의 무한하고 한량없는 성품을 깨달을 것입니다. 몸 안의 의식이 스승의 형상이고, 또한 우리 자신의 진아입니다. 그것을 몸과 동일시함이 없이 그것을 숭배하십시오. 아침의 의식은 아주 미세하지만, 그 의식의 빛이 얼마나 위대합니까!

여러분의 의식의 가치를 알고 그것을 숭배해야 합니다. 의식의 가치를 참으로 알면서, 그것에 온전한 믿음을 가지십시오. 그래야 행복과 만족을 얻게 될 것입니다. 내적인 신에 대한 여러분의 무지는 헌신의 부족을 보여줄 뿐입니다. 스승의 말씀을 따르는 가운데, 여러분이 전능한 신임을 주장해야 합니다. 이 지知는 여러분 자신을 위한 것이지 널리 알리기 위한 것이 아니라는 것을 기억하십시오. 여러분이 아침에 깨어나면 남들이 그것을 압니다. 여러분이 깨어난 것에 대해 무슨 발표를 해야 합니까? 이것은 여러분이 무지에서 깨어날 때도 해당됩니다.

스승에게 복종하는 것 말고 최고로 중요한 것이 무엇입니까? 몸 안의 의식을 기쁘게 하면, 그 의식이 여러분의 후속 진보를 위한 다음 단계들을 자연발로적으로 결정합니다. 송아지가 음매 하고 울면 어미 소는 이해합니다. 어미 소에게 누가 사랑을 가르쳤습니까? 영적인 공부에서도 그와 비슷합니다. 여러분은 한 사람의 헌신자이지만, 자신의 의식을 신으로서 사랑합니까? 여러분이 지금 들은 대로 살거나, 그것을 실천에 옮기려고 노력하십시오.

---

41) *T*. 이것은 우리 내면의 진아와 같은 뜻이다. 앞에서는 구루데바 또는 냐나데바로도 표현하였다(133, 154, 190, 197쪽 참조).

59. 의식은 우리의 존재의 느낌을 의미한다

1978년 9월 17일, 일요일

우리의 말에는 **사라스와띠**(Saraswati)·**가나빠띠** 등 여러 가지 이름이 붙여졌습니다. 마음은 생각의 한 흐름인데, 그것을 마디야마(*madhyama*) 언어라고 합니다. 그것이 발화發話되면 바이카리(*vaikhari*) 언어라고 합니다.

우리는 **의식**처럼 형상이 없는데, 의식 때문에 모든 형상들이 움직입니다. 현현된 것은 우리가 알 수 있지만 그 앎은 형상이 없습니다. 지금 이 순간 여러분은 몸 안의 순수한 **의식**입니다. 우리의 존재의 느낌은 의식 때문에 있습니다.

화현化現이 아무리 위대하다 해도, 그 형상이 출현하기 이전에는 존재의 느낌이 없었습니다. **빠라브라만**은 자신이 존재한다는 것을 모릅니다. **라마**는 **빠라브라만**이었지만, 그도 한 **스승**에게 입문을 청해야 했습니다. 이것이 무엇을 의미합니까? 한 형상으로 출현하면 무지가 일어나고, 그것은 **스승**만이 없애줄 수 있다는 것입니다. **라마**가 **빠라브라만**인 것과 여러분이 **그것**이 아닌 것 사이에 무슨 차이가 있습니까? 모든 경우에 **빠라브라만**만이 존재하며, 문제는 무지를 없애는 것뿐입니다. **라마**의 무지는 진인 바시슈타에 의해 제거되었고, 이런 모든 이야기는 여러분의 무지를 제거하기 위한 것입니다. 신의 화현이라고 주장하는 사람들이 있는데, 그들은 자신이 부모를 선택했다고도 말합니다. 이런 말의 근거는 무엇입니까? 무지한 사람만이 그렇게 말할 수 있습니다. 탄생 이전에는 어떤 몸도 없고, 그래서 어떤 **의식**도 없기 때문입니다. 그런데 어떻게 우리가 부모를 선택할 수 있습니까?

생기가 없으면 어떤 언어도 있을 수 없는데, 몸은 생기의 음식입니다. 우리의 **의식**으로 인해 우리가 자신의 존재를 아는데, 브라만이라는 단어는 존재의 확신을 가진 그것을 의미합니다. 실은 이 존재의 느낌은 **빠라 브라만**에 속합니다. **크리슈나**가 설한 **진아**지는 우리 자신의 정보입니다. 그 정보가 우리 자신의 정보와 완벽하게 부합해 왔습니다. 우리는 **의식**으로 인해 고통 받지만, 이 벌을 주는 자 역시 **의식**입니다. **의식**이 없이 어떤 벌이 있었습니까? 저를 벌하는 것이 가능합니까? 해보십시오. 그러면 여러분 자신만 고통 받을 것입니다. 이런 말을 하려면 **진아**에 대한 확신이 필요합니다.

이스와라 혹은 생기와 친교하는 것이 고통의 주된 원인입니다. 그러나 그것을 즐거움으로 즐겨야 합니다. 여러분의 존재의 느낌 그 자체가 참을 수 없는 것이고, 여러분의 모든 활동은 그것을 최소화하기 위한 것입니다. 그것이 주의를 딴 데로 돌리면서 괴로움을 잊고 있습니다. 몸 안의 어떤 병으로 인해 내면의 **이스와라**가 고통 받습니다. 그 괴로움이 너무 심할 때 그에게 몸을 떠나라고 말하는 것, 그것은 진정한 용기를 필요로 합니다. 여러분은 그런 용기가 있습니까?

한 형상으로 출현하고 나면, 어떤 사람은 엔지니어가 되고 어떤 사람은 의사나 과학자가 됩니다. 소수의 사람은 **사두**나 **진인**이나 **요기**가 됩니다. 그러나 몸이 없으면 누가 무엇이 될 수 있습니까? 이 모든 것은 이른바 탄생 이후에만 있습니다. '탄생'이라고 불리는 것 안에 무한한 우주들이 들어 있습니다.

누구에 대해서 명상하든 여러분은 그를 깨닫게 되어 있습니다. 여러분은 어느 공간에서 꿈 세계가 창조되었는지 말할 수 있습니까? 여러분이 그것의 유일한 근원 아닙니까? 요가는 **영원자**와의 결합을 의미합니다. 그리고 나면 어떤 변화도, 어떤 전락도 없습니다.

여러분은 자신이 몸이라고 믿고, 훌륭한 웰빙(신체적·물질적 행복)을 갖기를 원합니다. 그 개념에서 벗어날 수 있습니까? 여러분 몸 안의 **의식**이 **크리슈나**의 두 발이라는 감로입니다. 혹은 그것은 **스리크리슈나 빠라마뜨**

만의 순수한 형상 혹은 그를 보는 것입니다. 그것은 여러분 자신의 참된 형상입니다. 그 참된 형상과 결합하는 것이 곧 요게스와라(Yogeshwara-요가의 신 혹은 달인)가 되는 것입니다.

몸을 움직이거나 제어하는 어떤 것 그 자체는 눈에 보이지 않습니다. 몸이 없는 그것에 귀를 기울이십시오. 그 듣는 자의 계급(caste)은 진아의 계급과 같습니다. 크리슈나의 형상으로서의 의식에 대해 명상한 사람들은 궁극적으로 그에게 합일되었습니다. 진정한 숭배는 여러분의 의식과 함께하는 것입니다. 과일과 꽃을 올리는 공양은 하나의 정신적 만족일 뿐입니다. 아뜨만을 참으로 숭배하면 어떤 마음도 없습니다.

여러분은 눈으로 많은 것을 봅니다. 그러나 눈을 감고 여러분이 보는 것 안에는 무수한 요기들이 들어 있습니다. 이것은 봄이 없이 보입니다. 이렇게 보는 것이 온전한 깨달음입니다. 모든 현자·사두·요기·진인들이 그 의식 속으로 합일됩니다. 브라마조차도 이 의식의 움직임의 표현입니다. 의식의 작은 점 하나가 지知의 바다와 맞먹습니다.

불변의 아뜨만 안에서는 그의 것과 내 것 간에 아무 차이가 없습니다. 저는 이야기를 하고 여러분은 듣고 있지만, 우리는 공히 이스와라 그 자체입니다. 그것은 제가 저 자신을 이야기하고 있다는 뜻입니다. 이스와라에게는 어떤 죄나 공덕도, 어떤 괴로움도 없습니다. 만일 여러분이 그와 하나가 아니면 여러분은 고통 받습니다. 여러분은 『기타』에서, 여러분이 순수한 브라만이라는 것을 읽습니다.

진아지를 파는 사람들은 참스승이 아닙니다. 저의 삶은 세간의 삶과 어떻게 관계됩니까? 세계는 저의 의식의 일부입니다. 여러분이 뭄바이의 일부를 누구에게 줄 수 없듯이, 신을 어떻게 주거나 받는 일은 있을 수 없습니다.

적절한 이해가 있을 때까지는 마음을 가지고 숭배해야 하고, 결국 무심無心으로 숭배해야 합니다. 참스승은 어떻게 그의 은총을 하사합니까?

진아지를 베풀어 하사합니다. 그것을 여러분 자신의 것으로 받아들여야 합니다. 진아에 대한 전적인 확신이 있어야 합니다. 분별(*viveka*)은 신적이고, 그 반대는 악마입니다. 거듭거듭 스승의 말씀에 대해 성찰하는 것은 휘젓기(churning)와 같습니다. 이 행위가 이름과 형상이라는 독毒에서 진아지를 분리합니다. 또, 분별을 사용하면서 그 독을 삼켜야 합니다.

일찍 죽을까 걱정하는 사람은 규칙적으로 스승을 숭배해야 합니다. 그러면 숭배를 위한 기간 연장을 얻습니다. 스승은 그가 베푼 만트라 안에 존재하며, 그는 또한 전 존재계를 포괄합니다. 그 만트라는 여러분의 참된 성품을 가리킵니다. 마음으로 하는 숭배는 위대함이 있습니다. 마음이 헤매다가도 스승의 두 발에 머무릅니다. 여러분은 자신이 우러르는 분에게 믿음을 가지고 있습니다. 결국 전 세계가 여러분의 숭배에 가담해야 합니다.

60. 우리는 몸 안에 있지, 몸이 아니다

1978년 9월 21일, 목요일

사람들은 자신을 몸이라고 믿으면서 (신이나 스승을) 숭배하는데, 그 몸은 서로 다른 이름들을 가지고 있습니다. 이것이 빠라마뜨만의 지복을 즐기는 것을 방해합니다. 여러분이 헌신을 가지고 이 지知를 들으면 존재와 비존재를 넘어서게 될 것입니다. 여러분의 몸-정체성이 보통의 삶에서는 물론이고 영적인 공부에서도 성공을 방해합니다. 몸이 기능할 수 있는 것은 생기 때문이고, 의식은 음식 물질에 의해 유지됩니다. 우리는 몸 안에 있지만, 몸과 같지 않습니다. 몸으로서 살면 희망·욕망·갈망이 늘어나고, 어떤 만족도 없습니다.

모든 사람은 자신이 가장 좋아하는 일을 한 특정한 신을 숭배합니다. 그의 영적인 진보는 그에 따라서 일어납니다. 여러분은 자신이 강하게 욕망하고 명상하는 것의 환영들을 갖게 되어 있습니다. 이런 환영은 큰 사랑·헌신의 결과인데, 때로는 심지어 큰 두려움의 결과이기도 합니다. 의식, 즉 이스와라 그 자체가 아니면 무엇이 이런 환영들의 원인입니까? 만일 여러분이 몸을 잊고 자신을 의식과 동일시하면 여러분의 보편적 형상을 깨달을 것입니다. 그것은 작은 씨앗이 큰 나무가 되는 것과 비슷합니다. 그러나 의식을 가지고 의식을 숭배하는 것은 극소수에게만 가능합니다. 다른 사람들은 그들의 몸으로써만 숭배합니다. 그래서 우리는 5대 원소의 장場 안에 머물러 있을 뿐, 그것을 넘어서지 못합니다. 몸 안의 의식이 우리에게 열 방향(동서남북과 각 간방 및 상하)을 볼 수 있게 합니다. 그것만이 여러분에게 무엇에 대해 '예'나 '아니오'라고 말할 수 있게 합니다. 의식이 여러분의 스승이라는 확고한 믿음을 가지십시오. 믿음 없이 듣기만 하는 것은 소용이 없습니다.

어릴 때부터 받은 인상들이 여러분의 생기에 작용하는 효과가 여러분의 마음을 만들어냅니다. 마음과 지성(intellect)은 형상이 없는데, 어떻게 그것들을 아는 자—아뜨만—에게 형상이 있을 수 있습니까? 자신이 형상을 가졌다고 믿는 것은 무지일 뿐입니다. 몸과 마음, 잠과 생시를 아는 그 지성적 의식, 그것을 어떻게 한 인간이라고 부를 수 있습니까? 단지 그것의 가치가 인간들에게서 정점에 도달해 있을 뿐입니다. 그들은 지성을 가졌기 때문입니다. 스스로 빛나는 신이 인간 몸 안에 살고 있습니다. 인간 몸 안의 그 의식이 우리의 성품입니다. 여러분은 보통의 세간적 활동을 해야 하지만, 여기서 들은 것을 자각하십시오. 만약 한 순간이라도 이 지知를 여러분 자신의 체험으로 만들면, 그것으로 여러분이 해탈하는 데 충분할 것입니다.

4대 원소의 활동은 다섯 번째 원소인 허공을 손상할 수 없습니다. 그렇다면 그것의 빛이 허공인 의식이 어떻게 불순수해질 수 있겠습니까? 저는 순수한 허공입니다. 저는 형상이 없기에, 어떤 탄생이나 죽음, 완수해야 할 어떤 임무도 없습니다. 몸의 어떤 죄와 몸의 어떤 활동도 무형상이고 불변인 아뜨만을 건드릴 수 없는데, 이 아뜨만의 표현이 곧 의식입니다. 만일 여러분이 허공을 검게 만들려 하면 손만 검어질 것입니다. 아뜨만이 없으면 여러분의 모든 움직임이 그칠 것입니다. 누가 우리를 인도할 수 있습니까? 우리는 진인들만 따라야 하고, 그들이 하라는 대로 해야 합니다. 부모님들이 여러분에게 이름을 지어주었고, 여러분은 평생 그것을 이용합니다. 사실 여러분이 그 이름과 무슨 상관이 있습니까? 그 이름이, 그 이름을 아는 자에게 해당이 됩니까? 제가 브라만이나 스승이라고 하는 그것이 누구입니까? 그는 여러분을 아침에 깨어나게 하는 그것입니다. 깨어나기 이전에는 여러분이 남자도 아니고 여자도 아닙니다. 깊은 잠과 삼매 속에서는 그런 문제가 일어나지 않습니다.

참스승의 말씀을 듣고 그 성스러움으로 자신을 단 한 번이라도 채우는 사람, 그 사람의 몸과 아뜨만은 일순간에 신성해집니다. 그럴 때 그가 앉아 있는 곳은 성스러워집니다. 그러면 어떤 순례성지를 방문할 필요도 없습니다. 여러분의 진정한 친구인 아뜨만을 결코 잊지 마십시오.

자신이 남자나 여자라는 것은 몸의 한 기억일 뿐이고, 기억하는 자는 하리(신)입니다. 하리는 다름 아닌 우리의 의식입니다. 여러분이 무엇을 하든, 여러분의 욕망은 결코 끝나지 않을 것입니다. 여러분의 의식은 생기라는 말을 타고 달리고 있습니다. 만약 생기가 사라진다면 어떻게 되겠습니까? 아뜨만에게는 어떤 오고감도 없습니다. 여러분이 생기입니까? 만일 그것이 사라지면 여러분도 그것과 함께 사라집니까? 스승의 말씀을 빈번하게 명상해야만 이것을 제대로 이해할 수 있습니다. 여러분은 형상 없는 아뜨만이라는 스승의 말씀을 자각하십시오. 이것이 여러분을 생사

윤회에서 구해줄 수 있습니다. 이것은 따르기에 아주 간단하지만, 만약 이것을 잊어버리면 확실히 손해를 봅니다. 여러분의 개념들이 여러분이 자유로워지는 것을 용납하지 않을 것입니다.

아뜨만은 최고의 언어로도 묘사할 수 없습니다. 분명하게 이해하려면 듣는 **자**의 두 발을 붙드십시오. 진정한 붙들기는 손으로 붙드는 것이 아니라 **진아**에 대한 확신을 갖는 것입니다. 여러분은 자신이 남자나 여자라는 앎을 붙들기 위해 손을 사용한 적이 있습니까? 참된 헌신자가 어떻게 늘 **스승**의 두 발을 소유하며, 어떤 형상과 관계로 소유하는지를 분명히 이해할 것입니다.

스승에 대한 헌신이 탄생과 죽음을 해소하지만, 아무도 중요시하지 않던 그의 이름이 이제 많은 사람들을 끌어당깁니다. **시바·라마·크리슈나**가 무엇입니까? 그것은 깨달은 자들의 이름일 뿐이고, 그래서 최대의 중요성을 갖습니다. 의식에 대한 **지**知는 아주 어려운데, 그것이 범부들을 **진인**으로 변모시킵니다. 존재계 안에는 많은 가능성들이 있고, 그 어느 것도 **아뜨만**을 구속하지 않습니다. 여러분의 **의식**을 자신의 형상으로 확고히 붙드십시오. 생기가 떠날 때 어떤 고통이 있습니까? 죽은 물고기·새·짐승들은 사람들이 즐기는 맛있는 음식의 일부가 됩니다.

의식의 빛은 곧 만족의 빛을 의미합니다. 그것은 불빛과 다릅니다. 불은 나무를 태우지만 그 자신을 태우지는 않습니다. 마찬가지로, **아뜨만**에게는 어떤 오고감도 없습니다. **스승**의 말씀을 따르면, 여러분의 모든 나쁜 생각과 습관들이 여러분을 떠날 것입니다.

61. 어리석은 개념들을 버리고 고요히 있으라

1978년 9월 24일, 일요일

꿈은 우리의 존재의 느낌에서 비롯됩니다. 우리가 있다는 것을 우리가 알 때, 우리는 공간과 그 안에 있는 세계도 봅니다. 여러분은 오래된 요새들과 고대의 세계가 여러분 이전이라고 말하지만, 모든 것은 여러분의 존재성 이후일 뿐입니다.

명상을 하십시오. 그러나 그것을 어떻게 합니까? 갑자기 출현한 존재성에 주의를 기울이십시오. 달리 아무것도 하지 않고 그것을 그냥 지켜보아야 합니다. 여러분의 꿈과 같이, 생시 상태도 하나의 환幻입니다. 여러분이 있다는 것을 알 때에만 다른 것들도 있습니다. 그렇지 않습니까? '있다'는 것은 병들어 있다는 것인데, 여러분은 무소부재無所不在한 신, 무소부재한 **아뜨만**과 **이스와라**에 대한 이야기를 듣습니다. 이 그림 같은 세계는 하나의 병든 상태의 모습입니다. 그것은 아주 짧은 시간 존재하고 아무 실재성이 없습니다. 여러분이 이 병을 인식하면, 여러분이 유일한 **진리**입니다. 원초적인 병의 상태는 여러분이 '여러분이 있다'는 것, 곧 현현된 **브라만**(의식)을 알기 시작할 때입니다. 여러분의 참된 성품은 형상 없고 속성 없는 **진아**인데, 그것은 **의식**을 넘어서 있습니다. 만일 이 전 세계가 불완전하다면 무엇이 진정으로 완전합니까? 불완전함을 아는 자가 완전합니다. 열려 있는 이 지知를 깨닫는 자, 그는 오염되지 않고 생각으로 헤아릴 수도 없는 **그것**과 일순간에 하나가 됩니다. **베다**조차도 존재와 비존재를 넘어서 있는 것을 묘사하지 못했습니다.

여러분은 **이스와라**가 행한 기적들과 헌신자들이 천상에 갔다 온 이야기를 듣습니다. 그러나 그 모든 것은 진징한 지知가 아닙니다. 만일 물이 말라서 사라지거나 불이 꺼지면 그것들이 죽었습니까? 마찬가지로, 해탈이 무엇입니까? 나타났던 모든 것은 사라졌습니다. 거짓이 진리 안에 있을 곳이 있습니까? 모든 어리석은 개념들을 떠나 고요히 있으십시오.

질문: 마하라지, 저희가 이 아쉬람을 방문하는 것이 필요합니까?

답변: 만일 그대들이 모든 욕구를 넘어섰다고 확신한다면 여기 올 필요가 없지요. 크리슈나는 아르주나에게 아주 짧은 시간 내에 지知를 전수했는데, 그것을 어디서 베풀었습니까? 스승이 독특했고, 듣는 이도 그러했습니다. 참스승 없이는 신에게 시작도 끝도 없다는 것을 아는 자, 그런 사람은 그 상태를 성취합니다. 제자는 자신의 참된 정체성이 정확히 스승의 말씀 그대로라는 것을 부단히 기억해야 합니다. 스승은 그 자신을 묘사했을 뿐입니다. 일체가 끝날 때, 남는 것이 여러분의 진아입니다. 참스승을 한 인간으로 숭배하는 이들은 자신들의 물질적 이득을 위해서 숭배하는 것일 뿐, 진아지를 얻고자 그러는 것이 아닙니다. 5대 원소가 사라질 때 남는 자가 참스승의 참된 제자입니다. 참된 제자로 나타나는 것은 빠라마뜨만 그 자체입니다. 그래서 그가 참스승과 하나됨을 느끼는 것입니다. 세계는 참스승의 본질 아닌 어떤 본질도 가지고 있지 않은 채 나타나고 사라집니다. 『바가와뜨(Bhagawat)』라는 위대한 책은 진인 자나르다나 스와미(Janardana Swami)[42]의 축복의 결과였습니다. 그 지知는 갠지스 강의 흐름과 같습니다.

참된 제자는 스승과 별개의 어떤 존재성도 가지고 있지 않습니다. 헌신에 의해 궁극을 성취한다는 것은 자기 존재의 영광됨을 안다는 것입니다. 전적인 침묵 속에서 순수한 의식 안에 안정되는 사람은 자신의 비이원적 상태를 압니다. 어떤 말보다 이전인 그것은 이것도 아니고 저것도 아니고, 어떤 것도 아니고 어떤 사람도 아닙니다. 그것에게는 존재도 없고 비존재도 없습니다. 여러분의 의식은 스승의 빛이며, 스승의 오점 없

---

42) *T.* 마하라슈트라 지방의 성자(1504-1575). 『바가와뜨』의 저자인 에끄나트의 스승.

는 성스러운 두 발이기도 합니다. 그것이 우리의 순수한 의식의 중요성입니다. 설사 여러분이 어느 때에 구걸을 해야 한다 하더라도, 여러분이 참스승의 말씀과 하나라는 것을 결코 잊지 마십시오. 보는 자가 나의 참스승입니다. 나는 보는 행위와 어떻게 관계됩니까? 그것이 진아지—곧, 나의 참되고 완전한 진아입니다.

지금 하나의 몸이 있는데, 언젠가 그것은 사라질 것입니다. 그 몸을 아는 자가 몸이나 생기에게 알려집니까? 그것은 모두 자신도 모르게 빛나고 있던 지각성에게만 알려집니다. '여러분이 있다'는 소식이, 지복·사랑·헌신으로 충만해 있는 무한한 브라만입니다. 그것은 여러분 자신의 진아로서 여러분과 관계됩니다. 듣고 있는 여러분의 의식에게, 그것을 몸과 동일시하지 않으면서 봉사하십시오. 그렇다고 해서 몸을 등한시해야 한다는 말은 아닙니다. 몸도 중요합니다. 왜냐하면 참스승의 두 발과 자기사랑이 그 안에 들어 있기 때문입니다. 우리가 알아야 할 것은 우리 자신의 참된 성품이라는 것을 알게 될 때, 그것을 진아의 지복이라고 합니다. 여러분이 자신의 참스승을 숭배할 때, 그것은 여러분 자신의 존재성을 숭배하는 것 아닙니까? 여러분의 의식의 원인은 5대 원소와 움직이거나 움직이지 않는 우주의 원인이기도 합니다. 여러분이 사물을 볼 수 있는 것은 해 때문입니다. 여러분이 무엇을 보는 것은 여러분의 의식 때문이기도 합니다. 그래서 의식을 해라고 합니다. 참스승의 성스러운 두 발에 대한 지知가 있으면 일체가 여러분에게 성스러워집니다. 만일 모든 죄악을 멀리하고 싶다면, 참스승의 두 발을 여러분 자신인 양 붙드십시오. 일체가 눈에 보이게 만드는 그것 자체는 눈에 보이지 않지만, 그것은 다른 모든 것 이전에 늘 존재합니다. 아무것도 하지 말고, 여러분의 참된 본래적 상태 안에 있으십시오. 여러분 몸 안의 의식을 숭배하십시오. 그것이 세계를 구하는 최선의 방식이니 말입니다.

누구를 위해 이 사람들은 살아가면서 그 많은 고생을 합니까? 그것은 그들이 자기 자신의 존재를 알게 되었기 때문 아닙니까? 우리가 가장 사랑하는 것은 우리의 **의식**이고, 그것을 위해 우리는 다른 모든 것도 사랑합니다. 여러분의 **자기사랑**을 위한 것이 아니면, 누구를 위해 여러분이 무수한 일들을 하고 있습니까? **의식**은 **빠라마뜨만**에게조차도 희유한 것입니다. 오랜 세월 그는 **의식**이 없었고, 그 자신의 존재성을 알지 못했습니다. 그가 자신의 존재성을 아는 것은 여러분의 **의식**을 통해서입니다. 이 큰 기회를 허비하지 마십시오. 스승의 두 발을 확고하게 붙드십시오. 여러분이 그와 하나가 되면, 최후의 떠남조차도 지복스러울 것입니다.

62. 명상은 우리 자신을 자각하기 위한 것이다

1978년 10월 8일, 일요일

우리 자신을 자각하는 것이 **명상**입니다. 그것은 우리의 참된 성품에 대한 이해를 가지고 머무르는 것입니다. 첫째, 지성이 그것을 이해하는 것이 필요한데, 그 이해가 없으면 가슴으로 그것의 가치를 인식할 수 없습니다. 세간에서 여러분은 자신이 형상이 없고 결코 몸이 아니라는 것을 기억하면서 행위해야 합니다. 몸이라는 한계가 없었을 때, 여러분이 어떻게 있었는지 압니까? 모든 영적인 **지**知는 자신이 몸이라는 무지를 제거하기 위한 것입니다. 몸은 **아뜨만**의 형상이 아닙니다. 자신이 몸이라는 느낌이 자부심을 낳습니다. 전적으로 우리의 말에 의존하고 모든 개념을 놓아버리는 사람은 일순간에 **브라만**을 깨닫습니다.

24시간 **만트라**를 염하는 것이 필요합니다. 규칙적으로 앉아서 명상하는 습관을 들여야 합니다. 매일 1분씩 보태어 그 시간을 늘려갈 수 있습니다. 습관을 들이면 모든 것이 가능해집니다. 심지어 독毒을 소화하는 능력도 계발할 수 있습니다. 여러분이 뭔가를 고집스럽게 계속해 나가면 이 세상에서 불가능한 것이 없습니다. 이것이 의식의 능력입니다. 초기 단계에서는, 즉 여러분이 무엇인지에 대한 언어적 지식도 없을 때는 사원에 가는 것이 정상입니다. 다른 많은 일들은 쉽게 일어날 수 있지만, 빠라마뜨만으로서의 우리의 참된 성품을 깨닫는 것은 아주 어렵습니다. 그토록 열려 있고 쉬운 것을 놓치는 일반적인 경향이 있습니다.

여러분이 자신을, 몸을 가졌고 해야 할 어떤 일들을 수행하는 한 인간으로 여기는 것은 무지일 뿐입니다. 의식의 한 덮개일 뿐인 몸을 자신과 동일시하는 것이 원초적 무지입니다. 우리의 의식은 '아는 자'인데, 그것 때문에 우리는 우리가 존재한다는 것을 알게 됩니다. 몸이 없이는 우리의 존재를 모릅니다. 그래서 죽음에 대한 두려움이 있습니다. 궁극적으로, 우리는 바로 의식을 아는 자이고, 우리에게는 어떤 단어도 없습니다. 다양한 세간적 활동이 진행되고 있지만, 진아지에는 그 활동들이 아무 쓸모가 없습니다. 우리는 모든 활동에서 벗어나 있고, 우리에게는 어떤 오고감도 없다는 것을 알아야 합니다. 의식을 아는 자는 불변입니다. 의식에게 알려지는 것이 무엇이든, 그것은 우리의 참된 성품일 수 없습니다. 알려지는 것은 변하지만 그것을 '아는 자'는 그렇지 않습니다. 무상한 것은 진리일 수 없습니다. 들어서 확신을 계발하는 것은 우리의 지각성이지만, 그것은 시간이 한정되어 있고 무상합니다.

우리의 의식과 친교하는 것은 이스와라와 친교하는 것과 같습니다. 그러나 그것은 지속시간이 한정되어 있습니다. 이스와라 · 의식 · 세계는 모두 시간이 한정되어 있고, 시절적입니다. 이스와라의 형상은 우주적일지 모르나 그의 수명은 유한합니다. 우리가 정말로 죽습니까, 아니면 그것은 몸이 끝나는 것일 뿐입니까? 분별(viveka)을 사용해야 합니다. 굉장히 긴 수명도 무한하다고 할 수는 없습니다. 보이거나 나타나는 것은 무엇이든 사라질 수밖에 없습니다. 그러나 진정한 '여러분'은 나타나지도 않고 눈에 보일 수도 없습니다. 그래서 여러분에게는 끝이 없습니다. 이스와라는 세계의 태양, 혹은 세계의 **아뜨만**입니다. 그러나 저는 그와 같지 않습니다. 왜냐하면 저의 참된 성품은 영구적이고, 그 안에서는 기억하기도 없고 잊어버리기도 없기 때문입니다. 저의 존재는 시간을 넘어서 있고, 시대에 한정되지 않습니다. 수백만 명 중에서 극소수만이 그것을 알 수 있습니다.

자기 자신을 몸으로 여기는 것은 순전한 무지입니다. 의식을 아는 자는 비이원적 상태에 있습니다. 그에 대해서는 어떤 주시자도 없고, 따라서 어떤 증거도 없습니다. 이런 모든 이야기를 들으면, 그저 여러분이 어디 있는지 관찰해 보십시오. 그 안에서는 생시나 꿈의 어떤 경험도 없는 우리의 참된 성품을 깨달아야 합니다. 여러분이 본 것이 무엇이든, 모두 시간이 한정되어 있습니다. 저 너머인 것은 영구적인 것입니다. 하나의 시작과 끝이 있는 여러분의 **의식**을 알지 못하면, **진아**를 깨닫지 못합니다. 순수함이 있으면 인간이 신을 향합니다. 신이란 가장 순수한 형상을 한 한 인간에 지나지 않습니다. 살아 있는 어떤 존재의 '존재의 느낌'도 그 음식-몸의 성질입니다. 자신은 몸일 수 없다는 것을 아는 것이 참된 **지**知입니다. 어떤 **의식**도 없을 때는 무엇에 대한 주시하기도 없고, 따라서 주시자도 없습니다. 금이 없으면 어떤 금 장신구도 없듯이, 음식-몸이 없으면 누구의 어떤 존재의 느낌도 없습니다.

산스크리트어 단어 '비베까(viveka)'는 영원한 것과 영원하지 않은 것 간의 분별을 의미합니다. 어떤 개념도 없는, 혹은 무엇이나 누구도 되지 않는 것이 무엇인지를 관찰해야 합니다. 조심하십시오. 왜냐하면 (마야에) 다시 사로잡히거나 싸여버릴지 모르니 말입니다. 무엇에 대해 여러분이 가치가 있다고 말하는 것조차도 피하십시오. 어떤 일이 일어나게 하거나 무엇을 성취하기는 그다지 어렵지 않지만, 그것은 **영구적인 것**, 곧 **진리**

일 수 없습니다. 만일 여러분이 자연스럽게 있는 그대로 머무르면, 여러분이 그로 인해 자신의 존재를 아는 그것을 깨달을 것입니다. 그러나 이것은 세계가 자신의 바라봄(vision) 안에서 태어난다는 것을 아는 극소수에게만 가능합니다. 다른 사람들은 자신들의 몸-형상에 매료되어 있습니다. 언짢아하지 마십시오. 용기를 가지십시오. 적절한 이해를 가지고 세간에서 행위하십시오. 그러면 실로 어떤 불행도 없다는 것을 알게 될 것입니다. 모든 산 존재가 맨 처음으로 아는 것이, 존재의 미미한 느낌 아니고 무엇입니까? 이 존재는 시간이 한정되어 있지만, 그것을 아는 자는 영구적입니다. 보이거나 나타나는 것이 무엇이든, 그것은 결국 사라집니다. 그것이 사라지는 것은 뭔가가 없기 때문입니까? 그렇지요, 그것은 의식이 저물기 때문입니다. 지각성이 침묵하게 되면 일체가 고요해집니다. 여러분은 무시간적인 것을 절대적으로 확신하고 있지만, 잠시 멈추어서 분별해 볼 시간이 없습니다.

브라만은 마음·지성 이전이고, 심지어 "내가 있다"는 말 이전입니다. 브라마사만다(brahmasamandha)43)라는 아주 골치 아픈 귀신이 있는데, 그것은 참스승만이 처리할 수 있습니다. 그 귀신은 참된 제자를 괴롭히지 않습니다. 이제 여러분은 자신이 이스와라라는 도도함을 가지고 머물러 있습니다. 일단 그와 친분을 갖게 되면 여러분 자신이 그를 넘어 있다는 것을 알게 될 것입니다. 모든 지식은 물질적 지식이지만, 여러분 자신은 그 물질이 아니라는 것을 기억해야 합니다. 의식과 현현된 것(현상계)이 무엇인지 알아야 합니다. 의식을 넘어서 있고 존재를 넘어서 있는 것은 시간도 넘어서 있습니다. 그것의 존재는 시간으로 가늠될 수 없습니다. 영구적인 진아는 시간이 가도 변치 않습니다. 그것은 형상과 색상이 없고, 무시간적입니다. 그런데 어떻게 우리가 그것을 작거나 크다고 할 수

---

43) *T.* 마하라슈트라 지역 민간신앙에서, 욕심 많은 브라민이 죽어서 된다는 귀신의 한 종류.

있습니까? 그래서 이 **진리**를 아는 자는 모든 위대함과 근기성을 놓아 버리고 작은 것 중 가장 작은 것이 됩니다. 자신을 이원성 속의 어떤 사람으로 여기는 것이 모든 불행의 원인입니다. 스승에 대해 어떤 의심을 가진 사람은 어디를 가도 결코 고요함을 얻지 못할 것입니다.

63. 만트라 염송은 그대 자신을 잊기 위한 것이다
1978년 10월 12일, 목요일

여러분은 자신의 몸에 익숙해져서 그것을 사랑합니다. 그래서 명상 중에 몸에서 벗어난 형상 없는 상태에 있는 것을 체험하면 겁을 먹습니다. 말이 곧 베다(Veda)이고, **베도나라얀**(Vedonarayan)[44]이라는 이름에 의해 **신**과 동등시됩니다. 베다들은 마음의 형상입니다. 어떤 이들은 어떤 **여신**이 어디 있는지도 모르면서 그녀의 이름을 염합니다.

아스트랄체(미세신)의 갑작스런 출현이 여러분이 존재의 느낌을 갖는 원인입니다. 그 몸은 육신 안에 숨겨져 있습니다. 그것의 성질은 '여러분이 있다'는 기억입니다. 거기서 서서히, (5대 원소에 기인하는) 다섯 가지 유형의 지知가 나타납니다. 아이가 자라듯이, **의식**이 계발되어 화현의 수준까지 성장합니다. 만일 거기서 나오는 흐름이 좋으면 그것이 올바른 방향으로 나아가겠지요.

우리의 본래적 근기성을 성취하기 위해서는 올바른 배경과 태도가 필요합니다. 그것이 사람들에게 권장되는 모든 영적 수행의 목적입니다. 여러분의 **만트라**를 염하면 아스트랄체까지 도달합니다. 허공 안에 일체

---

44) *T.* '베다인 나라야나(비슈누)', 즉 '말로서의 신'이다. 말의 큰 힘을 신과 같이 본 용어이다.

가 들어 있는데, 바깥에는 오염되지 않은 순수한 **진아**가 있습니다. 여러분의 탄생은 "내가 있다"의 출현에 불과합니다. 아스트랄체 즙(미세한 에너지)의 속성이 순수한 **의식**, 곧 우리 자신의 참된 존재입니다. 그것을 관찰하고 그에 따라 그것을 기억해야 합니다. 여러분은 자신의 탄생 이전의 허공을 보지 못했습니다. 그 허공은 아스트랄체 그 자체에서 출현하고, 그때부터 다른 모든 장면들이 뒤따릅니다.

종교적 예식들은 원치 않는 것들을 치우고 순수한 **진아**를 기쁘게 하기 위한 것입니다. 우리는 숭배하면서 조심스럽게 그런 수행의 진전을 유지해 가야 합니다. 그렇게 하면 여러분이 몸-정체성을 상실하는데, 그것은 곧 **이스와라**를 만나는 것을 뜻합니다. 그것은 마치 몸이 없는 것처럼 행위하는 것입니다. 설탕은 달고 바닷물은 짜듯이, 몸 안에 사랑이 있습니다. 기억이 있는 것은 아스트랄체 때문입니다. 그것은 다양한 장면들로 가득 차 있습니다.

신이 스승보다 더 위대하다고 여기는 제자는 진보할 수 없습니다. 진인을 찾아가는 것이 사원에 가는 것보다 훨씬 낫습니다. 여러분은 언제 한 번이라도 자신을 사두로 여깁니까? 헌신에 몰입하여 **진아**에 대한 사랑으로 충만한 채 잠자리에 드는 사람이 사두입니다. 개인적 영혼의 상태를 떠나서 본래적 영혼 속으로 합일되는 사람이 **마하트마**인데, 이것은 '큰 영혼'이라는 뜻입니다. 단어가 우리의 주된 도구입니다. 여러분이 **신**의 이름을 말할 때는 그 단어가 **신**이 됩니다. 여러분이 어떤 성지의 이름을 언급할 때는 그 단어가 성스러워집니다. **만트라**를 염하면 그것이 여러분의 언어를 통해 현현합니다. 때가 되면 여러분의 단어가 신의 단어가 될 것입니다. **스승**의 말은 변치 않으며, 그것에 대해서는 더 이상 어떤 이의도 할 수 없습니다. **스승**의 말씀의 진리성을 확신하고, 그것을 부단히 기억해야 합니다. 여러분의 행동이 여러분의 말대로일 때, 그 말들은 더 권위를 얻습니다. 그때부터 그 말은 **베도나라야나**가 됩니다. 누군가에게 상처를 주는 어떤 단어도 결코 말하지 마십시오. 무지한 사람들의 말에는 상처를 줄 수 있는 예리함이 있지만, **참스승**의 말에는 **진아**지의 예리함이 있습니다. 여러분이 **참스승**을 제대로 이해하면, 여러분의 말이 큰 권위를 가지게 될 것입니다. 그러나 여러분의 몸-정체성과 죽음에 대한 확신이 여러분을 방해합니다. 여러분의 말이 순수해지면 그것을 통해 참된 지知가 나타날 것입니다. 마음에 떠오르는 생각과 말들은 여러분의 근기성(worthiness)대로입니다. **만트라**에 대한 부단한 기억으로 인해 여러분은 원하는 환영들을 보게 될 것입니다. 그런 형상들로 나타나는 것은 생기(*prana*)의 작용입니다. 갠지스 강이 그 물에서 목욕하는 사람들을 정화하듯이, 여러분의 말은 듣는 이들의 문제들을 해소하는 힘을 갖게 될 것입니다.

먼지를 금으로 바꿔 놓는다는 것은 필멸必滅의 개인적 영혼에게 그가 불멸이라고 말해 주는 것을 의미합니다. 이것이 다양한 종교적 예식들의 주된 목적입니다. 우리는 아주 조심하면서 영적인 조언에 따라 살아야 합니다. 나쁜 습習이 최소화되는 방식으로 활동을 하십시오. 내적인 **아뜨만**에 대해 결코 하나의 몸을 상상하지 마십시오. **아뜨만**을 몸이 없는 것으로 기억하고, 일체를 **그것**에게 내맡기십시오. 신이 음식을 먹으면 여러분을 위해 잔반殘飯(쁘라사드)을 남겨줍니다. (그것을 받는) 그런 태도로 음식을 받아야 합니다. 이런 기억이 여러분을 성스럽게 만들어 줄 것입니다. 이는 우리가 먼저 신께 음식을 바치지 않고는 먹지 않는다는 뜻입니다. 음식 없이는 어떤 생기도 없고, 생기 없이는 어떤 마음·지성과 개인적 영혼도 없습니다. 우리는 음식 즙들 때문에 살아서 활동할 뿐입니다. 생기가 없다면 **아뜨만**이 어떻게 있을 수 있습니까? 생기와 **아뜨만**은 늘 한 몸 안에서 공존하며, 생기가 떠날 때는 **아뜨만**이 그것을 압니다. 스승의 조언대로 머무르는 사람에게는 죽음이 없습니다. 그 숭배자들은 **아뜨만**과 하나가 됩니다. 다른 사람들은 죽음이라는 환幻과 직면해야 합니다.

생기는 오고 가지만, **아뜨만**은 그렇지 않습니다. **아뜨만**은 허공 이전이며, 그것이 허공을 포함하고 허공을 압니다. 이것은 극소수만이 압니다. 어떤 사람들은 생기를 의식-신(consciousness-God)이라고 부릅니다. 여러분이 어떤 사람을 자신의 스승으로 받아들이면, 그를 온전히 따라야 합니다. 그러나 얼마나 많은 사람이 진정으로 따릅니까?

아뜨만이 그 스스로 모든 것이 되었습니다. 그런데 어떻게 여러분이 어떤 행위에 대한 열매를 욕망할 수 있습니까? 숭배조차도 **하리**(신) 자신이 그 **자신**에 대해 하는 것입니다. 말들은 그것 자신의 예리한 날을 획득합니다. 그래서 여러분의 말이 순수해질 때는 남들을 해할 수 있는 말을 사용하지 마십시오. 여기서 저는 24시간 **만트라**를 염하는 사람이 하는 말들에 대해 이야기하고 있습니다. 어떤 것을 욕망하면서 무엇을 억지로 하지 마십시오. 어떤 욕망도 없이, **만트라**를 정력적으로 염하십시오. 그 염송의 목적은 여러분 자신을 잊기 위한 것이어야지, 무엇을 성취하기 위한 것이어서는 안 됩니다. 그러면 모든 일이 자연발생적으로 일어난다는 것을 알게 될 것입니다. 몸을 창조하고, 그것을 교육하고 훈련하는 모든 일이 자연발생적으로 일어납니다. 자연발생적인 그 어떤 것에 대해서도 여러분이 자부심을 가질 이유가 없습니다.

64. 늘 그대의 의식을 자각하라
1978년 10월 15일, 일요일

듣는 자나 읽는 자는 내버려두고 아무것도 하지 마십시오. "나는 내 몸이다"는 무지의 한 징표입니다. 값비싼 아동복이 어른들에게 아무 소용없듯이, 몸의 괴로움은 몸 없는 자와 무관합니다. 여러분은 의식이고, 그것을 여러분의 스승으로 숭배해야 합니다. 세탁하고 난 더러운 물에서 여러분이 아무것도 기대하지 않듯이, 자신의 행위의 결과에서 아무것도 기대하지 마십시오. 의식으로서의 여러분 자신과 하나가 되십시오. 여러분은 신처럼 스스로 빛난다는 것을 기억하십시오. 그래서 여러분의 의식을 바그완(신)이라고 합니다. 여러분의 모든 활동과 가정생활은 시간 보내기나 오락을 위해 기여할 뿐입니다.

여러분이 꿈을 꿀 때는 그 세계로 나타나는 자신의 마음을 지켜보고 있을 뿐입니다. 그 모두가 거짓이기는 하나, 지켜보는 동안은 그것이 여러분에게 대단히 '현실적'입니다. 그것이 나타나는 시간 동안은 일체가 참됩니다. 만일 여러분이 도움이 절실히 필요할 때 도와줄 친구를 찾고 있다면, 자신의 의식과 친해지십시오. 그것은 결코 여러분을 실망시키지 않을 것입니다. 여러분이 지금 경험하고 있는 것은 밤 동안의 낮이지 낮 동안의 밤이 아닙니다. 무지 속에 지知가 있습니까, 아니면 그것은 지知 속의 무지입니까? 꿈 세계는 지知 속에서 보입니까, 무지 속에서 보입니까? 그것은 무지 속에 있지 않습니까? 여러분의 이 오늘도 무지 속에 있습니다. 여러분이 온 곳으로 계속 돌아가십시오. 실은 의식은 무지일 뿐입니다. 나타나거나 보이는 모든 것은 의식 속에 있기 때문에, 눈에 보이는 세계 전체도 무지입니다. 이것이 원초적 혹은 본래적 무지입니다. 이 의식이 나타나는 바탕인 그것에 주의를 기울이십시오.

어느 종교든 그것은 우리의 실생활에서의 적절한 행동을 의미합니다. 그 종교는, 행동에 대해 잘 알고 그것을 보살피는 현실을 따릅니다. 그것은 우리가 진아가 되고 진아로서 살기 위한 것입니다. 만일 지나치게 많은 부富를 가지고 있다면 그것을 좋은 일에 써야 하고, 늘 진아를 향한 도정道程에 있어야 합니다. 극소수만이 자신의 진정한 자리 혹은 거주처에 대해 생각합니다. 우리는 적절한 행동과 함께 진아로서 머물러 있어야 합니다. 여러분은 그러지 않고 하나의 몸으로서 일체를 즐기고, 진아를 잊어버립니다. 부富가 들어오면 생각이 그것을 쓰는 데만 가 있습니다. 그런데 어떻게 진아를 기억합니까? 돈이 있으면 여러분이 관능적 즐김과 영적인 공부 둘 다를 가질 수 있습니다. 그러나 대다수 사람들에게 영적인 공부는 맨 나중에 옵니다. 부富를 제대로 쓰면 영적인 공부에도 도움이 됩니다. 그러나 사람들은 찰나적 쾌락만 원하고 지속적 행복을 원하지 않습니다. 만일 진아에 대해서만 생각하면, 뿌리에서부터 나오는 온전한 지知를 가지게 될 것입니다.

몸이 지속되는 한, 매 순간이 영적인 삶을 살기에 좋고 상서롭습니다. 몸이 넘어지면 그 기회가 끝납니다. 최고의 참된 종교는―그것을 다르마라고 하는데―진아를 알려고 애쓰고, 진아로서 사는 것입니다. 여러분이 자신을 몸과 동일시하면서 무엇을 하든, 그것은 늘 불완전합니다. 자신도 모르게 점점 더 많은 것을 얻으려고 분투하게 되고, 그것을 이루기도 합니다. 그러나 그 모든 소유물을 향유하는 자가 누구인지를 알아내는 것이 중요하지 않습니까? 한 사람의 향유자로서 나의 진정한 형상은 무엇입니까? 향유하는 어떤 영구적 형상을 내가 가지고 있습니까? 영구적으로 존재하기 위한 어떤 제어력을 내가 가지고 있습니까? 나의 형상은 가장 작은 것일지 몰라도, 그것이 내 제어 아래 있어야 합니다. 이런 식으로 탐구하는 것이 존재의 최고 의미를 살아내고 알아내는 것입니다. 사람들은 부富를 축적하기 위해 그토록 많이 분투하지만, 죽고 나면 그 부가 완전히 버려집니다. 그렇다면 왜 그토록 많은 수고를 합니까? 몸이 넘어질 때 나의 '나'가 남아 있겠습니까? 사람들은 마야로 인해, 이런 식으로 생각하지 못합니다. 그런 사고를 분별이라고 하는데, 그것은 스승의 은총으로 가능합니다. 그러면 우리가 불멸의 진아를 성취합니다.

'밤'이라는 단어는 우리가 모르는 것에 대한 무지를 의미합니다. 시바의 상태에서 우리가 그것을 알게 됩니다. 시바의 떠오름은 무지에서 뜨는 것입니다. 현재 여러분의 생시 상태는 **시바**의 밤에 해가 뜨는 것입니다. 잠이 서서히 생시로, 곧 무지가 지知로 변하고 있습니다. 알려지는 모든 것은 부단히 변하지만 그것을 **아는 자**는 변치 않습니다. 그 아는 자 안에는 빛도 없고 어둠도 없습니다. 이미 여러분에게 있는 **그것**을 깨닫기 위해서는 자신의 **의식**에 순복하고 그것을 기쁘게 하십시오. 그러면 인간 삶의 네 가지 주된 목적[다르마·재산·정욕·해탈] 모두를 성취할 것입니다. 늘 여러분의 **의식**을 자각하십시오. 그것 자체가 하나의 기도입니다. **의식**의 잠재력을 믿고, 그에 온전한 믿음을 갖는 것이 **명상**입니다. 도처에서 뭔가를 찾으며 들떠 하지 마십시오. 이 **의식**의 성질은 인간적인 것이 아니라, 빛나고, 형상이 없고, 사랑으로 충만해 있습니다. 듣고 있는 것이 몸이나 귀입니까? 그것은 순수한 **의식**의 작용입니다. 이것을 기억하고 그 **자각**을 가지고 머무르는 사람은 **신들의 신**을 기쁘게 하는 데 성공합니다. 그러면 **신**이 친절해져서 그 **자신**과 그 헌신자 사이의 모든 차이점을 제거해 줍니다. 그럴 때 그 헌신자는 자신이 욕망하는 것을 얻습니다. 그러나 여러분은 아무것도 욕망하지 말고, 충만함의 느낌을 가져야 합니다. 이제 그로 인해 욕망들이 있게 되는 **그것**을 숭배하십시오. 그러면 무엇을 욕망할 필요가 없게 될 것입니다. 비이원적 숭배로써 신과 하나됨을 이루는 사람은 모든 면에서 완전해집니다. **의식**이 신인데, 그것이 우리의 모든 **자기사랑**과 우리의 존재 욕구의 원인입니다.

지知와 무지가 결합하면 둘 다 사라지고, 남는 것은 그것들의 **주시자**입니다. 그것을 **초월지**(*Vijnana*)라고 하는데, 그것은 '지知를 넘어선'의 의미입니다. 물과 음식이 있는 곳에는 개인적 영혼들이 존재하게 되어 있습니다. 점화되는 능력을 가진 여러분의 **의식**이 전 세계의 생명입니다. **의식**이 있는 한 괴로움이 있고, **의식**이 없으면 모든 것이 좋습니다. 이 모든 사랑은 삶에 대한 사랑입니다. 충만한 **진아**는 아무것도 필요로 하지 않습니다. **진아**는 도처에 있고, 그래서 어떤 움직임도 있을 여지가 없습니다. 모든 앎은 **진아** 때문에 있지만 이 **진아**는 그 자신을 알 필요가 없습니다. 극소수만이 모든 봄(seeing)의 원인인 **그것**을 봅니다.

65. 세계와 브라만은 둘이 아니다

1978년 10월 19일, 목요일

스승이 뿌린 씨앗이 한 그루 나무가 될 것이고, 여러분은 그것을 세계라고 부를 것입니다. 그러나 그것은 여러분에게 아무 소용이 없습니다. 어느 날 그것이 사라질 테니 말입니다. 여러분이 획득하는 것은 남겠지만, 여러분이 그것을 향유하기에 적합한 형상으로 존재하지 않을 것입니다. 여러분의 존재의 느낌마저도 언젠가 사라지게 되어 있습니다. 쾌락도 필요 없고 고통의 경험도 없는 것은 언제입니까? 그것은 "내가 있다"는 기억이 없을 때입니다. 여러분이 아무것도 하지 않아도 유년기와 청년기가 사라졌습니다. 마찬가지로 여러분의 개인성도 사라질 것입니다. 아무것도 영구적으로 머무르지 않을 것입니다. 여러분이 무엇을 하든, 그 무엇도 여러분에게 충만함을 안겨주지 않을 것입니다. 허기가 남겠지요. 여러분의 존재의 느낌 자체가 모든 탐욕의 원인입니다. 어떤 것을 존재하게끔 하는 것이 무엇인지, 그리고 무엇이 없으면 아무것도 존재하지 않는지를 분명하게 이해해야 합니다.

여러분의 참된 **존재**는 한량이 없습니다. 그것은 **그것**에 대한 여러분의 관념과 관계없이, 희지도 않고 검지도 않습니다. 남들이 여러분이 죽었다고 선언해도, 여러분은 자신의 죽음을 알지 못할 것입니다. 여러분의 존재성은 여러분이 좋아하든 않든 사라질 것입니다. 여러분의 욕망이나 기술이 여러분을 지금의 이 형상으로 출현하게 했습니까?

명상 중에 무無의 체험이 있을 때, 그것을 아는 자는 어떻게 있겠습니까? 개인적 영혼들은 기적에 큰 인상을 받습니다. 그러나 그것은 진정한 지知가 아닙니다. 만일 앎이 끝나면, 그것이 죽음입니까?

인간들은 많은 이름을 가지고 있지만 존재의 느낌은 모두에게 존재합니다. 그것은 가장 독보적인 것이고, 그것의 원인은 극소수만이 압니다. 그것이 탄생의 비밀입니다. 몸 안의 의식은 세계와, 세계의 생명을 의미합니다. 세계가 출현할 때, 그것은 세계 이전에 의식이 존재했음을 의미합니다. **구루데바**란, "나는 한 인간이다"라는 앎의 원인인 저 순수한 의식을 의미합니다. 인간의 형상을 갖기 이전에는 이 앎이 없었습니다.

모든 산 존재들은 살고 싶어 하는데, 그것이 그 존재의 원초적 욕구입니다. 모든 노력이 의식을 유지하기 위해 경주됩니다. 어떻게든 우리는 계속 존재해야 합니다. 우리는 우리의 의식을 유지하기 위해서 그것을 거의 숭배합니다. 그것이 우리의 최초의 사랑이고, 그 뒤에 다른 모든 것들을 사랑합니다. 우리는 우리의 의식, 지각성 혹은 **아뜨만**에 대한 직접지를 가져야 합니다. 우리의 영원한 참된 **존재**를 알기 위해서는, 마음속으로 계속 "**자야 구루**" 만트라를 염하십시오. 결국에는 이 의식이 진아 속으로 합일됩니다. 여러분이 어떤 사람의 몸을 거두어 갈 수는 있어도, 그 의식은 건드리지 못합니다.

깊은 잠 속에서는 우리가 우리 자신을 의식하지 못합니다. 그래서 우리는 휴식을 얻습니다. 휴식을 얻기 위해 어디로 가야 합니까? "나는 남자다, 혹은 여자다"는 몸과 관련한 기억입니다. 그 몸이 잊힐 때는 어떤 욕구도 없습니다.

지금 우리가 무엇인지를 모르면 우리의 참된 성품을 알 수 없습니다. 우리는 몸이 아니라 의식인데, 그것을 우리는 몸과 동일시했습니다. 이것은 지知를 요약한 것입니다. 우리가 자신을 몸으로 생각했기 때문에 우리가 개인이 되었습니다. 실은 어떤 개인도 없고 현현물(현상계)만 있습니다. 아스트랄체를 아는 사람들은 그것이 전 세계를 점유하고 있는 것을 보았습니다. 현현자 그 자체에 대해 온갖 용어가 다 붙여졌습니다. 세계와 브라만은 둘이 아닙니다. 세계는 의식의 빛이기 때문입니다. 세계를 아는 자는 의식일 뿐이고, 이 앎 또한 의식에 기인합니다.

초기 단계에서는 우리가 스승을 기억하면서 홀로 있어야 합니다. 스승과의 하나됨이 있을 때는 홀로됨이나 기억하기라는 문제가 일어나지 않습니다. 스승과 하나됨이 없으면 영적인 지知를 유지하기 어렵습니다. 많은 사두들이 요가적 삼매로 자신들의 삶을 끝내야 했습니다. 그들의 의식을 가지고 계속해 나가기 어렵다는 것을 알았기 때문입니다. 비이원적 상태에서만 이 의식이 문제에서 벗어나게 됩니다. 스승과 하나가 되십시오. 이것은 의식으로서 머무르라는 뜻입니다. 그것으로 인해 '우리가 있다'는 것을 알게 되는 그것은 빛과 같은데, 그것이 의식이고 사랑입니다. 여러분이 깨어 있는 한, 참된 지知에 대한 자각을 가져야 합니다. 아침에 깨어나서 다시 잠자리에 들 때까지, 여러분은 보이는 모든 것 이전이라는 확신을 가져야 합니다. "나는 일체의 이전이다"라는 것은 여러분이 수백 살이라는 의미가 아닙니다. 그것은 세계 이전인 존재성("내가 있다"는 의식)과 자신을 동일시하라는 뜻입니다.

여러분이 무엇을 아는 것은 의식하게 된 뒤일 뿐입니다. 이 모든 것은 불과 한 순간에 일어날 수도 있습니다. 이 가르침의 단순함은 분별을 할 수 있는 덕 있는 사람들만 이해할 수 있습니다. 만약 우리가 없다면, 무엇이 존재합니까? 여러분이 스승과 하나일 때, 그의 은총이 흐르고 여러분은 적절한 이해를 갖습니다. 그럴 때 여러분은 자신이 과거 · 현재 · 미래의 어느 때에도 결코 행위자가 아니라는 것을 알게 됩니다. 무엇을 할 필요가 없습니다.

존재의 느낌과 그것의 모든 의미가 침묵하게 될 때는, 무엇을 위해 어디로 갈 필요가 없습니다. 여러분의 지성과 그것의 모든 능력은 만족을 주지 못합니다. 필요한 것은 분별과 믿음입니다. 세계가 알려지는 것은 여러분 때문이고, 세계는 여러분 안에 거주합니다. 거미의 침에 의해 거미줄이 만들어지듯이, 세계는 여러분 자신의 빛의 창조물입니다. 그러나 여러분은 자신이 세계라는 빛 안에 존재한다고 믿는데, 그것이 여러분의 속박의 원인입니다. 실은 세계가 여러분의 빛 안에서 나타납니다.

말이나 관념들이 행위를 일으킵니다. 아스트랄체의 빈 공간 안에 있는 것이 거듭된 부름에 의해 깨어납니다. 이 아스트랄체가 무엇이며, 그것은 언제부터 존재합니까? 그것은 우리가 그로 인해 존재의 느낌을 갖게 되는 것입니다. 존재에 대한 기억이 아스트랄체의 성질입니다.

헌신자와 별개의 **신**도 없고, 신과 별개의 숭배자도 없습니다. 이 헌신자가 곧 **의식**, 혹은 태고의 신입니다. 여러분이 이것을 자각하지 못하는 것은 몸-정체성과 죽음에 대한 확신 때문입니다. 전 우주가 이 단 하나의 **의식**으로 만들어져 있고, 이것 때문에 여러분은 자신의 존재를 압니다. 규칙적으로 장시간씩 명상을 하고 있다는 것은 스승의 참된 아들이라는 징표입니다. 힘들 때는 언제든 "**구루, 구루**"를 염하십시오. 어떤 상황에서도 두려움이 없는 사람에게는 전혀 어떤 죽음도 없습니다.

66. 그대는 자신이 믿는 대로 삶과 대면한다
1978년 10월 22일, 일요일

여러분이 참되다고 믿는 것은 여러분의 귀중한 지식으로 저장됩니다. 그런 다음, 여러분의 믿음대로 경험을 얻습니다. 여러분에게 드린 **만트라**

를 계속 염하십시오. 그것에 의해 여러분이 몸이 아니라는 것을 알게 될 것이고, 여러분의 참된 성품이 분명해질 것입니다. 그 **만트라**의 부단한 염송으로 인해 생기가 기억과 결합하고, 그것이 **진아**지로 귀결됩니다. 그러나 여러분에게 기대되는 것은 열성과 자애로운 태도입니다. 염하는 것은 생기인데, 그것은 대단한 성질입니다. 영적인 공부에서는 파트타임으로 하는 어떤 것도 진보가 없습니다. 진정한 성공은 오롯하게 밀고 나가는 전적인 투신投身을 요구합니다. 우리의 모든 활동은 우리가 경청하고 흡수하는 말들에 우리가 부여하는 중요성에 따라 일어납니다.

몸은 음식 물질로 이루어지는데, 그 안에 **의식**이 있고, 그로 인해 우리가 우리의 존재를 압니다. 클로로포름 때문에 몸이 마비되는 통증이 없어져도 생기生氣는 여전히 기능합니다. **주 브라마**에서부터 가장 작은 곤충에 이르기까지 누구도 별개의 개인성을 가지고 있지 않습니다. 존재하는 것은 일정 기간 동안 존재성이 현현하는 것뿐입니다. **마야**는 무지를 뜻하는데, 그것이 두려움을 일으키고, 그 두려움이 개인적 영혼들에게 영향을 줍니다. 그 결과 우리는 말도 안 되는 어떤 것을 상상하고, 아무 이유 없이 고통 받습니다. 여러분의 존재를 위해서는 규칙적으로 음식을 공급해 주어야 합니다.

죄악에서 벗어나 있는 사람들만이 제가 말하는 것을 이해할 수 있습니다. 제가 '죄악'이라고 하는 것은 그 개념들을 의미합니다. 어떤 산 존재에게서도 우리는 존재의 느낌을 가진 생명 활동을 관찰합니다. 그러나 모든 인간들의 괴로움은 개념들로 인한 것입니다. 우리의 활동들은 무의미할 수도 있지만, 행위의 결과에 따라 고통 받아야 합니다.

여러분은 **진아 깨달음**을 얻은 뒤에야 이 **지**知를 남들과 공유할 수 있습니다. 여러분의 생각과 말들은 **의식** 안의 거품들과 같습니다. 그것은 참된 **지**知가 아닙니다. 물을 가열하면 물이 완전히 뜨거워질 때까지는 물속에 거품들이 있습니다. 그러다가 거품이 그칩니다. 완전한 존재인 **진**

인은 생각들에서 벗어나 있습니다.

　여러분이 신의 이름을 말할 때, 그것은 여러분 자신의 말입니다. 여러분은 자신의 말에 대한 믿음대로 결과를 경험합니다. 척추 안의 여섯 곳 영적 중심(차크라)에는 서로 다른 문자들이 있습니다. 그 중심들에 집중하면서 바잔을 하면 열기가 일어나는데, 그것은 결국 진아의 현현으로 귀결됩니다. 이것이 바잔의 중요성입니다. 그 말들의 의미를 점점 더 많이 이해할수록 우리는 확신을 계발합니다. 아뜨만은 코히누르 다이아몬드와 같습니다. 그것은 원하는 대로 서로 다른 형상을 취할 수 있습니다. 여러분은 자신의 개념에 따라 체험들을 얻습니다. 그 말들은 개인적 의식 속에 남아 있지만, 그것이 여러분의 생각으로서 밖으로 나옵니다.

　크리슈나가 말합니다. "나의 헌신자는 나 자신의 형상이고, 나는 그의 의식이다. 그는 자신의 최후까지 나와 친교를 가질 것임을 확신하고 있다. 그 헌신자의 의식은 사랑과 온갖 좋은 성질들로 가득하며, 그는 그것을 나의 형상으로 숭배한다." 의식은 몸의 성질이며, 우리는 그 사람의 나이, 그가 머무르는 장소와, 순간순간 그가 해야 할 다른 일들을 적절히 고려해야 합니다. 의식으로 인해 "내가 있다"는 느낌이 있는데, 몸과의 동일시가 없을 때는 그것이 브라만의 지복으로 충만해 있습니다. 그 형상은 상상적인 것이지만, '나'라는 맛은 그렇지 않습니다. 좋은 헌신자는 자신의 의식이 신이라는 것을 잊지 않습니다. 크리슈나가 자기와 그의 헌신자가 하나라고 말할 때, 그것은 둘 다 브라만이라는 뜻입니다. 우리의 의식이 이스와라 그 자체인데, 의식으로 인해 그가 자신의 존재를 의식하게 되었습니다. 의식이 없을 때는 명상을 하고 말고가 없습니다.

　사람들은 평생 동안 죽음에 대한 확신 외에 무엇을 얻습니까? 신은 위대할지 모르나, 내가 없으면 누가 그 말을 하겠습니까? 여러분은 신을 숭배한다고 말하지만 실은 여러분의 가족친지들과 소유물을 숭배할 뿐입니다. 좋은 헌신자에게는 그의 의식 자체가 스승입니다. 의식이 스승의 두 발이기 때문에, 헌신자는 그 발들 없이 존재할 수 없습니다. 그에게 는 자신의 **의식**과 별개의 어떤 **신**도 없습니다. 모든 산 존재에게서 신을 본다는 것은, 모두의 안에 있는 단 하나의 **의식**을 보는 것입니다. 신과 우리의 단일성을 깨달을 때, 우리의 모든 활동은 **브라만**에게 내맡겨집니 다. **다르마**는 행동을 뜻하고, 그것을 따르는 사람은 희망·욕망·갈망도 갖습니다. 참된 헌신자에게 진정한 **다르마**, 곧 삶의 전체 목적은 **스승**을 따르고 **브라만**을 깨닫는 것입니다.

모르는 사이에 나타난 우리의 지각성이 우리의 생시 상태입니다. 종일 이 상태가 모든 활동을 하고 있습니다. 그렇지 않습니까? 몸 없는 자만 이 이 사실을 압니다. 잠이 몸과 정체성을 잊어버리는 것 아니고 무엇입 니까? 우리에게 모든 활동을 하게 만드는 것은 몸-정체성입니다. 아침에 깨어나는 **의식**은 미미하지만, 그래도 그것을 자각해야 합니다.

스승의 말씀에 진정으로 감명 받는 사람은 일순간에 **신**이 됩니다. 여 러분의 **스승**의 말씀을 듣고 난 뒤 여러분 안의 변화는 무엇입니까? 여러 분에게 충분히 감명을 준 단 하나의 문장이라도 있습니까? 만약 그것이 어떤 사람을 **브라만**으로 변모시킨다면, 그는 어떻게 보이겠습니까? 우리 는 말들의 가치를 높이 평가하고 어떤 전통들을 따르는 데 익숙합니다. 인기 있는 교의教義의 추종자들은 앞장서서 단체들을 구성하지만, 그 교 의란 개념들일 뿐입니다.

우리는 이 존재의 느낌을 아는 자를 알아야 합니다. 그럴 때에만 일체 를 알게 될 것입니다. 화현化現마다 행동에서 남들과 다릅니다. **진인**마다 그 나름의 개념들을 가지고 있습니다. 이 모든 것이 개념들 아니고 무엇 입니까? 만일 이 모든 것을 진정으로 이해하고 싶다면, 여러분 자신의 **진아** 속으로 뛰어드십시오.

좋은 헌신자는 이 세상의 그 무엇도 나쁘거나 열등하다고 보지 않습 니다. 존재의 참된 의미를 체험하거나 깨닫는 사람은 자기가 잘났다는 모든 관념을 상실합니다. 자신의 별개의 존재성을 의식하지 않는 사람을 알라크니란잔(Alakhniranjan)[45]이라고 합니다. 그는 자기가 있는지 없는지 말하지 못합니다.

여러분의 운명을 결정하거나 설계하는 자는 아무도 없습니다. 여러분은 자신이 믿는 대로 삶을 살거나 삶과 대면해야 할 것입니다. 여러분의 상상과 믿음은 원하는 형태를 취하게 되어 있습니다. 그러니 어떤 것도 선택하지 마십시오. 여러분은 자기 자신에 대한 나름의 관념들을 가지고 있었고, 그 결과를 지금 관찰하면서 여러분에게 어떤 일이 일어나는지 볼 수 있습니다. 우리의 의식이 모든 신들의 신입니다. 그 의식에 순복하고 그것과 하나가 되십시오. 오직 그것이 되어야 합니다. 그것 없이는 여러분이 아무것도 아니기 때문입니다.

67. 진인은 세계를 그의 심장 속에서 본다

1978년 10월 26일, 목요일

여러분이 규칙적으로 장시간 **만트라**를 염하면 위대한 영혼들과 **진인**들의 환영을 보게 될 것입니다. 단어들이 그 효과를 갖듯이, **만트라**라고 하는 단어들의 집적물도 매우 효과적입니다. 여러분의 탄생은 (전해 들은) 소식일 뿐, 여러분 자신의 경험은 아닙니다. 탄생이 무엇이며, 그 원인은 무엇입니까? 여러분이 세계를 경험하는 것은 여러분의 몸 때문입니다. 몸이 있어서 **신**도 체험할 수 있습니다. 여러분은 **신**에 대해서 들었는데,

---

45) *T.* '특징이 없고(alakh) 오염이 없는 자(niranjan)'라는 뜻이다. 요가의 Nath 계열 창시자 Matsyendranath가 신을 뜻하는 용어로 처음 사용한 이후 널리 사용된 말이라고 한다.

그는 여러분의 심장 속에 거주하고 있습니다. 그것이 깔리 유가(Kali-yuga) 라고 하는 이 시대의 특색입니다. 진인은 세계를 그의 심장 속에서 봅니다. 세계의 싹은 여러분의 몸 안에 있습니다. 그 싹의 원인 또한 몸 안에 있습니다. 이것을 아는 자가 진인입니다. (헌가를 부르면서) 심벌을 두드린다고 진인이 될 수는 없습니다. 몸 안의 울부짖음이 그칠 때, 그것이 진인입니다. 인간 형상 없이는 신을 만날 가능성이 없습니다. 개인적 영혼 그 자체가 신이 될 때, 삶의 문제들이 끝이 납니다.

여러분 자신의 단어(만트라)가 여러분에게 가치가 있어야 합니다. 거기에 온전한 믿음을 가지고 있어야 합니다. 그것이 다른 어떤 것보다도 신을 더 빨리 기쁘게 할 것입니다. 여러분의 단어가 여러분에게 귀찮지 않다면, 여러분의 세계도 마찬가지일 것입니다. 여러분이 저의 말에 대해 확신을 가지면, 신을 만나러 세상을 돌아다닐 필요가 없을 것입니다. 신은 여러분의 믿음과 만트라 염송만으로도 기뻐할 것입니다. 다른 모든 영적 수행이나 활동은 아무 소용이 없을 것입니다.

여러분은 신에 대한 이야기만 들었지 그를 체험하지는 못했습니다. 신이 다른 모든 것 이전인데도 말입니다. 여러분의 직접 경험은 몸과 세계에 대한 경험뿐입니다. 이스와라는 곧 존재의 느낌인데, 그것은 음식-몸 안에도 있고, 여러분이 먹는 음식 안에도 있습니다.

우리의 지知는 정보를 의미하고, 진아지는 우리 자신의 정보입니다. 죽음에 대한 어떤 관념도 없어야 합니다. 여러분의 몸-정체성이라는 엄청난 짐이 이미 있습니다. 그러니 어떻게 죽음이 여러분에게 환幻일 수 있겠습니까? 이 지知를 들을 때는 여러분에게 어떤 임팩트와 그에 따른 변화가 있어야 합니다. 평생 계속해서 듣지만, 어떤 임팩트나 변화도 없는 사람들이 있습니다. 진리에 대한 확신이 있으면 무엇을 기억할 필요가 없습니다. 전혀 잊어버리는 일이 없기 때문입니다. 여러분은 어떤 노력 없이도 여러분이 있다는 것을 압니다. 여러분의 존재애(love to exist)도 있습니다. 몸을 보호하고 보살피면서 존재하려는 욕망은 의식에게 아주 자연스러운 것입니다.

자신에게 죽음이 없다는 것을 아는 사람을 아바두따(Avadhuta)라고 합니다. 여러분이 자신을 몸으로 여기고 보살피는 한, 죽음에 대한 두려움이 남아 있을 것입니다. 몸은 우리의 음식이 아니라 생명기운의 음식입니다. 몸의 무게는 음식 섭취 때문입니다. 음식이 없으면 생명기운이 떠나지만, 아바두따는 영향 받지 않고 남습니다. 이 진아지가 여러분에게 새겨지면 여러분이 아바두따가 되게 되어 있습니다. 그러나 여러분은 아직 그런 근기성을 성취하지 못했습니다. 그래서 이런 이야기가 여러분에게 충분히 영향을 주지 못합니다. 적합한 근기가 되려면 스승의 말씀을 고수해야 합니다. 참으로 성공하는 사람은 세간사를 관리하면서 영적인 공부를 해 나가는 사람입니다. 인간들에게서 영적으로 기대되는 것은 당시의 시대에 따라 다릅니다. 예전 시대에는 왕들도 숲속에서 살기 위해 관계들과 소유물을 포기했습니다. 그들은 음식을 해먹지 않고 탁발로 먹고 살았습니다. 지금은 상황이 변했습니다. 여러분이 자신의 몸 없는 성품을 깨달으면 개념들의 오점에서 벗어날 것입니다. 살아 있는 모든 몸들은 죽어 넘어질 것이 확실합니다. 그러기 전에 명상하여 여러분의 영적인 목표를 이루십시오. 모든 장면들은 여러분의 의식 그 자체로 이루어지는데, 그 의식을 지知(jnana)라고 합니다. 여러분의 현재 상태는 시간이 한정되어 있지만, 그것을 아는 자는 시간을 넘어서 있습니다.

세 가지 성질 모두가 결합해서 우리에게 존재의 느낌을 안겨줍니다. 아바두따가 그것의 주시자입니다. 우리는 몸-정체성을 온통 뒤집어쓰고 있다 보니 진아를 망각하게 됩니다. 그 결과, 여러분은 사이비 구루들의 의심쩍은 말들에도 도전하지 못합니다. 어쩔 수 없이 일체를 참된 것으로 받아들입니다.

생명기운이 공기나 허공 속으로 합일되고 몸이 해체되어 5대 원소에 가담할 때, 아뜨만은 어디로 갑니까? 그 순간, 그 몸을 여러분이 아니라고 물리치고 의식이 되십시오. 의식은 음식-몸의 성질인데, 그 몸은 음식과 물을 필요로 합니다. 음식이 없으면 여러분이 의식하고 있을 수 없고, 모든 생명 활동이 멈춥니다. 아뜨만은 도처에 있고, 어디로도 오고 감이 없습니다. 스승의 가르침대로 몸-정체성을 놓아 버리고 의식이 되십시오.

의식을 아는 자가 진인이며, 그는 세계를 그의 의식의 일부로 봅니다. 황색 법복과 턱수염으로 진인이 되는 것은 아닙니다. 그들은 진인처럼 보이려고 노력해야 하고, 탄로 나는 것을 두려워합니다. 여러분이 이런 이야기를 이용하여 그에 따라 살아가면, 여러분도 **아바두따**가 될 것입니다. 지금은 최소한, 마치 자신이 몸이 아닌 양 조용히 사십시오.

68. 존재의 느낌이 세계를 낳는다

1978년 11월 2일, 목요일

요가는 결합을 뜻하고, 요기는 **진아**와 하나가 된 사람입니다. 여러분이 여러분의 이름이나 그 이름을 구성하는 문자들입니까? 그 이름은 실제적 목적을 위해 여러분의 몸에 붙여집니다. 현재 그 몸이 여러분으로 알려져 있고, 여러분은 그 몸의 이름이 자기라고 말합니다. 이 모든 것은 **마야**의 장場 안에 있습니다. 순수한 **의식**은 하나의 이름이 붙여진 그 몸이 자기가 아니라고 말합니다. 만일 여러분이 그 몸과 그 몸의 이름이 아니라면, 여러분은 무엇입니까? 몸과 그 이름이 없다면 여러분은 어떻게 보이겠습니까? 여러분의 실제 이름은 무엇이겠습니까?

의식이 없이 주의(attention)가 있을 수 있습니까? 어떤 것을 기억한다는 것은 그것을 의식 속에 간직한다는 것, 또는 그것을 자각한다는 것을 의미합니다. 의식이 무엇입니까? 몸을 젖혀둘 때, 존재의 사랑 혹은 맛이라고 불리는 어떤 것이 있습니다. 몸이 아닌 어떤 사람의 욕구는 어떤 것일 수 있습니까? 그것은 존재의 기쁨을 가진 사랑일 뿐입니다. 이 기쁨은 몸 안에 있지, 몸이 아닙니다. 우리의 의식이 없다면 신이 무엇이며, 세계가 무엇입니까? 몸 안에서는 우리가 우리 자신에게 어떻게 보입니까? 우리가 곧 바그완인데, 그것은 빛이 우리의 성품이라는 것을 의미합니다. 그것은 형상이 없지만, 누구입니까? 그것은 형상이 없고 이름이 없는 그것입니다. 이 빛은 허공과 같습니다.

무엇이 먼저입니까―여러분의 의식입니까, 허공입니까? 누가 누구를 압니까? 진아를 깨닫는 사람이 마하요기(Mahayogi)입니다. 그것은 이스와라·스승·의식의 결합입니다. 세계는 우리가 자신의 존재를 안 뒤에야 태어납니다. 그런데 그 세계가 얼마나 오래가겠습니까? 우리가 깨어 있는 동안만입니다. 그러면 모든 사두와 진인들은 어디에 있습니까? 그들은 우리의 세계 안에, 그 세계가 지속되는 동안 있습니다.46)

우리의 존재의 느낌이 우리의 세계를 낳습니다. 잠 속에서는 꿈속의 존재의 느낌이 꿈 세계를 낳습니다. 그 의식은 지속적이지 않고 의식하지 못하는 상태로 변합니다. 의식의 출현은 해가 뜨는 것과 같고, 그 안에서 세계가 보입니다.

보통 사람에게는 진인이 다른 여느 사람처럼 보입니다. 성숙하고 근기가 되는 사람에게만, 그가 진아지의 하사자입니다. 우리가 우리 자신을 의식하게 될 때, 우리는 세계도 의식합니다. 어느 누가 세계를 창조했습

---

46) T. 우리가 보는 사두와 진인들(깨달은 자들)은 우리의 의식의 현현인 세계 안에 있고, 세계가 사라지면(즉, 의식이 미현현의 상태가 되면) 그들도 사라진다. 그러나 그들은 허깨비가 아니라 의식의 현현, 곧 우리 자신의 진아의 화현들이다.

니까? 우리가 의식하지 못할 때는 세계도 즉시 사라집니다. 누가 그 큰 바위들과 큰 산들을 삼켜 버렸습니까? 그 삼킴은 순조로웠습니까? 그것은 거짓이었기 때문에 아무 문제가 없었습니다. 자연발생적으로 나타난 "내가 있다"는 의식이 세계를 낳는 데 결정적이었습니다. 이 모든 것은 어떤 물질이나 장비의 필요 없이 일어났습니다.

진아지를 이용한다는 것은 그 확신을 계발하고 진아로서 사는 것입니다. 언어적 이해만으로 무슨 소용 있습니까? 여러분의 지知가 24시간 사용되어야 합니다. 이 몸이 무슨 소용 있습니까? 우리가 우리의 존재를 아는 것은 단지 이 몸 때문입니다. 여러분이 꿈을 꿀 때는, 그 속에서 여러분의 역할도 합니다. 그러나 꿈을 꾸기 이전에 그 꿈에 대한 어떤 관념을 가지고 있었습니까? 그것은 그 꿈을 보는 자가 그 꿈의 창조자이기도 하다는 의미입니다.

참된 스승만이 올바른 조언을 해줄 수 있고, 다른 사람들은 그럴 수 없습니다. 현현된 브라만은 의식을 가진 브라만을 의미합니다. 현현된 것은 결국 미현현의 속성 없는 브라만 속으로 합일됩니다. 미현현자는 묘사가 불가능합니다. 영적인 공부에서는 명상자가 명상의 대상과 하나임을 보고, 그들을 별개가 아니라고 보는 것이 중요합니다. 참스승은 불멸이고 묘사 불가능하며, 우리 자신의 항존하는 성품이기도 합니다. 우리는 그 '조건 지워지지 않고 오염 없는 것'(미현현자)을 누구도 알 수 없다고 말할 수도 없고, 그것을 알 수 있다고 말할 수도 없습니다. 몸은 의식의 음식인데, 이 의식을 아뜨만이 아니라 생명기운이 먹습니다. 모든 행동은 생기 그 자체의 것입니다. 만일 어떤 사람이 자신의 몸 없는 성품을 분명하게 이해한다면, 어떤 이익이나 손해, 혹은 기쁨이나 슬픔이 있겠습니까? 생기가 음식으로 유지될 때는 의식이 유일한 주시자입니다.

뭄바이는 어떻게 있습니까? 뭄바이의 한 줌을 여러분의 고향으로 가져갈 수 있습니까? 어떤 뭄바이도 없을 것이고, 여러분의 손 안에 약간의 흙만 있겠지요. **나라야나**(Narayana)의 경우도 마찬가지입니다. **빠라마뜨만**의 관점에서 보자면, 여러분이 먼저 오고 그런 다음 세계가 옵니다. 그러나 개인적 영혼은 그와 달리 생각합니다. **진인**은 온전하기에, 어떤 부_富도 필요로 하지 않습니다. 우리는 자신을 몸과 동일시하면서 하나의 이름을 받아들이고, 남들과 별개라고 느끼면서 그들과 경쟁합니다. 이것이 자부심을 가져옵니다. 여러분이 죽음을 두려워하는 한, 자신은 깨닫지 못했다고 확신해도 됩니다. 세계에 대한 경험 이전인 **그것**을 이해하십시오. 꿈의 상태를 예로 들면서, 제대로 분별하십시오. (사람들에게는) 이성과 함께하고 싶은 강한 욕망이 있습니다. 그런 바람들이 욕망을 수반하고, 갈망이 뒤따릅니다. 욕망이 없으면 속박이 어디 있습니까? 우리의 욕망이 우리를 속박할 뿐입니다.

'나'와 '너'가 있는 곳에는 순수한 환幻이 있습니다. 그것들이 없을 때는 순수한 **브라만**이 있습니다. 비폭력의 진정한 의미는 어느 누구의 감정에도 상처를 주지 않는 것입니다. 지금은 비폭력과 진실함을 닦아서 우리 자신을 향상시킬 필요가 있습니다. 그렇게 하면 우리의 행동도 바뀔 것입니다.

크리슈나는 **드와빠르**(Dwapar) 시대에 살았는데, 이때는 스승이 유일한 선택지였고, 그의 가르침은 최종적이었습니다. 그래서 **스승** 자신이 신 곧 **이스와라**였습니다. 스승에 의한 적절한 입문과 깨우침이 없으면 **진아 깨달음**은 가능하지 않았습니다. 우리가 실제로 잠들어 있는 동안 생시 상태를 체험한다는 것은 하나의 환幻입니다. **참스승**은 제자에게 꿈의 상태와 '내가 있음'의 원인에 대한 온전한 지知를 알게 해주는 사람입니다. 개인적 영혼의 작은 빛 속에서 전체 우주가 나타났습니다. 우리의 **참스승**은 또한 우리에게 생시와 꿈의 상태들이 동일하다는 것을 보여줍니다. 그런 다음 우리는 우리의 존재성의 성품을 알게 됩니다. **참스승**은 존재성을 아는 자이고, 그는 그것을 넘어서 있습니다. 옛날에는 읽을 만한 표준적 책들이 없었고, 심오한 영적인 법문을 들을 기회도 적었습니다. 그래서 사람들은 그들의 스승에게 완전한 믿음을 가졌습니다.

여러분이 무엇을 볼 수 있게 해주는 의식은 결국 의식의 바다(찌다까쉬) 속으로 합일됩니다. 진아지(adhyatmajnana)라는 참된 영적인 지知는 일체의 이전에도 존재했는데, 지금 우리가 그것을 다시 갖습니다. 어떤 변화들도 영구적일 수 없고, 그래서 그것은 진리일 수 없습니다. 낮과 밤은 의식 안에서 나타납니다. 우리의 참된 존재(true being)는 5대 원소와 독립해 있습니다.

진지한 사람은 진아를 깨달을 수 있지만, 몸과의 동일시가 사라져야 합니다. 몸도 아니고 그것의 이름도 아닌, 여러분의 진아에 대해 명상하십시오. 그럴 때 어떤 것이 여러분의 모습이겠습니까? 우리의 참된 존재를 자각하는 것으로 족하지 않습니까? 자신이 몸이라는 개념이 사라지면 여러분의 작업이 쉬워집니다. 의식은 순수한 사뜨와(sattva), 곧 음식 기운의 성질이고, 모든 산 존재들이 그것을 함께 가지고 있습니다. 우리의 참된 성품을 자각하기 위해서는, 마치 그러기로 맹세한 것처럼 스승의 말씀을 정직하게, 그리고 확고하게 고수하십시오. 우리는 스승이 드러내 준 것 외의 어떤 정체성도 가지고 있지 않습니다. 여러분이 누군가를 기억할 때는 그 사람의 좋고 나쁜 성질들을 회상합니다. 마찬가지로, 여러분의 스승을 기억할 때는 그의 가르침을 기억하게 되어 있습니다. 스승의 말씀의 의미가 정확히 여러분의 참된 성품입니다.

69. 스승의 말씀을 확고히 고수하라

1978년 11월 5일, 일요일

비폭력(*ahinsa*)의 진정한 의미는 마음속으로도 누구에게 상처를 주지 않는 것입니다. 우리의 태도를 바꾸기 위해서는 비폭력과 충실함을 준수해야 합니다. 그것이 우리를 서서히 변모시킬 것입니다.

드와빠르 시대의 크리슈나 당시에는 스승이 필수 요소였습니다. 스승의 가르침을 대체할 것이 없었습니다. 그래서 스승이 이스와라, 곧 신이었습니다. 진아 깨달음에 이르는 다른 지름길은 없었습니다. 우리는 잠들어 있을 때조차도 우리가 깨어 있다고 믿는데, 그것이 환幻으로 이어집니다. 참스승은 우리의 존재성의 원인을, 즉 우리가 어떻게 우리의 존재성을 알기 시작했는지를 우리에게 책임지고 보여줍니다. 우리의 꿈은 우리의 지각성과 함께 시작됩니다. 개인적 영혼의 빛 안에서 전 우주가 출현합니다. 참스승은 우리의 생시 상태가 꿈의 상태와 어떻게 다르지 않은지를 보여줍니다. 그는 의식을 알고 있고, 그것을 넘어서 있습니다. 우리의 모든 활동의 원인인 의식은 결국 의식의 바다 속으로 합일됩니다. 우리가 이미 가지고 있던 우리의 영원한 참된 지知를, 우리가 다시 한 번 체험합니다. 그것이 아디야뜨마(Adhyatma)라는 지知입니다. 그것은 무시간적이고 불변입니다. 우리가 낮과 밤을 경험하는 것은 우리의 의식 때문인데, 이 의식은 5대 원소에 기인합니다. 그러나 우리의 참된 존재는 그것들을 넘어서 있고, 독립적입니다.

진아를 깨닫는 데 진정으로 관심이 있는 사람은 몸-정체성을 놓아버릴 준비가 되어 있습니다. 말해 보십시오. 여러분의 몸과 그 이름으로서의 여러분은 과연 무엇입니까? 여러분은 어떻게 생겼습니까? 여러분은 진아 아닌 무엇입니까? 그냥 여러분의 몸-동일시를 놓아버리면 온갖 불필요한 수고를 피해갈 수 있습니다. 우리의 존재 혹은 살아 있음의 경험은 몸의 순수한 사뜨와의 성질입니다. 여러분의 참된 성품을 깨닫기 위해서는 스승의 말씀을 확고히 고수해야 합니다. 스승의 말씀은 우리의 성품을 올바르게 묘사해 줍니다. 우리는 정확히 그가 말하는 대로입니다. 여러분이 누군가를 기억할 때는 동시에 그의 좋거나 나쁜 성질들을 기억합니다. 마찬가지로, 스승을 기억한다는 것은 그의 말씀을 회상하고 그 의미, 즉 여러분의 참된 정체성을 기억하는 것을 의미합니다.

[역주: 이 **69**번 법문은 **68**번 법문의 255쪽 둘째 문단 이하와 대동소이하다.]

70. 그대의 의식 자체가 사랑이다

1978년 11월 9일, 목요일

말이 사람을 속일 수 있다는 것은 사실이지만, 말을 아는 자는 누구입니까? 아는 자가 없다면 말의 가치가 무엇입니까? 명상에서는 명상자가 사라지지만, 그것을 누가 압니까? 의식이 없을 때 무슨 앎이 있습니까? 없지요, 왜냐하면 모든 앎은 의식이 지속되는 한에서 있기 때문입니다. 몸과 세계를 경험할 때 무슨 노력을 하는 것이 있습니까? 깨어남은 자연발생적으로 일어나고, 같은 방식으로 사라집니다. 여러분이 자신을 한 개인으로 생각하는 것은 의식이 존재할 때뿐입니다. 의식이 없다면, 무엇을 상상할 누가 있습니까? 여러분은 자신의 의식을 없앨 수 있습니까? 그것을 붙들어 두고 연장할 수 있습니까? 이 말은, 여러분이 원하는 만큼 오래 살아 있을 수 있느냐는 뜻입니다. 명상 속에서 여러분은 무수한 색채를 보지만, 여러분의 의식의 색깔은 무엇입니까? 그것은 어떤 색깔도 없는, 사랑 그 자체입니다. 여러분은 자신의 존재를 아는데, 그것을 너무나 사랑하여 더 많이 살고 싶어 합니다. 여러분의 성품 자체가 사랑입니다. 여러분의 모든 욕구는 여러분의 **자기사랑**에 기인합니다.

명상에 의해서만 5대 원소의 수수께끼를 풀 수 있습니다. 이 모든 원소들은 **의식** 안에 있고, **진리**가 그 바닥에 있습니다. **그것** 위에 우리의 존재의 느낌의 유희, 곧 **원초적 환**幻이 있습니다. 모든 **진인**들은 기적에 아무 관심이 없습니다. **의식**을 **아는 자**는 무시간적이고, 움직임이 없으며, 존재와 비존재를 넘어서 있습니다. 여러분의 **지**知는 여러분의 **의식**의 역량 만큼일 뿐입니다. 여러분이 진보함에 따라, 세계가 여러분의 **의식** 안에 있을 뿐이라는 것을 깨달을 것입니다. 세계는 클지 모르지만 그것은 하나의 원자 안에 거주하고 있습니다. 이것을 **명상** 속에서 알게 될 것입니다. 여러분의 **의식** 자체가 **사랑**이고, 그것은 **이스와라**라고 불리는 이 세계의 씨앗이기도 합니다. 만일 자신의 존재의 근원으로 나아가고 싶다면, 밖으로 나가 이곳저곳 헤매지 말고 **명상** 속에서 내면으로 들어 가십시오. 무엇을 체념하거나 포기하는 것은 아무 소용없습니다. 여러분이 자신이 아는 그 무엇과도 별개라는 것을 아는 것으로 족합니다. 여러분은 결코 알려지는 대상이 아니라 그것을 아는 자입니다. 거기서는 보는 것(seeing)이 없는 곳이 있고, 거기서는 보는 것이 가능한 곳도 있으며, 그것이 보이는 곳도 있습니다. 이 모든 것이 해결되어야 합니다. 여러분이 여기서 받는 **지**知는 손쉽습니다. 그것이 준비되어 있기 때문입니다. 온전한 주의로 듣고 단번에 아주 판단하는 것이 필요할 뿐입니다. 여러분의 **의식**은 여러분이 경험하고 있는 세계의 영혼입니다. 그것을 이해할 수 있어야 합니다. 세계와, 이 세계의 갈수록 늘어나는 산 존재들은 여러분의 **자기사랑**의 결과입니다.

무욕無慾이라는 단어는 만물의 거짓된 성품을 아는 것을 의미합니다. 이런 이해가 무엇을 포기하는 것보다 더 중요합니다. 우리는 **의식** 그 자체이므로, 의식을 붙든다는 것은 의식 자체로써 의식에 주의를 기울이는 것을 뜻합니다. 여러분의 존재성이 세계의 씨앗입니다. 극소수만이 이러한 이해에 도달합니다. 진리는 영구적이며, 그 안에는 "내가 있다"의 맛이 전혀 없습니다. 또한 빛도 어둠도 없습니다. 여러분의 의식은 이스와라 혹은 브라만으로 불리지만, 그것은 영속적이지도 않고 진리도 아닙니다. 이스와라가 존재하고, 그가 세계로 나타난다는 것은 사실입니다. 보이는 것은 뭐든 이스와라이고, 이 보는 것도 그로 인해 일어납니다. 이 모든 것을 아는 자는 모든 것을 넘어서 있습니다. 꿈은 마음 때문에 일어나고, 생시의 세계조차도 마음에 기인합니다. 그러나 전 존재계가 그것 때문에 나타나는 '그것'은 아주 광대합니다.

의식은 안정될 수 없지만, 그것의 움직임은 계속 늘어납니다. 의식의 다섯 가지 성질이 모든 산 존재들의 행동에 영향을 줍니다. 이것은 명백합니다. 왜냐하면 5대 원소가 이 성질들에 영향을 주기 때문입니다. 그래서 개인의 잘못된 행동에 대해 그를 비난하는 것은 적절치 않을지 모릅니다. 어떤 사람들은 자신이 이 모든 것을 이해했다고 느끼지만, 어떤 지속적인 만족도 없습니다. 모든 살아 있는 몸은 내적인 의식의 음식이고, 다른 동물들의 음식이기도 합니다. 그래서 생존을 위해 음식을 수집하고 그것을 먹는 것이 모든 산 존재들의 주된 일입니다. 음식은 5대 원소로 이루어지기 때문에, 그 원소들의 성질이 음식 속으로 들어갑니다. 우리의 존재의 느낌은 5대 원소가 결집한 성질입니다. 또한 살아 있는 어떤 몸도 시큼해진 음식 재료의 결과입니다. 생명 활동의 에너지는 음식-몸에서 나옵니다. 개미의 개별적 영혼은 여러분의 그것과 동일합니다. 여러분의 의식은 여러분에게 빛을 볼 수 있게 하는데, 그것은 신을 본다는 의미이기도 합니다. 음식 즙汁에서 유래하는 의식은 생기와 관계됩니다. 음식이 없을 때는 이야기를 할 힘도 없습니다. 『바가바드 기타』는 빛의 노래이고, 그 빛은 음식 안에 들어 있습니다.

항상 존재하는 영구적인 것은 진리입니다. 그것 안에는 어떤 '내가 있음'도 없고, '나'도 '너'도 없습니다. 삶의 일들은 그것 안에 없습니다. 다른 모든 것은 세간적 활동으로 가득 차 있습니다. 내가 나의 존재를 알 때는 남들의 존재도 아는데, 그것은 이원성의 시작을 뜻합니다. 모든 것의 총합은 하나이며, 그것을 깨달아야 합니다. 그래서 우리는 스승의 말씀을 따라야 하고, 순수한 지성으로 언제나 우리의 참된 성품을 자각해야 합니다. 그렇게 하는 동안 우리는 다양한 환영들을 보겠지만, 우리는 그것이 아닙니다. 우리는 늘 '아는 자'이지 '알려지는 것'이 아니라는 것을 기억하십시오. 보이는 것은 많아도 보는 자는 하나입니다. 보는 자를 봄(vision)도 하나입니다. (수행 과정에서) 이 단일성을 어떻게 안정시킵니까? 그러기 위해서는 보는 자가 (대상들을) 보기를 그만두고, 보는 자만 바라보아야 합니다. 여러분이 보는 것과 나타나는 모든 것, 그 모두 결국은 사라집니다. 어느 편도 들지 않고 그것에 집착함도 없이, 그 모든 것을 떠나야 합니다. 우리는 보이는 것이 아니라 보는 자입니다. 우리는 보이는 모든 것의 근원입니다.

음식-몸의 형태는 그 산 존재의 유형을 말해줍니다. 생기와 의식은 함께 나타나고 사라집니다. 둘 다 상한 음식의 산물입니다. 이 생명 활동은 개미에서부터 인간에 이르기까지 모든 산 존재들에게 동일합니다. 제가 시큼해진 음식에 대해 이야기할 때, 그것은 소화 도중 음식을 피로 바꾸기 위해 음식에서 일어나는 변화를 말한 것이 아닙니다. 여기서는 소위 한 개인적 영혼의 탄생을 묘사하고 있습니다. 우리가 상한 음식을 관찰해 보면, 시간이 지나면 그 안에서 움직이는 벌레들의 몸을 보게 됩니다. 브라마 신이 모든 산 존재들의 창조주라고 합니다. 그렇다면, 그가 이 벌레들을 창조했습니까? 뜨거운 햇볕 속에서 이 벌레들이 어떻게 죽습니까? 음식-몸의 즙이 말라 버리면 더 이상 생명 활동이 없습니다. 여러분이 어떻게 있고, 무엇과 같은지를 분별해야 합니다. 여러분이 진아에 대해 무지하면, 모든 책의 내용이 옳게 보입니다. 그러나 **진아 깨달음** 뒤에는 모든 책이 쓸모없게 됩니다. **만트라**나 큰 말씀(*mahavakya*)[47]의 의미가 무엇입니까? 그것은 우리의 참된 **존재**를 선언한 것입니다. 여러분이 어떤 이름을 말하면, 그와 관계되는 성질들이 여러분 안에서 계발되고, 그에 따라 환영들을 보게 됩니다. 만일 어떤 신의 이름을 염하면, 여러분의 믿음에 따라 그의 성질들이 **의식** 안에서 계발됩니다. 여러분은 어디서 왔습니까? 그리고 결국 어디에 도착하려고 합니까? 만일 어디서도 옴이 없다면, 여러분이 어디로 갈 수 있습니까? **의식**은 음식 즙에서 출현했습니다. 즉, 몸에서 나왔을 뿐입니다. 그리고 그 즙들이 끝이 나면 그것은 바로 거기서 소멸될 것입니다. **아뜨마**(진아)는 '나'를 뜻합니다. 나의 시작과 끝은 어디입니까? **의식**이 있는 한 시작과 끝이 있습니다.

오롯한 마음으로 **스승**을 숭배하는 사람은 **진아**에 대한 숭배를 압니다. 그때까지는 우리의 지知가 아무 쓸모가 없습니다. (제가 드린) 그 **만트라**의 의미는 "나는 **브라만**이다"입니다. 어떤 존재애도 없다면 여러분이 세계를 경험하거나 **신**의 가호를 필요로 하겠습니까? 여러분이 일단 자신의 존재의 원인을 알면, **신**이 누구인지를 알 것입니다! 그 **만트라**의 의미가 여러분 안에서 현현할 것입니다. 현재 여러분의 존재가 갖는 의미, 그 이유와 방법이, 여러분의 비존재의 의미, 그 이유와 방법과 함께 분명하게 이해될 것입니다. 여러분이 없을 때, 어떤 것이 여러분의 욕구일 수 있습니까? 누가 자기 자신에 대한 우리의 사랑에 대해 생각해 본 적이 있습니까? 남들에 대한 우리의 사랑조차도 우리의 **자기사랑** 때문입니다. 우리의 **의식**은 음식의 성질이고, 음식의 공급이 없으면 그것이 남아 있을 수 없습니다. 거기서 누가 죽습니까?

여러분의 **의식** 자체가 **여신 마하마야**(Goddess Mahamaya), 곧 **대환**大幻의

---

47) *T.* 베다(우파니샤드)에 나오는 "그대가 그것이다", "나는 브라만이다", "이 진아가 브라만이다", "완전지(*Prajnanam*)가 브라만이다"의 네 가지 언구를 '큰 말씀'이라고 한다.

존재입니다. 그 의식에 순복하십시오. 그러면 그것이 자신의 비밀을 여러분에게 들려줄 것입니다. 그것이 브라만을 깨닫는 것입니다.

가정생활을 소홀히 하지 않는 가운데, 늘 여러분의 진아를 자각하십시오. 스승과 그의 말씀을 기억하면서, 묵연히 그의 만트라를 염하십시오. 그것이 여러분을 이롭게 변화시킬 것입니다.

71. 그대 자신을 잊을 때 실재가 현현한다

1978년 11월 12일, 일요일

눈에 보이는 모든 것은 지각될 수 있는 것들의 범주에 듭니다. 지각될 수 없는 것이 일체를 지각합니다. 여러분이 일체가 공空(shunya) 혹은 영零이라고 말할 때, 그것을 아는 자가 비실체일 수 있습니까? 그 무無를 보기 위해서도 보는 자가 있어야 합니다. 자신이 명상하고 있다는 것을 잊어버릴 때까지 명상을 해야 합니다. 여러분 자신을 잊을 때, 실재가 현현할 것입니다. 여러분이 무엇을 알든, 그것은 여러분의 진아일 수 없습니다. 여러분은 알려지는 모든 것 이전이기 때문입니다. 이 모든 것을 깨달은 자에게는 더 이상 어떤 명상도 필요치 않을 것입니다. 그렇지 않습니까? 아르주나 웃다바가 명상을 했습니까? 그들은 크리슈나에게서 직접 지知를 받지 않았습니까? 만트라 염송이 내면에서 계속되게 하십시오. 그것이 아무 애씀 없이 일어나야 합니다. 숨을 들이쉬고 내쉬는 것도 비슷하게 일어나는 일인데, 그것은 태어나면서 시작되어 죽을 때 끝이 납니다.

여러분이 깨어 있다는 것을 부단히 자각하는 것이 명상 아닙니까? 올바른 태도를 가진 구도자들은 **진아**를 아주 일찍 깨닫습니다. 새로 온 분들에게는 근기성을 계발하도록 **만트라**를 염하라고 말해줍니다. 누구나 자신의 존재를 지속하려고 강하게 욕망하는데, 그에 대한 장애물들이 우리의 존재성이 갖는 환적인 혹은 일시적인 성품을 드러내 줍니다. 죽음의 공포에서 벗어나는 유일한 길은 **스승**으로서의 **의식**에 대해 명상하는 것입니다. 그것은 **스승**의 두 발을 붙드는 것과 같습니다. 여러분의 **의식**을 사용할 수 있는 한, 가능한 최대한 그것에 대해 명상하십시오.

여러분 자신을 한 개인으로 여기는 것은 하나의 죄입니다. 그것이 두려움을 낳습니다. 여러분이 지금까지 읽은 모든 것을 잊어버리십시오. 여기서 드러내는 지知는 워낙 심오해서 하타 요기들의 수행과 꾼달리니 깨우기(Kundalini awakening)는 중요성을 상실합니다. 모든 생명체는 그 몸에 따라 강하거나 약하지만, 모두의 안에 있는 **의식**은 똑같은 하나 아닙니까? "섹스에서 삼매로"는 말도 안 되는 관념이며, 참된 지知와는 거리가 멉니다.48) 오늘날은 영적인 **스승**의 위대함이 추종자들의 수효로 결정됩니다. 그러나 만약 아무도 무지하지 않고 어떤 추종자도 없다면, 그 **스승**이 위대하게 여겨지겠습니까? 제가 머무르는 이 집에 인접한 도로는 무수한 사람들이 사용하지만, 제 이야기를 들으려고 여기 모이는 사람은 소수에 불과합니다. **진리**의 고객들은 많지 않습니다. 마법이나 속임수로 대중을 끌어 모으고, 달콤한 이야기로 부자들에게 아부하는 사이비 스승들은 일시적으로 성공한 사람들일 뿐입니다. 질문에 대해 그들이 하는 답변은 세간사에 대한 것들뿐이고, 일시적 해법을 제공할 뿐입니다. 그것은 지속적인 행복을 안겨줄 수 없습니다.

세간적 관습과 전통적 종교들은 인간의 습習일 뿐입니다. 그 반대는

---

48) *T.* 이는 오쇼(Osho)의 가르침을 지칭한 것으로 보인다. 실제로 오쇼의 강설 중에는 "섹스에서 삼매로(from sex to samadhi)"라는 제목의 것도 있는데, 그것은 물라다라 차크라에서 사하스라라 차크라로 올라가는 요가적 과정을 설명하는 것이었다.

전적인 고요함입니다. 우리의 참된 성품을 모르는 것이 무지입니다. 몸-정체성이 시작되면서 사람은 자신이 좋아하는 대로 의견을 형성합니다. 인간들은 전해 들은 지知를 자랑합니다. 아무도 독립적으로 사실에 대해 생각하지 않습니다. 만일 호흡이 멈추면 어떻게 되겠습니까? 우리는 우리의 종교적 전통을 자부하지만, 언제까지 우리의 의견을 말하면서 남아 있겠습니까? 낮과 밤을 **경험하는 자**는 우리 안에 존재하며, 그는 그의 존재를 직접적으로 압니다. 만일 그가 탄생에 대해 사전에 알았다면, 그것이 일어나지 않게 막았을 것입니다. 누가 자궁의 열기와 더러움을 즐기겠습니까? 자궁 안에서는 **의식**이 잠들어 있어 아무것도 모른다는 것은 하나의 축복입니다.

보고 듣는 모든 것을 참되다고 받아들이는 일반적 경향이 있습니다. 그 모든 것에 염증이 날 때 세간적 정념을 놓게 되고, 그것이 포기로 이어지며, 궁극적으로 **진아 깨달음**으로 이어집니다. 그 포기는 또한 자아의식의 부재로 인해 세간적 삶에서 해방되는 것을 의미합니다. 그럴 때, 고통과 쾌락은 의미를 상실합니다. 그런데 행복과 불행이 무엇입니까? 여러분이 참을 수 없고 피할 수 없는 것이 여러분을 불행하게 만듭니다. 여러분이 즐기는 것은 여러분을 행복하게 만듭니다. 또, 고통과 쾌락의 경험은 시간이 가면서 변합니다. 왜냐하면 그것은 신체적 건강과 마음의 상태에 의존하기 때문입니다. 이 모든 것의 의미를 여러분은 언제쯤 이해하겠습니까? 적절한 이해가 있으면, 여러분 자신이 모든 있음(being)과 됨(becoming)에서 이미 벗어나 있다는 것을 깨달을 것입니다.

최고의 초자연적 능력은 분별(viveka)입니다. 그래서 그것을 **참스승**과 동등하게 볼 수 있습니다. 그것은 우리를 어떤 어려움에서도 안전하게 빼내는 데 도움이 됩니다. 누군가에게 상처 주는 것을 피하고, 여러분 자신에 대한 **자각**에 전념하십시오. 일상생활에서도 만일 여러분이 누군가에게 특별한 주의를 베풀면 그 사람이 즐거워합니다. 마찬가지로, 진정으로 복이 있는 구도자는 **아뜨마**에 대한 부단한 **자각**으로 그것을 즐겁게 하는 데 성공합니다. 즐거워진다는 것은 그것을 기쁘게 했다는 한 징표입니다. 그로 인해 여러분이 자신의 존재와 세계의 존재를 알게 되는 그것을 꽉 붙드십시오. 여러분의 의식은 **아디야뜨마**(Adhyatma), 곧 영적 성품(spirituality)의 현현입니다. 전 세계에 대한 조망(view)의 총합이 이스와라입니다. 첫째는 진인이고, 그 다음은 의식이고, 이어서 세계가 옵니다. 여러분이 몸으로서 행동하는 한, 생명기운이 몸을 영구적으로 떠날 때는 죽음에 대한 공포가 있습니다.

만일 스승이 하는 말이 여러분을 일깨우지 못한다면, 죽음에 대한 공포가 있겠지요. 실은 어떤 죽음도 없고, 몸-정체성을 잊어버리는 일만 있습니다. 여러분은 자신을 몸이라고 믿기 때문에, **아뜨마**를 자신의 수호자로 여깁니다. 그러나 여러분 자신을 몸이 없는 **의식**으로 알 때는, 자기 자신을 여러분 자신의 수호자로 봅니다. 이 몸은 누구의 힘이나 덕으로 인해 이토록 순수합니까? 자신이 **아뜨마**의 빛인 줄 아는 사람은 무한하고, 한량없고, 영원합니다. 몸 이전인 사람은 일체를 압니다.

스승의 명에 따라, 우리가 **의식**으로서 자리 잡아야 합니다. **진아 깨달음**을 얻고 나면 여러분의 존재가 무한해질 것입니다. 만일 여러분의 스승에게 믿음을 가지고 있다면, 여러분 자신의 **의식**에도 믿음을 가지십시오. 아르주나는 **크리슈나**에게 온전한 믿음을 가지고 있었고, 그래서 듣는 것만으로도 해탈했습니다. 참깨 한 알만큼이나 작은 **의식**이 전 우주를 점하고 있습니다. **빠라메스와라**(Parameshwara)에게 온전한 믿음을 가지고, 바로 이번 생에 확실히 **진아**를 깨달으십시오. 진인은 그 자신의 견해를 분명히 하는데, 그것은 자부심이라고 할 수 없습니다. 진인이 무슨 말을 할 때, 그것은 우리가 무엇인지를 우리에게 말해 주기 위해서일 뿐입니다. **요가-명상**에 의해 마음이 고요해져서 포기에 이릅니다. 여러분이 여기서 들은 것은 여러분 자신이 알고 실제로 사용하게 하기 위한 것이니,

그것을 남들에게 드러내서는 안 됩니다.

72. 그대는 의식을 아는 자이다

1978년 11월 16일, 목요일

영구적인 것은 모든 존재의 뿌리에 있는데, 그것은 모든 유정물有情物과 무정물無情物까지 포함합니다. 움직이는 것은 **의식**의 일부입니다. **영원자** 안에서 큰 실수가 일어났으니, 그것은 "내가 있다"의 출현입니다. 그리고 더 큰 실수는 우리가 자신을 몸과 동일시하는 것입니다. **진리** 위에 뾰루지가 하나 나타났는데, 그 통증이 우리의 존재의 느낌입니다. 그 뾰루지의 한 구멍에서 빛이 나오자 그것이 세계로 불렸습니다. 과학적 언어로 그 뾰루지는 하나의 원자로 불립니다. 그 통증의 느낌은 자아의식의 출현으로 인한 것입니다. 한 마라티어 시구는 이것을 "신이 참깨만큼 작은 집을 한 채 지어 그 안에 살고 있네"라고 묘사합니다.

모든 활동은 우리의 지각성을 참거나 잊기 위한 것일 뿐입니다. 수백만의 사람들 중 극소수만이 자신을 그 지각성과 별개로 보면서 평화롭게 머무릅니다. 우리가 묘사할 수 없는 그 무엇도 남들에게 전달할 수 없습니다. 모든 경험들은 그냥 말이고 말일 뿐이지만, 그것을 **경험**하는 자에 대한 경험은 무엇입니까? 여러분이 세계라고 보는 것은 여러분 자신의 **의식**입니다. 여러분은 세계적으로 유명한 책들에 나오는 인용문들의 도움을 받지만, 실은 여러분이 곧 **아는 자**입니다. 여러분은 자신의 존재를 알지 못했는데, 그 존재가 출현하자 세계의 책들에 대한 모든 지식으로 가득 찬 **의식**이 있었습니다.

여러분이 깨어 있고 살아 있다는 것이 **원초적 환**幻입니다. 지성이 축적한 지식은 건조하고 공허합니다. 왜냐하면 그것이 어떤 만족도 주지 않기 때문입니다. 진정한 지知는 신적인 감로와 같은 만족을 줄 수 있어야 합니다. 우리의 존재성의 원인을 알아야만 그것이 가능합니다. 저는 늘 존재했으나, 그것을 모르고 있었습니다. 지금은 그것을 아는데, 왜 그리고 어떻게 압니까? 여러분의 존재성 자체가 **신**이지만 여러분은 그것 이전입니다. 그것의 시절이 끝나면 신은 사라지지만, **아뜨마람**(Atmaram-진아인 신)은 늘 존재하고 있습니다. 여러분은 백 년 전에는 자신이 존재하지 않았다고 말합니다. 또 여러분은 바로 지금 자신의 존재를 안다고 말합니다. 존재하지 않는 것이 자신의 존재를 알 수 있습니까? 내가 존재하려면 먼저 내가 존재해야 합니다. 그 지각성은 사라질지 몰라도, 그것을 아는 자는 그렇지 않습니다. 현재 여러분은 자신이 존재의 경험 속에서 현존하고 있다고 믿습니다. 실은 여러분은 **의식**을 아는 자인데, 그 안에서 일체가 경험됩니다. 어떻게 여러분이 그 안에 있을 수 있습니까? 이 세계 안에서, **의식**에 대한 최초의 주시하기가 그 **아는** 자에게 자연발생적으로 일어납니다. 의식과 모든 앎은 얼마 못 가지만 그것의 **주시자**는 영구적입니다. 세계는 **의식** 안에 있고, 그 둘은 함께 나타나고 사라집니다. (그것들이 사라지면) **주시자**가 무엇을 잃습니까? 여러분이 꿈속에서 **라마**와 **크리슈나**를 본다고 합시다. 그것은 아주 실제적으로 보입니다. 나중에야 여러분은 생시 자체가 거짓이었다고 말합니다. 허공과 물이 없으면 **의식**도 없고, **짜끄라빠니 신**(God Chakrapani)도 없습니다. 진인 뚜까람은 말합니다. "허공과 물이 없었을 때, 나는 오염되지 않은 **절대자**로 존재했다." 전체 허공을 채우고 있는 것은 무엇입니까? 그것은 여러분의 **자기사랑**입니다. 여러분이 이런 가르침에 따라 **의식**을 주시하기만 해도, 다른 어떤 수행도 할 필요가 없습니다. 꿈을 꿀 때는 여러분에게 아무 제어력이 없어서 어떤 일도 일어날 수 있습니다. 실은 그것은 여러분의 생시 상태에도 똑같이 해당됩니다. 여러분은 주시자일 뿐이기 때문입니다. 여러분이 자신을 행위자로 상상하기 때문에 주시하기가 없습니다. 그 꿈의 경험이 거짓인데, 꿈에서 보이던 신들이 어떻게 참될 수 있습니까?

대다수 구도자들은 여기서 논의되는 기본적 사항들을 이해할 만큼 충분히 성숙되어 있지 않습니다. 제가 말하는 것을 이해할 수 있을 만큼 준비되어 있지 않습니다. 그래서 그들은 여기저기 계속 돌아다니면서 말들의 의미를 해석합니다. 무엇이 확고해져야 합니까? 이 생시 자체가 거짓이라는 것입니다. 어떤 사람들은 사람 형상 가진 것을 자부하지만, 그 대단함을 그들이 어떻게 이용해 왔습니까? 여러분은 자신의 존재에 대해 어떻게 알게 되었습니까? 지금 여러분은 여러분이 있고, 세계가 존재한다는 것을 압니다. 저의 참된 상태에서는 제가 아무 동행자 없이 홀로입니다. 여러분은 신의 도움을 받아 이 삶을 살아갈 용기를 얻고 있습니다. 이 신의 도움은 숲속을 걸을 때 지팡이의 도움을 받는 것과 비슷합니다. 둘 다 여러분을 더 대담하게 해 주는 데 기여합니다.

자아의식이 없다면 우리가 어떻게 다시 태어날 계획을 세울 수 있습니까? 빠라마뜨만은 결코 태어나지 않습니다. 진아지가 없으면 여러분이 무엇을 하든 다 무의미하고, 진아지가 있으면 어떤 행위에도 아무 의미가 없습니다. 말로써 이해할 수 있는 것은 뭐든 거짓입니다. 진행되고 있는 이 모든 유희에서 참된 것은 아무것도 없습니다. 만일 여러분이 지금 들은 것에 대해 확신을 계발한다면, 그것을 실천에 옮겨도 좋습니다. 만일 그렇지 않다면, 그것을 잊어버리고 남들에게 이야기하지 마십시오. 이야기했다가 조롱당할지 모르니 말입니다. 이것은 우리 자신의 존재와 경험에 대한 직접지입니다. 여러분이 남들을 납득시키려 하는 것은 혼란만 가져오고 해결되는 것은 없을 것입니다.

불생자不生者만이, 어떤 함(doing)도 없고, 무슨 활동에 대한 어떤 책임도 없다는 말을 할 수 있습니다. 어떤 인간도 그 말을 할 수 없습니다.

여러분의 지각성 자체가 하나의 환幻입니다. 제가 여러분을 여기 데려오려고 무슨 일을 했습니까? 저는 여러분이 오는 것을 주시하는 자일 뿐입니다. 그 주시자는 허공보다 더 미세합니다. 활동들은 의식이 있는 곳에서 일어납니다. 여러분은 의식을 넘어서 있고, 그것을 아는 자입니다. 진인은 아무 애씀 없이 의식을 자각합니다. 그는 묘사를 넘어서 있습니다. 여러분도 의식 안에 있는 것들을 애씀 없이 의식하면서, 그 안에서 나타나는 몸과 자신을 동일시하고 있습니다. 이 과정에서 의식은 모조리 잊힙니다. (금으로 만든) 장신구들에 전적으로 몰입해 있으면 금에 대한 기억이 없는데, 금이 없으면 장신구들이 있을 수 없습니다. 여러분은 의식 이전이고, 여러분이 그 의식을 아는 자입니다. 여러분은 의식 없이도 자신이 존재한다는 것을 이미 알고 있습니다. 진리는 생각으로 헤아릴 수 없고, 존재나 비존재의 느낌이 없습니다. 여러분은 자신의 참된 성품을 망각하고 있습니다. 여러분은 자신을 의식과 동일시하지도 않은 채, 여러분이 먹은 음식으로 전적으로 구성된 그 몸이 여러분 자신이라고 확고히 믿었습니다. 그것이 가족친지들과 소유물에 대한 미친 집착을 가져왔습니다. 몸을 포함하여 일체가 오래 존재하지 못하는 데도 불구하고, 대상들에 대한 여러분의 끌림은 건전한 이해를 넘어서 있습니다. 이 모든 것의 주시자는 여러분 자신이기는 해도 (시각적으로) 발견되지 않기에, 여러분은 손쉽게 접할 수 있는 몸과 자신을 쉽게 동일시합니다. 보통 어법의 단어들로 표현하자면, 아뜨마라는 단어가 주시자에게 붙는데, 그것은 '나'라는 뜻입니다. 잠에서 깨어나 여러분이 맨 먼저 지각하는 것은 공간입니다. 여러분이 그것을 지각하는 것은 의식, 원초적 환幻, 그리고 우주적 지성(cosmic intelligence) 때문입니다.

만일 여러분이 뭔가를 잊어버리지 않았다면, 전혀 잊어버리지 않은 것을 기억하고 말고가 어디 있습니까? 여러분은 진리를 잊어버리지 않았습니다. 그래서 그것을 기억하고 말고가 없습니다. 여러분은 등불 빛 속에서 사랑하기, 가르치기, 심지어 싸움하기 같은 어떤 일이든 할지 모릅니다. 그 빛이 주시자로만 남아 있는 것 외에 무슨 일을 일으킵니까? 마찬가지로, **빠라마뜨만**은 여러분의 모든 행위에 대해 **주시자**로만 머물러 있습니다. 여러분은 이 초연한 성품을 모든 **사두**에게서 관찰할 수 있을 것입니다. 참된 영적 지知는 사물들에 대한 것이 아니라 그것들의 원인—존재의 원인과 의미에 대한 것입니다. 그것은 존재의 최고의 의미에 대한 지知이며, 산스크리트어로는 **빠라마르타**(*Paramartha*)라고 합니다. 빠라마(*Parama*)는 '최고'라는 뜻이고, 아르타(*artha*)는 '의미'를 뜻합니다.

생시와 잠의 상태는 자연발생적으로 일어납니다. 그것들을 바꾸려는 어떤 노력도 문제를 야기할 수 있습니다. 진인은 이런 상태들에 상관하지 않습니다. 해가 어둠을 모르듯이 **빠라마뜨만**은 어떤 잠도 모릅니다. 여러분은 생시 상태의 활동 중에 피로해지기 때문에 깊은 잠 속의 휴식이 필요합니다. 여러분의 생시 상태는 **의식**의 한 점일 뿐입니다. 그럼에도 불구하고, 그 상태에 오랜 시간 머무를 수 없습니다. 여러분은 깊은 잠이 필요하고, 잠 속에서 신선해져서 활동을 다시 시작하게 됩니다. 지금 여러분은 생시와 잠의 상태 없이 생존할 수 없습니다. 다만 그 상태가 없어도 아무 문제가 없는 때가 있었다는 것도 알고 있습니다. **항존하는 것**은 존재하는 모든 것과 존재하지 않는 모든 것의 **주시자**입니다.

여러분 자신의 **진아**인 **아뜨마**에 대한 지知를 가져야 합니다. 그것은 브라만에 대한 **지**知라고도 알려져 있습니다. 그럴 때, 고통과 쾌락은 **의식**의 성질이라는 것이 분명하게 이해될 것입니다. 진인이라고 주장하지만 주로 부富를 축적한 뒤에 그러는 사람들이 있습니다. 왜입니까? 그들은 다른 세속인들과 다르지 않아 보입니다. **진인**이란, 모든 임무에서 벗어나 고요히 머무름을 의미합니다. 또한 (진인에게는) 자신이 **진인**이라는 개념을 포함한 일체의 개념이 아예 없습니다.

설탕에 단맛이 있듯이, **자기사랑**은 음식 기운의 성질입니다. 이 성질은 시간이 한정되어 있습니다. **진아**를 깨닫기 위해서는 여러분의 **의식**을 신·브라만 등으로 부르고, 용기와 헌신을 증장하십시오. 여러분의 **의식**은 무한한 우주들의 씨앗입니다. 이 사뜨와(*sattva*) 성질과 친교하십시오. 그것이 가라앉아 자신의 모든 이야기를 들려주도록 말입니다.

73. 지금 그대는 태어나기 전과 똑같다

1978년 11월 18일, 토요일

여러분은 자신의 생각들을 자각하지만, 여러분이 그 생각들의 뿌리에 있습니다. 그것들이 어떻게 실재하는 여러분을 통제할 수 있습니까? 늘 이것을 알고 생각들의 주인이 되십시오. 여러분은 모든 경험 이전입니다. 뒤따르는 모든 것 이전에 여러분의 위치를 두고, 여러분의 견해가 모든 내용에서 벗어나게 하십시오. 여러분의 "내가 있다"는 어떤 사람의 존재를 가리키는 것이 아니라, 현현자(절대자의 현현인 의식)를 가리킵니다. 만일 여러분이 한 개인이면 다양한 문제들에 직면해야 하는데, 그것은 현현자로서의 여러분의 존재에는 해당되지 않습니다. 여러분의 참된 성품은 한 개인에 국한되지 않고, 현현된 모든 것을 포함합니다. 여러분은 무한합니다. 어떤 문제도 그것을 건드리지 못합니다. 저는 ("내가 있다"가 출현하기 전에는) **의식**이 없었다는 것과, 그래서 그것은 영구히 머무르지 못한다는 것을 압니다. 무엇이든 오는 것은 언젠가 가게 되어 있습니다. 여러분의 **의식**이 괴로움을 낳는데, **의식**이 떠나면 그것은 사라질 것입니다. 여기에는[저에게는] 떠오름도 없고 저묾도 없습니다. 그것은 **이스와라**를 포함해, 누구와의 어떤 영구적인 친교도 없이 홀로입니다.

왜 일시적 이득을 위해 이 세상을 힘들게 걸어갑니까? 지속되지 않는 어떤 것을 추구하는 것은 어리석습니다. 여러분은 누구에게서 어떤 것도 기대할 수 없습니다. 왜냐하면 모두가 무력하기 때문입니다. 흘러가는 시간이 모든 사건을 통제하고 있고, 모두가 그것의 희생물일 뿐입니다. 여러분이 가장 좋아하는 것은 여러분에게서 힘을 받을 뿐인데도, 그것이 여러분을 지배합니다. 지배하는 자는 남편·아내, 심지어 신일 수도 있습니다. 이것은 여러분이 알라고 하는 말일 뿐입니다. 왜냐하면 여러분은 그것에 간섭할 수도 없고 어떤 변화를 가져올 수도 없기 때문입니다. 저에게 해당되는 것은 남들에게도 해당됩니다. 그들이 알든 모르든 관계없이 말입니다. 저의 **다르마**는 남들의 의견을 고려하지 않는 것입니다. 그것이 참된 종교이며, 그것은 늘 준비되어 있고 애씀이 없습니다.

몸 안에 호흡이 있듯이, 개인적 의식 안에서 생각이 계속 흘러갑니다. 그것이 생기의 기능입니다. 마음은 몸 안의 **의식**에 새겨지는 인상들을 따르는데, 그 또한 생기에 기인합니다. 생기 그 자체는 **의식**이 있는 곳에서의 모든 움직임을 의미합니다. 활동들은 생각의 흐름에 따라 일어납니다. 참된 구도자는 현실관련성 있고 긴급한 생각들만 받아들이고, 나머지는 무시합니다. 척추 안의 여섯 차크라[영적 중심]를 일깨우는 것과 꾼달리니도 생기의 기능입니다. 이 모든 과정에서 여러분의 지위는 무엇이며, 여러분 마음대로 신체적 삶을 지속하기 위한 어떤 통제권을 가지고 있습니까?

만일 지성이 성숙하여 **이스와라**의 수준에 도달하면, 마음을 제어하기 위한 수행과 고행을 더 할 무슨 필요가 있습니까? 여러분의 인격 자체가 해소되는데 명상할 필요가 어디 있습니까? 지금 여러분은 태어나기 전과 똑같습니다. 여러분은 변치 않았지만, 몸이 없을 때는 없었던 "내가 있다"만 출현해 있습니다. "내가 있다"에 대한 이 사랑(존재애)이 근본 개념이고 **원초적 환**幻입니다. 일정한 시간표(일과)를 준수하되 그것의 노예가 되지 않으면서 여러분의 존재를 지속해야 합니다. 어떤 위대한 책이든 그 근원에는 저자의 출생매듭(birth-knot) 혹은 출생연결(birth connection)[49] 이 있습니다. 그것이 없으면 그 저자도 없고 그 책도 없습니다. 여기에 는[저의 경우에는] 출생연결 자체가 삼켜지고 없습니다.

74. 이 몸은 정직한가?

1978년 11월 23일, 목요일

많은 위대한 인간들, 리쉬들, 구루들이 이 지구상에 살았지만, 그들이 의식에 어떤 변화를 일으킬 수 있었습니까? 그러지 못했습니다. 왜냐하면 그들 자신이 그것과 하나가 되었기 때문입니다. 강의 일부가 강의 나머지 부분을 바꿀 수 있습니까? 의식의 출현은 자연발생적이고, 일어나는 모든 일은 그 이후에 일어날 뿐입니다. 누구도 의식을 창조하거나 그것을 어디서 가져오기 위해 무슨 일을 한 적이 없습니다. 누구도 의식에 대해 아무 통제권을 가지고 있지 않은 이유가 그것입니다. (『기타』에서는) 신이 악을 소멸하기 위해 (지상에) 화현한다고 합니다. 그것은 미리 계획한 일처럼 보이지만 그렇지 않습니다. 더운 여름 뒤에 우기가 오듯이, 그것은 모두 자연발생적입니다. 악이 한계를 넘으면 선이 도래할 때가 무르익은 것입니다.

모두가 실제적인 목적을 위해서, 전해 들은 지知를 참되다고 받아들입

---

49) T. '출생매듭'이나 '출생연결'은 심오한 단어이다. 영역자는 옮긴이의 문의에 대한 답변에서, 이 단어들이 "자신이 태어났다는 우리의 믿음"을 가리키며, "태어난 사람은 글을 쓸 수 있을 뿐이지만, 불생자에게는 글 쓰는 이도 없고 책도 없다. 마하라지는 출생매듭을 삼켜버렸고, 자신을 불생자로 본다"고 설명하였다.

니다. **진리**를 발견하기 위해 더 깊이 들어갈 때까지는 만족하지 않는 사람들을 우리는 좀처럼 만날 수 없습니다. 그들은 사물의 뿌리까지 도달하여 지속적인 만족을 얻을 때까지는 쉬지 못합니다. **신**들의 다양한 이름들이 그 기능에 따라 **의식**에게 주어집니다. **의식**이 없다면 신과 **여신**들이 어디 있습니까? **의식**은 하나인데, 왜 많은 신들이 있어야 합니까? 모든 평일이 해 때문에 있다면, 모든 날이 일요일이어야 하지요. 그러나 이것은 모두 개념의 한 유희입니다.

여러분은 지성을 가진 한 인간인데, 존재하지 않던 이 **의식**이 어떻게 갑자기 출현했는지 알아내는 것이 중요하지 않습니까? 백 년 전에, 여러분이 존재하되 "내가 있다" 없이 존재한 때가 있었습니다. 지금 여러분은 '여러분이 있다'는 것을 압니다. 이 변화가 어떻게 일어났습니까? 이것은 별 볼일 없는 다른 모든 물음들과 달리, 여러분의 즉각적인 주의를 요구하는 주된 물음입니다. 여러분의 **의식**은 그로 인해 여러분의 모든 감각기관이 기능하는 **지**知의 신, 곧 **냐네스와라**(Jnaneshwara)입니다. 그것의 빛 안에서 여러분이 볼 수 있습니다.

누구도 모든 존재의 뿌리에 있는 **빠라브라만**을 굴복시키지 못합니다. 어떤 세간적 도구나 개념도 그것에 도달하는 데 도움이 되지 못합니다. 여러분 자신에 대한 참된 **지**知가 없고 적절한 인도가 없으면, 여러분은 개념들에 장악된 채 즐거이 머물러 있습니다. 그것은 모두 오락이고 여러분의 귀중한 시간을 보내는 것입니다. 사람들은 대개 자신이 어쩌다 영적인 **지**知를 조금 얻으면 그에 만족합니다. 이따금 어떤 의심들이 불쑥불쑥 튀어나와도 그것이 아무 해결도 보지 못합니다. 적절한 인도를 해줄 사람을 좀처럼 발견하지 못하기 때문입니다. 욕망에 가득 찬 사람들, 그들이 어떻게 여러분을 해탈시킬 수 있습니까? 이 세상의 어떤 체험도 지속적이거나 실재하지 않습니다. 거기에는 어떤 정직성(honesty)도 없습니다. 여러분이 자기 자신이라고 믿는 것은 시간이 가면서 변하고,

정직할 수가 없습니다. 이것은 우리의 모든 활동에도 해당됩니다. 어떻게 부정직한 성품이 정직하게 행동할 수 있습니까? 자신을 남자나 여자로 여기는 것조차도 부당하고 그릇된 것입니다. 이 정체성은 몸에 의존하는데, 몸은 부정직합니다. 여러분은 변치 않는 단 하나의 사물이라도 지적할 수 있습니까? 진인에게는 이 세계의 모든 신념이 시간이 한정되어 있고 신뢰할 수 없습니다.

시간이 지나도 변치 않는 사람이 진인입니다. 모든 존재의 뿌리에는 우리의 존재의 느낌이 있는데, 그것 자체는 충실하지 않습니다. 여러분의 의식은 신뢰할 만합니까? 만약 아니라면, 그것 때문에 출현하는 세계를 어떻게 신뢰할 수 있겠습니까? 여러분은 일시적이고 신뢰할 수 없는 존재를 가지고 영구적인 어떤 일을 할 수 있습니까? 이런 모든 점에도 불구하고 여러분의 의식은 곧 신입니다. 그것은 여러분이 가지고 있는 큰 도구이며, 여러분이 직접지를 갖는 데 도움이 될 수 있습니다. 모든 인간 형상에서는 지각성의 시작이 있고 끝도 있습니다. 그래서 모든 인간은 진아에 대한 무지 속에서 삶을 시작합니다. 이것은 진인들을 포함한 모든 사람에게 해당되는 일반 원칙입니다. 그래서 모든 삶은 "나는 무엇인가?"라는 물음과 함께 시작됩니다.

여러분이 무엇을 기부하고 그것을 잊지 못하면 그것은 따마스(*tamas*)의 성질이고, 그것은 어둠을 가리킵니다. 그것은 여러분이 진아 깨달음을 향해 나아가는 데 하나의 장애입니다. 여러분이 신심으로 한 모든 행위를, 자기가 화장실에 몇 번 갔는지 잊어버리듯이 쉽게 잊어버려야 합니다.

크리슈나는 말합니다. "나에게 더 가까이 오려면 진인과 친교하는 것이 다른 어떤 수행보다 더 도움이 된다." 그 성스러운 친교가 여러분의 모든 무지를, 심지어는 자아의식을 포함한 모든 지知까지도 해소해 줍니다. 진인의 제자는 크리슈나와 하나가 되는데, 거기서는 "나는 브라만이다"조차도 해소됩니다. 진인과 친교하는 것이 우리의 가장 큰 성취입니다. "자야 구루"를 거듭 거듭 염해서, 여러분의 존재의 비밀이 여러분에게 드러나게 해야 합니다. 그러면 존재의 느낌이 분리되면서 여러분의 **참된 존재**만 남겨두게 될 것입니다.

진아 안에는 존재의 느낌도 없고 비존재도 없습니다. 이것이 **진인**의 불변의 상태입니다. 그것을 깨달으려면, 여러분이 그로 인해 즐거움을 누리거나 괴로움을 겪게 되는 것에 대한 분명한 지知를 가져야 합니다. 여러분은 걱정으로 가득 차 있지만 그 원인은 영구적이지 않습니다. 만일 여러분이 자기 스스로 무엇을 하고 싶다면, 어떻게 남들에게 의지할 수 있습니까? 어떤 사물이나 사람에게도 아무 정직성이 없습니다. 영구적인 **진리**는 진지한 구도자들에게 알려지게 되어 있습니다. 그것을 홍보할 필요가 없습니다. 그래서 **진인**은 멀리 떨어진 곳에서 고요히 머무릅니다. 스승에게 온전한 믿음을 가지고, 결코 동요되지 마십시오. 그러면 모든 말과 그 의미를 넘어서 있는 **그것**이 조복調伏될 것입니다. 이 말을 귀담아 듣고 그것을 늘 기억하십시오. 여러분은 복이 있어 이런 모든 이야기를 듣습니다. 염증을 내지 말고 여러분의 모든 임무를 진실하게 다하십시오. 염증을 참된 포기로 착각하지 마십시오.

신에 대한 믿음이 여러분에게 용기를 줍니다. 일단 **이스와라**가 무엇인지 아는 데 성공하면, 그가 가능한 모든 방식으로 여러분에게 봉사할 것입니다. 가능한 한 오래 그 **만트라**를 염하십시오. 여러분의 **의식**이 스승의 두 발이고, 여러분의 가장 친한 친구라는 것을 늘 기억하십시오. 이런 말들을 기억하면서, 어디에 있든 고요히 앉으십시오. 자신이 전 존재계와 하나임을 깨닫는 사람은 늘 온전하게 보호받습니다.

75. 명상은 의식 자체로써 의식을 붙드는 것이다

1978년 11월 30일, 목요일

진아지는 세간적 삶과 영적인 삶에 공히 온전한 만족을 줍니다. 진아에 대한 여러분의 탐색은 거기서 끝납니다. 그러고 나면 여러분은 더 이상 구도자가 아닙니다. 자기 자신을 알고 싶은 충동 때문에 구도자가 되었지만 말입니다. 우리의 존재성은 생시·잠·지각성의 세 가지 상태로 이루어져 있습니다. 아는 자는 이 상태들 모두를 넘어서 있습니다. 영적인 공부의 마지막 단계에서는 여러분이 생시와 잠 이전이라는 것을 알게 될 것입니다. 여러분의 이 참된 성품에 어떤 제복制服이 맞을지 말해 보십시오. 모든 상태는 일정 시간이 지나면 변할 수밖에 없습니다. 잠 없이 생시만 있을 수 있으며, 생시 없이 잠만 있을 수 있습니까? 아니지요, 생시는 잠자리에 들어야 하고 잠은 깨어나야 합니다.

여러분은 규칙적으로 명상하고, 자신이 몸이 아니라 순수한 의식일 뿐이라는 확신을 가지고 살아야 합니다. 그러면 내면에서부터 지知의 샘이 솟아나기 시작할 것입니다. 진지한 구도자는 모든 행위와 그 결과에 대해 신에게 공功을 돌립니다. 그것 때문에 몸이 기능하는 그것이 진정한 헌신자입니다. 순수한 존재 안에서 안정되는 사람은 신과 동등하다고 볼 수 있습니다. 신에게 내맡겨진 의식은 신이 됩니다. 몸-정체성을 물리친다는 것은 마야가 종식되고, 순수한 의식이 된다는 것을 의미합니다. 전통적 언어로, 그릇된 동일시를 안다는 것은 그것을 신에게 내맡긴다는 것을 뜻합니다.

명상은 의식 자체로써 의식을 붙드는 것을 의미합니다. 여러분의 모든 지知는 의식이 있는 곳에 있을 뿐입니다. 아침에 여러분이 깨어나면 여러분의 의식의 빛으로서의 신을 봅니다. 구루라는 단어에 함축된 순수한 의미는 "나 자신의 **아뜨마**", 곧 모든 행위의 원인인 자라는 것입니다. 우리의 **의식**이 전 세계를 점하고 있습니다. 참된 헌신자는 결코 자신이 어떤 행위를 하는 자라는 것을 받아들이지 않습니다. 오랫동안 **신**이나 **빠라마뜨마**는 자아의식을 포함한 어떤 개념에서도 벗어나 있습니다. 그래서 인간 형상을 하고 있는 동안 그는 헌신을 필요로 합니다. 헌신에 대한 그의 사랑은 다른 무엇에 대한 사랑 이상입니다. 만약 달리 아무것도 가능하지 않다면, 순수한 **존재** 안에 머물러 있으려고 노력해야 합니다. 여러분의 **의식** 아닌 어떤 **신**도 없다는 믿음을 가지십시오. 여러분의 행동은 가능한 한 선해야 하고, 그러면 여러분 주위의 사람들에게 분명히 이익이 될 것입니다. 그러나 여러분의 주의는 명예나 명성에 대한 어떤 기대도 없이 여러분의 내적인 순수성에 가 있어야 합니다. 어떤 **진인**의 헌신자라는 것을 자부하면 안 됩니다. 어떤 금액을 시주하거나 어떤 좋은 일을 할 때는 그것을 비밀로 하십시오. 행복을 위해 여러분의 몸을 사용하는 것은 좋으나, 자신을 그것과 동일시하지 마십시오.

　아뜨마는 보는 자일 뿐 향유자가 아닙니다. 가능한 한 많이 **진아**에 대해 명상하십시오. **의식**으로서 머무르면 여러분의 모든 나쁜 성질들이 여러분을 떠날 것입니다. 몸이 남아 있든 떨어져 나가든, **진아**에 대한 여러분의 충동이 늘 강하게 있게 하십시오. 사람들은 어떻게 이 아쉬람을 찾아오는 데 관심을 갖습니까? 그 영감은 **신**에게서 오고, **신**에게 더 가까운 사람들만 여기 올 수 있습니다. 여기 있기 위해서는 여러분이 **신**이어야 하지만, 여러분이 이곳을 떠난 뒤에는 그렇지 않습니다. 규칙적으로 장시간 깊은 명상을 하면, 여러분의 참된 성품에 대한 확신을 갖게 될 것입니다.

76. 현재 그대의 카스트는 의식이다

1978년 12월 7일, 목요일

이스와라는 순수한 의식을 의미하는데, 그것은 현재 여러분의 몸 안에 있습니다. 몸은 생기(*prana*) 때문에 가치가 있고, 생기가 떠나면 화장터로 실려 갑니다. 아뜨마는 도처에 있기 때문에, 오지도 않고 가지도 않습니다. 한 방의 공간이 옆방으로 옮겨갈 수 있습니까? 아니지요. 우리의 고통과 쾌락은 의식과 생기가 일어난 결과입니다. 그것들이 분리되면 모든 경험이 끝납니다. 몸은 여러분이나 여러분의 형상이 아닙니다. 그것은 여러분의 음식이기 때문입니다.

만일 여러분이 스승과 함께 있기를 좋아하고 늘 스승과의 친교를 열망하면, 그는 여러분의 의식으로서 여러분 안에 있고, 여러분에게 의식이 있는 한 계속 여러분 안에 존재할 거라는 것을 기억하십시오. 여러분이 모든 산 존재들 안의 의식이기 때문에, 여러분 자신을 인간의 몸이라고 믿는 것은 하나의 죄입니다. 여러분의 참된 성품은 아주 태곳적입니다. 그것은 무無원인의 **원초적 환**幻에서 비롯된 **이스와라**보다도 이전입니다. 여러분이 아침에 일어나면, 역시 무원인인 세계가 자연발생적으로 나타납니다. 그리고 여러분이 그토록 사랑하는 "내가 있다"를 알게 되는데, 그것이 **원초적 환**幻입니다.

몸이 없으면 어떤 단어도 없고, 따라서 어떤 언어도 없습니다. 그때는 존재의 느낌도 비존재의 느낌도 없습니다. 어떤 **진인**은 말하기를, 늘 씨앗이 먼저 오는데, 우리의 존재성이 그 씨앗이라고 했습니다. 우리가 우리의 종교라고 부르는 것은 참되지 않고, **진아**가 되는 것이 유일하게 참된 종교입니다. 여러분이 무엇을 해도 좋지만 자신을 몸과 동일시함이 없이 그것을 하십시오. 여러분의 **의식** 자체가 **참스승**입니다.

주 브라마가 창조주라고 합니다. 그가 소동 속에서 자연발생적으로 나타나는 벌레들을 창조할 필요가 있었습니까? 브라마에 의한 창조와 운명에 대한 여러분의 관념들은 모두 여러분이 어릴 때부터 받은 정신적 인상입니다. 그것은 모두 개념입니다. 순수하고 자유로운 **아뜨마**가 여러분의 정신적 인상들로 인해 속박되어 있는 것으로 보입니다. **의식을 아는 자**와 모든 성질들만이 여러분에게 올바른 지知를 안겨줄 수 있습니다. **의식**이 그 자신에게 미친 듯이 집착하는 것은 **마야** 때문입니다. 이 환幻을 **구나-마야**(Guna-Maya)라고 합니다. 몸 안의 아뜨마를 마야라고 하듯이, 그것을 **이스와라**라고도 합니다. 우리는 **원초적 환**幻으로 인해 우리의 존재를 알게 됩니다. 그러나 그것(존재성)은 사뜨와의 한 성질 아닙니까? 생시와 잠의 상태들은 늘 우리의 **의식**에 동반됩니다. 가능한 한 오래 살려고 하는 것이 **원초적 환**幻의 성질입니다. **원초적 환**幻이 존재하기를 좋아한다고 말하는 것은 옳지 않습니다. 왜냐하면 그것 자체가 '존재애'이기 때문입니다. 우리의 참된 성품이 **빠라마뜨마**이기에, 우리는 모든 성질들을 넘어서 있습니다. 존재성 자체의 시작을 **마야**라고 합니다. **이스와라**는 그것의 두 번째 이름입니다. 그것이 마야 혹은 **의식**이 존재하지 않음을 알고 있던 **빠라마뜨마**입니다. 그는 무시간적이고, 의식을, 존재와 비존재를 넘어서 있습니다. 현재 그는 말을 하는 자이자 듣는 자입니다. 사뜨와 성질이 매우 순수해지면 그것이 자신의 모든 비밀정보를 드러냅니다. 마치 사면된 범죄자가 검찰의 증인이 되듯이 말입니다. **진아를 아는 자**를 **지자**知者(Jnata) 혹은 **마하트마**라고 합니다. 구루 만트라를 지속적으로 염하면 생기가 정화됩니다. 그런 다음 마음이 정화되고, 이어서 사뜨와가 정화됩니다. 그것이 결국 **진아지**로 이어집니다.

현재 여러분의 카스트는 **의식**일 뿐이고, 그 **의식**이 참된 **구루데바**입니다. 결코 그것을 몸이라고 믿지 마십시오. 그것은 여러분의 스승을 모욕하는 것과 다름없습니다. 5대 원소 중에서 가장 미세한 것은 허공인데,

그것은 의식 다음가는 두 번째입니다. 그래서 의식은 허공을 알지만 허공은 의식을 알지 못합니다.

모든 활동은 생기의 것이지 여러분의 것이 아닙니다. 몸 안에서 생기가 의식과 함께 나타납니다. 생기가 몸을 떠나면 방대한 허공을 점유합니다. 이 모든 지知는 죽음을 그릇된 개념으로 배척하기에 충분할 것입니다. 5대 원소와 주 하리와 하라는 원초적 환幻의 창조물입니다. 5대 원소로 이루어진 모든 몸들이 그 환幻의 창조물입니다. 어떻게 우리가 그 원소들로 이루어진 몸일 수 있습니까? 여러분이 자신의 존재를 알게 되는 것은 의식 때문인데, 어떤 말이나 생각 없이 그 의식을 지켜보아야 합니다. 여러분은 마음을 고요히 하기 위해서 염할 만트라를 받았습니다.

77. 창조된 모든 것은 거짓이다
1978년 12월 10일, 일요일

각자는 자기 자신을 위해 더 많이 살고 싶어 합니다. 왜입니까? 우리가 원하는 대로 우리의 존재를 지속하는 것이 우리 마음대로 되지 않기 때문입니다. 거짓인 것으로서 주된 것이 무엇입니까? 그 거짓된 것은 우리의 의식인데, 그 때문에 우리는 자신의 존재를 알게 됩니다. 그것('내가 있다'로서의 의식)은 5대 원소의 산물입니다. 일체를 거짓으로 알고 나면, 여러분이 무엇을 하든 그 또한 거짓일 것입니다. 여러분 자신의 존재에 대해 여러분에게 통제권이 없는데, 여러분의 행위와 다른 것들에 대해 어떤 통제권을 가질 수 있습니까? 일체가 공空(shunya) 혹은 영零이고, 그마저도 거짓입니다. 여러분이 무엇을 하든, 그 무엇도 아무 쓸모가 없을 것입니다. 여러분이 무엇을 하든 그것은 자기 자신을 위한 것이겠지만, 여러분은 자기 자신에 대한 통제권이 없습니다. 다른 곳(아쉬람들)에서는 여러분을 계속 바쁘게 활동하도록 만들 테니, 여러분이 이런 말을 듣는 것은 기대할 수 없겠지요.

한때 큰일을 좌우하던 세계의 위대한 명사들, 그들은 지금 어디 있습니까? 그들을 찾아낼 수 있습니까? 온 사람들은 가야 했습니다. 이전에 없었고 지금 있는 것은 다시 사라져야 합니다. 창조된 모든 것은 거짓입니다. 살아가면서 (뭔가를) 축적하고 싶어 하는 사람들에게는 이런 지知가 소용없습니다. 이것은 **진리** 추구자들만을 위한 것입니다. 만일 여러분이 모든 욕망·갈망과 두려움을 놓아버리면, **실재** 안에서 있는 그대로의 여러분 자신을 보게 될 것인데, 그 **실재**에는 엎드려 절할 만합니다.

자기 자신에 대한 여러분의 사랑은 여러분의 행위가 아니라 일어나는 하나의 사건입니다. 여러분은 존재하기를 좋아하지만, 그것을 감내하기 어려워하고, 그것을 잊기 위해 이런저런 것을 해야 합니다. 여러분의 존재를 모르면 비이원성이 있고, 그 안에는 어떤 문제도 없습니다. 여러분이 자신의 존재를 알자마자 이원성 안에서 다툼이 시작됩니다. 여러분은 이 세상에 출현하기 위해 무엇을 했습니까? **의식**이 나타났는데, 그것이 **브라만**입니다. 그것이 사라지면 그것이 일체입니다. 여러분은 자신이 행위자라는 느낌을 가지고 있지만, 그것은 잘못된 것입니다. 여러분의 **의식**을 온전히 알기 위해서는, **만트라**를 염하고 예배(바잔 찬송)를 거행하여 생기를 정화해야 합니다. 그 이후 우리는 **진아**를 알고, 우리가 존재할 필요가 끝이 납니다. 그러면 우리의 모든 활동이 자연발생적으로 일어납니다. 눈에 보이거나 보이지 않는 것들 중에서 가장 중요한 것은 우리의 **의식**입니다. 그 기원을 알면 우리가 **진아**를 깨닫지만, 그것이 자부심을 낳을지도 모릅니다. 그 자부심을 부정할 필요가 있습니다. 그러면 남는 것은 순수한 **초월지**인데, 그것은 지知와 무지 둘 다를 넘어서 있습니다.

이 세계에 대한 어떤 향유자가 있습니까? 세계가 무슨 소용 있습니까? 내가 없는데 나의 세계가 어디 있습니까? 내가 존재해야 나의 세계가 존재합니다. 여기서 '나'란 한 개인을 뜻하는 것이 아니라, 순수한 **의식**을 뜻합니다.

여러분이 존재할 때, 자신의 존재를 보호하는 것 말고 여러분의 최우선 순위가 무엇입니까? 우리의 **의식**은 우리의 몸에 국한되지 않고, 전 우주에 편재합니다. 여러분의 꿈 세계를 예로 들어 봅시다. 저는 여러분이 만족하도록 단어들을 사용해 설명합니다. 5대 원소로 이루어진 음식의 즙가들 안에 지각성의 씨앗이 있습니다. 지각성이 나타나는 것이 탄생이고, 그것이 사라지는 것이 죽음입니다. 여러분은 어떤 대가를 치르더라도 생존하고 싶어 하고, 생존을 위해 모든 노력을 쏟을 준비가 되어 있습니다. 그러면서도 신의 도움을 바라고 간청합니다.

사람들은 **의식**을 이용하여 **의식** 그 자체의 기원 외의 모든 것을 발견합니다. 그 탐색은 "나는 누구인가?"라는 질문과 함께 시작됩니다. 그 질문자가 없으면 누가 묻겠습니까? 그래서 **빠라마뜨마**에게는 "나는 누구인가?"와 "그대는 누구인가?"와 같은 물음들이 모두 무의미합니다. 여러분의 **의식** 자체가 **빠라브라만**이 존재한다는 증거임을 기억해야 합니다. 그 기억은 매우 쓸모가 있을 것입니다. 여러분의 **의식**이 진정한 사랑이고 헌신입니다. 그것과 하나가 되어, 지각성으로 인한 여러분의 모든 고통과 쾌락이 사라지게 하십시오.

마야는 **자기사랑**을 의미합니다. 그것은 모든 겉모습들이 기만적이라는 것을 말해줍니다. 자비와 부드러움은 그 순간에 해당될 수 있는 일시적 국면들일 뿐입니다. 이 세상에서는 **자기사랑**에 매료되는 것이 최고입니다. 이것이 **원초적 환幻**, 곧 본래적 매혹입니다. 세계는 여러분의 "내가 있다"는 기억과 함께 태어나고, 그것이 퇴장하면서 사라집니다. 죽을 수 있는 사람은 아무도 존재하지 않습니다. 여러분이 자신의 **진아**와 하나가 되지 않는 한, 욕구들이 남을 것이고 계속 늘어날 것입니다.

모든 몸-형상들은 5대 원소로 인한 자연발생적 출현물입니다. 그 원소들이 이 형상들을 창조하지는 않습니다. 복을 지은 사람들은 천당으로 간다고 합니다. 만일 그렇다면 쥐나 당나귀 같은 동물들은 어디로 갑니까? 여러 동물들의 몸은 차이가 있지만, 그들이 죽고 나면 조건은 모두에게 동일합니다. 이스와라의 머리 타래와 두 발이 의식이라는 형상으로 여러분과 함께합니다. 의식에 기울이는 주의 외에 다른 데로 향하는 다른 모든 주의는 여러분에게 문제만 초래할 것입니다. 여러분의 의식은 형상이 없는데도, 여러분은 늘 자신이 하나의 형상을 가지고 있다고 기억합니다. 이제 어떤 의심도 없이 여러분의 자기사랑을 숭배하십시오.

78. '나'를 놓아버리면 그대는 무엇인가?

1978년 12월 14일, 목요일

이스와라는 여러분 몸 안의 순수한 의식을 의미합니다. 여러분은 몸이 아니라 이스와라입니다. 여러분이 순수한 의식 안에서 안정되면 어떤 개념도 없습니다. 탄생과 죽음에 대한 어떤 두려움도 없을 것입니다. 누구도 탄생과 죽음에 대한 어떤 경험도 가지고 있지 않지만, 그 두려움이 존재합니다. 여러분이 결코 어떤 의심도 가질 수 없는 어떤 것이 있습니까? 있지요, 그것은 여러분 자신의 존재("내가 있다")에 대해서입니다. 여러분의 의식이면 제가 말하는 것을 실천에 옮기기에 충분합니다. 여러분의 의식이 신이고, 또한 마야, 즉 신의 힘입니다.

수행자(sadhaka), 곧 참된 구도자는 자신의 형상 없는 성품을 압니다.

그는 자신을 의식과 동일시하는데, 그것이 그가 사용할 수 있는 유일한 도구입니다. 우리의 몸은 하나의 집일 뿐입니다. 우리가 그 집일 수는 없습니다. 해탈을 욕망하지만 자신을 몸과 동일시하는 사람을 해탈열망자(*mumukshu*)라고 합니다. 의식인 수행자는 자신의 참된 **존재**를 깨닫기 위해 의식에 대해 명상합니다. 여러분은 "내가 있다"고 말하지만 이 '나'를 놓아버리면 여러분은 무엇입니까? "나"라고 말하는 그것은 한 인간입니다. 그것이 살아 있는 것은 아무 형상 없는 의식 때문입니다. 의식은 몸이 아니지만 존재의 맛을 가지고 있습니다. 몸이 우리의 형상이 아닐 때는 우리가 한 남자나 여자일 수 없습니다. 수행자는 아주 진지한 구도자이며, **싯다**(Siddha)가 될 때까지 휴식하지 않습니다. 해탈열망자는 신에게 관심이 있지만, 대다수 사람들은 영적인 공부에 관심이 없고, 그들은 속박인(*baddha*)이라고 불립니다.

일체의 이전에 의식이 있습니다. 여러분의 의식 외에 누가 스승을 기억합니까? 여러분의 배고픔과 갈증은 형상이 없습니다. 여러분은 제가 그것에게 밥을 먹이도록 배고픔을 옆으로 치워 둘 수 있습니까? 만일 몸이 없다면 누가 들겠습니까? 지금이야말로 몸과 의식 둘 다를 사용할 수 있는 적기입니다. 의식에 대해서 명상하면 **이스와라**의 상태를 성취할 수 있습니다. 그런 다음 **마야**의 도움으로 지知를 부인하게 됩니다.[50) 모든 것을 아는 자가 **진인** 혹은 **싯다**입니다.

여러분이 자신을 한 개인이라고 믿기 때문에 고통과 불행이 여러분에게 영향을 줍니다. 만일 세계(우주)가 그것이 가진 고통·불행과 함께 여러분 자신의 정체성이 된다면, 여러분에게 어떤 불행이 있겠습니까? '나'와 '내 것'은 개인만 괴롭히는데, 여러분은 개인이 아닙니다. 여러분은 광대하게 현현된 것(현현자, 우주)이기 때문입니다.

---

50) *T*. 진아지를 성취한 다음에는 지知도 없다는 것을 깨닫게 된다. 지知는 무지의 상대 개념이고, 마야가—즉, 무지가—존재할 때만 있을 수 있기 때문이다.

닷따(Datta)라는 단어의 의미는 '이것을 직접 보라'입니다. **닷따뜨레야신**(God Dattatreya)은 세 개의 머리를 가진 것으로 표현되는데, 그것은 세 가지 성질(구나)을 가리킵니다. 그는 위대하고 강력한 **의식**에서 나왔습니다. 세 가지 성질 모두 모든 산 존재들 안에서 작동하지만, 그것들이 결합되어 우리의 존재의 느낌을 형성합니다. 우리의 영원하고 참된 성품은 **빠라마뜨마**인데, 그것은 늘 깨어 있습니다. 그래서 우리가 깨어 있다는 느낌은 **원초적 환**幻에 기인합니다. 그것이 세계로 나타납니다. 그 안에서 헤아릴 수 없이 많은 산 존재들이 어떤 창조주나 파괴주破壞主 없이 나타납니다. 자신의 존재를 자각하는 자가 큰 헌신의 핵심입니다. 이것이 **물라마야**(Moola-Maya)입니다. 세 가지 성질이 그 안에서 비롯됩니다. 그것은 아무것도 하지 않고, 그 행위자는 알려지지 않은 채로 있습니다. 어떤 산 존재도 죽을 준비가 되어 있지 않은 것은 **마야** 때문입니다. 순수한 음식 기운과 생기가 몸 안에서 한데 섞이기 때문에 존재의 느낌이 느껴집니다. 생기가 떠나면 어떤 존재성도 없습니다. 이것의 비밀을 알아야 하고, 그 앎이 없이는 죽음의 아가리를 피해갈 수 없습니다.

여러분의 존재의 느낌은, 생기가 존재할 때 몸의 음식 기운의 성질입니다. 생기가 떠나면 여러분이 아무것도 기억하지 못하고, 어제 일조차도 기억하지 못할 것입니다. 깨어 있다는 여러분의 느낌과 세계는 둘이 아닙니다. 이것의 진리를 깨달으려면 **스승**의 명을 따르십시오. 여러분의 **의식**은 성질들을 수반하는데, 결국 그 **의식**에서 속성이 없어져야 합니다. 생기가 체중 관리를 포함한 여러분의 모든 활동의 원인입니다. 그렇지 않습니까?

최소한 잠자리에 들 때는 여러분의 **의식**에 면밀한 주의를 기울이십시오. 아침에 일어날 때도 그렇게 하십시오. 여러분은 몸이 없는 느낌을 불과 몇 초밖에 알아차리지 못합니다. 이 세상에서 가장 존경받는 것은 여러분의 **의식**입니다. 다른 어떤 것을 하는 것보다 거기에 주의를 기울

일 가치가 있습니다. 그것을 **명상**이라고 합니다. 여러분이 몸으로 보이기
는 하지만, 여러분은 **의식**입니다.

79. "내가 있다"는 생각은 일종의 병이다

1978년 12월 17일, 일요일

자신의 마음에 의해 좌우되는 구도자들은 진보할 수 없습니다. 여러분
이 내면에서 무엇을 진지하게 느끼든, 그것은 조만간 현실화됩니다. 제
가 **마야**의 함정에 걸리는 듯한(몸을 받아 태어나는 듯한) 겉모습만 있었는데,
그것은 **마야**가 저의 어버이라는 뜻은 아닙니다. **불생자**가 어떻게 태어났
다는 비난을 받아들일 수 있습니까? 저의 출생과 부모님에 대한 이야기
는 저를 욕하는 것일 뿐입니다. 저도 모르는 가운데 일어난 일을, 제가
어떻게 참된 것으로 받아들일 수 있습니까?

크리슈나가 큰 '현현된 **브라만**'에 대해 이야기하고 그 세부사항을 들려
줄 때, 그 자신의 존재에 세 가지 성질이 없지는 않습니다. 우리가 존재
하는 것을 알기 위해 눈이 필요하지는 않습니다. "내가 있다"는 생각은
일종의 병인데, 그것은 자연발생적으로 나타났습니다. 그것은 고요한 상
태 안의 어떤 동요입니다. 여기서 **크리슈나**는 그 자신의 현재 존재가 어
떻게 거짓인지를 지적하고 있습니다. 모든 활동은 감각기관들에 의해 이
루어집니다. 의식, 곧 **아뜨마**는 병으로 인해 자신을 몸과 동일시합니다.
많은 병이 몸 안에서 한데 모입니다. "내가 있다"는 생각이 도래하면 우
주적 본체는 무질서를 의미합니다. 실제로는 "내가 있다"의 출현 이전에
있는 것이 **아뜨마**입니다. 여기서는 제가 어떤 활동을 제시하지 않습니다.

활동은 여러분을 해탈시키지 못하기 때문입니다. 대신 여러분은 온전한 주의를 가지고 들어야 합니다. 여러분이 무엇을 알든, 그것은 여러분의 참된 **자아**일 수 없습니다. 필요한 것은 영리한 분별입니다. 맹신적 고행은 아무 쓸데없습니다.

움직이거나 움직이지 않는 대상들로 가득 찬 전체 자연은 "내가 있다"는 우리의 생각에 수반됩니다. 그것은 그 생각이 결코 홀로가 아니라는 뜻입니다. 고요한 상태 속에서 **의식**으로 인해 생긴 동요가 몸과의 동일시로 이어집니다. 이 병에 전 존재계가 수반됩니다. 그 **의식**이 사라지면 아무것도 남지 않을 것입니다. 자신이 몸일 수 없다는 것을 깨닫는 사람이 **진인**입니다. 우리가 몸이 아닐 때는 희망·욕망·갈망의 여지가 없습니다. 그래서 어떤 불행도 없습니다.

바그완 스리 크리슈나는 위대한 화가이지만, 그 역시 고요한 상태 속의 동요로 인한 자연발생적 창조물입니다. 그는 그 자신의 창조물을 묘사한 희유한 분입니다. 여러분이 아이에서 어른으로 성장할 때, 자신의 성장을 **의식**합니까? 그것은 모르는 사이에 일어납니다. 여러분은 **의식** 이전이고, 감각기관으로는 지각될 수 없습니다. 모든 창조물은 **의식**의 출현에서 나온 동요에 기인한다는 것을 아십시오. 이 **지**知는 여러분 자신만 알라고 드리는 것입니다. 그것이 하나의 환幻으로서의 전 우주를 드러내줄 것입니다.

이 '내가 있음'은 **의식**의 출현으로 인한 하나의 소동입니다. 거기서 나오는 출현물은 모두 하나의 꿈이었는데, 그것이 세계로 보였습니다. 세계를 창조하는 데는 아무것도 필요하지 않았습니다. 또 어떤 노력도 필요 없었습니다. 여러분은 세계를 볼 수 있기 위해 무엇을 했습니까? 이 수수께끼를 풀기 위해서는 여러분의 **의식**을 스승의 두 발로 여기고 명상하십시오. **의식**의 출현이 세계를 산출하고, **의식**이 사라지면 세계가 사라집니다. 세계가 사라지면 어떤 5대 원소도 없습니다. 이 **의식**은 **마야·마**

하뜨-따뜨와(Mahat-tattva) · 히라냐가르바(Hiranyagarbha)로도 불립니다. 우리는 존재하는 모든 것을 궁극적으로 **아는 자**를 찾아내고, 그가 누구이며, 그가 어떻게 있는지를 알아내야 합니다. 우리의 희망 · 욕망 · 갈망은 우리의 배고픔이라고 할 수 있습니다. 삶의 활동들은 필요한 것들을 공급하기 위한 것입니다. 계속 늘어나는 인구는 의식의 출현으로 인한 동요의 결과입니다. 여러분은 방탕한 쾌락을 위해 수백만 루피를 쓸지 모르지만, 어떤 만족이나 평온도 없을 것입니다. 여러분이 자신을 완전히 잊어버리는 깊은 잠 속에서만 진정한 휴식이 있습니다. 진정한 휴식은 "내가 있다"를 잊어버린 뒤에만 있습니다. 여러분은 누구를 숭배해야 합니까? 그것 때문에 여러분이 세계를 알게 되는 그것(의식)을 명상하십시오. 그것이 여러분을 고요함으로 충만한 **삼매** 속으로 데려갈 것입니다. 오관五官을 통해서는 결코 그것을 얻지 못합니다. 마침내 여러분이 자신의 지각성의 원인을 알게 될 때, 모든 면에서 완전한 고요함의 바다인 여러분의 참된 성품을 깨닫게 될 것입니다.

80. 스승에 대한 헌신과 믿음은 큰 구원자이다
1978년 12월 21일, 목요일

어떤 사람들은 신을 믿지 않고 **이스와라**라는 단어를 그들의 글에서 빼버립니다. 그러나 그들이 신에 대해서 무엇을 압니까? 여러분이 신을 믿든 믿지 않든, 사실들은 그대로입니다. 여러분은 자기 자신에 대해 무엇을 압니까? 그에 대해 생각해 봅니까? 언제 여러분이 신이 있다는 것을 확신할 수 있습니까?

붓다의 참된 추종자가 된다는 것은 고요함으로 충만해 있는 것입니다. 깊은 잠 속에 어떤 행복이나 불행이 있습니까? 잠의 상태로 들어갈 때, 여러분은 기분이 좋습니다. 마찬가지로, 여러분이 무엇인지를 알게 될 때는 어떤 죽음도 없을 것이고, 그것은 기쁨으로 충만한 사건일 것입니다. 죽음이라는 단어는 자신이 어떤 사람이라는 것을 잊어버리는 것을 의미할 뿐입니다. 그것은 여러분의 참된 집인 **신적 본질** 속으로 흡수되는 것입니다. 생시와 잠의 두 가지 상태를 비추는, 그리고 그것들이 오고 감을 **주시하는 자**를 알아야 합니다. 수백만의 사람들 중에서 극소수만이 이 지知를 가지고 있고, 나머지 사람들은 개념들만 전공합니다.

여러분은 자신의 참된 형상에 대한 **지**知를 가지고 있습니까? 몸은 여러분의 형상이 아니라 여러분의 음식입니다. 마음과 지성은 생기(prana)의 형상인데, 생기는 몸의 움직임들을 관장합니다. 이 모든 것을 **아는 자**는 비非행위자입니다. 선향이 타는 동안은 향기가 있듯이, 우리의 존재의 느낌은 그것을 유지하는 몸 기운(body essence)이 타는 동안은 지속됩니다. **의식**은 음식 기운의 한 성질인데, 그것은 눈에 보이지 않고 보여줄 수도 없습니다. 그것이 "내가 있다"의 맛, 곧 **자기사랑**입니다.

자신의 참된 성품을 깨닫는 것이 직접적인 **진아지**입니다. 직접적이지 않은 것은 그것의 성질들에 대한 지知입니다. **의식**이 무엇입니까? 그것은 우리가 존재함을 알게 하는 원인입니다. **의식**의 기원을 아는 자는 그 **아는 자**가 됩니다. 초기 단계에서는 물질적 지知인 **의식**이 있습니다. 후기 단계에서는 어떤 물질도 없고, 그 지知는 **진아**에 대한 직접지입니다. 생시와 잠의 상태 외에 여러분이 실제로 무엇을 가지고 있습니까? 생시 상태에 여러분이 하는 모든 활동은—호화 등급으로 비행기를 타고 가는 것도 그렇지만—여러분에게 피로를 안겨줄 것입니다. 삶이 고통스러운가 즐거운가에 관계없이 생시 상태 자체가 여러분을 피로하게 합니다. 그러다가 잠의 상태가 이어지는데, 그것은 일체를 잊어버린다는 것을 뜻합니다. 그것이 진정한 휴식을 안겨줍니다. 몸 안에서 생시와 잠의 상태들의 원인은 무엇입니까? 스승에 대한 온전한 믿음을 가지고 **의식**에 대해 명상하는 사람은 모든 근심에서 벗어나게 됩니다.

여러분이 그것, 곧 실제로 있는 것입니다. **아뜨마라마**(Atmarama-아뜨마람)란 어떤 외부적 욕구도 없이 완전히 편안하게 있는 것을 뜻합니다. 무엇에 대한 욕구란 순수성이 없음을 말해줄 뿐입니다. 인간은 어떤 사물들 때문이 아니라 자기 자신을 잊어버린 뒤에야 진정으로 행복해집니다. 영적인 일에서는 암호언어를 사용하기도 하는데, 스승의 은총에 의해서만 그것을 이해할 수 있습니다.

잠자리에 들어 자신을 잊어버리는 사람을, 아침에 누가 깨웁니까? 그것이 자연발생적으로 일어나는 일이듯이, 존재계 안의 모든 것이 그렇습니다. 스승에 대한 헌신과 그에 대한 전적인 믿음은 큰 구원자입니다. 이 믿음이 **진아**로 이어지고, **진아** 속으로 합일됩니다. 결코 자신이 잘났다고 느끼려 하지 마십시오. 가능한 한 작아지십시오. 이 모든 이야기를 듣고 나서도 여러분의 낡은 습관을 지속하면서 고통 받는다면, 스승이 어떻게 할 수 있습니까? 그로 인해 여러분이 자신의 존재를 자각하게 된 그런 언어를 **빠라**(para) 언어라고 합니다. 그 해석의 시작은 **빠시얀띠**(pashyanti) 언어에 기인합니다.[51] 그 의미는 마디야마(madhyama) 언어에서 분명해지고, 마지막으로 실제 언어는 바이카리(vaikhari)라고 합니다. **침묵의 빠라 언어**가 여러분이 자신의 존재를 알게 되는 원인입니다. 여러분은 마음의 도움을 받아 행복해지려 하지만, 되레 더 많은 불행을 얻고 맙니다. 마음이 모든 산 존재들을 통제하며, 그들은 마음의 노예가 됩니다. 진인은 가장 높은 빠라 언어를 포함한 모든 언어의 주시자일 뿐입니다.

---

51) *T*. 언어 발생의 첫 두 단계(44쪽 각주 참조)에서 빠라는 언어 이전의 **침묵** 상태, 빠시얀 띠는 침묵 속에서 어떤 의미가 출현하여 구성되는 단계이다. 마하라지는 빠라를 '자기 존재 의 자각', 빠시얀띠를 '해석의 시작'으로 설명하는데, '해석'이란 자기 존재를 자각한 자아 가 현상계의 의미를 인식하고 그것을 언어로 구체화하기 위한 과정으로 볼 수 있다.

지속적인 고요함을 성취하는 사람은, 비록 몸을 가지고 있다 해도 이미 순수한 **브라만**입니다. 여러분의 개인성의 원인과, 개인성에 대한 여러분의 미친 집착의 이유를 알아야 합니다. 여러분의 존재성이 그 원인인데, 그것은 세계 안에 있는 것이 아니라 세계의 원인입니다. 여러분이 깨닫지 못한 상태라면, 여러분이 아는 것이 무엇입니까? 한 생각도 없이 여러분 자신을 알아야 합니다. 별 생각 없이 이야기하면 안 됩니다. **아뜨마**의 상태는 모든 면에서 온전합니다.

옷다바가 **궁극자**(절대자)에 대해 이야기할 때 실은 그 자신의 정보를 제공하고 있었지만, 누가 그것을 이해했습니까? 만일 여러분이 **스승**으로 대접받는다면, 거기에 도취되지 마십시오. 여러분은 한 순간이라도 고요히 있을 수 있습니까? 조금도 지체 없이 마음의 재잘거림이 시작됩니다. 마음이 자신이 무엇인지를 실제로 알 때는 그 자신을 **신**의 힘으로 볼 것입니다. 만약 어떤 **진인**이 남들의 불완전함에 대해 무슨 말을 한다면, 그것은 그가 아직 **진아**를 깨닫지 못했다는 것을 의미합니다.

81. 의식 외에는 어떤 신도 없다

1978년 12월 24일, 일요일

영적인 공부(spirituality)에서는 얻을 것도 잃을 것도 없고, 있는 것(실재)에 대한 앎만 있습니다. 여러분에게 형상이 없는데, 어떤 이익이 무슨 소용 있습니까? 여러분이 지知로서 무엇을 축적했든, 그것을 내버리십시오. **진아지**를 얻으려면 고요히 있으면서 참된 것과 거짓된 것을 올바르게 분별하십시오.

여러분은 몸이 아니며, 결국 자신이 의식도 아니라는 것을 알게 될 것입니다. 여러분은 자신이 의식이 아니라고 말하는 그것이 되어야 합니다. 알아야 할 것은 바로 그것입니다. 의식은 몸과 함께 오고, 결국 그 자신을 잊습니다. 어떤 죽음도 없습니다. 어떻게 여러분이, 시절적인 것일 뿐인 의식일 수 있습니까?

크리슈나는 말합니다. "나는 모든 저명인사들의 광휘이다. 나에 대한 그대의 헌신은 오롯해야 한다. 나는 도처에 있고, 심지어 내가 거주하는 그 장소이기도 하다." 여러분이 크리슈나처럼 자신의 위대함을 인식한다면, 누가 그것을 확인해 줄 수 있겠습니까? 그것은 갠지스 강과 같은 여러분의 의식일 것입니다. 진인들은 늘 우리 안의 화자話者에 대해 강조하는데, 그 화자가 무엇이며, 어떻게 있습니까? 그들은 결코 우리가 이 몸이라고 믿지 않습니다. 여러분이 매일 아침 깨어나서 보는 것은 신 그 자체입니다. 여러분이 그것을 욕망하지 않아도 그것은 일어납니다. 일단 여러분 안의 저명인사를 인식하면, 그것이 모든 일의 행위자로 보일 것입니다. 그 어떤 일이 일어나서 여러분이 그것을 알게 되든, 이는 그것(의식) 때문입니다. 여러분의 의식을 확고히 붙드십시오. 그것 외에는 어떤 신도 없습니다. 이 모든 것은 여러분의 정보입니다. 영적인 지知를 듣는 것은 최고의 가치가 있습니다. 왜냐하면 그것이 진아지로 이끌어주기 때문입니다. 개념들에 사로잡혀 있는 여러분의 저명인사가 '들음'에 의해 자유로워집니다. 그것이 모든 장애물을 제거하는 유일한 길입니다. '들음'이 몸-정체성의 속박을 포함한 모든 속박을 제거합니다.

여러분의 의식은 여러분 안에 있는 스승의 적극적 현존이라는 온전한 확신을 가지십시오. 자신이 한 인간이라는 기억을 지워버리기 위해서는, 그것 때문에 여러분이 자신의 존재를 아는 '그것'을 알아야 합니다. 깨어남이 무엇을 뜻합니까? 여러분은 깨어남으로써 '여러분이 있다'는 것을 알게 됩니다. 생시 상태란 냐나데바(Jnanadeva-의식인 신)의 출현을 의미합니다. '여러분' 안에 여러분 자신으로 있는 것이 그것입니다. 여러분의 몸과의 동일시가 그를 어려움에 빠트렸습니다. 여러분의 형상인 의식에게 순복하십시오. 그것은 의식이 그 자신에게 순복해야 한다는 뜻입니다. 수천 명의 저명인사들에 대한 묘사가 있지만 그 모두가 여러분의 의식에 해당됩니다. 여러분 자신을 몸으로 상상하기 위해서도, 여러분은 의식을 사용하고 있습니다. 그렇지 않습니까? 마야와 이스와라는 분리 불가능합니다.

요가에서는 생기가 서서히 정수리의 범혈梵穴 속으로 들어갑니다. 삼매 속에서는 지복의 체험을 포함한 어떤 체험도 없습니다. 지복은 요기가 정상 상태로 내려와서만 체험됩니다. 요가의 최고 목적은 진아를 깨닫는 것입니다. 스승의 말을 경청하는 의식이 이스와라라는 저명인사인데, 그것은 그 자체로 완전합니다. 진정한 진인은 영적인 지知만 베풉니다. 여러분이 스승을 제대로 따라서 형상 없는 순수한 의식으로 살면, (영적인 공부에서) 성공할 것이 확실합니다. 5대 원소는 순수하고 깨끗합니다. 여러분이 눈을 감으면 검푸른 혹은 진한 검정색 그늘을 볼 수 있습니다. 그것은 5대 원소의 결합에서 오는 한 결과입니다. 명상하여 그 그늘과 하나가 되십시오. 여러분은 그것을 하나의 신상神像이나 바다라고 상상할 수도 있겠지만, 그것은 여러분에게 달렸습니다. 스승의 입에서 나오는 지知는 브라만의 지知입니다. 그가 한 말을 결코 잊으면 안 됩니다.

다양한 음식들이 다양한 성질을 가지고 있는데, 그것을 먹으면 그에 따라 지성에 영향을 줍니다. 초기 단계의 구도자에게 권장되는 것은 사뜨와 성질(순수성)의 음식뿐인데, 그것은 단순하고 신선한 채식 식품입니다. 진보된 구도자들에게는 이런 제한이 해당되지 않습니다. 여러분의 탄생은 하나의 지나가는 국면을 일으키는 반면, 불생不生의 상태는 시작이 없고 영구적입니다. 늘 여러분의 진아를 명상하여, '네 가지 언어' 모두가 고요해져서 내적 갈등이 종식되게 하십시오. 이것은 위대한 숭배이며, 그것이 여러분을 경험들로 인한 어떤 오점에서도 벗어나게 해줍니다. 이것은 여러분의 모든 과거는 물론 미래의 경험들에도 해당됩니다.

여러분의 의식은 크리슈나에 지나지 않습니다. 여러분 안에 그가 현존하기 때문에 여러분이 자신의 존재를 알게 됩니다. 그래서 크리슈나를 통해, 모든 저명인사들이 여러분의 것이라고 말하는 것은 여러분일 뿐입니다. 살아 있는 몸 안에서는 의식과 생기가 늘 공존합니다. 단어나 소리는 생기로 인한 것이고, 아뜨마는 묵연합니다. 아침의 생시 상태는 빠라 언어인데, 그것은 우리의 존재에 대한 묵연한 지知입니다. 마음 속을 흐르는 생각들은 빠라와 빠시얀띠 언어에서 나옵니다. 생기의 힘은 위대하며, 그것이 원초적 환幻입니다. 마야가 지금 저명인사들에 대해 이야기하고 있지만, 아뜨마는 묵연합니다.

스승의 말씀을 결코 잊지 않는 사람은 모든 문제에서 벗어납니다. 브라만으로서의 여러분의 '참된 성품'(의식)을 확고히 붙드십시오. 늘 스승의 말씀을 자각하는 사람은 브라만을 깨닫습니다.

82. 의식에 대한 자각을 결코 놓치지 말라
1978년 12월 28일, 목요일

여러분은 원초적 환幻을 사랑하지 않는데, 그 환幻은 사랑 그 자체입니다. 그것은 모든 산 존재의 '존재에 대한 사랑'입니다. 그것은 의도적인 행위가 아니라 하나의 자연적 사건일 뿐입니다. 사랑에서 창조되는 사랑이 있는데, 그것이 하나의 전통이 되었습니다. 그것은 사랑의 자유로운 흐름입니다. 우리가 서로 만나는 것은 이 자기사랑의 한 결과입니다. 이

원초적 환幻이라는 태곳적 전통은 사랑의 한 바다입니다. 인간의 모든 창조물은 그 결과입니다. 여러분이 이 사랑을 제대로 인식할 때는, 그 사랑을 유지하기 위해 외적인 어떤 도움을 받는 것을 싫어합니다. 모든 욕구는 몸들의 욕구일 뿐입니다. 이 사랑에 대한, 곧 우리의 **의식**에 대한 참된 **지**知가 있으면 우리의 몸 없는 성품이 분명해지는데, 그것은 아무것도 필요로 하지 않습니다. 그럴 때 우리는 세계와 하나가 됩니다. 전 세계는 우리의 **의식**의 빛입니다.

만약 여러분이 모든 욕망에서 벗어나고 싶다면, 바로 지금 듣고 있는 여러분의 **의식**에 대해 명상하십시오. 이 **지**知는 남들과 공개적으로 공유되지 않습니다. 아는 사람은 소수일 뿐이고, 그들조차도 자신이 한 사람의 **요기**라거나 **사두**로 자처하는 정도에 따라 일정한 제한을 따라야 합니다. 저는 아무것도 아니기에, 일체를 드러낼 자유를 가졌습니다. **지**知에 대한 여러분의 탐색이 갖는 의미는 무엇입니까? 여러분은 **진아**를 알고 싶은 충동을 가지고 있습니다. 여러분이 무지한 한, 사원에 가서 예배할 필요가 있겠지요. 일단 여러분의 참된 성품을 알면, 남들과 친교할 필요조차도 끝이 날 것입니다.

진아와 함께하면서 아무것도 필요로 하지 않는 것으로 족해야 합니다. **진아**에 대한 욕망이 강해야 하고, 여러분의 열의가 정점에 있어야 합니다. 세간사에 대한 여러분의 관심이 하나의 장애물입니다. 다양한 기예技藝를 배우고 다른 분야에 지식을 가지려는 어떤 욕망도 없어야 합니다. 그럴 때에만 앞길이 분명해질 것입니다. 다른 모든 관심사는 **진아**를 멀어지게 합니다. 사람은 자신이 좋아하는 것이면 그것이 무엇이든 즐거워하고, 그것 자체가 그의 목적지가 됩니다. **진아**에는 마지못한 어떠한 접근법도 있을 수 없습니다. 전 세계가 여러분의 **의식** 안에 거주하고 있습니다. 보통 사람들이 관심 있어 하는 그 무엇에도 전혀 관심이 없는 사람은 **진인**이거나 아니면 짐승입니다.

"다른 모든 영적인 관심을 포기하고 나에게만 순복하라"는 것은 다른 모든 것을 단계적으로 잊어버리라는 뜻입니다. "나를 숭배하라"는 것은 여러분의 진아 안에 안주하라는 뜻입니다. 지금은 이 말에만 귀를 기울이십시오. 그러면 그 체험을 얻을 때 그 의미를 알게 될 것입니다. 헌신이 있는 곳에는 사랑이 있고, 사랑이 있는 곳에는 헌신이 있습니다. 여러분이 몸을 자신의 형상이라고 믿는 한, '내 것'과 '남의 것'의 차별이 존재할 것입니다. 우리가 있다는 것을 아는 것은 우리의 의식 때문입니다. 그것을 여러분 자신의 진아로서 숭배하십시오. 우리의 의식은 몸-"내가 있다"(body-sattva)의 성질이고, 모든 활동은 생기 때문에 일어납니다. 귀가 듣는 것이 아니고, 귀를 이용하여 듣는 자는 인간이 아닙니다. 우리는 몸이 일체를 하고 있을 뿐이라고 느끼는데, 그것은 오해입니다. 그 듣는 자는 스스로 빛나는 신 그 자신입니다. 우리 안의 아뜨마의 빛이 다른 모든 빛들을 인식합니다. 그것은 형상이 없으므로, 크다 작다고 말할 수 없습니다. 그것이 온 공간을 점하고 있습니다. 여기서 다시 되풀이하지만, 여러분의 의식에 대한 자각을 결코 놓치지 마십시오.

몸 안에 생기가 있는 동안은, 모든 주시하기가 아뜨마에게 일어납니다. 아뜨마에게는 옴도 감도 없습니다. 여러분이 아뜨마이지만, 여러분은 아직 그것을 깨닫지 못했습니다. 아뜨마로 살면서 고행을 해야 합니다. 아뜨마는 모두에게서 똑같은 하나입니다. 이것은 하나의 사실이며, 그것을 깨달아야 합니다.

자신이 의식 그 자체라는 확신을 가져야 합니다. 그러면 모든 이름들이 자기 자신의 것임을 압니다. 자신은 몸이 아니라는 것을 확신하는 것이, 참된 헌신자가 되는 것입니다. 설사 세계를 정복한다 해도 온전한 만족은 올 수 없습니다. 그것은 진아 깨달음 이후에만 가능한데, 진아 깨달음이란 곧 진아가 되는 것입니다.

83. 그대는 한 인간이 아니다

1979년 1월 4일, 목요일

아주 자연발생적인 **의식**의 작용을 그냥 주시하십시오. (굳이 분별적) 지성을 사용하면서 조바심을 내지 마십시오. 자신이 **진아**를 안다는 느낌을 갖지 마십시오. 천치만 그렇게 할 것입니다. 여러분은 결코 알려지는 대상일 수 없고, 늘 **아는** 자라는 것을 기억하십시오. 일시적인 것은 실재할 수 없습니다. 왜냐하면 **실재**는 일시적 존재성을 갖지 않기 때문입니다. 그것만이 존재하고, 모든 사건은 **그것** 때문에 있습니다. 우선, 여러분은 한 인간이 아니라는 것을 납득하십시오. 여러분의 시간 개념 외에 어떤 진정한 시간도 없습니다. 만일 그것을 납득하면, 여러분이 몸과 그 몸의 성질들의 작용에 의해 영향 받지 않을 것입니다.

의식의 씨앗이 싹이 텄고, 그것이 이 세계라는 형상으로 자랐습니다. 초기 단계에서는 헌신자가 신을 떠나지 않는데, 후기 단계에서는 신에게 떠나 달라고 요청합니다. 그러나 신이 그에게 들러붙습니다. 의식이 헌신과 하나가 되면 그들의 분리가 가능하지 않습니다. 만약 그것이 여러분의 성품이 되고 여러분이 일체와 하나가 되면, 하나를 붙들고 다른 하나를 떠날 일이 어디 있습니까? **빠라브라만**은 모든 환幻을 넘어선 것입니다. 그것을 **빠라마뜨마**라고도 합니다. 그것이 모든 비밀 중의 비밀이고, 아무 생각이 없을 때만 그것을 깨달을 수 있습니다. 생각을 사용하는 것은 그 생각하는 사람을 속박할 뿐, 실제로는 아무 소용이 없습니다. 누가 온전한 만족을 원하지 않겠습니까? 그러나 자신을 몸이라고 믿을 때는 그것이 불가능합니다. 온전한 만족은 자신의 참된 성품에 대한 깨달음의 자연스러운 결과입니다. 몸-정체성이 있으면 죽음에 대한 공포가 나날이 커집니다. 무지한 사람들은 과거와 미래의 탄생에 대한 거짓 개념들에 시달립니다. 참된 지知가 태어나면 모든 개념이 종식됩니다.

몸 안에서 **빠라마뜨마**는 한계 없는 온전한 자유를 누립니다. 모든 껍질들은 나중에 상상된 것입니다. **절대자**는 홀로이며, 어떤 관념 작용도 없습니다. 우주를 멋지게 그려낸 것은 **의식**, 즉 **진아**의 빛입니다. 그것은 전혀 어떤 교정도 필요하지 않습니다. 우리는 우리의 참된 가치를 알고 그에 따라 행동해야 합니다. 그러나 행동과 활동은 **진아**에는 해당되지 않습니다. 여러분이 몸-정체성을 가지고 하는 모든 활동은 늘 불완전합니다. 그것은 오랜 기간 동안 참된 번영을 가져다주지 못합니다. '네 가지 언어' 모두가 **진아**의 빛, 광채의 결과입니다. 이것이 몸 안의 **진아**에 대한 묘사입니다. **진아**는 잊힐 수 있는 것이 아니므로, 그것을 기억하고 말고가 없습니다. 그것은 모든 기억을 **아는** 자이지만, 결코 알려질 수 없습니다.

여러분은 한 인간이 아닌데, 만일 자신을 인간이라고 받아들이면 모든 인간의 법들이 여러분에게 적용될 것입니다. 그러니 그것을 멀리하십시오. 자신이 모든 면에서 온전한 **아뜨마**라는 확신을 갖는 것이 곧 **진아**가 되는 것입니다. 여러분의 **의식**은 **자기사랑**으로 충만해 있는데, 그것은 스스로 빛나고 그 자신에게 전념하고 있습니다. 몸을 부단히 기억할 것 없이 (의식으로) 머무를 수 있어야 합니다. 여러분이 자신은 순수한 **의식**이라고 말할 때는, 물질적 세계에서 그에 필적하는 어떤 예例도 제시할 수 없습니다. 또 여러분은 **빠라마뜨마**가 무엇인지 설명할 어떤 예도 제시하지 못합니다. 스승의 말씀을 고수함으로써, 여러분이 어둠과 빛, 생시와 잠, 그리고 갈증과 허기를 넘어서 있다는 것을 아주 분명하게 이해해야 합니다. 여러분은 언제부터 이런 모든 것들을 받아들이고 있습니까? 그것은 여러분의 마음이 출현했을 때부터인데, 그 마음은 자신이 한 인간이라는 것을 믿습니다.

아무것도 없었을 때, 그 상태를 **아는** 자가 **빠라마뜨마**입니다. 그는 온전하므로 욕망이 없습니다. 그에게는 필요한 것이 없는데, 왜 여러분은 현재 필요한 것들이 있습니까? 여러분은 자신이 몸이라고 생각하고 그것을 보호하고 싶어 합니다. 여러분의 몸-정체성은 하나의 죄이고, 그 벌로 온갖 문제를 떠맡아야 합니다. 의식으로서 살면 모든 문제에서 벗어날 수 있습니다. 모든 것을 아는 자는 시작이 없고, 시간의 한 창조물이 아닙니다. 우리는 죽음이 없는 자신의 참된 성품을 체험해야 합니다. 여러분은 진인 냐네스와라(Sage Jnaneshwara)가 지은 책인 『암루뜨아누브하바(Amrutanubhava-감로 체험)』를 읽어서 여러분 자신의 체험이 그의 체험과 부합하는지 확인해 보아야 합니다. 여러분의 스승에게 큰 믿음을 가져서, 그의 현존이 여러분 안에서 느껴지게 해야 합니다. 그러지 않으면 비참한 죽음을 맞게 되어 있습니다. 불변자를 주장할 필요도 없이, 그것에 대한 확신을 계발해야 합니다. 스승의 말씀의 진리성을 깨달아야 합니다. 그러면 모두가 무서워하는 죽음이 여러분에게 불멸의 한 체험이 될 것입니다. 몸을 버릴 때의 진인의 지복은 말로 묘사할 수 없습니다. 자신의 영원한 성품을 깨닫는 사람이 참된 요기입니다.

여러분은 자신의 가족, 친구, 사회를 기쁘게 하기 위해 온갖 전통적인 활동을 하고 있습니다. 이것은 계급외인으로 고립되지 않기 위해서 필요합니다. 이런 활동에도 불구하고, 스승의 말씀에 의해 형성된 내적인 인상들은 고스란히 남아 있게 하십시오. 생각들에서 벗어나 무엇이 홀로됨인지를 분별하십시오. 몸과의 동일시가 죽음이라는 관념을 수반합니다. 『마하바라타』의 위대한 비슈마(Bhishma)조차도 여기에 예외가 아니었습니다. 아르주나(Arjuna)의 경우는 정반대였습니다. 그의 삼매는 전쟁 중에도 동요됨이 없었습니다.

나쁜 생각들을 제거하기 위해서는 만트라 염송을 계속해야 합니다. 그런 생각들은 진리를 덮고 있는 불순물을 말해줍니다. 그것들이 제거되면 진리가 아주 또렷하게 열릴 것입니다. 결국 모든 말을 벗어난 이름 없고 형상 없는 **진아**가 고요함을 성취합니다. 그것은 '내가 있음'이 자신을 몸과 동일시함으로써 만들어진 동요 이전의 **진아**의 상태였습니다. 마음이 정화되면 "내가 있다"의 힘이 분명해집니다. 여러분은 누가 꿈을 경험하며, 어떻게 경험하는지 말할 수 있습니까? 우리의 **의식**은 "내가 있다"의 성질이며, 우리가 우리 자신을 분명하게 보아야 합니다. 숨겨져 있거나 보이지 않는 것을 하나의 배아胚芽 혹은 마라티어로 가르바(*garbha*)라고 합니다. **히라냐가르바**, 곧 '황금 배아'란 잠재적 상태에 있는 많은 생각들을 의미합니다. 그것을 아는 자가 **마하트마**[위대한 영혼]입니다. 그는 결국 모든 원소들 중 가장 미세한 허공과 하나가 됩니다.

여러분의 순수한 "내가 있다"로 인해 5대 원소의 성질들이 마음이 되어 흐릅니다. 모든 인간 활동은 이 원소들에 기인합니다. 5대 원소의 모든 성질은 흙 속에 저장되며, 이것이 식물들의 발아로 귀결됩니다. 아스트랄체(astral body), 곧 여러분의 **의식**은 지구상의 음식 즙汁(음식 기운)에 기인합니다. 음식이 없으면 **의식**도 없고 생기도 없습니다. 몸에는 여러분의 손·다리·머리·심장 등이 있지만, 여러분은 정확히 어디에 있습니까? 어떻게 여러분이 그 몸일 수 있습니까? 몸은 5대 원소의 한 조합이고, 그것들을 **아는 자**는 관념 작용에서 벗어나 있는 **빠라마뜨마**입니다. 여러분은 조용히 앉기 위해서 따로 시간을 냅니까? 만일 여러분이 몸이 아니라면, 왜 몸을 보존하는 것을 과도하게 중요시합니까? **아는 자**는 '아는 자'로 남아 있지 결코 '알려지는 것'이 아닙니다. **빠라마뜨마** 안에는 5대 원소가 하나도 없고, 미량微量도 없습니다. 여러분이 **빠라마뜨마**에 부응하여 살 때는, 원자 형태의 5대 원소들이 울리는 소리(ringing)를 분명하게 이해할 것입니다.

여러분은 무엇에 대해 명상하겠습니까? 몸 이전이자 몸이 출현한 뒤인 여러분의 참된 성품에 대해 명상해야 합니다. 여러분이 현현한 것은 몸 때문이지만, 여러분은 몸이 아닙니다. 겉모습에 동요되는 한 어떤 깨달음도 없습니다. 전적인 자유란 우리의 웰빙을 위한 모든 희망과 욕망에서 벗어나는 것입니다. 의식을 아는 자는 의식이 아닙니다. 그 아는 자에게는 그 무엇도 비밀로 남아 있지 않습니다. 왜 우리가 사멸할 몸에 과도한 관심을 가지면서 우리의 충만함을 희생시켜야 합니까? 우리의 존재(삶)는 하나의 계절처럼 아주 짧습니다. 그것이 끝나면 어떤 경험도 남지 않을 것입니다. 그 아는 자를 알려 하지 말고, 여러분이 아닌 모든 것을 배제하기만 하십시오. 또한 여러분은 '잊힐 수 있는 것'일 수 없다는 것을 기억하십시오.

84. 몸-마음이라는 소용돌이에서 벗어나라

1979년 1월 7일, 일요일

만약 여러분이 여기서 이야기되고 있는 것을 정말 이해했다면, 여러분은 무엇입니까? 참된 지知가 있으면 여러분의 고통과 쾌락이 끝날 것입니다. 그러나 여느 습習의 경우도 그렇지만, 몸과의 동일시는 쉽게 사라지지 않습니다. 그것이 떠나면 여러분이 할 일은 끝납니다.

다양한 장면들이 나타나고 이내 사라집니다. 지속되지 않는 것을 마야라고 합니다. 불이 연료를 필요로 하듯이, 여러분의 의식은 음식 즙汁을 필요로 합니다. 불이 바로 그 자리에서 꺼지는 것과 비슷하게, 의식도 바로 거기서 의식이 없게 됩니다. 왜냐하면 죽는 사람이 아무도 없기 때문입니다. 불이 천당이나 지옥으로 갈 수 있습니까? 여러분의 모든 개념과 현재 상태는 여러분이 몸과 연관되고, 몸에 집착하는 데서 비롯된다는 것을 이해해야 합니다.

진아 깨달음을 얻고 나면 우리가 운마니(oonmani) 상태52)에 있게 되는데, 거기서는 생시도 없고 잠도 없습니다. 꿈의 상태와 운마니의 차이는 무엇입니까? 전자에서는 여러분이 활동하지만, 후자에서는 여러분이 하나의 주시자일 뿐입니다. 진정으로 고요해지지 않으면 운마니 상태를 체험할 수 없습니다.

마음의 변상變相들이 그치면 남는 것은 순수한 존재입니다. 그것은 기름등의 안정된 불길과 같습니다. 그때는 어떤 생각도, 어떤 마음도 없고, 순수한 존재만 있습니다. 대부분의 영적 수행은 마음의 변상들을 훈련하기 위한 것일 뿐입니다. 몸이 더 이상 여러분이 존재한다는 증거가 아닐 때, 다른 사소한 어려움들은 문제가 되지 않습니다. 그 상태를 이스와라 혹은 브라만이라고 합니다. 의식은 하나의 성질인데, 그것이 어디로 갈 수 있습니까? 우리가 노력으로 빠라마뜨마를 성취할 수 있습니까? 그러니 여러분이 참으로 있는 그대로 있으십시오. 5대 원소로 인한 여러분의 존재성은 궁극적으로 그 원소들 속으로 합일될 것입니다.

여러분이 몸-마음을 의식하지 않을 때 어떤 질문이 있을 수 있습니까? 그 생각들이 여러분의 것입니까, 여러분의 마음의 것입니까? 그것들은 여러분의 마음에서 옵니다. 설사 (남들과) 어떤 다툼이 있다 해도, 그것 역시 마음의 것이지 여러분의 것은 아닙니다. 만일 여러분이 초연하게 있으면 그 다툼에 상관하지 않게 됩니다.

브라만의 지知는 브라만에게만 일어날 수 있지, 인간에게는 일어날 수 없습니다. 그것은 인간의 능력을 넘어서 있습니다. 여러분이 브라만과 하나가 되면 언어가 그칩니다. 분리가 없으면 언어가 시작될 수 없습니다. 이 분리 자체가 마음의 변상입니다. 소용돌이에 말려든 인간은 익사합니

---

52) T. 이 단어는 산스크리트어로 '무심', '무념'의 의미이다. 마하라지가 사용하는 마라티어에서는 특히 실재에 안주한 상태를 뜻하며. 생시·꿈·잠·뚜리야에 이은 다섯 번째 상태로 이야기된다. 또한 다른 의미로는, 생시와 꿈 사이의 중간 상태라고도 한다.

다. 극소수만이 더 깊이 잠수한 뒤 옆으로 헤엄쳐서 소용돌이를 빠져나옵니다. 여러분도 몸-마음이라는 소용돌이에 말려들어 있습니다. 스승의 가르침 속으로 더 깊이 잠수하여 스스로 벗어나야 합니다.

이제 '존재성', '마음의 변상들', '관념 작용에서 벗어나서'라는 단어들을 성찰해 보십시오. '존재성'은 브라만이고, '마음의 변상들'은 마야이며, '관념 작용에서 벗어나서'는 빠라브라만입니다. 존재성은 의식을 뜻하고, 마음의 변상은 마음을, 그리고 '관념 작용에서 벗어나서'는 전혀 어떤 주시하기도 없는 것을 의미합니다.

모든 예들은 마음을 납득시키기 위한 것일 뿐, 절대자에게는 해당되지 않습니다. 빠라마뜨마는 모든 묘사와 예들을 넘어서 있습니다. 마야는 자기사랑의 출현을 뜻하며, 거기서 5대 원소와 모든 존재가 출현합니다. 모든 예들은 5대 원소에 해당되는데, 그것 없이는 우리가 자신의 존재를 알 수 없습니다. 절대자는 원초적으로 순수(virgin)합니다. 의식은 몸 안에서 자연발생적으로 나타나고, 우리는 의식하게 되는 자가 누구인지에 대해 말할 수 없습니다. 의식은 그 스스로 자신을 몸과 동일시합니다.

위대한 실재가 자기사랑으로서 현현합니다. 우리는 누가 자기사랑을 가지고 있는지에 대해 말할 수 없습니다. 자기사랑과 함께 전 우주가 출현합니다. 자기사랑은 우리의 의식을 뜻하며, 그것이 전 우주를 점하고 있습니다. 그것의 모든 성장은 독자적입니다. 원래의 "내가 있다" 안에 있던 작은 점 하나가 아는 자가 됩니다. 극소수만이 의식의 원인을 들여다보고, 그것이 무엇으로 이루어져 있는지를 볼 수 있습니다. 진지한 구도자는 자신의 삶과 존재가 얼마나 빛나는 것인지를 분명하게 봅니다.

여러분은, 한 단어조차 경험하는 일이 없는 그 상태에 있어야 합니다. 마음이 없을 때, 여러분은 신적인 것 안에 흡수되어 운마니 상태에 있습니다. 그것을 알면 천치들조차도 위대한 인간으로 숭배 받는 '그것'이 무엇입니까? 그는 위대한 실재를 안 것입니다. 진인은 감각기관으로 지각될 수 없습니다. 여러분은 감각대상들을 좋아하고 거기에 몰입합니다. 그 결과, 여러분은 모든 것을 아는 자에게 주의를 기울이지 않습니다. 세계와 모든 존재(existence)는 참된 것으로 보이지만, 그것들은 꿈만큼만 실재합니다. 그것들은 모두 일시적이기 때문에 실재하지 않습니다. 여러분은 자신이 지각하는 것들에 끌리지만, 진리는 지각될 수 없고, 그것에 대한 어떤 경험도 가능하지 않습니다.

여러분의 자기사랑은 의식 때문인데, 그것을 아는 자는 모든 성질을 넘어서 있습니다. "자야 구루" 만트라의 염송은 그것을 기쁘게 하여, 의식의 비밀을 열어줍니다. 의식에 대한 참된 지知가 있으면 속성 없는 여러분 자신을 알게 될 것입니다. 마음은 마야, 곧 환幻을 뜻하며, 그것이 마음의 변상들을 가져옵니다. 존재(삶)는 두려움으로 가득 차 있습니다. 그러나 이 두려움은 스승의 참된 헌신자를 건드리지 못합니다. 그는 도처에서 도움을 받습니다. 의식의 힘은 그것을 아는 자에게 봉사합니다. 의식의 원인을 아는 것이 그것을 진정으로 기쁘게 하는 것인데, 그것이 우리의 존재 목적을 완성합니다. 진아지가 없으면 지속적 고요함이 있을 수 없습니다. 왜 명상을 해야 하며, 그에 필요한 도구들은 무엇입니까? 명상을 위해 사용되는 것은 여러분의 아이-의식(child-consciousness)[53]이고, 그 목적은 의식의 기원을 아는 것 아닙니까? 의식은 현재 순간에 늘 느껴지는데, 그것과 함께 여러분의 삶이 매 순간 시작됩니다. 의식은 순간순간 항상 새롭습니다.

명상은 의식 안에서 안정되는 것을 의미합니다.[54] 그것은 정확히 현재 순간에 있는 것을 뜻합니다. 여러분 자신의 걱정들이 여러분을 고문합니

---

53) T. 우리가 아주 어린아이일 때 처음 나타난 의식. 이 의식이 우리가 평생에 하게 될 활동들의 뿌리이다. 82쪽의 각주 20)과 103쪽의 각주 27) 참조. 또한 『의식을 넘어서』, 제46장을 보라.
54) T. "의식 안에서 안정되는 것"이란 '의식에 대한 명상'(자각명상)이 힘을 얻어, 외적 요인에 의해 동요되지 않는 단계를 가리킨다.

다. 의식과 함께 있다는 것은 생각들에서 벗어나 있다는 것입니다. 결국 이 의식은 그것이 떠올랐던 곳으로 집니다. 그것은 어디로도 가지 않습니다. 왜냐하면 그것은 광대한 무변제無邊際 안의 도처에 이미 존재하기 때문입니다. 여러분이 스승을 기억하고 그의 이름을 찬송할 때, 내적인 스승이 기뻐하고, 바로 뿌리에서부터 모든 비밀스러운 지知를 열어주어, 어떤 무지의 여지도 남지 않게 합니다.

85. 의식이 아뜨마라는 왕이다

1979년 1월 11일, 목요일

기원은 모두에게 동일하고, 유일한 차이는 출생 표지(signs of birth-생년월일시에 따른 운명 특징들)에 있습니다. 이것은 5대 원소로 이루어진 음식-몸들의 차이에서 오는 효과입니다. 그래서 사람마다 말하는 스타일이 다릅니다. 우리는 원소들의 활동을 우리의 운명으로서 대면해야 합니다.

최종 목표는 모두에게 동일하지만, 모든 사람이 서로 다른 의견을 가지고 있습니다. 깊은 잠 속에서는 모두가 비슷해도 아침에 깨어나면 차이점들이 나타납니다. 음식-몸이 준비되면 그것의 "내가 있다" 성질이 그 산 존재의 '존재의 느낌'을 낳습니다. 의식은 나뉠 수 없는 똑같은 하나이기 때문에, 서로 다른 산 형상들의 존재는 실재하지 않습니다. 그 성질들은 해소될 수밖에 없지만 우리에게는 아무 목적이 없습니다. 진인은 지知(jnana), 곧 의식을 아는 자이고, 의식이 그의 형상은 아닙니다. 여러분은 진인을 그의 형상·이름·가르침에 의해서 압니다. 진아지를 얻을 근기가 되기 위해서는 마음의 변상에서 벗어나 안정되어 있어야 합니다.

몸을 자신의 형상으로 여기는 것은 무지입니다. 우리의 참된 정체성은 몸이 아니고, 어떤 속박도 없습니다. 그래서 자신을 몸과 동일시하는 것은 하나의 죄입니다. 몸 안에서 생기와 의식이 출현하는 것은 동시적입니다. 생기가 떠나면 의식이 사라집니다. 무지한 사람들은 이것을 그의 죽음으로 여깁니다. 음식-몸이 생기와 의식에 공히 에너지를 제공합니다. 의식은 스승을 의미하고, 생기는 언어를 의미합니다. 이야기할 능력이 없으면 어떤 의식도 없고, 의식이 없으면 어떤 생기도 없습니다. 이제 여러분이 자신을 몸이라고 믿는지 저에게 말해 보십시오. 여러분의 행동은 5대 원소의 성질들에 기초해 있습니다. 이 행동으로 인한 여러분의 경험을 여러분의 운명이라고 합니다. 스승의 말씀은 영적인 공부에 활력을 불어넣습니다.

의식이 있는 곳에서는 생기가 몸에게 행위할 에너지를 공급합니다. 무슨 일이 일어나든 그것을 하나의 꿈으로 보아야 합니다. 그것은 의식이 몸-마음의 활동들에 대한 하나의 주시자일 뿐이라는 의미입니다. 그 주시자는 어떤 활동에서도 아무 역할을 하지 않습니다. 그것은 순수한 존재(being)일 뿐입니다. 의식과 생기에 대한 온전한 지知가 없는 곳에서는 욕망과 갈망이 남을 것입니다. 참된 지知가 있으면 모든 욕구가 끝이 납니다. 그러면 여러분에게 어떤 속박도 없습니다. 이 모든 것을 알고 나서도 여러분이 하는 일을 효율적으로 하십시오. 여러분의 가족을 신처럼 섬기고 숭배하십시오. 다만 그들에게서 보답으로 아무것도 기대하지 마십시오.

생기와 의식에 대해 올바른 지知를 가져야 하는데, 그것은 여러분이 의식을 초월할 수 있게 해줍니다. 그러면 만족과 만족하는 사람 간의 차이가 끝이 날 것입니다. (사람들에게는) 더 오래 오래 살려는 강한 욕망이 있습니다. 몸 안의 의식이 아뜨마라는 왕(King Atma)이고, 생기가 그것을 섬깁니다.

규칙적인 수행에 의해서 모든 것이 가능해집니다. 처음에는 몸과의 동일시를 놓아버리기 어렵습니다. "나는 이 몸이 아니다"라고 자주 염하십시오. 그러면 그것이 여러분의 실제 체험이 될 것입니다.

86. 시계를 멈추어 시간을 멈출 수 있는가?

1979년 1월 26일, 금요일

여러분의 시계를 멈추어 시간을 멈출 수 있습니까? 만일 그 질문에 대한 답이 "아니오"라면, 그 "아니오" 안에서 안정되십시오. 여러분의 마음이 무엇 때문에 존재하는지 이해하고 있습니까? 그것은 누구의 성질입니까? 타고 있는 선향에는 불과 연기와 향이 있습니다. 그 향내는 선향이 타는 동안만 지속됩니다. 우리 몸의 경우도 비슷합니다. 몸은 그 안에 열이 있는 하나의 막대기와 같고, 생기는 연기, 의식은 향내입니다.

생기는 음식 "내가 있다" 안의 박자(beat) 혹은 맥동의 창조물입니다. 여러분은 자신의 '나'로 인해 아주 많이 힘들어하고, 그것을 넘어서기가 어렵다고 느낍니다. 여러분은 넘어설 수 없는 한계들을 가지고 있습니다. (사물에) 이름들이 붙는 것은 더 나은 이해와 의사소통을 위해서입니다. 만일 여러분이 자신의 나귀를 사랑하면서 그 나귀에게 '라마'라는 이름을 붙이면, 그것이 라마의 위대함을 성취할 수 있습니까? 모든 사람에게 그것은 한 마리의 나귀일 뿐이겠지요.

만일 여러분이 몸이 아니라면, 무엇이 여러분의 욕구와 욕망이겠습니까? 여러분이 자신을 하나의 몸이라고 생각하기 때문에, 남자는 아내를, 여자는 남편을 필요로 합니다. 몸은 일정 기간 동안 머무릅니다. 그래서 그것은 시간의 한 상태이지 내 것이 아닙니다. 우주적 영靈(뿌루샤)과 우주적 바탕(쁘라끄리띠)이 우리의 의식을 낳습니다. 그래서 둘 다 하나입니다. 여러분은 성장하기 위해서나, 여러분의 어머니나 자기 몸을 인식하기 위해 무슨 영적인 수행을 해야 했습니까? 어떤 고행의 결과로 그 육신 형상을 얻었습니까? 만약 아니라면, 왜 이제 무엇을 합니까? 여러분은 번영하면서 신의 축복으로 온전하게 남아 있을 어떤 영구적 형상을 가지고 있습니까? 만일 그 몸으로 출현하기 위해 아무것도 하지 않았다면, 이제 사라지기 위해 여러분이 무엇을 할 수 있습니까? 그것은 의식의 출현이 자연발생적이었고, 그 사라짐도 그럴 거라는 것을 의미합니다.

어떤 변화를 위해 분투할 것 없이, 여러분이 있는 그 상태에서 편안히 있으십시오. 여러분의 존재가 비존재에서 어떻게 나타났는지만 알아내십시오. 만일 여러분이 산 시계가 멈춘다면, 누가 그 시계의 죽음을 두고 울겠습니까? 여러분의 시계를 멈추어서 시간을 멈출 수 있습니까? 마찬가지로, 한 아이의 죽음이 시간 그 자체의 끝을 가져오겠습니까? 우리의 생시 상태의 원인인 것이 늘 여러분과 함께합니다. 그렇다면 왜 여기저기 돌아다닙니까? 여러분이 존재한다는 것을 알기 위해 어디로 갈 필요가 있습니까? 그러니, 어디에 있든 여러분의 의식을 자각하십시오.

바가반 크리슈나가 말합니다. "나는 깨어나면 나타나는 모든 것이다." 이 의식이 없을 때는 아무것도 없습니다. 그냥 의식의 작은 점 안에 무한한 우주들이 있습니다. 그러나 이 점은 영원하지 않고, 따라서 참되지 않습니다. 여러분은 몸-정체성을 떠나지 않고 브라만의 지知를 얻으려고 합니까? 여러분의 모든 언쟁과 다툼은 여러분이 전해 들은 지知에 기초해 있습니다. 의식이라는 하나의 점이 광대한 허공을 점하고 있는데, 그것을 부정하기만 하면 여러분의 세계가 끝날 수 있습니다.

스승에게 순복한다는 것은 그의 두 발 아래 있으면서 달리 아무것도 생각하지 않는다는 뜻입니다. 이는 또한 그의 두 발 아래서 안정된다는 뜻입니다. 그럴 때, 몸-정체성이 해소되고 우리는 더 이상 개인적 영혼이 아닙니다. 우리의 의식에 대한 자각이 명상인데, 이것은 또한 스승의 두 발 혹은 그 움직임을 의미합니다. 이것을 온전히 자각해야 합니다. 스승의 형상에 대해 명상하고 있을 때 우리는 그의 환영을 갖기도 하는데, 그것은 알고 보면 그 스승의 성스러운 두 발입니다. 우리는 앞서 이미 여러분의 의식 자체가 스승의 두 발이라고 말했지요.

생시 상태는 스스로 빛나는 아뜨마의 빛입니다. 그 빛은 나타나고 사라지지만, 그 빛에 탄생과 죽음이 있습니까? 여러분의 존재의 원인을 알기 위해서는 여러분이 먼저 존재해야 하지 않습니까? 그래서 그 질문을 하기 전에, 여러분의 의식에 대해 명상하십시오. 여러분의 존재는 여러분의 세계가 나타나는 것보다 늘 앞섭니다. 여러분은 자신의 의식이 계속 촉감 · 소리 · 형상 · 맛 · 냄새 감각들의 사진을 찍고 있다는 것을 모릅니까? 그것은 모두 하나의 자연발생적 사건입니다. 여러분은 일들이 어떻게 일어나는지 모르기 때문에, 자신을 행위자라고 잘못 가정합니다. 결코 그런 실수를 하지 마십시오.

87. 진인은 결코 태어나지 않는다

1979년 1월 28일, 일요일

세계는 지知로 가득 차 있는데, 그 지知는 시간이 가면서 계속 변합니다. 거기에 어떤 정직성이 있습니까? 마찬가지로, 세계에 대한 모든 경험들은 부정직합니다. 여러분이 자기 자신이라고 믿는 것도 지속적으로 변합니다. 관찰되는 대상들에는 어떤 정직성도 없습니다. 때가 되면 그로 인해 관찰이 있게 되는 그것(존재성, 혹은 자기사랑)의 부정직함까지도 알게 될 것입니다. 진인은 결코 태어나지 않습니다.

신은 그 스스로 출현할 수 없습니다. 그는 헌신자의 한 창조물이기 때문입니다. 신은 헌신자의 의식의 일부인데, 그가 화현할 수 있기 위한 무슨 수단을 가지고 있습니까? 이런 것들은 남들이 그렇게 공개적으로 이야기하지 않는 것입니다. 이것을 주의 깊게 듣고 여러분의 의식을 고수하십시오. 그 의식이 전 세계를 돌보고 유지하니 말입니다. 마음의 변상變相들 안에서 길을 잃지 마십시오. 여러분이 끝없이 헤맨다는 것은 마음의 변상들이 있다는 것을 말해줍니다.

여러분은 자신의 소유물들을 굉장히 사랑합니다. 그러나 소유물을 잃는 것이 신에 대한 관심을 계발하는 데 도움이 된다면, 부자가 되는 것보다 그것이 더 다행이라고 생각할 수 있어야 합니다. 그것이 진정한 신뢰입니다. 그런 신뢰가 여러분이 힘든 시기와 불행을 편안히 마주할 수 있게 하는 힘을 줄 것입니다.

질문: J. 크리슈나무르티는 스승들을 따르는 것을 권하지 않습니다. 왜입니까?

답변: 그는 스승의 의미가 무엇이고 그의 기능이 무엇인지를 아는 거지요. 그래서 스승을 권하지 않는 것입니다.

몸 안의 의식이 스승입니다. 우리는 우리 자신을 숭배할 수 없기 때문에, 스승으로서의 의식을 숭배해야 합니다. 우리는 우리가 자신의 의식을 사랑한다고 말할 수 없습니다. 왜냐하면 그것 자체가 사랑이기 때문입니다. 여러분은 아무 애씀 없이 먼저 자신의 존재를 알고, 그런 다음 세계의 존재를 압니다. 여러분은 자신의 의식을 신뢰하며, 여러분의 모든 세간적 활동은 자기사랑에 의해 유발될 뿐입니다. 우리의 활동들은 라자스(rajas) 성질로 인해 일어나는데, 라자스는 가만히 있지 못하는 것을 의미합니다. 자신이 행위자이고 너무나 많은 것들을 소유하고 있다는 태도는 따마스(*tamas*) 성질을 의미합니다. 우주의 영혼은 **마야**의 힘으로서 작동합니다. 여러분은 자신의 **의식**, 즉 **구루데바**(Gurudeva)를 모르기 때문에, 자기 몸을 자기 자신으로 사랑합니다. 몸을 보호하는 것은 생명기운인데, 생명기운은 **자기사랑**을 위해 무슨 일이든 할 수 있습니다. 여러분의 **자기사랑**은 여러분이 그 안에서 세계를 보는 빛의 원인입니다.

　여러분 자신을 숭배할 수 있으려면 일정한 단계를 넘어서야 할 것입니다. 그러니 여러분의 **스승**을 숭배하십시오. 현재 여러분은 **빠라마뜨마**에 믿음을 가질 필요가 있는데, 이는 곧 스승과 여러분의 믿음이 둘이 아님을 깨닫는 것입니다. 여러분의 규칙적인 습관이 모든 것을 가능케 합니다. 심지어 여러분은 한 마디 말도 없이(묵언하면서) 있을 수 있습니다. 여러분이 무엇을 볼 때는 즉시 그 사진 한 장이 찍힙니다. 그것이 여러분의 행위입니까? 그것은 자연발생적으로 일어납니다. 이것이 **하리**의 마야가 가진 솜씨입니다. 여러분의 존재의 느낌은 하나의 주시자일 뿐입니다. 그것을 스승으로 숭배하십시오. 그러면 **진아지**가 마치 하나의 꽃봉오리가 만개하듯 현현할 것입니다. 그러나 여러분의 주된 문제는 여러분의 마음인데, 그것이 여러분을 통제하면서 여러분이 숭배하는 것을 용납하지 않습니다. 거듭거듭 노력하여, 한 마디 말도 없이 머무를 수 있도록 하십시오. 그것 자체가 여러분이 활짝 깨어 있는 동안의 **본연삼매**本然三昧 (Sahaja Samadhi)입니다. 진아를 참으로 사랑하는 사람만이 이런 이야기를 제대로 평가할 수 있을 것입니다.

　진아에 대한 명상은 다른 어떤 심사숙고도 필요로 하지 않습니다. 습관에 의해 그 또한 자연스러워지고 애씀 없게 됩니다. 여러분의 참된 성품은 **일체자아성**(Sarvatma)인데, 그것은 모든 산 존재들 안에 존재합니다. 모든 타인들은 여러분 자신의 저명인사들입니다. 여러분의 존재성이 전 세계의 근원 혹은 **일체자아성**입니다. 꿈의 생시(dream waking-꿈의 의식으로 깨어난 상태)가 꿈의 공간을 낳으면 그 안에서 여러분이 꿈의 형상으로 나타납니다. 이 모든 것은 모르는 사이에 일어납니다.

스승의 명에 따라, 의식을 숭배하십시오. 그것이 스승의 말에 귀를 기울이는 것입니다. 비이원적으로 그것에 순복하십시오.

88. 그대의 의식과 하나가 되라

1979년 2월 1일, 목요일

신을 기억하거나 그의 이름을 염하는 다양한 방법이 있습니다. 영적인 성향을 가진 사람들은 그들이 받은 지침에 따라 그것을 닦습니다. 우리 자신의 경험상 **만트라** 염송을 호흡과 연결시켜 하는 것이 좋습니다. 이 방법은 마음을 고요하게 하고, **삼매**에 들기가 더 쉽습니다.

진정한 **삼매**는 만족을 가져오며, 어떤 상황에서도 결코 동요되지 않습니다. 아르주나의 삼매는 전투 중에도 동요되지 않았다고 합니다. **진아지**를 얻은 뒤의 만족이 참된 **삼매**입니다. 다른 모든 유형의 삼매는 마음과 관계될 뿐이고, 그것은 존재의 변화된 양상들입니다. 우리가 몸이 아니고 마음도 아니고 생기도 아니라는 것을 온전히 알고 나면, 고요히 머물러 있어야 합니다. 그럴 때 여러분은 몸의 활동에 상관하지 않고 그에 영향 받지 않는 상태로 있게 될 것입니다. 누가 태어났고 나이를 먹었는지 생각해 보십시오. 모든 혼란(disorders-미혹 또는 헷갈림)은 몸에 수반되고 결국 몸과 함께 사라지지만, 여러분은 그것과 별개입니다. 몸이 없는 자는 이런 혼란을 피할 수 있지만, 만일 여러분이 한 남자나 여자라면 그렇지 않습니다. **아뜨마**는 어떤 문제에도 영향 받지 않고 남습니다.

참된 영적 공부는 계급(castes)과 신앙 교리를 넘어서 있습니다. 그런 공부인들은 참된 것을 인식하고 초연하게 머물러 있습니다. 여러분의 모든 문제와 고통은 의식에서 비롯되지, 세계 때문이 아닙니다. 여기서 설해지는 지知는 실은 무지입니다. 여러분의 모든 세간적 행위는 어떤 식으로든 시간을 보내기 위한 것일 뿐이고, 진정한 만족은 모든 기억에서 벗어난 뒤에야 있습니다. 진인에게는 이 세계가 참되지 않거나, 아무 존재성이 없습니다. 그래서 세계를 향상시키기 위해 무엇을 하고 말고가 없습니다. 진인은 그의 몸이 아니기 때문에, 그의 가족과 자식에 대한 어떤 문제도 없습니다. 우리도 우리가 몸-마음이 아니라는 것을 알지만, 그것은 우리가 전해 들은 지知일 뿐입니다. 이 몸과 마음이 무엇에 기인하는지, 그리고 그것들이 누구의 성질인지 알아야 합니다. 우리의 모든 존재는 워낙 일시적이어서, 실제로는 어떤 일도 일어난 적이 없습니다.

저는 여러분에게 자신이 좋아하는 무엇이든 하라고 말해 드릴 수도 있지만, 그것이 여러분에게 실현 가능하지 않을 것입니다. 그래서 여러분에게, 행위자라는 관념을 포기한 다음 하고 싶은 것을 하라고 하는 것입니다. 다이아몬드를 가공하려면 다이아몬드가 필요합니다. 의식도 마찬가지입니다. 왜냐하면 다른 어떤 것도 도움이 되지 않기 때문입니다. 여러분의 의식이 없을 때는 아무 두려움이 없습니다. 두려움의 뿌리에 있는 것, 그것을 꽉 붙드십시오. 여러분은 세계를 두려워하는데, 세계는 여러분의 의식 안에서 나타납니다. 그래서 두려움은 주로 의식과 세계 간의 이원성에 기인합니다. 의식을 꽉 붙들면 그 이원성을 없앨 수 있습니다. 그러고 나면 누가 두려워하고, 무엇을 두려워하겠습니까?

여러분은 제가 하는 이야기를 좋아하지 않고 거리를 좀 두기를 선호할지 모릅니다. 그러나 저를 믿고 제가 말한 대로 해볼 준비가 되어 있다면, 그렇게 하기를 잘했다는 것을 경험이 증명해 줄 것입니다. 여러분의 모든 방황이 쓸데없었다는 것을 깨달을 것입니다. 여러분을 진정으로 자유롭게 해줄 수 있는 것은 여러분 자신의 의식뿐인데, 그것은 여러분에게 너무나 가까이 있고 소중한 것입니다. 그 **의식**이, **이스와라**를 만날 필요성을 포함한 모든 욕구에서 여러분을 벗어나게 해줄 것입니다. 진정한 자유는, 그것 때문에 여러분이 존재한다는 것을 알게 되는 여러분의 **의식**에서 벗어나는 것입니다. 그럴 때 **원초적 환**幻에서 벗어나게 되는데, 그 **환**幻은 영원하지 않은, 하나의 지나가는 국면일 뿐입니다.

시간과 그것의 힘을 알아야 여러분의 두려움을 영구히 쓸어버릴 수 있습니다. 그것 때문에 여러분이 고통을 알게 되는 그것을 끌어안으십시오. 그것이 고통에서 벗어나는 길입니다. 여러분의 모든 문제는 이원성에 기인하며, **의식**과 하나가 되면 이원성을 끝내버릴 수 있습니다. 진인 냐네스와르는, 만일 물이 소금으로 만들어진 인형을 익사시키려고 하면 그 인형이 스스로 녹아 버린다고 말했습니다. 그럴 때, 물이 누구를 익사시킬 수 있습니까? 비이원성 안에는 어떤 두려움도 없습니다. 모든 활동은 세 가지 성질 때문에 일어나며, 개인이 행위자가 될 필요는 없습니다. 그는 사라짐으로써만 도움을 줄 수 있습니다. 행위자란 상상적 존재이기 때문에 모든 행위는 거짓이고, 그것은 일어나는 한 사건일 뿐입니다. 여러분은 무엇이 자연발생적으로 일어나는지 알게 됩니다. 만일 명상을 할 수 없다면, 실재하는 것과 실재하지 않는 것 간의 분별(viveka)에 의해서 같은 결과를 얻을 수도 있습니다.

의사들이 실패하는 곳에서 몸의 창조주는 성공합니다. 어떤 이름과 형상의 도움을 구하지 말고, 여러분의 **의식**과 하나가 되십시오. 여러분은 아무것도 없는 곳에서 형상과 색채들을 봅니다. 그것은 여러분의 **의식**의 성질이라는 것을 기억하십시오.

여러분의 **진아**는 모든 상상을 넘어서 있습니다. 여러분은 **그것**에 대해 생각조차 하지 못합니다. 유일한 해법은 **의식**을 스승으로 신뢰하는 것입니다. 여러분은 숭배로써 **그**를 기쁘게 할 수 있습니다. "나는 순수한 브라만이다"라고 거듭거듭 주장하십시오. 스승의 이런 말씀을 결코 잊지 마십시오. 온전함에서는 **진아**지만 한 것이 없고, 불완전함에서는 몸-정체성만 한 것이 없습니다. 스승의 말씀은 "나는 형상 없는 순수한 **의식**이다"라는 것입니다. 참된 헌신자는 누구도 비난함이 없이 **진아**에 대한 확신을 계발해야 합니다.

89. 그대는 순수한 브라만이다

1979년 2월 8일, 목요일

진아는 마음을 넘어서 있습니다. 우리는 **진아**에 대해 생각할 수 없습니다. 유일한 접근법은 여러분의 **의식**을 통해서인데, 그 **의식**을 스승으로 받아들여야 합니다. **의식**을 숭배하면 그것이 여러분을 기꺼워할 것입니다. 여러분이 순수한 **브라만**이라고 주장하십시오. **진아**지는 완전하고, 여러분의 몸-정체성은 불완전합니다. "나는 형상이 없고 죄가 없는 순수한 **의식**이다." 이것이 스승의 말씀입니다. 참된 제자는 남들이 어떻게 생각하는지에 대해 걱정하면 안 됩니다. 그의 주의는 **진아**에 가 있어야 하고, 거기에 확고히 닻을 내리고 있어야 합니다.

[역주: 이 **89**번 법문은 **88**번 법문의 마지막 문단과 대동소이하다.]

90. 삶은 무의미하고 목적이 없다

1979년 2월 11일, 일요일

여러분이 없는데 생각들이 어떻게 나올 수 있습니까? 그래서 그 생각들이 출현하기 이전에 여러분이 존재해야 합니다. 이런 말들을 기억하는 것이 명상에 도움이 됩니다. 그것 자체가 최고의 명상 속에 있는 것입니다. 때가 되면 아침에 시작된 생시 상태가 모든 활동을 하고, 밤에는 잠자리에 든다는 것을 깨달을 것입니다. 결국 그것은 영구히 잠자리에 들 것입니다. 여러분이 어떻게 생시 상태일 수 있습니까? 우리의 이야기는 비非세간적이고, 자신을 몸과 동일시하는 사람들에게는 아무 소용이 없습니다.

이 삶은 어떤 의미를 가지고 있습니까? 그것은 무의미하고, 아무 목적이 없습니다. 우리가 소변을 보는 것이 더 목적성이 있습니다. 설사 여러분이 삶의 목적은 진아를 아는 것이라고 말해도, (죽고 나면) 여러분이 획득한 어떤 지知도 남지 않습니다. 생기가 떠난 뒤에는 여러분의 "내가 있다"가 남지 않을 것입니다. 항존하는 것은 브라만인데, 그것이 여러분의 몸으로 인해 자신의 존재를 의식하게 되었습니다. 그 안의 어디에 여러분, 곧 어떤 개인이 있습니까? 여러분의 '내가 있음'이 모든 고통의 원인이며, 영적인 공부의 핵심은 그것이 존재하지 않음을 아는 것입니다. 모두가 남들에 대해 생각하지 자기(진아)에 대해서는 생각하지 않습니다. 많은 사람들이 홀로이자 무한한 신을 찾으러 가지만, 아무도 전 세계의 씨앗인 의식이라는 하나의 점에 대해서는 생각하지 않습니다.

여러분의 의식을 찌다까쉬(Chidakash-자각의 무변제)라고 합니다. 여러분이 보는 세계는 여러분의 의식 바깥에 있지 않고 그 안에 있습니다. 세계는 여러분의 머리 정수리의 범혈梵穴 안에서 나타납니다. 잠, 삼매 혹은 죽음 속에서는 여러분의 존재를 망각하는 일만 있습니다. 이 기억 상실은 모든 인간들에게 아주 자연스럽습니다. 그러니 우리가 죽음을 두려워할 이유가 없습니다. 죽음은 우리의 존재를 영구히 잊어버리는 것일 뿐입니다. 생시의—또한 꿈의—세계는 브라마란드라(brahmarandhra)에서 비롯되는데, 그것이 범혈의 이름입니다. 의식 이전이자 그것의 원인이기도 한 그것은, 영원하고 참된 것입니다.

여러분의 말이나 비난으로 누구에게도 상처를 주거나 그를 동요시키지 마십시오. 사람들이 자기가 원하는 대로 자신이 대단하다는 느낌을 갖게 내버려두십시오. 거짓인 것에서 여러분이 무엇을 기대할 수 있습니까? 그것을 동요시킬 이유가 없습니다.

91. 진인은 이름이 없다
1979년 2월 18일, 일요일

우리가 몸을 자신의 형상이라고 믿는 것은 **마야** 때문입니다. 그 정체성을 가지고 우리는 세간에서 행위합니다. '마야'라는 단어는 존재성이 없는 것을 의미합니다. 몸과, 몸의 행위들은 시간이 한정되어 있습니다. 몸-마음이 없었던 때가 있는데, 지금은 그것이 존재합니다. 그래서 그것들은 영구히 남아 있지 못합니다. 여러분의 몸-정체성이 여러분의 속박입니다. 실은 몸 안에 순수한 **의식**이 있는데, 그것은 스스로 빛나고 늘 자유롭습니다. "내가 있다"고 말하기 이전에, 형상 없고 불변이고 오점이 없는 그것이 있습니다. **마야**의 효과는 우리의 존재성이 출현하면서 시작됩니다. 의식은 일체에 편재하며 의식 안에서 세계가 보입니다. **아뜨마**는 일체를 보지만, 그것 자체는 눈에 보이지 않습니다. **아뜨마**는 마음이 아니라 그것을 **아는** 자입니다.

자신이 몸이 아니라는 확신을 계발하면, 세계를 자신의 바라봄(vision)의 한 창조물로 보게 될 것입니다. 존재(being-'내가 있다')의 관념이 곧 마야인데, 그것은 관념 작용에서 벗어난 상태에서 출현했습니다.

여러분의 욕구는 존재성과 함께 시작됩니다. 만일 여러분이 불행을 경험하면 행복에 대한 욕구가 시작되겠지요. 전혀 어떤 행복도 없다면 어떻게 될까요? 자신이 몸이 아니라는 확신이 있으면 고통과 쾌락의 어떤 경험도 없을 것입니다. **빠라마뜨마**는 일체에 편재하고 충만하며, 어떤 욕구도 없습니다. 여러분은 무심無心의 상태에서만 진정으로 침묵하게 됩니다. 말하기를 그만두는 것만으로 그것을 성취할 수 있습니까?

여러분의 **의식** 아닌 어떤 **바그완**도 없다는 온전한 내면적 확신을 가져야 합니다. 그러면 여러분의 외적인 행동은 중요하지 않게 될 것입니다. **의식**에 대한 참된 지知가 여러분의 모든 속박을 제거합니다. "나는 몸·마음·지성이 아니다"라고 말하는 사람은 그것들에 속박될 수 없습니다. 이것은 늘 그렇습니다. 여러분이 하는 말의 내용이란, 마음이 말하는 것 아니고 무엇입니까? 생기를 **아는** 자는 그것과 다르지 않습니까? 생명기운이 몸을 떠날 때, 그것을 아는 어떤 **실체**가 있습니다. 그렇지 않습니까? 생기를 **아는** 자는 생기와 몸의 최종적 분리의 지복을 즐깁니다. 알려지는 모든 것은 조만간 사라지지만, 그 **아는** 자는 항상 존재하고 어떤 옴이나 감도 없습니다.

욕망과 갈망은 공기 중에 거주하는데, 공기는 허공 안에 거주합니다. 허공은 어디에 거주합니까? 이 모든 것을 아는 자는 탄생이 무엇을 의미하는지도 압니다. 탄생의 개념을 치워버리는 자는 모든 개념들에서 벗어나게 됩니다. 여러분이 정말 태어납니까, 아니면 그것은 욕망의 탄생입니까? **진인**은 이것을 압니다. 개인적 영혼과 **진인**의 차이는 이것입니다.

즉, 개인은 자신의 행위로 인해 자기가 미래에 고통 받을 거라고 상상한다는 것입니다. 진인은 남자도 여자도 아니고, 이름이 없습니다. 그는 형상이 없으므로 중성中性(남성·여성의 중간적 존재)조차도 아닙니다. 이 모든 것을 아는 자는 해탈합니다.

탄생과 죽음의 개념은 무지한 이들을 만족시키거나 달래기 위해 가르치는 것입니다. 마음이 어떤 형상을 가졌습니까? 그러나 무지한 사람들은 마음이 형상을 가졌다고 상상합니다. 욕망이나 갈망은 공기의 성질인데, 그것은 여러분의 탄생이 아니라 공기의 탄생만 가져올 수 있습니다. 이것은 분별(viveka)을 요합니다. 허공에서 생기가 출현하고, 생기에서 마음이 출현합니다. 그렇다면 어떻게 마음의 생각들이 여러분의 생각일 수 있습니까? 내가 음식 물질이 아니라는 사실을 알고 나면, 나는 '눈에 보일 수 있는 것'일 수 없습니다. 일체가 (허공 속의) 공기 안에 들어 있습니다. 여러분이 상상한 어떤 형상도 공기 중에 나타날 것입니다.

원초적 환幻은 공기의 성품으로 되어 있습니다. 제가 말하지만, 여러분이 지知라고 하는 것은 실은 무지입니다.

깊은 잠 속에는 마음이 없고 생기만 있습니다. (그 잠 속에서) 마음이 출현할 때 여러분은 어떤 장면을 보는데, 그것을 여러분은 꿈이라고 합니다. 마음은 결코 새롭지 않습니다. 그것은 늘 낡은 인상들로 구성됩니다. 하지만 여러분은 마음이 하는 말들에 과도한 중요성을 부여하면서 여러분 자신의 목을 조릅니다. **진인**은 그런 것에 어떤 중요성도 부여하지 않습니다.

모든 것의 근원을 알아야 합니다. 한가한 이야기를 그만두고 "자야 구루"를 염하십시오. 그것이 **진아**를 기쁘게 할 것이고, 여러분은 기대 밖의 어떤 것을 받게 될 것입니다.

92. 해탈한 자는 형상이 없다

1979년 2월 22일, 목요일

우리의 의식이 자신을 몸·마음·생기와 동일시하는 한 그것은 속박됩니다. 의식이 그 자신을 알고 난 뒤에야 자유가 있습니다. 누가 나는 몸이 아니고, 마음이 아니고, 생기조차도 아니라고 말합니까? 그 하나는 몸·마음·생기에서 벗어나 있습니다. 그것은 결코 속박되지 않습니다. 여러분이 어떤 글을 쓸 때, 그것이 여러분의 마음이 말하는 것 아니고 무엇입니까? 생기가 그 자신을 압니까? (죽을 때) 생기의 퇴장을 지켜보는 어떤 '아는 자'가 존재할 수밖에 없습니다. 진인은 생기를 알고, 그에게는 생기의 떠남이 지복으로 충만합니다. 알려지는 것이 무엇이든 그것은 일정 시간이 지나면 늘 사라지지만, 그것을 아는 자는 그렇지 않고 영원히 남습니다. 그에게는 옴도 감도, 탄생도 죽음도 없습니다.

우리의 욕망과 갈망은 공기 안에 거주하는데, 허공이 공기의 휴식처입니다. 그러면 허공은 어디에 거주합니까? 그것을 보거나 그것을 아는 자, 그는 탄생이 무엇을 뜻하는지도 압니다. 탄생의 개념을 잃어버리는 자는 어떤 문제에도 영향을 받지 않습니다. 탄생은 여러분의 것입니까, 욕망의 것입니까? 진인은 이 모든 것을 압니다. 그것은 남들에게도 해당되지만, 그들은 자신들의 개념과 신념 때문에 고통 받습니다. 진인은 그의 몸이 아니므로, 그는 남자도 여자도 아니고, 중성조차도 아닙니다. 이 모든 것을 아는 자는 자유롭고, 그는 어떤 한정된 형상에 국한될 수 없습니다.

무지한 사람들을 위안하거나 달래기 위해, 그들에게 탄생과 환생을 들려줍니다. 여러분의 마음이 무슨 말을 하든, 그것이 어떤 형상을 가지고 있습니까? 그러나 무지한 사람들은 그렇게 생각합니다. 욕망들조차도 공기에 해당되지 여러분에게는 해당되지 않습니다. 만일 욕망이 탄생으로 이어진다면, 그것은 공기의 탄생일 수밖에 없고 여러분의 탄생일 수는 없습니다. 이것은 비베까(*viveka*), 곧 참된 분별을 요합니다. 허공에서 생기가 나오고, 생기에서 마음이 나옵니다. 그러나 여러분은 마음이 하는 말들을 자신의 것으로 주장하는 실수를 합니다. '나'의 참된 성품은 비물질적이기 때문에—곧, 어떤 물리적 형상을 가질 수 없기 때문에—'나'는 눈에 보일 수 없다는 것이 명백합니다. 우리의 상상들을 포함한 일체가 공기 안에 들어 있습니다.

원초적 환幻의 형상은 공기와 같습니다. 모든 것은 환幻에 지나지 않기 때문에, 여기서 진행되는 이 모든 이야기는 무지이지 여러분이 생각하는 그런 지知가 아닙니다. 깊은 잠 속에서는 마음이 없고 생기만 있습니다. (그 잠 속에서) 마음이 일어날 때, 여러분이 꿈이라고 부르는 다양한 장면들이 나타납니다. 마음 속에는 새로운 것이 아무것도 없습니다. 그것은 예전 것, 보았거나 들은 것만 투사할 수 있습니다. 여러분은 마음에 과도한 중요성을 부여하고 고통 받습니다. 진인은 그 모든 것에 접촉당하지 않습니다.

이제 알아야 할 것은 궁극의 **아는 자**입니다. 모든 잡담은 젖혀두고 "자야 구루, 자야 구루"를 염하십시오. 이 **만트라**는 스승을 기쁘게 하며, 여러분은 기대 밖의 것을 얻을 수 있습니다.

[역주: 이 **92**번 법문은 **91**번 법문과 내용상 대동소이하다.]

93. 지知는 무지의 어버이다

1979년 3월 1일, 목요일

생명기운과 **자기사랑**은 규칙적인 음식의 공급을 필요로 하고, 음식이 생명의 불길을 유지하는데, 그 빛이 우리의 **의식**입니다. 물·음식·산소의 적절한 공급이 있는 동안은 여러분이 계속 자신의 존재를 압니다. 그 중 단 하나만 없어도 모든 것이 동요합니다. **명상** 속에서 여러분은 "내가 있다"(*sattva*)의 한 점을 보는데, 그것은 모든 죄가 씻긴다는 것을 말해줍니다. 이것은 여러분이 **진아**지에 가까워졌다는 한 징표입니다. **진아**를 아는 자만이 스승이 될 자격이 있고, 다른 종류의 지知들로 가득한 사람은 그럴 자격이 없습니다.

여러분은 마음 때문에 몸을 의식하게 되는데, 몸은 **아뜨마**에게 어떤 매력도 없습니다. 불순수한 "내가 있다"가 몸과의 동일시를 가져옵니다. 여러분이 순수하면 자만自慢이 사라집니다. 몸이 잊힐 때는 **진아**가 빛납니다. 여러분이 몸이 아닐 때 해탈이 있습니다. "내가 있다"로 이루어진 몸은 우리의 형상이 아닙니다. 우리의 **의식**은 "내가 있다"의 빛인데, 말로는 그것을 온전히 묘사할 수 없습니다. **명상** 속에서 더 이상 자아의식이 없을 때, 남는 것이 진리입니다. 모든 것의 토대는 무지이며, 거기서 지知와 **이스와라**가 일어납니다. 여러분 자신의 **의식**은 무지에서 출현했습니다. 진인이 떠났고 그가 몸을 남겼다고 할 때, 그것이 무슨 뜻입니까? 그것은 그가, 자신은 지知로 가장한 무지일 수 없다는 것을 깨달았다는 뜻입니다. 어떤 사람이 마침내 지知는 무지에 지나지 않는다는 것을 알 때, 그런 사람을 **싯다**(Siddha)라고 합니다.

마야로 인해 환幻조차도 **이스와라**로 불렸습니다. 이 세상에는 한 점의 진리도 없습니다. 산디야(*sandhya*)라는 힌두 행법의 진정한 의미는, 앎이 영원한 모름의 상태에서 시작되는 곳을 가리켜 보이는 것입니다. 그것은 앎과 모름의 연결점에 대한 지知입니다. 요가를 닦는 사람들이 많은데, 요가는 결합을 뜻합니다. 그러나 이 결합은 무엇의 결합입니까? 그것은 지知와 무지의 만남입니다. 지知 자체가 무지로 인식될 때, 궁극의 지知는 "모든 것은 무지다"라는 것입니다.

시간은 늘 의식에 수반되며, 그 둘 사이의 이혼은 없습니다. 여러분의 의식이 없을 때, 여러분에게 아침은 무엇입니까? 한 아이의 탄생을 가져온, 자궁 안의 뿌리는 무엇이었습니까? 그 뿌리는 잠재적 형태의 의식입니다. 그것이 여러분일 수 있습니까?

보이고, 들리는 등으로 지각되는 것이 무엇이든, 그것에 대한 자연발생적 사진 촬영이 의식 안에서 일어납니다. 여러분이 그 원인인 힘입니까? 우리는 아무것도 하지 않고, 다른 어떤 행위자도 존재하지 않습니다. 만일 여러분이 아무것도 소유하고 있지 않다고 말한다면, 최소한 여러분 자신을 소유하고는 있습니까? 지知는 무지의 어버이이고, 무지는 지知의 어버이입니다. 녹음된 테이프는 매번 똑같은 것을 재생합니다. 그것이 지성적일 수 있습니까? 어릴 때부터 여러분의 의식에 새겨진 모든 인상들이 지금 이야기를 하고 있습니다. 여러분의 지知는 무엇입니까? 그 테이프와 여러분의 의식은 비슷합니다.

존재의 느낌이 여러분의 주된 혼란인데, 그것이 생각을 낳습니다. 그리고 활동이 일어납니다. 시간·브라만·마야는 모두 같은 하나입니다. 빠라브라만은 의식이나 지知가 아니라 그것을 넘어서 있습니다. 즉, 초월지(Vijnana)입니다. 그것은 모든 면에서 순수하고 완전합니다. 의식은 씨앗이 없고, 탄생이 없습니다. 그것의 불완전함을 어떻게 인식합니까? 여러분의 허기·갈증·욕구가 한 표지입니다. 여러분의 의식이라는 형태로 마야가 있는 한, 재미를 위한 여러분의 모든 노력은 계속될 것입니다.

94. 이 세상에는 한 점의 진리도 없다

1979년 3월 4일, 일요일

단어들은 감각대상들을 묘사할 수 있지만, 의식은 (그것들을) 넘어서 있습니다. 그것은 대상 없이 있을 수 있기 때문입니다. 의식이 그 존재성을 상실할 때, 남는 것은 진리입니다. 의식은—그리고 이스와라조차도—무지에서 나옵니다. 무지가 모든 존재의 뿌리에 있습니다. 그것은 여러분 안에, 여러분의 의식으로서 있습니다. 우리가 '진인이 그의 몸을 놓아 버린다'고 말할 때, 그것이 무슨 의미입니까? 그것은 그가 무지를 인식했고, 그것과 별개로 남았다는 뜻입니다. 지知로 행세해 온 것이 무지이고, 밑바닥에서는 그것이 모두 무지임을 아는 사람, 그런 사람을 싯다라고 합니다. 바꾸어 말해서, 궁극을 성취한 사람입니다.

마야로 인해 환幻이 이스와라로 일컬어졌습니다. 마야는 환幻을 뜻합니다. 이 세상에는 한 점의 진리도 없습니다. 브라민들이 행하는 산디야 의식은 지知와 무지의 연결점에 대한 지知를 가리킵니다. 세상에는 많은 요기들이 있지만, 요가가 무엇입니까? 그것은 지知와 무지의 결합입니다. 결국 모든 것의 총합은 무지입니다. 참된 인식은 무지로서의 지知의 참된 성품을 인식하는 것입니다.

시간은 의식과 함께 시작되고 의식과 함께 끝납니다. 만일 여러분이 의식하지 못한다면, 아침인지 저녁인지 어떻게 알 수 있겠습니까? 아이의 탄생의 뿌리에 있는 것은 무엇입니까? 여러분이 그것일 수 있습니까? 그 뿌리는 의식의 시작을 위한 하나의 준비입니다.

모든 오관의 경험들은 마치 사진에 찍힌 듯이 기억될 수 있습니다. 그것이 여러분의 행위입니까? 그것은 자연발생적으로 일어납니다. 여러분은 자신이 아무것도 소유하고 있지 않다고 말할지 모르지만, 여러분 자신을 소유하고는 있습니까? 지知는 무지의 어버이이고, 무지는 지知의 어버이입니다. 미리 녹음된 테이프는 녹음된 것을 다시 반복합니다. 그것이 지성적입니까? 어릴 때부터 여러분의 의식에 새겨진 인상들이 지금 이야기를 하고 있습니다. 여러분은 무엇을 알고 무엇을 합니까? 그 테이프와 여러분의 의식은 비슷합니다.

한 개인으로서의 별개의 존재를 상상하는 것이 주된 미혹입니다. 그것이 우리의 모든 생각의 뿌리에 있고, 행위를 가져옵니다. 시간·마야·브라만은 하나입니다. 빠라브라만 안에는 어떤 의식도 없습니다. 그것은 넘어서 있고, 순수하고 완전합니다. 우리의 의식은 씨앗이 없고, 탄생이 없습니다. 우리의 불완전함을 어떻게 인식합니까? 사물들에 대한 우리의 허기와 기타 불필요한 욕구들이 그것을 말해줍니다. 우리가 우리의 의식이라는 형태의 마야와 친교하는 한, 오락과 재미를 얻기 위해 분투해야 합니다.

[역주: 이 94번 법문은 93번 법문의 둘째 문단 중간 이하와 대동소이하다.]

95. 몸이 없는 자는 죽을 수 없다

1979년 3월 8일, 목요일

실은 개인적 영혼은 의식일 뿐이지만, 문제는 몸과의 동일시에서 비롯됩니다. 어떻게 우리가, 우리가 먹는 음식일 수 있습니까? 우리는 생각들에 불과한 마음일 수도 없습니다. 몸과의 동일시로 인해 여러분은 치욕의 상태로 떨어지는 것처럼 보입니다. 몸과 의식이 하나가 되는 것은 마야로 인한 것인데, 마야는 실재하지 않습니다. 두려움과 걱정을 없애기 위해서는 여러분의 참된 성품을 알아야 합니다. 몸은 인간의 것이고, 그 안에는 생기와 의식이 있습니다. 아뜨마는 몸이 없고, 그것은 한 인간이 아닙니다.

스승은 한 개인이 아니라 일체에 편재하는 현현된 의식입니다. 여러분은 자신의 참된 성품을 형상 없는 의식으로 인식하고, 그에 따라 세상에서 행위해야 합니다. 스승에 대한 헌신이 해탈을 안겨주는데, 그것은 우리가 자신을 이미 자유롭다고 보는 것을 뜻합니다. 좋은 행위란 형상 없는 의식으로서 사는 것입니다. 마음은 진아를 깨달을 수 없습니다. 마음이 명상 속에서 사라지기 때문입니다. 보이는 것들은 형상과 색채가 있지만, 보는 자는 그런 성질들이 없습니다. 여러분은 자랑할 수 있는 어떤 것도 소유하고 있지 않습니다. 실은 여러분은 그 모든 것과 상관이 없습니다. 여러분은 자신의 기억조차도 늘 통제하지는 못합니다. 나이가 들면 그것이 희미해지기 때문입니다. 이것은 의식을 낳는 음식-몸 "내가 있다"가 약해지는 데 기인합니다. 여러분이 무엇을 듣기 이전에, 자신이 무엇이었는지를 알아야 합니다. 모든 혼란은 몸-"내가 있다"의 성질 안에서의 변화에 기인합니다. 음식의 성질이 생각의 흐름, 혹은 마음을 통제한다는 것을 기억하십시오. 여러분의 주된 끌림 요소(마음이 끌리는 대상)는 의식이고, 여러분의 모든 활동은 그것을 유지하여 그것을 참을 만한 것으로 만들기 위한 것입니다. 자신이 아뜨마라는 확신을 가진 사람은 이 세상의 문제들과 고통들을 쉽게 대면할 수 있습니다.

진인들은 무엇을 압니까? 그들은 영원한 것과 찰나적인 것을 압니다. 분별(viveka)에 의해, 그들은 영원한 것만 받아들입니다. 같은 분별이 마음과 개념들에 적용되면, 조대신粗大身과 미세신微細身에 대한 지知를 얻는 데 도움이 됩니다. 진보된 구도자들은 "내가 있다"와 우리의 존재의 느낌 간의 관계를 보고, 진아로서 안정됩니다. 먹어서 소화된 음식은 조대신의 형상을 취합니다. 진인들은 음식 즙들의 "내가 있다"가 우리의 존재의 느낌을 가져온다는 것을 압니다. 분별을 하는 데 무엇이 필요합니까? 그 답은 우리의 의식인데, 우리는 일정 기간 동안 그것을 사용할 수 있습니다.

시간을 탐구하기 위해 분별을 사용하는 사람은 시간의 일부일 수 없습니다. 그런 사람은 시간을 아는 자이지 시간의 희생물이 아닙니다. 진인은 그가 아는 모든 것을 아는 자입니다. 알려지는 것은 아는 자와 별개로 보입니다. 죽음이 여러분에게 실재하는 한, 여러분의 속박이 존재합니다. 처음에는 구도자가 몸 없는 상태에 있는 습관을 서서히 형성합니다. 그때까지는 어떤 분별을 사용할 여지가 없습니다. 무엇이 몸 없는 자를 오염시킬 수 있습니까? 몸-정체성은 좋은 시기에도 고통을 자초합니다. 몸 없는 자에게는 역경 속에서도 지복이 있습니다.

어떤 남자에게 그가 곧 아이를 낳을 거라고 말해도, 그는 영향을 받지 않겠지요. 그런 일은 일어날 수 없기 때문입니다. 마찬가지로, 몸이 없는 자는 죽음에 대해 걱정하지 않습니다. 무한하고 항상 존재하는 브라만은 옴도 감도 없습니다. 그러나 브라만의 한 표현인 의식은 나타남과 사라짐이 있습니다. 진인들은 의식이 무엇이며, 그것이 어떻게 출현하는지를 알고 있습니다. 진인이 눈에 보이려면 하나의 몸이 필요하지만, 그는 그 몸에 국한되지 않고 도처에 있습니다.

몸 안에 생기가 있는 동안은 분별을 사용해야 합니다. 몸이 생기와 함께 나타나는 것을 탄생이라 하고, 그것들이 분리되는 것을 죽음이라고 합니다. 참으로 아는 자는 결코 자신을 알려지는 것과 동일시하지 않고, 아는 자로 남아 있습니다. 우리의 성품은 의식도 아니고 그것의 내용도 아니라는 분별을 사용해야 합니다.

죄인이란, 자기 마음이 말하는 것이 그 자신이라고 믿는 사람입니다. 이 믿음이 우리의 속박으로 이어집니다. 브라만은 몸이 없고, 모든 계급과 신앙 교리를 넘어서 있습니다. 해가 지듯이 이 의식도 사라질 것입니다. 여러분의 의식을 사용할 수 있는 한, 그것과 함께 하되 그것의 내용과는 함께하지 마십시오. 사랑을 가지고 의식을 신으로 숭배하십시오. 영적인 공부, 혹은 원래의 산스크리트 단어 빠라마르타(Paramartha)는 존재(삶)의 최고 목적이 최종적 해탈의 성취라는 것을 의미합니다. 자신이 진아라는 확신을 갖는 것이 진정한 빠라마르타입니다.

96. 시간을 아는 자만이 시간을 분별할 수 있다

1979년 3월 11일, 일요일

진인들은 무엇을 압니까? 참된 분별을 의미하는 비베까(viveka)에 의해, 영원한 것과 일시적인 것을 압니다. 마음이 아는 것을 분별로써 더 분석해야 조대신과 미세신에 대한 지知를 얻습니다. 진인은 "내가 있다"에서 나온 우리의 존재성의 기원을 아는데, 그것이 그에게 온전한 만족을 줍니다. 우리의 조대신은 우리가 먹고 소화한 음식으로 이루어집니다. 음식 즙들의 "내가 있다"가 우리에게 존재의 느낌을 안겨줍니다. 진인이 분별을 사용하기 위한 도구는 무엇입니까? 그것은 시한부인 그의 존재성입니다.

시간에 대해서 분별할 수 있는 사람은 시간의 일부일 수 없습니다. 시간을 아는 자만이 그런 분별을 할 수 있습니다. 우리의 참된 성품은 결코 알려지지 않지만, 우리는 '아는 자'입니다. 여러분이 죽음이 있다고 믿는 한, 여러분은 존재성의 일부로 남습니다. 구도자는 먼저 몸-형상을 놓아버리는 습관을 들여야 합니다. 참된 분별은 그 뒤에야 가능할 것입니다. 몸이 우리의 형상이 아닐 때는 어떤 오염도 우리를 접촉하지 못합니다. 몸-정체성은 여러분이 가장 좋을 때에도 여러분을 불행하게 만듭니다. 그러나 오염 없는 자는 가장 좋지 않을 때에도 지복스럽습니다.

남자는 자신이 곧 아이를 낳을 거라는 소식에 동요될 이유가 없습니다. 마찬가지로, 몸이 없는 자는 죽음을 두려워할 이유가 없습니다. 완전한 브라만에게는 탄생도 없고 죽음도 없습니다. 그것은 항상 존재하고 한량이 없습니다. 브라만의 현현은 시작이 없고, 끝도 없습니다. 진인들은 현현자의 근원, 곧 미현현자(브라만)를 들여다봅니다. 브라만은 도처에, 모든 살아 있는 몸 안에 있고, 결코 어느 몸에 국한되지 않습니다.

허공은 어떤 작은 그릇이나 큰 그릇 속에서도 동일합니다. 너무 늦기 전에 분별을 사용하십시오. 왜냐하면 생기(prana)는 무한정 머무를 수 없기 때문입니다. 생기가 몸과 연관될 때 여러분이 자신의 존재를 의식하게 됩니다. 우리는 참된 분별을 통해, 우리가 의식도 아니고 의식으로 인해 알려지는 것도 아니라는 것을 알게 됩니다. 진인은 늘 '아는 자'이지 결코 알려지는 것이 아닙니다.

마음이 시키는 일을 성실하게 하는 사람을 죄인 혹은 속박인이라고 합니다. 브라만은 모든 종교 · 계급 · 신앙 교리들(creeds)을 넘어서 있기에, 그것에게는 어떤 임무도 없습니다. 낮이 끝나면 해가 지듯이, 여러분의 의식도 그 기간이 끝나면 질 것입니다. 여러분의 친척들, 행위들, 그리고 그 결과와 함께하지 못하게 될 것입니다. 분별을 사용하고, 여러분의 의식에 대한 자각을 잃지 마십시오. 사랑으로 의식을 신으로서 숭배하십시오. 영적이라는 것은 자신이 아뜨마라는 확신을 계발하는 것입니다.

[역주: 이 96번 법문은 95번 법문의 셋째 문단 이하와 대동소이하다.]

97. 뚜리야 상태가 브라만이다

1979년 3월 18일, 일요일

빠라마뜨마로서의 여러분의 참된 성품은 늘 자유로운데, 유일한 문제는 여러분이 어릴 때부터 축적해 온 개념들입니다. 거기에는 여러분의 몸-정체성이라는 속박도 포함됩니다. 그래서 여러분의 행위가 여러분을 속박합니다. 원래의 개념은 "내가 있다" 혹은 "나는 깨어 있다"입니다. 오늘, 내일 등의 다른 개념들이 그에 이어 나옵니다. 어떤 형상 안에서 의식이 나타나는 것이 그 형상의 진정한 화현인데, 매 순간 그런 무수한 형상들이 나타납니다. 여러분의 모든 개념이 환幻으로 드러날 때, 어떤 탄생도 없는 여러분의 참된 성품을 알게 됩니다. 무지한 사람들만 자신들의 마지막 소원대로 자기가 다시 태어난다고 믿습니다. 이것은 그들의 몸-정체성의 결과입니다. 여러분은 알려진 세간적인 것들에 대한 기억을 되살리지만, 그것은 영적인 공부와 무관합니다.

한 사람으로서의 개인적 영혼의 존재가 있습니까? 우리에게 전혀 형상이 없는데, 우리는 누구의 복지나 구원을 얻으려고 합니까? 태어난 것은 의식이고, 그것은 음식 물질의 한 성질입니다. 의식은 모든 혼란에서 벗어나 있지만, 몸이 어떤 병에 걸린 인상을 줍니다. 빠라브라만의 단순한 한 가지 의미는 '모든 장면과 겉모습들을 넘어서 있는 것'입니다. 빠라브라만은 참되고, 영원하고, 시공을 넘어서 있지만, 여러분은 그것과의 연관에 대한 어떤 경험을 가지고 있습니까? 깊은 잠 속에서 여러분은 공간을 자각합니까? 빠라브라만은 좋거나 나쁜 어떤 행위에도 책임이 없습니다. 시간이 누군가를 집어삼킵니까? 그것은 지속적으로 변하고 있을 뿐입니다. 모든 사건들은 의식의 한 표현입니다.

저의 참된 성품은 늘 완전하며, 무엇이 더 되거나 덜 됨이 없습니다.

빠라브라만은 지각성 이전이며, 그것 안에는 지각성도 비지각성도 없습니다. 그것은 하나의 비지非知(no-knowledge) 상태입니다. 참된 헌신자는 참되고 영원한 그것에만 의존합니다. 햇빛이 해가 하늘에서 빛나고 있다는 증거이듯이, 모든 존재는 의식이 존재한다는 증거입니다. 빠라브라만 안에는 어떤 희망·욕망·갈망·두려움, 탄생과 죽음도 없고, 그것들은 의식 안에서 나타납니다. 모든 경험들은 의식과 함께 옵니다. 모든 희망은 존재성의 유지를 위한 것인데, 존재성은 갑자기 출현했습니다. 자각의 무변제(찌다까쉬)가 출현하면서 희망들을 낳아 존재성을 지속합니다. 자각의 무변제에서 큰 존재의 무변제(마하다까쉬, 곧 현상계)가 창조됩니다.

여러분은 존재성을 좋아하지 않고, 자신이 몸인 것을 좋아합니다. 자신의 의식을 숭배하지 않고, 그것을 유지하기를 기원합니다. 몸에 대한 사랑은 여러분의 불완전성을 증가시킬 뿐입니다. 그러지 않고 만약 여러분이 의식과 하나가 되면, 영혼이 브라만과 하나가 되는 뚜리야(Turiya)의 상태를 성취하게 되어 있습니다. 여러분은 이 세계의 형상을 한 여러분 자신의 의식을 볼 뿐이라는 것을 기억하십시오. 왜냐하면 그 둘이 하나이기 때문입니다. 이 사실을 명심하십시오. 빠라마뜨마-의식[진아]과 의식-세계[자아]의 단일성을 결코 잊어서는 안 됩니다.

여러분은 자신의 몸을 너무 중요시하여, 그것의 탄생을 자신의 탄생으로 간주합니다. 이런 상태에서 여러분이 감히 전 세계가 여러분 자신의 형상이라고 말할 수 있겠습니까? 여러분의 생시 상태는 "내가 있다"의 한 성질입니다. 우리가 꿈을 꾸기 좋아하는 것은 라자스의 성질입니다. 우리의 세계가 우리를 아주 바쁘게 몰두하도록 만들기 때문에, 우리는 깨어나는 데 관심을 보이지 않습니다. 여러분은 피로하면 깊은 잠 속으로 들어가는데, 그것은 따마스의 성질입니다. 깨어 있는 상태는 유지하기 어렵고, 보통은 활동이나 오락 속에서 잊힙니다. 여러분의 존재의 비밀을 알기 위해서는 깨어 있음과 친해져야 합니다. 그것은 명상을 하며 시간을 보내야 한다는 뜻입니다. 여러분의 이른바 실제(생시) 세계는 주 마하데바의 꿈의 상태입니다. 의식은 두 상태에서 공히 똑같은 하나입니다. 생시·꿈·잠의 상태들을 알고 그것을 초월해 네 번째 상태인 **뚜리야**로 들어가는 사람은 순수한 **브라만**입니다.

98. 몸-마음이 없는 자가 시바다

1979년 3월 22일, 목요일

스승이 **빠라마뜨마**라는 확신을 계발하는 사람은 아무 애씀 없이 **영원자**를 성취합니다. **시바**라는 단어는 두 가지 뜻이 있습니다. 첫 번째는 '접촉'이고, 두 번째는 '주 **시바**'입니다. 우리는 자신의 존재를 의식하는데, 그것은 우리 안의 **시바**가 우리의 존재성의 어떤 접촉 또는 맛을 우리에게 안겨준다는 것을 뜻합니다. 여러분은 의식하기 위해 무엇을 한 적이 있습니까? 아니지요, 의식은 모르는 사이에 나타났습니다.

개인적 영혼은 헌신에 의해 자신의 존재의 비밀을 알게 됩니다. 여기서 헌신이란 완전한 순복을 의미합니다. 그런 다음, 무심(no-mind)의 상태에서 **시바**로서의 자기 자신을 알게 됩니다. 헌신에 대한 산스크리트 단어는 나마나(namana-절하기)인데, 그것은 곧 무심을 뜻합니다. 여러분은 인사할 때 두 손을 합장하지만, 여러분의 존재는 무엇을 하기 이전이라는 것을 늘 기억하십시오. 개인이 더 이상 존재하지 않을 때, 남는 것이 **시바**, 곧 순수한 존재입니다. 사람들은 다양한 신들을 숭배하지만, 진정한 숭배는 **의식을 아는 자**에 대한 숭배입니다. 여러분이 온전히 깨어 있는 무심의 상태에서, 남아 있는 것이 **의식을 아는 자**입니다. 표적(의식)을 온전히 자각하고 있어야 하는데, 그것은 참으로 진지한 사람들에게만 가능합니다. 그러나 보통의 헌신은 제한적 목적을 위한 것일 뿐입니다.

아는 자가 없을 때, 누가 그의 존재를 의식하겠습니까? 참스승은 일체의 이전이며, 우리의 존재는 그 때문에 있습니다. 몸과의 동일시가 사라지면 어떤 개인적 영혼도 없습니다. 이것을 아는 자는 더 이상 몸-마음이 아닙니다. 그는 시바의 상태를 성취합니다. 그럴 때, 우리는 몸에 한정되지 않고 모든 것에 편재합니다. 그 자신을 '몸-마음을 아는 자'로 아는 참된 헌신자가 현현자를 숭배할 수도 있지만, 그는 모든 환幻을 초월해 있습니다. 그럴 때, 숭배하는 자와 숭배받는 것 간의 차별이 더 이상 존재하지 않습니다. 마음이 자신을 몸이라고 믿는 한 두려움이 있습니다. 우리가 의식일 때는 죽음도 없고, 두려움도 없습니다. 여러분이 알든 모르든, 여러분에게 죽음은 없습니다. 스승의 말씀을 기억하는 것이 최고의 헌신이며, 그런 헌신에서는 잊어버림이 없습니다. 한 제자가 시바의 상태를 성취하면, 그의 일상적 활동도 스승에 대한 하나의 봉사입니다.

몸으로 있다는 것은 병들어 있다는 것입니다. 여러분의 모든 삶은 하나의 오락일 뿐이며, 거기서는 무슨 이익이니 손해니 할 것이 없습니다. 만약 여러분이 스승의 참된 헌신자라면, 마야가 많은 형상으로 여러분에게 봉사할 것입니다. 샹까수라(Shankasura), 즉 '의심들의 악마'를 죽인다는 이야기가 있습니다. 그것은 헌신자가 모든 의심에서 벗어난다는 의미입니다. 진인 뚜까람은 그의 한 시에서 신에게 이렇게 이야기합니다. "설사 제가 당신보다 위대해진다 해도, 저는 제 헌신을 멈추지 않겠습니다." 여러분이 순복한 스승은 이미 그 몸 안에 존재하고 있습니다. 그가 없다면 여러분이 자신의 존재를 알지 못했을 것입니다. 자신이 몸이 아니라는 확신이 있다면, 몸은 여러분에게 하나의 시신에 불과하지 않습니까? 모든 움직임은 내 것이 아니라 내 스승의 두 발의 것입니다. 또 모든 행위가 스승의 것입니다. 이것이 뚜까람의 체험이었습니다. 즉, 뚜까람의 입을 빌려 이야기를 하고, 심지어 남들을 욕하기까지 한 것은 주 비토바(Lord Vithoba)였다는 것입니다. 뚜까람은 이런 확신을 가지고 그의 주위에서 일어나는 모든 일의 한 주시자로만 남아 있었습니다.

우리가 있다는 것을 우리가 알 때, 우리의 모든 감각기관이 기능합니다. 모든 표지標識들은 헌신자 의식의 것입니다. 누가 명상하며, 그 결과는 무엇입니까? 명상의 대상과 명상하는 자는 하나입니다. 잘 듣고, 기억하고, 명상하십시오. 이 세상 속의 관계와 소유물들에 대한 사랑에 여러분이 어떻게 연루되어 왔는지를 알아야 합니다.

스승의 은총이 여러분을 여기로 데려왔습니다. 여러분이 자신을 몸과 동일시하지 않았다면 저를 더 잘 이해했을 것입니다. 참된 제자는 몸이 없고 형상이 없으며, 세계를 그 자신의 빛 안에서 봅니다. 여러분은 꿈의 세계를 어느 빛 안에서 봅니까? 여러분의 의식에게는 탄생이 없지만, 그것은 여러분의 존재의 원인입니다. 여러분의 순수한 의식 그 자체가 여러분의 스승입니다. 어떤 제자가 그것을 받아들일 때, 신이 그의 안에서 탄생합니다. 그 이전에는 그것이 몸의 탄생이었습니다. 스승이 여러분에게 신성한 만트라를 주면서 여러분은 몸이 아니라고 말하는 날, 여러분은 더 이상 한 인간이 아닙니다.

아뜨마가 모든 앎의 원인입니다. 그것이 의식을 낳고, 의식이 만물의 중심입니다. 스승 없이는 진아 깨달음이 없습니다. 약한 사람이든 강한 사람이든, 모두가 죽음을 두려워합니다. 스승의 말씀이 여러분을 변모시키겠지만, 여러분이 그것을 빈번히, 최소한 잠자리에 들 때는 기억해야 합니다. 여러분의 의식을 스승의 두 발로서 숭배해야 합니다. 세간의 활동들은 자기사랑의 편의를 위해 평소처럼 진행되겠지요.

99. 우리의 의식이 스승의 두 발이다

1979년 3월 25일, 일요일

여러분은 저를 만나서 제가 하는 이야기를 들으려고 여기 옵니다. 이것은 **참스승**의 은총 때문입니다. 이 이마는 늘 **스승님**의 두 발에 안식하고 있습니다. 자신의 몸을 자부하는 사람은 이것을 이해하지 못할 것이고, 그 축복과 인도를 놓칠 것입니다. 참된 이해를 위해 필요한 것은 스승을 섬김으로써 순수해지고 성스러워지는 것입니다. 성숙된 구도자는 몸이 없고 형상이 없는 사람인데, 그의 빛 안에서 전 세계가 나타납니다. 여러분은 꿈 세계도 봅니다. 어느 빛 안에서 그것이 보입니까? 우리의 **의식**이 스승의 두 발입니다. 의식한다는 것은 곧 **스승**의 친존에 있는 것입니다. 여러분의 의식은 탄생이 없지만, 여러분은 그것 때문에 자신의 존재를 느낍니다. 스승은 순수한 **의식**입니다. 만일 여러분이 순수해진다면 그것은 여러분이 **스승**으로 재탄생하는 것입니다. 스승에게서 **만트라**를 받고 자신이 몸이 아니라는 것을 안 날부터, 여러분은 더 이상 한 인간이 아니며, 다시 태어날 수 없습니다.

우리의 **의식**이 모든 존재의 중심에 있고, 그것이 우리가 존재한다는 느낌을 우리에게 줍니다. 스승을 갖지 않고는 우리가 참으로 무엇인지를 알 수 없습니다. 건강한 몸을 가지고 있어도, 무지하면 죽음에 대한 두려움이 있습니다. 스승의 말씀을 늘 기억해야 합니다. 만일 그것이 불가능하다면, 최소한 잠자리에 들 때는 그것을 기억하십시오. 의식을 스승의 두 발로서 숭배하거나 명상하십시오. 세간의 모든 것들은 **의식**의 안락을 위해 고안되었습니다.

[역주: 이 **99**번 법문은 **98**번 법문의 마지막 두 문단과 대동소이하다.]

100. 진리가 모든 존재를 유지한다

1979년 3월 28일, 수요일

오늘 우리는 우리가 있다는 것을 압니다. 무엇이 우리의 최후가 될까요? 자신이 몸이라고 믿고 죽는 사람들은 그들의 개념에 기초하여 다시 태어납니다. 진인에게는 이것이 해당되지 않습니다. 탄생과 죽음 둘 다 거짓이며, 환생이라는 문제는 일어나지 않는다는 것이 우리 자신의 체험입니다. 진인은 한 개인이 아니라 무소부재無所不在합니다. 탄생과 죽음이 어떻게 그에게 해당될 수 있겠습니까?

아뜨마는 도처에 편재하며 존재의 느낌을 가질 수 없습니다. 이 존재의 느낌은 제한되어 있는 자들에게만 해당됩니다. 이 존재는 음식-몸과 함께 나타납니다. 이 존재성의 원인은 아주 사소한데, 비지非知의 상태에 있는 진인은 그것을 압니다. 그러나 이 사소한 원인이 환생을 가져옵니다. 우리는 단 한 번의 탄생에 대한 경험도 가지고 있지 않은데, 어떻게 남들의 환생에 대해 이야기할 수 있습니까? 어떻게 불생자가 남들의 탄생에 대한 소식을 받아들일 수 있습니까? 참된 영적인 지知는 이 사실의 진리를 아는 것을 뜻합니다. 다른 모든 지知는 거짓입니다.

"나는 몸이다"라는 개념이 마야의 개념을 창조합니다. 우리의 자기사랑은 마야의 한 개념입니다. 이 영적인 지知는 잘 듣고 받아들일 용기를 요구합니다. 그것을 용납하는 것조차도 많은 사람들의 능력을 넘어섭니다. 만일 여러분이 현재의 존재에 만족하고 있다면, 여기서 들은 것을 잊어버리는 것이 더 낫습니다. 극소수만이 의식의 원인을 알려는 진정한 허기가 있습니다. 순수한 의식이 도처에 존재하지만, 몸이 없으면 어떤 '내가 있음'도, 어떤 문제도 없습니다.

의식과 함께 욕망이 시작되는데, 의식 자체의 기원을 알려는 것이 최고의 욕망입니다. 남들에게 계속 묻지 않고 내면에서 그 답을 찾는 사람은 모든 의심에서 벗어나게 됩니다. 그렇게 되려면 분별이 필요하고, 그와 함께 세간적 정념과 욕망이 없는 상태를 계발하게 됩니다. 이 세상에서의 여러분의 일상적 존재(삶)는 완전히 다릅니다. 그토록 많은 노력을 기울여 여러분이 최종적으로 성취하는 것은 무엇입니까? 여러분은 어떻게든 살아 있는데, 늘 어떻게 시간을 보낼까 하는 문제를 안고 있습니다. 여러분의 불행은 **의식**과 함께 시작됩니다. 그것이 아무리 문제가 많다 해도 여러분은 **의식**을 원하고, 어느 순간 그것이 사라질지 모른다는 두려움이 늘 있습니다. 그래서 불행과 두려움이 공존합니다. 남편, 아내, 자식, 음식에 대한 여러분의 욕구에는 끝이 없습니다. 두말할 것 없이, **자기사랑**을 갖는 것은 부적절합니다. 그것의 존재는 큰 **마야**입니다. 우리의 **자기사랑**이 모든 세간적 활동과 창조의 원인입니다.

어떤 창조주도 없고, 창조에 어떤 제약도 없습니다. 그래서 우리는 급증하는 인구의 미래를 예견할 수 없습니다. 세계와 자신의 웰빙에 대한 여러분의 관심은 **의식**에 기인하는데, 그것이 없었을 때는 어떤 세계, 어떤 욕구도 없었습니다. **진리**를 아는 성숙함이 있을 때까지는 여러분의 모든 문제가 남아 있을 것입니다. 실재에 대한 지知는 아주 단순하고 쉽지만, 사람들은 적절한 관심이 부족하고, 그들을 인도해 줄 사람이 없습니다. 그래서 행복해지려는 모든 노력이 더 많은 불행으로 이어질 뿐입니다. 때가 무르익으면 여러분이 자신의 묘사 불가능한 참된 상태를 성취할 것이고, 그 과정에서 자신의 자아의식마저 잃어버릴 것입니다. 비록 알 수 없는 것이기는 하나, **진리**는 있습니다. 그리고 **그것**이 모든 존재를 뒷받침합니다. 출현한 '존재의 소식'은 사라지게 되어 있습니다. 여러분은 더 이상 무엇을 알고 싶습니까? 여러분이 자신의 **진아** 안에 자리잡으면, 무엇을 하지 않아도 여러분의 모든 요구사항과 필요물들이 공급될 것입니다.

빠라브라만이라고 알려진 것을 깨달으면, 아무것도 없다는 것을 알게 될 것입니다. 제자는 스승의 위대함의 한 잔재입니다. 참된 제자는 전적으로 순복하며, 실제로 스승의 가르침을 실천합니다. 참스승과 제자는 둘로 보여도 그들은 하나의 아뜨마입니다. 여러분은 진아지를 모를 수도 있겠지만, 그것에 이르는 길은 여러분의 의식이니 여러분이 쉽게 사용할 수 있습니다. 여러분은 정식으로 사용하는 이름을 가지고 있으나, 스승이 여러분에게 드린 이름, 곧 만트라는 여러분이 아뜨마이지 몸이 아니라는 것을 상기시켜 줍니다. 구루-만트라(Guru-mantra)는 제자의 심장 속에 큰 씨앗을 뿌립니다. 그 만트라를 염하는 것이 진아 깨달음에 이르는 가장 쉬운 길입니다. 스승의 은총이 있으면—그것은 여러분의 성실함의 결과이지만—옴 소리, 곧 '부딪지 않은 소리(unstruck sound)'를 듣게 될 것입니다. 그것이 심장에 도달하면, 그에 대한 부단한 명상이 바그완으로서의 여러분의 참된 성품을 여러분에게 드러냅니다.

혀가 그 자체의 맛을 가지고 있지 않듯이, 처음에는 여러분의 의식이 개념들에서 벗어나 있고 순수한 존재만 있습니다. "내가 있다"는 최초의 개념을 포함한 모든 개념들은 나중에 수집되어 보존됩니다. 여러분의 스승이 하는 말씀이 가장 정직하고 신뢰할 만하며, 제자에게 최고의 중요성을 갖습니다. 제자는 그 말씀을 받아들여 그 자신이 브라만임을 앎으로써만 그에게 참된 봉사를 할 수 있습니다. 제자는 스승이 말해 준 것 외의 어떤 형상도 가지고 있지 않습니다. 여러분의 몸 안에는 존재의 느낌을 낳은 어떤 것이 있습니다. 스승의 은총 없이는 그 비밀이 알려지지 않은 채로 남습니다.

참스승이 여러분에게 그 만트라를 주면서 명상을 하라고 했습니다. 여러분이 신을 만나는 데 그것이 도움을 줄 것입니다. 빠라마뜨마를 깨달을 때가 무르익으면, 먼저 이스와라를 보게 될 것입니다. 이것은 스승의 말씀을 전적으로 고수한 결과입니다. 극소수만이 (스승에 대한) 철저한 봉사를 통해 참된 스승이 됩니다. 그는 온전하고 완전한 **브라만**으로서의 자신의 본래적 성품을 깨닫습니다. 지금 여러분은 자신의 몸을 보호하기 위해 너무 많은 수고를 하고 있습니다. 같은 노력을 **아뜨마**를 위해 쏟으면, 여러분의 불멸인 성품을 깨닫게 될 것입니다.

101. 브라만이 그대의 의식이다

1979년 3월 29일, 목요일

참스승은 무한하고 한량없는데, 그는 과거에 **라마**와 **크리슈나**의 형상으로 나타났습니다. 탄생 자체가 거짓이기에, 그에 뒤따르는 모든 사건들도 그렇습니다. 만일 여러분이 스승에게 전적으로 순복하면, 탄생과 죽음이 거짓이라는 것을 분명하게 이해하게 될 것입니다. **빠라브라만**으로서의 스승의 성품이 제자에게 분명하게 이해될 때, 그 과정에서 제자는 **그것**을 깨닫습니다. 아스트랄체가 일소될 때 우리의 탄생은 하나의 신화가 되고, 남는 것은 **무탄생자**(the Birthless-불생자)입니다. 에고와 행위자가 스승의 은총으로 인해 사라집니다. 진정한 지知와 깨달음의 만족감은 결코 없어지지 않습니다.

스승의 은총이 **의식**의 기원에 대한 지知로 이끌어줍니다. 의식은 무지로 인해 자신을 몸과 동일시하고 있었는데, 그것이 "내가 있다"와 함께 사라집니다. 진인 **에끄나트**는 스승 **자나르다나 스와미**(Janardana Swami)의 은총이 자신을 만물에 편재하게 만들었다고 인정합니다. 스승의 모든 성질이 그 훌륭한 제자 안에서 계발됩니다. 그 제자의 존재의 느낌조차도 실은 스승의 그것입니다. 그것은 스승이 제자의 존재를 점유하여, 제자가 남아 있지 않게 되었음을 의미합니다.

브라만이 우리의 의식으로 나타나는데, 이 의식으로 인해 우리가 자신의 존재를 압니다. 아스트랄체가 지속되는 동안은 우리의 '내가 있음'이 기능합니다. 참된 제자에게 '탄생'이라는 단어는 아무 의미가 없습니다. 자신을 몸과 동일시하던 의식이 이제 도처에 편재한 것이 됩니다. 제자가 스승을 거듭거듭 기억하면 그들의 분리가 사라집니다. 참스승의 은총이 우리의 참된 성품을 깨우면, 빠라브라만 속으로의 합일이 있습니다. 여러분이 여기서 듣는 내용이 진리임을 깨닫습니다. 참스승 없이는 제자에게 어떤 존재성도 없습니다. 스승의 말씀에 대한 전적이고 안정된 주의가 있으면, 우리가 그의 은총을 받고 그와 하나가 됩니다.

생시 상태의 우리의 모든 경험들은—그리고 꿈 상태조차도—우리의 몸-마음을 통해서 옵니다. 그것을 아는 자는 순수한 존재 속에 따로 남아 있습니다. 그럴 때, 우리는 한 개인으로 남지 않습니다. 탄생을 포함한 모든 개념이 종식됩니다. 무지한 사람들에게는 시간이라는 개념이 있어서 그것이 탄생을 죽음과 분리합니다. 여러분은 (살아 있기 위한) 모든 안전 조치를 취해도 되지만, 여러분의 모든 경험은 시한부일 것입니다. 진정으로 안전한 단 하나의 자세는 의식으로서, 혹은 더 낫게는 의식을 아는 자로서 사는 것입니다. 오늘날 여러분은 시간에 전적으로 의존하고 있습니다. 그러니 그것이 끝나기 전에, 영원히 깨어나십시오. 진인에게는 하루라는 기간이 한 순간일 뿐입니다. 우리의 모든 활동들은 몇 순간 동안만 지속됩니다. 여러분은 아주 빨리 변하고 있는데, 무엇이 여러분의 영구적인 정체성일 수 있습니까? 여러분의 모든 지知는 시간이 한정되어 있습니다. 시간의 비밀을 알 때, 여러분은 그것을 넘어섭니다. 스승의 말씀만이 이런 모든 문제를 해결해 줄 수 있습니다. 해처럼 빛나는 여러분의 의식에 주의를 기울이십시오.

무지가 있을 때는 개념들에서 벗어날 필요도 있었습니다. 진아지를 얻은 뒤에는 모든 욕구가 끝나고, 아무것도 하지 않아도 모든 일이 일어납니다. **참스승**은 시간을 아는 자이며, 그의 **만트라**는 아주 강력하고 해방력이 있습니다. 그러나 오롯한 마음으로 그를 따르면서 그의 힘의 온전한 이익을 받는 사람이 누가 있습니까? 시간에 의존하는 사람은 걱정을 벗어날 수 없습니다. 참된 구도자는 의심과 걱정에서 벗어나 있습니다. 시간을 **아는 자**는 이 존재성을 지속하려는 어떤 욕망도 없습니다. **아뜨마난다**(Atmananda-진아의 지복)라는 단어는 우리의 무시간적 존재에 대한 지知를 가리킵니다. 초기 단계에서는 **마야**의 절멸이 있는데, 이때 세계의 거짓됨을 알게 되고 **브라만**의 실재성이 분명해집니다. 최종 단계에서는 브라만도 배척됩니다. 그것은 **브라만**으로 불리는 우리의 **의식**도 시절적이며, 영원한 **진리**가 아니라는 것을 의미합니다. 언젠가는 **의식**이 비非의식이 될 수밖에 없습니다. 그럴 때 무엇이 **의식**의 출현 이전의—혹은 그것이 비의식이 되고 난 뒤의—참되고 영원한 성품입니까? 우리의 참되고 영원한 성품은 경험될 수도 없고, 논리로 연역될 수도 없습니다. 어떤 수행도 필요 없이, 분별(viveka)에 의해서만 알 수 있습니다.

여러분이 현재 경험하는 존재는 **의식**이 뜨는 것과 저무는 것 사이에 놓여 있습니다. 우리 자신에 대한 우리의 모든 상상은 시간이 한정되어 있습니다. 여러분 자신을 포함하여 아무것도 여러분의 것이 아닙니다. 그러니 고요히 있으십시오. 결코 무엇을 획득하거나 포기하려고 하지 마십시오. 마음이 태어났지, 여러분이 태어난 것이 아닙니다. 여러분의 **참스승**이 유일한 **실재**이고, 영원한 **진리**입니다.

102. 아뜨마는 생기가 아니라는 것을 알라

1979년 4월 1일, 일요일

보통의 마음은 자신을 몸과 동일시하는데, 그것이 **진아지**를 방해합니다. 몸 안의 오물은 **의식**과 접촉조차 못한다는 것이 사실입니다. 그런데도 사람들은 **의식**이 몸으로서 기능한다고 믿습니다. 쾌락을 추구하면 고통으로 끝납니다. 자나르다나(Janardana)라는 이름은 탄생 개념을 제거하는 자에게 해당됩니다. 그럴 때 여러분은 단순히 한 인간으로 남아 있지 않습니다. 몸과의 동일시로 인해 **아뜨마**가 나날이 더욱 더 불완전해 보입니다. 탄생이라는 개념이 불행을 유지합니다. 태어난 것으로 믿어지는 이 **의식**은 실은 순수하고, 성스럽고, 형상이 없으며, 혼란에서 벗어나 있습니다. 이 모든 무지에 환멸을 느끼는 자는 무욕無慾을 계발합니다. 신의 이름 **나라얀**(Narayan)은 몸 안의 순수한 **의식**에 해당됩니다.

몸과의 동일시로 인해 **의식**이 5대 원소와 하나로 보입니다. 몸 안의 **의식**은 신의 표현이고, 여러분은 늘 그와 친교합니다. 여러분이 무욕이면 신과 여러분의 단일성을 깨달을 것입니다. 여러분의 주의는 과거의 기억과 생각들로 가득 차 있습니다. 스승의 말씀에 따라 생각에서 벗어나야 하고, **의식**이 그 자신에게 주의를 베풀어야 합니다. 몸을 자신의 형상이 아니라고 배격하는 사람은 **스승**의 은총을 받습니다. 자신의 활동이 실은 **스승**의 활동이라는 것을 확신하는 사람은 **진아**를 깨닫습니다. **의식**은 무한하고 한량없고 가늠할 수 없습니다. 그것이 어떻게 죽을 수 있습니까? 스승의 은총이 있으면 몸의 탄생이 브라만의 현현으로 변모합니다. 그럴 때 우리는 한 인간으로서 살았다는 것을 기억하지 못합니다.

진인이 한 몸에 국한되지 않고 모든 것에 편재하기는 하지만, 그는 **진아지**가 계속 이어지는 데 관심을 갖습니다. 그는 올바른 제자를 찾고 있습니다. 이 사람들 대다수가 신을 숭배하기는 하지만 그것은 그들 자신을 위해서이지, 신을 위해서가 아닙니다.

우리의 모든 행위는 존재하기 위한, 우리의 존재를 지속하기 위한 것입니다. 스승의 말씀에 따라 여러분이 형상 없는 의식을 숭배하면, 자신의 불멸의 성품을 깨달을 것입니다. 결국 여러분은 빠라브라만으로서의 자신의 참된 성품을 깨닫게 됩니다. 그러면 전체 허공이 여러분의 몸이 됩니다. 그럴 때 여러분은 모든 종교와 임무를 초월합니다. 누군가의 저주나 흑마술이 여러분에게 영향을 주지 않고, 그것이 그 삿된 사람에게 부메랑으로 되돌아갑니다. 진인을 표적으로 삼는 것은 자살행위입니다. 여러분이 자신의 미래에 대한 예언에 영향을 받는 한, 아직은 완전하지 않은 것입니다.

여러분은 음식과 의복을 위해 일하면서 처자식을 돌보지만, 그 모든 것은 여러분 자신의 이익을 위해서 이루어집니다. 실은 일체가 아뜨마를 위해서 이루어지지만, 그것이 몸과 그릇되게 동일시됩니다. 꿈속에서는 여러분의 꿈의 몸도 그 안에 존재하는 세계를 봅니다. 그 꿈이 끝나고 그 꿈 세계가 사라질 때, 그 꿈의 몸이 죽었습니까? 그것은 하나의 겉모습이었을 뿐, 꿈을 꾼 사람은 오지도 않고 어디로 가지도 않았습니다. 아뜨마는 생기(prana)가 아니라는 것을 알아야 합니다. 그것을 그냥 기억하기만 해서는 안 됩니다. 몸 안에 있는 것으로서, 그로 인해 우리가 있다는 것을 알게 되는 그것이 무엇입니까?

여러분은 스승을 숭배하고 있지만 늘 경각심을 가지십시오. 남들에게는 무서운 몸의 최후가 여러분에게는 아주 즐거운 일이 될 것입니다. 그 즐거움을 누릴 준비를 하십시오.

103. 그대 자신이 라마이다

1979년 4월 5일, 목요일

라마는 빠라브라만으로 숭배되지만, 그가 태어났을 때 진아지를 가지고 있었습니까? 그는 여느 사람과 같이 무지 속에서 태어났습니다. 그의 참스승인 진인 바시슈타(Sage Vasistha)가 몸으로서가 아니라 무시간적이고 무한한 빠라브라만으로서의 그를 깨우쳐 주어야 했습니다.

라마가 무지를 안고 태어난 이야기는 모든 헌신자에게 고무적입니다. 그들도 참스승을 따르면 태어날 때의 무지를 진아지로 변모시킬 수 있기 때문입니다. 모든 인간 안의 의식은 라마의 의식과 같은 하나의 저명인사입니다. 우리의 모든 활동은 하나의 겉모습일 뿐이며, 길게 보면 아무 쓸모가 없습니다. 라마로 태어나는 것은 누구입니까? 그것이 여러분 안에도 있습니다. 죽음이 있다고 믿으면서 죽는 것은 큰 죄입니다. 라마의 탄생에 대한 참된 지知가 여러분에게 죽음의 충격과 괴로움을 면하게 해 줍니다.

우리의 존재 이전인 것, 그것 때문에 우리가 있다는 것을 아는 그것이 라마입니다. 여러분 안의 성스러운 라마 때문에, 여러분이 자기가 있다는 것을 압니다. 여러분은 그것을 알지 못한 채 존재했습니다. 여러분 자신의 존재를 안다는 것은 라마를 만나기, 곧 라마와의 합일(Yoga)을 의미합니다. 태어날 때 라마는 빠라브라만이었습니다. 그러나 그가 그것을 알았습니까? 참스승 바시슈타가 빠라브라만에게 그의 참된 존재를 상기시켜 주었습니다. 스리 라마가 참스승의 두 발입니다. 스승을 숭배하고 그에 대해 명상하지 않고는 아뜨마람(Atmaram)을 기쁘게 할 수 없습니다. 바시슈타가 입문시킨 라마는 범부인 라마였는데, 그가 빠라브라만, 곧 아뜨마라마(아뜨마람)로서의 자신의 참된 성품을 소개받은 것입니다.

여러분의 의식이 스승의 두 발이라는 것을 늘 기억하십시오. 아주 두려울 때는 늘 그냥 "구루, 구루" 만트라를 염하십시오. 생기가 의식을 유지하고, 의식이 필요로 하는 것들을 공급합니다. 의식이 라마이고, 생기가 마루띠(Maruti)[55]입니다. 만일 여러분이 라마를 만나고 싶다면 생기를 조복 받아야 하는데, 끊임없이 그 만트라를 염하면 그것을 성취할 수 있습니다. 생기는 마음의 영혼이고, 의식은 생기의 영혼입니다. 여러분의 의식이 라마이고, 생기, 곧 마루띠는 그를 섬깁니다.

여러분이 갑자기 자신의 존재를 자각하게 되었습니다. 그것이 라마의 탄생입니다. 적절한 이해를 위해 필요한 것이 분별, 곧 마라티어로 까우샬리야(Kaushalya)입니다. 그래서 라마는 까우샬리야(Kaushalya)의 아들입니다.[56] 최악의 죄인도 스승에 대한 믿음과 만트라 염송에 의해 모든 죄에서 벗어날 수 있습니다. 참된 걱정은 여러분이 그것을 옆으로 치워두거나 잊어버릴 수 없는 걱정으로 정의됩니다. 마찬가지로, 여러분은 스승과 그의 말씀을 잊어버릴 수 없어야 합니다. 만일 여러분이 라마의 탄생을 정말 기억하고 싶다면, 여러분의 의식에 라마만큼의 중요성과 성스러움을 부여하십시오. 스승에 비견할 수 있는 것은 아무것도 없기 때문에, 여러분은 스승이 무엇인지를 설명하기 위한 어떤 예도 들 수 없습니다. 우리의 순수한 의식은 라마에 대해 여러분이 다소 감을 잡게 해줄 수 있습니다. 주 비슈누는 천 개의 이름을 가지고 있는데, 그는 순수한 형태의 우리의 의식과 동등합니다. 빠라브라만에 대해서는 어떤 비밀도 없습니다. 필요한 것은 우리의 확신뿐입니다.

여러분이 불멸의 체험을 가지게 되면, 사람들이 여러분에 대해 말하는 것에 영향을 받지 않게 될 것입니다. 그 사람들은 여러분 자신의 가족이거나 남들일 수도 있습니다. 자신의 참스승이 빠라마뜨만이라는 확신을

---

55) T. 『라마야나』에서, 라마를 돕는 원숭이 왕 하누만의 별칭.
56) T. 『라마야나』에서 까우샬리야는 라마를 낳은 어머니(다샤라타 왕의 첫 번째 비)이다.

가지고 있는 사람은 불완전한 상태로 남아 있을 수 없습니다. 이것을 남들에게 말하지는 말고, 여러분 자신에게 "나 자신이 **라마** 아닌가?"라고 상기시키십시오. 제가 실제로 무엇이든, 여러분도 그것입니다. 단지 그것이 여러분의 직접 체험이어야 할 필요가 있습니다. 몸이 남아 있든 사라지든, 스승의 말씀을 정확히 따르십시오. 여기에는 어떤 노력도 들지 않습니다. 극소수는 자신의 **의식**을 스승의 형상으로 기억할 만큼 복이 있습니다. 진아에 주의를 기울이고, 달리 무엇에도 주의를 기울이지 마십시오. 여러분은 분명히 몸도 아니고 마음도 아닙니다. 스승의 은총이 있으면, 제자에게는 명상할 어떤 신상神像을 포함해 달리 어떤 것도 필요하지 않습니다. 필요한 것은 신념과 믿음입니다. 그것을 위해 무엇도 소비할 필요가 없습니다. **진아 깨달음**을 얻으면 여러분이 불사의 존재가 됩니다. 스승에 대한 헌신 없이는 이것이 이해될 수 없습니다. 스승은 어떤 단어를 포함한 일체의 이전입니다. 모든 단어들은 생기 때문에 있습니다. 무엇을 참되다고 믿을 것 없이, 여러분이 자연발생적으로 무엇인지를 보십시오. 그러면 다른 모든 신념에서 벗어나게 될 것입니다.

(사람들은) 어릴 때부터 이런저런 것에 대한 허기가 있습니다. **진아지**를 얻은 뒤라야 만족이 있을 것입니다. **진아지**에 대한 잡담에 바쁜 사람들은 그들 자신의 무지를 드러내고 있을 뿐입니다. 이것을 기억하십시오. 즉, 반라半裸 차림으로 탁발을 한다고 해서 세간적 정념이 없는 것이 아니라는 것입니다. 일체의 찰나적 성품을 부단히 기억하는 것이 참으로 세간적 정념이 없는 것입니다.

104. 의식이 그 자신을 바라보아야 한다

1979년 4월 12일, 목요일

의식이 자신이 무엇인지를 알 때 그것이 참된 지知입니다. 의식은 형태가 없는데, 여러분이 어떻게 의식을 판명할 수 있습니까? 의식은 그 자신에 대해 무엇을 압니까? 만일 의식이 자신을 몸과 동일시한다면, 그 정체성은 시간이 가면서 지속적으로 변합니다. 의식은 지知를 가지고 있지만, 그 자신에 대한 지知는 아닙니다. 의식이 몸-형상을 옆으로 치워두고 그 자신을 살펴보아야 합니다. 의식이 그 자신에 대해 명상하면 의식의 자아의식이 사라지는데, 그것은 의식이 그 자신을 잊어버린다는 의미입니다. 그것을 삼매(samadhi)라고 합니다.

의식은 결코 한정되어 있지 않고 무소부재無所不在합니다. 그 살아 있는 형상은 개미이거나 벌레일 수도 있습니다. 의식은 그 몸 안에도 있고, 바깥의 전체 공간 안에도 있습니다. 의식이 자신을 안 뒤에야 이것이 이해됩니다. 모든 이름들은 의식 그 자체에 주어집니다. 다만 다양한 몸-형상들 때문에 차이는 있습니다. 여러분은 시간을 경험하고 있는데, 그것은 여러분이 시간의 주시자이지 시간은 아니라는 뜻입니다. 여러분은 전능한 신적 의식을 한 개인이라고 믿습니다. 그래서 그 의식이 자신의 능력을 상실했습니다. 우리는 의식인데도, 그것을 음식에 불과한 몸과 동일시하고 있습니다. 생기가 세계를 통제하고 있는 반면, 의식은 비非행위자입니다. 일체에 대한 주시하기가 의식에게 일어납니다. 브라마·비슈누·마헤쉬(시바)가 의식의 이름인데, 그것은 탄생과 죽음이 없습니다. 만일 탄생과 죽음이 하나의 실제라면, 여러분은 그와 관련된 수천 가지 이야기를 했을 것입니다. 여러분은 결코 탄생과 죽음을 경험한 적이 없습니다.

고행을 하는 것만으로는 **의식**이 자신의 자유로운 성품을 알 수 없습니다. 필요한 것은 오직 분별입니다. **의식**은 해탈을 얻을 수 없습니다. 의식은 이미 자유롭기 때문입니다. 우리의 '존재의 느낌'에 대한 확신을 **마하비슈누**(Mahavishnu)라고 합니다. 여러분이 기억하는 그 무엇도 잊힐 수 있지만, 잊힌 것에게는 아무 일도 일어나지 않습니다. 여러분의 **의식**이 그와 같습니다. 그것은 이미 자유롭고 모든 것에 편재하므로, 그것에 대해 명상하기가 어렵습니다. 여러분의 **의식**을 오롯한 마음으로 숭배하십시오. 며칠간은 불편한 느낌이 들 것입니다. 그래도 그것에 그냥 순복하십시오. 실은 그것이 신이고, 그가 여러분을 돌볼 것입니다.

참스승 안에는 자아의식이 없습니다. 자아의식에서는 우리의 존재성만 출현하며, 그와 함께 이 모든 존재가 있습니다. 여러분이 **영원하고 참된** 것 안에서 깨어 있을 때는 여러분에게 어떤 경험도 없습니다. **진아** 안에는 자아의식도 없고, 우리가 의식할 남들도 없습니다. 무지로 인해 (대상들에 대한) 매혹이 있고 여러분이 모든 활동을 하지만, 결국 아무것도 남지 않을 것입니다. 여러분이 보살피고 보존하고 싶은 것으로서 여러분의 것은 아무것도 없습니다. 영적인 공부의 핵심 혹은 총합이 무엇입니까? 그것은 우리의 존재가 진실인가 거짓인가를 알아내는 것입니다. 여러분이 무엇을 발견하든 그것은 거짓일 뿐일 것입니다.

"내가 있다"로 인해 여러분이 자아를 의식하게 됩니다. 설탕에 단맛이 있듯이, 사뜨와 안에서 비롯되는 단어들이 마음이라고 불리지만, 그것은 우리가 아닙니다. **의식**은 **니르구나**(Nirguna)에서 비롯되는데, **의식**이 아무리 커진다 해도 궁극적으로 그것은 **니르구나**가 되어야 합니다. 여러분은 영원히 존재하고 싶겠지만, 어떤 형상으로 남아 있고 싶습니까? 여러분의 지각성은 궁극의 **아는 자**가 아니고, 지각성 이전인 것이 진정한 **아는 자**입니다. 사뜨와 성질은 사라지게 되어 있습니다. 그럴 때 그 성질로 인한 창조계를 누가 물려받겠습니까?

105. 배아胚芽란 무엇인가?

1979년 5월 3일, 목요일

크리슈나는 말합니다. "나는 사람의 심장 속에, 그것이 다른 어떤 경험을 갖기 이전에 있다." 그것이 이 세계가 출현하는 원인입니다. 지각성이 모르는 사이에 나타났는데, 그것이 우리의 욕망 없이 나타난 우리의 의식입니다.

배아胚芽가 무엇입니까? 그것은 그 안에 뭔가가 숨어 있는 것입니다. 그래서 어떤 씨앗도 배아라고 할 수 있습니다. 여러분의 최초의 경험은 갑자기 출현한 빛나는 의식에 대한 경험입니다. 그것이 이 세계와 다른 모든 겉모습들의 뿌리입니다. 그것을 히라냐가르바(황금 배아)라고 하는데, 그 안에 일체가 숨겨져 있습니다. 크리슈나는 말합니다. "개인적 영혼들은 의식으로 인해 나타난다. 나의 형상은 모든 산 존재들 안의 의식이다. 그대의 주된 표적인 의식에 주의를 기울여 그것의 비밀을 알라. 그 의식이 자신의 중요성을 모른 채, 작은 몸을 그 자신과 동일시하고 있다. 그대의 몸을 고문하여(고행을 하여) 고통을 자초할 필요는 없다. 그대의 의식은 전능한 이스와라의 표현이다." 이것이 크리슈나의 말입니다. 이것은 그 자신의 직접지입니다.

이 세상에는 많은 스승들이 있지만, 극소수만이 과녁을 명중하고 인간 형상 안의 의식의 비밀을 설명할 수 있습니다. 여러분은 자신이 '있다'는 것을 알게 됩니다. 거기에 주의를 베푸십시오. 의식으로 인해 알려지는 것들은 무시하십시오. 여러분 자신의 자아를 사랑하는 것은 자연스럽습니다. 여러분 안의 성스러운 의식을 사랑하는 것이 위대한 헌신입니다. 영구적 만족을 얻으려면, 지금 이 이야기를 듣고 있는 여러분의 의식을 숭배하십시오. 의식은 여러분의 몸으로 인해 나타났고, 그것이 지금 여러분이 어떻게 나아가고 있는지에 대한 시금석입니다. 불멸의 체험을 얻고 나면 더 이상 죽음의 문제가 없습니다. 신들 중의 신으로서의 의식에 대한 숭배 아닌 모든 활동은 한가한 시간 보내기일 뿐입니다.

의식 안에서 안정되기 위해서는 명상과 헌신이 권장됩니다. 신체적 존재는 지나가는 국면일 뿐이니, 자신이 한 남자나 여자라는 것에 과도한 중요성을 부여하지 마십시오. 여러분은 바그완이고, 의식의 빛입니다. 참된 요기란, 스승의 명에 따라 진아에 합일되는 사람입니다. 그것은 의식이 자신의 참된 존재를 안다는 뜻입니다. 의식을 이용하여 의식 자체를 숭배하십시오. 무소부재한 신으로서의 자신의 의식을 아는 사람은 모든 행위를 브라만에게 내맡깁니다. "나는 깨어 있다"는 느낌은 내면에 있는 신 그 자신의 현존을 체험하는 것입니다. 그러면 우리가 그 자체 눈에 보이지 않는 그것을 볼 수 있게 됩니다. 그것이 누구입니까? 그것은 여러분의 순수한 의식입니다. 학문의 14가지 분과와 여덟 가지 초능력(싯디)은 의식의 빛입니다. 몸은 의식의 음식이지, 그것의 형상이 아닙니다.

여러분은 직업이 무엇이고 나이가 얼마든, 자신이 한 남자나 여자라는 것을 결코 잊지 않습니다. 마찬가지로, 늘 자신의 참된 성품을 자각해야 합니다.

106. 자신이 무엇인지 모르면 죽음이 두렵다
1979년 5월 13일, 일요일

물로 인해 축축함이 있듯이, 시바로 인해 개인적 영혼이 있습니다. 시바란 모든 사람이 가지고 있는 의식의 접촉을 의미합니다. 여러분의 의식은 착각으로 인해 자신을 몸과 동일시합니다. 그래서 그 결과는 죽음입니다. 저는 이 모든 이야기를 여러분의 몸이나 귀에게 하는 것이 아니라, 여러분의 의식에게 하고 있습니다. 자신이 하나의 이름과 형상을 가지고 있다고 믿는 그런 헌신자를 해탈열망자(mumukshu)라고 합니다. 몸-정체성이 사라지면 우리가 수행자(sadhaka), 곧 참된 구도자가 됩니다. 큰 학자들을 포함하여 대다수 사람들은 해탈열망자일 뿐입니다. 수행자가 진아에 대한 확신을 계발할 때, 그는 싯다(Siddha)가 됩니다. 해탈열망자는 몸과의 동일시로 인해 한 사람의 남자이거나 여자일 수 있는데, 그것은 수행자나 싯다에게는 해당되지 않습니다. 몸의 모든 움직임은 내면에 존재하는 '몸 없는 자' 때문에 있습니다. (지금) 듣는 자가 그 몸 없는 자입니다. 그것이 없다면 몸이 무슨 가치가 있습니까? 여러분의 의식은 신과 동등하다는 것을 결코 잊어서는 안 됩니다.

여러분은 자신이 무엇인지를 모르기 때문에, 죽음에 대한 두려움이 있습니다. 무지로 인해, 자유로운 것이 한평생 속박되어 있는 것처럼 보입니다. 진아가 몸으로 보이지만, 몸은 결코 그것의 형상이 아닙니다. 자신을 몸이라고 상상하는 개인적 영혼이 진아입니다. 몸은 인간의 몸일 수는 있어도 진아의 몸은 아닙니다. 주 브라마가 모든 창조계의 원인이며, 창조계는 그의 상상물일 뿐입니다. 그는 창조하기 위해 어떤 재료나 장비도 필요로 하지 않습니다. 의식은 형상이 없고 무한합니다. 그것은 현현되어 있거나 현현되어 있지 않습니다. 모든 형태와 형상들은 마음의 창조물입니다. 여러분의 마음이 무엇을 믿는지 보십시오. 저는 말하는 자이고 여러분은 듣는 자이지만, 우리는 서로 다르지 않고 하나입니다. 우리의 생각들은 늘 자신의 정체성에 대한 우리의 이해에 따라 있습니다. 형상이 없게 되어 어떤 생각도 없게 하십시오.

우리의 활동들은 라자스 성질에 기인하고, 따마스 성질은 우리가 좋거나 나쁜 행위들의 행위자라고 주장합니다. 의식은 그 자신의 성질들을 사랑합니다. 만일 여러분에게 어떤 증거가 필요하다면, 현현자에 대해서는 증거를 얻을 수 있어도, **미현현자**에 대해서는 얻지 못합니다. 그러나 그런 증거들은 어떤 지속적 타당성도 없습니다. 만물에 편재하는 **의식**은 늘 생기의 맥동(*prana-pulsation*)을 수반합니다. 그것은 영구적이지 않기에, 환적이라고 말해집니다. 진인은 자아의식이 없는데, 그것은 그의 몸이 존재하는 동안에도 현현되지 않은 것과 마찬가지입니다. 그가 어떻게 죽을 수 있습니까? 그것은 마치, 죽음이 없고 단지 미현현으로 될 뿐인 불[火]과 같습니다. 진인이 세상을 떠나는 것은 뜨거운 물이 상온으로 돌아가는 것과 같습니다. 생기生氣는 시작이 있고, 마지막에는 떠납니다. **의식**에게는 이것이 해당되지 않으며, **의식**은 어디로도 갈 수 없습니다. 세속적인 사람에게는 가족에 대한 생각들이 자연스럽게 흐릅니다. 마찬가지로, 영적인 공부의 훌륭함은 참된 헌신자를 통해서 표현됩니다. 여러분의 **의식**과 교분을 맺고, 그것을 **신**으로 숭배하십시오. 그것이 여러분을 행복하게 해줄 것입니다.

107. 의식과 마야의 연관

1979년 5월 27일, 일요일

어떤 사람이 자신은 백 년 전에 없었다고 말할 때, 누가 그 말을 합니까? 없었던 사람입니까, 존재하는 사람입니까? 현재 "나는 없었다"고 말하고 있는 것은 **의식**입니다. 그것은 사람을 당혹시키는 문제입니다. 우리가 없었다는 것을 **아는 자**가 그 말을 하고 있습니다. 누가 **의식** 이전이면서 그것을 주시했습니까? "나에게는 아무 경험도 없다"고 말하는 자는 그 자신을 무엇이라고 간주하지 않습니다. **영원하고 참된 것**(실재)은 어떤 형상을 갖는 경험을 하지 않습니다. 시간이 한정되어 있는 자만이 경험을 합니다. 이제 여러분은 자신이 정말 무엇인지 알게 되었습니까? 여러분은 누구를 그토록 걱정하고, 보호하려 합니까? 우리가 정말 보호할 어떤 정체성을 가지고 있어서, 그것을 위해 그 많은 일을 해야 합니까? 여러분은 자신이 잘못 알고 있었다는 것을 깨달았습니까? 여러분은 욕망하지 않고서도 어떤 경험을 얻고 있는데, 그것은 무엇에 대한 경험입니까? **의식**은 그 안에서 여러분이 일체를 보는 빛입니다. 몸 안의 **의식**을 **아는 자**가 이야기하고 있다는 것을 기억하십시오.

여러분은 자신을 몸이라고 여기기 때문에, 또한 부모를 가지고 있다고 믿습니다. 실은 여러분은 스스로 빛나고, 부모가 없습니다. 여러분의 **의식**은 자신이 저를 만나는 것을 기억합니다. 그 **의식**을 여러분의 **스승**으로 대하고, 결코 자신을 몸과 동일시하지 마십시오.

여러분이 어떤 지知를 듣거나 받든, 그것은 여러분이 자신의 습習을 향상시키고 더 능숙해지는 데 도움이 됩니다. 그것은 최종적 성취가 아니라 올바른 방향으로의 한 걸음일 뿐입니다. 영적인 지식, 사원들을 방문하기, 숭배―그 모든 것이 도움이 됩니다. 이 능숙한 세상살이와 분별은 더 오래, 더 나은 삶을 사는 데 도움이 됩니다. 음식 물질인 몸이 출현하면 생기(prana)도 있게 되고, 그와 함께 **의식**도 나오는데, **의식**은 음식 즙의 성질, 곧 사뜨와입니다. 모든 활동은 생기에 의해 이루어지며, **의식**은 **아는 자**일 뿐입니다. **의식**은 형상이 없지만, **마야**로 인해 몸과의 동일시가 있습니다. 향상된 습習, 능숙한 세상살이, 분별을 가지고, **마야**라는 환幻을 해소해야 합니다. 여러분은 **의식**으로 인해 (환幻에) 얽혀든 것처럼 보이는데, 스승의 은총에 의해 **의식**을 초월합니다. **영원자**는 **의식**이 존재하지 않았음을 압니다. 다른 어떤 지지물도 없이 **의식**이 출현했을 때 몸이 가장 가까이 있었고, 그래서 몸과의 동일시가 생겨났습니다.

마야는 빠라마뜨마 위의 한 덮개인데, 그것이 미혹과 환幻으로 귀결됩니다. 빠라마뜨마는 말합니다. "마야로 인해 내가 나 자신에게 보이지 않게 되었다." 아뜨마에게는 어떤 희망·욕망·갈망도 필요하지 않습니다. 마야로 인해 그것이 자신을 한 죄인으로 여기고, 자신이 나쁜 행위들에 책임이 있다고 여깁니다. 여러분의 첫 번째 목표는 몸-정체성에서 벗어나는 것입니다. 저의 경우, 마야의 접촉이 털끝만큼도 없습니다.

마음이 없을 때, 의식이 무엇인지를 참으로 압니다. 의식 이전인 것이 의식을 주시합니다. 의식은 마야의 장場 안에 있고, 아는 자는 그것을 넘어서 있습니다. 이 세상에서는 마야로 인해 희망·욕망·갈망이 늘 충족되지 않은 채로 있습니다. 여러분은 "이제 앞으로 나는 아무것도 필요로 하지 않겠다"고 말하는 사람을 만날 수 없습니다. 진아 깨달음의 표지가 무엇입니까? 죽음에 대한 공포가 죽습니다.

여러분의 의식은 마야의 온갖 유형의 환幻에 관여하는 결과를 가져옵니다. 의식이 마야와 연관되면서, 우리가 자신이 행위자라는 느낌을 갖게 됩니다. 그래서 더 많은 것을 향유하려 하고, 그것을 충족하기 위해 더 많은 노력을 하는데, 여기에 끝이 없습니다. 의식과 마야의 연관 자체가 하나의 큰 허기입니다. 마야는 자신을 아는 자에게만 항복하며, 그럴 때 모든 희망과 욕망이 종식됩니다. 그러려면 여러분이 형상이 없고 몸이 없는 순수한 의식이라는 스승의 명命이 진실함을 깨달아야 합니다.

자기 자신에 대한, 자신의 존재에 대한 여러분의 사랑은 어떤 수행으로도 멈추지 않을 것입니다. 도움이 될 수 있는 것은 스승의 가르침, 그의 말씀뿐입니다. 만약 여러분이 그것을 실천에 옮길 수 있다면 말입니다. 다른 모든 방법들은 마야의 장場 안에 있고, 환적입니다. 여러분은 스승의 은총과 축복을 원하지만, 그의 말씀대로 살고 있습니까? 여러분의 개념을 바꾸어야 합니다. 그러면 은총은 이미 있습니다.

큰 학자들이 네 가지 베다, 『기타』, 그 밖의 경전들에 대한 지식으로 가득 차서 여기 옵니다. 그들은 주로 침묵하면서, "왜 **진리**가 우리 자신의 체험이 될 수 없습니까?"라는 한 가지 질문만 합니다. 그들이 아는 것은 그들의 **의식**이 출현한 이후로 그들이 듣고 읽은 것뿐입니다. 그들은 어떤 **진아**지도 없고, 가진 것은 이른바 **지자**知者(*Jnani*)의 언어적 지식뿐입니다. 이 학자들은 그로 인해 일체가 있는, **의식**의 기원을 찾지 않습니다. 그들이 자신들의 무지를 고스란히 간직한 채 살아 있는 한, 그들은 자신이 기억하는 것만 이야기할 수 있겠지요. 지知의 뿌리에 무지가 있을 때, 이 세계는 참됩니까, 거짓됩니까? 무지가 지知로 변모하기는 했지만, 원래의 무지가 있을 수밖에 없습니다. 그렇지 않습니까?

참스승은 현현자와 **미현현자**의 주시자입니다. 그는 온전하며, 영원한 **브라만**입니다. 그의 말씀을 잘 간직하고 준수하면 여러분도 그와 같이 될 것입니다. 물·불·흙·허공·공기에 무슨 죽음이 있습니까? 나타남과 사라짐만 있습니다. 그렇다면 여러분이 어떻게 죽을 수 있습니까?

여러분의 모든 훌륭함과 위대함은 생시 상태에만 있습니다. 그것이 잠자는 상태로 변하면 **의식**은 영▒입니다. 개인적 영혼·세계·브라만은 모두 여러분의 **의식**의 상태입니다. 생시와 잠은 별개가 아니라 하나입니다. 진인만이 한 상태가 다른 상태로 변모한다는 것을 압니다.

108. 아뜨마는 그 자신의 규범을 따른다

1979년 5월 30일, 수요일

기적을 행하는 능력은 여러분의 참된 영적 가치를 증명해 주지 않습니다. **의식**의 원인과, 그것이 무엇에 기인하는지를 알아야 합니다. 우리가 의식과 어떻게 관계되는지를 알아야 합니다. 지성을 사용하는 것은 생기와 관련되고, 그것은 영적인 공부에서의 어떤 진보도 말해주지 않습니다.

모든 진인이 똑같은 성질들을 가지지는 않습니다. 진인 나라다(Narada)는 크리슈나보다 훨씬 연장자였는데, 크리슈나는 나라다와 달랐습니다. 육신의 성질들은 우리의 깨달음에 대한 어떤 징표도 보여주지 않습니다. 진아 깨달음은 몸이나 몸의 능력들에 의존하지 않습니다. 아뜨마에 대한 여러분의 지적 관념들이 옳을 수 없는 것은, 아뜨마가 지성 이전이기 때문입니다. 우리가 우리 자신을 모르는데 남들에 대해 무엇을 알 수 있습니까? 우리의 모든 경험은 마음에 기인합니다. 그래서 변화하는 모든 상태들은 마음을 넘어설 수 없습니다. 진인은 말에 영향 받지 않습니다.

두 사람이 같은 꿈을 꿀 수 있습니까? 우리는 일체를 우리의 의식 안에서 보며, 경험들은 사람에 따라 서로 다릅니다. 우리는 그 몸의 행동이나 마음바탕(mentality)에 따라 어떤 사람을 좋다거나 나쁘다고 부릅니다. 누가 자신의 의식을 가장 잘 사용합니까? 꿈이 사람마다 다르듯이, 그들의 지知도 다릅니다. 순수한 의식은 모두에게 동일하지만, 마음의 변상變相들이 어떻게 동일할 수 있습니까?

저는 가짜 영성가보다 오히려 무신론자를 선호할 것입니다. 만일 여러분이 신이라는 단어를 배격하면, 그것에 대해 어떤 지知를 갖습니까? 여러분은 자신의 의식을 가지고 있는데, 그것 자체가 신입니다. 그것을 어떻게 배격할 수 있습니까?

아뜨마는 그 자신의 규범을 따르지, 몸의 규범을 따르지 않습니다. 아뜨마의 성품은 묘사할 수 없습니다. 여러분은 자신을 몸과 동일시하고, 모든 행위에 대해 책임을 집니다. 그러지 말고 '나-의식(I-consciousness)'의 원인을 조사하십시오. 여러분은 존재성을 회피할 수 없고, 그것의 사실들을 알 수만 있습니다. 만약 그것이 여러분의 수중에 있었다면, 몸-형상으로 이렇게 출현하는 것을 피했겠지요. 여러분이 존재의 개념을 알게 되는 것은 그것이 출현한 이후이지 이전이 아닙니다. 그것을 어떻게 피할 수 있습니까? 여러분은 그 개념이 아니고 자유롭다는 것을 아십시오. 여러분에게, 흙을 먹으면 안 된다는 지시가 필요합니까?

진인은 단 한 가지 면모만 가지고 있는데, 그것은 **진아지**입니다. 외적인 겉모습—이마의 어떤 점, 화환 등과 같은 것—은 내적인 깨달음을 말해주지 않습니다. 그런 것들은 대중의 개념일 뿐입니다. 다른 모든 것을 잊어버리고, "내가 있다"는 생각의 원인만을 추구하십시오. 그것이 언제, 어떻게 나타났는지를 물으십시오.

질문: "나는 **브라만이다**"는 하나의 개념일 뿐입니까?

답변: 그것은 "나는 몸이다"라는 개념을 끝내기 위한 것일 뿐입니다. 악당은 맞수를 만나야 합니다.

진아지는 진아에 대한 무지를 제거하는 것 외에 어떤 목적도 가지고 있지 않습니다. 우리는 우리의 존재가 이 세계의 존재와 어떻게 관계되는지를 알아야 합니다. 그것들이 만나는 곳, 그들이 늘 가는 곳을 찾아내야 합니다. 우리가 우리 자신을 만난다는 것의 의미는 무엇입니까?

우리의 **자기사랑** 때문에 우리는 남들도 사랑해야 합니다. 존재할 필요가 없으면 **자기사랑**이 있을 수 없습니다. 그럴 때는 우리에게 남들이 필요 없습니다. "내가 **그것이다**(I am That)"의 의미는 "나는 **그것**일 뿐 달리 아무것도 아니다"입니다. 기억과 의존에서 벗어나야 합니다. 그것들이 속박으로 이끌기 때문입니다. 지금 여러분은 자식들을 걱정하지만, 그들이 존재하지 않았을 때 여러분이 그들을 기억했습니까? 사람들을 더 잘 알게 되고 그들에게 더 가까이 다가가면서, 여러분의 불행이 늘어납니다. 가족과 친구들의 존재는 여러분을 한 개인적 영혼으로 만들고, 그들에 대한 기억이 여러분을 불행하게 만듭니다.

시바 원리(Shiva principle-브라만)는 현현자이면서 모든 것에 편재합니다.

그것은 개미 안에, 벌레 안에도 있고, 흙 속에서도 그것을 발견할 수 있습니다. 그것이 울고 있습니까? 아닙니다. 그러나 '나'와 '내 것'에 대한 기억이 우리를 고문하고 있습니다. 만일 지금 우리의 생기가 떠난다면, 어떻게 우리가 자신의 모든 기억에 신경 씁니까? 그렇다면, 왜 마치 생기가 떠나 버린 것처럼 삶을 살지 않습니까? 왜 걱정으로 가득 찬 삶을 삽니까? 무한한 걱정들이 있습니다. 그 중 어느 것을 골라서 우리가 불행해져야 합니까? 죽은 뒤에는 가족과 친구들이 없습니다. 왜 바로 지금 그 상태 안에서 편안해지지 않습니까?

여러분은 부모가 있었는데 지금은 여러분이 그들의 화현입니다. 의식-지복(consciousness-bliss)은 기쁨과 유머를 의미합니다. 저는 기억들에서 벗어나 있습니다. 불이 없이, 저는 저 자신을 볶아 먹어 버렸습니다.

109. 몸 안의 아뜨마는 뜨거운 물의 온기와 같다
1979년 5월 31일, 목요일

크리슈나는 말합니다. "나는 모든 산 존재들의 심장 속에 있지만, 인간의 심장 속에서는 분명하게 드러나고 직접적이다. 우리의 의식은 스스로 빛나고, 바그완이라고 불린다. 그것은 나의 저명인사이기 때문이다. 이 자기사랑의 성품을 깨닫는 사람은 나와 동일하다. 모든 산 존재들이 존재하는 것은 나 때문이다. 나의 저명인사란 나 자신의 진아를 뜻한다. 금의 한 점이든, 금의 무더기든, 그 내용은 금이다. 인간 형상 안의 의식은 아주 뚜렷하게 나의 저명인사이다. 이 비밀을 깨닫는 사람은 나의 형상 안에 합일된다. 그럴 때, 그는 움직일 수 있는 것들은 물론이고 움직일 수 없는 것들도 아는데, 지적으로가 아니라 직접적으로 안다. 나는 지성 이전이므로, 지성은 나를 발견하는 데 쓸모가 없다."

기억 이전인 것은 기억될 수 없습니다. 명상 속에 주의가 있습니까, 아니면 명상이 주의 위에 있습니까? 여기에는 답이 없습니다. 우리의 존재의 느낌 이전인 것은 '오염되지 않고 속성이 없는 것'입니다. 우리의 활동은 마음의 변상들로 인해 일어납니다. 진인들이 말하는 것은 그들의 생각 파동(thought-waves)입니다. 존재의 느낌이 만족하고 있어야 합니다. 존재의 느낌을 보여줄 수는 없지만, 우리는 마음의 변상들에서 그 징표를 얻습니다. 우리의 의식은 "내가 있다"는 소식을 의미하고, 우리의 몸은 그것의 음식입니다.

뜨거운 물에 온기가 있듯이, 몸 안에 아뜨마가 있습니다. 물이 식으면 온기가 죽습니까? 그것이 소멸되었습니까? 생명기운이 몸을 떠나면 자아 의식이 없습니다. 의식에게는 옴도 감도 없습니다. 의식으로 인해 여러분이 알지만, 의식을 아는 자는 속성이 없는 빠라브라만입니다. 여러분은 가족과 친구들에 대한 집착과 기억들로 인해 진아를 잊어버렸습니다.

'존재(being)'에 대한 우리의 기억이 나타났는데, 그것이 크리슈나 혹은 팔이 여덟 개인 여신 깔리(Goddess Kali)로 불립니다. 크리슈나는 자기 부모의 여덟 번째 자식이었고, "내가 있다"는 우리의 기억 또한—역시 합치면 숫자가 8이 되는—5대 원소와 세 가지 구나(gunas)의 결과입니다. 둘이 없는 자가 자기를 의식하게 되었고, 많은 몸들로 출현했습니다. 그럴 때 어느 것이 그의 참된 몸 혹은 참된 형상입니까? 어떤 옷이 그에게 맞겠습니까? 진인이 사람들에게 아무리 존경받고 명예로워진다 해도, 그는 접촉되지 않고 영향 받지 않은 채로 있습니다. 자신의 지知를 자부하는 진인은 여전히 설익은, 익지 않은 망고입니다.

여러분의 행위로는 아무 일도 일어날 수 없습니다. 여러분은 자신을 행위자로 받아들이기 때문에 불행해질 수밖에 없습니다. 이스와라는 지성을 사용하지 않고 여러분을 돌봅니다. 그의 다섯 수족은 흙·물·불·공기·허공이고, 모두 지성을 전혀 사용하지 않습니다. 여섯 번째는 의식인데, 이것도 지성을 필요로 하지 않습니다. 진인은 어떤 일들을 하거나 관리하는 것처럼 보일 뿐, 그의 지복은 영향 받지 않습니다.

아무것도 하지 마십시오. 여러분이 들은 것을 깨달아, 알려지는 것들에서 벗어나기만 하십시오. 어떤 잘난 체도 하지 마십시오. 의식을 아는 자(진인)는 몸의 행동에 관계없이 마음의 변상들에 영향을 받지 않습니다.

이스와라만 있고 달리 아무도 없습니다. 그렇다면 그가 누구를 편애하겠습니까? 그가 유일한 향유자 혹은 고통 받는 자입니다. 일단 여러분이 의식 이전에서 안정될 수 있으면, 모든 사람과 하나가 됩니다. 단순한 것 하나를 기억하십시오. 즉, 바라지 않았는데 나타난 "내가 있다"는 기억이 유일한 도적이자 유일한 신이라는 것을 말입니다. 그가 주는 자이고 또한 받는 자입니다. 만일 이스와라가 그의 은총을 여러분에게 쏟아 준다면, 그것은 그를 위해서입니까, 여러분을 위해서입니까? 여러분 없이 이스와라가 있을 수 있습니까? 빠라브라만을 성취하는 데는 어떤 재료나 장비도 아무 쓸모가 있을 수 없습니다.

110. 아디야뜨마는 일체의 이전이다

1979년 6월 3일, 일요일

여러분이 하리, 이스와라 등 수백만의 신들이 오고 가는 원인입니다. 아디야뜨마(Adhyatma)는 모든 겉모습들과 장면들 이전인 것을 의미합니다. 여러분은 일체의 이전이고, 이미 밑바닥에 있습니다. 그래서 넘어서

고 말고가 없습니다. 만일 여러분이 자신의 비이원적 성품을 깨달으면, 남들과의 동맹이라는 문제가 어디 있습니까? 여러분은 단어를 아는 자이지만, 단어는 여러분을 모릅니다. 그래서 단어로부터의 자유라는 문제가 일어나지 않습니다.

"내가 있다"의 맛이 없을 때 **이스와라**가 있습니까? 그는 내 **의식**의 빛입니다. 여러분이 이곳을 떠난 뒤에는 여러분 좋을 대로 살아가겠지요. 그러나 이런 이야기를 거듭거듭 기억하면, 좋아함과 선택들에서 벗어나게 될 것입니다. 제가 음식 즙들을 먹는 동안은 호흡이 계속될 것입니다. 여러분은 자신의 건강을 너무 걱정하지만, 여러분이 아직 부모에게 보이지 않았을 때(뱃속에 있을 때), 누가 여러분에게 공기와 물과 음식을 제공했습니까? 누가 그 몸의 성장을 책임졌습니까? 이 몸은 먹은 음식의 정수일 뿐입니다.

모든 영적 행법들은 자기 스스로 가하는 형벌과 같습니다. 그래도 사람들은 그것을 하지 않을 수 없습니다. 참된 **지**知는 너무나 단순해서 이런 행법들이 불필요합니다. 현명한 이들은 **진인들**만 따르면서 괴로움을 피합니다.

진인은 자아의식과 감정들에서 벗어나 있습니다. 범부들은 아무리 대단하다 해도 그들의 지성을 초월하지 못합니다. 10년 동안 삼매에 들어 있는 요기는 머리 정수리에 있는 범혈梵穴에 국한되어 있습니다. 여러분은 자신이 깨달았다고 말할 수 있을, 무슨 일이 일어나기를 기대합니까? 모든 짐승·새·개미들이 여러분에게서 나온다는 것을 아는 것으로 족합니다. 전 세계를 사랑할 필요가 있습니까? **의식** 이전에는 여러분이 비이원적 상태에 있었습니다. **의식**과 함께 남들을 알게 되었고, 이원성이 시작되었습니다. 그렇지 않습니까? 여러분은 존재하려는 욕심에서 자유롭습니까? 그것 자체가 속박입니다. 존재의 경험 자체가 거짓입니다.

여러분이 말을 할 때, 여러분도 그것을 듣고, 그 의미도 여러분의 것입니다. 그 단어와 그것의 의미를 개아個我(jiva)라 하고, 그것을 아는 자를 시바라고 하십시오. 실은 개아와 시바는 똑같은 하나의 (서로 다른) 이름들입니다. 시바의 형상은 의식 그 자체입니다. 생기의 힘은 아주 큽니다. 그것이 몸을 떠날 때, 시바는 반대하지 않습니다. 여러분이 해와 달을 볼 수 있는 것은 여러분의 빛, 즉 의식이 그것들을 접촉할 때만입니다. 시바와 개아는 이름이지만, 시바는 모든 이름들 이전입니다. 모든 앎은 의식 때문인데, 의식은 시바의 형상입니다. 시바는 집착이 없습니다. 집착은 개아 상태의 표지이기 때문입니다. 명상하기 전에 시바가 무엇인지를 아십시오. 여러분의 의식이 그의 형상입니다. 진아지를 얻기 전에는 결코 자신을 몸과 동일시하지 마십시오. 깨달음을 얻은 뒤에는 저 수십억의 몸들 모두를 여러분 자신의 것으로 알게 될 것입니다. 그 듣는 자에게는 어떤 속박도 없고, 그를 해탈시킬 필요도 없다는 것을 아십시오.

111. 일체가 범혈梵穴 안에 있다

1979년 6월 7일, 목요일

의식이 존재할 때만 지복이 있습니다. 그것은 의식이 경험하는 지복입니다. 지복은 하나의 성질일 뿐 영원한 진리가 아닙니다. 여러분이 빠라브라만이라고 하는 것은 그 자신의 존재를 모릅니다. 빠라브라만을 위해서는 여러분이 브라만을 초월해야 합니다. 여러분이 순간들을 경험하는 것은 의식 때문입니까, 아니면 순간들 때문에 여러분이 의식을 자각합니까? 그 답은, 의식이 있는 동안만 여러분이 순간들을 자각한다는 것입니다. 여러분의 범혈梵穴 바깥에는 아무것도 없습니다. 보이거나 나타나는 그 무엇도 모두 브라마란드라(범혈) 안에 있을 뿐입니다.

스승이 준 **만트라**를 염하면, 그의 말씀의 실체를 깨닫습니다. 반면에, 부모가 준 이름은 여러분을 무덤으로 데려갈 뿐입니다. **진아 깨달음**은 어떻게 일어납니까? 온전한 믿음으로 **스승**의 말씀을 따르는 사람은 깨달음이 잠에서 깨어나는 것만큼이나 간단하다는 것을 발견합니다. 그것을 위해 강의를 들을 필요가 없습니다. 참된 제자는 시간의 힘을 넘어서 있습니다. 사뜨와로 인해 탄생이 있지만, **아뜨마**는 그것의 성질에 의해 속박되지 않습니다. 마지막에는 생기가 몸을 떠났다고 사람들이 말하는데, **아뜨마**에게는 옴도 없고 감도 없습니다. **아뜨마**는 생기에 의해 속박되지 않습니다. 인간 형상 안의 **아뜨마**가 그 자신의 지知를 가져야 합니다.

이 세상에는 스승에 대한 헌신보다 더 위대한 것이 없습니다. **베다**조차도 도와줄 수 없게 될 때, 스승은 그의 제자들을 도울 수 있습니다. 제자는 "나는 정확히 **스승님**의 말씀대로다"라는 확신을 가져야 합니다. 몸-정체성을 가지고 있는 상태는 물에 비친 영상影像의 상태(쉽게 동요되는 상태)와 같습니다. 자신을 몸과 동일시함이 없이 몸을 활용하십시오.

우리의 영원한 상태 속에는 "내가 있다"는 기억이 없었습니다. 그러나 지금은 그것이 있습니다. 왜, 어떻게 이렇게 되었습니까? 보통은 우리가 이것을 탐색하지 않습니다. 수백만 명 중 극소수만이 이것을 심각하게 숙고합니다. 우리의 **의식** 때문에 우리는 자신의 존재에 대한 기억을 갖습니다. 진지한 제자는 **스승**이 명한 대로 **의식**에 대해서만 주의를 기울입니다. 명상이 진보하면서 우리는 다양한 체험과 기적을 행할 능력을 얻습니다. 이것은 대중의 관심을 끌고, 우리는 과도한 존중과 명예를 받습니다. 대다수 제자들은 여기에 걸려 오도 가도 못하며, 분별(viveka)로 충만한 극소수만이 앞으로 나아갑니다.

전기 합선에 의해 불이 납니다. 마찬가지로, 남성과 여성의 합선으로 인해 이 **의식**이 출현합니다. 여러분은 **지바뜨마**(Jivatma-개인아)와 **빠라마뜨**

마(Paramatma-지고아) 같은 말들을 들어 왔습니다. 그러나 무엇을 듣기 이전은 무엇입니까? 여러분의 듣는 능력의 원인은 무엇이었고, 어떻게 듣습니까? 의식이 없다면 우리가 무엇을 가지고 있습니까? 의식 때문에 우리가 시간을 압니다. 이것이 수명이라는 개념을 낳습니다. 그것은 우리의 의식이 존재하는 기간입니다. 요가 안에 자리 잡은 사람은 **빠라마뜨마**가 그로 인해 **자신의** 존재를 알게 된 **의식**의 원인을 깨달은 것입니다. 이런 요기를 **진인**이라고 하는데, 그는 알려진 것의 일부가 아닙니다. 진인의 외적인 행동은 여느 무지인의 그것처럼 보이지만, **진인**의 내적인 고요함이 차이를 낳습니다. **진인**은 5대 원소 어느 것의 성질도 그를 묘사할 수 없다는 것을 압니다.

우기에는 어떤 창조주 없이도 자연발생적 창조가 있습니다. 그 무엇도 여러분이 참된 **아는 자**를 인식하도록 돕지 못합니다. 그를 알려면 부단한 명상으로 그와 같이 되어야 합니다. 생각이 없이 **의식**을 순수하게 유지하십시오. 스승이 여러분은 순수한 **의식**이라고 말해주었으니 여러분은 그것이어야 합니다. 누구나 그 참된 지知를 가지고 있으나, 그것이 몸-정체성으로 잘못 덮여 있습니다. 그것을 알고 자유로워지십시오. 의식은 촉촉한 음식 즙들의 성질입니다. 물이 없으면 그것이 지속될 수 없습니다. 거친 것을 알기 위해서는 미세한 것을 먼저 알아야 합니다. 거친 것에 만족하지 말고 더 깊이 들어가십시오. 모든 겉모습들은 흙에서 일어났습니다. 누가 천당이나 지옥에서 온 적이 있습니까? 생명기운이 떠나면 **의식**은 의식하지 못하게 됩니다. 아무도 죽지 않습니다. 의식이 그 자신을 잊을 때, 그것을 **니르구나**(Nirguna-실재의 상태)라고 합니다.

여러분이 무엇을 듣고 참되다고 믿어 왔든, 그 결과를 겪어야 합니다. 그러니 모든 것이 거짓이라는 데 믿음을 가지십시오. **진인**이 그의 몸 때문에 나타나 보이기는 하지만, 그는 세계와 하나이고 지知로 충만해 있습니다. 그렇기는 하나 그는 속성이 없습니다. 왜냐하면 그는 모든 것을 아는 자이기 때문입니다. 전 세계는 **의식**이라는 한 원자 안의 공간 속에서 나타납니다. 자신이 세계 안에 있다는 여러분의 느낌이 고통의 시작입니다. 우리의 존재성 자체가 하나의 꿈이고, 그것이 사라지면 우리가 자유로워집니다. 이 모든 것(세계)은 범혈梵穴 안에서 일어납니다. 브라마란드라 안에서의 깨어 있다는 느낌이 광대한 세계를 낳습니다. 브라마란드라 안에 변화가 있으면 세계도 변화합니다. 그래서 저는 여러분에게 '내가 있음'을 포기하라고 말합니다. 그러나 몸에 대한 여러분의 신뢰가 여러분을 방해합니다.

진인은 우주가 5대 원소로 이루어진 사뜨와의 작은 점 안에서 나타난다는 것을 아는데, 그가 이 우주를 참되다고 믿을 수 있겠습니까? 무지인들은 그것이 참되다고 믿지만 그 결과는 불행입니다. **진인**은 고통 받는 자도 아니고 향유자도 아닙니다. 이런 것들은 몸-정체성에만 영향을 줍니다. 모든 개념을 내려놓고 **진리**를 알아야 합니다. 존재성의 원인을 인식해야 합니다. 그럴 때 여러분은, 결코 오지 않았고 따라서 감도 없는—탄생이나 죽음이 없는—**불생자**입니다.

훌륭한 일을 완수하려면 시간이 많이 필요하지만, 하찮은 일은 순식간에 일어납니다. 그래도 훌륭한 일을 먼저 해야 합니다.

112. 진인은 의식의 기원을 안다

1979년 6월 14일, 목요일

보통은 아무도 우리의 존재의 기원이나 원인을 알려고 하지 않습니다. 우리가 존재한다는 것을 우리가 어떻게, 왜 알기 시작했는지를 아는 것을 우리는 전혀 중요시하지 않습니다. 수백만 명 중 극소수만이 그것을 알아내려고 합니다. 이 문제의 진실은 스승이 가르쳐 준 대로 의식에 대해 명상함으로써만 알 수 있습니다. 이것은 다른 모든 것과 생각들을 옆으로 치워두고, 의식에 전적인 주의를 기울일 것을 요구합니다. 이 수행은 어떤 초능력과 영적 체험들을 안겨줄 수 있는데, 그러면 대중의 주목과 인정을 받고, 명예를 얻게 됩니다. 이것은 하근기 사람들에게는 하나의 장애가 될 수 있지만, 분별로 충만한 사람에게는 그렇지 않습니다.

존재에 대한 우리의 지知는 전기 합선과 비슷한 남성과 여성 간의 합선의 결과로 나왔습니다. 우리는 지바뜨마와 빠라마뜨마라는 용어들을 들어 왔기 때문에 그것을 자유롭게 사용합니다. 그러나 여러분은 듣는 능력을 어떻게 얻었습니까? 그것이 생긴 원인이 무엇이었습니까? 여러분의 의식이 중요한 까닭은 무엇입니까? 의식이 없다면 여러분이 자신이 존재한다는 것을 알았겠습니까? 의식은 시간에 대한 앎의 원인이며, 의식이 지속되는 동안 여러분이 살아갑니다. 여러분의 수명은 의식의 시작부터 끝까지의 기간입니다. 바꾸어 말해서, 의식이 출현하여 사라질 때까지입니다. 요가라는 단어는 결합(union)을 뜻합니다. 우리의 존재를 알기 시작하는 것이 의식과의 요가(결합)—모름에서 앎으로의 요가입니다. 이 요가가 어떻게 일어났는지 누가 압니까? 그 아는 자가 진인입니다. 그는 알려지는 것의 일부로 남아 있지 않고, 그가 '아는 자'입니다. 진인은 겉모습이나 행동으로 알아볼 수 없습니다. 그런 것들은 무지한 사람들의 그것과 별로 다를 필요가 없습니다. 중요한 것은 진인의 내적인 자유입니다. 그는 5대 원소를 넘어서 있습니다. 5대 원소는 진인을 묘사할 수 없고, 그가 어떻게 있는지 설명하기 위한 예로서 인용될 수 없습니다. 진인은 알려지는 모든 것을 넘어서 있습니다.

몬순 때 우리는 도처에서 새로운 생명체들이 생겨나는 것을 봅니다. 이것은 모두 자연발생적 사건이며, 어떤 창조주도 필요하지 않습니다.

명상은 생각이 없이 의식을 순수하게 유지하는 것을 의미합니다. 스승은 여러분이 순수한 의식이라고 말합니다. 몸이 우리의 형상이라는 믿음이 올바른 지知를 방해합니다. 음식 물질의 촉촉함, 곧 사뜨와 성질이 의식을 낳는데, 음식의 수분이 없으면 의식은 사라집니다. 참된 지知는 존재의 미세한 측면에서 거친 측면으로의 한 여정입니다. 눈에 보이는 모든 대상들은 땅에서 출현합니다. 무엇이 하늘에서 내려온 적이 있습니까? 의식에는 죽음이 없습니다. 생기가 있을 때 그것이 나타나고 생기가 떠나면 사라질 뿐입니다. 니르구나 상태는 의식이 그 자신을 잊어버리는 것뿐입니다.

여러분이 무엇을 진리로서 듣고 받아들이든, 그것이 여러분의 신념에 따라 여러분에게 영향을 미칩니다. 최선의 길은 모든 것을 비진리로 배척하는 것입니다. 진인은 사구나(saguna) 세계의 일부인 몸 안에 있음에도 불구하고 니르구나입니다. 니르구나는 미현현자이고 사구나는 현현자입니다. 그는 모든 것을 아는 자입니다. 전 세계는 의식이라는 하나의 원자 안에 들어 있습니다. 우리의 불행은 우리가 세상 안에서 살고 있다는 상상과 함께 시작됩니다. 그러나 그것은 하나의 꿈 상태와 같고, 거기서 깨어나는 것이 자유를 안겨줍니다. 머리 정수리의 브라마란드라 안에서 일체가 일어납니다. 그 점 안에서 일어나는, 깨어 있다는 느낌이 전 세계를 낳습니다. 브라마란드라 안에서의 변화가 세계를 변화시킵니다. '나'가 별개의 한 몸 안에 있다는 느낌을 놓아버려야 합니다. 그 그릇된 느낌이 여러분이 진리로 나아가는 것을 방해합니다.

진인이 어떻게 5대 원소로 이루어진 사뜨와의 극미한 원자 안에 방대한 세계가 존재한다고 믿을 수 있습니까? 그러나 무지한 사람들은 그렇게 믿고 고통 받습니다. 진인은 향유자도 아니고 고통 받는 자도 아닙니다. 자신이 몸이라고 믿는 사람들은 (업의 결과를) 향유하거나 (업의 결과로) 고통 받습니다. 진리를 인식하기 위해서는 모든 개념들을 놓아버려야 합니다. 여러분의 존재의 느낌, 혹은 존재한다는 기억의 기원을 알아야 합니다. 그 앎이 여러분을 탄생과 죽음에서 벗어나게 할 것입니다. 이것은 시간이 좀 걸릴지 모르지만, 인간이 성취할 수 있는 최선입니다. 삶의 좋은 것들을 얻으려면 오랜 시간이 필요한데, 무가치한 것들은 빨리 얻을 수 있지요.

[역주: 이 112번 법문은 111번 법문의 넷째 문단 이하와 대동소이하다.]

113. 우주는 생시 상태의 한 형상이다
1979년 6월 28일, 목요일

여러분이 자기 자신이라고 믿는 것은 계속 변합니다. 여러분의 실체는 실은 이미 지금 있고, 모든 겉모습 이전입니다. 그러나 자기 자신에 대한 여러분의 모든 신념은 사라질 것입니다. 그 무엇도 여러분과 오래 함께할 수 없습니다. 생시와 잠의 상태조차도 없었는데, 지금은 그 상태들이 여러분의 존재성과 세계를 나타나게 하고 있습니다. 5대 원소가 없었던 때가 있었습니다. 그때는 여러분의 존재성도 존재하지 않았습니다. 그때는 어떠했습니까? 그때는 여러분이 존재할 필요조차 없이 온전하고 완전했습니다.

우주는 생시 상태의 한 형상입니다. 잠의 상태는 이완과 완전한 휴식을 의미합니다. 상태라는 단어는 변화 중이고 질서가 없는 것을 가리킵니다. 어떤 경험들도 (변함없이) 충실하지 않고 그 어느 것도 참된 지知를 안겨주지 않지만, 그래도 여러분은 경험에 집착합니다. 생시 상태의 경험은 꿈 상태의 경험과 다르고, 잠 상태의 경험은 생시 상태 속에는 없습니다. '내가 있음'은 생시 상태와 꿈 상태에만 존재합니다. 모든 경험들의 부정직함(사람을 속이는 성질)을 이야기하는 자, 그가 죽을 수 있습니까? 그는 **영원자**입니다.

여러분의 존재(삶) 전체는 마음의 변상들로 가득 차 있습니다. 여러분이 생시와 잠의 상태 없이 있었을 때, 자신의 존재를 사랑했습니까? 이 모든 **원초적 환**幻의 분출에 대해서는 어떤 창조주도 없고 파괴주도 없습니다. 깨어나는 것만으로도 우리의 **자기사랑**은 전 우주의 형상을 취합니다. 생시 상태의 출현이 우주가 발아한 원인이었습니다. 그것이 존재할 희망을 낳았습니다. 꿈 세계를 보는 자가 (그 꿈속에서) 전 세계와 그 안의 사람들을 보았지만, 꿈속의 인물들 중 한 사람이라도 그 보는 자를 알아보았습니까?

걱정과 두려움이 없는 날이 하루도 없습니다. '내가 있음'은 여러분이 청하지 않았는데 나타났습니다. 그것이 사라질 때 여러분의 세계와 모든 자연은 어디 있습니까? 여러분이 깨어 있을 때, 그 상태는 대상들로 가득하지만, 잠이 닥쳐오면 생시가 **보는 자** 속으로 합일됩니다. 그것은 어디로도 가지 않습니다. 두 상태 모두 (원래) 없었고, 다시 사라지게 되어 있습니다. 그 상태들은 죽음이 없습니다.

다행히도 만약 여러분이 **완전한** 자를 만나면, 그가 참으로 여러분의 눈을 열어주어, 여러분도 불멸의 체험을 갖게 됩니다. 스승의 참된 헌신자들은 죽음이 없게 됩니다. 현재 여러분은 깨어 있을 때가 아니라 깊은 잠 속에서만 진정한 휴식을 얻습니다. 여러분의 참된 **자아**를 알기 위해서는 이 생시와 잠의 수수께끼를 풀어야 합니다. 어떤 이름과 형상을 가진 여러분의 존재는 다른 어떤 목적도 가지고 있지 않습니다. 여러분의 모든 성취와 소득은 여러분을 죽음으로 데려갈 뿐입니다. 여러분의 슬픔·불행·두려움은 여러분이 현실로 받아들여 온 하나의 유사물일 뿐입니다. 우리의 경전들은 여러분이 무수한 탄생을 해왔다고 말하지만, 그것은 하나의 개념일 뿐입니다. 여러분은 그 탄생들 중 단 하나라도 기억합니까? 단 한 번의 죽음에 대한 경험이라도 있습니까? 언제 여러분이 이 미혹을 자각하게 되겠습니까? 여러분이 스승의 명에 따라, 자신이 가장 자연스럽고 스스로 빛나는 의식이라는 확신을 가질 때뿐입니다.

스승만이 여러분 자신을 불멸로 보는 참된 시각을 여러분에게 안겨줄 수 있습니다. 그럴 때 여러분은 자신을, 어떤 거리를 두고 생시와 잠을 보는 자로 알게 될 것입니다. 경전에서 말하기를, 여러분이 거짓된 것을 참되다고 받아들이면, 사형선고와 거듭되는 환생을 얻게 된다고 합니다. 내면의 스승에 대해서 명상하십시오. 그러면 그가 여러분에게 죽음이 무엇이고 불멸이 무엇인지를 보여줄 것입니다. 전 존재계가 하나의 요동(disturbance)일 뿐입니다. 우리가 어떤 사람이 진인이라는 이야기를 들으면, 어떤 것이 그의 고요함을 동요시키는지만 보면 됩니다. 이 세상에서 행위할 때는 세간적 욕망이 없음을 과시할 필요가 없습니다. 여러분이 곧 전 존재계를 포괄하는 전체적이고 완전한 진아임을 스스로 보십시오.

114. 아뜨마는 주시자일 뿐이다

1979년 7월 1일, 일요일

아뜨마(진아)라는 단어는 무엇을 가리킵니까? 모든 활동은 생기로 인해 있습니다. 삼매조차도 생기에 기인합니다. 아뜨마는 주시자일 뿐이지요! 아뜨마가 우리의 '내가 있음'의 원인입니다. 우리가 있다는 것을 우리가 아는 것은 그것 때문입니다. 그래서 아뜨마는 우리의 의식으로서 표현됩니다. 아뜨마는 늘 자유롭습니다. 유일한 속박은 마음이 자신을 몸과 동일시하는 데 기인합니다. 생기가 몸과 분리될 때, 의식은 의식하지 못하게 됩니다. 무지인은 죽음이 있다고 믿지만, 그것은 진인에게 해당되지 않습니다. 생기도 의식도, 어떤 죽음도 갖지 않습니다.

여러분이 이 세계를 보는 것은 마음 때문입니다. 육신은 생기의 음식인데 우리는 그것일 수 없습니다. 우리의 의식은 음식 물질의 한 세포의 성질이고, 전 우주가 그 안에 들어 있습니다. 여러분은 '마야는 거짓이고 브라만은 참되다'고 들어 왔지만, 듣는 자로서 여러분은 그 둘 다의 원인입니다. 여러분의 모든 활동은 들은 말에 기초해 있는데, 최초의 단어는 여러분의 어머니가 한 말입니다. 여러분의 모든 경험은 시간이 한정되어 있습니다. 여러분의 시간이 끝나면 무슨 의식이 존재하겠습니까? 어떤 단어도 없이 있으려고 노력하십시오. 이것은 거의 불가능하지만, 그렇게 해야 합니다. "내가 있다"를 포함해 모든 개념에서 벗어나는 사람은 묘사할 수 없는 지복 속에 있습니다. 마야는 많은 제복을 입고 나타나지만 그 어느 것도 참되지 않습니다.

초기 단계에서는 제자가 신을 그 자신의 의식에 다름 아닌 것으로 인식합니다. 단어들이 있는 한, 여러분은 그것들의 의미도 갖습니다. 어떤 단어도 없을 때는 의미도 사라집니다. 여러분이 일념집중이 되면, 마야의 비밀을 알게 될 것입니다.

이 세계가 창조되게 한 자가, 그릇되게 자신을 세계의 일부라고 믿습니다. 이 그릇된 믿음이 죽음에 대한 두려움의 원인입니다. 인간의 의식은 세계보다 큽니다. 마야는 재미와 즐거움을 의미합니다. 우리의 존재의 느낌은 유머, 웃음, 울음과 다른 많은 형태로 표현됩니다. 빠라마뜨마가 우리 각자의 안에서 우리의 의식으로 출현합니다. 의식은 그의 표현 혹은 광고입니다. 진인, 곧 이 세계를 아는 자는 의식의 안식처입니다. 불완전한 것이 어떻게 완전한 행복을 안겨줄 수 있습니까? 참된 영원한 행복을 위해서는, 불완전한 것을 알 필요가 있습니다. 온전하고 완전한 것은 주시 대상이 될 수 없습니다. 왜냐하면 모든 주시하기는 그것에게 일어나기 때문입니다. 최종적 경험은 **마야**의 최후를 보는 것입니다. 그러고 나면 여러분의 참되고 영원한 성품이 분명해질 것입니다.

115. 마음은 내버려두고 아뜨마를 열망하라

1979년 7월 5일, 목요일

여러분은 필요로 하는 것들이 많지만, 여러분의 참된 정체성에 대해 무엇을 확실히 알고 있습니까? 여러분은 자신을 그 몸으로 여기는데, 그 것은 그 위에서 **의식**이 유지되는 음식 물질일 뿐입니다. 그런데도 여러분은 자신이 몸이라고 확신하고 있습니다. 여러분이 안팎의 광대한 세계를 경험하는 것은 존재성 때문입니다. 그러나 언제까지 그것과 함께하겠습니까? 여러분은 왜 지금 존재성을 가지고 있습니까? 그리고 왜 그것이 늘 있지 않았습니까? 여러분의 모든 소유물은 여러분의 몸-정체성에 기초해 있는데, 그 정체성은 오래가지 않을 것입니다.

여러분이 죽을 것이 확실하다면, 여러분의 세간적·영적 삶이 무슨 소용 있습니까? 우리의 모든 활동은 존재성을 참아 내거나 잊기 위한 것일 뿐입니다. 일어나게 되어 있는 일은 막을 수 없습니다. (사람들에게) **만트라** 염송과 고행이 쓸모가 있다면, 그것은 신의 개입이 있을 거라는 희망으로 두려움을 줄이기 위한 것뿐입니다. 여러분의 걱정이 무엇이든, 여러분의 주된 관심은 존재성을 유지하거나 참아 내는 것입니다. 우리는 지속적인 일 속에서 우리 자신을 잊고, 지치면 잠자리에 듭니다. 여러분이 자신의 존재성을 알게 되는 것은 **의식** 때문이고, 그 뒤에 여러분의 모든 앎이 따라옵니다. 여러분의 의식을 신 또는 스승이라고 불러도 무방한데, 그것이 없으면 아무것도 없습니다. 여러분의 의식 곧 자기사랑에 대해 명상하고, 다른 모든 것은 잊어버리십시오. 여러분은 의식이지 몸이 아니라는 것을 늘 기억하십시오.

낮 동안은 여러분이 바쁘고 홀로 있지 못합니다. 밤에는 누가 잠을 잡니까? 여러분의 의식 아닙니까? 잠자리에 들기 전에 의식에 주의를 기울이십시오. 잠자리에 들 때 여러분이 무엇을 생각하든, 그 생각들이 자기 일을 할 것입니다. 진흙에 덮인 씨앗들이 나무로 출현하듯이, 잠자는 동안의 생각들이 (언젠가) 열매를 맺습니다. 여러분은 스승의 명을 따르겠다는 맹세를 했으니, 여러분의 의식에게 순복하십시오.

우리의 영적인 공부에서는 어떤 종류의 노력도 쓸모가 없습니다. 이 의식은 스스로 빛나는데, 그것은 자연발생적으로 나타났습니다. 무엇을 바꾸려는 여러분의 노력은 몸-정체성과 함께할 것입니다. 그런 노력들은 어떤 유용한 목적에도 이바지하지 못하고 해만 끼칠 수 있습니다. 그러니 여러분이 그로 인해 몸을 아는 그것(의식)에 주의를 기울이십시오. 존재한다는 여러분의 확신은 아뜨마로 인한 것입니다. 그것을 숭배하십시오. 이 확신은 여러분의 믿음을 필요로 하지 않습니다. 그것은 스스로 빛납니다. 여러분의 지성은 모든 세간적 활동에 유용합니다. 그것이 대단할 수도 있지만, 그것은 여러분 자신의 빛입니다. 그 안에 결코 갇히지 마십시오.

우리의 영적인 공부에서 가장 쉬운 길은 마음속으로 끊임없이 "자야구루"를 염하는 것입니다. 잠자리에 들 때까지 결코 멈추지 마십시오. 그러면 그 염송이 잠 속에서도 계속될 것입니다. 만일 여러분이 참된 헌신자가 되면, 신으로 변모하게 되어 있습니다. 진인 뚜까람은 (깨닫기 전에) 신과의 이런 비이원성에 준비되어 있지 않았습니다. 뚜까람은 진아 깨달음을 얻은 뒤에야 이것을 선호하게 됩니다. 그는 헌신을 계속하기를 좋아합니다.

존재에 대한 여러분의 확신은 믿음의 문제입니까? 여러분의 존재성은 독립적이고, 그것이 먼저 옵니다. 모든 믿음은 나중에 뒤따릅니다. 대다수 사람들은 신 혹은 브라만을 숭배하지만, 극소수만이 의식을 그 자체로 숭배합니다. 여러분이 기억과 생각들로 가득 차 있는 한 어떻게 진아를 깨달을 수 있겠습니까? 의식과 교분을 맺는 데 성공하면 여러분의 삶이 재미와 지복으로 가득 차게 될 것입니다. 실은 의식은 몸에서 벗어나 있고 지복스럽습니다. 거기서는 남성이나 여성의 문제가 없습니다. 의식을 몸과 동일시하는 것은 비종교적입니다.[57] 여러분은 자신의 존재가 먼저라는 것, 즉 (신·브라만 같은) 단어들 등에 대한 다른 어떤 확신을 갖기 이전이라는 것을 확신하지 못합니까?

마음은 내버려두고 아뜨마에 대한 열망을 계발하십시오. 단어들과 그의미가 있을 때 마음도 있습니다. 단어들이 없으면 마음이 어디 있습니까? "자야 구루"를 염할 때 여러분이 깨어 있다면, 그 상태가 잠보다 낫습니다. 그런 헌신은 세간적 삶 속에서도 실패를 모릅니다. 의식 안에서 확립되는 사람은 어디에 있어도, 심지어 묘지에 있다 해도, 그곳이 하나의 순례성지가 될 것입니다. 이스와라조차도 갖고 싶어 하는 사람 몸의 위대함에 대해 생각해 보십시오. 그것의 내용은 브라만의 그것 이상입니다. 누가 이 세계를 이토록 아름답게 만들었습니까? 인간의 관념들이 그 원인 아닙니까? 여러분은 자기 좋을 대로 세상에서 행위해도 되지만, 자신의 의식의 중요성을 결코 잊지 마십시오. (의식에 대한) 어떤 신뢰의 배반도 없어야 합니다.

여러분이 참으로 아뜨마를 알 때, 여러분의 불생인 성품이 더 분명해집니다. 여러분의 육신은 모든 행성과 별들을 포함한 물질적 존재계의

---

57) T. 여기서 '비종교적'이란, '영적이지 않은'의 의미이다. 마하라지가 일컫는 '참된 종교'는 진아를 추구하고, 진아를 깨닫고, 진아로서 살아가는 것이다. 422쪽 첫째 문단 참조.

일부이므로, 그것들 간에 상호작용이 있다는 것은 부정할 수 없습니다. 탄생 때의 상황은 자연발생적으로 사진이 찍히고, 그것이 미래의 사건들에 영향을 줍니다. 유아는 아무 지성(intelligence)이 없지만, 그 아이는 부모들의 사진을 내포하고 있고, 그것이 아이의 미래 성장을 인도합니다. 이런 사진들의 한 집결체가 그 아이의 운명입니다. (출생시 운명이 결정되는) 이 사건은 아이의 성별과 무관합니다. 여러분은 이 세상에서 많은 발명품을 만나지만, 우리 의식 안의 세간적 상황들에 대한 사진술의 비밀은 아무도 모릅니다. 이 사진술은 오관, 즉, 듣고, 접촉하고, 보고, 맛보고, 냄새 맡는 모든 감각에 대해 계속됩니다. 이것의 비밀을 이해하기는 아주 어려운데, 이해에 성공하는 사람들이 **불생자**입니다.

신의 많은 화현들이 있었지만, 각기 한 사람의 스승이 있었습니다. 스승은 우리가 자신의 위대함을 깨닫도록 돕는 데 필수적입니다. 스승의 말씀에 온전한 믿음을 가진 사람은 **마하트마**가 됩니다. **의식**이 내면에서 영감을 얻을 때만 그렇게 될 수 있습니다. 그래서 우리는 모든 사람에게서 좋은 반응을 얻는 것을 고집하지 않습니다. 여기 오는 수많은 사람들 중에서 극소수만이 영감을 얻어 불생의 자기 성품을 깨닫습니다. 여러분은 자신이 불생이라고 말할 확신을 가진 적이 한 번이라도 있습니까?

보는 자가 존재하나, 그는 눈도 아니고 보는 행위(봄)도 아닙니다. 그는 세계와 자연을 보지만, 그는 그것들 안에 있지 않습니다. 그에 반해 우리의 믿음은 우리의 불순수한 성품을 말해줄 뿐입니다. 여러분의 꿈 세계는 여러분에게서 일어나지만, 여러분은 자신이 그 세계의 일부라고 받아들입니다. 여러분이 자신의 탄생이 있었다고 믿고 (심신의) 완전한 복지를 욕망하는 것은 **마야**의 영향력 때문일 뿐입니다.

이른바 탄생은 사뜨와에 기인하는데, 그것은 음식 물질의 성질입니다. 자신은 사뜨와가 아니라는 확신을 가진 사람이 **진인**입니다. 수백만의 사람들 중에서 극소수만이 자신은 여하한 모든 세간적 활동에 의해서도 오염되지 않는다는 확신을 가지고 있습니다. 여러분이 듣는 행운을 가진 이런 이야기에 대해 합당한 존경심을 베푸십시오. 그것이 여러분의 현재의 삶에 행복을 가져다줄 것입니다. **빠라마뜨마**에 의해서만 받을 자격을 갖게 되는 도움과 봉사를 얻게 될 것입니다.

116. 미래에 대해 걱정하지 말라

1979년 7월 9일, 월요일

구루 뿌르니마(Guru pournima)는 매년(6~7월경) 특정한 보름날에 스승을 기억하기 위한 것입니다. 그것은 **진아**의 충만함을 말해줍니다. 진인의 삶에서는 매 순간이 하나의 간접적 숭배입니다. 여러분의 **의식**으로는 **참스승**을 알 수 없습니다. 사실 그는 인식을 넘어서 있습니다. 스승의 가르침이라는 씨앗에 물을 주는 진지한 제자는 그것을 깨달음이라는 나무로 변모시킵니다. 그럴 때, **의식**은 늘 자유롭다는 것을 알게 됩니다. **참스승**은 묘사를 넘어서 있지만, 우리는 그를 영원하고, 욕망이 없고, 조건 지워지지 않은 분으로 명상할 수 있습니다.

여러분이 이 세상에서 행위할 때는 무엇에 의지합니까? 여러분의 존재성에 의지하는데, 그것은 오래가지 않을 것입니다. 여러분의 마음과 **의식**이 무엇을 알든, 모두 신뢰할 수 없습니다. 설사 여러분이 **참스승**을 볼 수 없다고 해도, 그는 참되고 영원한 그의 보물을 여러분이 이용할 수 있게 해 두었습니다. **참스승**은 '조건 지워지지 않은 자'이고, **브라만**과 하나인 사람입니다. 자신들을 선전하기 바쁜 사람들은 **참스승**이 아닙니다. 거짓된 것을 거짓으로 알아야 하는데, 그것은 여러분이 아닙니다. 스승의 명을 따르면서 명상하여, 여러분의 의식의 기원을 알도록 하십시오. 죽음은 하나의 개념일 뿐인데, 상상으로는 그것을 제거할 수 없습니다. 개념화에서 벗어나야 합니다. '여러분이 있다'는 여러분의 확신에 충실하십시오. 그러면 미래에 대해 걱정할 필요가 없을 것입니다. 자연발생적으로 나타난 이 세계의 근원으로 나아가십시오. 마야조차도 없었던 상태가 있었는데, 그녀는 그 상태에 대해 자신이 무지함을 받아들입니다. 영원히 존재하는 것은 불변자입니다. 그것을 알려면 오롯한 마음으로, 그리고 일념으로, 스승을 숭배하십시오.

만일 여러분이 활동으로써 무엇을 성취하려고 하면 거기에 말려들 것입니다. 그것 자체가 속박입니다. 여러분의 걱정이 몸의 걱정들 아니고 무엇입니까? 몸-정체성을 가지고 하는 모든 헌신과 숭배는 여러분에게 진정한 고요함을 제공해 줄 수 없습니다. 모든 진인들이 똑같은 하나의 진리의 표현이기는 하나, 그들의 체험과 겉모습들은 서로 다릅니다. 그러나 누가 진인처럼 행위하거나 진인인 체할 수는 없습니다. 여러분이 가진 의식은 어떤 신이나 여신보다도 큽니다. 이런 신들조차도 여러분에게 지속적인 평안을 주지는 못합니다. 여러분이 의식의 기원을 알 때, 고요함의 바다인 자신의 참된 성품을 깨달을 것입니다. 자신이 몸이 아니라는 것을 알 때 여러분의 몸 없는 성품이 분명해집니다. 느낌과 감정들이 치워질 때, 남는 것은 분별(viveka)로 충만한 순수한 사뜨와입니다. 이 분별이 모든 개념을 파괴하고, 진리를 환幻에서 분리시킵니다.

여러분의 몸을 고문하거나 마음을 괴롭힐 필요가 없습니다. 필요한 것은 의식에 몰입하는 것, 곧 의식에 대해 명상하는 것입니다. 그것이 다양한 종류의 분별을 낳습니다. 이와 같이 순수한 의식 안에 자리 잡고 명상하면, 앞서 이미 읽은 경전들의 새로운 의미를 이해하게 됩니다.

어떤 자기잇속도 없는 생각이라고는 없는데, 그 자기잇속이 속박으로 이끕니다. 그래서 좋은 생각들을 부추기면, 자기잇속을 추구하는 지성이 정화됩니다. 모든 사람 안에 있는 **자기사랑**은 순수한 사랑입니다. 만일 "자야 구루"를 염하다가 지치면, 그것을 말없이 계속하십시오. **구루**는 의식을 뜻하고, 그를 부른다는 것은 자기 깨우기(self-awakening)를 뜻합니다. 스승을 기억하는 것은 큰 행운의 표지입니다. 그는 무한하지만, 의식으로서 여러분을 통해 표현됩니다. 모든 활동은 의식이 있는 곳에서 일어나며, 진아 깨달음을 얻은 뒤에는 의식이 모든 속성을 상실합니다. 그것은 니르구나가 됩니다. "자야 구루" 염송에 의해 의식이 정화되고 성스러워지면 그것이 니르구나가 됩니다. 불순수 상태에서는 그것을 구나(guna)라고 했습니다. 크리슈나는 평생 동안 활동으로 바빴으나 속성들에 의해 접촉되지 않았습니다. 어떤 사람이 살아서 활동하는 동안 그를 니르구나라고 부르기는 어렵지 않습니까?

모든 혼란과 그릇된 행위들은 개념과 감정들로 인한 것입니다. 모든 세간적 활동은 감정에 기초해 있습니다. 저는 여러분에게 무엇을 포기하라고 하지 않고, 존재하는 것을 알기만 하라고 조언합니다. 여러분 안의 라자스 성질은 늘 모든 행위에서 어떤 열매를 기대할 것입니다. 관계와 소유물들에 대한 집착 외에, 무엇이 여러분의 속박입니까? 라자스로 인해, 여러분의 관심은 자기 자신의 **진아**보다 다른 것들에게 더 많이 가 있습니다. 실은 모든 자연을 포함한 타자들이 있는 것은 여러분 자신이 존재할 때뿐입니다.

나라야나(비슈누)가 존재한다는 표지는 무엇입니까? 우리의 의식이 **나라야나**이고, 그 안에 남성(nara)과 여성(nari)의 측면들이 존재합니다. 사뜨와 성질이 순수할 때 그것을 **나라야나**라고 부릅니다. 순수한 사뜨와에 대한 무지가 사람을 불행으로 이끕니다. 속성들에서 벗어난 자신의 의식을 깨닫는 이들은 사람들 사이에서 살기를 좋아하지 않고 히말라야 같은 혼자만의 장소로 떠납니다. 전 세계의 의식은 아주 활동적이지만, 성품상 그것은 순수한 **니르구나**입니다.

여러분의 의식의 움직임은 스승의 움직임을 말해줄 뿐입니다. 그러니 늘 여러분이 스승과 가까이 있다는 것을 상기해야 합니다. 생기가 없다면 행위할 힘이 어디 있습니까? 생기를 아는 자가 어떻게 그것에 의해 나쁜 영향을 받을 수 있습니까? 라가바(Raghava-라마)의 형상은 허공과 같다는 것, 그것은 우리의 참된 형상이기도 하다는 것을 늘 기억하십시오.

117. 그대는 진리인 체할 수 없다
1979년 7월 12일, 목요일

여러분은 행위에 관여하는데, 그것이 여러분을 속박합니다. 여러분이 자신에 대해 걱정할 때, 그것은 몸에 대해 걱정하는 것 아닙니까? 하나의 몸으로서 여러분이 무엇을 하든 그것은 여러분에게 평안을 안겨줄 수 없습니다. 진리는 모방을 넘어서 있고, 여러분은 진리인 체할 수 없습니다. 여러분 자신의 의식 아닌 어떤 신과 여신도 없습니다. 그들 중 누구도 여러분에게 지속적 평안을 안겨줄 수 없습니다. 의식의 기원을 알면 그런 평안이 여러분의 것이 될 수 있습니다. 그럴 때 여러분이 평안의 바다 안에 있을 수 있습니다. 자신이 몸이 없다는 것을 깨달을 때, 여러분의 몸 없는 성품이 분명해집니다. 감정에서 벗어났을 때 몸-사뜨와(body-sattva)의 순수성이 있습니다. 그것이 분별(viveka)을 증진하며, 분별은 우리가 개념들에서 벗어나는 데 도움이 됩니다.

몸-마음을 동요시킴이 없이, 왜 우리가 존재하기를 좋아하는지 탐구해야 합니다. 늘 존재하는 자가 왜 미현현자에서 나온 이 일시적 현현물에 대한 사랑을 계발해야 합니까? 우리는 의식에 대해서 명상해야 하며, 그것이 다양한 종류의 분별을 증진해 줍니다. 순수한 의식 안에서 안정되는 것은, 여러분이 읽거나 듣는 모든 것을 제대로 이해하는 데 도움이 됩니다.

어떤 행위가 필요할 때는 온갖 생각들이 나옵니다. 생각을 제대로 하여 이기적 동기에서 벗어나야 합니다. 그런 동기들은 속박의 원인이 됩니다. 누구나 (자신의) 존재에 대한 사랑을 가지고 있고, 그 사랑은 순수합니다. "자야 구루" 만트라를 염해야 하는데, 처음에는 그것이 여러분 자신에게 들리게 해야 합니다. 그러나 피로할 때는 침묵 속에서 계속 염해야 합니다. 이 염송은 우리를 오랜 무지에서 깨우는 데 도움이 됩니다. 의식이 곧 스승이고, 의식에 대한 우리의 주의는 바람직합니다. 스승은 한 몸에만 국한되지 않고 모든 것에 편재하며, 여러분 안에도 의식으로서 있습니다. 의식은 통상 활동하지만, 진아 깨달음 이후에는 니르구나가 됩니다. 의식은 만트라에 의해 순수하고 성스러워져서 궁극의 지知로 이끌어줍니다. 크리슈나는 생애 동안 많은 활동을 했지만, 늘 니르구나로 남아 있었습니다. 모든 진인이 똑같은 체험을 할 필요는 없습니다. 니르구나가 활동할 수도 있다는 것을 받아들이기가 어렵습니다.

세상의 모든 문제와 혼란은 그런 것들에 대한 우리의 개념과 감정적 개입에서 비롯됩니다. 감정이 우리의 활동의 원인입니다. 영적인 공부에서는 무엇을 포기해 본들 아무 소용없는데, 그런 포기만으로는 적절한 이해로 이어지지 않기 때문입니다. 그런 이해가 주된 요건입니다. 우리를 활동하게 하는 우리의 라자스 성질은 노력의 열매를 요구합니다. 여러분의 가족·친구·소유물들에 대한 관여와 집착 외에 무엇이 여러분의 장애물일 수 있습니까? 라자스 성질이 기억에 대한 관여와 집착하기의 원인입니다. 여러분의 세계는 여러분 자신의 시각의 빛이고, 여러분은 자신이 믿는 것을 본다는 것을 늘 기억해야 합니다.

나라야나의 환영幻影을 어떻게, 어디서 봅니까? 그는 순수한 사뜨와이고, 그것의 성질은 **의식**인데, **의식**은 남성과 여성 안에 공히 존재합니다. 순수한 사뜨와에 대한 무지가 불행으로 이어집니다. **니르구나**로서의 자신의 **의식**을 인식하는 사람들은 세간에 대한 관심을 잃고, 히말라야에서 살기를 선호합니다. 전 세계의 **의식**이 많은 행위를 하지만, 그 뿌리에서는 그것이 순수한 **니르구나**입니다.

여러분의 **의식**의 어떤 움직임은 실은 **스승**의 한 움직임이라는 것을 깨달을 때, 여러분은 그에게 아주 가까이 있는 것입니다. 여러분에게 행위할 에너지와 힘을 주는 것이, 여러분의 생기 아니고 무엇입니까? 생기를 아는 자가 어떻게 그것의 나쁜 행위들 때문에 고통 받을 수 있습니까? 여러분은 **라마**와 같고, 허공과 같다는 것을 결코 잊지 마십시오.

[역주: 이 117번 법문은 116번 법문의 셋째 문단 이하와 대동소이하다.]

118. 몸은 누구의 형상도 아니다
1979년 7월 19일, 목요일

자신을 하나의 몸으로 여기는 것은 병이 든 것입니다. 어렵기는 하지만, 이 말의 진리성을 알 필요가 있습니다. 한 몸으로 살아 있다는 것은 병이 든 것입니다. 병자는 몸에 너무 많은 주의를 기울이고, 그것을 돌봐야 합니다. 그것은 몸을 과도하게 의식하는 사람에게도 해당됩니다. 우리는 병원의 환자와 별로 다르지 않습니다. 죽음은 일체를 잊어버리는 것에 지나지 않습니다.

잠이 든 사람은, **진리**에 면에서 보자면, 깨워주어야 하는 사람입니다. 남들을 깨우는 사람, 그가 잠자리에 들 수 있습니까? 남들을 깨우는 사람은 늘 깨어 있습니다. 깨어난 제자는 그의 스승과 같이 됩니다. 여러분은 무한한 그것을 어떻게 명상할 수 있습니까? 그의 어떤 표현에 대해 여러분이 명상하겠습니까? 크리슈나는 빠라마뜨마 그 자체였지만, 그가 자신의 이름과 형상에 국한되어 있었습니까? 말들의 의미에 의해 쉽게 동요되는 사람은 진정한 마하라지가 될 수 없습니다. 마하라지라는 단어는 완전한 만족을 가리키는데, 그런 체하는 사람은 그것을 가질 수 없습니다. 무슨 말을 할지 생각하는 사람은 실수를 할 수 있지만, 마음 너머에서 오는 것은 늘 옳습니다.

몸-정체성은 하나의 병이고, 그것은 24시간 특별한 보살핌을 요합니다. 우리는 자신의 존재가 영원히 계속되기를 바라지만, 그것은 불가능합니다. 의식은 존재하려고 애쓰지만 끝내 남아 있지 못합니다. 여러분은 환자를 살려두려고 모든 수를 씁니다. 그러나 그 병이 어떻게 무한히 남아 있을 수 있습니까? 그 병의 경험이 사라져야 합니다. 우리의 모든 활동은 그 병이 존재하는 동안 계속됩니다. 절대자는 우리가 알 수 없고, 우리의 지각성의 모든 책략은 그것과 씨름하는 데 실패합니다. 우리는 수백만의 사람들이 만트라를 염하거나 명상하는 것을 봅니다. 무엇을 위한 것입니까? 그것은 존재하기 위해, 곧 의식을 구하기(존속시키기) 위해서 아닙니까? 그러나 의식은 음식 물질의 성질입니다. 의식이 자신을 음식 물질인 몸이라고 여기기 때문에, 음식 물질의 성질들—희망·욕망·갈망을 경험합니다. 우리의 모든 행동은 행위 요가(Karma Yoga)의 범주에 듭니다. 그렇다면, 하타 요가와 지知 요가(Jnana Yoga)인들 어떻게 다를 수 있습니까? 그것들도 행위 요가입니다.

우리의 부모가 더 이상 살아 있지 않으면, 그들이 지금 어떻게 우리에게 도움이 될 수 있습니까? 또한 부모가 더 이상 살아 있지 않다는 우리의 앎은 무슨 소용 있습니까? 마찬가지로, 진인은 의식을 알고 의식을 초월합니다. 얼마나 많은 사람이 이것을 깨닫고 의식을 넘어서겠습니까?

그것은 산야시(출가수행자)가 브라민의 성사聖絲(브라민이 몸에 두르는 실)를 내버리는 것과 같습니다. 세간을 포기한 사람은 그의 몸이 아니고, 그 실이 필요치 않습니다.

여러분이 무엇을 하든, 여러분이 무한정 계속 존재할 수는 없습니다. 그래도 모든 존재는 살아남으려고 애씁니다. 보호가 필요한 것은 영원할 수 없습니다. 두 번째가 없는 것, 그것을 여러분은 뭐라고 부르겠습니까? 그것은 이름이 없습니다. 영적인 도리를 설하는 데 어떤 한계가 있습니까? 의식 이전인 것, 그것을 의식으로써 알 수 있습니까? 여러분은 몸-정체성을 떠나지 않은 채, 세간적 분야와 영적인 분야 모두에서 번영하려고 애씁니다. 그러나 몸은 매우 신뢰할 수 없고, 그것은 누구의 형상일 수도 없습니다. 몸을 활동하게 하는 어떤 그것은 결코 어느 때에도 죽는 것을 볼 수 없습니다. 자부심을 낳는 것은 몸-정체성이고, 그것이 불행을 가져옵니다.

늘 깨어 있는 사람이 **참스승**입니다. 그가 여러분을 깨웁니다. 여러분이 참으로 깨어 있을 때, 여러분도 **참스승**이 됩니다. 자기 스승의 명을 따르는 사람은 영적인 수행들을 할 필요가 없습니다. **아뜨마**라는 단어는 우리 자신들을 의미합니다. 생기가 몸을 떠나면 최종적 해방이 있습니다. 의식이 있을 때는 시간도 있습니다. 여러분만 두 번째 없이 존재합니다. 그러나 여러분은 살면서 남들이 존재한다고 상상하여 이익을 얻기를 선호합니다. 여러분이 외부의 지지물을 필요로 하기 때문입니다.

119. 그대는 몸-즙* 안의 의식이다

1979년 7월 26일, 목요일

이 세상에는 많은 **라마**와 **크리슈나**들이 살았는데, 그들은 그들의 일을 하고 사라졌습니다. 그들 중 누가 **의식**의 성품을 바꿀 수 있었습니까? 의식은 생기와, 5대 원소로 이루어진 음식 몸의 즙이 결합된 것의 성질입니다. 왜 여러분은 자신의 과거생들에 대해 걱정합니까? 왜 자신의 의식의 결과인 모든 산 몸들의 탄생을 고려하지 않습니까? 여러분이 많은 생을 태어났다고 하지만, 왜 최초의 탄생 그 자체의 실상을 탐구하지 않습니까? 이 몸이 존재하지 않고도 여러분이 자신의 존재를 알았습니까? 여러분이 (하나의 몸으로) 현현해 있다는 인상을 얻기 위해서는 이 몸 물질의 지원이 필요합니다. 한 개인이라는 현현물의 원인은 무엇입니까? 그것은 무엇으로 이루어져 있습니까? 일체의 이전에 존재하는 것은 누구이며, 그는 어디로 가려고 합니까? 여러분이 이런 이야기를 들으면, 자신의 존재성은 사뜨와의 성질이며, 그것은 자신이 아니라는 것을 알게 될 것입니다. 여러분의 **의식**이 어떻게 나타났는지만 보면 됩니다. 왜냐하면 그것이 여러분의 모든 문제와 고통의 시작이기 때문입니다. 여러분의 다른 모든 것은 잊어버려도 됩니다.

자신의 존재를 의식하게 되는 자는 이름-형상이 없습니다. 그래서 우리는 쉽게 자신을 몸과 동일시합니다. 우리는 음식 없이는 존재할 수 없고, 늘 음식을 얻기를 바라고 있습니다. **빠라마르타**(Paramartha)는 영적인 공부의 궁극적 의미를 뜻합니다. 그렇다면 우리는 **의식**의 원인과, 그것이 어떻게 나타났는지를 알아내야 합니다. 왜 **진인**을 자유롭다고 합니까? 그는 자기 존재의 원인과, 그것이 떠나는(사라지는) 것의 의미를 깨달았기 때문입니다. 여러분은 명상할 때, 자신의 몸을 잊어버릴 수 있습니까?

만일 자신이 몸이라는 것을 잊을 수 있다면, 여러분이 있다는 것은 기억하겠습니까?

여러분의 탄생은 무엇 때문이었고, 어떻게 일어났습니까? 몸이 준비되어 있을 때, 여러분은 그 즙汁들 안의 의식입니다. 그렇다면, 어떻게 여러분이 천당이나 지옥으로 갈 수 있습니까? 최종적 해법을 발견할 때까지 여러분의 의식의 원인을 조사해 보십시오. 여러분의 현현은 실은 5대 원소의 결합 때문입니다. 그 안에서 여러분이 별개의 정체성을 가지고 있습니까? 이것이 분명하게 이해될 때, 여러분의 행동은 실은 전 세계의 행동이라는 것을 알게 될 것입니다. 우유장수의 아들, 즉 크리슈나는 이것을 "나는 모든 것이다"라고 표현했습니다.

질문: 당신께서는 빠라브라만이 차분하고 안정되어 있다고 말씀하십니다. 그렇다면 왜 그것이 이 의식과 이 세계 등을 창조합니까?

답변: 이 모든 것은 그대의 상상입니다. 빠라브라만은 아무것도 하지 않습니다.

질문: 마하라지, 제가 깨달으려면 얼마나 많은 시간이 필요하겠습니까?

답변: 그대가 개념들에서 벗어나기만 하면 됩니다.

여러분의 생시 자체가 원초적 환幻이고, 주된 착각입니다. 이스와라조차도 마야의 창조물입니다. 의식은 이 모든 문제를 겪어야 합니다. 그 밑바닥에는 완전한 고요함이 있습니다. 무수한 마음 상태들이 있습니다. (수행을 하러) 어떤 산도 넘어갈 필요가 없습니다. 여러분의 범혈梵穴에만 주의를 기울이면 됩니다. 모든 지知가 여러분에게 주어졌고, 그것을 어떻게 이용할지는 여러분에게 맡겨져 있습니다. 여러분의 결혼이 다 준비되고 나면, (결혼생활을 위한) 가르침을 여러분에게 더 줄 필요가 있습니까? 그래서 여러분은 의식의 원인을 조사하기만 하면 되고, 그러면 수수께끼가 풀릴 것입니다. (깨닫고 나면 과거를) 기억하는 일이 전혀 없는데 무슨 잊어버림을 경험하겠습니까? 그래서 (기억하기와 잊어버리기) 둘 다 존재하지 않습니다. 깨달은 사람도 없고, 진아지만 있습니다.

시인이 글을 쓸 때, 갠지스 강 같은 단어들의 흐름이 있습니다. 그는 브라만이 무엇인지를 묘사한 것입니다. 모든 산 존재들은 그들이 듣는 단어나 소리들의 의미에 따라 행위합니다. 베다는 단어들로 가득 차 있습니다. 그래서 시인은 베다와 동등합니다. 어떤 이들은 단어들을 가지고 (시적 재능을 가지고) 태어납니다. 단어가 없으면 우리가 자신이나 남들에 대해 어떤 정보를 갖습니까? 우리의 의식도 단어들의 소리에 의존합니다. 의식 이전인 것은 모든 논의를 넘어서 있습니다. 그는 아무 불평이 없습니다. 거기에는 어떤 단어도 없기 때문입니다. 시인에 대한 산스크리트 단어는 '까비(kavi)'인데, 여기서 그것은 어떤 사람을 뜻하는 것이 아니라 자연발생적으로 나타난 한 단어를 뜻할 뿐입니다. 전 세계가 그것이 작용하는 장場입니다. '까비'는 현현된 것, 곧 광대한 것을 의미합니다.

여러분은 누구나 하나의 까비(kavi)에 의해 창조된 형상입니다. 까비를 아는 자와 그의 창조물이 빠라메스와라가 됩니다. 여러분의 속박은 들음의 결과인데, 들음이 여러분을 해탈시킬 수도 있습니다. 여러분의 이름이란 여러분의 어머니가 고른 단어 아니고 무엇입니까? 까비에 대한 참된 지知가 해탈로 이끕니다. 매 순간 수백만의 탄생이 자기 자신의 탄생임을 아는 자는 해탈합니다. 그 시 전체가 여러분의 의식에서 나옵니다. 그러나 그 모두 오래가지 않습니다.

여러분의 개념들이 여러분의 속박입니다. 그래서 해탈도 개념들에서의 해방일 수밖에 없습니다. 모든 경험들은 환적입니다. 진인만이 모든 것이 완전히 온전하다는 것을 아는데, 그것은 아무것도 없다는 의미입니다. 오염 없는 자에게는 눈도 없고 봄도 없습니다.58)

---

58) T. 진인은 하나의 큰 눈 또는 바라봄이지만(472쪽 각주 참조), 그 자신 외에는 보는 대상이 없기 때문에, 실은 그에게는 봄도 없고 눈도 없다. 여기서 눈이나 봄을 말한 것은 진리, 실재 혹은 빠라마뜨만이 하나의 절대적 자각이라는 것을 의미한다.

120. 몸이 활동의 주된 이유이다

1979년 8월 2일, 목요일

주체나 대상이 무엇입니까? 그것은 알려질 수 있는 것이고, 우리는 필요에 따라 행동할 수 있습니다. 참스승(Sadguru)은 주체도 아니고 대상도 아니며, 영원한 빠라브라만입니다. 우리가 자신을 우리의 몸과 동일시할 때, 어떤 사람은 작고 어떤 사람은 크다고 말합니다. 이 세상에서 우리는 누구도 작거나 크다고 부를 수 없는 것이 사실입니다. 우리가 매일 하는 바잔은 누구의 바잔도 아닌, 우리 자신의 참된 형상, 즉 참스승의 바잔입니다.

우리의 행동은 우리의 믿음에 따릅니다. 참스승의 단순한 말씀은 이해하기가 매우 어렵습니다. 여러분은 그의 말씀에 올바른 의미를 부여할 아무 체험이 없습니다. 참스승 안에서는 시작-중간-끝이 없습니다. 여러분은 자각하지 못하는 가운데 영구적으로 그와 친교하고 있습니다.

몸이 활동의 주된 이유입니다. 우리가 자신을 몸으로 여길 때는 물질적 이득에 대한 숭배만 있지 신에 대한 숭배가 없습니다. 브라만의 성질은, 잘못된 숭배에 대해서도 아무 처벌이 없고 보상만 있다는 것입니다. 우리의 감정과 느낌에 따라 이득이 있습니다. 브라만을 어떻게 인식합니까? 여러분이 그것이 되면, 인식할 필요가 없습니다. 여러분이 만트라의 의미를 깨달으면 스승이 무엇인지 이해할 것입니다. 몸과의 동일시로 인해 아무도 요가(수행)를 완성하지 못합니다. 모든 장애는 우리 자신의 개념들로 인한 것이지 외적인 것이 아닙니다.

브라만이라는 단어를 파자破字하면, 그것은 우리의 존재의 느낌이 출현한 뒤에야 언어가 있다는 것을 말해줍니다(206쪽 참조). 브라만은 우리의 존재의 느낌으로서 표현됩니다. 우리의 마음은 단어들의 한 흐름입니다.

모든 사람은 이 단어들의 의미에 따라 행위하게 되어 있습니다. 여러분이 브라만이라는 단어를 말할 수 있는 것은 여러분의 존재성 때문일 뿐입니다. 존재의 느낌이 안정되면 일체의 단어가 사라집니다.

아뜨마는 모든 봄 이전에 존재할 수밖에 없습니다. 아디야뜨마(태초의 아뜨마)라는 단어가 그것을 말해줍니다. 몸 안의 의식은 사뜨와의 성질입니다. 몸은 남자의 몸일 수도 있고 여자의 몸일 수도 있으나, 성별은 생기(prana)나 의식에 해당되지 않습니다. 진인은 영원합니다. 시간에는 끝이 있지만 진인은 끝이 없습니다. 지금 우리는 여기 앉아 있고, 세 시간이 지났습니다. 시간이 지난 것이지 우리가 지났습니까? 생명기운이 몸을 떠나면 의식은 의식하지 못하게 됩니다. 누가 거기에 왔고 누가 갔습니까? 아무도 그러지 않았지요! 탄생과 죽음은 상상적인 것입니다.[59]

여러분은 스승의 말씀을 포함한 경전들을 공부하고 있지만, 그 말씀대로 살고 있습니까? 여러분은 자신의 몸과 마음에 더 믿음을 가지고 있습니다. 어떤 영적인 선생들은 자신들이 떠날 날짜를 미리 선언합니다. 그런 말들은 무지를 보여줄 뿐인데, 그들의 추종자들은 그것을 모릅니다. 오고 가는 것은 모두 개념들일 뿐입니다. 이 사람들이 어디로 갈 수 있습니까? 무지한 사람들은 마음속으로 자신들의 미래(다음 생)를 상상하는 반면, 진인에게는 어떤 미래도 없습니다. 진인은 그의 몸이 아니고, 그의 생기가 아니고, 의식조차도 아닙니다. 그는 결코 자신이 아는 자라거나, 남들보다 위대하다고 주장하지 않습니다. 제가 모든 색상과 무늬를 잃어버리고 저 자신을 무無형상으로 보게 된 것은 우리 스승님의 은총 덕분이었습니다.

---

59) T. 상상은 보통 마음의 한 작용으로 여겨지지만, 꿈속에서는 의식의 상상력이 하나의 꿈 세계를 창조한다. 마찬가지로, 생시의 상태에서 나타나는 이 현상계와 그 안에서의 탄생과 죽음도 우리의 생시 의식이 창조하는 상상의 산물에 지나지 않는다.

121. 몸 안의 자기사랑이 주된 문제이다

1979년 8월 5일, 일요일

몸 안의 **아는 자**는 형상이 없고 보이지 않습니다. 그는 일체를 자각합니다. 그의 존재는 이름뿐이고, 그에게는 어떤 욕구도 없습니다. 만일 여러분이 그와 하나가 되면, 여러분의 욕망들이 끝날 것입니다.

여러분은 허공을 알지만 그것은 끝이 있습니다. 여러분에게는 끝이 없다는 확신을 계발해야 합니다. 여러분이 자신은 눈에 보인다고 믿는 한, 여러분도 어떤 끝이 있을 것입니다. 여러분은 세상을 돌아다닐 때 자신이 하나의 형상을 가지고 있다고 믿습니다. 형상이 있는 한 여러분은 영원한 평안을 가질 수 없습니다. 만일 여러분이 이런 이야기 듣기를 좋아한다면, 거기에 온전한 주의를 기울이십시오. 올바르게 경청하면 여러분이 아니라 여러분의 전 세계가 끝이 날 것입니다. 참된 **자아**를 찾을 필요가 없습니다. 거짓된 것을 여러분이 참되다고 믿고 있다는 것을 아는 것으로 족합니다.

진아 깨달음을 얻은 뒤에는 여러분의 **의식**이 여러분에게 아무 쓸모없는 것은 사실이지만, 여러분이 **의식**과 함께하면 그것이 정화됩니다. 그러면 사람들이 여러분을 찾아와서 성스러워집니다. 그럴 때 여러분은 자신이 그 **의식**이 아니라는 것을 알게 됩니다. 그렇기는 하나 사람들은 여러분의 **의식**을 숭배할 것입니다. 깨달음을 얻기 전에는 여러분이 물질적인 지知로써 더 지혜로워질지 모르지만, 몸 동일시는 사라지지 않을 것입니다. 그런데 그것이 사라져야 합니다. 집은 내 것이어도 내가 아니듯이, **의식**은 내 것이지만 나는 그것이 아닙니다. 눈에 보이는 모든 것은 시간제한이 있는데, 여러분은 그 끝을 죽음이라고 부릅니다. 여러분이 사용하는 '나'조차도 몸-정체성을 말해줍니다.

여러분의 이름·형상과 의식이 결합하여 **마야**를 형성합니다. 여러분은 그것들을 아는 자이지만, 실은 여러분에게는 어떤 자아의식도 없습니다. 이 사실에서 여러분은 참된 상태를 이해해야 합니다. 의식은 끝이 있고, 그것을 자각하는 자는 의식을 아는 자입니다. 그러나 의식은 그 아는 자를 모릅니다. 그 아는 자가 자신의 존재에 대해 어떤 관념을 얻었지만, 그는 그 관념이 아니라 그것을 아는 자였습니다. 이 세상의 모든 영적인 이야기를 무시하십시오. 왜냐하면 사람들은 자신에게 일어나는 일이면 뭐든 말하기 때문입니다. 인간의 몸은 모든 형상들 중에서 가장 훌륭한 것이지만, 그것이 최악의 쓰레기가 될 수도 있습니다. 우리의 존재성은 음식 물질의 성질이고, 그것이 사라지려 할 때 여러분은 "나는 죽는다"고 말합니다. **불멸자**가 존재의 경험을 가지고 있는데, 그 경험은 사라지게 되어 있으나 **불멸자**는 영원히 남을 것입니다. 의식은 병이 있다는 것을 알게 되지만 **불변자**인 나는 영향 받지 않습니다.

엄마는 아기가 아픈 것을 보면 속상하지만, 그녀는 별개이고 영향 받지 않습니다. 마찬가지로, 진인은 어떤 활동도 없고 안정되어 있습니다. 그는 **의식**이 아니고 **의식**에 간섭할 수도 없습니다. 여러분은 자신의 기억에 들어맞을 수 있는 지知를 원하는데, 기억은 5대 원소의 음식 즙의 성질입니다. 의식이 떠나면 어떤 자아의식도 없습니다. 여러분은 **의식**을 아는 자도 사라진다고 말하지만, 아는 자가 없다는 것을 주시할 누가 있습니까? 만일 여러분이 **의식** 이후에는 아무것도 남지 않는다고 말한다면, (지금 제가 하는) 이런 질문들을 누가 하겠습니까? 이런 말들을 배척해서 여러분이 무엇을 얻겠습니까? 죽음에 대한 두려움은 고스란히 남을 것입니다.

여러분은 늘 "나는 이와 같다"는 관념을 편안해 합니다. 여러분은 늘 어떤 지지물을 필요로 하는데, 만일 어떤 지지물도 없으면 분명히 "나는 전체 **브라만이다**"라고 말할 것입니다. 극소수만이 "내가 있다" 없이 머무를 수 있습니다. 제가 저를 **아는 자**라고 말할 때, 그것은 여러분이 알고 있으라고 하는 것입니다. **의식**은 큰 **마야**, 곧 **자가담바**(Jagadamba)[세계의 어머니]입니다. **참스승**에게는 그것이 하나의 그림자일 뿐입니다. 여러분은 모두 영적이지만, 하루 종일 무엇에 관심이 있습니까?

여러분의 모든 욕구는 여러분이 알거나 기억하는 것에 국한되어 있습니다. 몸에 대한 기억이 사라지면, 여러분이 자신의 아내와는 어떻게 관계됩니까? **의식**은 매우 영리하고, **의식**이 할 수 있는 것에는 한계가 없습니다. 그러나 **진인**에게는 그것이 하나의 그림자와 같습니다. **의식**이 생시·잠과, 행복·불행의 원인입니다. 우리가 이 **의식**이 아닌데 고통과 쾌락이 어디 있습니까? 내가 **의식**과 거의 관계가 없는데, 어떻게 그것의 가족·친구들에게서 영향을 받습니까? 만약 제가 어떤 사람을 바보라고 부른다면, 그것은 저 자신의 **의식**을 비난하는 것일 뿐입니다. 모두가 그 **의식** 안에 들어 있기 때문입니다.

여러분이 이 **지**知를 계속 들으면 어떤 덮개도 없게 될 것입니다. 즉, 개념들에서 벗어날 것입니다. 이것을 기억하십시오. 만약 여러분의 개념들을 붙들고 있고 싶다면, 여기 그만 오십시오. 기억과 희망들이 여러분의 속박 아닙니까? 여러분의 몸 안에 있는 것이 그 몸을 보는데, 그것을 **의식**이라고 합니다. 초기 단계에서 우리는, **의식**이 여러분의 형상이라고 말합니다. **의식**이 자신을 몸과 동일시하는 것은 옳지 않습니다. **진인**은 눈에 보이는 모든 것을 참된 것으로 받아들이지는 않습니다. 사람들은 세계에 대한 경험이 무지의 결과라는 것을 알지 못합니다. 몸 안의 지각성은 순수한 무지에 의해 창조됩니다. 무지는 우리의 실체가 아닙니다. 나타난 무지가 아홉 달 동안 갇혀 있었습니다. 그런 뒤에 이 세상에 나왔습니다. 그것은 젖과 오줌과 똥을 아무 차이 없이 똑같이 맛보았습니다. **지**知는 무지에서 나타났고, 무지가 사라질 때 그것도 사라집니다.

요가-명상에 의해서 여러분은 자신의 참된 성품을 알게 될 것입니다.

자아의식이 없는 것을 **삼매**라고 합니다. 무엇이 아홉 달 동안 갇혀 있었는지를 아는 것이 필요하지만, 위대한 **사두**들조차도 그에 대해 생각해 보지 않습니다. 누가 자신의 존재를 알게 됩니까? 우리가 우리의 존재를 알게 되는 것은 의식과 생기 때문입니다. 모든 겉모습을 참되다고 여기는 것은 무지 그 자체입니다. '구루'라는 단어가 아주 중요한데, 그것은 어떤 개인을 나타내지 않습니다. **구루**는 그것으로 인해 모든 현상계가 일어난 것입니다. 처음에는 여러분이 몸이 아니라는 것을 알고, 의식으로서 머무르십시오. 만일 수행하기가 어렵다고 느끼면, 그것을 **라마·크리슈나·브라만**이라고 부르면서 그들을 **스승**으로 숭배하십시오. 이것이 최선의 수행입니다. 여러분의 **의식**을 기쁘게 하기 위해서는, 온전한 믿음을 가지고 그것을 스승으로 숭배하십시오. 그것이 진정한 헌신인데, 그것이 의식을 신의 지위로 올려놓습니다. 여러분이 자신의 존재를 아는 것은 의식 때문이지만, 의식을 **아는 자**는 자아의식이 없습니다. 우리의 의식은 많은 형상들을 취합니다. 의식을 무지로 **아는 자**는 그의 자아의식을 상실합니다. 모든 사람이 그 자신의 이해가 옳다고 확신하는 것을 보면 아주 놀랍습니다.

아홉 달을 갇혀 있는 동안 생시·잠, 갈증·허기와 함께 무지가 창조되었습니다. 몸 안의 **자기사랑**이 주된 문제입니다. 그것을 가라앉히려고 사람들은 온갖 것을 합니다. **참스승**에 대한 헌신 없이 **자기사랑**의 비밀을 아는 것은 가능하지 않습니다. 세계라는 이 큰 장場이 창조된 것은 오직 순수한 무지를 통해서였습니다. 이 모든 것은, 듣고 있는 그 **의식**에 대한 정보입니다. 지금 여러분은 자신의 존재를 자각하지만, 그 또한 참되지 않고, 그것이 지속되는 한 여러분은 고통 받게 되어 있습니다. 이 지知는 아주 단순하고 열려 있어 청문자를 많이 끌 수 없습니다. 가르침이 복잡하고 어려운 곳에는 사람들이 대거 모이지요.

사향노루의 배꼽에서 향기가 발산되듯이, "내가 있다"의 향기가 여러분 안에서 발산됩니다. 그것의 원인을 알아야 합니다. 몸 안의 **의식**은 먹은 음식 즙들의 성질이고, 그것에 의해 여러분이 "내가 있다"는 것을 압니다. 만일 음식 공급이 제대로 이루어지지 못하면 생기가 악영향을 받을 것이고, 여러분의 존재의 느낌은 사라질 것입니다. 그 **듣는 자**에게 주의를 기울이십시오. 그가 듣기는 했으며, 그것은 누구의 정보입니까? 적절한 때가 되면 여러분이 **참스승**의 은총을 얻을 것입니다.

122. 의식의 원인을 알아야 한다

1979년 8월 9일, 목요일

찌다난드(Chidanand)는 존재의 기쁨입니다. 그것은 자연발생적입니까, 아니면 여러분의 선택으로 인해 왔습니까? 여러분은 이 **찌다난드**를 어떻게 얻는지에 대한 정보가 필요합니까? 우리의 **의식**은 욕망함이 없이 일어났지만, 다른 모든 욕망은 그 후에 뒤따라 나옵니다. 여러분은 이 이야기를 마치 여러분과 상관없는 듯이 듣고 있으나, 저는 우리 자신의 정보이기도 한 여러분의 정보를 들려 드리고 있습니다.

질문: 마하라지, **의식**은 시작이 있습니까? 그리고 만약 있다면, 그것을 **의식**이 압니까?

답변: 예. 그대가 **의식** 안에서 안정되면 그것을 알게 될 것입니다.

두 번째가 없는 **하나**인 것, **그것**이 무엇을 깨닫겠습니까? 우리는 우리의 존재를 알게 되고, 그것을 참아내기 위해 많은 것들을 필요로 합니다. 우리가 온전한 **지**知를 가질 때만 **의식**에 대해 편안해질 것입니다. 그러니 **의식** 속으로 깊이 잠수하여 바로 그곳에 머무르십시오. 그러면 의식의 기원과, 그것의 시작까지도 알게 될 것입니다. 그리고 그럴 때에만 여러분이 온전한 만족을 성취할 것입니다. 여러분의 의식은 늘 생기를 수반하고, 마음이 뒤따릅니다. 그러니 마음을 넘어서 여러분이 어디로 갈 수 있습니까? 여러분은 늘 마음 이전입니다. 여러분이 자신을 몸으로 여기기 때문에, 그와 관련하여 여기와 저기, 위와 아래로 감이 있습니다. 아뜨마, 혹은 그것의 지知인 '아디야뜨마(Adhyatma)'는 다른 모든 것 이전 입니다. 아디야뜨마 안에 진아지가 있는데, 그 안에 일체가 들어 있습니다. 넘어선다는 관념은 큰 인간적 오류입니다. 우리의 몸은 음식 물질에 불과하고, 그것은 어느 날 떨어져 나갑니다. 몸 안에 존재애가 있고, 그 것이 찌다난드입니다. 만일 아디야뜨마를 빠라브라만이라고 부른다면 의 식은 브라만이라고 부를 수 있는데, 그것은 모든 것을 뜻합니다. 여러분 은 몸으로서 살고 있는데, 같은 이해理解를 가지고 죽겠습니까? 여러분은 피와 살로 가득한 몸을 자신의 형상으로 기꺼이 받아들였습니다. 찌다난 드는 자연발생적 기쁨이지 여러분이 성취한 어떤 것이 아닙니다.

몸은 의식 때문에 아름답고 매력적입니다. 의식이 없으면 아주 불쾌한 냄새가 날 것입니다. 그렇다면 무엇이 중요합니까? 여러분은 몸 즙들의 창조물이고, 몸-사뜨와와 이런 즙들 때문에 살아 있습니다. 여러분이 주 비슈누의 거주처인 바이꾼타(Vaikuntha)에서 왔습니까? 여러분은 영적인 공부에 관심을 가져서 무엇이 되고 싶습니까? 여러분의 존재의 뿌리에는 영원한 진리가 있습니다. 만일 여러분이 그것을 이해했다면, 오락을 위한 것이 아니면 더 이상 다른 영적인 공부가 무슨 소용 있습니까? 다양한 기예와 학문 분야들도 오락을 위한 것입니다. 여러분이 여기 오는 목적 은 무엇입니까? 여러분이 실제로 무엇인지를 알아야 합니다.

몸의 출현이 여러분의 모든 의심과 질문의 원인입니다. 그렇지 않다 면, 이야기할 필요가 뭐가 있었겠습니까? 여러분이 말하는 단어 하나하 나가 여러분이 시간을 보내는 데 도움이 됩니다. 우리의 말들은 우리를 즐겁게 하지만, 그것이 우리를 곤란에 빠트릴 수도 있습니다. 말 이전인 것은 늘 무엇에도 해를 입지 않습니다. 여러분은 물을지 모릅니다. 이런 이야기를 듣는 것이 여러분에게 어떤 이익이 있느냐고 말입니다. 이익을 얻으려는 모든 욕망과 행위들은 오래 가지 못합니다. 여러분의 모든 진지한 믿음은 어느 날 여러분을 버릴 것입니다. 만일 우리가 아주 오래 산다면, 우리의 상태는 어떻겠습니까? 우리는 음식 즙들의 창조물이고, 그것의 공급에 전적으로 의존해 있는데, 우리가 얼마나 오래갈 수 있습니까? 사람들을 사랑할 때 이것을 명심하십시오.

이 몸의 출현은 하나의 재앙적 사태입니다. 그것은 전적으로 다른 어떤 것과 대면하는 것과 같습니다. 이런 이야기를 들은 결과로 가정생활에 대한 여러분의 욕망이 끝날지 모른다는 의심을 결코 품지 마십시오. 여러분이 무엇을 하고 있든 그것은 오래가지 않을 거라는 것만 기억하십시오. 남자와 여자는 서로 다른 음식 몸들의 형태입니다. 그러니 자신을 한 남자나 한 여자라고 부르는 것은 잘못이라는 것을 기억하십시오. 기억하는 여러분의 주의력조차도 남지 않을 거라는 것만 아십시오.

사랑과 **자기사랑**은 어떻게 다릅니까? 사람들이 서로를 용납하는 한 문제가 없습니다. 누군가에 대한 영원한 사랑이 있습니까? 여러분은 하다못해 자기 자신만큼은 영원히 사랑합니까? 이런 이야기를 들으면 여러분이 사랑에 대해 합당한 중요성을 부여하겠지요. 그렇다 해도, 자신을 사랑하는 것보다 남들을 더 사랑하십시오. 자연발생적인 것은 뭐든 늘 질서가 있습니다. 만일 여러분이 거기에 변화를 주고 부적절한 자비심을 보이려고 하면 문제가 될 것입니다. 만약 사람들의 수명을 늘려주면 인구 증가에 한계가 없을 것이고, 그러면 그들이 무엇을 먹겠습니까? 자비심을 발해서 그들의 행복을 증진할 수 있습니까? 왕이 위대할수록 그에 비례하여 그는 늘 두려움의 대상이 됩니다.[60] 그래서 진인 뚜까람은 가능한 한 미미한 존재로 남는 쪽을 택했습니다. **빠라브라만만큼이나**

가난해지기 위해 가난을 욕망하는 헌신자들이 있습니다. 빠라브라만은 어떤 소유물도 없습니다. 그러나 가난에서든, 행복과 부富에서든, 누구도 그것을 능가하지 못합니다.

스승의 은총이 있으면 이름과 형상이 끝이 납니다. 참스승은 빠라브라만, 곧 충만한 브라만이라고 합니다. 사람들은 빠라브라만에 대해 이야기하지만, 그것은 자아의식이 없습니다. 여러분이 주의 깊게 보호하는 것이 무엇이든, 그것은 어떻게 되겠습니까? 다 사라질 것입니다. 남들을 사랑할 때 이것을 기억하십시오. 진아지를 얻은 뒤에는 5대 원소와 세 가지 성질이 모두 고요해집니다. 그러면 어떤 마음의 변상도 없습니다.

빠라브라만은 수천 번의 우주 해체에도 영향을 받지 않은 것입니다. 그것은 모든 것을 뒷받침하지만, 그것이 무엇을 할 수는 없습니다.

우리의 존재의 느낌을 없애는 것을 초월지(*Vijnana*)라고 합니다. (『다스보드』에 나오는) 람다스(Ramdas)의 말 한 마디 한 마디에는 브라만에 대한 긍정과 함께, 그에 대한 부정도 있습니다. 지각성이 있으면 우리가 좋아하는 것들에 대한 보살핌과 그것들에 대한 숭배가 있습니다. 자신을 몸과 동일시하면서 몸의 웰빙을 추구하는 것은 쓸데없습니다. 지각성은 사라지게 되어 있습니다. 어떤 시간 간격이 있다면 그것은 일정한 때를 기다리는 것입니다. 현현되어 움직이는 것은 우리가 주시할 수 있지만, 미현현이고 고요한 것은 우리가 주시할 수 없습니다.

여러분의 의식은 관례적으로 온 것이 아니라, 청하지 않았는데 갑작스럽게 출현한 것입니다. 허공은 여러분의 '깨어 있다'는 느낌의 빛입니다. 그 후에 다른 원소들이 뒤따릅니다. 그 미미한 깨어 있음 외에 어떤 창조주도 없습니다. 공간에 이어서 시간의 개념이 나오고, 우리는 자신의 수명을 가늠합니다. 듣는 것만으로는 어떤 이해도 생기지 않고, 생시 상

---

60) *T.* 다른 번역본에는 이 대목 앞에 "어떤 사람에게 자비심을 베풀어 그를 왕이 되게 했다고 합시다. 그가 정말 행복하겠습니까? 그 왕이 얼마나 두려움이 많겠습니까?"라고 나온다.

태를 탐구하기 위해 더 깊이 들어가야 합니다. 생시가 무엇인지 알아야 합니다. 그 안에 모든 겉모습들이 있기 때문입니다. 그러고 나면 여러분의 탄생과 죽음에 대한 문제가 끝이 날 것입니다. 해탈 같은 것은 없습니다. 여러분은 자신의 존재를 의식하기 위해 무슨 노력을 기울였습니까? 아니지요, 왜냐하면 그것은 스스로 빛났기 때문입니다. 스승의 은총 없이는 생시가 무엇인지 깨닫지 못합니다. 그러나 우리가 생시 상태가 무엇인지를 알려는 충동을 계발하면, 즉시 스승의 은총이 있습니다.

기쁨에는 많은 종류가 있지만 모두 일시적입니다. 그 기쁨이 끝나면 남는 것은 무엇입니까? 염송과 고행으로 여러분이 위대해질지 모르지만, 모든 것 중에서 가장 위대한 것은 여러분 자신의 의식을 아는 것이고, 그것이 여러분을 모든 경험에서 벗어나게 합니다. 우리가 어떤 신상神像에 대해 명상하면 의식이 한동안 안정됩니다. 그 결과 우리는 바라던 환영幻影을 보게 됩니다. 의식 속에서 신상의 형상을 보는 것을 **사끄샤뜨까르**(Sakshatkar), 곧 깨달음이라고 합니다. 궁극적으로 이것은 의식의 뿌리를 아는 데 유용합니다. 몸과 생기가 지속되는 동안에 이것을 알아야 합니다. 안정된 지혜를 가진 사람을 **반야안주자**般若安住者(sthitaprajna)라고 합니다. 스승에 대한 헌신은 의식의 원인을 알기 위한 필수요건입니다.

아뜨마는 태어나지 않고, 생시·잠, 허기와 갈증의 상태들은 태어납니다. 인간은 그런 것들을 충족하기 위해 많은 노력을 하지만, 그 무엇도 참되지 않습니다. 그것은 재미있는 일 혹은 유희일 뿐이지요. 분별이 필요합니다. 그렇지 않으면 우리가 착각 속에서 길을 잃습니다. 실은 여러분은 모든 상태를 넘어서 있습니다. 여러분은 영원한 **진리**입니다.

123. 진인은 영원한 진리이다

1979년 8월 12일, 일요일

의식은 24시간 주시됩니다. 진인은 성취할 것이 아무것도 없는 사람입니다. 그는 비이원적 상태에 있고, 늘 오염이 없습니다. 그런 상태는 주의(attention)를 넘어서 있습니다. 주의가 사라질 때, 무지인들은 그것을 죽음이라고 부릅니다. 주의의 출현은 늘 일정 기간 동안 지속됩니다.

여러분은 수백만 가지 경험들을 묘사할 수 있지만, 경험하는 자는 묘사를 넘어서 있습니다. 진아지를 얻은 뒤에도 여러분은 자신에게 일어나는 것과 자신이 좋아하는 것을 계속 해나갈 것입니다. 저는 존재하지 않았던, 그리고 장차 남아 있지 않게 될 의식의 출현에 대해서 이야기하고 있습니다. 늘 존재하는 것은 묘사할 수 없습니다. 진리를 안다고 주장하는 사람은 그것을 알지 못합니다. 진리는 늘 말이 없습니다. 생시와 잠이 없던 것, 그것이 앞서의 사건들에 대해 무엇을 알 수 있습니까? 이른바 탄생은 생시와 잠의 상태가 출현하는 것입니다. 여러분의 현재 경험은 여러분의 지각성으로 인한 것입니다. 그 지각성이 남자나 여자, 흑인이나 백인입니까? 여러분이 이 지각성을 어떻게 멈출 수 있습니까? 모르는 가운데 나타난 지각성, 그것을 여러분이 어떻게 일부러 보유할 수 있습니까? 지각성은 개미와 벌레에서부터 주 브라마에 이르기까지의 모든 음식-몸 형상들에 수반됩니다. 모름이 지각성의 반대면으로 여겨지지만, 지각성이 없을 때는 아무것도 없습니다. 5대 원소와 세 가지 성질은 지각성의 창조물입니다. 지각성이 없으면 모든 것이 사라지지만, 아무도 죽지 않습니다.

진인은 영원한 진리입니다. 여러분은 주시하기가 그에게 일어난다고 말하지만, 그는 그렇게 말하지 않습니다. 몸과 생기가 존재할 때는 지각성이 있습니다. 그러나 이것은 지각성이 출현한 뒤에 발견하는 것이지, 그 전은 아닙니다. 만약 전혀 지각성이 없다면 어떻겠습니까? 지각성으로 인한 경험은 언제든 사라질 수 있습니다. 지각성은 **진리**를 아는 데는 아무 쓸모가 없습니다. 꿈의 지각성은 몇 순간 동안 있지만, 오래 지속되는 것처럼 보입니다. 지각성은 남자도 여자도 아니고, **브라만**조차도 아닙니다. 그것은 아무것도 아니지만, 일체가 그것 때문에 존재합니다.

사람들은 여기저기 다니느라고 바쁜데, 왜입니까? 그것은 자신의 **의식**이 그들에게 불편하기 때문입니다. 진인 에끄나트(Eknath)의 어느 시詩에는 전갈에 물리는 것에 대한 이야기가 있는데, 이것은 지각성 자체를 의미합니다. 여러분의 모든 문제에 대한 해법을 얻으려 한다면, 지각성에 대해 명상하십시오.

최고의 원리들은 어디 있습니까? 이런 것들은 말일 뿐입니다. 만일 여러분이 어떤 사람을 위대한 **사두**라고 이야기한다면, 저는 그가 그보다 더 위대하다고 말하겠습니다. 저는 그가 결코 태어나지 않았다는 것을 압니다. 그것은 모두 유머일 뿐이고, 그것은 어떤 규칙과 규제도 없습니다. 여러분이 이런 이야기를 다 들으면, 마하라지는 이 광대한 세계에서 최고의 바보라고 말할지 모릅니다. 사람들은 제가 완전한 바보거나 완전한 인간이지, 그 중간은 아니라고 말할지도 모릅니다.

24시간 내내 우리는 **아뜨마**를 자각합니다. 그러나 우리의 몸-정체성으로 인해 그것을 알아차리지 못합니다. 몸-정체성으로 인해 우리는 아뜨마로서 살지 못합니다. 모든 인간은 그 자신의 개념에 따른 지식으로 가득 차 있습니다.

모든 영적인 **스승**은 자신의 개념에 따라 입문을 베풉니다. 이것은 **라마**와 **크리슈나** 등에게도 해당됩니다. 많은 종교들이 있는데, 우리는 다른 사람의 종교를 받아들이느니 죽는 편을 더 선호할 것입니다. 실은 생시와 잠, 갈증과 허기는 종교일 뿐입니다. 느낌과 감정이 다르지 않을 때는 합의가 있습니다. 이 세상에는 많은 종교들이 있고, 각기 자신이 옳다고 주장합니다. 여러분의 모든 질문은 여러분의 지각성에 대한 명상에 의해서 해결될 것입니다.

어린 아기의 몸뚱이를 바라보고 아기의 이름을 지어줍니다. 당시에는 잠복해 있던 지각성이 (지금) 있습니다. 여러분의 부모는 여러분의 몸을 바라보며 이름을 지어주었지만, 지금 여러분은 자신의 새로운 이해에 따라 자기 자신에게 다시 이름을 붙여야 합니다. 의식 때문에 개아(*jiva*)가 있지만, 지知가 있으면 그것이 이스와라의 가치가 있습니다. 그래서 우리는 **지베스와르**(Jeeveshwar-이스와라인 개아)라는 용어를 만납니다.

우리의 몸들은 누적된 음식 물질에 지나지 않습니다. 마음은 음식-몸의 성질대로입니다. 의식은 허공과 같습니다. 즉, 어떤 단절도 없이 균일하게 부드럽습니다. 우리는 우리가 가장 필요로 하는 것들을 사랑합니다. 우리의 일반적 사랑은 어떤 필요의 요소가 없지 않습니다. 의식의 원인을 알기 위해서는 오로지 의식에 대해 명상하고 나머지는 다 잊어버려야 합니다. 그것을 '의식을 그 자체와 섞기', 혹은 '아뜨마를 아뜨마와 섞기'라고 부를 수 있습니다. 여러분의 욕망이 환생을 이끄는데, 무욕인 자에게는 그렇지 않습니다. 여러분의 몸은 인간의 몸이지 아뜨마의 몸이 아닙니다. 의식이 무엇인지를 아는 사람은 살아 있는 동안에 해탈합니다. 아뜨마는 어떤 행위 없이 남아 있으면서도, 생기에 행위할 힘을 부여합니다. 여러분은 경험하기가 어떻게 일어나고, 누구에게 일어나는지를 알아내야 합니다.

여러분이 눈을 감은 채 보는 것이 **가나샤마**(Ghanashyama), 곧 깊은 푸름 혹은 깊은 검음입니다. **가나샤마**를 보는 데 몰두해 있는 사람은 모든 문제에서 벗어나게 됩니다. 자기 자신의 참된 성품을 봄으로써 정화되는 사람은 자연스럽게 자비로워집니다. 누가 진정으로 자비로울 수 있습니까? 남들을 자기 자신으로 보는 사람입니다. **아뜨마**는 모두에게서 똑같은 하나인데, 그렇다면 누구에게 여러분이 마법을 걸 수 있습니까? 진아에 헌신하는 사람은 모두의 **아뜨마**가 됩니다. 이제 여러분은 **의식**으로서 머무르고, 남들을 개아로 여기지 마십시오. 만일 여러분이 **아뜨마**의 가치를 인식하면, 여러분 자신이 그것을 성취할 것입니다. 남들을 **아뜨마**로서 바라보십시오.

이 아쉬람에 오는 사람들은 내적인 신에게서 인도를 얻었음이 틀림없습니다. 모든 행위가 그의 손 안에 있습니다. (여기) 오는 사람들에게는 환생이 없습니다. 모든 산 존재들을 여러분 자신으로 바라보십시오. **진아** 외에는 어떤 신도 없다는 것을 확신하십시오. 어떤 욕망과 요구도 없이, 그것을 여러분 자신으로 숭배하십시오.

124. 몸은 인간의 것이지 아뜨마의 것이 아니다

1979년 8월 18일, 토요일

빠라브라만에 대해 생각하는 동안 생각은 지복스러운 **진아** 속으로 합일됩니다. **빠라브라만**에 도달할 때까지는 지복만이 있습니다. 도달한 뒤에는 모든 느낌과 감정이 해소됩니다. 그것이 지복의 완성인데, 그것은 지복이 아니라 그것을 넘어선 것입니다.

질문: 마하라지, 빠라브라만을 성취하는 적절한 방식이 있습니까?

답변: 예. 그것과의 일체화(alliance)에 전념해야 합니다. 그대는 **진아**를 성취하는 방식에 대해 묻고 있는데, 그렇다면 **진아**를 성취하는 것이 무엇인지 저에게 말해 보십시오.

저는 전통적인 단어나 언어를 사용하지 않습니다. 여러분이 어떻게 있는지만 보면 됩니다. 여러분의 몸은 인간의 몸이지 **아뜨마**의 몸이 아닙니다. 여러분이 홀로일 때, (명상을 해 보면) 자신의 아주 미미한 존재(being)가 이 세계의 형상을 취했다는 것을 알게 될 것입니다. 그것은 **자신의 존재를 의식하는 자**의 형상입니다. 여러분은 자신을 몸에만 한정하고 있으나, 그 안의 **의식**은 전 우주와 그 이상까지 점유하고 있습니다. 전 세계가 여러분의 **의식** 안에서 개화했습니다. 여러분은 자신의 **의식**을 자각하지만, 그것을 자신과 다르다고 여깁니다. 그래서 아직 **진아**를 깨닫지 못한 것입니다.

우리가 눈에 보이는 세계와 어떻게 관계되는지를 보아야 합니다. 여러분이 자신은 한 개인이라는 개념을 가지고 있는 한, 지복스러운 완전함을 얻지 못할 것입니다. 여러분은 누구의 창조물도 아니고, 심지어 부모의 창조물도 아닙니다. 여러분은 스스로 빛납니다. 전 세계가 여러분 자신의 몸입니다. 어떻게 여러분이 부모를 가질 수 있습니까? 여러분의 존재가 세계에 생명을 부여합니다. "나는 헌신가이다", "나는 죽어서 신의 거주처로 들어갈 것이다"는 모두 거짓된 개념입니다. 여러분은 한 개인으로서, 그리고 광대한 존재계로서, 모든 임무에서 벗어나 있습니다.

이른바 지식 혹은 식견이 **진아**에 대한 여러분의 무지 혹은 착각의 원인입니다. 여러분은 아무 책임도 없는데도, 책임을 상상해 왔습니다. 이것은 여러분의 몸-정체성 때문입니다.

제대로 이해하여 넘어선 사람은 여기 올 필요가 없습니다. 오히려 사람들이 그에게 가야 합니다.

여러분이 여러분의 장신구일 수 없듯이, 여러분은 여러분의 개념이 아닙니다. 여러분의 존재의 느낌이 출현한 것이 이원성의 시작입니다. 그 이전에는 일체가 문제없었습니다. **의식**은 하나의 성질이지만, 그것을 아는 **자**가 하나의 성질일 수 있습니까? 여러분은 **브라만·이스와라** 등과 같은 단어들을 자유롭게 말하고 있지만, 그것이 여러분에게 영향을 줍니까? 단어들에 대한 지知를 깨달음으로 여기지 마십시오. 자신을 진리라고 상상하는 것은 잘못입니다. 이런 이야기들은 무지인들을 위한 것일 뿐입니다. 자신이 진인이라고 주장하는 사람들은 이런 이야기에 머리가 아플지 모르니 말입니다. 결코 진인이라고 주장하지 마십시오.

125. 마음이 있으면 즐거움보다 고통이 더 많다
1979년 8월 23일, 목요일

생시와 잠의 상태들이 탄생합니다. 제가 그 상태들일 수 있습니까? 그래서 이 사실을 아는 자는 불생자입니다. 이 우주 안에는 무수한 산 존재들이 있지만, 그들은 모두 얼마 살지 못합니다. 우리가 죽고 몸이 썩을 때, 수십억의 벌레들이 창조됩니다. 그래서 하나의 산 존재의 최후가 많은 산 존재들을 낳고, 삶은 지속됩니다.

아뜨마는 언제 존재합니까? 사뜨와의 음식-몸이 있는 동안입니다. 몸과 함께 몸의 이름이 오고, 몸과 함께 그것이 사라집니다. 여러분은 늘 남들이 하는 말에 대해 생각합니다. 여러분 자신의 진아에 대해서는 생각해 봅니까? 우리의 진아는 생각을 넘어서 있습니다. 의식을 어떻게 찾습니까? 우리는 의식을 이용하여 다른 모든 것을 찾습니다. 여러분이 태어나면 의식은 이미 갖춰져 있어서, 어떤 찾음도 필요치 않습니다. 그것이 우리의 탄생입니까? 아니면 생시와 잠이라는 상태들의 탄생입니까?

작가와 시인들은 글쓰기의 기쁨 외에 무엇을 얻습니까? 모든 보편적 지知는 여러분의 심장 속에서 나오며, 그것을 아는 자가 빠라브라만입니다. 이 세상에는 남자도 여자도 없고, 그것은 모두 자연발생적으로 출현한 의식-지복의 한 유희입니다. 이것은 모두 개념들의 한 유희이고, 이 세계는 단어들의 그물 속에 살아 있습니다. 분노, 탐욕, 사랑은 존재하지 않습니까? 그것들은 모두 거짓이지만, 당분간은 실재하는 것처럼 보입니다. 생각들은 여러분 자신의 것이 아니라, 바깥의 허공에서 와서 음식 즙과 생기로 인한 모든 산 존재들을 통해 표현되는 것입니다. 과학이 끝나는 곳에서 빠라마르타(Parmartha)가 시작됩니다.

저의 말이 여러분의 말과 충돌할 가능성이 있다 해도, 아무 질문이나 해 보십시오.

진인을 어떻게 알아봅니까? 형상이 없는 자를 어떻게 인식할 수 있습니까? 진인의 말은 의도된 효과를 낳습니까? 물론입니다. 어린 아기가 내는 울음이나 무의미한 소리조차도 효과가 있습니다. 그러나 최종 결과는 무엇입니까? 영靈이라고 우리가 말할 수 있습니까? 그것조차도 아닙니다. 누가 가나빠띠(Ganapati)입니까? 그는 "내가 있다"는 느낌이 시작될 때 맨 처음 꼽아야 할 자입니다. 일체가 그 이후에 뒤따릅니다.

존재나 비존재의 환幻이 없을 때, 그것이 빠라브라만입니다. 그것은 비어 있는 것이 아니라 모든 것에 편재하고 지속적입니다. 그 안에는 어떤 "내가 있다"의 맛도 없습니다. 브라만의 지복은 시절적(seasonal)입니다. 왜 우리는 이 세계에 그토록 많은 중요성을 부여합니까? 세계는 우리의 지각성 안에 있는데, 이 지각성이 중요합니다. 존재성이나 세계에 대한 여러분의 사랑은 무지로 인한 것이고, 참된 지知가 있으면 그것이 사라질 것입니다. 인간들을 속이는 것이 마음입니다. 마음을 사용해서는 진리에 이르지 못합니다. 마음을 아는 자를 분별(viveka)이라고 합니다. 마음은 유용하고 주된 행위자라고 하는 개념들은 올바른 분별이 아닙니다. 우리의 존재 혹은 현존의 느낌은 마음 이전인데, 그 느낌을 사실들에서 분리시킨 것이 마음입니다. 여러분이 고통을 알게 되는 것은 마음 때문입니까, 아니면 마음 그 자체가 고통입니까? 마음 너머에는 신적인 내관

內觀에의 몰입이 있습니다. 그래서 고통이 없습니다. 마음은 고통일 뿐인데, 그것은 몸과의 동일시 때문입니다. 여러분은 마음이 없을 때 무슨 일이 일어날지 걱정합니다. 그렇다면, 자궁 속에서나 여러분이 네 살가량 때까지, 마음이 있었는지 말해 보십시오. 마음이 여러분의 몸-형상을 발육시켰습니까? 마음 없이 누가 여러분을 돌보았습니까? 마음을 아는 자는 마음이 없을 때 무슨 일이 일어날지 결코 걱정하지 않습니다. 여러분에게 마음이 중요한 것은, 여러분이 정확히 마음이 시키는 대로 하기 때문입니다. 여러분이 분별을 사용하여 '마음을 아는 자'가 되면 이것을 깨달을 것입니다. 마음이 있으면 즐거움보다 고통이 더 많습니다. 별 이유 없이 여러분이 불행해지고, 죽을 때까지 괴로워합니다.

마음을 규제하려면 분별을 사용해야 합니다. 분별로써 우리가 몸도 아니고 몸의 사뜨와도 아니라는 것을 알 때, 우리는 어떤 상황에서도 영향받지 않게 됩니다. 그러나 우리가 복이 있어서 **참스승**을 만나고, 그의 말씀을 고수하면서 다른 모든 가르침을 무시할 때만 그것이 가능해집니다. **브라만**은 무한한 이름이 있지만 '여러분은 **그것** 자체다'라는 스승의 언명만 받아들이십시오. **신**은 우리가 있는 곳에 있고, 그는 이 우주로 눈에 보입니다. 우리의 **의식**이 없으면 어떤 **바그완**도, 어떤 **신**도 없습니다. 우리의 **의식**이 없으면 어떤 **브라만**도, **마야**도, **신**도, 심지어 개인적 영혼도 없습니다. 실은 여러분은 이름과 형상이 없지만, 보고 들은 모든 것에 대해 마음에 새겨진 인상들로 인해 몸과의 동일시가 있습니다.

여러분의 **의식**이 **이스와라**가 존재한다는 증거입니다. 여러분은 **이스와라** 이전입니다. **이스와라**라는 단어는 형상을 가진 한 개인을 말하는 것이 아니지만, 그것이 전 우주로서 나타납니다. 여러분이 오래 살면서 많은 것들을 축적해도, 끝에 가서는 아무것도 남지 않을 것입니다. 만일 여러분이 125세를 산다면, 여러분의 상태는 6개월 내지 12개월 된 아이와 비슷하겠지요. 자신도 모르게 똥을 싸고 오줌을 쌀 것입니다. 오래 사는 것이 너무 끔찍해 보여서, 사람들이 여러분을 비웃게 될 것입니다. 이 세상 어디서나 존경받던 사람들도 늙으면 무시당합니다. 만일 평생토록 각광 받는 상태로 남아 있고 싶다면, 적당한 나이까지만 살아야 합니다. 존재계의 본성은 바꿀 수 없고, 괴로움을 최소화하기 위해서는 여러분 자신을 조정하면 됩니다.

마야는 결코 일어나지 않은 것을 뜻합니다. '존재하지 않는 것'이 자신은 실제로 일정 기간 동안 살았다고 느꼈습니다. 이것은 마음의 이야기입니다. 마음에 대한 경험이 없을 때는 전혀 어떤 필요물도 없습니다. 여러분이 자신의 존재와 행위들을 확신하는 한, 마음이 여러분을 괴롭힐 것입니다. 의식은 한 개인이 아니고 현현된 지각성(manifested knowingness)일 뿐입니다. 몸은 형상이 있지만, 여러분에게 "내가 있다"는 느낌을 안겨주는 의식에 무슨 형상이 있습니까? 여러분은 언제 자신의 존재를 처음 알게 되었습니까? 무슨 책을 읽어서 그것을 알 수 있습니까? 여러분은 자신에게 갑자기 일어난 그 존재입니까, 아니면 자신의 존재를 알기 이전입니까? 지각성을 아는 자는 그것과 멀리 떨어져 있습니다. 만일 여러분의 행동이 이런 이야기와 부합하게 변한다면, 이미 있는 완전함이 여러분의 것이 될 것입니다.

126. 몸-형상에 집착하면 에고가 떠나지 않는다
1979년 8월 30일, 목요일

질문: 진인도 의식을 가지고 있습니까? 만약 가지고 있다면, 어떻게 가지고 있습니까?

답변: 그는 의식을 가지고 있지만, 한 개인으로서는 아닙니다. 그의 의식은 그의 몸에 한정되지 않습니다.

그것은 무소부재합니다. 실제로 그는 이름이 없지만, 만약 전체에 어떤 이름이 있다면 그것을 사용할 수도 있습니다. 여러분의 의식은 빛인데, 그것은 **빠라마뜨마** 안에서 자연적으로 나타났습니다. 여러분이 영적인 공부에 관심을 갖느냐 여부는 **빠라마뜨마**에 어떤 식으로도 영향을 주지 않습니다. 자신이 별개의 개인이라는 상상이 여러분에게 영향을 줍니다. 눈에 보이는 모든 것 안에 **의식**이 있는데, 여러분이 무엇을 의식하든 그것은 여러분의 **의식**의 창조물입니다. **의식**은 그것을 **아는 자**, 즉 **빠라마뜨마**에서 출현합니다. 여러분이 모든 것에 편재하는 이 **의식**에 대한 지知를 이미 가지고 있다면 해탈이 필요 없습니다. **진인**의 관점에서 보자면 누구도 속박되어 있지 않습니다. 사람들이 속박되어 있는 것처럼 보이는 것은 그들 자신의 믿음의 결과입니다. **진인**은 우리와 별개가 아니므로, 그는 별개의 한 존재로서 무엇을 할 수 없습니다. 우리는 우리의 믿음대로 이익을 얻습니다.

여러분은 스스로 자신이라고 주장하는 그것이 될 것입니다. **보편적 의식**은 붙잡아 둘 수가 없습니다. 다양한 신의 이름들은 **의식** 자신의 이름입니다.

자신의 탄생을 확신하는 사람만 여기 오겠지요. **불생자**不生者가 이곳을 찾아올 가능성은 없습니다. 모두가 **진인**을 자신의 마음-지성 그릇에 따라 알려고 애씁니다. 과학자들은 물질세계 안에서 연구하고 발명을 할 수 있는데, 그 세계는 하나의 원인을 가지고 있습니다. 무無원인의 장場 속에서는 그들이 연구하고 발전할 수 없습니다. 몸의 도움으로는 여러분이 **빠라브라만**을 파악할 수 없습니다. 이 과학자들이 아무리 애를 써도 그들의 과학은 **의식**의 원인을 탐색하지 못합니다. 만약 우연히 성공한다면 그들의 희망·욕망·열망이 사라질 것입니다. 그러면 그들은 **자기사랑**

에서도 벗어나게 될 것이고, 그들의 모든 작업이 멈추겠지요. 모든 지知는 오래된 것이지만 우리는 그것을 뒤늦게 이해하는 탓에 그것을 새롭다고 생각합니다. 바그완이라는 단어는 빛을 뜻하고, 바그와띠(Bhagwati)는 그것의 행동을 뜻합니다.

죽음이 그토록 확실한데, 왜 바로 지금 진리를 알지 않습니까? 빨리 노력할수록 성공의 가능성이 더 높아집니다. 모든 산 존재는 자기 자식을 낳은 뒤에야 진정한 사랑·자비·부드러움을 압니다. 진아지의 경우도 비슷합니다. 우리가 지식을 가지고 있다는 느낌은 하나의 가려움증과 같습니다. 지식에서 벗어나는 것이 진정한 자유입니다. 진아를 깨달은 자는 그 자신에게 쓸모가 없게 됩니다. 그가 무엇을 받든, 그 역시 그에게는 쓸모가 없습니다. 모든 지知를 넘어선 그 상태에는 모든 과학적 단어들이 쓸모없습니다. 과학은 믿을 수 없는 것들을 성취할 수 있지만, 아뜨마는 그것을 넘어서 있습니다.

"나는 하나의 형상을 가지고 있다"는 여러분의 개념이 떠나면, 여러분의 에고가 사라집니다. 그러면 남는 것은 순수한 의식입니다. 여러분이 가지고 있는 것은 지각성뿐인데, 여러분은 그것을 멈출 수도 없고 없앨 수도 없습니다. 스승에 대한 헌신으로 충만된 사람은 해탈에 더 가깝습니다. 존재애가 있어서, 모두가 살아 있겠다고 말없이 주장합니다. 진아 깨달음과 함께 이 주장이 사라집니다. 여러분은 매 순간 뭔가를 가정하는 습관이 있습니다. 만일 생각하는 것을 피할 수 없다면, 여러분의 몸 없는 존재만을 생각하십시오. 몸-형상에 집착하는 한 여러분의 에고가 떠나지 않을 것입니다.

바잔(bhajans)은 진보된 헌신가나 진인들의 영적 체험에 대한 묘사로 가득한 헌가獻歌입니다. 규칙적으로 바잔을 불러서 그 의미가 여러분을 통해 현현하게 해야 합니다. 이 헌가 찬송은 진아 주변의 불순물들을 제거해 주는데, 심지어 이 불순물들이 브라만으로 변모하기도 합니다. 진아지를 가졌다는 평판을 얻었던 어떤 사람들은 그 명성에 고착되었습니다. 최종적 해탈을 위해서 숭배하는 사람들은 영적인 추구를 하는 다른 사람들에게 도움이 됩니다.

모든 산 존재들에게는 그들의 운명이 있다고 하지만, 그 운명이 어디서 왔습니까? 그것은 그들의 지각성에서 나오는데, 그 지각성이 출현해 있습니다. 여러분은 소유물과 가족에 대한 집착에 자신을 매몰시켜 왔습니다. 들숨과 날숨에 의존해 있는 여러분의 존재가 얼마나 신뢰할 수 없는 것인지를 늘 기억하십시오. 남들에게서 확신을 빌리지 말고, **진아**에 대한 여러분 나름의 확신을 가지십시오. 어떤 바잔을 부르는 동안은 그 단어 하나하나를 올바르게 발음하십시오. **진인**들의 단어 하나하나가 중요하고, 전체 바잔의 의미는 여러분을 **진아 깨달음**으로 이끄는 데 도움이 될 것입니다.

127. 그대는 세계 이전이다

1979년 9월 9일, 일요일

세계에 대한 경험은 여러분의 존재성과 함께 자연발생적인 것이고, 그것은 여러분이 하는 생각의 결과가 아닙니다. 지각성을 **아는 자**는 그것 이전이고, 모든 이야기는 지각성 안에서 일어납니다. 이 세계는 허공 안에 있고, 여러분은 그 전인데, 이는 그것이 나오기 이전이라는 뜻입니다. 여러분이 모르는 가운데, 여러분의 존재성이 음식 즙들 안에 있습니다. 이런 영적인 지知를 듣는 인연은 여러분이 과거에 한 선행과 큰 복의 결과입니다. 그런 것이 없다면 이런 지知를 멀리할 것이고, 그것은 그 개인의 죽음으로 이어집니다.

식물들도 **브라만**이지만 식물은 말을 하지 못합니다. 식물도 **의식**이 있으나 개인성은 없습니다. 눈에 보이던 꿈 세계는 결국 **의식** 속으로 합일됩니다. 모든 **브라만**은 하나이지만 그것은 5대 원소로서 작용합니다. 여러분의 **의식**에 대해 명상하십시오. 여러분의 **의식**은 보편적이고, 모든 언어들은 **의식**에 기인하지만, 그것의 주시하기가 누구에게 일어납니까? **의식**과 함께 사랑, 곧 존재애가 옵니다. 이 기대가 늘 **의식**에 수반됩니다. 그것이 **의식**의 성품입니다. **진인**도 **의식**을 주시하고 사랑에 충만해 있는데, 그 사랑은 보편적입니다.

여러분은 저에게 무슨 말을 해도 좋습니다. 어떤 말도 저를 화나게 하지 않을 것입니다. 왜냐하면 그 말들은 마치 테이프 녹음기에서 나오는 것과 같기 때문입니다. 그 녹음기가 지성을 가졌습니까? 큰 힘인 **원초적환**幻이 그 테이프입니다. 저는 그것의 활동과 무관합니다. 여러분의 기대는 한 개인의 기대인 반면, 저의 기대는 보편적입니다. 여러분의 **의식**은 5대 원소로 이루어진 음식 즙에서 비롯됩니다. 음식 물질은 늘 **의식** 이전에 옵니다. **의식**은 **자기사랑**과, 그것의 모든 필요물들을 의미합니다. 이 **의식**은 설탕의 단맛과 같습니다. 몸이 끝날 때 그것이 어디로 가겠습니까? 그것이 **바이꾼타**(비슈누의 천상계)로 갈 수 있습니까? 무지한 사람들은 환생에 대한 이야기를 들어 왔고, 꿈처럼 그것을 초대합니다. **진인**이 볼 때는, 생기가 몸을 떠날 때 그 **의식**은 의식하지 못하게 됩니다. 어디서 옴도 없고 어디로 감도 없습니다. **의식**의 현존 안에 숨어 있던 것은 생기가 떠난 뒤에도 숨어 있습니다. 여러분의 존재를 아는 자(빠라마뜨마)는 어떤 이름과 형상도 없습니다. 여러분의 **의식**과 '내가 있음'은 둘이 아닙니다. 몸 안에 있는 여러분의 **의식**은 여러분이 있다는 것을 말해주지만, 몸 바깥에서는 그것이 **보편적 의식**입니다.

모든 산 존재들이 해탈을 얻을지 모르지만, 하나인 **신**이 어떻게 그 자신을 만나겠습니까? 알려지는 모든 것은 거짓이고, 알려지지 않는 것이 진리입니다. 여러분은 무엇을 알고 싶습니까? 만일 여러분이 무엇인지를 알면, 여러분의 일은 끝납니다. 한 순간의 지속 시간은 얼마입니까? 한 백만장자의 아들이 1주일간의 용돈이 든 지갑을 잃어버린다고 합시다. 만일 그 지갑을 가난한 짐꾼이 발견한다면, 그것은 그에게 큰돈이 되지 않겠습니까? 마찬가지로, **원초적 환幻**의 한 순간이 아주 긴 시간과 맞먹고, 그 기간 안에 우주가 몇 번이나 해체됩니다. **마야**는 우리의 어머니와 같지만, 우리가 **그녀를** 끌어안아야 합니까? 아니지요, **그녀가** 거짓이라는 것만 아십시오. **마야**는 사람들이 붙인 이름입니다. 신생아는 이름이 없습니다. 여러분이 마음대로 그 아이에게 이름을 붙입니다. 여러분의 모든 경험은 과거의 경험입니다. **진리**는 경험될 수 없습니다. 여러분은 **진리**가 되거나 **진리**인 체할 수 있습니까? 우리가 어떤 드라마에서 **진리**의 역을 할 수 있습니까?

우리는 늘 존재했지만, 우리의 존재를 몰랐습니다. "내가 있다"는 우리의 기억은 야다바 일족(Yadavas)의 왕인 **스리 크리슈나**가 출현하듯이 갑자기 빛났습니다. 그는 모든 기억들, 기억하기와 잊어버리기의 왕입니다. 그가 자신의 존재성이 왜, 어떻게 나타났는지에 대한 **자신의** 체험을 들려주고 있습니다. 여러분의 마음과 그 마음의 번뇌 없이 듣기만 하십시오. 여러분의 **의식**의 움직임을 의미하는 스승의 두 발을 결코 잊지 마십시오. 여러분은 자신이 이 몸-형상으로 어떻게 출현했는지 기억합니까? (이 형상에) 도달하기 위해 어떤 거리를 걸어야 했습니까? 도달하기 위한 어떤 걷기도 없었는데, 왜 어떤 길을 이야기합니까? 여기서 우리는 어떤 길도 이야기하지 않습니다.

마야는 체험들의 홍수를 의미하는데, 그것을 아는 자가 **뿌루쇼땀**(Puru-shottam-가장 위대한 인간)입니다. 그는 한 개인이 아니라 **절대자**입니다. 여러분의 진정한 **존재**는 여러분이 존재한다는 소식과 별개입니다. 현재 여러분의 의식은 여러분이 존재한다는 소식입니다. 지금 여러분의 생시 상태가 작용하고 있는데, 그 상태는 잠-생시(sleep-waking)[61] 속이나 꿈속에서도 작용할 수 있습니다. 이 경험을 **마야**라고 하며, 그것이 개인적 영혼을 힘들게 일하도록 만듭니다. 존재성이 잊힐 때까지는 **의식**이 안정되게 머무를 수 없습니다. (감각대상에 대한) 모든 즐김들은 거칠지만, 그것이 미세해집니다. 마음의 변상들은 미세하지만 그것들이 거친 형상을 취합니다. 느껴질 수는 있으나 보여줄 수 없는 것은 미세합니다. 모든 개인들은 5대 원소의 활동과 행동에 의해 영향을 받습니다. 몸을 자신의 형상이 아니라고 배척하는 것은 매우 용기 있는 일입니다. 여러분의 **의식**에 대해 큰 존경심을 가지고, 세간적 활동을 하는 동안에도 그것을 잊지 마십시오.

128. 그대의 불멸성에 대한 내적 믿음을 계발하라

1979년 9월 13일, 목요일

남들의 실수를 용서해 주는 것은 스승의 참된 헌신자들에게만 가능합니다. 여러분은 존재하기를 사랑하는데, 이는 여러분의 존재 자체가 사랑이기 때문입니다. **의식**을 아는 자는 24시간 늘 깨어 있습니다. 우리의 존재의 느낌과 사랑은 둘이 아닙니다. 이 사랑은 하나가 다른 하나를 위한 것이 아닙니다. 이것을 이해하십시오.

여러분의 지각성이 곧 **브라만**이 존재한다는 증거입니다. 그것은 어떤 저택에 누가 사는지 보여주는 문패와 같습니다. 여러분이 살아 있는 한,

---

61) *T.* 혹은 '깨어 있는 잠'. 외관상 잠들어 있으나, 분명한 의식이 유지되는 상태.

빠라마뜨마가 여러분의 의식의 뿌리에 있다는 것을 결코 잊지 마십시오. 여러분은 몸이 아니라 그 안에 있는 것입니다. 여러분의 몸-정체성이 여러분이 높은 상태에서 전락한 원인입니다. 이 전락은 실재하지는 않고, 여러분의 상상일 뿐입니다. 여러분의 의식은 브라만이 존재한다는 것을 말해주는데, 몸과의 동일시는 죄를 늘리는 것과 다를 바 없습니다. 그 결과, 감각 즐김에 대한 여러분의 갈망이 늘어납니다. 여러분이 아뜨마의 지복 안에 있지 못하는 이유가 이것입니다. 감각대상을 즐기면 즐길수록, 즐기려는 갈망이 늘어납니다. 여러분의 마음과 지성(intellect)이 의식 안에 흡수될 때 완전한 만족이 있을 것입니다. 스승의 은총이 있으면 여러분의 의식이 그 자신을 명상하는 일에서 성공할 것입니다.

어떤 지知도 형상이 없습니다. 우리의 의식을 산스크리트어로는 냐나(jnana)라고 하는데, 그것은 지知를 뜻합니다. 그것은 아무 형상이 없고, 그것이 자신을 몸과 동일시하는 것이 혼란을 야기합니다. 우리가 몸이 아니라는 것을 알면 모든 혼란이 끝날 것입니다. 여러분이 욕망에 가득 차 있으니 이원성이 계속될 것이고, 그러면 진아를 탐구할 시간이 없겠지요. 어떤 욕망도 갖지 마십시오. 왜냐하면 욕망은 갈등을 가져오기 때문입니다. 여러분은 모든 욕구에서 벗어나려고 모든 솜씨를 다 발휘하고 있지만, 결코 그렇게 되지 않습니다. 진아 깨달음을 얻으면 일상사에 대한 여러분의 모든 걱정이 끝날 것입니다. 몸이 여러분의 형상이 아니라는 확신을 계발하면, 5대 원소에서 몸이 '왜', '어떻게' 창조되었는지에 대한 완전한 지知를 갖게 될 것입니다. 모든 사건은 지성이 부족한 데서 오는 결과인데, 괴로움을 겪는 동안 지성이 등장합니다. 이 이야기를 듣는 동안은 그 들음을 자각하는 그것에 주의를 기울이십시오. 그러면 여러분의 모든 욕구에서 벗어나게 될 것입니다. 극소수만이 아뜨마에 전적으로 의존합니다. 모든 산 존재들은 그들의 몸에만 믿음을 가지고 있습니다. 내면에서 계발되는 두려움이 여러 가지 형태로 밖으로 드러납니다. 자신이 몸이라는 기억에서조차도 벗어나십시오.

어떤 죽음도 없고, (소위 죽음이란) 눈에 보이던 것이 보이지 않게 될 뿐입니다. 보이지 않던 것이 다시 보일 수 있게 되는 것이 의식의 성품인데, 그것을 환생이라고 합니다. 그것은 어떤 개인의 행위가 아닙니다. 의식은 오고 가는 수고를 하지 않습니다. 여러분의 죽음 없는 성품을 알아야 합니다. 여러분의 불멸성에 대한 내적 믿음을 계발해야 합니다. 여러분의 의식에게, 의식은 보이지도 않고 보이지 않는 것도 아니지만 그것으로 인해 사물들이 보인다는 것만 알게 하십시오. 이것은 어떤 활동과도 무관하고, 의식이 그 자신을 자각하게 하는 것뿐입니다. 여러분은 행복을 욕망하고, 그것을 얻기 위해 모든 활동을 합니다. 여러분은 이런 활동을 하는 것을 즐기지만, 궁극적으로 발견하는 것은 여러분이 자기 앞에 장애물을 하나 더 만들어냈을 뿐이라는 것입니다.

저의 지복은 진아의 지복이지, 외부의 대상들을 즐기는 데서 오는 것이 아닙니다. 아이가 어떤 외부적 영향에 의해서가 아니라 내적인 변화로 인해 젊은이가 되듯이, 여러분의 지각성 자체가 여러분을 진정으로 행복하게 만들 수 있습니다. 여러분의 의식은 그 안에 여러분이 필요로 하는 모든 행복과 만족을 가지고 있습니다. 바깥에서 기쁨을 찾을 필요가 없습니다. 이와 같이 의식 안에 흡수되어 있는 사람은 아무 욕망 없이 지복 안에 있는 것입니다. 다른 사람들은 충족되지 못한 욕망들로 가득 차 있고, 그들의 얼굴에서는 낙담을 볼 수 있습니다.

129. 해가 어둠을 볼 수 있는가?

1979년 9월 20일, 목요일

여러분은 자신의 지각성만 가지고 있는데, **여러분**이 그것의 주시자입니다. 이 지각성 안에 5대 원소와 일체가 들어 있습니다. 몸에 대한 기억 외에 여러분이 달리 무엇을 가지고 있습니까? 여러분의 모든 고통과 쾌락, **브라만** 혹은 **마야**는 여러분의 지각성 안에 있습니다. 여러분이 몸이 없게 될 때, 여러분의 모든 문제가 끝날 것입니다. 결국 '나'조차도 남지 않습니다. 아무것도 남아 있지 않다는 것을 깨달을 때, 여러분은 우리의 경례를 받을 자격이 있습니다. 그러나 그것이 여러분의 안정된 상태여야 합니다. 지각성을 **아는 자**는 움직임 없이 안정되어 있습니다.

여러분의 활동은 여러분이 듣거나 생각하는 단어들의 의미에 따라 일어납니다. 만일 단어들의 의미가 분명치 않다면, 여러분이 무엇을 알거나 행하겠습니까? 여러분은 자신의 실체가 무엇인지에 대한 어떤 분명한 표지標識를 가지고 있습니까? 여러분은 자신이 단어들의 사용 면에서 한 사람의 전문가라고 생각하고, 그에 따라 단어들을 사용합니다. 여러분에게 자아의식이 없으면 자연히 **이스와라** 상태 안에 있게 됩니다.

어떤 질문에 대한 답변도 그 질문 이전에 존재합니다. 어떤 답변이 사전에 존재하지 않고는 질문이 일어날 수 없습니다. 이것은 모든 질문들이 **마야**, 즉 **의식**으로 인해 일어난다는 것을 의미합니다. **마야**가 없으면 질문도, 그 답변도 있을 수 없습니다. **실재**가 등한시되어 왔고, 그것이 사실들에 대한 무지로 이어졌습니다.

여러분이 이 세상에 온 것에 대해 어떤 증인을 세울 수 있습니까? 만일 그러지 못한다면, 여러분이 떠나는 것에 대해 어떤 증인을 구할 수 있습니까? 그것은 모두 하나의 환幻입니다. 여러분에게는 도착할 어떤 발도 없는데, 어느 발을 이용해서 떠나겠습니까?

여러분이 현재 무엇을 듣고 있든, 그것이 아무 쓸데없다는 것이 언젠가 분명히 이해될 것입니다. 여러분의 의식이 얼마나 오래 지속될지 저에게 말해줄 수 있습니까? 장님에게 지팡이가 필요하듯이, 사람들에게 다양한 신들의 이름이 붙여져 그것이 하나의 지지물 구실을 합니다. **진아**지가 있으면 여러분과 남들 사이에서 어떤 차이도 보지 않게 될 것입니다.

질문: 의식과 그것의 모든 내용이 사라질 때, 주시자는 어떤 변화도 없이 남습니다. 만약 그렇다면, 왜 (사람들은) 윤리와 도덕철학을 이야기합니까?

답변: 그대는 자신이 죽게 되어 있는 존재라고 믿고, 죽은 뒤에는 징벌이 있을 거라고 예상합니다. 그래서 (윤리 같은) 그런 것들에 대한 이야기를 듣게 됩니다.

해가 한 번이라도 어둠을 볼 수 있습니까? 그래서 **진인**은 모두를 **자신**과 같다고 봅니다—누구도 속박되어 있지 않고, 어떤 구도자도 없다고 말입니다. 모든 종교는 무지의 한 유희입니다. 여러분이 무엇을 걱정할 때는, 자신이 무엇을 자기 자신으로 여기는지만 보십시오. 여러분의 불행은 "행복"이라는 단어가 써져 있는 하나의 소포와 같습니다. 여러분이 **의식**을 갖기 이전에, 자신이 어느 때인가 이 **의식**을 갖게 될 거라는 생각을 털끝만큼이라도 했습니까? 여러분의 **의식**과 세계는 하나라는 것을 알아야 합니다. 그래야 여러분의 세계가 여러분에게 아무 쓸모가 없고, 여러분도 그 세계에 아무 쓸모가 없다는 것을 알 것입니다. **의식**을 **아는** 자가 어떻게 **의식**과 별개일 수 있습니까? 그것은 해와 햇빛의 관계와 같습니다. 우리의 **의식**이 이원성의 원인이고, **의식**이 없으면 이원성이 사라집니다. 깨어나기 전에는 비이원성이 있고, 깨어남이 이원성을 낳습니다. **의식**이 없으면 어떤 남들도 없고, **의식**이 있으면 많은 남들이 있습니다.

만일 해가 자신의 빛 주위를 돌아가려고 한다면, 해의 여정은 끝이 없을 것입니다. 마찬가지로, 여러분은 의식을 이용해서 이 존재계의 끝을 발견할 수 있습니까?

여러분의 의식은 작지 않고, 그것이 전 세계입니다. 여러분은 의식이 아니라 그것을 아는 자입니다.

여러분의 헌신이 진아지, 곧 브라만의 지知로 이끕니다. 어떤 사람들은 이런 이해를 가지고 숭배하고, 어떤 사람들은 무지하게, 즉 제대로 이해하지 못한 채 숭배합니다. 크리슈나는 말합니다. "나는 세계로서의 나 자신을 본다. 그대가 이 세상에서 무엇을 보든, 그것은 나 자신의 형상이며, 나와 별개가 아니다. 이런 이해를 가지고 나를 숭배하는 사람들이 나의 가장 좋은 헌신자들이다."

여러분은 이 이야기를 듣고 있지만, 무엇을 가지고 (집으로) 돌아가려 합니까? 여러분의 의식과 친교하는 것이, 몸의 출현과 (이런 이야기를) 들을 필요가 있는 이 재앙적 사태를 가져왔습니다. 여러분의 의식은 무한하고, 한량이 없습니다.

내가 한 남자거나 여자라는 것을 아는 것이, 의식 아니고 누구입니까? 라마와 크리슈나는 진정한 구도자들이었는데, 나중에는 화현들로 불렸습니다. 그들은 (구도자일 때) 의식을 그들의 참된 성품으로 숭배했습니다. 다른 사람들은 그들의 신상神像에 대해 명상했습니다. 여러분은 자기 좋을 대로 여러분의 활동을 계속해도 되지만, 스승의 말씀을 실천에 옮기는 것을 결코 잊지 마십시오. 그가 여러분을 브라만이라고 불렀는데, 그것을 받아들이는 일이 부모가 지어준 이름 받아들이는 것만큼이나 쉬워야 합니다. 그 이름이야 여러분이 죽을 때까지 잊지 않겠지요. 왜 스승의 말씀도 똑같이 쉽게 받아들이지 않습니까?

진아는 지복스럽고, 어떤 외적인 오락도 필요로 하지 않습니다. 여러분이 죽기 이전에, 여러분에게는 어떤 실제적인 옴과 감도 없다는 것을 알아야 합니다. 거울이 깨끗하면 그 속의 이미지들이 깨끗합니다. 마찬가지로, 여러분이 순수한 의식을 가지고 있으면 세계가 여러분의 의식 안에서 유희하고 있는 것을 볼 것입니다. 참된 헌신자에게는 결코 전락이 없고, 완전함을 향한 진보만이 있습니다.

130. 참된 종교는 진아를 깨닫는 것이다
1979년 9월 27일, 목요일

우리의 의식은 사뜨와(sattva)—곧, 우리의 몸을 구성하는 음식 즙들의 성질입니다. 나이가 들면 지성이 나날이 약해집니다. 꽃에 향기가 있듯이 음식 몸 안에 의식이 있는데, 그것이 자신을 몸과 동일시하여 자신을 한 남자나 여자로 부릅니다. 음식 몸이 없으면 생기도, 의식도 없습니다. 우리가 무엇인지를 모르는 한, 우리는 하나의 몸으로서 괴로움을 겪게 되어 있습니다. 만일 여러분이 자신은 몸도 아니고 의식도 아니라는 것을 깨달으면 어떻게 될까요? 여러분은 생기와 의식에 대해 그것들을 마음대로 지속할 수 있는 무슨 통제권을 가지고 있습니까?

열반(nirvana)은 마치 의식이 없는 것처럼 되는 최종적 해체를 의미합니다. 의식이 없으면 사뜨와는 자신의 존재를 모릅니다. 의식의 기원, 그것의 유지와 해체를 아는 사람이 참으로 아는 자이며, 그는 침묵하고 있기를 선호합니다. 여러분의 활동 중 어느 것이 여러분 주위의 허공을 동요시킬 수 있습니까? 그렇다면 어떻게 니르구나가—저 조건 지워지지 않고, 속성 없는 것이—무엇에 의해 영향을 받겠습니까?

명상 속에서 의식이 무감각해질 때 그 상태를 삼매(samadhi)라고 합니다. 이때는 마음이 없고 몸의 존재도 느껴지지 않습니다. **무상삼매**無相三昧(Nirvikalpa Samadhi)에서는 의식이 없지만, 건강한 몸이 유지되는 한 의식이 돌아올 수 있습니다. 몸이 없으면 누가 그것을 알겠습니까? 그것은 브라마·비슈누·마헤쉬(시바)에게도 해당됩니다. 이런 것들은 지각성에 붙여진 이름입니다. 자신을 몸이나 어떤 개념들과 동일시하는 것은 비종교적입니다. 의식을 자신의 형상으로 깨닫는 이들, 그들은 신처럼 됩니다. 우리의 참된 종교는 **진아**를 깨달아 **진아**처럼 사는 것입니다. 그런 사람이 **진인**이며, **진인**만이 스승입니다. 다른 사람들은 철학 선생이거나 선행 홍보자일 뿐입니다. 이런 사람들은 마음의 변상變相의 장場 안에 있을 뿐, 마음 이전인 의식에 대한 참된 지知가 없습니다. **진아**로서 사는 사람은 나고 죽음의 괴로움을 겪지 않습니다. 어떤 사람이 자신의 지위를 방어해야 하는 한, 그는 성취하지 못한 것입니다. 희망·욕망·갈망이 늘 몸-정체성에 수반됩니다. **진인**만이 **진아**라는 참된 **다르마**를 압니다.

여러분은 귀로 듣는 것이 아니라 의식으로 인해 듣습니다. 몸이 없으면 어떤 의식도 없습니다. **진아** 안에는 이원성이 없고, 따라서 상대성도 없습니다. 죽음이 있다거나 자신이 이 세상을 떠나게 된다고 믿는 한, 그 사람은 환幻을 초월하지 못한 것입니다. **진아** 깨달음을 기대하는 것은 잘못입니다. 왜냐하면 **진인**은, 그런 기대가 있으면 그것이 다가오지 못하고, 어떤 기대도 없을 때 그것과의 영원한 하나됨이 있다고 말하기 때문입니다.

스승의 명을 따르는 것은 스승에 대한 큰 봉사입니다. 그러니 여러분의 자각 속에 늘 **진아**를 간직하십시오.

131. 몸이 떨어져 나가기 전에 경각하고 있으라

1979년 9월 30일, 일요일

여러분이 자신의 존재를 아는 것은 여러분의 의식 때문입니다. 마음은 늘 의식에 수반되는데, 이는 마음이 의식의 언어이기 때문입니다. 마음은 여러분이 몸이 아니라는 것을 모르고, 그 얇은 의식 안에 들어 있습니다. 여러분의 마음이 있을 수밖에 없으니, 그것이 있을 때 여러분의 의식을 자각하십시오. 마음의 도움을 받지 말고, 의식을 주시하여 여러분이 무엇인지를 알아내야 합니다. 마음은 자기 일을 하라 하십시오. 여러분은 자신이 마음이 아니라는 것만 확신하면 됩니다. 만일 마음을 가지고 자신이 길을 잃고 있다고 느끼면, 의식이 늘 마음 이전이라는 것을 기억하십시오.

아뜨만이 여러분의 친구이고, 여러분의 스승이라는 믿음을 가져야 합니다. 그런 다음, 스승이 준 만트라를 찬송하거나 염하면 여러분의 모든 어려움이 해결될 것입니다. 여러분의 마음이 아뜨만을 숭배하게 하여, 그 둘이 더 가까워져서 우정이 생기게 하십시오. 그러면 마음이 향상될 것이고, 아뜨만에게서 모든 도움을 받게 될 것입니다. 그 둘이 결합하면 삼매가 있습니다. 마음은 활동으로 이끄는 언어입니다. 아뜨만에 대한 여러분의 욕구가 증가하면 마음이 정화됩니다. 만트라를 염하여 마음을 바쁘게 해야 하고, 몸을 잊어버린 채 여러분의 주의가 진아에 집중되어야 합니다. 여러분은 몸이 아닌데, 마음이 여러분을 몸이라고 믿는 한 마음을 통제하기 어렵게 될 것입니다.

부단한 염하기로 만트라를 창송하는 것은 전형적인 인도식 방법이고, 외국인들에게는 맞지 않을 수도 있습니다. 그들에게는 그것이 필수가 아닙니다. 여러분의 의식이 아뜨만이고, 그것이 마음에 대한 통제권을 가지고 있습니다. 여러분의 몸-정체성은 그런 통제권을 갖지 못합니다. 마음이 여러분의 몸 없는 성품을 알게 되면 그것이 서서히 제어됩니다. 명상중에 다이아몬드와 같이 빛나는 흰 빛을 보는 것은 아주 운이 좋은 것인데, 그것을 아스트랄체體(astral body) 혹은 에테르체體(ethereal body)라고합니다. 그것이 진아 깨달음으로 이어집니다. 몸은 그 빛의 힘으로 움직입니다. 몸 없는 의식을 갖는 것은 아주 대단한 일입니다. 그런 진보된구도자들은 잠을 잘 필요 없이 편안하게 명상을 계속할 수 있습니다. 아뜨만에 대한 명상은 여러분 자신의 진아에 다름 아닙니다. 여유 시간에는 아뜨만 외의 어떤 생각에도 주의를 기울이지 말고, 그것을 끌어안으십시오. 어떤 방법을 사용하든, 의식 자체로써 의식에 주의를 기울이십시오. 명상에 의해 사람들의 과거를 보거나, 그들의 현재와 미래를 아는능력이 계발될 수도 있습니다. 자신의 능력을 과시하지 말고 침묵을 지켜야 합니다. 확고한 진아 깨달음을 얻은 뒤에는 이런 주의사항들이 불필요합니다. 그때는 어떤 행위자도 없고, 일들이 필요에 따라 일어날 것입니다.

여러분의 처자식과 사업에 대한 근심은 당연한 것이지만, 그런 근심을그치고 아뜨만에 대한 보살핌으로 그것을 대체해야 합니다. 감각대상들에 대한 탐닉을 제어하기 위해서는 규칙과 규제들이 있으나, 아뜨만에대한 관심과 몰두에 대해서는 그런 것이 전혀 없습니다. 여러분은 마음에 너무 의존하면서 그것이 통제 불능이라고 선언합니다. 그러니 마음에주의를 기울이지 말고, 진아에 주의를 기울이십시오. 몸과 부모님이 지어준 몸의 이름을 잊어버리고, 여러분의 참된 이름과 여러분의 모든 정보를 저에게 말해 보십시오. 여기에는 무無답변이 유일한 답변입니다. 말없음, 혹은 침묵이야말로 의식과 명상 이전의 상태입니다. 명상을 할 때는 어떤 이미지나 형상도 상상하지 마십시오. 형상 없는 것에 대해 명상하십시오.

질문: 만트라를 염할 때, 우리의 주의는 어디에 있어야 합니까?

답변: 주의가 어디 있느냐고요? 마음의 일부는 주의 속에 늘 존재합니다. 만일 그대가 자신을 몸으로 여긴다면, 그 몸은 쓰레기와 지옥을 생산하는 하나의 기계에 지나지 않습니다. 진인들은 인간의 몸이 창조계 내에서 가장 훌륭하며, 그것 없이는 **빠라브라만**을 성취할 수 없다고 말합니다. 과거에는 인간들만 **진아**를 깨달았습니다. 여러분은 삶 속에서 얼마간의 오락 외에 무엇을 성취합니까? 거기에 무슨 만족이 있습니까? 걱정과 불행만 있습니다.

여러분은 내면의 스스로 빛나는 **진아**를 잊어버리고 자신을 몸과 동일시합니다. 그래서 **죽음의 신 야마**가 결국 여러분을 책임집니다. 실은 여러분의 참된 성품이 **야마** 자신의 영혼입니다. 자신의 모든 활동을 해나가도 되지만 결코 **진아**를 잊지 마십시오. **진아**는 결코 여러분의 몸이 아닙니다. 여러분의 그릇된 정체성은 여러분이 **만트라**를 기억하고 명상을 하는 것을 용납하지 않습니다. 여러분은 가장 소중한 **아뜨만**을 잊어버린 채 오락에 시간을 쓰고 있지만, 어느 날 일체가 여러분을 떠날 것입니다. 몸-개념을 놓아 버리고 지금 자신이 **빠라마뜨만** 그 자체임을 깨달으십시오. 수백만의 사람들 중에서 얼마나 많은 사람이 실제로 그들의 참된 성품을 발견하는 데 관심이 있습니까?

여러분이 자신의 참된 **자아**가 되는 데 어떤 노력이나 상기물(reminder)도 필요 없을 때, 여러분의 일은 끝납니다. 여러분이 자기가 몸이 아님을 확신할 때는 에고가 남아 있지 못합니다. 5대 원소 모두를 포함하는 의식으로서 그 자신을 표현하는 **아뜨만**을 파괴하는 것이 가능합니까? **진아**지는 워낙 위대해서, 무수한 사람들이 **진인**의 발 앞에서 절을 합니다. 한 인간으로서 여러분의 존재(삶)는 더없이 가치 있으니, 자살은 결코 생각하지 마십시오. 내면의 **아뜨만**은 언제라도 자신의 힘을 보여줄 수 있습니다. 참된 **지**知를 가진 사람들은 늘 경각하고 있습니다. 여러분은 몸일 수 없고 여러분의 성품은 빛과 같다는 것이 분명히 이해되고 나면, 브라만으로서의 깨달음이 있습니다. 여러분이 가져야 할 확신은, 자신이 진아일 뿐이라는 확신이어야 합니다. 아뜨만은, 그 성품이 큰 빛으로 가득 찬 그것입니다.

몸이 떨어져 나가기 전에 잘 경각하고 있으십시오. 진아 깨달음을 얻고 나면 죽음이라는 개념이 더 이상 존재하지 않을 것입니다.

132. 아뜨만을 스승에게 내맡겨라

1979년 10월 6일, 토요일

가족에게 애착하고 말고가 없습니다. 왜냐하면 우리는 어떤 사랑도, 몸에 대한 사랑조차도 갖지 말아야 하고, 그것과 별개여야 하기 때문입니다. 여러분이 몸-정체성을 고수하는 한 어떤 진보도 없을 것입니다. 우리는 자신의 참된 형상에 대해 명상해야 하는데, 그것은 몸이 아니고 눈에 보이지도 않습니다. 일단 여러분의 참된 자아를 깨달으면 여러분이 전 세계가 되는데, 그때는 누구를 사랑해도 좋습니다.

질문: 몸-정체성이 사라지면 음식 섭취를 소홀히 하기도 합니까?

답변: 아닙니다. 그러나 음식에 대한 끌림은 없습니다. 만족이 있으니 갈망이 없는 것입니다. 다른 동물과 달리 인간은 종일 계속해서 무엇을 상상합니다. 생각들에 주의를 기울이지 말고, 주의를 계속 진아에 두십시오. 다른 모든 것을 무시하면 여러분의 주의가 진아에만 머무릅니다. 주의는 늘 여러분의 진정한 관심에 따라 있습니다. 다른 모든 것에 대해 흥미를 잃으면 진아에만 주의를 기울이는 것이 가능해집니다. 여러분의

마음을 끄는 생각들은 여러분을 잠도 못 자게 만듭니다. 일체를 잊어버린 뒤에야 잠이 옵니다.

이원성이 어디 있습니까? 이원성은 여러분이 이원성의 존재를 믿기 때문에 있습니다. 해가 자신은 햇살들과 별개라고 생각합니까? 진인이 되기 전에 여러분의 의식과 하나가 되십시오. 그러면 마야·브라만·신들이 하나의 환幻이라는 것을 알 것입니다. 진인의 표지는 진인만이 압니다. 불행이 의식과 별개입니까? 그것들은 늘 함께합니다. 의식이 없이 몸에 불행이 있습니까? 여러분은 의식과 불행의 주시자이기 때문에, 영향받지 않고 남을 수 있습니다. 그런 확신을 가져야 합니다.

탄생은 생시와 잠이 일어남을 의미합니다. 이 두 가지가 상태이기 때문에, 탄생도 하나의 상태입니다. 이것은 실은 상태들만 태어난다는 것을 의미합니다. 이 사실을 아는 자를 진인이라고 합니다. 참된 지知라는 것은 전혀 다른데, 이것은 여러분의 의식을 넘어서 있습니다. 생시의 상태에서 생시와 잠을 결합하는 것이 삼매입니다. 진아에게는 어떤 삼매도 없습니다. 여러분의 지성은 개념들의 한 유희입니다. 우리의 의식은 개념들의 연이 매달려 날리는 줄입니다. 진인은 그의 의식이 어떻게 해소되는지를 실제로 봅니다. 의식의 떠남은 불빛이 꺼지는 것과 같습니다. 진인은 이스와라를 명료히 관찰하며, 그의 해체도 관찰합니다. 다른 사람들은 이스와라의 축복을 받고 자신의 행복을 위해 그를 숭배합니다. 그것이 무지인들과 진인의 차이인데, 진인의 출현은 아주 드문 일입니다. 이스와라의 최후를 보는 자, 그 자신에게는 어떤 최후도 없습니다. 남들은 지옥 가는 것을 겁내고, 비슈누의 거주처에 들어가고 싶어 합니다.

진정한 스승은 여러분이 자신의 아뜨만을 그에게 내맡기기를 원합니다. 사람들은 자기 몸을 시주할지언정 아뜨만을 내놓지는 않습니다. 만일 여러분이 진인이 되고 싶다면, 아뜨만을 스승에게 내맡기는 것이 필수입니다. 진인은 그의 의식이 아닙니다. 그는 항존하는 혹은 시작이 없는 자입니다. 의식은 진인을 알 수 없기 때문에, 그는 증인을 발견할 수 없습니다. 여러분이 진보함에 따라 존재의 기원, 그것의 시간(수명)과 방식을 알게 될 것입니다. 저는 여러분이 **아뜨만**으로서의 여러분의 참된 성품과 친분을 갖게 했습니다. 후속 작업은 여러분 자신이 해야 합니다. 한 부부를 결혼시키고 나면, 더 이상 여러분이 그들을 지도하기 위해 있을 필요가 없습니다. 여러분의 **의식**에 대한 온전한 지知를 얻고 나면, 걱정이나 근심은 자취도 없을 것입니다.

133. 지각성 자체가 불행이다

1979년 10월 7일, 일요일

저는 경전에 대해 이야기하거나, 여러분이 가정생활 영위하는 것을 도우려고 하지 않습니다. 저는 지금 듣고 있는 **그것**에 대해서만 이야기합니다. 만일 여러분이 자신이 무엇인지를 보고 알면, 행복과 불행에 접촉당하지 않을 것입니다. 이 세상에서 여러분이 무엇을 하든, 그것은 모두 불완전한 것으로 남을 것입니다. 이는 모든 경험이 불완전하기 때문입니다. 자신을 온전하게 보는 사람은 웃기, 울기, 언짢아하기 같은 모든 세간적 활동을 자연발생적으로 일어나는 마음의 변상들로 봅니다.

탄생은 **의식**의 출현을 뜻하며, 그것은 사뜨와, 곧 음식 즙들의 성질입니다. 그것이 문제의 시작인데, 탄생 이전에는 없던 것입니다. 우리는 **의식**을 이용해 자기 좋을 대로 많이 나아갈지 모르지만, 그것은 다 사라질 것입니다. 위대한 **크리슈나**조차도 어느 날 **의식**을 내려놓아야 했습니다. 여러분은 **의식**을 사랑하지만 그것을 참아내기는 어렵습니다. 여러분의 모든 활동은 그것을 참아내기 위한 것입니다. 진인 냐네스와르는 불과 21세에 대★삼매(*Maha-samadhi*)에 들어 모든 문제를 끝냈습니다. 의식은 여러분의 선택·믿음·숭배에 따라 다양한 형태로 나타납니다. 그것은 코히누르 다이아몬드와 같지만, 시간이 한정되어 있습니다.

크리슈나는 그가 일체이고, 그의 위대함은 당시의 거의 모든 리쉬와 무니들이 인정한다고 선언한 바 있습니다. 그런데도 그는 어느 날, 자신의 몸을 내려놓아야 했습니다. 우리는 모르는 결에 우리의 존재를 알게 됩니다. 그것은 기쁨으로 가득 차 있습니까, 불행으로 가득 차 있습니까? 우리는 걱정이 가득한 사람들을 늘 봅니다. 자식·손자들에 대한 걱정이 있습니다. 자신들의 복지에 대한 걱정이 있습니다. 암소의 모성애적 열망에서 우유가 젖통으로 내려가듯, 진인은 고통 받는 사람들의 이익을 위해 연민과 지도의 말들을 합니다. 여러분이 희유한 진주와 다이아몬드들에 대한 온전한 정보와 지식을 얻을 수 있을지는 모르나, 원초적 환幻에 친숙해지기는 매우 어렵습니다. 수백만 명의 사람들 중 극소수만이 마야를 알기 위한 유용한 안내자가 될 수 있습니다.

단 하루라도 고통 없는 지각성이 있습니까? 그것은 고통이 바깥에서 오지 않고, 지각성 자체가 불행임을 의미합니다. 유일한 치유책은 지각성의 기원을─그것이 언제, 왜, 어디서 왔느냐를─탐구하는 것입니다. 일부 소위 진인들은 깨달음 전보다 지금 더 많이 걱정하고 고통스러워합니다. 이는 그들이 고통의 뿌리를 아직 탐구해 보지 않았다는 의미입니다. 여러분의 모든 앎은 여러분 자신의 몸에 대한 앎 이후에야 있습니다. 죽음, 죽음의 신, 그리고 일체에 대한 두려움이 있다고 합니다. 또한 신의 현존도 있다고 합니다. 여러분이 그런 것들을 믿으면, 그 모든 것이 여러분에게 영향을 줍니다. 믿지 않으면 영향을 받지 않습니다. 영원자를 위한 어떤 계획이 있습니까? 위대한 사람들조차도 그 점에 대해 헷갈려 합니다. 어떤 위대한 사람들은 자신들이 다시 태어날 날짜를 선언하기도 했습니다. 그것이 진정한 지知입니까? 원자적 형태로라도 마야가 있는 한, 그녀는 참된 지知를 용납하지 않을 것입니다. 해가 어둠을 모르듯이, 진인은 어떤 사람의 탄생도 보지 못합니다. 그래서 우리가 보는 그 무엇, 나타나는 그 무엇도 모두 하나의 연극(drama)입니다.

우리가 어떻게 '우리가 있다'는 것을 알게 되는지를 궁금해 하는 사람이 누가 있습니까? 지각성의 원인은 무엇입니까? 탄생의 원인은 무엇입니까? 어떤 사람들은 이런 세부사항을 탐구하지 않고, 수백 년 동안 명상을 하고 있습니다. 여러분은 몸이 아니고 허공조차도 아닙니다. 남들과 토의할 것 없이, 사실이 무엇인지를 직접 알기만 하면 됩니다. 그들은 자기들 좋을 대로 믿고 행하라고 하십시오. 우리의 의식을 놓아버릴 필요는 없고, 그것이 무엇 때문에 있는지만 알면 됩니다. 여러분은 의식 안에 있지 않고 의식 이전입니다. 의식은 사라지게 되어 있기에, 진인은 왜 두려워하고 걱정해야 하는지 알지 못합니다. 우리의 의식은 음식 물질의 성질이고, 자신이 존재한다는 것을 알게 되는 것은 브라만입니다. 진아 깨달음 이후에는 우리가 모든 의식儀式과 의례를 넘어서며, 주 브라마조차도 넘어섭니다. 여러분에게 어떤 이윤 동기와 욕심이 있는 한, 여전히 자신이 몸-정체성에 집착하고 있다는 것을 분명히 아십시오.

브라만에 대한 지知는 우리 자신의 참된 지知를 뜻합니다. 브라만이라는 단어는 실제적 목적에 쓰입니다. 우선 의식이 있고, 마음·지성·개인성이 그에 뒤따릅니다. 의식이 없으면 행복이 필요하지 않고 행복의 추구도 없습니다. 의식이 도래한 뒤에 왜 그것이 필요해집니까? 그것은 의식 자체에 문제가 있기 때문입니다. 여러분은 의식을 사랑하는데, 여러분 좋을 대로 그것을 행복이나 기쁨이라고 불러도 무방합니다.

여러분이 실제로 무엇인지를 알아야 합니다. 여러분은 자신이 아는 것과 늘 별개입니다. 그 둘이 하나가 되면 비이원성이 있습니다. 우리의 의식은 늘 두려워하는데, 그것이 의식의 성품이기 때문입니다. 의식은 동요하고 있고, 언제든 두려움을 일으킬 수 있습니다. 그것을 안정시키기 위해서는 스승에 대한, 이스와라에 대한 신뢰를 가져야 합니다. 의식은 실재가 아니라 실재의 표현, 실재의 이미지입니다.

스승에 대한 헌신이 확고하면, 여러분이 살아 있는 동안에도 여러분의 의식이 해탈합니다. 두려움의 원인인 여러분의 존재를 알게 됩니다. 두려움을 넘어선 것이 **영원자**입니다. 여러분이 두려워하는 까닭은 자신의 충만함을 모르기 때문입니다. "자야 구루" 만트라에 대한 신뢰를 확고히 하여, 여러분의 모든 두려움이 완전히 추방되게 하십시오.

134. 생각들의 주시자가 되라
1979년 10월 11일, 목요일

우리는 '우리가 있다'는 것을 아는데, 그것을 지각성이라고 합니다. 그것은 형상이 없거나, 눈에 보이지 않습니다. 누구나 지각성을 참아 내거나 그것을 잊어버리기 위해 뭔가를 해야 합니다. 우리는 지각성을 잊기 위한 다양한 대안들을 탐색하면서, 더 이상 지각성이 없는 **열반**을 향해 나아갑니다. **진인**은 가장 자아적(selfish)인데, 왜냐하면 그 자신이 **진아**(Self)이기 때문입니다. 그는 자신이 얻은 것, 곧 자신이 성취한 것을 모두에게 나눠주며, 그에게는 아무것도 남지 않습니다.

여러분이 세상에서 보는 것은 전통에 따른 언어 사용뿐입니다. 모든 종교들은 상상과 감정의 표현일 뿐입니다. 몸 안에 존재하는 것은 아주 별나고 예측 불가능합니다. 어떻게 해야 그것이 기뻐하고, 언제 그럴지 알 수 없습니다. 그러니 어떤 상황에서도 자살은 피하십시오. 사람 몸을 얻기는 매우 어렵습니다. 이스와라에게도 그렇습니다. 진인이 영원하고 항존하는 진아를 깨달으면, 어떤 호의도—이스와라의 호의조차도—필요로 하지 않습니다. 어떤 기억도 진인의 만족감을 동요시킬 수 없습니다. 무지한 사람은 자신의 가족과 친구들을 너무 걱정합니다. 그들에게 먹을 것만 주면 그들이 생존할 거라고 한다면, 그들이 자궁 속에서 자라고 있을 때는 여러분이 그들을 도왔습니까?

여러분이 이 아쉬람을 찾아오지 않으면, 언젠가 충족되지 못한 욕망을 안고 죽게 되어 있습니다. 반면에, 이곳을 방문하는 사람들은 욕망에서 벗어날 것입니다.

질문: 마하라지, 만일 제가 당신께 순복하면, 저를 저 너머로 데려가 주시겠습니까?

답변: 만일 그대가 저의 실체에 끌린다면, 저는 그대를 그대가 가고 싶은 곳으로 데려다 줄 것입니다. 그대가 어디로 가든 저의 말을 기억한다면, 그 자체가 그대의 모든 일을 처리해 줄 것입니다. 그때는 일체가 저에 의해 이루어지면서, 그대를 모든 임무에서 벗어나게 할 것입니다.

여러분이 어떤 사람을 알면, 그 사람과 우정 아니면 적의가 생겨날 가능성이 있지만, 전혀 친분이 없다면 어떻겠습니까? 여러분이 모르는 사람들, 그들은 모두 여러분에게 이로울 것입니다. 우선 **궁극적 원리**를 알려는 열의가 있어야 합니다. 그럴 때 우리는 오롯한 마음으로 한 **스승**을 따를 준비가 된 진지한 구도자가 됩니다. 그러다가 신의 형상을 성취하면 그것을 내맡겨야 하는데, 그것이 자연발생적으로 일어나기도 합니다. 브라만을 더없이 자연스럽게, 즉 아무 애씀 없이 자각하는 사람은 본연상태(sahaja state)에 있는 것입니다. 그런 **진인**은 그 자신에 대해 어떤 단어도 사용하지 않습니다.

일전에 해외에서 온 한 여성 방문객이 있었는데, 그녀는 환영 속에서 바바지(Babaji)라는 천 살 된 요기에게서 저를 찾아가 보라는 지침을 받앞습니다. 그 요기는 그녀에게, 마하라지를 먼저 만난 다음 자신을 찾아오라고 했습니다. 바바지는 허공 같은 요기입니다. 저는 그에게 묻고 싶습니다. "당신은 허공 같기는 하지만, 여전히 어떤 별개의 정체성을 가지고 있습니다. 당신이 세간사에 어떤 변화를 가져올 수 있습니까? 만약 그럴 수 없다면 왜 당신의 정체성을 유지하고 있습니까? 만일 당신의 별개인 존재성의 원인을 알았다면, 그것을 지속할 필요가 무엇입니까?" 많은 신의 화현들이 오고 갔지만, 그들이 창조·유지·파괴의 주기를 통제할 수 있었습니까? 이 세계에 엄청난 재난들이 있을 때 이 요기는 어디 있었습니까? 그가 무엇을 할 수 있었습니까? 요기가 일단 범혈梵穴에 도달하면, 그는 세계가 하나의 환幻이라고 선언합니다. 이 모든 것은 그들 자신의 원인을 조사함으로써 그들 자신에게 '복수'를 해온 사람들에게만 분명하게 이해될 것입니다. 태어난다고 생각되는 것(의식)이, 어떤 창조주도 없이 스스로 존재합니다. 그것은 항존하고 시작이 없습니다.

누구도 자기 자신에 대해서는 생각하지 않습니다. 모두가 감정과 전통의 추종자들입니다. 극소수만 역방향으로, **근원으로** 나아갑니다. 여러분 자신의 존재의 빛보다 더 큰 어떤 빛이 있습니까? 여러분은 자신을 몸이라고 여길 만큼 나쁘거나 맹목적일 수도 있지만, 아뜨만의 빛 안에서 여러분은 무엇입니까? 마음이 고요한지 동요하고 있는지 누가 알게 됩니까? 그것을 꽉 붙드십시오. 만일 생각들을 중시하면 실망하게 될 것입니다. 생각들의 주시자가 되십시오. **저 원리는** 그 자체 눈에 띄지 않으면서 일체를 자각하고 있습니다. **주시자로 남으십시오.** 왜냐하면 무엇이 나타나고 무엇이 보이든 그것은 여러분이 아니기 때문입니다. 여러분은 결코 행위자가 아니고 **보는 자, 주시자입니다.** 그와 같이 머무르십시오. 그것이 여러분이 해야 할 고행입니다. 여러분이 현재 하는 모든 경험들은 여러분의 잠 상태로 인한 것입니다. 그것은 어떤 왕이 꿈속에서 거지가 된 것과 비슷합니다. 그 왕은 자신이 꿈을 꾼다는 것을 자각하지 못하고, 자신은 깨어 있다고 확신합니다. 그래서 음식을 구걸합니다. 그 꿈이 끝나면 왕은 다시 옥좌에 앉아서 나라를 다스립니다.

여러분은 실제로 무엇입니까? 여러분은 몸이 아니고, 지각성조차도 아닙니다. 만일 자신이 지각성의 주시자임을 기억한다면, 명상을 할 필요도 없을 것입니다. 중요한 것은 자신이 **아뜨만**이라는 내적 체험입니다. 참된 헌신가는 **이스와라**와 하나가 되고, 그의 헌신은 그 확신과 함께 계속됩니다. **빠라마뜨만 크리슈나**는 그런 헌신자들의 행복에 대해 모든 책임을 집니다. **크리슈나**는 말합니다. "**만트라** 염송과 고행만으로는 나를 성취하기에 충분하지 않다. 나의 진정한 헌신자는 스승의 말씀 외에는 아무것도 믿지 않는다."

여러분의 의식은 신의 형상이라는 것을 늘 기억하십시오. 그러면 어떤 사원을 방문할 필요가 없을 것입니다. 여러분의 심오한 혹은 신비로운 체험들을 남들에게 이야기해서는 안 됩니다. 여러분과 신의 소통은 그가 먼저 듣고, 그런 다음 여러분이 듣는 그런 것이어야 합니다. 또 만약 그가 침묵한다면, 여러분도 한 마디도 말해서는 안 됩니다. 세간에서 활동할 때는 이것이 여러분의 일상적 습관이 되게 하십시오.

해와 별들은 엄청나게 멀리 있습니다. 그렇기는 하나, 그것들은 여러분의 빛 안에서 보입니다. 이것은 여러분의 심장 속에 있는 **아뜨만**의 빛입니다. 이것이 저 무한하고 한량없는 **이스와라**의 큰 역량입니다. 어떻게 개인적 영혼이 그렇게 할 수 있습니까? 여러분의 위대함을 남들에게 표현할 필요는 없습니다. 그 행복은 신에게 전혀 새로운 것이 아닙니다. 그것은 그의 영원한 상태이기 때문입니다. 자기확신이 없으면, 모든 것을 소유한 부자에게도 행복이 없습니다. 여러분이 한 **스승**의 참된 아들이라면, 여러분의 영적인 체험을 남들과 논의하지 말고, 그것을 신이나 **스승**을 위해서만 아껴 두십시오. 여러분의 비밀스러운 지知는 무지한 사람들에게 아무 소용이 없을 것입니다. 그들은 그들 자신의 개념으로 여러분의 진보를 망치려 들기만 할 것입니다.

신은 그의 헌신자에게 말합니다. "그대에게는 죽음이 없다. 그대의 죽음은 나 자신의 죽음을 의미하기 때문이다. 나는 불사의 **아뜨만**인데, 내가 어떻게 죽을 수 있는가?" 여러분은 아무 두려움 없이 어디든 가도 좋습니다. 왜냐하면 여러분의 삶에서 어떤 재앙도 신 자신에게 불운한 때이기 때문입니다. 어떤 어려움이 있을 때는 "**자야 구루, 자야 구루**"를 염하십시오. 여러분의 **의식** 자체가 **이스와라**이고, 여러분 안에 있는 그의 현존 때문에 여러분이 **자기**가 있다는 것을 알게 됩니다. 여러분의 **의식**이 신 혹은 스승이라는 것을 믿어야 합니다. 자신의 비밀을 남들에게 말하지 말고 그것을 내적인 신 앞에 간직하십시오. 여러분의 확신이 순수하고 오염이 없어야 한다는 것을 기억하십시오. 그래서 여러분은 필요한 예방조치를 취해야 합니다.

135. 의식 이전과 이후에는 아무것도 없다

1979년 10월 25일, 목요일

범부는 이런 영적인 주제를 이해하지 못합니다. 그런데도 그들이 여기 옵니다. 이 세계가 실재한다고 믿고 어떤 일을 하고 싶어 하는 사람에게는 더 많은 생이 필요합니다. 저에게는 이 세계가 환幻이고, 해야 할 일이 아무것도 없습니다. 그래서 더 살고 말고가 없습니다. 지각성(의식)은 극미하지만 우리의 존재의 경험은 아주 큽니다. 인간 형상은 얻기가 아주 어렵습니다. 그러니 자살을 하여 그것을 허비하지 마십시오.

마야 안에는 자기잇속이 있지만, **이스와라** 안에서는 그렇지 않습니다.

이스와라에게는 그 자신을 위해 성취할 것이 아무것도 없습니다.

의식이 여러분 자신의 창조물입니까? 아니지요. 그렇다면 여러분이 어떻게 그것을 없앨 수 있습니까? 의식을 자각하기만 하면 됩니다. 만일 누가 어떤 마하트마의 위대함에 대해서 이야기하면, 저는 그 마하트마가 그보다 훨씬 더 위대하다고 말해줍니다. 왜입니까? 왜냐하면 제가 아는 한 그 마하트마는 전혀 존재하지 않기 때문입니다. 다른 어떤 것 이전에 여러분에게 일어나는 것은 무엇입니까? 첫 번째가 우리의 의식입니다. 누가 자신의 존재를 의식하게 됩니까? 그것은 말할 수 없습니다. 우리는 그를 이스와라라고 이름 붙입니다. 그것은 갓난아기에게 이름을 붙이는 것과 비슷합니다. 그 아기의 이름이 무엇입니까? 실제적 목적을 위해 어떤 이름을 지어줍니다. 이런 문답들은 이스와라와 마야 간의 대화입니다. 사실들은 똑같은 상태로 있습니다. 어떤 헌신자들이 꿈에서 서로 다른 것들을 봅니다. 누가 그 모든 것을 보며, 어떻게 봅니까? 공기의 움직임과 같이, 그 모든 것은 의식의 힘의 한 오락입니다. 거기에는 아무도 존재하지 않습니다. 그것은 모두 아주 단순합니다. 우리는, 우리가 자기라고 생각하는 그 무엇도 아닙니다. 만일 우리가 자신을 브라만이라고 생각하면, 우리는 그것이 아닙니다. "나는 누구인가?"라는 물음은 관두고, "나는 무엇인가?"만 알아내십시오. 우리 자신이 없는데 이스와라와 마야가 무슨 소용 있습니까?

일시적인 것이 어떻게 영구적인 것을 알 수 있습니까? 무엇이 일시적입니까? 여러분의 의식이 일시적이고, 의식하게 되는 자가 영구적인 것입니다. 의식이 바쁜 동안은 즐거움이 있습니다. 그렇지 않으면 의식은 고통스럽습니다. 세계는 보기에 사랑스럽지만, 창조된 존재들에게 수반되는 세 가지 괴로움이 있는 것은 사실입니다. 이것은 정신적 괴로움, 신체적 괴로움, 그리고 운명(업)에 의해 다가오는 괴로움입니다. 사랑이 무슨 소용 있습니까? 그것은 고통에서 벗어나기 위한 것 아닙니까? 이런 단어들의 의미를 이해하는 것만으로는 의미가 없습니다. 여러분에게 출현한 존재의 느낌은 그 자체 거짓입니다. 그렇다면 왜 에고를 이야기합니까?

저는 사람들에게 어떤 가르침(guidance)도 드리지 않습니다. 만일 어떤 사람이 이런 이야기를 좋아한다면, 그 자체가 가르침입니다. 이 세상의 누가 **진리**를 안다고 주장할 수 있습니까? 우리가 우리의 존재를 지속할 무슨 힘을 가지고 있습니까? 여러분은 자신의 **의식**에 대해 무슨 통제권을 가지고 있습니까? 오히려 우리는 의식이 나온 뒤에야 우리의 존재를 알게 되었습니다. 부모에게서 배우기 전에 여러분이 무엇을 알았습니까? 부모를 거론하기 이전에 여러분이 어디서 왔는지 말해 보십시오.

우리의 아동기는 무지를 의미하는데, 몸이 나이가 들면 무지가 지知인 체 행세합니다. 그것은 현재 여러분의 지知는 무지일 뿐이라는 뜻입니다. 자신이 몸이라는 기억이 완전히 사라져야 합니다. 그럴 때에만 여러분의 상태가 저 자신의 상태처럼 될 것입니다. 몸-정체성을 없애기 위해서는 여러분의 **의식**에 대해 명상하십시오. 여러분이 없으면 마음도 없습니다. 마음은 우리의 존재의 언어입니다. 의식이 존재할 때는 다른 많은 것들이 있고, 의식이 없으면 아무것도 없습니다. 의식 이전과 이후에는 아무것도 없습니다. 의식은 여러 가지 형상으로 항상 존재하며, 모든 것에 편재합니다. 그러나 그것은 개인성이 없습니다. 그래서 그것은 브라마데바(Brahmadeva-브라마)일 수도 있고, 심지어 한 마리 벌레일 수도 있습니다. 세계는 **의식**의 빛 안에서 나타납니다. 어떤 개인도 없고, 여러 가지 형상을 한 **의식**의 표현들이 있습니다. 의식이 있으면 그것을 **아는 자**도 있습니다. 그 둘은 함께 나타나는데, 그 중에서 **후자**는 창조되지 않고 전자는 창조됩니다. 어느 개인도 자기 형상의 존재에 대해 아무 통제권이 없습니다.

원래의 안정된 상태에서 때 아닌 어떤 움직임이 있었고, 그것이 산 존재들의 **의식**을 가져왔습니다. 우리 모두 서로 다른 형상으로 출현한 것은 우리의 어떤 행위 때문이 아닙니다. 출현한 의식은 고통 받아야 하며, 어떤 선택지도 없습니다. 우리는 우리의 존재와 그 연장延長에 대해 아무 통제권이 없습니다. 하리(비슈누)와 하라(시바)조차도 무한정 존재할 수 없습니다. 여러분의 형상과 그것의 출현은 지속적으로 변하고 있고, 결국 아무것도 남지 않을 것입니다. 그렇다면 여러분이 자신을 '이와 같다, 저와 같다'고 믿는 것이 무슨 의미가 있습니까? 누구도 자신이 무엇인지 직접 아는 데는 관심이 없습니다. 이것은 마야와 그녀의 영향력 때문입니다. 자신이 몸이라고 자부하는 것은 하나의 환幻입니다. 여러분 자신에 대한 관념이 여러분을 망치게 됩니다. 어떤 상상 이전의 것은 완전합니다. 만약 우리가 정말 모든 것이라면, 우리에게 어떤 고통이 있겠습니까?

사람들에게 하라고 하는 모든 임무는 자신을 몸과 동일시하는 사람들에게만 해당됩니다.

136. 의식은 개인성이 없다

1979년 11월 1일, 목요일

여러분은 자신이 몸이라고 생각합니다. 여러분의 그 기억이 사라져야 합니다. 그러면 여러분과 저 사이에 아무 차이가 없을 것입니다. 명상에 의해서 그렇게 될 수 있고, 명상이란 생각들에서 벗어나 의식과 하나가 되는 것을 뜻합니다. 마음은 우리의 생각들에 지나지 않는데, 그것이 우리와 함께 다닙니다. 의식이 있으면 다른 일체가 나타나고, 의식이 없으면 아무것도 없습니다. 의식의 출현은 우리가 우리의 존재를 알게 된다는 것을 뜻하며, 그와 함께 세계가 출현합니다. 의식 이전에는 아무것도 없지만, 의식은 광대하며 늘 존재합니다.

의식은 개인성이 없는데, 그것은 주 브라마 안에도 나타날 수도 있고, 심지어 벌레 안에도 나타날 수 있습니다. 의식의 빛 안에서 전 세계가 나타납니다. 의식은 생명에 다양한 형상을 부여하지만, 어떤 개인성도 없습니다. 의식이 있으면 그것을 아는 자가 늘 있습니다. 그는 늘 존재하지만, 의식은 나타나고 사라집니다.

의식이 출현하면 즐김이나 괴로움을 포함한 삶의 다양한 경험들이 있습니다. 이 경험들은 그 형상이 살아 있는 한 계속됩니다. 하리와 하라의 형상들을 포함한 어떤 형상도 영원하지 않습니다. 누구도 자신의 존재를 마음대로 하지 못합니다. 여러분이 아무것도 하지 않고 심지어 알지도 못하는 가운데, 현재의 그 형상 안에서 여러분이 자연발생적으로 출현했습니다. 생기가 떠나면 여러분이 아는 모든 것이 사라질 것입니다. 여러분이 자신을 몸이라고 믿을 때는, 여러분의 임무와 기타 행위들을 하게 되어 있습니다. 이 전체 사건 속에서 여러분은 실제로 무엇입니까? 거의 아무도 자신의 참된 성품을 깨달으려고 하지 않는데, 그것은 마야 때문입니다. 원래의 움직임 없는 상태에서 갑자기 어떤 동요가 있으면, 거기서 어떤 살아 있는 형상의 존재의 느낌이 나옵니다. 여러분이 환幻 속에 있는 것은 자신이 몸이라는 자부심 때문입니다. 그 오해가 여러분에게 피해를 줍니다. 여러분 자신에 대한 (그릇된) 상상이 떨어져 나가면, 남는 것은 여러분의 참된 성품입니다. 여러분이 남들—여러분의 개념들을 포함한—과 어울리면 불행을 경험합니다. 여러분이 홀로일 때, 곧 모두이자 하나일 때, 불행이 남아 있을 수 있습니까?

[역주: 이 136번 법문은 135번 법문의 437쪽 셋째 문단 이하와 대동소이하다.]

137. 그대는 마음이 아니다

1979년 11월 8일, 목요일

우리의 몸들은 음식 물질의 형상입니다. 따라서 몸 안의 지각성은 물질적 지知일 뿐입니다. 이 지각성이 몸을 자신의 형상으로 인식하고, 행복해지기 위해 다양한 결심을 합니다. 이것은 불행으로 귀결될 뿐입니다. 그러니 몸은 여러분의 형상이 아니라는 것을 분명히 잘 알고, 몸을 사용하십시오.

실은 여러분은 전혀 태어나지 않습니다. 왜 탄생이란 없고, 어떻게 없는지를 알기 위해서는 명상을 해야 합니다. 명상-요가(Dhyan-Yoga)란 생각에서 벗어나 여러분의 의식과 함께하는 것입니다. 몸의 탄생이 우리의 탄생이고 몸의 죽음이 우리의 죽음이라고 믿는 것은 마야의 효과입니다. 몸 안에 있는 것은 아뜨만의 한 이미지일 뿐입니다. 실은 아뜨만은 결코 태어나지 않고, 의식의 한 출현만 있을 뿐입니다. 음식 물질의 집적물이 하나의 구체적인 형상을 취할 때, 그것을 몸이라고 합니다. 그것과의 동일시가 희망·욕망·갈망을 가져오고, 그것이 불행으로 이어집니다.

우리의 몸들의 탄생은 우리가 없을 때 일어났습니다. 그래서 우리는 그에 대한 경험이 없습니다. 몸-형상으로 인해 우리는 자신을 한 남자나 여자로 경험합니다. 몸이 없을 때는 그 경험이 없고, 그때는 사뜨와, 곧 몸이 가진 의식의 성질도 없습니다. 우리가 스승의 말씀에 따라 자신의 실체를 탐구하면, 우리의 모든 상상과 믿음이 사라질 것입니다. 결국 우리는 사뜨와의 성질인 몸 안의 의식조차도 우리가 아니라는 것을 분명하게 알게 됩니다. 우리가 이 세상에 살아 있고 몸이 존재하고 있는 동안, 자신이 몸과 별개임을 보는 것입니다. 그것 자체가 해탈하는 체험이며, 바로 이 순간 불생不生인 체험입니다.

진인, 곧 해탈자는 결코 자신을 그의 몸으로 여기지 않습니다. 그것이 그의 성품입니다. 마음의 모든 활동은 마음의 것일 뿐, 그것을 아는 자의 것이 아닙니다. 여러분의 탄생은 꿈속에서 보이는 하나의 문제(trouble)일 뿐이라는 것을 여러분의 마음이 납득하게 하십시오. 여러분은 마음이 아니고, 마음의 모든 활동은 여러분의 자각 속에 들어옵니다. 순수한 마음은 여러분의 모든 제안과 지시에 복종할 것입니다. 요컨대, 여러분은 자기 마음의 스승이 되어, 마음을 서서히 진아 쪽으로 인도해야 합니다.

138. '진인'이란 무엇을 의미하는가?

1979년 11월 11일, 일요일

어떤 진인이 살아 있을 때는 그가 온갖 문제들에 직면해야 하지만, 그가 떠나면 그의 상像들이 안치되고 숭배 받습니다. 그 이유는 명백합니다. 사람들이 새로운 것은 받아들이지 못하고, 확립되어 유명해진 것만 인정하기 때문입니다.

진아 깨달음을 얻고 나면 개인성이 상실됩니다. 진인의 상태는 그가 존재하기 전, 그가 존재하는 동안, 그리고 그가 떠난 뒤의 그의 실체와 동일합니다. 진아는 어떤 변화도 없이 똑같습니다. 지금은 의식이 나타나 있는데, 그것은 사라지게 되어 있습니다. 그럼에도 불구하고 모든 인간들은 지속적 행복을 욕망하고, 그것을 얻으려고 애씁니다. 존재의 뿌리는 한 아이입니다. 그런데 끝은 무엇입니까? 이 모든 것을 깨달아야 합니다. 그런 뒤에는, 지知를 사용해도 안 되고 남용해도 안 됩니다. 좋아하든 않든, 여러분은 일어날 일을 즐기거나 그로 인해 고통 받아야 합니다. 거기서는 여러분에게 선택지가 없습니다.

범부가 어떤 위대한 인격과 접촉하면, 그 기억이 그에게 너무나 귀중합니다. 진인에게는 어떤 친분도 아무 가치가 없습니다. 진인은 남들에게 자신의 영향력을 행사한다는 생각이 털끝만큼도 없습니다. '진인'이란 무엇을 의미합니까? 그것은 무無(nothing)를 의미합니다. 그에게는 이름도 형상도 없고, 그는 무無입니다. 진인은 의식을 아는 자인데, 의식은 5대 원소의 한 성질입니다. 진인은 의식을 아는 자이고, 모든 욕구와 필요 사항들은 의식의 수준에 있습니다. 진인은 그것을 넘어서 있습니다.

여러분은 여기 와서 이곳에 앉아 있습니다. 여기 있는 한, 여러분은 이런 이야기들을 듣게 되어 있습니다. 이런 이야기를 여러분이 즐기고 있어야 할 필요는 없습니다. 우리는 우리가 있다는 것과 마음이 있다는 것을 아는데, 마음은 현존하고 활동합니다. 의식과 마음은 다양한 형상으로 존재하며, 여러 가지 이름들이 붙여집니다.

어떤 사람이 거액의 돈을 벌어 그것을 고향으로 가져가서 그곳에 현대적인 집을 한 채 짓습니다. 집들이가 끝나자마자 그가 죽습니다. 상속자가 없어서, 그 집을 포함한 그의 모든 재산은 정부에 귀속됩니다. 이것은 모두 **마야**의 유희입니다. 전혀 어떤 활동도 하지 말아야 한다는 말이 아닙니다. 늘 미래를 내다보고, 앞으로 우리의 상태가 어떻게 될지를 숙고해야 합니다.

우리가 자신이 **진아**임을 깨달으면, 우리 자신을 위한 우리의 효용은 끝납니다. **진인**은 이 사실을 알고 있고, 이런 모든 사실들은 여러분에게도 똑같이 해당됩니다. 대다수의 **마하트마**들은 이런 사실들에 무지한데, 설사 그들이 무엇을 안다 해도 그것을 비밀로 유지합니다. 그들은 자신의 제자들에게 다양한 수행과 일을 시키면서, 그 모든 노고가 쓸데없다는 것을 말해주지 않습니다. 물리적 세계 안에서는 경쟁이 있고, 이것이 사람들에게 살아갈 열의를 부여합니다. 여기서 진행되는 이야기들은 사람들의 분투에 대한 관심을 감소시킬 것이고, 그들은 삶 그 자체에 대한 흥미를 잃을 것입니다. 사람들은 나날이 더 잘하려는 희망과 욕망을 가지고 있는데, 진인의 이야기를 들으면 낙담하게 됩니다. 그래서 그는 침묵하고 있는 편을 선호합니다.

  '무욕(vairagya)'이라는 단어는 세간적 정념이 없는 것을 뜻합니다. 그것은 일체가 아무 소용없고 헛되다는 것을 아는 것입니다. 그것을 알기 이전에, 사랑(자비행)과 보시하기가 있겠지요. 우리 자신에 대한 우리의 효용이 영零이라는 것을 알고 나면, 우리가 침묵하게 됩니다. 실은 사랑과 남들 돕기는 의식의 성질이고, 그런 성질들은 자연발생적입니다. 그것은 여러분의 일이 아니라 자기사랑(의식)의 일입니다.

139. 아뜨만은 모든 인연과 속박에서 벗어나 있다
1979년 11월 15일, 목요일

  우리는 더 나은 이해를 위해 아뜨만·빠라마뜨만 같은 단어들을 사용합니다. 아뜨만은 우리를 의미합니다. 자신을 몸과 동일시하는 사람을 개아個我라고 합니다. 그래서 우리는 개아도 아니고 마음도 아닙니다. 몸과 의식에 대한 인상들로 인해 마음이 형성됩니다. 마음은 또한 몸이 자신의 형상으로 존재한다고 믿습니다. 우리의 모든 활동은 마음 때문에 일어납니다. 개아가 몸은 자신의 형상이 아니라는 것을 알게 되면, 그는 시바가 됩니다.

  아뜨만은 모든 인연과 속박에서 벗어나 있습니다. 아뜨만은 의식을 넘어서 있고, 그래서 어떤 자아의식도 없습니다. 이는 아뜨만 안에는 '나'가 없다는 뜻입니다. **아뜨만**은 형상이 없으므로, 그것은 (자신이) '이와 같다, 저와 같다'는 관념이 없습니다.

만약 여러분이 그 몸이 아니라면—여러분이 몸 없이 존재한다면—여러분은 무엇입니까? 그럴 때 여러분은 불변이고, 모든 인연과 속박에서 벗어나 있습니다. 마음의 변상들로 인해 여러분의 욕망과 필요사항들에 끝이 없습니다. 그것은 몸과의 동일시에 기인합니다. 여러분은 자신이 한 남자나 여자라는 어떤 기억도 없이 머무를 수 있습니까?

여러분이 처음 자신의 몸을 의식하게 되었을 때, 그것이 여러분이 존재한 첫째 날입니다. 그날부터 여러분의 모든 활동은 한 몸(의 활동)으로서 일어나고 있습니다. 평생 동안 여러분이 성취하는 것은 무엇입니까? 그것은 죽음에 대한 여러분의 확신뿐입니다. 여러분이 지금 듣는 것이 여러분 자신의 직접적 체험이 될 때 여러분은 **진인**이 될 것이고, 여러분에게 어떤 죽음도 없을 것입니다. 끝에 가서 생명기운이 서서히 몸을 떠날 때는, 더욱 많은 지복의 체험이 있을 것입니다.

우리의 몸들은 소화되고 흡수된 음식이 하나의 형상을 취한 것에 불과합니다. 만일 여러분이 지금 듣는 **지**知를 흡수하면, 무서운 죽음이 여러분에게는 기쁨으로 가득 찬 것이 될 것입니다. 우리의 **베다**는 말하기를, 무지인들은 (죽을 때) 자신이 생기에서 분리되는 것을 모른다고 합니다. 그 결과, 최후에는 (충족되지 못한) 열망들이 그 떠나는 생기를 따라갑니다. 이것이 환생을 가져옵니다. **빠라마르타**(Paramartha), 곧 영적인 공부의 실제 목적은 우리의 삶이 끝날 때 기쁨으로 충만해지기 위한 것입니다. 생명기운이 떠날 때, 몸은 떨어져 나가고 존재의 느낌은 사라집니다. 끓던 물이 불이 꺼지면 서서히 식듯이, 생명기운이 떠나면 몸은 서서히 차가와지고 더 이상 존재의 느낌이 없습니다. 뜨거운 물의 열기는 형상이 없고 눈에 보이지 않습니다. 물이 식으면 그 열기는 어떻게 됩니까? 마찬가지로, 몸 안에 더 이상 **의식**이 없을 때, 누가 죽었습니까?

신을 숭배하는 사람들이 많지만, 진지하게 해탈을 추구하는 사람은 매우 적습니다. 이런 이들 중에서도 참된 영적 지知를 얻는 복이 있는 사람은 드뭅니다. 음식 물질 안에 사뜨와·라자스·따마스의 세 가지 성질이 들어 있습니다. 여러분은 (여기서) 듣는 것에 온전한 주의를 기울이고, 그것을 스승의 두 발에 내맡기십시오. 그러면 해탈이라는 경사慶事를 바로 이번 생에 즐기게 될 것입니다. 아이가 태어날 때 사람들은 그 시간에 주목하고, 마지막에 생명기운이 떠날 때는 그 시간에도 주목합니다. 이 모든 것은 불가피합니다. 음식 물질이 있는 한 의식이 존재합니다.

몸-사뜨와가 아주 늙어지면 생기가 떠납니다. 무지인들에게는 환생이 있고, 진인에게는 즐김이 있습니다. 데워진 물이 식을 때 우리는 두려워하지 않습니다. 우리의 몸이 마지막에 식을 때 왜 어떤 두려움이 있어야 합니까? 천당이나 지옥으로 가고 말고가 없습니다. 어디서 옴도 없고 어디로 감도 없습니다.

하나의 몸을 가지고 있다는 경험이 없던 탄생 이전에, 고통과 즐거움이 어디 있고, 가족과 친구들에 대한 걱정이 어디 있습니까? 지금 여러분의 상태도 (탄생 이전과) 똑같지만, 여러분이 차이를 느끼는 것은 몸과의 동일시 때문입니다. 몸 안에 "내가 있다"가 있는데, 그것은 몸 때문에 자신의 존재를 알게 되는 빠라마뜨만일 뿐입니다. 최선의 것을 얻는 데는 시간이 걸리고, 중요하지 않은 것은 쉽게 옵니다. 최선의 것이 성취될 때 우리는 어떻게 보이겠습니까? 그때는 더 이상 희망·욕망·갈망이 없을 것입니다. 우리가 생명기운도 아니고 마음도 아닐 때, 우리의 존재는 몸을 갖기 이전과 같을 것입니다. 그럴 때 희망과 욕망이 어떻게 남아 있을 수 있습니까? 열심히 추구하는 몸의 습習 때문에, 잠에서 깨자마자 우리의 활동이 시작될 수밖에 없습니다. 의식이 자신의 근원과 참된 성품을 알 때, 우리는 의식을 넘어섭니다. 그때는 희망과 욕망이 있을 곳이 없고, 예견 가능한 행동에서 벗어난 자유가 있습니다.

우리의 의식은 그 자신에 대한 매혹으로 인해 무지 속에 머물러 있습니다. 스승의 말씀에 의해 참된 깨어남이 있을 때, 우리는 마지막 날 세상을 떠날 때 (해탈의) 경사를 즐길 만한 존재가 됩니다. 형상이 없는 순수한 의식으로 인해 우리는 '우리가 있다'는 것을 알게 됩니다. 우리의 모든 불행은 자신을 몸과 동일시하는 결과입니다. 억만장자조차도 여기에 예외일 수 없습니다.

우리의 모든 질문과 문제에 대한 진정한 해법을 위해서는, 우리가 형상 없는 **의식**이라는 스승의 말씀을 고수해야 합니다. **참스승**의 성품은 그 속으로 모든 속성이 합일되는 **영원자**입니다.

140. 이스와라와 브라만의 차이는 무엇인가?

1979년 11월 22일, 목요일

직접지라고 하는 것은 말로 묘사할 수 있는 것과 사뭇 다릅니다. 어떤 사람이 **참스승**을 찾아가서 절을 했습니다. 그 **사두**는 자신의 샌들을 그에게 던졌고, 그 사람은 그것을 받아 숭배했습니다. 그렇게 하여(그 숭배의 공덕으로) 그는 수백만 루피를 벌었습니다. 이 세상에는 그런 기적들이 무수히 많지만, 그것은 **진아지**와 아무 관계가 없습니다.

질문: 마하라지, 당신께서는 개인들로서의 저희에게 말씀하십니까, 아니면 다른 무엇으로서의 저희에게 말씀하고 계십니까?

답변: 저는 개인들에게 이야기하고 있지만, **미현현자 · 현현자 · 개인**을 분명하게 잘 알면서 이야기합니다.

현현물(manifestation-현상계)은 형상 없는 **의식**인데 (외관상) 그것이 다수로 존재합니다. **진인들**이 여러분에게 신을 숭배하라고 이야기할 때, 그것은 도처에 존재하는 이 **의식**을 두고 하는 말입니다.

실은 우리의 참된 성품은 조건 지워지지 않은 지고의 지복이지만, 우리는 자신을 개인으로 여깁니다. 우리가 몸이 아니라면, 남는 것은 현현된 **의식**입니다. 이 존재는 비존재에서 출현했고, 이 존재에서 결코 존재하지 않는 이 모든 것이 출현했습니다. 만물에 편재하는 것(의식)은 성질들로 가득 차 있고, 활동들로 가득 차 있습니다. 여러분의 **의식**은 5대 원소로 인한 것이지만, 그것은 도합 10개의 사지四肢를 가지고 있습니다. 그 10개의 사지는 5대 원소, 세 가지 성질인 사뜨와·라자스·따마스, 그리고 **쁘라끄리띠**(*Prakriti*)와 **뿌루샤**(*Purusha*)입니다. 여러분은 몸-정체성으로 인해 자기 자신이 한 개인이라고 믿고, **의식**을 여러분 자신의 존재(being)로 여깁니다. 실은 여러분은 **의식**의 주시자입니다. 먼지 하나조차도 5대 원소로 이루어져 있습니다. 여러분이 자신을 하나의 형상을 가진 한 개인으로 여기는 한, 희망·욕망·갈망이 남을 것입니다.

여러분의 존재성 이전에 여러분의 현현(인간으로서의 출현)이 어디 있습니까? 여러분은 현현자를 숭배하겠지만, 현현자는 여러분 자신의 **의식**을 의미합니다. 여러분은 그 현현자를 여러분이 자기 자신이라고 하는 몸에 한정하고 있습니다. 그래서 두려움이 남아 있을 수밖에 없습니다.

만일 여러분이 현현자를—즉, 여러분의 **의식**을—**스승**으로 삼아 명상하면, 현현자에서 나오는 다양한 창조물들을 보여주는 기적들을 보게 될 것입니다. 규칙적으로 **명상 요가**를 닦는 사람들은 그런 기적들을 체험합니다. 만물에 편재하는 **의식**을 알고 나면, 우리 자신을 개인으로 상상할 수가 없습니다. 여러분의 현현이 개인적 영혼·세계·**브라만**에 대한 경험의 씨앗입니다. 위의 친분(편재하는 의식에 대한 앎)을 가진 자신의 몸을 놓아 버리는 사람이 위대한 영혼(마하트마)입니다. 그를 기억하는 것만으로도 많은 환자들이 치유되는 효험을 볼 수 있습니다. 그런 위대한 사람들은 그들의 몸에 한정되지 않고, 모든 존재계와 하나입니다. 여러분이 지금 듣고 있는 것은, 속성을 가진 숭배자가 보는 현현된 브라만의 성품입니다. 우리가 가지고 있는 주된 성질은 우리의 의식입니다. 사구나(saguna)라는 단어는 '의식을 가진'—즉, 우리 자신의 실체라는 뜻입니다. 의식이 무소부재함을 깨닫는 사람은 만물에 편재하게 됩니다. "가장 위대한 헌신자에게는 어떤 마음의 변상도 없고 어떤 속성도 없다"고 말하는 또 하나의 길이 있습니다. 어떻게 큰 세계가 하나의 원자적 씨앗 안에 머물러 있을 수 있습니까? 그래서 그것(세계)은 하나의 환幻인 것입니다. 그 위대한 헌신가가 조건 지워지지 않은 빠라브라만이 되었습니다. 몸과 의식이 없을 때는 5대 원소도 없습니다.

질문: 마하라지, 이스와라와 브라만의 차이는 무엇입니까?

답변: 만일 이 두 단어를 없애면 어떤 차이도 없을 것입니다.

우리의 의식이 우주의 씨앗입니다. 거기서 나오는 신의 형상이 헌신자의 개념에 따라 환영幻影 속에서 나타납니다. 사람들이 보는 그 환영들은 굉장한 믿음, 큰 사랑 혹은 과도한 두려움에서 비롯됩니다. 환영의 씨앗은 그 보는 의식입니다. 숭배하는 의식에 새겨져 있는 인상에 따라 어떤 이는 크리슈나의 환영을 보고, 어떤 이는 죽음의 신 야마가 물소를 타고 있는 모습을 봅니다. 모든 환영은 의식 자체의 창조물입니다. 여러분이 보는 세계는 여러분의 의식 안에 있습니다. 사람마다 서로 다른 세계를 보지만, 모두의 총합은 하나입니다. 그러나 몸-정체성은 이것을 알지 못하는 채로 있습니다.

우리는 두려움이 없는 사람을 만나지 못합니다. 한동안은 그런 두려움이 없을 수도 있으나, 영구히 없는 것은 아닙니다. 어떤 사람들은 살아가는 것이 두려워서 음독하고 싶어 하지만, 죽음에 대한 공포 때문에 그렇게 하지 못합니다. 몸의 물질이 감각을 잃으면 의식이 느껴지지 않습니다. 생명기운은 죽음에 이르러서 몸을 떠나지만, 의식은 바로 그 자리에서 사라집니다. 모든 영적인 지知는 여러분 자신의, 직접적인 지知여야 합니다. 그러기 위해서는 오랜 시간씩 규칙적으로 명상해야 합니다.

몸이 먼저 왔고 그 다음에 의식이 왔습니다. 의식은 왜, 어떻게 나타났습니까? 여러분은 처음 자신의 존재를 의식하게 되었을 때, 몇 살이었습니까? 이런 식으로 생각하는 사람이 누가 있습니까? 만일 그러지 않으면 여러분이 어떻게 넘어설 수 있습니까? 여러분은 이런 단순한 것들을 모르면서 브라만에 대해 묻고 싶어 합니다. 그런 것도 모르면서 어떻게 해탈을 얻을 수 있습니까? 여러분은 여러분이 아는 대상보다 늘 나이가 많습니다. 의식 이전인 것이 아디야뜨마(Adhyatma)인데, 그것은 아뜨만이 일체의 이전이라는 것을 의미합니다. 여러분은 몸과 의식 외에 무엇을 소유하고 있습니까? 이곳을 방문하는 사람들은 아주 진지해야 합니다. 대다수 사람들은 진지하지 않고, 오락을 위해서 옵니다.

우리는 우주의 해체에 대한 소식을 들었지만, 그 재난 때 그 정보를 말해 준 자는 어디에 있었습니까? 그는 죽음이 고요하고 잠잠해지는 곳에 머물러 있습니다. 여러분이 자신을 진인이라고 여길 수도 있겠지만, 여러분은 늘 자신이 의식 이전에 존재하는 것이 아니라 의식의 한 결과라고 여깁니다. 여러분의 의식을 '큰 실재(Great Reality-마하뜨 따뜨와)'라고 합니다. 인간들은 그릇되게 행동한다는 비난을 받지만, 인류의 창조주는 누구입니까? 인류의 기원은 5대 원소 안에 있습니다. 5대 원소 사이에서 어떤 일이 일어나든 그것이 궁극적으로 모든 음식 재료의 알갱이 안에 가라앉습니다. 음식 물질의 사뜨와가 생명기운과 우리의 존재성의 원인입니다. 이것을 명심하고 명상하십시오. 모든 산 몸들은 음식 물질의 사뜨와가 취한 다양한 형상입니다. 우리는 우리의 행동에 책임이 있다고 그릇되게 느낍니다. 실은 몸 안의 에너지와 마음 흐름이 그 행동을 낳습니다.

미현현자 안에는 존재의 느낌이나 자아의식이 없습니다. 현현자는 의식과 함께하고 만물에 편재합니다. 사뜨와 몸 안의 존재의 느낌은 그 형상의 유형에 따른 성질들을 따릅니다. 형상에 따라 한 인간이 자신을 한 남자나 여자로 여깁니다. 우리는 동물들에게 그 몸-형상에 따라 '소', '당나귀' 등의 이름을 붙입니다. 죽음 같은 것은 없고, 그 단어는 전통적으로 의식의 사라짐을 의미합니다. 음식 즙들의 사뜨와 공급이 그치면 더 이상 존재의 느낌이 없습니다. 그것이 죽음입니까? 음식 공급이 있으면 생명기운이 있고, 생기가 있으면 의식도 있습니다. 이 의식 자체는 쁘라끄리띠-뿌루샤로도 불립니다. 쁘라끄리띠와 뿌루샤는 형상이 없고, 지구를 에워싸고 있는 원소들 안에서 활동합니다. 모든 산 존재들은 그들의 운명에 따라 이 원소들의 좋거나 나쁜 효과를 겪어야 합니다. 해체는 형상을 가진 지구의 해체일 뿐입니다.

여러분이 참된 스승을 따르면, 불생자는 무수한 탄생에도 불구하고 단 한 번의 탄생도 없이 불생으로 남아 있다는 것을 깨닫게 됩니다. 불생불멸자는 눈에 보이지 않지만, 그것은 항상 존재합니다. 그것을 여러분 자신의 진아로 받아들이십시오.

141. 그대의 의식은 신의 형상이다
1979년 11월 29일, 목요일

마음의 도움을 받지 말고 여러분의 의식과 보조를 맞추십시오. "내가 있다"에 내포된 의미는 "나는 브라만이다"입니다. 몸 안의 의식은 자신이 브라만이라고 말합니다. 그것은 몸 안에 있지 몸이 아닙니다. 그 내적인 소리의 의미는 "나는 브라만이다"입니다. 우리는 이 의식의 기원을 알아야 합니다. 하나의 몸을 가졌지만 그것이 자신의 형상은 아니라는 것을 아는 사람은 차분하고 고요해집니다. 사람들은 그런 사람의 축복을 받으려고 길게 줄을 섭니다.

여러분이 실제로 무엇인지에 대해 확신을 가져야 합니다. 거기서는 무슨 이익을 얻고 말고가 없습니다. 진아 깨달음은 이익에 대한 여러분의 추구 전체를 없애 버립니다. 여러분의 의식은 신의 형상입니다. 몸을 여러분의 형상이라고 믿었듯이, 이제는 여러분이 신 자신임을 믿으십시오. 일단 진아지를 갖게 되면 여러분의 모든 탐구가 끝날 것이고, 사람들이 여러분의 조언을 구하게 될 것입니다. 명상 속에서 여러분은 생각에서 전적으로 벗어나게 될 것입니다. 이 상태를 삼매라고 합니다. 의식이 모든 신들의 형상이라는 확신이 있을 때, 우리는 무소부재하게 됩니다. 여러분의 의식이 이스와라가 있다는 증거임을 결코 잊지 마십시오. 여러분의 의식이 없다면 누가 신의 존재나 부존재를 확인해 주겠습니까? 언젠가는 여러분의 의식 자체가 곧 신의 형상이라는 확신을 계발해야 합니다. 일단 그것을 깨달으면 다시 여기 올 필요가 없겠지요. 지성을 이용하여 이해하는 자는 내적인 신 그 자체입니다.

이 세상에서 여러분이 무엇을 얻을지는 몰라도 진아는 얻지 못합니다. 왜냐하면 여러분이 이미 그것이기 때문입니다. 만약 여러분의 영적인 노력 속에서 어떤 어려움이 있다면, 24시간 그 만트라를 염하거나 여러분의 스승을 만나십시오. 저는 달리 무엇도 권하지 않습니다. 진아를 깨닫는 사람은 극소수이고, 분명하게 설명해 주는 진정한 스승들은 좀처럼 만나기 어렵습니다.

우리는 몸이 없고 우리의 성품은 아뜨만이라는 것을 깨달을 때까지는 베다(우파니샤드)의 가르침을 따라야 합니다. 이 깨달음 이후에는 모든 희망·욕망·갈망이 차분하고 고요해지며, 어떤 임무도 남아 있지 않을 것입니다. 모든 활동은 자연발생적으로 일어나지만, 고통 받는 개인이 없기 때문에, 좋거나 나쁜 어떤 일도 일어날 수 없습니다.

첫 단계에서는 음식-사뜨와의 성질인 **의식**이 중요합니다. 최종 단계에서는 우리가 의식을 넘어섭니다. 진인의 의식은 전 우주를 점유합니다. 모두에게 무서운 죽음이 진인에게는 지복스럽습니다. 여러분이 아주 큰 어떤 일을 성취하려고 할 때는 그에 따른 위험도 똑같이 큽니다. 심지어 죽음도 각오해야 합니다. 몸과의 동일시가 사라지면 **진아**가 숨겨진 채로 있지 않습니다. 숨겨진 보물을 얻으려면 그것을 지키는 뱀이나 귀신을 제거해야 합니다. 마찬가지로, 몸-정체성을 제거하지 않고는 어떤 **진아** **깨달음**도 없습니다.

우리의 **의식**은 결국 **진인** 혹은 **빠라마뜨만** 속으로 합일됩니다. 그것은 크고, 자유롭고, 우리가 아무 노력을 하지 않고 청하지도 않았는데 왔습니다. 그것은 하나의 수수께끼인데, 만약 풀지 못하면 골치 아픕니다. 현상계는 5대 원소로 인해 있습니다. 그래서 활동들이 일어나지만 어떤 개인성도 없습니다. 만일 어떤 제자가 스승을 몸이라고 믿으면, 그 제자에게 몸의 문제들이 남습니다. 스승이 만물에 편재한다면 제자도 그와 같이 됩니다. 어떤 왕이 깊은 잠 속에서 자신이 왕임을 잊어버립니다. 여러분이 어떤 정보를 얻든, 여러분은 결코 그 정보가 아니라 그것을 아는 자입니다. 진인에게는 생시와 잠의 상태들이 없습니다.

여러분은 영적인 공부를 좋아하면서도 가족과 친구들을 걱정하는데, 그런 걱정이 그쳐야 합니다. 진인은 '나'와 '내 것'을 넘어서 있습니다. 진인은 그의 몸이 아닙니다. 그는 우주와 하나가 되어 우주를 통제합니다. 크리슈나는 그 힘을 그의 **요가력**(*Yoga-power*) 혹은 **요가-마야**(*Yoga-maya*)라고 부릅니다.

여러분은 신과 스승을 숭배하지만, 숭배의 원래 원인을 알지 못한 채 숭배합니다. 여러분은 몸을 자신의 형상으로 믿기 때문에, 거듭거듭 몸으로 다시 출현할 가능성이 있습니다. 의식을 몸에서 분리하고 이름 없이 있으려고 노력하십시오. 여러분의 의식은 빠라마뜨만의 표현입니다. 브라만이 진리라는 증거는 무엇입니까? 그 증거는 여러분의 의식입니다. 죄와 공덕은 몸-정체성에는 해당될 수 있습니다. 만일 여러분이 복을 지으려고 하면, 약간의 죄가 발생하게 되어 있습니다.

여러분은 순수하고 영양가 많은 음식에도 얼마간의 오물이 존재한다는 데 동의하겠습니까? 여러분이 무엇을 먹든, 똥은 더럽지 않습니까?

우리는 그것으로 인해 우리가 볼 수 있는 그 의식이지만, 의식은 눈에 보이지 않습니다. 왜입니까? 그것은 모두 단 하나인데, 보기 위해서는 이원성이 필요하기 때문입니다. 의식으로 인해 지각성이 있습니다. 최소한 매일 한 순간이라도 거기에 주의를 기울이십시오. 지각성은 모르는 사이에 나타났지만, 지금 여러분은 그것을 의식하고 있습니다. 그것이 최초의 저명인사입니다.

우리는 살아 있기를 좋아하지만, 편안하기 위해서는 자주 잠을 자서 일체를 잊어버려야 합니다. 만트라 염송이나 명상은 신과 하나가 되면서 해야 합니다. 그 둘 사이의 분리가 사라져야 합니다. 여러분의 어떤 노력도 여러분을 본래적인 것에서 멀어지게 할 수 있습니다. 그래서 정말 쉬운 것이 아주 어려워질 수도 있습니다. 이스와라에 도달하려고 애쓰지 말고, 여러분 자신의 의식을 숭배하십시오. 마음이 고요해질 때만 여러분이 진정한 휴식을 얻습니다. 마음이 사라지면 삼매가 있습니다.

원초적 환幻이 우리의 의식의 원인인데, 의식으로 인해 우리가 과도한 분투를 경험합니다. 그러나 스승의 명에 복종하는 사람들에게는 그것이 지복의 체험일 것입니다.

142. 그대는 순수한 빠라브라만이다

1979년 12월 6일, 목요일

사람들은 아무 이유 없이 불행해집니다. 그들의 이익을 위해 크리슈나는 시간을 독사와 같이 봅니다. 우리가 독사에 물리면 죽듯이, 시간은 서서히 우리를 죽음으로 이끕니다. 사람들은 시간이 무엇이고, 그 독이 무엇인지 이해하지 못합니다. 어린애가 어른이 될 때까지는 남자와 여자의 차이를 이해하지 못하듯이, 영적인 공부도 진정한 성숙을 요구합니다. 사람들의 선택지들은 시간이 가면서 계속 변하지만, 감각대상들에 대한 사랑은 독을 맛보는 것을 의미합니다. 누구도 내적인 만족을 갖지 못합니다. 웃다바가 말하기를, 크리슈나의 은총 없이는 시간의 진정한 성품을 이해할 수 없다고 합니다.

세속인들 중 아무도 고통 없는 행복의 경험을 가진 사람이 없습니다. 왜냐하면 그들은 시간 속으로 더 깊이 들어가서 그것의 참된 성품을 발견한 적이 없기 때문입니다. 저는 여러분이 이 세간적 삶을 포기하거나 무엇을 받아들이기를 회피하라고 하지 않습니다. 시간의 비밀스러운 성격을 알기만 하면 됩니다. 이 이야기를 듣고, 기억하고, 여러분의 가장 자연스러운 상태에 있으려고 노력하기만 하십시오. 결코 이 문제를 풀려고 하지 마십시오. 듣는 것 자체의 효과가 필요한 전부일 것입니다. 여러분은 듣는 자가 몸과 같거나, 생기나 마음과 같지 않다는 것을 알게 될 것입니다. 저는 여러분을 즐겁게 할 어떤 것을 말하는 것이 아니라, 여러분이 알아야 할 사실들만 이야기하고 있습니다. 여러분 자신이 분명하게 보지 못하는 한, 제 이야기는 여러분에게 쓰거나, 시거나, 떫을 것입니다. 여러분의 몸-정체성은 이 이야기가 달갑지 않겠지요.

완전히 계발된 혹은 열려 있는 사람은 신과 동등합니다. 앞에서 말했듯이, 여러분에게는 몸과 그 이름이 없습니다. 여러분은 이름과 형상 없이 존재한다는 것을 늘 기억하십시오. 여러분은 몸 안의 **의식**입니다.

네 가지 몸 모두가 묘사되어 왔습니다. 그것은 조대신粗大身, 미세신微細身, 원인인 의식(원인신), 그리고 큰 원인인 **아뜨만**(대원인신)입니다. 대원인신大原因身을 **아는 자**(빠라마뜨만)는 그것에 의해 접촉되지 않습니다. 이 사실을 **아는 자**는 극소수입니다.[62] 대원인신에 대한 무지가 죽음에 대한 공포를 가져옵니다. 실은 죽음 자체가 두려워해야 합니다. 성품상 여러분은 네 가지 몸 모두와 별개이고, 그것들에 의해 접촉되지 않습니다.

여러분이 들은 것을 기억하고, 그에 대해 명상하십시오. 달리 무엇도 할 필요가 없습니다. 여러분은 순수한 **빠라브라만** 혹은 **빠라마뜨만**이며, 어떤 몸들에 대한 경험도 없습니다. 그러나 현재 여러분은 자신의 몸에 대한 온전한 확신을 가지고 살아 있습니다. 모든 경험들은 시절적이고, 변하고, (지나가는) 손님과 같습니다. 세 가지 전부―**의식**·생시·잠―가 존재합니다. 생시-잠이 없을 때 어떤 물리적 존재가 있습니까?

한 **진인**은 말했습니다. "나는 완전히 살아 있는 동안 나 자신의 죽음을 보았다. 그것은 큰 소득 아닌가? 자신이 한 남자나 여자라는 개념이 더 이상은 없다. 나는 주시자로만 머무르고 있다." 나이·색깔·크기의 문제는 없었습니다. 네 번째 몸 너머에는 빛도 어둠도 없고, 영원한 **빠라마뜨만**만 있습니다. 여러분의 이 언어적 지知를 현실로 만들기 위해서는 "**자야 구루**" 만트라를 염하십시오. 아니면 여러분의 **스승**에게서 큰 말씀 만트라를 받을 복이 있었다면, 잠자리에 들 때까지 그것을 지속적으로 염하십시오. **의식**은 망원경과 같아서, 여러분은 그것으로 안팎의 모든 것을 볼 수 있습니다. 여러분의 참된 성품이 그 망원경의 사용자입니

---

62) *T*. 여기서 원인신은 허공의 형상을 한 **의식**이고, 대원인신은 **뚜리야**, 존재-의식-지복, 혹은 진아지의 단계이다. 그래서 대원인신을 **아뜨만**이라고 하였다. 이를 넘어선 것이 **빠라마뜨만**이다. **아뜨만**이 깨달은 자의 인격과 결부된 진아라면 **빠라마뜨만**은 지고의 순수한 자각을 의미한다. 그러나 진인이 곧 **빠라마뜨만**이므로, 이것은 하나의 개념적 구분으로 볼 수 있다.

다. 여러분의 마음에서 실제적으로 중요한 원 혹은 고리들이 나오고, 의식의 힘도 나옵니다.

우리는 **진아 깨달음** 없이도 세간적 욕망이 없는 경우를 많이 봅니다. 그러나 더 가까이 다가가서 보면, 거친 에고만 보일 뿐 어떤 위대함도 없습니다. 여러분이 미래의 행복에 대한 희망을 가지고 있는 한, 여전히 속박 속에 있는 것입니다. 실은 여러분은 **의식**을 넘어서 있고, 자아의식을 가질 수가 없습니다. '내가 있음'을 아는 자는 그 '내가 있음'을 넘어섭니다. 여러분 자신의 성스러움이 계속 증장됨에 따라, 희망과 갈망은 있을 곳이 없게 될 것입니다. 그것들이 없다는 것은 완전한 만족을 말해 줍니다. 희망·욕망·갈망에 가득 찬 사람은 실은 **시간**의 손아귀 안에 있고, **시간**에 의해 통제됩니다. 여러분이 여기 온 것을 최대한 잘 활용하여, **의식**의 기원을 아십시오. 여러분이 자신의 존재를 의식하지 못하던 때가 있었습니다. 지금도 여러분의 참된 성품은 똑같고, 앞으로도 마찬가지입니다. 참된 **지**知가 없으면 죽음으로 이끄는 **시간**에 대한 두려움이 남을 것입니다. 가장 쉬운 길은 "**자야 구루**"를 염하는 것입니다. 그러면 최후의 순간에 여러분에게 어떤 두려움도 없을 것입니다.

143. 의식은 전 우주를 의미한다
1979년 12월 16일, 일요일

누가 태어납니까? 그것이 동물들의 탄생입니까? 모든 탄생은 **의식** 그 자체의 탄생 아닙니까? 여러분의 **의식**이 음식 물질 없이 존재할 수 있습니까? 과학자들은 그들의 **의식**을 이용하여 새로운 것들을 발명하고 있습니다. 그들은 인간 몸의 세포들에서 인간이 창조되는 것을 연구하고 있습니다. 그들이 인간이 먹는 음식 즙들에서 인간을 창조할 수 있습니까? 요리된 음식 안에 우리의 존재의 느낌이 존재합니다. 생명을 유지하기 위해서는 규칙적으로 음식과 물을 공급하는 것이 필수적입니다. 5대 원소와 세 가지 성질이 어떻게 의식에서 유래하는지에 대한 직접지를 가져야 합니다. 의식은 전 우주를 의미합니다. 의식 안에 수천억의 우주들이 있습니다. 여러분은 죽을 수 있는 어떤 정체성을 가지고 있습니까?

최대의 주의력으로 이 이야기를 경청해야 합니다. 마치 여러분이 자신의 봉급 인상에 대한 정보를 들을 때같이 말입니다. 여기서 듣는 것을 여러분이 이해하지 못한다 해도 걱정하지 마십시오. 여러분이 음식을 먹을 때, 그것이 어떻게 소화되고 어떻게 몸의 일부가 되는지는 모릅니다. 마찬가지로, 설사 제 말을 이해하지 못한다 하더라도, 여러분 안에는 이해하는 뭔가가 있는데—그것은 저에게도 동일하지만—그것이 이해 능력을 가지고 있습니다. 내면의 참된 청자聽者는 신과 같고, 늘 경각하고 있습니다.

'우리가 있다'는 것을 우리가 알 때, 다른 모든 것이 존재합니다. 누가 보는 자인지는 우리가 정확히 말할 수 없지만, 그만이 존재하면서 모든 존재 안에서 그 자신을 봅니다. 비이원성 안에서는 어떤 봄도 없고, 이원성 안에서만 봄이 있습니다. 비이원성 안에서는 우리가 우리 자신을 의식하지 못합니다. 의식은 우리의 존재를 알기 위해 필수적이지만, 그것은 영구히 남아 있지 못합니다.

몸에 대한 마음의 인상들은 숭배에 의해 사라질 수 있는데, 그러면 남는 것은 순수한 의식입니다. 몸과의 동일시가 우리를 한 형상에 한정시키고, 우리는 '내가 있음'의 느낌을 갖습니다. 여러분은 의식이 출현하기 이전에 여러분의 성품이 무엇이었는지를 이해하게 될 것입니다. 그러면 여러분에게 어떤 '내가 있음'도 없을 것이고, 여러분은 좋거나 나쁜 것에 영향 받지 않을 것입니다. 제가 이 희유한 **진아지**를 여러분에게 아무 어려움 없이 설명하지만, 여러분은 한 개인으로서 그것을 들으려고 합니다. 여러분에게 이야기할 때 저는 여러분을 한 인간으로 여기지 않고, 여러분 안에 있는 **실재**에게—즉, 저 자신의 **진아**에게—이야기합니다.

여러분은 이 **지**知를 어떻게 저장하겠습니까? 그것을 여러분의 **의식** 안에 간직하십시오. 여러분이 꿈에서 자신이 싸우는 것을 보아도, 실제로는 어떤 일도 일어난 적이 없습니다. 그러나 여러분은 자신이 싸웠다고 말합니다. 마찬가지로, 여러분의 일상적 활동 속에서도 그것은 모두 하나의 자연발생적 사건이지 여러분의 행위가 아닙니다. 모든 탄생과 죽음이 거짓입니다. 여러분의 지성은 이런 사실들을 이해하고 받아들일 능력이 없는데, 그것은 몸-정체성 때문입니다.

순수하고 명료한 것이 흐려진 것으로 보입니다. 보통 여러분 자신의 시각은 여러분이 보는 장면들을 왜곡합니다. 그러나 모든 겉모습들은 얼마 가지 않습니다. 모든 빛들이 일시적이듯이, 이 **의식**의 빛도 그와 같습니다. 여러분이 여기서 어떤 **지**知를 받든, 그것은 분명히 소기의 작업을 할 것입니다. 여러분은 자신을 한 마리의 개미나 벌레처럼 아주 하찮다고 믿을지 모르나, 여러분 안의 **듣는 자**는 여러분도 모르게, 들음에 의해서 더 순수해질 것입니다.

우리의 경전 중 하나인 『리그베다』를 저는 **병**病의 **베다**라고 부릅니다. 세계의 출현은 병자에게 물과 약을 공급하기 위한 것입니다. 분명한 이해를 갖기 위해서는 **만트라**를 주의 깊게 계속 염하십시오. 어떤 사람들은 전해 들은 자신의 세간적 지식을 아주 자랑합니다. 그렇다면 모든 세간적 문제들에서 어떻게 진정으로 벗어납니까? 한 **진인**은 말합니다. "**만트라**를 염하고 고행을 하는 것으로는 어떤 일도 일어나지 않았다. 그러나 생각으로 알 수 없고 오염되지 않으신 **참스승**을 만나자, 일순간에 그분이 나를 모든 어려움과 문제들에서 벗어나게 해 주셨다."

144. 생기의 맥동이 먼저 있고 나서 존재성이 있다

1979년 12월 20일, 목요일

저는 여러분의 몸-정체성을 늘려주는 어떤 이야기도 하지 않고, 여러분을 깨우기 위한 이야기만 합니다. 세상의 모든 활동은 5대 원소로 인해 일어납니다. 5대 원소로 인한 음식 즙들이 모든 산 존재들이 창조되는 원인입니다. 사람 몸이 출현하기 이전에 다른 많은 산 형상들이 창조되었는데, 그 중 첫 번째가 한 식물이었습니다. 우리는 모두 식물 즙들로 인해 살아 있습니다. 허공과 대기 안에서 무슨 일이 일어나든 그것은 땅으로 내려와서 땅에 합쳐집니다. 땅속에서 그것은 다양한 식물과 곡물들 속으로 들어가고, 그런 다음 다양한 산 존재들 속으로 들어갑니다. 모든 산 존재들은 **의식**이 있는데, 그것은 음식 즙들, 곧 사뜨와에 의해 유지됩니다. 이런 지知는 여러분이 알고 있으라는 것이지 어떤 해답을 찾아보라는 것이 아닙니다.

생기의 맥동이 먼저 일어나고, 이어서 우리의 **의식**, 곧 존재성이 일어납니다. 생기의 맥동에서 어떤 소리 혹은 단어들이 나오는데, 그것을 우리의 마음이라고 합니다. 여러분의 마음이 하는 말들이 여러분의 모든 활동을 통제합니다. 여러분이 자기 자신이라고 생각하는 것은 한 개인으로서의 여러분에게 한정됩니다. 여러분은 '여러분이 있다'는 것을 알게 되고, 존재하는 것을 사랑합니다. 그것이 이 세상에서 주된 사랑입니다. 우리의 모든 활동은 우리의 존재애로 인해 일어납니다. 극소수만이, 우리가 음식 물질일 수 없을 때는, 우리가 음식 물질의 사뜨와 성질인 **의식**일 수도 없다는 것을 관찰합니다.

어떤 소리나 단어를 듣기 전에 영원한 **진리**가 있었습니다. 소리가 출현하자 그것을 듣는 존재성도 있었습니다. **영원자**는 말이 없지만, 단어와 함께 브라만이 출현했습니다. 마음이 여러분의 속박입니다. 그것은 여러분의 모든 활동을 기록하고, 거기에 의미를 부여합니다. 그것이 여러분의 개인성과 무지에 힘을 실어줍니다. 죽음을 두려워하고 천당을 상상하는 것이 마음의 일입니다. 우리는 자신을 마음에서 분리하여 의식으로서 자리 잡을 수 있어야 합니다. 그러면 죽음이란 없다는 것이 분명해질 것입니다.

명상을 하려면 여유 시간이 있어야 합니다. 마음이 내려놓아질 때 명상이 있습니다. 의식 속에서 나타나는 일체의 것에 관심을 보이지 말고 초연해지려고 노력하십시오. 잠 속에서는 아무 욕구가 없듯이, 현현자를 깨닫고 나면 미현현자에 대한 욕구를 포함한 모든 욕구에서 벗어나게 됩니다.

의식을 아는 자들을 스와미 혹은 마하라지라고 하며, 사람들의 숭배를 받습니다. 신들을 숭배하는 사람들은 많지만, 극소수만이 아뜨만을 숭배합니다. 우리는 아뜨만과 하나이고, 비이원성 안에서는 우리가 남들에게 신경 쓰지 않습니다. 스승의 명을 따르려면 여러분의 의식에 대해 명상하십시오. 우리는 자신이 '이와 같다, 저와 같다'고 상상하는데, 그것은 불행으로 귀결됩니다.

145. 몸이 있을 때 스스로 분명하게 보라

1980년 1월 10일, 목요일

여러분이 진아를 깨닫는 데는 명상이 도움이 됩니다. 다른 모든 체계와 방법들은 다른 관심 주제들로 빗나간 것입니다. 아뜨만의 상태는 확고하고 안정적입니다. 우리의 모든 주제는 불안정한 마음 속에 있을 뿐입니다. 만일 우리에게 마음이 없다면, 어떻게 어느 주제에 관심을 가질 수 있습니까? 평생에 걸친 여러분의 모든 활동은 여러분의 마음에 속합니다. 저는 여러분의 말이 다 옳은데, 유일한 문제는 '여러분'일 뿐이라고 말하겠습니다. 우리의 모든 희망·욕망·갈망은 허기와 같습니다.

주된 문제는 왜, 그리고 어떻게 여러분이 자신의 존재를 의식하게 되었느냐는 것입니다. 여러분은 어떻게 자신의 존재를 알게 되었습니까? 그것은 자연발생적이었습니까, 아니면 누가 그것을 여러분에게 말해 주어야 했습니까? 여러분이 '여러분이 있다'는 것을 알기 때문에, 크고 작다는 여러분의 모든 비교와, **이스와라**의 존재에 대한 생각이 시작됩니다. 참된 것과 함께하는 것이 어렵습니까? 비진리를 소화하기는 어려울지 모릅니다. 우리의 모든 문제는, 우리가 아닌 것을 우리 자신으로 상상하는 데 기인합니다. 우리가 우리 자신이라고 생각하는 것은 참되지 않습니다. 일반화하자면, 우리의 모든 세간적 지식도 계속 변하고 있습니다. 거기에는 어떤 정직함도 없습니다. 더 이상 존재하지 않는 저 **마하트마**들, 그들은 지금 자신들의 존재를 모릅니다. 여러분만 가끔씩 그들을 기억합니다. 수십억의 사람들이 여기저기 돌아다니고 있습니다. 그들은 자신들이 실제로 무엇인지 압니까? **진인**만이 이런 사실들을 압니다.

진아지를 얻고 나면, 마치 아무것도 존재하지 않는 것처럼, 여러분이 모든 것에 흥미를 잃을 것입니다. 여러분에게 어떤 달도, 해도, 별도 없을 것입니다. 한 **진인**은 이렇게 표현합니다. "백만 개 해의 빛이 합쳐져서 그대의 빛 안에서 사라진다."

여러분의 모든 활동이 가능한 것은 여러분이 먹는 음식에서 받는 에너지 때문입니다. 그 의미는, 여러분이 지금 말을 할 수 있는 것은 과거에 여러분이 먹은 음식 즙 때문이라는 것입니다. 바꾸어 말해서, 여러분의 이야기는 음식 즙들의 이야기입니다. 만일 사뜨와가 없다면, 우리의 존재의 느낌도 있을 수 없습니다. 라자스 성질은 활동으로 가득 차 있고, 우리가 자신을 행위자라고 주장하는 것은 따마스 때문입니다. 라자스와 따마스 성질은 사뜨와에 기인하는데, 사뜨와가 의식의 원인입니다. 사뜨와가 없을 때는 내가 나의 존재를 몰랐습니다.

명상은 우리의 "내가 있다"는 경험을 억누르는 것입니다.[63] 일체가 개념들에 의해 뒷받침됩니다. 시간이 가면 영적인 공부의 정의定義가 바뀔 것입니다. 많은 큰 사원들이 창고로 개조될 것입니다. 의식으로서의 여러분의 존재가 먼저이고, 그것으로 인해 여러분이 자신의 몸을 압니다. 이것이 몸의 중요성과, 여러분의 몸과의 동일시를 없애줄 것입니다. 이 모든 것에도 불구하고 브라만은 모든 면에서 완전합니다. 저에게는 복지니 무슨 나쁜 사건이니 하는 문제가 없습니다. 여러분은 늘 좋은 것을 바라고 나쁜 것을 두려워합니다. 여러분이 지금 무슨 이야기를 듣든 그것을 이해하지 못할 수도 있지만, 때가 되면 그것이 분명히 소기의 효과를 가져올 것입니다. 브라만의 지知는 결코 허비되지 않습니다. 다만 그것이 효과를 발휘하려면 시간이 좀 걸릴 수는 있습니다.

자기잇속이 존재하기 위해서는 자기(자아)가 존재해야 합니다. 만일 어떤 사람이 전혀 없다면, 어떻게 자기잇속이 남아 있을 수 있습니까? 그래서 여기서는 어떤 자기잇속도 없습니다. 만일 누가 하나의 형상을 가지고 있으면, 한 자아가 존재하고 자기잇속도 있습니다.

생시와 잠이 여러분에게 의존합니까? 여러분은 원할 때 언제든 잠이 들거나 깨어날 수 있습니까? 여러분은 무엇을 자기 자신으로 여기고 행동합니까? 여러분의 몸이 있을 때 스스로 분명하게 보아야 합니다. 이 세상에서 우리는 신 깨달음을 이야기하지만, 실은 그것은 진아 깨달음입니다. 우리 자신 말고 누가 우리가 하는 말들의 의미를 압니까? 몸은 여

---

63) T. 여기서 "내가 있다"는 "한 이름과 형상(몸)으로서의 내가 여기 있다"는 느낌이다. "억누른다"는 것은 그것을 무시하고 자신이 의식임을 자각하며 의식으로만 머무르는 것이다.

러분의 진정한 형상이 아닙니다. 여러분은 의식 때문에 자기 몸을 아는데, 그것은 마음 때문에 자기 몸이 존재함을 느낀다는 의미입니다. 그리고 여러분의 의식은 사뜨와의 성질이고, 그것은 여러분이 아닙니다.

우리는 우리의 참된 자아에서 분리되어 있는데, 요가란 명상에 의해서 다시 (진아와) 하나가 되는 것입니다. 최종 단계는 요가를 넘어서 있습니다. 몸 안의 의식 자체가 '여러분이 있다'는 지知, 아뜨만, 신 등으로 불립니다. 그러나 그것은 사뜨와의 성질입니다. 우리가 여러분의 탄생에 대해 이야기할 때, 그것은 실은 이 세계의 탄생입니다. 그런데 그것은 새로운 세계가 아니라 오래된 태곳적의 세계입니다. 여러분의 생시의 느낌과 세계의 출현은 동시적입니다. 진아 깨달음을 얻고 나서야 이것을 제대로 알게 될 것입니다. 여러분 좋을 대로 일상적 활동을 계속하되, 하나의 몸으로서 살지는 마십시오. 아뜨만으로서 살아야 합니다.

146. 그대의 의식 외에 어떤 신도 없다

1980년 2월 3일, 일요일

크리슈나의 헌신자들, 곧 고삐들(Gopis)은 16,000명이었다고 합니다. 그것은 마음의 변상變相들을 가리킵니다. 주의가 크리슈나에, 곧 의식에 고정되고 나면 뒤로 물러남이란 없습니다. 크리슈나가 누구입니까? 그것은 우리의 내적인 자기사랑, 곧 의식입니다. 활동들은 마음의 변상들, 곧 행위의 경로(course)로 인해 일어납니다. 그것을 마음이라고도 합니다. 주의가 내면의 가나샤마(Ghanashyama)에 고정된 사람은 사람들로부터 존경이나 명예를 받는 데 조금도 신경 쓰지 않습니다.

신의 형상들과 세계는 둘이 아닙니다. 몸과의 동일시로 인해 우리가 한 개인적 영혼으로 불립니다. 여러분의 의식이 곧 신이 있다는 증거입니다. 또 신이 여러분의 의식이 존재하는 원인이기도 합니다. 이것은 현실이고, 이는 불변입니다. 여러분의 의식은 음식 즙들의 성질입니다. 여러분의 의식이 신의 형상과의 단일성을 자각하게 하십시오. 바꾸어 말해서, 음식 즙의 모든 방울 안에 신이 있습니다.

언어나 말은 생기에서 비롯됩니다. 여러분의 의식은 형상이 없습니다. 그러니 그것의 미래를 알려는 습쩥을 포기하십시오. 몸 안에서 신은 부분들로 존재하는 것이 아니라 그의 온전한 형상으로 존재합니다. 여러분의 의식 외에 어떤 신도 없습니다. 여러분 좋을 대로 세간적 활동을 하십시오. 거기에는 어떤 죄도 없으니 말입니다. 유일한 죄는 자신을 몸과 동일시하는 것입니다. 여러분은 실재이고, 달리 아무것도 아닙니다. 스리 크리슈나는 말합니다. "나 자신이 이 세계의 형상으로 존재한다." 그는 확신의 힘을 가지고 있었습니다. 우리의 의식이 있을 때는 그와 함께 개인적 영혼·세계·브라만도 존재합니다. 의식이 없을 때는 아무것도 없습니다. 신의 참된 헌신자는 남들의 어떤 조언도 필요로 하지 않습니다. 오히려 사람들이 그에게 조언을 얻으러 옵니다.

147. 말은 생기에서 흘러나온다

1980년 3월 6일, 목요일

신이 세계로 나타납니다. 세계가 그의 형상이기 때문입니다. 여러분의 의식이 신이 존재한다는 증거입니다. 그는 여러분의 의식으로서 여러분 안에 있는데, 그 의식은 여러분이 아무 행위도 하지 않았는데도 여러분 안에 나타났습니다. 그러나 여러분의 몸-정체성이 개아(jiva)[개인적 영혼]를 만듭니다. 여러분의 의식은 음식-몸의 성질이고, 여러분이 몸 안에 계속 존재하기 위해서는 음식을 먹어야 합니다. 여러분은 개아가 아니라 신이 라는 확고한 믿음을 가지십시오. 신은 우리가 자신을 유지하기 위해 먹 는 음식 안에도 있습니다.

우리의 말은 생기에서 흘러나옵니다. 말은 생기의 언어이기 때문입니다. 여러분은 형상 없는 의식의 음식인 그 몸이 아닙니다. 과거와 미래 에 대한 예언은 여러분의 몸에 해당되지 여러분에게는 해당되지 않습니다. 여러분은 음식이 아니기 때문입니다. 거짓인 것을 잊어버리는 것이 여러분에게 이익입니다. 여러분의 몸 안에, 죽음이 없고 분할 불가능한 신이 거주합니다.

우리의 의식 아닌 어떤 신도 없습니다. 여러분의 행위들은 여러분에게 영향이 없지만, 필요한 행위는 하십시오. 여러분이 자신을 몸과 동일시 하는 것이 문제일 뿐입니다. 원리에 대한 산스크리트어 단어는 따뜨와 (tattva)인데, '따뜨(tat)'는 '그것', '뜨와(tva)'는 '그대'라는 뜻입니다. 요컨대, 여러분이 그것, 곧 절대자입니다. 여러분은 그 작은 몸에 한정되지 않고, 존재하는 모든 것입니다. 크리슈나도 "나만이 세계로서 나타난다" 같은 말을 했습니다. 그런 말을 하기 위해서는 큰 확신이 필요한데, 크리슈나 는 그런 확신을 가지고 있었습니다. 우리의 의식이 개아·세계·브라만으 로 나타납니다. 의식이 없으면 아무것도 없습니다. 스승의 참된 헌신자 는 누구에게도 조언을 구하지 않습니다. 조언이 필요한 남들이 그를 찾 아옵니다.

[역주: 이 147번 법문은 146번 법문의 둘째 문단 이하와 내용상 비슷하다.]

148. 진아를 볼 수는 없다

1980년 3월 13일, 목요일

몸-사뜨와(body-sattva)라는 병을 치유하기 위해 약이 사용됩니다. 의식을 유지하기 위해서는 음식과 물도 사용됩니다. 우리가 살아 있는 것은, 우리가 입이나 혀를 사용하거나 사용하지 않으면서 몸-사뜨와에서 우리에게 필요한 것들을 끌어내기 때문입니다. 니르구나가 존재할 수밖에 없는 것은 사구나가 존재하기 때문입니다. 그렇지 않다면 니르구나를 추론할 수 없습니다.

참된 요기는 그의 생애 동안 일어나는 다양한 사건들에 영향을 받지 않습니다. 진인은 그의 몸이 아니기 때문에, 여러분은 그의 얼굴에서 어떤 고통이나 쾌락도 발견하지 못합니다. 진인에게는 어떤 이득이나 손실도 없습니다. 진인이 참되고 완전한 요기이며, 다른 요기들은 아닙니다. 요기는 자신의 생애를 하나의 시절로 알며, 그는 그 시절 동안 어떤 일이 일어나든 그에 영향을 받지 않습니다.

보통의 요기는 자신의 전락을 위해 어떤 여자와 어울릴 필요가 없습니다. 개념들과 어울리는 것만으로도 그렇게 될 수 있기 때문입니다. 참된 요기는 "내가 있다"는 개념을 포함한 모든 개념들에서 벗어나 있습니다. 여러분이 깨어 있는 한 여러분은 개념들과 관계합니다. 그렇다 해도, 사람들은 지위에 관계없이 무엇을 하기 전에 서로 의논해야 합니다. 우리가 개념에서 벗어나려고 노력함에도 불구하고 우리의 개념들이 늘 남아 있습니다. 중요한 것은 존재성의 기원, 즉 그것이 왜, 어떻게 나타났는지를 아는 것입니다. 모든 개념들의 근원을 아는 자는 모든 개념을 넘어서 있습니다.

여러분의 몸은 언제라도 떨어져 나갈 수 있습니다. 그러니 최대한 빨리 자신의 **진아**를 아십시오. 주의 깊게 듣고, 여러분에게 중요한 것, 즉 주의를 기울일 가치가 있는 것이 무엇인지를 판단하십시오.

"소함-하운사(Soham-Hamsa)"64)와 "하리 옴(Hari Om)"은 중요한 **만트라**이고, 그것을 염하면 **진아**를 깨달을 수 있습니다.

진아에 대한 온전한 지知를 가진 사람은 달처럼 서늘해집니다. 어떤 행위에서도 벗어난 가장 자연스러운 상태는 참된 **자아**입니다. 그 상태는 지성을 넘어서 있고, 모든 개념에서 벗어나 있습니다. **진아 깨달음**을 얻고 나면 우리가 자연스럽게 그 상태에 있습니다. 여러분은 봄이 없이─눈을 감은 채로─아주 자연스러운 깊고 푸른 그늘(deep blue shade)을 늘 볼 수 있습니다. 그것은 형상이 없습니다.

진아를 볼 수는 없습니다. 그것은 우리의 존재에 대한 직접 지각입니다. 눈을 감으면 여러분이 **진아** 위의 암청색 천공天空(canopy)을 봅니다.

감각기관과 마음이 파악할 수 있는 다양한 대상들이 있습니다. 여러분은 매번 이것저것을 기억하고 이것저것을 원합니다. 여러분의 모든 필요 사항들은 마음속에서 비롯됩니다. 진인은 만족으로 충만해 있고, 그와 친교하는 것만도 남들에게 만족을 줍니다. 여러분이 사물들의 불완전성을 알면 세간적 정념이나 욕망이 없게 됩니다. 마음이 뭔가를 배척하면 그것에 대한 더 이상의 선호가 없습니다. 겉으로는 무관심하지만 속으로 좋아하는 마음이 있다면, 그 상태는 사뭇 다릅니다.

진아 깨달음이 있으면 그 사람은 자신의 형상 아닌 몸과 분리됩니다. 그러면 죽음을 경험하지 않습니다. 그는 더 이상 몸이 아니고, 한 인간조차 아닙니다. 여러분이 무엇을 알든 그것은 **진아**일 수 없고, **진아**와 다릅니다. 단일성 속에는 어떤 앎도 없습니다. 따라서 우리의 참된 **자아**를 알 수는 없습니다. 자신을 **의식**과 동일시하는 것이 몸과 분리되는 것입

---

64) *T.* 'Soham-Hamsa'("그것이 나다, 내가 그것이다")에서 Hamsa는 산스크리트어 Haṃsa (한사)인데, 468쪽에서는 Haunsa로 표기되었다. 실제 발음이 '하운사'에 가깝기 때문이다.

니다. 그러면 우리가 고통과 쾌락의 이원성에 영향 받지 않습니다.

눈을 감았을 때 보이는 암청색 그늘은 자연스럽고 애씀이 없습니다. 진아 깨달음을 얻을 때까지는 여러분의 희망·욕망·갈망이 남아 있습니다. 그 이후에는 그것들의 고객이 없습니다. '내가 있음'이 한 고객이었으나, 그때는 더 이상 그것이 없습니다. 진아 깨달음은 쉽게 얻을 수 있지만 스승에 대한 전적인 헌신 없이는 불가능합니다. 그의 축복이 필수입니다.

149. 진아를 아는 자는 욕망이 없다

1980년 3월 16일, 일요일

"소함-하운사(Soham-Haunsa)"["내가 그것이다"]와 "하리 옴(Hari Om)"은 진아를 깨닫는 데 도움이 되는 만트라들입니다. 진아를 아는 자는 달처럼 서늘하고 평화롭습니다. 우리의 참된 성품은 가장 편안하고 자연스러운 상태인데, 그것은 무엇을 함이 없이도 체험됩니다. 그 안에는 어떤 지성도 없고, 어떤 개념도 없습니다. 이 상태는 진아 깨달음에 이어서 옵니다. 여러분이 눈을 감으면 검푸른 것을 보는데, 그것은 편안하고 자연스럽고 형상이 없습니다. 그것을 가나샤마라고 합니다. 진아는 눈에 보이지 않고, 의도적 노력으로도 볼 수가 없습니다. 그것은 우리에게 존재의 느낌을 안겨줍니다.

우리는 다양한 감각대상들을 기억하고, 우리의 필요에 따라 그 중의 어떤 것들을 욕망합니다. 우리의 마음이 우리가 원하는 것을 결정하고, 우리는 그것을 얻으려고 노력합니다. 사물들의 진정한 가치가 보잘것없다는 것을 알면 우리가 무욕(세간적 정념 없음)을 계발합니다. 그러면 마음이 감각대상들에 대한 모든 흥미를 잃습니다. 만일 겉으로는 무관심해도 안으로 대상들에 대한 끌림이 있다면, 그것은 진정한 초연함이 아닙니다. 진아를 아는 자는 욕망이 없습니다. 그는 온전히 만족하고 있기 때문입니다.

감각대상들에 대한 흥미를 상실하고 진아를 깨달은 사람은 몸-정체성에서 벗어나 있습니다. 그는 그의 몸이 아니기에, 유한한 한 인간으로 머무르지 않습니다. 무신자無身者(Videhi), 곧 몸이 없는 자는 죽음이 없습니다. 무한하고 나뉘지 않은 것, 곧 전체는 인식을 넘어서 있습니다. 그것이 우리의 진정한 실체이기 때문에, 알려질 수 있는 그 무엇도 우리의 성품일 수 없습니다. 그것이 참된 지知이고, 자신을 알려지는 것과 동일시하는 것은 무지입니다. 여러분이 몸과 분리되면 고통과 쾌락의 이원성에서 벗어나게 됩니다.

눈을 감았을 때 보이는 그 깊은 푸름이 가장 쉽고 자연스러운 것이기는 하나, 여러분은 오랫동안 그것과 함께하지 못합니다. 여러분이 무지한 한, 희망·욕망·갈망이 여러분을 떠나지 않습니다. 여러분의 개인성이 그것들의 고객입니다. 진아 깨달음을 얻고 나면 우리가 그런 것들을 넘어섭니다. 그러면 무엇을 욕망할 누구도 남지 않습니다. 진아지는 어렵지 않지만, 스승에 대한 헌신과 그의 은총 없이는 그것이 불가능합니다.

[역주: 이 149번 법문은 148번 법문의 다섯째 문단 이하와 대동소이하다.]

150. 그대가 신이라는 확신을 가지고 살라

1980년 3월 20일, 목요일

우리의 생각들은 다른 생각들을 정리하는 데 도움이 되고, 남는 것은 **진리**입니다. 분별(_viveka_)은 단어들을 거르는 하나의 거름망입니다. 우리의 사고는 단어들을 늘리는데, 분별에 의해 올바른 단어들이 선택됩니다. 마음·지성·개인적 **의식**도 단어이지만, 그것들은 단어들의 창고이기도 합니다.

모든 언어는 시간이 한정되어 있고, 그들의 시간이 끝나면 사라집니다. 현재 오전과 오후가 끝났고, 남은 것은 저녁과 밤입니다. 이것이 시간의 성품입니다. 오전에 여러분이 한 행동의 효과는 저녁에 경험됩니다. 오전에 과식했으면 지금 복통이 있습니다. 몸 안에는 생명이 있기 때문에, 몸의 물질의 운명은 여러분이 앞서 한 행위에 따라 결정됩니다. 여러분이 편안하기 위해서는 필요한 조정을 해야 합니다.

여러분의 **자기사랑** 자체가 **마하마야**(_Mahamaya_), 즉 **대환**大幻입니다. 그녀(마야)는 전 세계와 한데 연결되어 있습니다. **자기사랑**은 몸 안에 담겨진 즙에 기초해 유지됩니다. 여러분의 몸은 개인성의 인상을 주지만, 여러분의 **의식**은 현현자(현상계) 전부입니다. **진아**를 알기 위해서는, 여러분의 몸은 음식 물질이고, 그 안에 여러분의 **의식**이 있다는 것을 늘 기억하십시오. **의식** 안에 어떤 더하기나 빼기를 함이 없이 여러분의 **의식**을 지켜보기만 하면 됩니다. 여러분은 자신을 그 몸으로, 그리고 한 개인으로 여깁니다. 그러니 고통 받게 되어 있습니다.

탄생은 여러분의 탄생이 아니라 생시와 잠이라는 두 상태의 탄생입니다. 이 상태들은 불행의 원인입니다. 우리의 존재를 참을 만한 것으로 만들기 위해서는 **이스와라**를 기억하고 그의 이름을 염하는 것이 권장됩니다. 이것은 치유책의 하나입니다. "나는 자궁 안에 어떻게 있었고, 어떻게 이 완전한 형상으로 발달했는가?" 이런 식으로 생각하십시오. 여러분의 발전과 위대함은 음식 즙들의 성질일 뿐입니다. 이것을 알고 모든 에고를 놓아 버리십시오. 여러분의 발전은 처음에는 쓴 풋 망고가 나중에 신맛이다가 마침내 달아지는 것과 같습니다. 이 변화는 망고 즙의 성질 안에 있을 따름입니다. 탄생은 한 개인의 탄생이 아니라 음식-몸, 곧 사뜨와 형상의 탄생일 뿐입니다.

수백만의 사람들 가운데서 극소수만이 몸이 자신의 형상이 아님을 알고 있습니다. 그렇다면 몸의 탄생은 그의 탄생일 수 없습니다. 여러분이 어떤 단어를 듣기 이전의 여러분의 실체가, 지금도 여러분입니다. 그러니 여러분이 가진 모든 단어들의 재고在庫를 내버리십시오. 생시 상태와 함께 우리의 순수한 존재도 나타났지만, 몸과의 그릇된 동일시가 있었고, 이어서 희망·욕망·갈망이 나왔습니다. 존재의 지복이 있었으나 몸-동일시 속에서 상실되었습니다. 여러분은 자신의 정체성을 유지하려고 하는데, 무엇으로서의 정체성입니까? 많은 이들이 신을 숭배하지만, 그들은 자신의 몸을 자기 자신이라고 믿으면서 그것을 유지하기 위해 일합니다. 몸과 함께 일체가 사라질 것입니다. 경험자가 그의 경험과 함께 사라질 것입니다. 그것은 모두 한 시절이고, 짧은 기간 동안만 지속될 것입니다.

몸을 의식하게 된 것은 의식이었습니다. 의식이 몸과의 동일시로 인해 자신을 잊어버린 것입니다. 찌뜨라굽따(Chitragupta)는 자신의 좋거나 나쁜 운명을 작성하고 그에 따라 고통 받는 비밀스러운 개인적 의식을 의미합니다. 점성학은 무지한 사람들에게나 해당되지, **진아를 깨달은 사람**에게는 해당되지 않습니다. 점성학에 대한 여러분의 관심과 믿음은 여러분의 무지를 말해줍니다. 여러분이 이 세상에서 들어 온 그런 모든 것들을 옆으로 치워두십시오. 그러면 남는 것은 여러분의 가장 자연스럽고 참된 상태일 것입니다.

여러분이 제 이야기를 들으면 여러분의 말이 고요해집니다. 그러나 여러분이 살아 있는 한, 뭔가를 말하고 생각하기 마련입니다. 만일 자신을 한 남자나 여자라고 생각하면, 미래에 대해서도 생각해야 할 것입니다. 전 우주가 **진인**의 바라봄(vision)입니다. 그 바라봄 안에 일체가 들어 있고, 그것이 전 세계를 일으킵니다. 그래서 **진인**은 의지意志(volition)에서 벗어나 있습니다.65)

여러분의 참된 성품은 **진인**으로서의 성품인데, 여러분은 그것을 등한시하고, 어디서 들은 다른 어떤 정체성을 받아들입니다. 여러분의 세간적 세계는 여러분의 바라봄의 일부이니 그것을 동요시키지 마십시오. 여러분은 알려진 것을 사랑함으로써, 모든 면에서 완전한 여러분의 지복스러운 상태를 깨트리고 있습니다.

참스승의 은총으로 말하면, (그의) 참된 제자는 사람들이 인정해 주는 어떤 칭호도 접하지 않을 정도입니다. 그는 결코 **사두, 마하트마** 또는 **요기**가 아닙니다. 그렇다면 왜 그 많은 신앙 교리나 종파들이 있습니까? 그 이유는, 어떤 무지한 종교적 선생들이 어떤 개념들을 좋아하면서 그 개념들이 **브라만**이라고 믿기 때문입니다. 그런 다음 그 믿음이 추종자들에게 강요됩니다. "나는 **브라만**이다"를 깨닫는 사람은 전 세계와 하나가 됩니다. 그러나 우리는 순수하고 일체를 넘어서 있습니다. 우리를 제한할 수 있는 어떤 종류나 부류도 없습니다. "나는 **브라만**이다"도 하나의 개념입니다. 물들지 않았고 모든 개념을 넘어서 있는 것은 우리가 분별에 의해서만 알게 되어 있습니다. **실재**에 대한 참된 **지**知가 무욕無慾으로 이어집니다. 결코 화를 내면서 여러분의 무집착을 증명하지 마십시오.

---

65) *T.* 진인은 하나의 큰 **바라봄** 혹은 눈에 비유된다. 그 **바라봄** 안에 세계(우주)가 있을 뿐 아니라, **바라봄** 자체가 세계를 이룬다. 세계 전체가 곧 그 자신이므로, 그는 무엇을 욕망하거나 의지를 일으킬 일이 없다.

여러분은 우주의 해체에 의해서도 접촉되지 않는다는 것을 아십시오. 참으로 과감한 사람은 신 또는 스승으로서의 자신의 진정한 성품을 확신합니다. 소심한 사람들은 그런 믿음을 가질 용기가 없습니다.

크리슈나는, 자신의 생애담을 읽거나 듣는 사람들은 그에 대한 믿음을 계발하게 된다고 말합니다. 스승은 곧 의식을 뜻하며, 그것은 모든 산 존재 안에 있는 내적인 존재의 느낌입니다. 그것은 신의 형상인데, 그것은 몸 안에 있지만 몸과 별개입니다. 하리(비슈누, 크리슈나)의 성품, 곧 그가 무엇이고 어디에 있는가 등에 대해서 듣는 그 의식이 곧 크리슈나의 형상입니다. 신이 말하기를, 자기사랑(의식)을 몸과 동일시하는 것은 그를 등한시하는 것이라고 합니다. 의식이 이스와라의 진정한 형상이라는 온전한 믿음을 계발하는 사람은 영적인 탐구에서 더 빨리 진보합니다.

우리는 크리슈나를 비이원적으로 숭배하여 그를 깨닫습니다. 공덕을 지은 극소수만이 그런 큰 믿음을 계발합니다. 진정한 믿음은 우리의 의식과 신의 형상의 단일성을 관觀하는 것입니다. 몸 안의 의식, 곧 바그완으로 인해 우리는 우리 자신을 경험하고, 세계도 경험합니다. 참된 헌신자는 스승의 말씀에 온전한 믿음을 가지며, 그 말씀들을 전적으로 받아들입니다. 그는 자신 안에, 자신의 의식으로서 신의 존재가 있다는 온전한 확신을 가지고 살아갑니다. 죽을 때까지 신에게 헌신하는 사람들이 많이 있지만, 죽음에 대한 두려움이 남아 있습니다. 전혀 몸이 없을 때는 우리에게 (인간으로서의) 삶이 필요하지 않듯이, 진인은 그의 몸이 아니고, 그의 존재는 영원합니다. 이 수수께끼를 풀기 위해서는, 여러분이 한 인간이 아니라 신일 뿐이라는 스승의 말씀에 온전한 믿음을 지니고, 그 확신을 가지고 사십시오. 만일 하나의 몸으로서 살면, 죽음을 피할 수 없습니다. 그리고 저 생사윤회가 거듭거듭 되풀이될 것입니다. 스승의 말씀을 귀담아 들으면 몸이 쉽게 잊히고, 우리가 의식 속에 흡수되면서 지복이 증가합니다. 분별을 사용하면서 의식과 친해지십시오. 그러면 이 세상에서 무슨 일이 일어나도 그에 영향 받지 않을 것입니다. 신은 여러분의 의식으로서 여러분 안에 있고, 이 세상에는 그보다 더 중요한 것이 아무것도 없습니다. 실은 의식과 세계가 하나입니다. 진정한 행복은 내적인 자유의 느낌을 갖는 것입니다. 스승을 충실히 따르는 사람들은 자신들이 아뜨만이므로, 지복이 그들의 성품이라는 것을 깨닫습니다. 그러니 지知-요가(Jnana-Yoga), 곧 진아-요가(Atman-Yoga)를 닦으십시오. 그러면 바로 이번 생에 영원한 브라만을 깨달을 것입니다. 그러려면 아뜨만에 대한 여러분의 믿음을 증장시키고 그 믿음을 가지고 사십시오.

151. 비이원적인 숭배는 깨달음을 돕는다

1980년 3월 27일, 목요일

크리슈나는 말합니다. "나에 대해서 읽으면 진정한 믿음이 계발된다. 우리의 의식이 곧 스승이며, 그가 우리에게 존재의 느낌을 안겨준다. 의식은 몸 안에 있지만 몸이 아니다. 그것은 나의 형상이다. 의식은 하리에 대해, 그가 어떻게 있고, 그가 누구이며, 어디서 그를 찾아야 하는지를 아는 데 관심이 있다. 자신의 의식을 몸과 동일시하는 사람은 나에게 아무 주의를 기울이지 않는다. 신이 곧 우리의 의식이라는 믿음을 계발하는 것이 영적인 진보의 한 표지이다."

그런 다음 다시 이렇게 말합니다. "비이원적으로 나를 숭배하는 사람은 나를 깨닫는다. 복 있는 극소수의 사람은 나에 대한 온전한 믿음을 계발한다. 진정한 믿음은 신으로서의 의식을 믿는 것이다. 내가 그대 안에 존재하기에, 그대가 세계와 함께 그대의 존재를 안다. 올바른 '들음'

이란, 스승의 말씀을 진리로 받아들이고, 의식을 자신의 형상으로 받아들이는 것이다.”

참으로 영적인 구도자에게는 죽음에 대한 두려움이 사라져야 합니다. 진인은 그의 몸이 아니기에, 그 몸의 수명은 영원한 자인 그에게 해당되지 않습니다. 삶의 이 수수께끼를 풀기 위해서는 우리가 한 인간이 아니라 신이라는 스승의 말씀을 받아들여야 합니다. 자신이 몸이라고 믿는 사람에게는 죽음이 불가피합니다. (그런 사람에게는) 탄생이 있고, 이어서 거듭거듭 죽음이 있습니다. 참된 '들음'은 자신이 몸이라는 것을 잊는 데 도움이 되고, 그러면 의식으로 존재하는 지복이 있습니다. 분별을 사용하여 의식과 친해지십시오. 의식에 대한 참된 믿음은 신적입니다. 의식이 없으면 아무것도 없습니다. 진정한 행복은 내적인 자유의 체험을 즐기는 것입니다. (스승의 가르침에) 충실한 사람은 늘 행복합니다. 그는 아뜨마이기 때문입니다. 지知-요가와 아뜨마-요가를 닦아서, 너무 늦기 전에 영원한 브라만을 깨달으십시오. 따라서 아뜨마에 대한 믿음을 증장하고, 그 정체성으로 살아가십시오.

[역주: 이 151번 법문은 150번 법문의 마지막 두 문단과 대동소이하다.]

152. 진인에게는 죽음의 관념이 없다

1980년 3월 31일, 월요일

전 세계를 경험하는 자는 모든 묘사를 넘어서 있습니다. 형상 없는 의식이 그 자신을 위해 한 형상을 자신의 것으로 받아들였습니다. 그 형상 없는 성품에 대해서는 어떤 앎도 없습니다. 몸이 없는 우리가 무엇이고,

우리의 참된 성품이 무엇인가, 이것을 아는 사람이 아무도 없습니다. 우리의 존재를 진정으로 아는 자는 이스와라 자신이고, 그는 음식-몸 사뜨와의 더없이 귀중한 성질로 인해 그의 존재를 알게 됩니다. 영적인 공부에 대한 산스크리트 단어는 아디야뜨마인데, 그것은 모든 것 이전이 진아라는 의미입니다. 아디야뜨마에게는 어떤 시간제한도 없습니다. 그것은 시간을 넘어서 있기 때문입니다. 만일 우리가 음식-몸을 자신의 형상으로 인식한다면, 진아지를 얻을 가능성이 없습니다. 우리는 마음의 변상들을 사랑하여 거기에 연루되고, 개념들에 속박된 채로 있습니다. 일상적인 기능들을 위해서도 개념들이 적극적으로 사용되는데, 어떻게 개념들을 넘어설 수 있습니까?

참된 명상에서는 다른 기억들에서 벗어난 의식만 있습니다. 진인에게는 죽음의 관념이 없습니다. 이 세상에는 많은 종류의 빛이 있지만, 그 빛들이 누구의 빛 안에서 보입니까? 진아의 빛 안에서 아닙니까? 이것을 기억하고 명상하십시오. 그러면 누구의 축복도 필요 없을 것입니다.

브라만을 깨닫는 다양한 방법들이 있지만, 말에서 벗어난 순수한 헌신이 있어야 합니다. 우리가 깨어 있다는 최초의 경험은 말이 없었습니다. 그러나 그 뒤에 말들의 한 흐름이 있었고, 우리는 하나의 몸으로서 우리의 행동을 시작했습니다. 그것이 두려움을 낳았습니다. 마음은 빠라브라만을 결코 본 적이 없습니다. 그런데도 그것은 빠라브라만을 순수하고, 조건 지워지지 않고, 형상이 없고, 오염이 없는 것으로 묘사합니다. 두려움이 있는 것은 '여러분이 있다'는 기억 때문입니다. 몸-형상이 없다면 의식이 어떤 모습으로 보입니까? 모든 산 존재는 몸으로서 활동합니다. 수천 명의 사람들 중에 누가 아뜨만에 대해 온전한 믿음을 가지고 있습니까? 여러분의 의식 아닌 어떤 이스와라도 없다는 것을 늘 기억하십시오. 그것을 나라야나(Narayana)라고도 합니다. 여러분은 의식일 뿐이고 달리 아무것도 아닙니다. 그것은 꿀벌이 화밀花蜜(꽃 안의 꿀)만 따는 것과 비숫합니다. 남자나 여자의 몸-형상과 무관하게, 그 안의 **의식**은 **아디뿌루샤**(Adipurusha), 곧 **나라야나**입니다.

참된 영적 공부는 단 하나의 지지물, 곧 스승의 말씀이라는 지지물밖에 없고, 그것이 최종적 권위입니다. 스승의 말씀은 "몸 안의 의식이 나라야나이니, 그에 대해 명상하라"는 것입니다. 그 **의식** 자체가 **쁘라끄리띠**요 **뿌루샤**입니다. 남자와 여자의 차이는 몸의 차이일 뿐 **의식**에는 차이가 없습니다. 의식 아닌 어떤 **신**이나 종교도 없습니다. 스승의 이야기를 듣는 **의식**은 스승과 비슷하고, 그것의 형상은 곧 스승 자신입니다. 의식은 여러분의 강한 바람에 따라 그 형상을 취합니다. 단, 여러분이 그것을 열심히 밀어붙인다면 말입니다. 의식은 여러분의 집념에 기초해 위대함이나 근기성을 발전시킵니다. 여러분의 내적인 집념이 시간이 가도 변치 않으면, 그것을 고행이라고 합니다.

영적인 진보의 첫 표지標識는 눈을 감았을 때 다이아몬드같이 빛나는 별을 보는 것입니다. **아디나라야나**(Adinarayana)는 여러분의 머리 정수리에 있는 범혈梵穴에 거주하고 있습니다. 제가 이런 모든 것을 들려주고 여러분이 듣는 목적은 무엇입니까? 여러분이 자신의 **의식**의 중요성을 온전히 자각해야 합니다. 의식은 워낙 강력해서 신들에 대한 통제권을 가지고 있고, 의식만이 그들을 이름나게 합니다. 그것은 존재계 내에서 가장 역동적이고 활력 넘치는 것입니다. 여러분은 원하는 대로 자신의 활동을 하되, 그 활동이 의식과 조화를 이루게 하십시오. 세계는 위대하고 광대하지만, 일시적입니다. 영원한 것과 일시적인 것에 대한 분별(*viveka*)을 사용해야 합니다. 이는 여러분과 영구히 함께할 것을 고른다는 것을 뜻합니다. 우리가 **아뜨만**이라는 단어를 사용할 때는, 그것을 멀리 있는 어떤 것이라고 생각하지 마십시오. 왜냐하면 그것은 여러분 자신의 **진아**이기 때문입니다. 우리의 **의식**은 원초적인 존재애입니다. 그것이 **자기사랑**, 우주적 지성 혹은 큰 **실재**(Great Reality)입니다. 그것 아닌 것은 아무것도 없습니다. **자기사랑**이 **원초적 환**幻입니다. 우리는 우리가 존재한다는 것을 아는데, 우리는 그것을 좋아하고 그것을 지속하기를 원합니다.

오늘 우리는 '우리가 있다'는 기억을 가지고 있는데, 그것이 **마야**입니다. 또 그것은 현현된 **브라만**이기도 합니다. 이 기억이 없으면 미현현의 **브라만**이 있습니다. 얼마나 간단합니까! 존재에 대한 사랑, 곧 존재애가 있습니다. 지금까지 수백만의 사람들이 **스승**의 말씀을 들어 왔지만, 얼마나 많은 사람이 그것을 활용했습니까? **스승**들은 여러분의 **의식** 자체가 만물에 편재하는―즉, 모든 존재 안에 있는―**브라만**이라는 증거를 여러분에게 제시해 왔습니다. 우리는 **그것**에게 그에 합당한 중요성을 부여해야 하지 않습니까? 여러분은 몸에서 분리될 수 있지만, **아뜨만**과 여러분의 단일성은 분할 불가능합니다. **진인**은 무엇을 압니까? 이 전 세계를 포함한 이 모든 존재계가 거짓이라는 것을 압니다.

제가 하는 말들은 비판의 소재가 되겠지요. 그러나 제가 아무것도 모르듯이, 여기 오는 모든 사람들도 마찬가지라는 것은 제가 확신합니다. 저는 또한 **진인**이 아니라, **의식**이 무엇이며 어떻게 있는지를 **아는 자**일 뿐입니다. 어떤 **진인**이 활동하고 이야기를 하고 있다 해도, 그의 진정한 성품은 속성이 없습니다. 즉, 그는 순수한 **니르구나**입니다. 누가 정말 **진아**지를 필요로 하고, 그것을 얻으려고 열심입니까? 얼마나 많은 사람들 중에서 그런 사람을 발견하겠습니까? 여러분의 존재의 경험과, 세계로서 여러분이 경험하는 것은 '시절들'일 뿐입니다. 그 시절에, 여러분은 이런 것이나 저런 것을 선호합니다. 삶 자체가 하나의 시절입니다. 이것은 누구의 묘사입니까? 여러분 자신의 묘사입니다. 이 시절 전에 여러분은 어떻게 있었습니까? 여러분은 단어도 없고, (단어들의) 의미도 없고, 빛도 없고, 어둠도 없었을 때의, **브라만**으로서의 자신의 영원하고 참된 형상을 잊어버렸습니까? **니르구나**는 건강한 상태이고 **사구나**는 병일 뿐입니다. 세간적 경험은 병의 경험일 뿐이지만, 저에 대한 **스승님**의 은총에 의해 그것이 순수한 **니르구나**가 되었습니다. 극소수만이 그런 체험을 할 준비가 될 것이고, 다른 사람들은 무수한 탄생과, 같은 수의 죽음을 갖게 되겠지요. 여러분의 **의식**을 **스승**으로 숭배하십시오. 깨달은 뒤에는 여러분 안에서 어떤 변화가 일어나는지 알게 될 것입니다. 오늘의 이야기에서 몇 개 문장만이라도 여러분 자신의 체험 속에 도입한다면, 그걸로 충분할 것입니다.

153. 몸 안의 의식이 주主 나라야나이다

1980년 4월 3일, 목요일

몸 안에서 나타나는 **의식**이 주主 **나라야나**입니다. 꿀벌이 화밀만 빨듯이, 우리의 주의는 우리의 정체성으로서의 **의식**에만 가 있어야 합니다. **나라야나**는 몸 안에 존재하는데, 그것이 남자의 몸인가 여자의 몸인가와는 무관합니다.

영적인 공부에서 우리가 가진 유일한 지지물은 "무시간적이고 우주적인 **영靈**인 **나라야나**에 대해 명상하라. 그는 그대의 **의식**으로서 그대 안에 있다"고 하는 **스승**의 말씀입니다. 그것은 우주적 **영靈**이자 우주적 본체이기도 합니다. 남자와 여자의 몸-형상들은 다르지만 **의식**은 다르지 않고 동일합니다. 이 세상에는 **의식** 아닌 어떤 **신**도, 어떤 참된 종교도 없습니다. **스승**의 이야기를 듣는 그 **의식**은 **스승**과 동일합니다. 여러분은 **스승**에 대한 믿음에 의해, 그리고 **실재**를 알려는 집념에 의해, 그들의 단일성을 깨달을 수 있습니다. **스승**의 말을 진리로 확고히 붙드는 것이 참된 종교적 고행입니다.

영적인 진보의 첫 표지는 눈을 감았을 때 다이아몬드같이 밝은 별을 보는 것입니다. 여러분의 머리 정수리에 있는 범혈梵穴의 중요성을 알아야 합니다. 눈에 보이는 일체가 이 지점에서 출현합니다. 여러분이 온전한 믿음을 가지고 스승의 이야기를 들으면, 물질적 세계에 대한 흥미를 잃습니다. 그것도 진보의 한 표지입니다. 그렇지 않다면, 스승이 가르치고 여러분이 듣는 것이 무슨 소용 있습니까?

힌두 경전에서 말하는 다양한 신들은 여러분의 의식 때문에 중요성을 부여받고 유명해졌습니다. 의식은 여러분의 몸에 한정되지 않습니다. 왜냐하면 그것이 모든 역동적 존재의 근원이기 때문입니다. 의식의 가치와 중요성에 대한 온전한 자각을 가지고 여러분의 활동을 계속하십시오. 이 세계는 광대하기는 해도 일시적 존재성을 가지고 있습니다. 우리가 일시적인 것을 무시하고 영구적인 것을 찾는 데 분별이 도움이 됩니다. 여러분이 아뜨마를 이야기할 때는 그것이 여러분과 무관한 어떤 것이라고 상상하지 마십시오. 왜냐하면 그것은 여러분 자신의 참된 존재이기 때문입니다. 우리의 진정한 실체가 최우선순위가 되어야 합니다. 우리는 존재하기를 좋아하는데, 우리의 영구적인 존재성을 히라냐가르바, 혹은 마하뜨-따뜨와(Mahat-tattva), 곧 큰 실재라고 합니다. 그것이 없이는 아무것도 존재하지 않습니다. 존재에 대한 우리의 사랑을 원초적 환幻이라고 합니다. 우리는 우리가 존재한다는 것을 알고, 이 존재를 너무나 사랑하며, 그것이 지속되기를 원합니다.

현현된 브라만을 마야라고도 하는데, 그것이 우리에게 존재의 느낌을 부여합니다. 우리가 우리의 존재를 모를 때는, 그것을 미현현의 브라만이라고 합니다. 이 모두 얼마나 간단합니까! 우리의 자기사랑이 출현하면 우리가 존재하기를 좋아합니다. 이런 스승의 이야기를 수백만의 사람들이 듣거나 읽지만, 얼마나 많은 사람이 실제로 거기에 관심을 갖습니까? 스승은 여러분의 의식이 곧 브라만이며, 그것은 모든 산 존재 안에 존재한다는 아주 설득력 있는 지知를 베풀어 왔습니다. 여러분도 그것을 같은 비중으로 다루어야 하지 않습니까? 몸은 결국 떨어져 나가지만, 아뜨마로서의 여러분의 존재는 항상 남습니다. 진인은 무엇을 압니까? 그는 이 세계에 대한 경험이 거짓이며, 유일한 진리는 항상 남아 있는 미현현자라는 것을 압니다.

이런 이야기는 많은 사람들을 언짢게 할 수 있고, 그들은 이것을 비난하겠지요. 그러나 저는 지배적 견해들이 모두 무지이고, 여기 오는 사람들이 아무것도 모른다는 것을 압니다. 제가 진인이라는 것도 환幻입니다. 저는 진인이 아니라 의식을 아는 자입니다.66) 진인은 순수한 니르구나인데, 다만 이야기를 많이 하고 사자후로 충만해 있습니다. 정말 관심이 있고 알려고 열심인 사람이 얼마나 있습니까? 백만 명 중에서 참으로 관심이 있는 단 한 사람이라도 지적해낼 수 있습니까? 여러분이 현재 하는 존재의 경험은 일시적이고 시절적입니다. 그 짧은 기간 동안 여러분은 자기 좋을 대로 자신을 어떤 사람이라고 믿습니다. 저는 누구에 대해 이야기하고 있습니까? 저는 여러분 자신의 정보를 제공하고 있습니다. 저는 여러분이 실제로 무엇인지, 그리고 여러분이 무엇을 자기 자신이라고 믿는지를 말하고 있습니다. 단어도 없고, 의미도 없고, 빛도 없고, 심지어 어둠도 없던 때가 있었습니다. 영원하고 바로 이 순간에도 유효한 여러분의 그 상태를 잊어버렸습니까? 현현자는 병들어 있고, 미현현자는 항상 편안합니다. 여러분은 세계라고 하는 이 큰 병원에 있는 환자와 같습니다. 그러나 스승의 은총은 여러분이 그 병 속에서도 자신의 순수한 니르구나 성품을 깨닫도록 돕습니다. 진리를 알려고 하는 사람은 극소수입니다. 다른 사람들은 그들의 일상적 삶을 지속하기를 선호하고, 거듭

---

66) T. '진인'이 곧 '의식을 아는 자'이지만, 마하라지는 후자에 더 깊은 의미를 부여하고 있다. 또한 '진인'이라는 호칭이 세간에서 흔히 남용되기 때문에, 마하라지는 자신이 근원적 실재, 곧 빠라마뜨만임을 강조하기 위해 이렇게 말했다고 볼 수 있다.

거듭 다시 태어날 준비가 되어 있습니다. 그들은 무지 속에서 살면서, 그들의 죽음이 다가올 때를 기다립니다. 누가 감히 이 모든 지知를 자기 자신의 것으로 받아들이겠습니까?

여러분의 의식을 스승으로 숭배하십시오. 그것이 여러분을 변화시킬 것이고, 여러분이 진아 깨달음을 얻고 나면 자신 안에서 그 차이를 보게 될 것입니다. 여기서 제가 많은 것을 이야기했는데, 그 중에서 몇 가지만이라도 여러분이 실천에 옮긴다면, 그걸로 충분할 것입니다.

[역주: 이 153번 법문은 152번 법문의 셋째 문단 뒷부분 이하와 대동소이하다.]

154. 신은 의식으로서 존재한다

1980년 4월 10일, 목요일

우리가 '우리가 있다'고 알게 될 때, 그것은 이원성 아닙니까? 모름이 비이원성입니다.

질문: 마하라지, 기도는 어떤 중요성이 있습니까?

답변: 기도는 큰 의미가 있습니다. 기도를 듣는 자가 즐거워합니다. 그대는 자신의 영원한 성품에게 기도하여 그것을 즐겁게 해야 합니다.

여러분이 아직 깨닫지 못했다는 것을 아는 것은 여러분에게 이롭습니다. 그것이 에고를 줄이는 데 도움이 됩니다. 우리는 의식 이전이고, 의식 이후에 일체가 있습니다. 여러분은 여러분이 있다는 것을 알게 되고, 그것(존재)을 원합니다. 그것 자체가 헌신이고 사랑입니다. 그보다 더 큰 다른 어떤 사랑도 없습니다. 만일 그 **자기사랑**이 없다면, 여러분은 무엇을 원합니까? 존재에 대한 여러분의 헌신과 사랑 그 자체가 **마하마야**(대

환大幻)이고, 여러분의 생존 투쟁의 주된 원인입니다. 이 전 세계 안에서, 여러분은 자신의 존재 아닌 무엇을 가장 사랑합니까?

깊은 잠과 삼매 속에 없는 것이 무엇입니까? (그때는) 의식이 없기 때문에 아무것도 없습니다. 의식의 출현과 함께 일체가 존재하게 됩니다. 우리의 단어들이 많은 것을 창조했지만, 어떤 단어도 없을 때는 무엇이 있습니까? 이 탄생이 무엇인지를 알게 되면 영적인 탐구가 끝납니다. 여러분이 좋아하는 어떤 방식으로든 이해하려고 해보십시오. 그러나 여러분이 없으면 아무것도 없습니다. 개념이 남아 있는 한 여러분은 자유롭지 않습니다. 크리슈나는 말합니다. "나의 행적과 성취에 대해 읽고, 찬송과 숭배에 시간을 쓰는 사람들, 그들은 나의 축복에 의해 순수해지고 성스러워진다." 이 세상은 재미난 것, 곧 마야의 유희에 지나지 않습니다. 모든 활동은 우리의 자기사랑으로 인해 일어나고 있습니다. 신을 찾고 있는 사람은 신이 바깥에 있지 않고, 몸 그 자체 안에 의식으로서 존재한다는 것을 알아야 합니다.

주 브라마의 성품은 창조하는 것이고, 그는 늘 그 활동에 바쁩니다. 여러 가지 형상들로 나타나는 것이 의식의 성품입니다. 우리의 의식이 신 하리(God Hari)입니다. 몸이 떨어져 나갈 때, 니르구나의 상태가 있습니다. 여러분의 의식을 늘 자각하고, 그것에 헌신하십시오. 진아에 대한 우리의 확신이 주 비슈누입니다. 빠라브라만이라고 하는 영원한 상태에서는, 우리가 우리의 존재도 자각하지 않고 비존재도 자각하지 않습니다. 그것은 "내가 있다"가 없는 상태입니다. 아뜨만은 바로 우리 자신의 실체를 의미합니다. 우리가 그로 인해 '우리가 있다'는 것을 아는 그것이 우리의 의식입니다. 스승의 은총에 의해 깨어 있게 되는 사람은 존재(삶)의 불행에 대한 어떤 경험도 하지 않습니다. 여러분의 전적인 자유에 대한 앎은 사랑과 지복으로 가득 차 있습니다. 그것이 여러분의 진아와 참으로 면식面識을 트는 것입니다. 모든 면식이 해소될 때, 그 최종적 해탈을 '카이발리야(Kaivalya)'라고 합니다. 그러나 여러분은 자신을 몸으로만 아는데, 그것은 진리와 거리가 멉니다.

개인적 영혼들은 그들이 전해 들은 지知에 기초한 개념들을 가지고 있고, 자신의 믿음에 따른 여러 종류의 고통과 쾌락을 겪고 있습니다. 실은 아뜨만은 기쁨과 슬픔에 영향 받지 않습니다. 여러분이 세상에서 보는 그 모든 성질들은 5대 원소로 이루어진 사뜨와의 일부입니다. 여러분의 몸 자체가 이 사뜨와로 이루어져 있습니다. 이 사뜨와가 모든 산 존재들에게 이 세계 안에서 활동하도록 영감을 줍니다. 의식 안에서는 행복과 불행의 경험이 있지만, 깊은 잠이나 삼매에서와 같이 의식이 없을 때는 그렇지 않습니다. 이런 고통과 쾌락들은 궁극적으로, 그것들의 안식처인 아뜨만 안에서 끝납니다. 고통·쾌락과 함께, 우리의 모든 경험들은 환幻과 같습니다. 사물들을 있는 그대로 보는 진인은 이런 경험들에 영향을 받지 않습니다.

우리의 모든 세간적 활동과 (고통에 대한) 치유법들은 우리가 자신의 존재성을 참아내는 것을 돕습니다. 우리가 할 여력이 있고 좋아하는 것은 쾌락입니다. 그렇지 않으면 그것이 고통입니다. 어떤 사람에게는 견딜 수 없는 고통이 다른 사람에게는 더없이 즐거운 것일 수도 있습니다. 그래서 그것은 참되지도 거짓되지도 않고, 상상적일 뿐입니다. 우리의 의식 안에는 참되거나 거짓된 것이 아무것도 없습니다. 지금 여러분은 자신이 무엇인지 알지만, 그것을 늘 자각하기는 매우 어렵습니다. 형상 없는 것을 하나의 형상과 결코 동일시하지 마십시오. 그럴 때에만 진아의 지복을 체험할 것입니다.

155. 아뜨마는 고통과 쾌락을 넘어서 있다

1980년 4월 24일, 목요일

우리가 존재하는지 존재하지 않는지를 모를 때, 그 상태를 **빠라브라만**이라고 합니다. 우리는 **아뜨만**이고, 그로 인해 우리가 우리의 존재를 압니다. 존재에 대한 우리의 앎을 '우리가 있다'는 앎이라고 합니다. **아뜨마**의 존재는 우리의 존재의 느낌으로서 그 자신을 표현합니다. 우리가 존재하기를 좋아하기는 하지만, 그것을 쉽게 참아내지는 못합니다. 우리는 어떤 활동에 관여하여 우리의 존재를 잊으려고 합니다. 스승의 은총만이 제자가 그 자신과 편안하게 지낼 수 있게 도와줄 수 있습니다. 실은 **의식**은 스승의 지도로 체험하는 사랑과 지복으로 가득합니다. 존재에 대한 여러분의 지知는 궁극적인 홀로됨의 상태 속으로 합일되는데, 그것을 **카이발리야**(Kaivalya)라고 합니다. 그것은 신적인 본질 안에 흡수되는 것을 뜻합니다. 현재 여러분은 자신을 그 몸이라고 믿는데, 그것은 하나의 오해입니다.

사람들은 듣고 읽은 개념들을 믿는 탓에 많이 고통 받습니다. 실은 **아뜨마**는 고통과 쾌락을 넘어서 있습니다. 세계의 모든 성질들은 5대 원소로 이루어진 사뜨와 안에 들어 있습니다. 살아가기 위한 영감은 이 사뜨와에서 옵니다. 그것이 **의식**의 원천이고, **의식** 안에서 고통과 쾌락이 경험됩니다. 깊은 잠과 삼매 속에서처럼 **의식**이 잠재해 있을 때는 어떤 경험도 없습니다. 행복과 불행은 결국 **아뜨마** 속으로 합일됩니다. 모든 경험들은 **마야**에서 나오며, 그것들은 좋기도 하고 나쁘기도 합니다. **의식**을 아는 자는 그것들에 영향을 받지 않고 남습니다.

세계는 활동들로 가득 차 있습니다. 왜냐하면 개인들은 뭔가를 하지 않고는 **의식**과 함께하지 못하기 때문입니다. 우리가 좋아하는 경험들은 우리를 행복하게 하고, 우리가 싫어하는 모든 것은 불행으로 이어집니다. 한 사람의 고통의 경험이 다른 사람에게는 즐거운 것이 될 수도 있습니다. 그 이유는, 그것이 참되지도 거짓되지도 않고 그냥 상상적이기 때문입니다. 여러분의 의식은 참과 거짓을 넘어서 있습니다. 의식이 여러분 자신의 것이기는 하나, 생각들(망념) 없이 의식과 함께하기는 어렵습니다. (생각들 없이 의식과 함께하는) 그것을 명상이라고 하며, 명상은 필수입니다. 자신이 하나의 형상을 가졌다고 결코 믿지 마십시오. 그래야 진아의 지복을 체험할 수 있습니다.

[역주: 이 155번 법문은 154번 법문의 483쪽 셋째 문단 중간 이하와 비슷하다.]

156. 몸처럼 되어 아주 작아지지 말라

1980년 5월 1일, 목요일

여러분은 몸-정체성으로 인해 속박되어 있습니다. 저는 그런 속박에서 벗어났습니다. 우리가 그로 인해 자신의 존재를 아는 우리의 의식은 시작 없는 암묵적 믿음입니다. 이 믿음을 아는 자는 시간에서 벗어납니다. 그러면 몸 안의 변화들과 몸의 문제들이 그에게 영향을 주지 않습니다. 이 믿음은 늘 안정되어 있고 변치 않습니다. 진아 요가(Yoga of Atman)의 달인인 사람이 위대한 요기입니다. 그는 신체적 존재로 인한 경험들에 영향을 받지 않습니다. 심지어 몸과 5대 원소가 없어도 그 믿음은 항상 존재합니다. 진인은 그것을 아는 자이므로, 그는 탄생과 죽음에서 벗어나 있습니다. 개인적 영혼도 믿음을 가지고 있지만 그것은 짧은 기간 동안입니다. 마음의 무수한 활동에도 불구하고 지각성은 계속 영향 받지 않고 안전한 상태로 계속됩니다. 마찬가지로, 세계의 재난들은 **진인**에게 영향을 주지 않습니다. 그에게 일어나는 어떤 생각도 하나의 현실이 됩니다. "오, 스승님, 당신의 은총에 의해 깨어나니, 안팎으로 기쁨이 있습니다." 여러분의 믿음은 질서가 없는 몸 안에 있습니다. 여러분은 몸에 대한 부단한 기억으로 인해 어둠 속에 있습니다. **참스승**의 깨우침 덕에, 사람을 편안하게 하는 서늘한 빛이 있습니다. 스승의 말씀은 "그대는 몸이 아니라 순수한 **의식**이다. 그대는 허공과 같다"는 것입니다.

여러분의 **의식**을 순수한 **빠라브라만**으로 부르면서 **의식**에 다정하게 애착하십시오. 모든 봄(seeing)이 **의식**으로 인해 일어나지만, **의식** 자체는 눈에 보이지 않습니다. **자각**의 무변제(찌다까쉬) 안에 무수한 세계들이 있는데, 그로 인해 여러분은 **진아**의 지복을 체험합니다. 몸처럼 되어 아주 작아지지 마십시오. 여러분은 이 세상에서 무수한 일을 하지만, 결국에는 하나의 몸으로서 죽습니다. 여러분은 생시·잠·지각성의 세 가지 상태를 **아는** 자이지만, 자신이 **아는** 자임을 잊어버리고 여러분에 의해 알려지는 것 안에 속박되어 있습니다. 몸 경험 이전에는 여러분이 모든 면에서 온전했습니다. 그 상태는 시작이 없었습니다. 그것은 비상한 것이었고, **빠라마뜨만**으로 불렸습니다. 그럼에도 불구하고, 여러분은 자신을 몸 아닌 어떤 것으로 생각하지 못합니다. 극소수만이 스승의 말씀에 의해 깨어나서 영원한 믿음을 성취합니다. 그럴 때 그는 **진아**의 지복으로 충만합니다.

여러분의 **의식**은 아주 미세하지만, 그것을 **브라만**으로 숭배하십시오. 그러면 그것이 자신의 참된 형상을 취할 것입니다. 여러분의 **의식**이 '**이스와라-의식**'의 씨앗이라는 것을 잊지 마십시오. 게으르지 마십시오. 왜냐하면 여기에는 어떤 노력도 포함되지 않기 때문입니다. 스승에게만 온전한 믿음을 가져야 하고, **의식**을 **신**으로 숭배하는 내적인 믿음을 가져야 합니다. 우리가 만난 하나의 징표로, **발크리슈나**(Balkrishna)로서의 여러분의 의식을 기억하십시오. 한 가지만 하십시오. 여러분의 의식이 곧 냐나데바(Jnanadeva)임을 잊지 마십시오.

157. 조건 지워지지 않은 것
1980년 8월 2일, 토요일

개인적 영혼은 움직임으로 충만해 있는데, 그것은 그 안에 의식이 있음을 말해줍니다. 이 의식은 존재애를 가지고 있습니다. 우리의 의식은 공개적으로 느껴지고, 그것이 잠들어 있다고는 말할 수 없습니다. 의식은 단 하나이고, 그것이 전체 현상계입니다. 그러나 여러분은 자신이 별개의 한 형상을 가지고 있다고 믿습니다. 그래서 하나, 둘 하는 식으로 형상들을 세기 시작합니다. 제가 여러분의 의식에 대해 이야기하고 있다는 것을 기억해야 합니다. 여러분이 그것 때문에 '여러분이 있다'는 것을 아는 그 의식 말입니다.

의식으로 인해 여러분은 다양한 대상과 관계되는 자신의 활동을 알게 되지만, 빠라브라만은 일체에서 벗어나 있습니다. 의식 안에 세계가 들어 있는데, 세계는 온갖 것으로 가득 차 있습니다. 원자적 의식은 워낙 작아서 가늠할 수도 없습니다. 하지만 그 안에 전 우주가 들어 있습니다. 세계가 출현하는 것은 의식 때문이지만 의식은 초연하게 남아 있습니다. 우리의 지知에는 두 가지 유형이 있습니다. 첫 번째는 감각기관과 마음으로 이해할 수 있는 것들에 대한 지知입니다. 이 지知는 잊힐 수 있으나, 감각기관과 마음이 이해할 수 없는 지知는 잊힐 수 없습니다. 몸이 아니라 의식인 사람에게는 이것이 분명하게 이해될 것입니다.

우리가 지금 이야기하고 있는 주제는 **진아**에서 나오고, 이런 말들은 **진아**를 가리켜 보이는 것들입니다. 제가 이야기를 하고 있는 것처럼 보이기는 하지만, 그것은 하나의 자연발생적 사건일 뿐입니다. 그 안에서 지성은 아무 소용이 없습니다. **의식**은 똑같은 것으로 머물러 있지 않고, 그 표현은 변합니다. **진인**은 자아의식이 없고, **의식**은 만물에 편재합니다. 우리는 어떤 단어도 사용함이 없이 우리의 존재를 압니다. 여러분은 영적인 공부에 대한 관심을 가지고 여기 오지만, 그것으로는 어떤 복지도 생길 것으로 기대할 수 없습니다. (여기 오면) 여러분의 존재의 원인을 알 수 있을 뿐입니다. 여러분의 **의식**의 기원을 아는 것 말고는 어떤 이익도 없습니다. 여러분이 세간적 대상들에 대한 욕망을 가지고 있는 한, **진아**를 깨달을 수 없을 것입니다.

이런 이야기를 듣는 사람은 자신 안에서 어떤 변모를 관찰할 수 있어야 하며, 그것이 결국 그의 해체로 귀결될 것입니다. 그것이 진정한 **지**知입니다. 처음에 존재하는 몸-정체성이 결국 사라져야 합니다. **진인**의 이야기를 듣고 나서 집에 돌아가면, 해방과 자유의 느낌이 있어야 합니다. "내가 있다"를 포함한 모든 소식에서 벗어나는 것이 **조건 지워지지 않은 것**(몸-정체성이 없는 의식의 상태)입니다. 여러분이 '여러분이 있다'는 것을 아는 한(즉, 몸-정체성이 있는 한), 고통·쾌락과 함께 욕망들이 있을 것입니다. 이 주제를 숙고해 보면, 모든 생각들이 끝이 납니다. **브라만**에 대한 **지**知는 우리가 무엇이고, 우리의 존재성이 어떻게 있는지를 아는 것에 지나지 않습니다. '우리가 있다'는 것을 우리가 모를 때는 전 세계가 존재하지 않습니다. 여러분의 몸에 대한 기억이 여러분에게 존재의 맛을 부여합니다. 여러분의 모든 요구사항들은 (몸을 가진) 한 남자나 여자로서의 요구사항일 뿐입니다. 몸이 없으면 여러분의 요구사항은 무엇입니까? 여러분의 **의식**은 실은 몸에 대한 기억이 없어야 합니다. 여러분이 자신의 존재를 모를 때, 여러분에게 어떤 우주가 있습니까?

158. 그대의 의식 외에 누구도 숭배하지 말라

1980년 11월 13일, 목요일

질문: 신을 어떻게 깨닫습니까?

답변: 열렬한 욕망에 의해서, 여러분의 의식 자체가 신으로 변모할 것입니다. 신을 온전히 알기 위해서는 그대가 신이 되어야 합니다.

질문: 어떻게 해야 일념집중이 됩니까?

답변: 의식과 하나가 되면 됩니다.

질문: 왜 이 모든 것이 일어났습니까?

답변: 누가 이 질문을 해야 합니까? 그리고 누구에게 해야 합니까? 그대 아닌 누구도 없었고, 누구도 없고, 누구도 없을 것입니다. 삼계三界는 그 몸 안에 있습니다. 몸은 음식 물질로 이루어집니다. 만일 그대의 의식이 없다면 무슨 세계가 있습니까? 그대의 의식은 자연발생적으로 출현했는데, 그것이 신의 화현입니다. 세계와 그 내용물은 그대의 의식이 존재해야만 참되고, 그것이 존재하지 않으면 전혀 아무것도 없습니다.

그 일념집중은 이미 여러분 안에 있습니다. 바깥에서 찾는 것만 그만두십시오. 욕망과 갈망이 없으면 여러분은 이미 일념집중 상태입니다. 여러분이 태어나지만, 여러분 자신의 진아에 대한 어떤 참된 앎도 가지고 있지 않습니다. 여러분의 의식을 스승으로, 이스와라로 부르십시오. 부단한 염송으로 그것을 기억하십시오. 같은 아뜨만을 고대에는 라마·고빈다·하리로도 불렀습니다. 여기서 아뜨만은 여러분 자신의 의식을 의미합니다. 다른 어떤 것에도 주의를 기울이지 말고 여러분 자신을 자각하기만 하십시오. 어떤 목표, 어떤 길도 없고, 자각해야 할 의식만 있습니다. 참된 제자 혹은 **수행자**(Sadhaka)는 의식 외에 어떤 형상도 없습니다. 그에게는 몸이 없습니다. (달리) 아무것도 하지 말고, 가능한 한 최대한 말없이 있으려고 노력하십시오. 자신을 몸과 동일시하면서 해탈을 욕망하는 사람을 해탈열망자(mumukshu)라고 합니다. 그들은 정화淨化를 위해 신과 여신들을 숭배하라는 말을 들어 왔습니다. 여러분에게는, 언제부터 그리고 어떻게 여러분이 자신의 존재를 의식하게 되었는지를 알아내는 것으로 족합니다. 몸이 아닌 사람은 어떤 영적 수행도 필요하지 않습니다. 여러분의 의식 외에는 누구도 숭배하지 마십시오. 의식이 신들 중의 신입니다. 생시·잠과 여러분의 의식은 하나일 뿐이라는 것을 기억하고, 그런 다음 명상하십시오. 이 셋의 출현을 여러분의 탄생이라고 합니다. 그로 인해 여러분이 세계를 경험하게 되는 것으로서, 달리 무엇이 여러분과 함께 있습니까? 영원한 진리는 우리가 주시할 수 없습니다. 주시될 수 있는 것은 일시적인 것들뿐입니다. 사뜨와·라자스·따마스라는 세 가지 성질이 가야뜨리(Gayatri)[67]를 만듭니다. 모든 이야기가 그녀입니다.

신은 아무것도 하지 않습니다. 진아 깨달음은 단 한 번 일어나며, 그것을 반복할 필요는 없습니다. 여러분이 자신의 몸을 정체성으로 붙들고 있는 한, 여러분의 진아를 알 수 없습니다.

질문: 마하라지, 공식적 입문을 하지 않아도 우리가 한 스승의 제자가 될 수 있습니까?

답변: 스승과 제자는 이름일 뿐이고 형상이 아닙니다!

---

67) T. 태양신을 찬미하는 만트라. 흔히 같은 이름의 여신으로 인격화된다. 이 경우 그녀는 태양신의 반려자 Savitri로도 불린다.

159. 참스승은 그대 자신의 진아이다

1980년 11월 16일, 일요일

이 세간적 존재(삶)는 **마야**로 가득 차 있습니다. 우리가 무엇인지 우리가 확신하지 못하기 때문에, 세간적 존재가 실재하는 것처럼 보입니다. 그릇된 것을 모르고서는 우리가 올바른 것을 확신하지 못합니다. 확실하고 고정되어 있는 것은 **진아**입니다. 만일 **빠라마뜨만**에 대한 확신이 있는데 세간적 존재도 매력적이라면, 그것의 성품은 신적인 것이 됩니다. 세간적 존재는 무지인데, 그것은 아무것도 없다는 것을 뜻합니다. 없는 것을 존재한다고 믿는 것이 우리의 무지입니다. 실제로 있는 것을 주장하는 것이 지知입니다. 시간이 이 문제의 진위를 판정합니다. 참된 것은 참된 것으로서 분명해지고, 거짓된 것은 거짓된 것으로서 분명해집니다. 여러분은 그 모든 것을 잊어버리겠지만, 그것을 기억하려고 노력해야 합니다.

어떤 사물을 보기 위해서는 그것이 여러분 앞에 있어야 합니다. 그러나 그 사물이 시야에서 사라진다면, 그것의 이름과 형상이 여전히 있겠습니까? 그래서 **크리슈나**가 이 세간적 존재는 하나의 환幻이라고 말하는 것입니다. 눈에 보이는 것들은 무無(nothing)이기도 합니다. 우리가 **진아** 안에 자리 잡지 못하는 한, 이 **마야**의 유희는 계속될 것입니다. 누가 어떤 기예技藝의 달인일 수는 있습니다. 그는 그 기예를 아는 자가 될 것인데, 그 기예는 어떤 대상에 대한 지知입니다. 대상 없는 지知가 아닙니다. 이 지知는 5대 원소에 기인합니다. 우리가 실제로 무엇인지를 우리가 확신하지 못하는 한, 그 개인적 의식은 슬프겠지요. 실은 (그에게는) 어떤 참된 지知도 없습니다—털끝만큼도.

우리가 다투라(dhatura)[가시사과(thorn-apple)—독말풀의 일종]의 씨앗을 먹으면 환각에 빠져서 갖가지 환영을 봅니다. 누가 이 모든 것을 알게 됩니까? 여러분은 자기 자신에 대해 하나의 형상을 상상하고 있지만, 참된 아는 자에게 어떤 형상이 있습니까? 진인은 성품상 누구의 친구도 아니고 적도 아닙니다. 그는 누구의 아버지도 아니고 어머니도 아닙니다. 우리는 우리 자신의 존재를 감지합니다. 곧, '우리가 있다'는 것을 알게 됩니다. 우리가 의식하고 있는 한, 우리는 '우리가 있다'는 것을 알게 됩니다. 이 지知는 진아 때문인데, 진아는 모든 참-거짓을 넘어서 있습니다. 그것을 빠라브라만, 빠라마뜨만이라고 합니다. 우리가 지知를 갖는 것은 우리의 의식 때문입니다. 진아가 우리의 모든 경험의 원인입니다. 일체가 그것 때문에 일어납니다. 그것은 환각 속에서 헛것을 보는 것과 비슷합니다. 거짓인 것은 위나 아래가 없습니다. 빠라마뜨만은 의식과, 일어나는 모든 것을 자각합니다. 마야가 실은 '무無'를 뜻하기는 하지만, 우리는 그것의 표현 속에서 온갖 솜씨를 봅니다. 우리의 의식이 그 모든 솜씨를 가졌는데, 의식은 다양한 방식으로 나타납니다. 그러나 거기에 어떤 이익이나 손해도 없습니다. (이 세계 안에서) 존재한다는 것은 재미로 가득합니다. 삿찌다난다(Satchidananda) 안에서 "내가 있다"는 이 기억이 자연발생적으로 나타났습니다. 그 안에는 어떤 '사람'도, 곧 어떤 특정인도 없습니다.

진아 깨달음을 얻고 나면 누구도 좋거나 나쁘게 보이지 않습니다. 모두를 위한 축복만 있습니다. 모두가 아무 차이 없이 평등하게 보입니다. 모두가 평등하게 도움을 받습니다. 무지한 사람들은 망상 속에 있습니다. 이것이 두려움을 일으킵니다. 진아 깨달음 이전의 진보한 단계에서는 우리가 다양한 종류의 그릇된 인식들과 대면해야 합니다. 그러나 자신이 빠라마뜨만이라는 확신이 확고한 사람은 모든 어려움을 극복하고 진아를 성취합니다. '우리가 있다'고 우리가 말할 때, 그것은 우리 안의 빠라마뜨만이 자신의 존재를 자각하는 것입니다. 의식으로 인해 우리는 온갖 종류의 환幻에 직면해야 하는데, 심지어 해만큼 큰 것도 있습니다. 그러나 이 환幻은 떠오름이 있듯이 저묾도 있습니다. 우리의 지각성의 모든 활동은 개인적 의식과 감각기관에 의해서 일어납니다. 모든 활동의 목적은 지각성을 유지하기 위한 것입니다. 개인적 의식은 알아야 할 대상들이 있을 때 지知를 갖지만, 대상 없는 지知는 그것을 넘어서 있습니다. 개인적 의식은 빠라마뜨만 안에서 비롯되지만, 자신의 독립적 존재성을 주장하기 위해 그것을 옆으로 치워둡니다. 진아에 대한 확신이 증장되면 개인적 의식이 그 확고함을 상실합니다. 자신의 의식이 빠라마뜨만으로 인한 것일 뿐이라는 확신을 계발하는 사람, 그런 사람은 모든 그릇된 인식을 제거하는 데 성공합니다.

만일 여러분이 개인적 의식을 믿으면서 빠라마뜨만에게 시간제한이 있다고 여긴다면, 그것은 엄청난 잘못입니다. 여러분이 의식을 이용하여 진아의 덕스러움을 가늠한다면, 그것은 빠라마뜨만에게 해가 됩니다. 만일 여러분이 (개인적) 의식의 즐거움을 진아에 전가하려고 들면, 빠라마뜨만을 언짢게 만들 것입니다. 아뜨만의 불길은 공덕의 큰 저수지입니다. 여러분의 의식을 이용하여 그것을 성취하도록 최선을 다하십시오.

여러분이 어디에 있든, 참스승에 대한 명상을 결코 놓치지 마십시오. 그 참스승은 여러분 자신의 진아이고, 지知의 빛으로 충만해 있습니다. 진아를 잊어버리고 신과 여신들을 추구하는 것은 어리석은 짓이겠지요. 결코 다른 개념들을 품어서 여러분 자신을 손상하지 마십시오.

용어 해설

aarati	아라띠. 신이나 스승의 상 앞에서 불을 손에 들고 돌리는 의식의 한 절차.
Adhyatma	아디야뜨마. 태초의 진아.
Adhyatmajnana	진아지. 혹은 진아의 학.
Adi-Narayana	아디-나라야나. 태초의 나라야나.
Adipurusha	아디뿌루샤. 빠라마뜨만을 뜻한다.
ahinsa	비폭력.
Alakhniranjan	특징 없고 오염 없는 자. 신의 대용어.
Ananda	아난다. 지복.
Atma/Atman	아뜨만/아뜨마. 진아.
Atmananda	진아의 지복.
Atmaram	아뜨마람. 진아인 신.
Atman-Yoga	진아-요가. 자신의 의식에 대한 명상.
Avadhuta	아바두따. 주 닷따뜨레야의 화신.
baddha	속박인.
Balkrishna	발크리슈나. 소년 크리슈나.
Balmukunda	발무꾼다. 소년 크리슈나.
Bhagwan	바그완. 신.
bhajan	바잔. 헌가.
bhakti	박띠. 헌신.
Brahma	브라마. 우주의 창조주.
Brahmadeva	브라마데바. 신 브라마.
Brahman	브라만. 현상계 이면의 본래적 실재.

Brahmasutra	우주적 마음.
Brahmin	브라민. 브라만 계급의 사람.
brahmarandhra	브라마란드라. 범혈梵穴. 머리 정수리의 구멍. 세계가 여기서 투사된다고 한다.
Chaitanya	의식.
Chakrapani	짜끄라빠니. 전 존재계의 점유자. 의식.
Chidakash	찌다까쉬. 의식[자각]의 무변제.
chidananda/chidanand	의식-지복. 찌다난드.
child-consciousness	아이 의식. 아이 때 처음 나타난 의식.
child-ignorance	아이 무지. 태어나면서부터 가진 무지.
child-principle	아이 원리. 의식이 한 아이로 출현한 원리.
Dattatreya	닷따뜨레야. 고대의 진인.
Dhyan-Yoga	명상-요가. 의식을 자각하는 수행.
Dharma	다르마. 진아의 참된 종교.
Dwapar	드와빠르 (유가). 크리슈나가 살았던 시대.
Gayatri	가야뜨리. 태양신을 찬미하는, 베다의 진언.
Ghanashyama	가냐샤마. 깊은 푸름.
Ghananeela	가나닐라. 검푸름. 가냐샤마와 같다.
Guna	성질. 구나(사뜨와, 라자스, 따마스 중 하나).
Guna-Maya	구나마야. 의식과 함께 시작되는 환幻.
Gurudeva	구루데바. 스승인 신.
Hara	하라. 주 시바의 이름들 중 하나.
Hari	하리. 주 비슈누의 이름들 중 하나.
Hiranyagarbha	히라냐가르바. '황금 배아胚芽'. 우주적 의식.
Ishwara	이스와라. 하느님.
Jiva	개아. 개인적 영혼.
Jiveshwar	이스와라(신)인 개아.
Jnana	냐나. 지知. 의식.
Jnanadeva	냐나데바. 의식인 신.

Jnana Yoga	지知 요가.
Jnani	진인. 진아를 완전히 깨달은 사람.
Jnata	지자知者. 진아를 깨달은 자.
Kaivalya	카이발리야. 실재에 흡수된 상태. 해탈.
Kali	깔리. 여신의 이름.
Kali-yuga	깔리유가. 크리슈나가 떠난 이후의 시대.
Karma Yoga	행위 요가.
Kundalini	꾼달리니. 몸속의 잠재적 에너지.
Madhusudan	마두수단. 크리슈나의 한 별칭.
madhyama	마디야마. 발화되지 않은 말.
Mahadakash	마하다까쉬. 존재계의 무변제, 곧 현상계.
Mahamaya	마하마야. 대환大幻. 여신 마하깔리.
Maha Kali	마하깔리. 여신 빠르바띠와도 동일시된다.
Mahasamadhi	대삼매大三昧. 진인이 몸을 버리는 일.
Mahatma	마하트마. 위대한 영혼. 깨달은 성자.
Mahat-tattva	마하뜨-따뜨와. 큰 실재. 지고의 의식.
mahavakya	큰 말씀. 베다에 나오는, 진리에 대한 언명.
mantra	만트라. 입문 때 스승이 말해주는 언구.
maya	마야. 환幻. 브라만의 환적인 힘.
Meghasyama	메가샤마. 구름같이 어두운 것. 크리슈나의 한 이름.
Moola-Maya	물라마야. 원초적 환幻.
mumukshu	해탈열망자.
namana	절하기. 공경하기.
Narayana/Narayan	나라야나/나라얀. 비슈누의 이름.
Nirguna	니르구나. 미현현의 속성 없는 브라만.
Nirvikalpa Samadhi	무상삼매無相三昧. 마음의 변상變相이 없는 삼매.
Nivrutti	니브루띠. 모든 활동에서 초연한 상태.
Om	옴. 우주 내의 '부딪지 않은 소리'.
oonmani	실재에 안주한 상태. 신적 내관에의 몰입.

para	빠라. 언어 4단계 중 첫째인 원초적 언어.
Parabrahman	빠라브라만. 지고의 실재.
Paramartha	빠라마르타. 최고의, 또는 완전한 의미. 영적인 공부 (spirituality)의 궁극적 의미 또는 목적.
Paramatman	빠라마뜨만. 지고의 실재.
Parameshwara	빠라메스와라. 지고의 하느님.
pashyanti	빠시얀띠. 언어의 발전 단계에서 두 번째 단계. 모든 언어와 의미의 총합.
Prakriti	쁘라끄리띠. 우주적 바탕.
Pranava	쁘라나바. '옴' 소리.
prarabdha	발현업. 과거업 중 금생에 발현되는 부분.
Purusha	뿌루샤. 우주적 영靈.
Rajas/Rajo guna	라자스/라조 구나. 세 가지 성질 중 활동성.
Sadguru	참스승. 진아를 완전히 깨달은 스승.
sadhaka	진보된 수행자(구도자).
saguna	사구나. '속성이 있는 (브라만)'.
Sahaja Samadhi	본연삼매本然三昧. 진인의 가장 자연스러운 상태. 본연 상태(sahaja state)라고도 한다.
Sakshatkar	깨달음.
samadhi	삼매三昧. 진아와 하나가 된 상태.
sandhya	산디야. 힌두교도가 조석으로 거행하는 의식의 하나.
Sarvatma	일체자아성. 만물 안의 진아. 우주적 진아.
Satchidananda	삿찌다난다. 존재-의식-지복.
sattva	사뜨와. 세 가지 성질 중 순수성. 참된 본질.
shabda	샵다. 단어, 소리, '옴'. 브라만.
Shankar	샹까르. 시바의 다른 이름.
Shiva	시바. 파괴주破壞主.
shunya	공空.

Siddha	싯다. 진아를 깨달아 완성된 존재.
Soham	소함. '그것이 나다'라는 만트라.
sthitaprajna	반야안주자.
Tamas/Tamo guna	따마스/따모 구나. 세 가지 성질 중 비활동성성.
tattva	따뜨와. 사물의 본질 또는 원리.
Turiya	뚜리야. 생시·꿈·잠 이후의 네 번째 상태.
vaikhari	바이카리. 발화된 말.
Vaikuntha	바이꾼타. 비슈누가 주재主宰하는 천상계.
vairagya	무욕. 세간적 욕망이 없는 것.
Vasudeva	바수데바. 크리슈나의 이름의 하나.
Veda	베다. 특히 우파니샤드.
Videhi	무신자無身者. 몸이 없는 상태에 있는 사람.
Vijnana	초월지超越知. 비냐나. 완전한 진아 깨달음의 상태. 지知를 넘어선 순수한 지성의 원리.
Vishnu	비슈누. 힌두 3신 중 유지주維持主.
Vitthala	빗탈라.
viveka	분별. 영원한 것과 영원하지 않은 것 간의 지혜로운 분별. 올바른 이해. 직관적 식별.
Yoga-nidra	요가-니드라. 요가의 잠. 마음이 가라앉았으나 완전히 소멸되지는 않은 상태.
Yogeshwara	요게스와라.

영역자 소개

영역자 모한 가이똔데(Mohan Gaitonde)는 뭄바이대학교 이학부를 졸업했다. 1958년 12월 23일 부친이 세상을 떠날 때까지는 무신론자였으나, 이날 처음으로 자신의 무지를 자각하게 되었다.

치열하게 내면을 성찰한 뒤, "나는 왜 여기 있는가?", "이 존재(삶)의 목적은 무엇인가? 그것은 실재하는가?"라는 두 가지 심오한 물음과, "알 가치가 있는 모든 것을 알아야겠다"는 한 가지 결의를 다지게 되었다.

스승에 대한 탐색이 시작되었고, 열두어 분의 그런 사람을 만났다. 그들 대부분은 본인도 어둠 속에 있었으나, 남들에게 빛을 보여줄 만큼 친절했다. 1976년 3월까지 그런 탐색이 계속되었다. 이때 뭄바이에서 남쪽으로 600킬로미터 떨어진 데 살고 있던 누님이 올라와서 그를 스리 니사르가닷따 마하라지게 데려갔다. 그녀는 마하라지의 제75회 탄신일에 대한 특집기사를 실은 한 마라티어 잡지에서 마하라지에 대해 읽었던 것이다.

마하라지를 뵙고 모한의 외적인 탐색은 끝이 났으나, 내적인 탐색은 끝나지 않았다. 마하라지는 자신의 모든 지知를 아주 단순한 언어로, 아무 거리낌 없이 거저 내놓았다. "당신은 우리가 전적인 자유에 대해 가진 관심보다도 더 큰 관심을 가지고 우리가 자유로워지는 것을 보고 싶어 하셨다."

모한은 1978년부터 1981년까지 마하라지가 저녁 법문을 할 때, 첫 2년 동안 통역을 맡은 제자들 중 한 사람이었다. 마하라지의 제자인 N. 바나자 박사가 녹음기를 준비해 두었으나, 법문을 녹음할 공테이프가 없을 때가 많았다. 그래서 모한은 큰 스승의 말씀을 남김없이 기록하기 위해 호주머니에 테이프들을 넣어가기 시작했다. 그 희유한 녹음기록은 결국 『무無가 일체다』라는 책으로 출간되기에 이르렀다.

찾아보기

옮긴이의 말

이 책은 큰 스승 **니사르가닷따** 마하라지의 가르침을 전하는 한 제자의 성실한 기록의 산물이다. 마하라지의 다른 어록들과 달리 문답 형식이 아닌데(드물게 질문이 등장하기도 하지만), 이는 기록자가 주로 **마하라지**의 '법문'을 받아 적었기 때문일 것이다. 기록자 딘까르 크쉬르사가르는 1977년 5월 이후 보통 목요일과 일요일 저녁, 그리고 특별한 날의 법문/대담에 참석했고, 6개월 뒤부터 기록을 시작했다. 본서에서 특이한 점은, 책 후반부의 일부 장章들은 며칠 차이로 거의 같은 내용을 한 번 더 되풀이한다는 것이다. 이 경우, 말씀 내용은 물론이고 문장 순서도 바로 앞 장에서 나온 것과 흡사하다. 참고로, 이 기록에 대해서는 『니사르가닷따 마하라지와의 명상(*Meditations with Sri Nisargadatta Maharaj*)』(2014)이라는 다른 영역본도 있다. 그 책은 별도의 장이 하나 더 있지만, 본서의 제138장에서 끝나 분량이 한결 적다. 또한 3개 장에서 본서와 날짜가 다르게 되어 있고, 무엇보다 본문 번역에서 본서와 많은 차이가 있다.

본서의 내용은 일견 상당히 어렵게 느껴질 수도 있다. 또 같은 이야기가 계속 되풀이된다는 인상을 받을 수도 있다. 그러나 면밀히 살펴보면, 하나의 단일한 주제가 몇 가지 핵심 개념들을 중심으로 일정하게 전개되면서 독자들의 이해를 점차 심화시켜 준다는 것을 발견할 것이다. **마하라지**의 이 말씀들을 이해하면, 우리는 여기서 한 **진인**이 자신이 깨달은 심오한 경지를 단순한 언어로 끝없이 노래하고 있다는 것을 알게 된다. 그 말씀들은 당신의 직접체험에서 나온 독자적인 내용이며, 경전을 전거로 삼는 일이 없다. 다만 뚜까람·람다스 같은 진인이나 크리슈나의 가르침을 전하기도 하는데, 왜냐하면 마하라지 자신이 완전한 깨달음을 얻은 참스승으로서, 예전 진인들이나 신의 화현들이 구현한 상태를 그대로 반영하기 때문이다. 그들의 '의식'은 모두 사라졌지만, 마하라지 같은 진인이 출현하면 태고의 진리가 새로운 언어로 다시 설해지는 것이다. 이런 참스승들은 모두 의식을 넘어선 존재들임에도, 의식의 표현 형상인 언어를 통해 '의식'과 그것을 넘어선 경지를 능히 설명한다. 그래서 범부들도 이런 법문을 접하고 '의식 이전'의 진리를 들을 수 있는 것이다.

본서의 제목은 '자기사랑'이지만, 그것은 우리에게 나타난 '의식'을 가리키는 다른 표현일 뿐이다. 마하라지는 이 의식을 '신', '이스와라', '큰 실재', '마야', '원초적 환幻('물라마야')', '존재성', '지각성', '내가 있음' 등 다양한 용어로 표현한다. 물론 의식은 더 낮은 수준에서 "마음·지성·개인적 의식·에고"로 불리기도 한다. 왜냐하면 인간의 모든 정신 작용은 의식을 본질로 하기 때문이다. 이 의식이 정신과 물질 전체의 기반이며, 실은 그 모든 것이 의식일 뿐이다. 마하라지에 따르면 "개인적 영혼·세계·브라만은 모두 우리의 의식의 상태"이고, "우리가 무엇을 의식하든 그것은 우리의 의식의 창조물"이기 때문이다. 음식 기운, 곧 "음식의 즙"을 통해 우리의 몸 안에서 이 의식이 출현할 때 우리는 '내가 있다'는 것을 의식하며, "의식의 빛 안에서 이 모든 세계가 나타난다." 따라서 세계는 우리의 "의식 안에" 있다. (이는 불교의 '유식唯識' 사상과 다르지 않다. 실은 여기서 우리는 유식철학의 한 명료한 주석을 발견한다.)

그러면 의식의 실체는 무엇인가? 이에 대해 마하라지는 "빠라마뜨마가 우리 각자의 안에서 의식으로서 출현한다"고 말한다. 의식은 빠라마뜨마의 "표현 혹은 광고"일 뿐이다. 빠라마뜨만(빠라마뜨마) 혹은 빠라브라만은 "무한하고 항상 존재하며, 옴도 감도 없다." 그것은 의식에게조차 포착되지 않는 궁극의 실재이며, 모든 언어와 지知를 넘어서 있다. 마하라지에 따르면 그것이 우리의 실체이다. 즉, 우리는 "의식 안에 있지 않고 의식을 넘어서 있다." 그러면 빠라브라만이 존재함을 우리는 어떻게 아는가? 마하라지는 "의식 자체가 빠라브라만이 존재한다는 증거"라고 말한다. 실은 빠라마뜨만 혹은 빠라브라만은 의식을 넘어선 우리의 본래적 상태를 가리키는 이름일 뿐이다. 따라서 그것은 의식과 본질적으로 다를 수 없고, 의식을 거슬러 오르면 우리가 도달하는 상태인 것이 분명하다.

여기서 빠라마뜨만에 도달하기 위한 우리의 실제적 전략이 자연스럽게 도출된다. 그 전략이란, 의식으로서의 우리가 어떻게 의식으로서 온전히 존재함으로써 결국 그것을 넘어설 것인가의 문제이다. 이와 관련하여 마하라지는 본서에서 많은 말씀을 베풀고 있다. 우선 당신은 "의식을 숭배하라"고 반복적으로 설하는데, 이것은 신에 대한 숭배를 의식에 대한 숭배로 대체하라는 뜻이다. 왜냐하면 사람들은 바깥의 어떤 대상을 '신'으로 삼아 숭배하면서, 자기 내면의 참된 본질을 늘 등한시하기 때문이다. 수많은 제도적 '종교'들이 이런 그릇된 방향으로 설교해 왔고, 그것을 '구원'의 길로 착각해 왔다. 우리의 시선이 밖으로 향하면 우리는 무수한 관념과 행위들의 함정에 빠지는 우愚를 범하는데, 영적인 공부에서 그것은 아주 멀리 돌아가는 길이 된다. 그러나 "참된 종교는 진아의 종교이다." 왜냐하면 "우리의 의식은 신의 형상"이며, "우리의 의식 자체가 신"이기 때문이다. 이른바 '신'이란, 우리의 의식이 산출한 하나의 단어 혹은 개념일 뿐이다. 개념의 산출자인 의식이 자신의 창조물인 개념을 숭배하는 어리석음 혹은 무지가 세간의 '종교'라는 현상인 것이다.

그러면 '의식에 대한 숭배'란 무엇인가? 마하라지는 이렇게 말한다. "의식으로서의 여러분 자신과 하나가 되십시오." "의식이 그 자체에 주의를 기울일 때, 그것이 명상입니다." 의식이 그 자체에 주의를 기울인다는 것은 "의식 자체로써 의식을 붙드는 것" 또는 "의식 자체로써 의식을 채우는 것"이다. 쉽게 말해서, 바깥의 대상에 정신을 빼앗기지 말고, 늘 자신의 의식을 자각하라는 것이다. 따라서 "의식을 자각하는 것이 명상"이며, 이런 '자각의 수행'이 '의식에 대한 숭배'의 실제적 의미이다. 즉, 우리가 어디에 있든 우리 자신의 의식을 부단히 자각하여 놓치지 않는 것이 우리 내면의 진정한 신神을 숭배하는 것이다. 그래서 마하라지는 우리에게 의식을 우리의 "스승으로 숭배하라"고 말한다. "몸 안의 의식이 곧 스승의 형상이고, 또한 우리 자신의 진아"이기 때문이다.

이와 같이 늘 의식을 자각함으로써 결국 "의식의 기원"을 알게 될 때, 우리는 "고요함의 바다인 자신의 참된 성품을 깨닫게" 된다. 이것이 모든 영적 수행의 최종 목표인 진아 깨달음이다. 다양한 영적 전통의 무수한 행법들이 있지만, 결국 모두가 이 하나의 내적인 '자각'의 행법으로 귀결되지 않을 수 없다. 왜냐하면 모든 수행은 의식('나')에 의해 이루어지며, 결국 의식이 그 자신을 넘어서야 하기 때문이다. 그래서 마하라지는 '의식에 대한 자각 수행'으로서의 '명상-요가' 혹은 '지知-요가'를 강조하는 것이다. 다만 그 수행의 방편으로 만트라를 권장하기도 하는데, 당신의 계보에서 비공개로 전승하는 구루 만트라('나마 만트라') 외에도, 누구나 할 수 있는 "자야 구루" 만트라도 함께 제시하고 있다.

마하라지는 "모든 종교들은 전통일 뿐이지만, 진정한 다르마는 진아가 되는 것"이라고 선언한다. 제도와 신념 체계로서의 종교를 넘어 우리 내면의 진아를 탐구하여 깨닫는 것이 진리의 길이라는 것이다. 그 진리는 의식을 넘어서 있지만, 진인의 말씀을 듣는 우리의 의식 자체가 진아의 발현이다! 따라서 우리는 모두 의식이라는 같은 바다에서 같은 목표를 향해 항해하고 있다. 마하라지의 이 법문들은 우리의 돛을 밀어주는 강력한 바람이다. 어떤 장章들은 옮긴이가 제목을 바꾸어 달기도 했는데, 이는 제목들을 그 장章의 실제 문장과 더 가깝게 하기 위해서였다.

2019년 10월 옮긴이 씀